国家出版基金项目
NATIONAL PUBLICATION FOUNDATION

北京市文物局
圖書資料中心藏

明清契約文書整理

北京市文物局
圖書資料中心　編

北京燕山出版社

上卷

編委會

本書爲『北京市社會科學基金青年項目』 項目號：15LSC018

序言一

近數十年來，全國各地對於地方民間文獻的搜集、整理和出版頗爲重視，就地方契約文書來説，早已不是當年徽州文書「一花獨放」的局面，像黔東南清水江流域山林契約文書、浙江石倉契約文書、湖北省契約文書等較大規模的地方契約文書已經陸續出版，還有像山西、江西、福建永泰的契約文書目前搜集到的也數以萬計，較小規模的契約文書得到整理出版的，如内蒙古包頭地區、江西鄱陽湖漁業等等的契約文書，也有不少，爲學術界的創新性研究提供了豐富的史料。

北京地區在這方面也做了不少工作，比如劉小萌主編的《北京商業契書集》，是從中國社科院近代史研究所所藏四千餘件契約中選出四百件商業契約書編成；另外首都博物館將館藏和門頭溝區博物館藏的兩千份窑契文書編成《窑契與經濟合同文書》，在二〇一四年出版；首都博物館館藏的另四千餘件清代契約文書，被納入國家清史編纂工程，編成八册《首都博物館藏清代契約文書》，於二〇一五年出版。還有最近出版的《北京西山大覺寺藏清代契約文書整理及研究》，上編公布了寺藏一百二十八件從清康熙七年到民國三年的契約文書，特别讓我贊賞的，是他們一直將部分契約文書拍成照片，裝成一册，放在寺内的陳列室桌上，供游客翻閲，向普通觀衆展示這些史料的重要價值。

但是這些工作，在學術界似乎名聲不顯。一個原因，是這些契約文書都是保存在公藏機構的，不是學者們在田野調查中搜集的，因此從一開始，文獻的搜集就與學者的研究是分離的；另一個原因，是北京的學術界（當然包括在京國家機構）對利用契約文書開展區域社會經濟史研究不够重視，如中國社會科學院歷史所，一些相關研究人員去世、退休或調離後，就少有人做這方面的研究了。中國社會科學院近代史研究所張小林研究員的《清代北京城區房契研究》、北京社會科學院歷史所鄧亦兵研究員的《清代前期北京房産市場研究》等，往往還在這些契約文書出版之前就開始進行了，但這些成果并没有得到應有的關注。

由於各地契約文書多爲土地買賣類契約，所以研究者多用之研究歷史上地權轉移等事宜，當然也有一些牽扯廟産、族産，可以討論與宗族組織或寺廟組織有關的問題，但大多都是關於鄉村社會的研究，而利用契約文書研究城市史的很少見，可以説，在整體的意義上，目前對中國城市史的認識遠遠不如鄉村史，原因之一是熟練利用地方民間文獻、采用人類學視角進行研究的歷史學者，大多在做鄉村的研究而非城市的研究。事實上，這類材料在認識歷史上的城市化問題方面是極有價值的。

清代北京地區的契約文書還牽扯到另一個重要問題，就是滿洲入關後帶來的重大變化。學者們都知道城市中内城變成了滿城，鄉村中民地變成了旗地，但社會結構變没變，哪些方面變了，變了多少，我們了解得還不是很多。劉小萌利用碑刻資料做過很好的研究，但契約文書也值得很好地利用，在旗人交産的問題上，可以進一步深化認識。比如通過本書中所收房産、地産契約，可以看出在清代中葉内城不僅有旗人之間的交易，也存在内城旗人與城外民人的交易，甚至是民人之間的交易。在康熙年間的兩份内城房産買賣契約中（一在東城朝陽坊，另一在北城日南坊），從姓名看，賣主、鄰居、保人、牙人、總甲等似乎都是民人。另外契約中都有類似「如有滿漢、親族人等爭競是非等情」這類語句，而此後的契約中則較少出現，有可能説明是特定時期因特定局面造成的結果，需要我們結合其他材料對清初内城的變化重新認識。

北京市文物局圖書資料中心將所藏明清契約文書二百六十五份整理出版，尚有民國時期的契約文書二百多份，也在整理、出版過程中，這是一項非常有價值的工作。

本書所收北京契約的時間跨度從明末到清末，按時序編排，主要涉及房産、地産買賣，特别是前者，與所知全國各地契約相比，明顯體現出城市的特點。書後收録了三位學者對城區和郊區（順義）契約反映出的清代至民國歷史變化的初步研究，爲我們理解這些資料提供了幫助。

本書不僅刊布了彩色版契約原件，爲研究利用者全方位了解文獻的信息提供了方便，而且也做了標點，并將録文同時刊布，可以互相對照，對於非專業讀者利用這些資料也提供了方便，是值得提倡的做法。當然，也因此看到，契約中的一些信息，如左側的「大吉大利」或「大吉」標識，還有印戳中的文字，没有被録入。

總之，我認爲本書的編輯出版是非常有意義的，它和相關的其他資料的整理出版，有助於深化和發展我們的北京史研究，讓北京史的研究逐漸跟上全國的區域社會經濟史研究的步伐。

北京大學歷史學系教授
北京市文聯副主席
北京民間文藝家主席　趙世瑜

二〇二〇年十月七日

積極發掘、弘揚傳統文化

——寫在中心契約文書刊布之時

北京市文物局圖書資料中心是從二十世紀五十年代北京市文物調查研究組的資料室發展而來的。積多年收藏有古籍綫裝書、金石拓片、近現代史料等。是北京文物系統收藏文獻最豐的機構。他們不但保護好這些「無價之寶」，還很注意做整理與研究。目前已推出《明宮冠服儀仗圖》《日下舊聞》等。還投入不少人力物力整理北京市文物局圖書資料中心藏契約文書。中心共藏五百三十種契約，涉及土地交易、房屋買賣、典當租賃、分家析産、商鋪賬目、收租簿、學徒文約、不動産登記證、户部執照監照等内容。時間上從明崇禎十三年（一六四〇）至建國後，時間跨度達三百餘年之久。其中明清契約二百六十五種、民國時期契約文書二百二十三種、建國後四十餘種。涉及地域也較廣，計有北京、天津、河北、遼寧、山東、浙江、江蘇等，其中以北京最多，達四百二十種，占總份數的百分之八十八。從密雲的田各莊到順義的馬各莊，再到北京的多條胡同，真是難能可貴。契約類型上也豐富，有紅契，白契、絶賣契、典當契等。其中白契二百六十八種，官契二百餘種，甚至還有滿漢合璧的十四種，真是琳瑯滿目、珍貴之極、不勝枚舉。這些沉睡多年的史料一旦利用刊布，將是研究歷史，尤其是研究北京諸多方面的第一手資料。中心的年輕學者們不顧整天坐在屏幕前抄録、辨認、核對的單調，已完成項目的主要工程，還撰寫了數篇研究論文，一旦刊布將會産生社會效益。

北京燕山出版社一向注重古籍、史料的整理，并積極籌措經費，支持對傳統文化的發掘與弘揚。作爲一名老文物人舉雙手點贊，期望這批材料能早日問世，在大覺寺管理處、首都博物館契約梓行之後，又能有一份珍貴契約刊布，豐富北京地區的文獻寶庫。在此簡單嘮叨兩句，以表述内心的激動！

老文物人　吴梦麟

二〇一九年十月九日

凡例

一　本書所收明清兩代契約原件、録文共計二百六十五件。每件契約均加標題，下冠序號，後附原始編號。

二　所收契約按立契時間順序編次，書後附表格，主要類别爲買賣、典當、租佃、借貸等契約樣文（格式）等。其中以買賣契約爲主。買賣契約兼收紅契、白契、官版契、補税契、契尾等。活賣契、典當契、借貸契三者性質不清者，酌情歸類。

三　契約統一標題。在可能的情况下，每題力求包含立契時間、地點、契主姓名、契約性質和紅、白、官版契諸要素。年代用帝王年號紀年，注以公元。年代不明者不注。地點用契主屬縣。縣不明，用郡、州、省或鄉里。

四　全書以繁體豎排出版。但民契往往具有隨意性，有契約中同字、同一人名、地名前後不一的情况，對此，編者的原則是據實著録。對於文中的异體字、俗體等現象，做統一訂正。

目録

上卷

下卷

北京市文物局
圖書資料中心藏

明清契約文書整理

上卷

一

明崇禎十三年（一六四〇）延慶孔守徾賣地白契

（契約二四七）

立絶賣地契人孔守徾，爲因乏用，今將自置地壹段，南北畛，計地壹拾貳畝陸分，坐落城北劉家峪，東至官地，南至小路，西至買主，北至路，四至分明。憑中立契，絶賣與胡向乾名下子孫永遠承種。炤（照）依原額紅契，價銀壹拾玖兩捌錢整。當時筆下交足，并無別項利債準拆（折），俱是賣主親手收受系銀。如有別故争攙，賣主一面承當。恐後難憑，立此絶契永遠存炤（照）。

計開：

隨帶原契附訖原額中地中糧延慶左衛前所上納。

崇禎拾叁年拾壹月初柒日

立絶賣地契人　孔守徾

同代書　張守德

立絶賣地契人孔守徹為因乏用今將自置地壹段南北畊計地
壹拾貳畝陸分坐落城北劉家窊東至官地南至小路西至買主
北至路四至分明憑中立契絶賣與胡向乾名下子孫永遠承種
照依原額紅契價銀壹拾兩捌錢整當時筆下交足並無別
項刹債準折俱是賣主親手收受承銀如有別故爭樓賣主
一面承當恐後難憑立此絶契永遠存照

計開

隨帶原契附訖原額中地中粮延慶左衛前所上納

崇禎拾叁年拾壹月　初柒　日立絶賣地契人孔守徹

同　代　書　張守德

二

明崇禎十四年（一六四一）延慶朱之翰賣地白契

（契約二四八）

立絶賣園地契人朱之翰，爲一時急用，今將自己北門外園地叁畝伍分、房叁間，原紅契内價銀貳拾捌兩，其房翰自拆毁，土木俱無，减除房價銀柒兩，止有地價每畝值銀陸兩，共該貳拾壹兩，仍有南邊地叁畝壹分，炤（照）前價一樣，值銀壹拾捌兩陸錢，共合一畛一段，共地陸畝陸分，東西畛，東至趙仲科，南至買主，西至國朝選等，北至沙河，四至分明。立契賣與鄉宦胡守傑名下子孫永遠爲業。共價銀叁拾玖兩陸錢，當日交足。有契地、無契地俱係前價，并無短少。祖置今賣，原是己産，與親族并無干涉。倘有争端，之翰一面承當。恐後難憑，立契賣絶備炤（照）。

計開：

隨帶延慶衛本地原糧米弍斗，買主赴委官交納。

崇禎拾肆年四月十三日

立賣地契人 朱之翰

同中人 趙仲科 國朝選 張守德 秦之安

立絶賣園地契人朱之翰為因一時急用今將自己北門外園地叁畝伍分
房叁間原紅契内價銀貳拾捌兩其房翰自拆毁土木俱無減除
房價銀柒兩止有地價每畝值銀陸兩共該貳拾壹兩仍有南边地
叁畝壹分照前價一樣值銀壹拾捌兩陸錢共合一畛一段共地陸畝
陸分東西畛東至趙仲科南至買主西至國朝選等北至沙河四至分
明立契賣與鄉宦胡守傑名下子孫永遠爲業共價銀叁拾玖兩陸錢
當日交足有契地無契地俱係前價並無短少祖置今賣原是
已產與親族並無干涉倘有爭端之翰一面承當恐後難憑立契賣

絶備照

計開

隨帶廷慶衛本地原糧米弍斗買主赴委官交納

崇禎拾肆年四月　十三　日立賣地契人朱之翰

同中人　趙仲科　國朝選　張守德　秦之安

三

清康熙十年（一六七一）宛平縣張林頂房白契

（契約四〇四）

立頂房契人張林，今無錢使用，同中將自蓋門面瓦房壹間，坐落瑠璃廠内北城日南坊二鋪地方，情願出頂與侯　名下爲業。三言議定，價銀叁拾兩整。其銀當日親手收足，外無欠少。自頂房之後，并無親族人等争兢（競），如有争兢（競）者，有頂主林一面承管。恐後無憑，立此頂契存照。

康熙拾年肆月十五日

立頂房契人　張　林（押）
左鄰　楊　福（押）
右鄰　張
中人　朱有德（押）
總甲　陳　賢（押）

日舖地方

立頂房契人張 林今無錢使用同中將自蓋門面瓦房壹間坐落琉璃廠內北城日南坊二舖地方

情愿出頂與

侯

名下為業三言議定價銀叁拾兩整其銀當日親手收足外無欠少自頂房之後並無親族人等

爭競如有爭競者有頂主林 一面承管恐後無憑立此頂契存照

康熙拾年肆月 十五 日立頂房契人張 林十

左隣楊 福十

右隣張

中人朱有德十

總甲陳 賢十

大吉利

清康熙二十□年（一六八一—一六九〇）大興縣趙門史氏同外甥賣房紅契

（契約四八一）

立賣房契人孀婦趙門史氏同外甥李篤□，□爲□用還債，將自置門面瓦房肆間，壹過道，貳層肆間，叁層肆間，南北廂房肆間，共計房拾陸間，後有落地壹段，門窗户壁，上下土木相連，坐落東城内朝陽坊五牌一鋪總甲王宣地方，今憑中保人説合明白，情願出賣與徐　名下住坐爲業。三言議定，時值房價銀陸伯兩整。其銀當日同衆親手收足，外無欠少。自賣之後，倘有滿漢親族人等争競是非等情，有賣主、中保人一面承管，全保無事。兩家情願，各無返（反）悔，如有先悔之人，甘罰契内銀一半入官公用。恐後無憑，立此賣契永遠存照。

内有紅房契貳張，買主收存。

康熙貳拾□年□月

□□□婦　趙門□□

同外甥　李篤□（押）

張宗祥（押）

王壽（押）

中保人　王玺（押）

高如岑（押）

岳茂貴（押）

左鄰　梁

右鄰　顧其行（押）

房牙　杜文德（押）

總甲　王宣（押）

代書　阮魁（押）

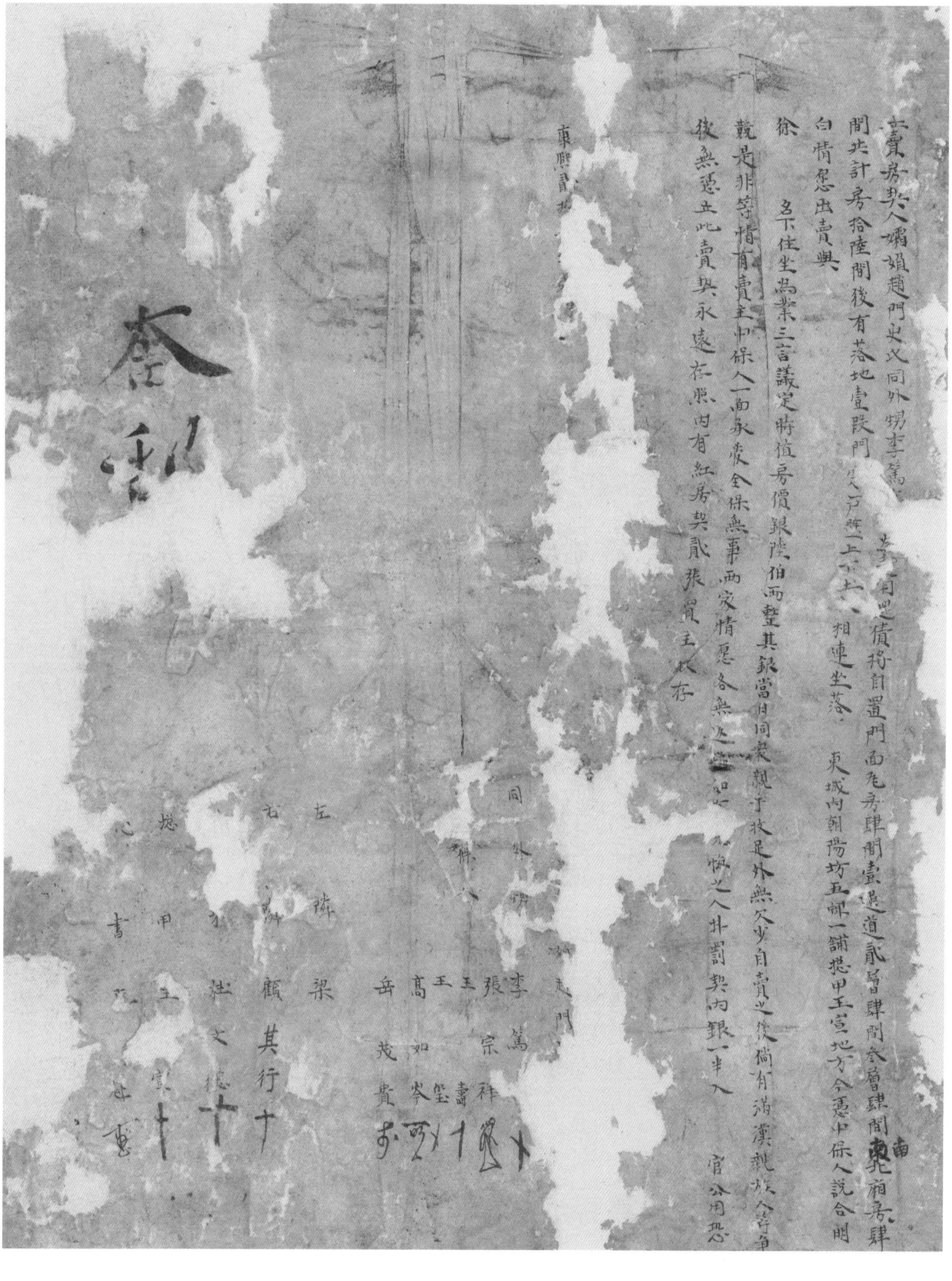
立賣房契人孀婦趙門史氏同外甥李篤，今因□□債務，自置門面房肆間，壹過道，貳層肆間，叁層肆間，東北廂房肆
間，共計房拾陸間，後有落地壹段，門□戶□上下□□相連坐落 東城內朝陽坊五鋪一鋪總甲王宣地方，今憑中保人說合，明
白情愿出賣與
徐 名下住坐為業，三言議定時值房價銀陸佰兩整，其銀當日同衆親手收足，外無欠少。自賣之後，倘有消漢親族人等爭
競是非等情，有賣主中保人一面承當，全保無事。兩家情愿，各無返悔，如□悔之人，甘罰契內銀一半入 官公用。恐
後無憑，立此賣契永遠存照。內有紅房契貳張，賈主收存。
東興□□……
同外甥 李篤 十
中保人 張宗祥 押
王壽 十
王璽 十
高如岑 押
岳茂貴 押
左鄰 梁……
右鄰 顧其行 十
總甲 杜文德 十
總甲 王寬 十
代書 …… 押

五

清康熙三十五年（一六九六）大興縣侯壽頂房官稿

（契約四〇五）

順天府大興縣今據張名用價貳拾叁兩遵納税銀陸錢玖分

立頂房契人侯壽，因乏用，今將自置廠内街南門面小瓦房壹間，前有接檐板棚半間，共房、棚間半，門窗户壁俱全，坐落北城日南坊二鋪代後地方，今憑中保人説合，情願出頂與張名下住坐爲業。三言議定，時值頂價銀貳拾叁兩正。其銀當日親手收足，外無欠少。自頂之後，如有滿漢親族人等指房借貸銀債、争競等情，有頂主仝中保人等一面承管。二家情願，各無返（反）悔。如先悔之人，甘罰契内銀一半入官公用。恐後無憑，立頂契存炤（照）。

康熙三十五年正月　日

立頂房契人　侯　壽

中保人　張文科　趙國祥

左鄰　楊

右鄰　張

房牙　朱可用（印）

總甲　田　永（押）

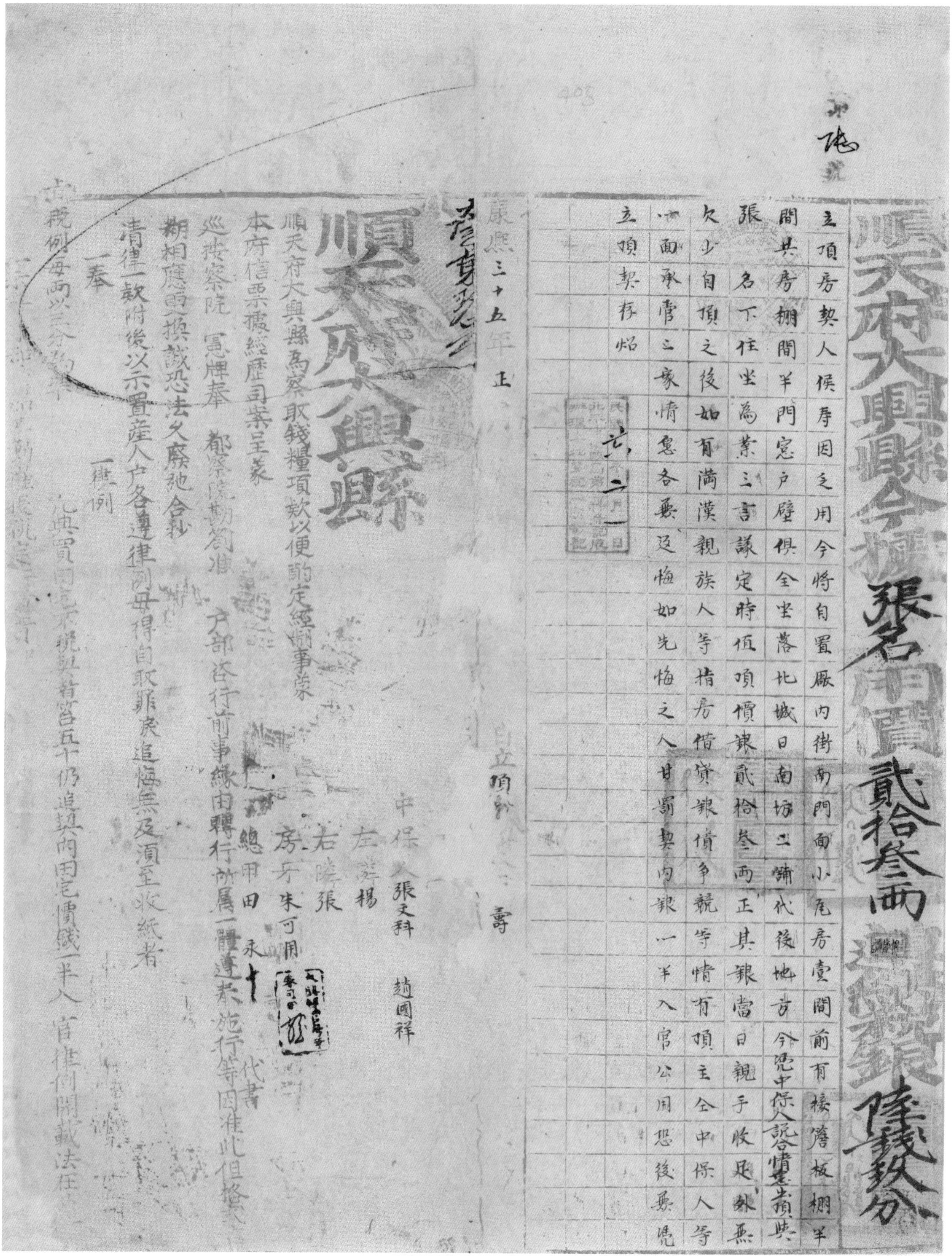

順天府大興縣今據張名用價貳拾叁兩[illegible]税銀陸錢玖分

立頂房契人侯壽因乏用今將自置廠內街南門面小瓦房壹間前有接簷板棚半
間共房棚間半門窗户壁俱全坐落北城日南坊二舖代後地方今憑中保人説合情愿頂與
張名下住坐為業三言議定時值頂價銀貳拾叁兩正其銀當日親手收足外無
欠少自頂之後如有滿漢親族人等指房借貸銀債爭競等情有頂主全中保人等
一面承當二家情愿各無返悔如先悔之人甘罰契內銀一半入官公用恐後無憑
立頂契存炤

六二一

康熙三十五年正月　日立頂契人　侯壽

中保人　張文科　趙國祥
左鄰　楊
右鄰　張
房牙　朱可用
總甲　田永
代書

順天府大興縣
順天府大興縣為察取錢糧項欵以便酌定經制事案
本府信票據經歷司案呈蒙
巡按察院　憲牌奉　都察院勘劄准
户部咨行前事緣由轉行所屬一體遵奉施行等因准此但稅
契相應頒換識恐法久廢弛合給
清律一欵附後以示置産人户各遵律例毋得自取罪戾追悔無及須至收紙者

一奉
　一稅例每兩以三分為率
一律例
　凡典買田宅不税契者笞五十仍追契內田宅價錢一半入官律例開載法在

六

清康熙三十八年（一六九九）浙江山陰縣薛羽儀絶賣田文契

（契約二九四）

山陰縣二都立賣田契人薛羽儀，今將己户内愛字號田壹畝六分零，情願浼中出賣與本縣陳處名下爲業。憑中三面議定，時價銀捌兩正（足白）。當日收足，并無重疊戤典争執等情。俗有推頭通例，每兩出銀伍分，即時交收過割，承納糧差。此照。

計開：

愛字二百八十七號，原田一畝六分九厘二毛，今田一畝六分六厘六毛。

計付田半張，土名薛家田，坐落金斗龍。

康熙三十八年四月　日

立賣契人　薛羽儀（押）

仝兄　羽　瑞（押）

中人　朱子辰（押）

信　玉（押）

今收契内銀一并完足，年月、中人同前（押）

條約五款列後：

一　絶賣者不用此契，止作戤當。戤當者若用此契，竟作絶賣。

一　契不許倩人代寫。如賣主一字不識，止許嫡親兄弟子侄代寫。

一　成交時即投税。該房查明賣主户册號，不（下）注明某年月日賣某人訖。

一　由帖不許借人戤當，如違者不准告照。

一　買産即便起業，勿許舊主仍佃，以杜影騙。

絕賣文契

山陰縣二都坊立賣田契人薛羽儀，今將己戶內受字號田壹畝六分零，情願浼中出賣與
本縣陳處名下為業。憑中三面議定時價銀捌兩正，足白整。當日收足，並無重疊典
爭執等情。倘有推頭，通例每兩出銀伍分，即時交收過割，承納糧差。此照。

計開
受字二百八十七號 原田一畝六分九厘二毛 字號 今田一畝六分六厘六毛 字號
字號 字號
字號 字號
計付田串帳一 土名薛家田 坐落金斗龍

康熙三十八年四月 日立賣契人薛羽儀（押） 仝兄羽瑞（押）
中人朱子辰（押）
信王（押）

今收契內銀一併完足，年月中人同前（押）

條約五款列後
一絕賣者不用此契，止作典當；典當者若用此契，竟作絕賣。
一契不許倩人代寫，如賣主一字不識，止許嫡親兄弟子姪代寫。
一成交時即投稅該房，查明賣主戶冊號，不註明某年月日賣某人說。
一由帖不許借人典當，如違者不准告賠。
一買產即便起業，勿許舊主仍佃，以杜影騙。

七

清康熙三十九年（一七〇〇）浙江山陰縣薛羽瑞絶賣田文契

（契約二九五）

山陰縣二都立賣田契人薛羽瑞，今將己户内愛字號壹畝陸分零，情願浼中出賣與本縣陳處名下爲業。憑中三面議定，時價銀拾兩正。當日收足，并無重叠戤典争執等情。俗有推頭通例，每兩出銀伍分，即時交收過割，承納糧差。此照。

計開：

愛字貳百捌拾柒號，田壹畝陸分玖厘貳毫伍絲。坐落吴家溇。

康熙叁拾玖年拾貳月　日　立賣契人　薛羽瑞（押）

王定之（押）

中人　顧子常（押）

陳茂林（押）

陳敏公

今收到契内銀，一并俱收完足，年月、中人同前（押）。

再批：不據年月，炤（照）契對月回贖。其銀水玖伍色，白天平等（押）。

外付定契壹紙，執炤（照）壹紙，并炤（照）（押）。外加酒水銀式錢。

條約五款列後：

一　絶賣者不用此契，止作戤當。戤當者若用此契，竟作絶賣。

一　契不許倩人代寫。如賣主一字不識，止許嫡親兄弟子侄代寫。

一　成交時即投税。該房查明賣主户册號，下注明某年月日賣某人訖。

一　由帖不許借人戤當，如違者，不准告照。

一　買産即便起業，勿許舊主仍佃，以杜影騙。

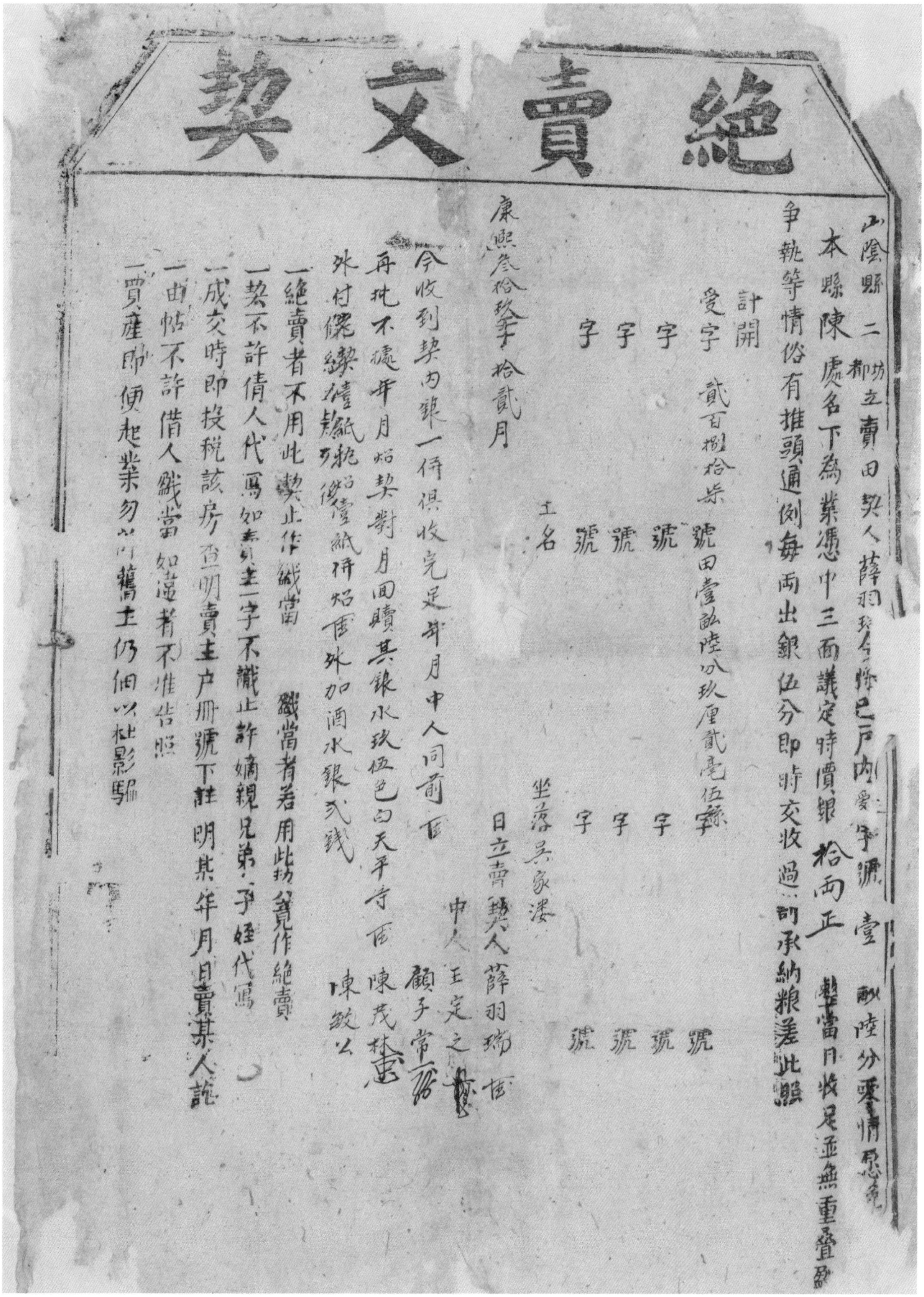

絕賣文契

山陰縣二都坊立賣田契人薛羽瑞，今將自己户內愛字號壹畝陸分零，情愿□
本縣陳處名下為業，憑中三面議定時價銀拾兩正，其銀當日收足，並無重疊
爭執等情。俗有推頭，通例每兩出銀伍分，即時交收過訖，承納粮差。此照

計開
愛字貳百捌拾柒號田壹畝陸分玖厘貳毫伍絲
字　號　字　號
字　號　字　號
字　號　字　號
土名　坐落吳家溇

康熙叁拾玖年拾貳月　日立賣契人薛羽瑞（押）
中人　王定之（押）　顧子常（押）　陳茂林（押）　陳敛公

今收到契內銀一併俱收完足。年月中人同前（押）
再批：不據年月，照契對月回贖。其銀水玖伍色，內天平兌（押）
外付□□價紙、找價紙、照價紙，併照（押）外加酒水銀弍錢

一絕賣者不用此契，止作典當；典當者若用此契，竟作絕賣。
一契不許倩人代寫，如賣主一字不識，止許嫡親兄弟、子姪代寫。
一成交時即投稅，該房查明賣主户冊號下，註明某年月日賣某人訖。
一由帖不許借人典當，如違者不准告照。
一賣產即便起業，勿許舊主仍佃，以杜影騙。

八

清康熙五十五年（一七一六）宛平縣時子澄典房白契

（契約四一六）

立當房文書人時子澄，今因乏用，情願將自住堂屋壹間當與吴　名下住作爲業。當收當房價銀拾貳兩整。言明俟贖廳房之日，還銀掣字。此照。

當日收銀肆兩玖叁、捌兩玖伍。又照。

康熙伍拾伍年捌月拾貳日

立當房文契人　時子澄（押）

同中見　蘭君弼（押）

立當房文書人時子澄今因乏用情願將自住堂屋壹間當與
吳　名下住作為業當收當房價銀拾貳兩整言明候贖聽房之日還銀掣字此照
當日收銀　肆兩玖叁
捌兩玖伍　文照

康熙伍拾伍年捌月拾貳

日立當房文契人時子澄（押）
同中見蘭君弼（押）

永遠大吉

清雍正十二年（一七三四）大興縣閆士欽同叔賣房官契

（契約三九九）

立賣房契人閆士欽同叔弘禧，今因乏用，將原買邵姓瓦房壹所，門面房叁間，貳層房叁間，共計房陸間，房身後有四尺半寬落地壹條，門窗户壁，上下土木相連，坐落北城靈中坊并鋪總甲張士奇地方，今憑中保人説合，情願出賣與康奇瑞名下住座（坐）永遠爲業。三言議定，時值房價銀捌拾兩整。其銀當日交足，外無欠少。自賣房之後，倘有人争兢（競）及各項債負等情，有出賣房主閆姓叔侄同中保人一面承管。恐後無憑，立此賣房契存照。

此房内有閆姓本身紅契壹張，上首紅契叁張，共紅契四張，買主收存。

雍正十二年十月　日

立賣房契人　閆士欽（押）

同叔　閆弘禧（押）

中保人　王子萬（押）

房牙　鄧君愛

總甲　張士奇

代書　魯宗周

立賣房契人閆士欽同叔弘禧今因乏用將原買邵姓危房壹所門面房叁間貳層房
叁間共計房陸間，房身後有四尺半寬落地壹條門窗戶壁上下土木相連坐落 北城靈
中坊併舖總甲張士奇地方今憑中保人說合情愿出賣與
康奇瑞名下住座永遠為業三言議定時值房價銀捌拾兩整其銀當日交足外無
欠少自賣房之後倘有人爭競及各項債負等情有出賣房主閆姓叔侄同中保
人一面承管恐後無憑立此賣房契存照

此房内有閆姓本身紅契壹張上首紅契叁張共紅契四張買主收存

雍正十二年十月 日

立賣房契人閆士欽（押）

同 叔閆弘禧（押）

中保人王子萬（十）

左 隣

右

房 牙鄧君爱

總 甲張士奇

代 書魯秉周

便民契稿

成交後該牙即將循環印簿三日內偕買賣
主執摘赴縣填給司頒契紙如遲以漏稅論

清雍正十二年（一七三四）大興縣閆士欽同叔賣房官契

（契約三九九）

立賣契閆士欽，今將自己户下坐落北城靈中坊并鋪，共計房陸間，出賣與康奇瑞爲業。受價捌拾兩，并無重叠典賣親鄰争執情弊。欲後有憑，立此存照。

雍正拾貳年拾壹月　日

立賣房契人　閆士欽
同叔　閆弘禧
中保人　王子萬
房牙　鄧君愛
總甲　張士奇
代書　魯宗周

契紙

立賣契閆士欽今將自己户下　字號　百　拾　頃　畝　分　釐坐落北城靈中坊併舖　甲　里

共計房陸間

東至　西至　南至　北至

出賣與康奇瑞爲業受價○○○○○○捌拾

○兩○○錢○○○並無重疊典賣親鄰爭執情弊欲後有憑立此存照

嘉慶拾貳年拾壹月　日

立賣房契人閆士欽

同叔閆弘禧

中保人王子萬

左右鄰

房牙鄧君愛

總甲張士奇

儈契堂書龔崇周文

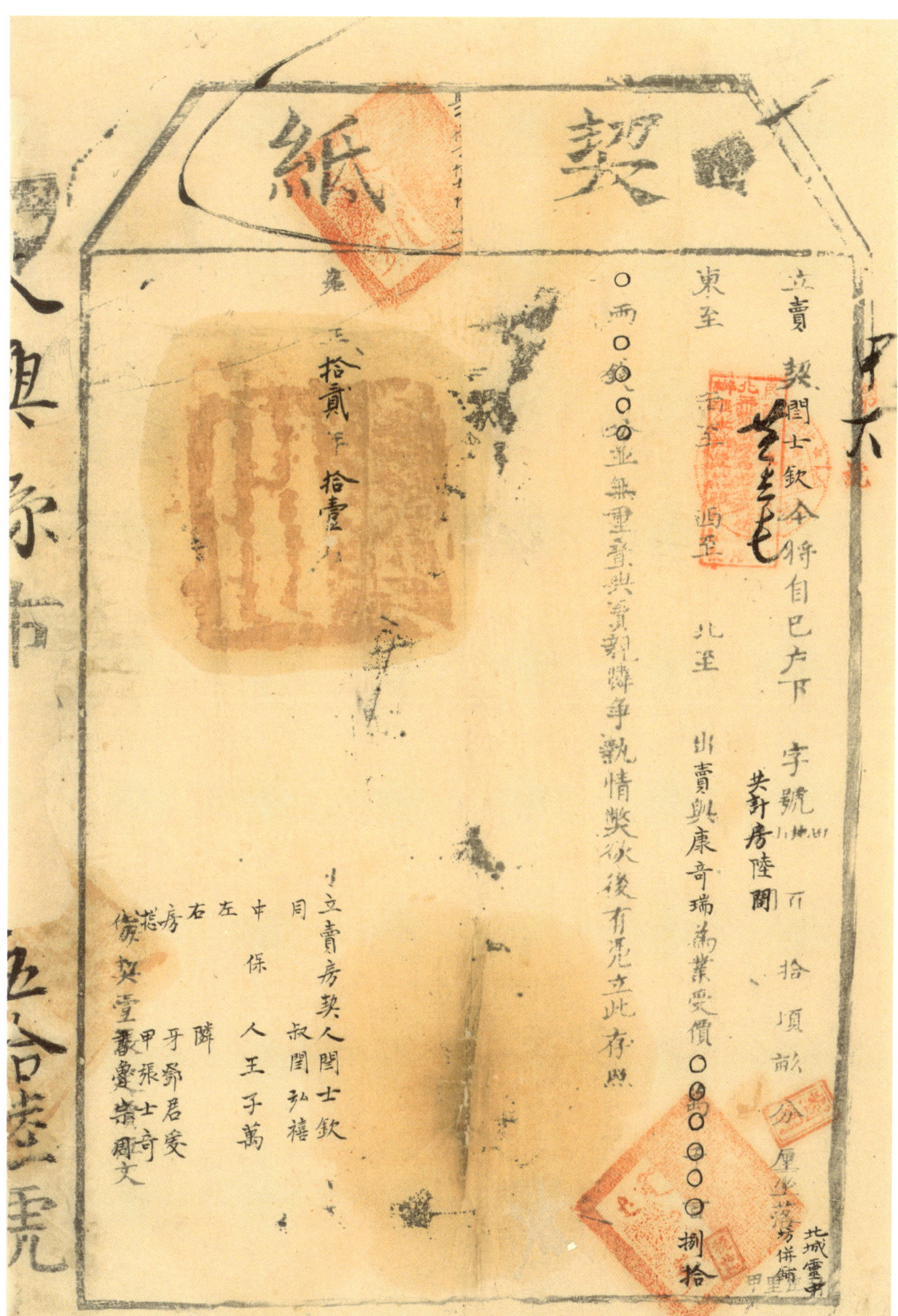

中大

一〇

清乾隆元年（一七三六）浙江山陰縣沈我安絶賣屋文契

（契約二九六）

山陰縣一都立賣屋契人沈我安，今將己户内金字號堂前屋半間分零，情願浼中出賣與本縣侄處名下爲業。憑中三面議定，時價銀肆拾兩整。當日收足，并無重叠戤典争執等情。俗有推頭通例，每兩出銀伍分，即時交收過割，承納糧差。此照。

計開：

再批其屋，東至己屋，南至明堂，西至君益屋，北至君益屋，明堂過路任憑出入。

并炤（照）。

金字三百號，中地壹分。

乾隆元年十二月　日

立賣契人　沈我安（押）

仝侄　沈義尚（押）

沈宗洛

沈尔昌

沈尔揚

中人　沈南吉

沈景周

陳文庚

代書　陳繼邠

今收到契内銀一并完足。

條約五款列後：

一　絶賣者不用此契，止作戤當。戤當者若用此契，竟作絶賣。

一　契不許請人代寫。如賣主一字不識，止許嫡親兄弟子侄代寫。

一　成交時即投税。該房查明賣主户册號，下注明某年月日賣某人訖。

一　由帖不許借人押當，如違者不准告照。

一　買産即便起業，不許舊主仍佃，以杜影騙。

絕賣文契

山陰縣一都坊立賣屋契人沈我安今將己户内金字號堂前屋半閒分零情愿浼中出賣與
本縣侄處名下爲業憑中三面議定時價銀肆拾兩整當日收足並無重疊
戤典爭執等情倘有推頭通例每兩出銀伍分即時交收過割承納粮差此照
計開 再批其屋東至己屋南至明堂西至君益屋北至君益屋明堂過路任憑出入并焰
金字三百號中地壹分 字 號
字 號 字 號
字 號 字 號
字 號 字 號

上名 坐落

乾隆元年十二月 日立賣契人沈我安（押）
中人 沈尔昌
沈尔揚
仝侄沈義尚（押）
沈宗洛
沈南吉
沈景周
陳文庚
代書陳繼郁

今收到契内銀一併完足

條約五款列後

一 絕賣者不用此契止作戤當 戤當者若用此契竟作絕賣
一 契不許請人代寫如賣主一字不識止許嫡親兄弟子侄代寫
一 成交時即投稅該房查明賣主户册號下註明某年月日賣某人訖
一 由帖不許借人押當如違者不准告照
一 買産即便起業不許舊主仍佃以粧影騙

一一

清乾隆元年（一七三六）徐世爵典房白契

（契約三八三）

立借約人徐世爵，今無錢使用，蔣（將）字（自）蓋灰棚前後四間，今當與蔣　名下，青錢三十吊正。言明侮（每）月取錢一吊正。言明三年爲滿，錢到歸贖。恐後無憑，立此借約存照。對房取租修里（理），徐信并無底契。

中保人
宋　永（押）
馬四巴（押）
高　紅（押）
董士德（押）
高雲龍（押）
高雲星（押）
劉紅義（押）

乾隆元年十二月初十立

立借約人徐世爵今無錢使用蔣宅盖灰棚（前後）四間今當與
蔣名下青錢三十吊正言明每月取錢一吊正言明三年爲滿
錢到歸贖恐後無憑立此借約存照 對房取租修里徐信並無底契

中保人 宋永 十
馬四巳 十
高紅 十
董士德 十
高雲龍
高雲星
劉紅義 十

乾隆元年 十二月初十 立

大吉利

清乾隆七年（一七四二）浙江山陰縣沈尊先絶賣房文契

（契約二九七）

山陰縣十一都一圖立賣房屋契人沈尊先，今將自己户内分授金字號房屋兩間分零，情願浼中出賣與本縣叔處名下爲業。憑中三面議定，時價銀壹佰肆拾兩正。當日收足，并無重叠戲典争執等情，俗有推頭通例，每兩出銀，即時交收過割，承納糧差。此照。

計開：

金字弍百九十號朝南堂屋壹間，朝北平屋壹間，朝東過街側樓上一間，平屋中地弍分，外基地兩間，内遷西首壹間，東至南星房屋，南至南星房屋，西至弄，北至石晒地。其行路共同出入，其老契向係遺失，揀出作費（廢）紙之論。（押）

乾隆柒年十月　日

仝母　鈕氏（押）

立賣契人　沈尊先（押）

沈選（押）

中人　伯偉生（押）炳如

子美（押）定一

錫文（押）御天

維新（押）丕公

富正（押）光裕（押）

内元

今收到契内銀一并完足，年月、中人仝前（押）

條約五款列後：

一　絶賣者不用此契，止作戤當。戤當者若用此契，竟作絶賣。

一　契不許倩人代寫。如賣主一字不識，止許嫡親兄弟子侄代寫。

一　成交時即投稅。該房查明賣主户册號，下注明某年月日賣某人訖。

一　由帖不許借人戤當，如違者不准告照。

一　買産即便起業，勿許舊主仍佃，以杜影騙。

絕賣文契

山陰縣十都一啚□坊立賣房屋契人沈尊先今將自己戶內分授金字号房屋兩間分雯情願浼中出賣與
本縣叔處名下爲業憑中三面議定時價銀壹伯肆拾兩正當日收足並無重疊典
爭執等情倘有推頭遏例錢兩出賣即時交收過割承糧差此照
計開
金字弍百九十號朝南堂屋壹間朝北平屋壹間朝東過街側樓上一間平屋
字中地弍分號外基地兩間內迁西首壹間東至南星房屋南至南星房屋西至衕北至□□其餘共同出入其老契向係遺失揀出作廢紙之論作

舊管　都　啚　甲　名下完糧開除
新收　都　啚　甲　名下入册辦糧

乾隆卅年十月　日立賣契人沈尊先證　沈選〇
今收到契內銀一併完足年月中人仝前證
仝母鈕氏
中人伯偉生　炳如
子美　定一
錫文　御天
維新　丕公
富正　光裕
內元　證

條約五款列後
一絕賣者不用此契止作典當　典當者若用此契竟作絕賣
一契不許倩人代寫如賣主一字不識止許嫡親兄弟子侄代寫
一成交時即投稅該房查明賣主戶册號下註明某年月日賣某人訖
一由帖不許借人典當如違者不准告照
一買產即便起業勿許舊主仍佃以杜影射

清乾隆七年（一七四二）宛平縣甯君碧典房白契

（契約四一七）

立分典契人甯君碧，今因手中乏用不便，將自己貳層房屋壹間，坐落南城正東坊叁鋪地方，今憑中保人説合，情願出分典與薛　名下住坐爲業。三面議定，時值分典房價清錢拾貳千文。其錢當日甯姓親手收足，外無欠少。言明伍年爲滿，錢到歸贖。倘有親族人等争競者，有中保人一面承管。如有反悔者，干（甘）罰契内錢一半入官公用。恐後無憑，立此字存照。外有紅契壹張，薛姓一并收存。再照。

乾隆柒年拾壹月初伍日

立分典契人　甯君碧（押）
同男　甯光宗（押）
中保人　高起龍（押）
中人　白永壽（押）

立分典契人甯君碧今日手中乏用不便將自己貳層房屋壹間坐落南城正東坊叄鋪地方今憑中保人說合情愿出分典與

薛

名下住坐為業三面議定時值分典房價清錢拾貳千文其錢當日甯姓親手收足外無欠少言明伍年為滿錢到歸贖倘有親族人等爭競者有中保人一面承管如有反悔者干罰引契內錢一半入官公用恐后無憑立此字存照　外有紅契壹紙薛姓一并收存再照

乾隆柒年拾壹月初伍日立分典契人甯君碧（押）

同男 甯光宗 十

中保人 高起龍 十

中人 白永壽 ㄗ

大利

信行

清乾隆九年（一七四四）大興縣蘭君弼同子分典房白契

（契約四二九）

立分典契人蘭君弼同男蘭光祖，今有時　名下房五間，坐落草廠下五條胡同，轉分典與何　名下。何　名下無銀使用，借二次借銀陸拾兩。今時　名下紅契壹張，分典吳門蘭氏收存。今何名下紅契壹張，白契二張，蘭君弼收存。今蘭君弼無銀使用，情願轉典與陳　名下住坐爲業。三言議定，時值典價紋銀拾伍兩，外有修理銀弍兩。其房伍間，分典與陳　名下叁間，係二層的瓦房，門窗户壁，土木相連，内少門一扇。其大修房主，小修銀主，言明叁年爲滿，銀到取贖。其銀當日親手收足，外無欠少。自典之後，倘有指房借貸、親簇（族）長幻（幼）人等争兢（競），有蘭君弼同男蘭光祖一面承管。恐無憑，立字存照。

贖回無用

乾隆九年六月十五日

立典房契人　蘭君弼（押）

同男　蘭光祖（押）

中人　張德候（押）

張声遠（押）

總甲　楊興□

立分典契人蘭君弼同男蘭光祖，今有時君下房五間，坐落草廠下五條胡同，轉分
典與何君下。何君下典銀使用，借二次，借銀陸拾兩。今時君下紅契壹張，分典與門
蘭氏收存。今何君下紅契壹張、白契二張，蘭君弼收存。今蘭君弼無銀使用，情願轉典與
陳君下住坐為業。三言議定，時值典價紋銀拾伍兩，外有修理銀弍兩。共房伍間，
分典與陳君下叁間，係二層的尾房，門窗戶壁土木相連，內外門一扇，共大修房
小修銀。至言明叁年為滿，銀到取贖。其銀當日親手收足，外無欠少。自典之後，倘
有指房借貸、親族長幼人等爭競，有蘭君弼同男蘭光祖一面承管。

乾隆九年六月　日　立典房契人蘭君弼
同男蘭光祖
中人　張德
張

總甲

大吉利

清乾隆十一年（一七四六）大興縣甯君弼同子轉分典房白契

（契約四三〇）

立轉分典房契人甯君弼同男光祖，因乏用，將原典何姓瓦房向西叁間，院内隔段（斷）一曹（槽）在内，門窗户壁俱全，上下土木相連，坐落南城下草廠五條胡同路東，今憑中説合，情願轉分典與陳　名下住居爲業。時值典房價銀拾捌兩整，修理銀伍兩在内。其銀當日親手收足，外無欠少。言明叁年爲滿，銀到取贖。日後大修理房主，小修理銀主。自轉分典之後，倘有滿漢親族弟男子侄并官銀私債、指房借貸等情，有甯姓同中保人一面承管。恐後無憑，立此轉分典房契存照。

有甯姓白典契壹張，上首何姓紅典契壹張，又薛、吴、陳三姓贖回白典契叁張，紅、白契共計伍張，付銀主收存。再照。内北屋無有房門。

乾隆拾壹年八月初一日　立轉分典房契人　甯君弼（押）

同男　甯光祖（押）

中保人　荀震生（押）

陳國瑛（押）

趙殿臣（押）

九月初一日至初五日修理使□列候（後）。

木□□釘子木頭門二扇，共錢壹阡（仟）叁佰零六文。

白灰、青灰、蔴刀、磚、大工、小工落作，共錢式阡（仟）伍佰式拾式文，

共使錢玖吊壹佰叁拾式文。

瓦又青灰，大工、小工又磚，共錢式阡（仟）式伯（佰）四十六文。

又瓦、磚、灰、蔴刀、大工、小工共錢壹阡（仟）八伯（佰）八十文。

又青灰、白灰、大工、小工共錢壹阡（仟）壹佰七十八文。

立轉分典房契人甯君弼同男光祖，因乏用，將原典何姓瓦房向西叁間，院內隔段一面，在內門窗戶壁俱全，上下土木相

連，坐落南城下草廠五條胡同路東，今憑中說合，情愿轉分典與

陳　名下住居為業。時值典房價　銀拾捌兩整，修理銀伍兩在內。其銀當日親手收足，外無欠少。言明叁年為滿，銀到取贖。

日後大修理房主、小修理銀主。自轉分典之後，倘有滿漢親族弟男子姪，併官銀私債、指房借貸等情，有甯姓同中保人一面

承當。恐後無憑，立此轉分典房契存照。

有甯姓自典契壹張，上首何姓紅典契壹張，又歸陳吳三姓贖回白典契叁張，紅白契共計伍張，付銀主收存，再照。

內北屋無有房門

乾隆拾壹年八月　初一　日立轉分典房契人甯君弼十　同男甯光祖十

九月初一日、十二、十五日修理使了列後

本匠工、釘子、木頭、門二扇，共使了壹千叁伯零六文

白灰、青灰、蔴刀、磚、大工、小工、泥瓦，共使了貳千伍伯貳十五文，共使了錢壹佰叁十貳文

瓦又青灰、大工、小工、又磚，共使了貳仟貳伯四十六文

又瓦、磚灰、蔴刀、大工、小工，共使了壹仟八伯八十文

又青灰、白灰、大工、小工，共使了壹仟壹伯七十八文

中保人　首震生　陳國漢　趙居庭十

杏

清乾隆十三年（一七四八）大興縣王德潤同弟賣房官契

（契約四八二）

立賣契人王德潤同弟王德溥、王德溶等，因乏用，今將故父遺下門面瓦房三間，一過道，院内南北二廂房，二層瓦房三間，過道對面廂四間，三層瓦房叁間，一過道，南傍外侉（跨）小瓦房一間三層，前有板院一圍，後有落地一段，門窗户壁上下土木相連，坐落在東城内朝陽坊五牌一鋪，總甲孫恩地方。今憑中保人説合，情願出賣與朱　名下住居爲業。三面議定，時直（值）賣房價紋銀叁佰肆拾伍兩整。其銀當日同衆親手收足，外無欠少。自賣之後，倘有親族滿漢弟男子侄長幼人等并指房借貸官銀私債争兢（競）等情，有賣主兄弟同中保人一面承管。恐後無憑，立此賣契永遠存照。

內有上徐　名下陸百兩紅契一張，上首趙　名下紅契二張，顧　名下紅契二張，吕　名下紅契一張，有王　名下本身紅契一張，共計紅契柒張，付銀主朱姓收存。

乾隆十三年伍月　日

立賣房契人　王德潤（押）
　　　　　　王德溥（押）
　　　　　　王德溶（押）
　　　　　　孫啓龍（押）
中保人　李千里（押）
　　　　馮亮公（押）
總甲　孫　恩（印）

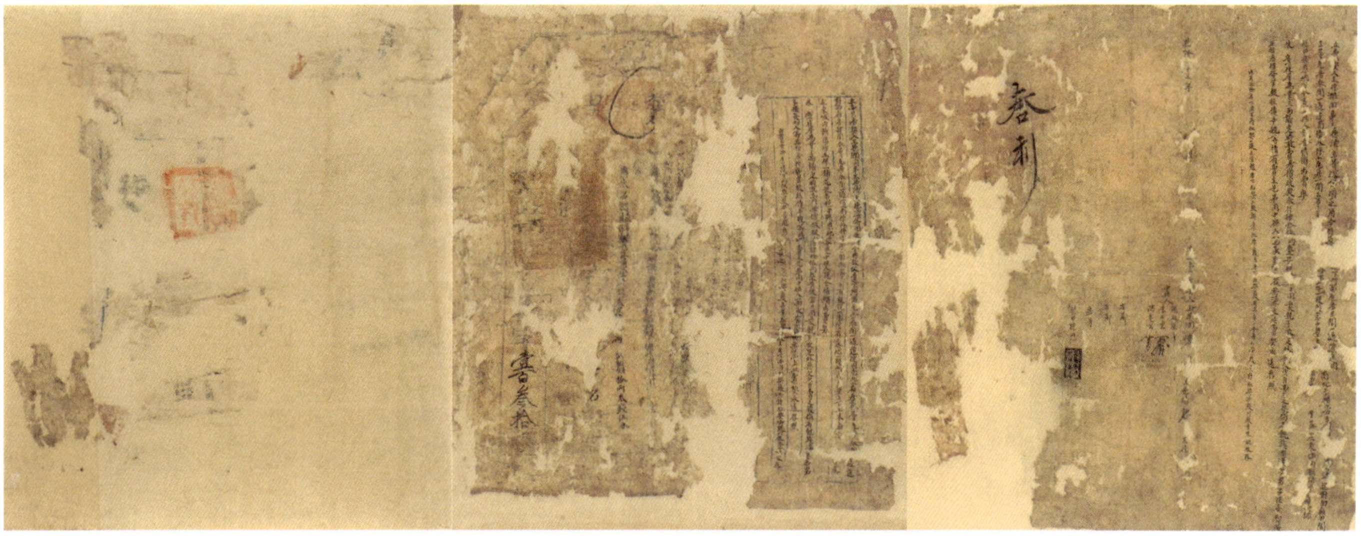

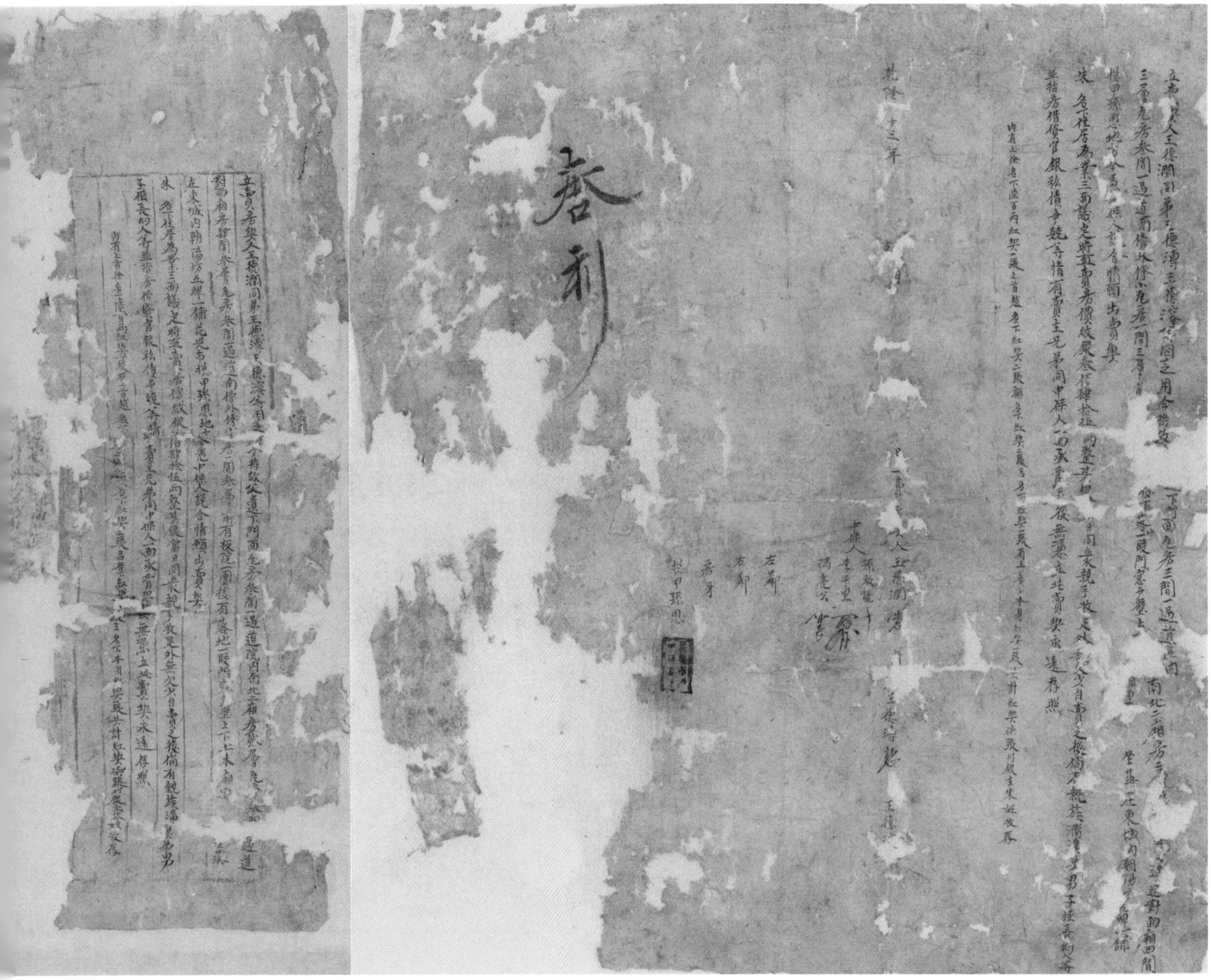
立賣房契人王德潤同弟王德溥王德滏今因乏用今將坐落
三層瓦房叁間一過道南倚外倚小瓦房一間三層[illegible]
撥甲孫恩地方今[illegible]保人言合情願出賣與
[illegible]名下住居為業三面議定時值賣房價紋銀叁佰肆拾伍兩整其銀
並指房借貸官銀私債爭競等情有賣主兄弟同中保人一面承管
乾隆十三年
吉利
中保人
左鄰
右鄰
房牙
撥甲孫恩

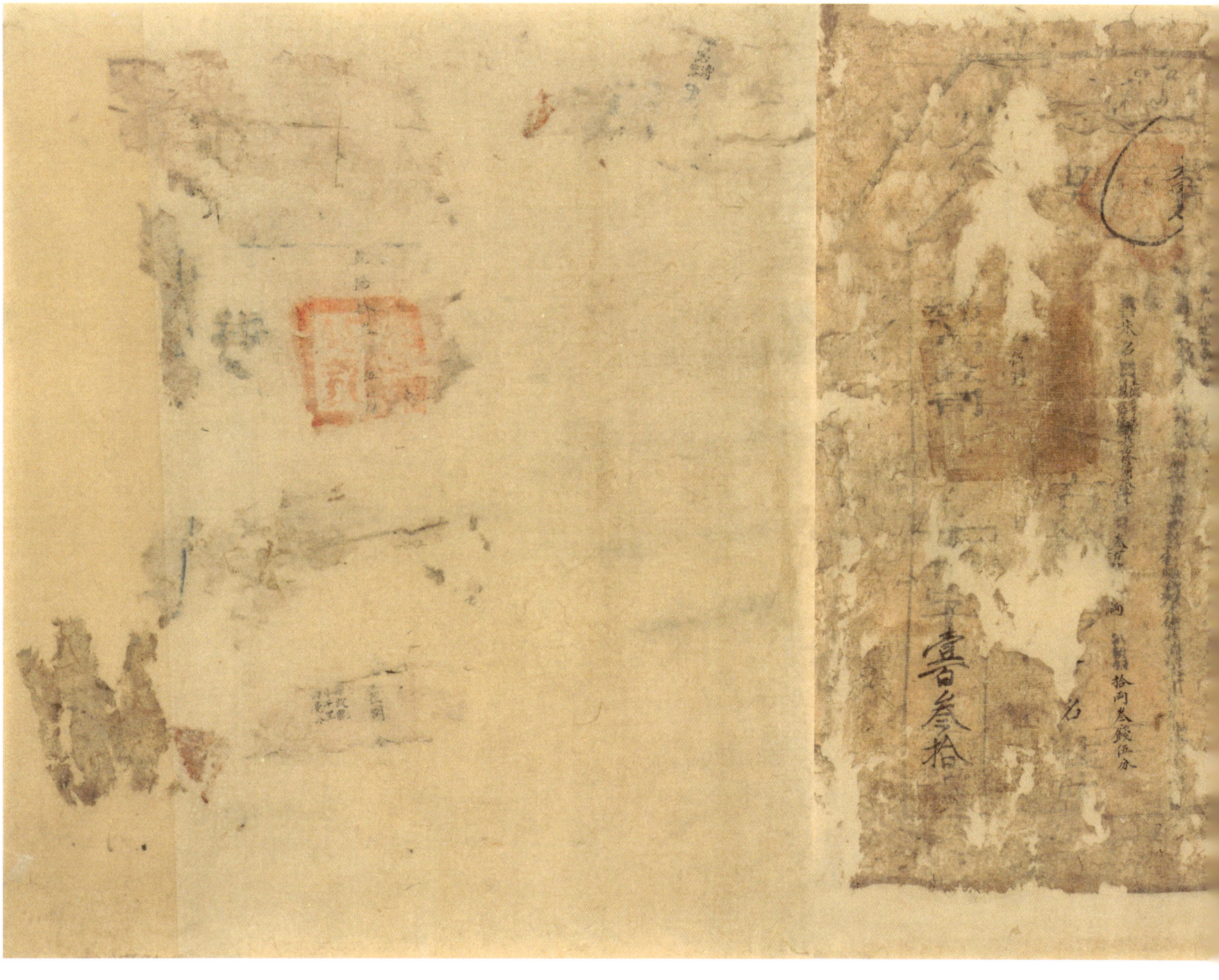
壹百叁拾
拾兩叁錢伍分

一七

清乾隆十四年（一七四九）大興縣陈士秀轉分典房白契

（契約四三一一）

立轉分典房契人陳士秀，因乏用，將故父原典甯姓向西瓦房叁間，院内隔段（斷）板一曹（槽）。門窗户壁俱全，上下土木相連，坐落南城草廠下五條胡同地方路東。今憑中説合，情〔願〕轉典與何　名下住居爲業。三面言定，時值典房價紋銀拾兩整，外修理銀肆兩整。其銀親手收足，外無欠少。言明陳姓取贖，叁年爲滿準（准）贖，甯姓取贖，不拘年限。如陳姓取贖，當面言明，修理不算；倘甯姓取贖，典價并修理分毫不護（獲）。日後大修理房主，小修理銀主。自典之後，倘有滿漢親族弟男子侄并指房借貸等情，有陳姓一面承管。恐後無憑，立此轉典房契存照。

內有陳姓白典契壹張，上首何姓紅典契壹張，又薛、吴、甯、陳四姓贖回白典契四張，紅、白契共計陸張，俱付銀主收存。再照。

乾隆拾肆年柒月式十七日

立轉典房契人　陳士秀（押）

中保人　蔡家惠（押）

苟震生（押）

立轉分典房契人陳士秀，因乏用，將故父原典寗姓向西座房叁間，院內隔斷板一層，門窗戶壁俱全，上下土木相連，坐落南城草廠下五條胡同地方路東，今憑中說合，情願轉典與
何
名下住居為業。三面言定，時值典房價紋銀拾兩整，外修理銀肆兩整，其銀親手收足，外無欠少。言明陳姓取贖叁年為滿，準贖寗姓取贖，不拘年限。如陳姓取贖，當面言明，修理不算；倘寗姓取贖典價，併修理分毫不讓。下後大修理房主，小修理銀主。自典之後，倘有滿漢親族弟男子姪併借房借貸等情，有陳姓一面承管。恐後無憑，立此轉典房契存照。

內有陳姓白典契壹張，上首何姓紅典契壹張，又寗、吴、薛、陳四姓贖回白典契四張，紅白契共計陸張，俱付銀主收存再照。

乾隆拾肆年柒月 弍十八 日立轉典房契人陳士秀（押）

中保人 蔡家萬（押）
蕭震生（押）

大吉利

一八

清乾隆十七年（一七五二）大興縣董成珏兄弟典房白契

（契約四一八）

立典房人董成珏、簡，因無錢使用，將自置南瓦房弍間，壹過道，情遠（願）典於蘇　名
下住坐爲業。此房坐落鞭子巷三條胡同路南，前層有空地一塊。三言議定，典房價錢壹佰吊
，外有修禮（理）錢弍拾千，前後共錢壹佰廿吊。伍年爲滿，錢到歸書（贖）。日後如有董姓……
出争競（競），有中人一面承管。恐後無憑，立字存召（照）。

此房董姓自蓋，并無稅紙。存召（照）。

乾隆拾柒年六月初一日

立典房人董成　鈺（押）
　　　　　　　簡（押）

中保人　宋天培（押）

二十一年又□錢十千，永不回贖存炤（照）。老契共六張。

陸

立典房人董成珏蒲，因無錢使用，將自置南北房弍間壹過道，情願典於

蘇名下住坐爲業。此房坐落鞭子巷三條胡同路南，前層有空地一塊。三言議定典房價錢壹佰千，

外有修礼錢弍拾千，前後共錢壹佰廿千，伍年爲滿，錢到歸書。日後如有董姓親族人等出頭爭競，

有中人一面承管。恐後無憑，立字存照。

此房董姓自蓋，並無稅契存照。

乾隆拾柒年六月初一日立典房人董成珏蒲 十

中保人宋天培 十

二十一年又找平十千，永不回贖存照。

一院

大吉利

老契

共六張

一九

清乾隆十八年（一七五三）大興縣甯君弼同子轉分典房白契

（契約四三二）

立轉分典房契人甯君弼同男光祖，因乏用，將原典何姓貳層瓦房叁間，院内隔段（斷）板一槽，門窗户壁（壁）俱全，坐落草廠下五條胡同路東地方。今憑中保人説合，情願轉分典與王　名下住居爲業。三面言定，時值典房價紋銀叁拾伍兩整。其銀當面親□收足，外無欠少。同中言明伍年爲滿，銀到取贖。日後大修理房主，小修理銀主。自典房之後，倘有滿漢親族弟男子侄并官銀私債、指房借貸等情，有甯姓父子同中保人一面承管。兩家情願，各無返（反）悔。恐後無憑，立此轉分典房契存照。其銀壹兩五分，錢法平兑。

內有贖回陳姓白典契壹張，又贖回何姓白典契壹張，上首何姓紅典契壹張，又贖回薛、吴、陳三姓白典契叁張，共計紅、白契陸張，俱付銀主收存。再照。

乾隆十八年貳月十三日

立轉分典房契人　甯君弼（押）

同男　甯光祖（押）

中保人　劉珮玉（押）

荀震生（押）

立轉典房契人甯君獅同男光祖，因乏用，將原典何姓貳層瓦房叁間，院內隔斷板牆門窗戶壁俱全，坐落草廠下五條衚衕
路東地方，今憑中保人說合，情愿轉典與
王　名下住居為業。三面言定，時值典房價紋銀叁拾伍兩整。其銀當面親手收足，外無欠少。同中言明伍年為滿，銀到取贖。日後大修理房
主，小修理銀主。自典房之後，倘有滿漢親族弟男子侄併官錢私債、指房借貸等情，有甯姓父子同中保人一面承管，兩家情愿，各無返悔。
恐後無憑，立此轉典房契存照。其銀係西五子錢法平兌。
帶贖回原何姓白典契壹張，又贖回何姓白典契壹張，又贖回何姓紅典契壹張，又贖回吳三姓白典契叁張，共計紅白契陸張，俱付銀主收存。

乾隆十八年貳月　十三　日立轉典房契人甯君獅（十）
同男甯光祖（押）
中保人　劉珮玉（書）
肖震生（押）

大吉

利

二〇

清乾隆十八年（一七五三）大興縣王玉芝轉分典房白契

（契約四三三）

立轉分典房契人王玉芝，因乏用，將原典瓦房三間，院内隔段（斷）板一槽，門窗户壁俱全，坐落草廠下五條胡同路東地方，今憑中人説合，情願典於陳　名下住居爲業。三面言明，典房銀叁拾伍兩正。其銀當日收足，外無欠少。同中言明，五年爲滿，銀到取贖。自典房之後，倘有親族人等争兢（競），有中人一面承管。兩家情願，各無反悔。恐後無憑，立此轉分典契存照。

銀主共收紅、白典契紙七張存照。

中人　白盛公（押）

立轉分典房契　王玉芝（押）

中人　劉佩玉（押）

乾隆十八年四月　日

立轉分典房契人王玉芝，因乏用，將原典瓦房三間，院內[illegible]又接連一槽，門窗戶壁俱全，坐落草廠下[illegible]
路東地方，今憑中人說合，情愿典與
陳名下住居爲業。三面言明典房銀叁拾伍兩，其銀當日收足，外無欠少。同中言明五年爲滿，銀到取贖。
自典房之後，倘有親族人等爭競，有中人一面承管。兩家情愿，各無反悔，恐後無憑，立此
轉分典契存照。
原主契收，白典契帋七張存照。

乾隆十八年四月　日立轉分典房契王玉芝十

中人白成公十

中人刘楓玉十

大吉

二一

清乾隆十八年（一七五三）大興縣陈士秀轉分典房白契

（契約四三四）

立轉分典契人陳士秀，因乏用，將原典瓦房叁間，院内隔段（斷）板一槽，門窗户壁俱全，坐落草廠下五條胡同路東地方，今憑中保人説合，情願轉分典於（與）白　名下住居爲業。三面言明，時值典房價文（紋）銀叁拾伍兩正。其銀當面收足，外無欠少。同中言明，四年爲滿，銀到取贖。日後大修房主，小修銀主。自典房之後，倘有滿漢親族人等指房借代（貸）等情，有中保人一面承管。兩家情願，并無反悔。恐後無憑，立此轉分典房契存照。

内有贖回陳姓白典契壹張，又贖回何姓白典契一張，上首何姓紅典契一張，又贖回薛、吴、陳三姓白典契三張，又贖陳姓白紙一張，共計八張，銀主收存照。

中保人　郭惠如（押）

立轉分典房契人　陳士秀（押）

中見人　劉佩玉（押）

劉祥玉（押）

乾隆拾八年九月十一日

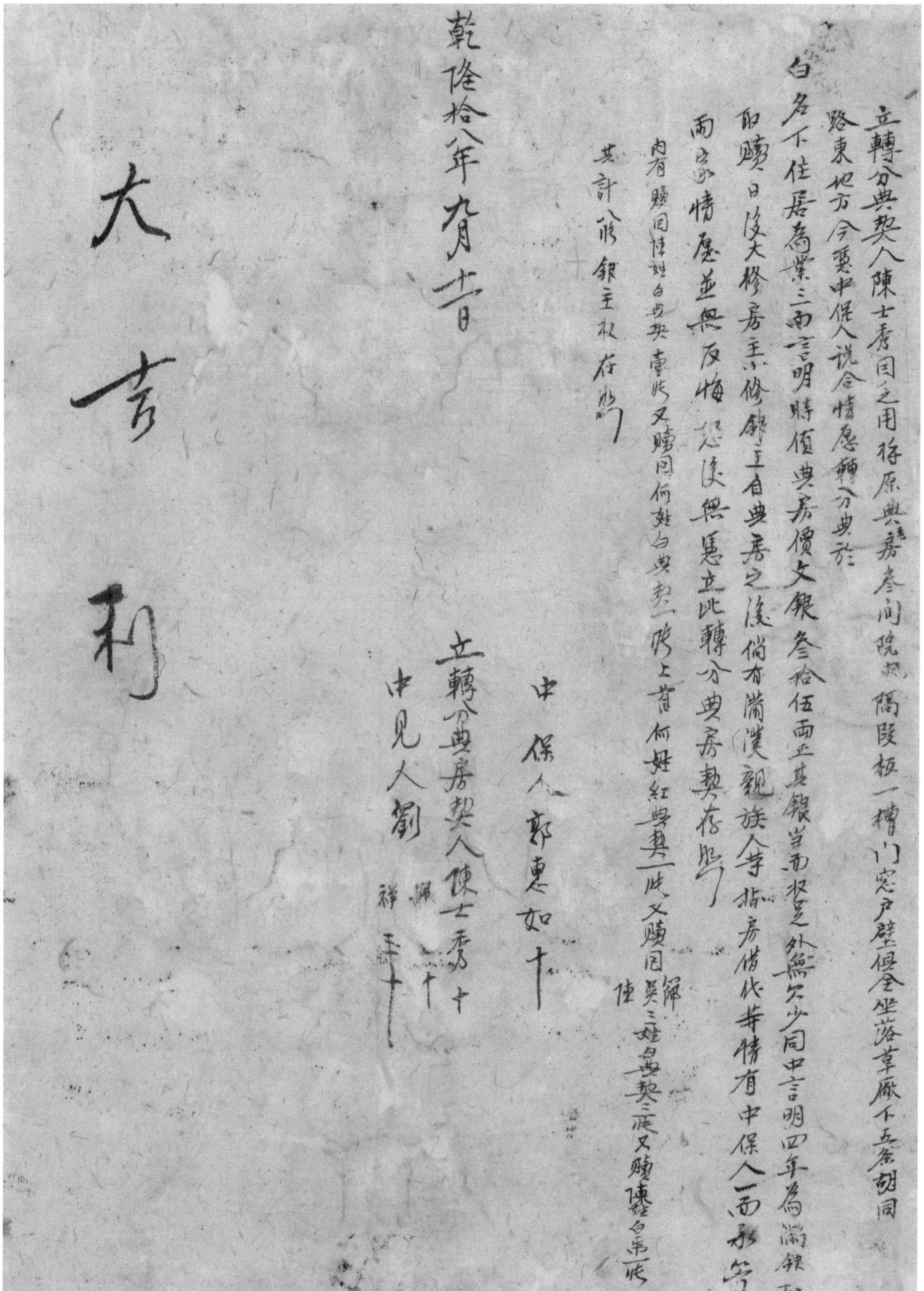

立轉分典契人陳士秀因乏用將原典蓋房叁間院落隔段板一槽門窗户壁俱全坐落草廠下五條胡同
路東地方今憑中保人說合情愿轉分典於
白名下住居為業三面言明時值典房價文銀叁拾伍兩正其銀當面收足外無欠少同中言明四年為滿錢到
取贖日後大修房主小修錢主自典房之後倘有滿漢親族人等指房借代等情有中保人一面承管
兩家情愿並無反悔恐後無憑立此轉分典房契存照
內有贖回陳姓白典契壹張又贖回何姓白典契一張上首何姓紅典契一張又贖回吳三姓白典契三張又贖陳姓白典契一張
歸 陳
共計八張銀主收存照

中保人郭惠如十

乾隆拾八年九月十二日

立轉分典房契人陳士秀十

中見人劉禪玉十

大吉利

二二

清乾隆二十年（一七五五）江蘇江甯縣孫鋭九杜絶賣住房官契

（契約二四四）

立杜絶賣住房文契人孫鋭九，今將祖遺受分住房一所，坐落城中江寧縣武定橋党家巷結東字鋪地方，計一進門面青墻一道，三架梁房壹間，左首走巷一道，大天井一方，絲棉樹一株，山石全，二進五架梁樓廳上下陸間，前捲篷（棚）三號對面斜向五架梁平房叁間，廳右首五架梁川堂壹間，厨披壹厦，三進横首五架梁平房并排叁間，東厠全在房，所有装修俱各絲毫不動，另有水程装修細單載明查交其房，前至官巷，後至孫、吴二宅，左至車府，右至吴、周二宅，四至明白，自前至後，周圍層進，隨房墻垣悉照舊制，前後天井，上下土木磚石相連。此房原典陸宅，陸又轉典與吴，年限已逾，應聽節次回贖，又兼孫宅需用，浼托中友説合，自情願將房憑官牙立契出杜絶賣與張五和名下永遠執業，翻蓋居住。當日三面言明，得受照時估值杜絶賣價玖柒色牙法玖伍兑銀叁伯叁拾兩整。其銀本日對衆一平兑足，親手收清，毫無短少，銀契兩交明白。此房係孫鋭九祖遺受分已産，與别房族衆無干。自憑中牙杜絶賣後，遵奉部頒定例，凡係杜絶之産，永不回贖，永無找貼，再無不盡不斷之説，聽憑買主拆卸、翻蓋、改造、居住，永無異説。并無本族長幼異姓人等争論，以及重複典當、家務不清、一切葛藤之事。倘有此情，俱係賣主孫鋭九一力承當，與買主毫無干涉。此係兩相情願，允買服賣，契明價足，其中并非貨債、準折、逼勒成交等情。今欲有憑，立此杜絶賣住房文契永遠存照。

此房係孫宅祖産，且久經劈出，歷典多主，并無原契付執。衹將節次贖回紅墨廢典契共三紙批銷，存交買主爲據。再照。

乾隆貳拾年拾貳月十六日　立杜絶賣住房文契人　孫鋭九（押）

弟　搢裕（押）

原典主　陸錫九（押）

吴覲揚（押）

朱亮公（押）
王郁文（押）
鄭漢文（押）
王範疇（押）
憑中友　程騰滄（押）
陸昌齡（押）
姜東序（押）
梁位三（押）
李明顯（押）
車脩三（押）
何質宣（押）
憑鄰　郭敦素（押）
周東占（押）
汪汝器（押）
官牙　姜濱文（押）
地方　李　玉（押）

立此杜絕賣住房文契永遠存照。
乾隆三十三年六月十五日將契内房間典與顧宅執業，價銀式百零伍兩整。此契仍存張處。

立杜絶賣住房文契人孫毓九今將祖遺受分住房一所坐落城中江寧縣武定橋黨家巷結東字舖地方計一進門面青墻一道三架梁房壹間左首走巷一道大天井一方緣棉樹一株山石全
二進五架梁樓廳上下陸間前捲篷三號對面斜向五架梁平房叁間廳左首五架梁川堂壹間廚披壹厦三進橫首五架梁平房並排叁間東廁全在房所有裝修俱各緣毫不動另有
水程裝修細單載明查交其房前至官巷後至孫吳二宅左至車府右至吳周二宅四至明白自前至後週圍層進隨房墻垣悉照舊制前後天井上下土木磚石相連此房原典陸宅陸又轉典與
吳年限已逾應聽節次回贖又無孫宅需用浼託中友說合自情愿將房憑官牙立契出杜絶賣與
張五和　名下永遠執業翻蓋居住當日三面言明得受照時估值杜絶賣價玖柒色牙法玖伍兌銀叁佰叁拾兩整其銀本日對眾平兌足親手收清毫無短少銀契兩交明白此房係孫毓
九祖遺受分己產與別房族眾無干自憑中牙杜絶賣後遵奉　部頒定例凡係杜絶之產永不回贖亦無找貼再無不了不斷之說聽憑買主拆卸翻蓋改造居住永無異說並無本族長幼異
姓人等爭論以及重複典當家務不清一切葛藤之事尚有此情俱係賣主孫毓九一力承當與買主毫無干涉此係兩相情愿允買服賣契明價足其中並非貨債準折逼勒成交等情今欲有
憑立此杜絶賣住房文契永遠存照

此房係孫宅祖產且久經歸出歷典多主並無原契付執只將節次贖回紅墨縣典契共三紙批銷存交買主為據再照

乾隆貳拾年拾貳月　十六　日立杜絶賣住房文契人　孫毓九

承
原典主　陸揩裕
吳錫九

憑中友　朱亮公
王郁文
鄭漢文
王範疇
程騰滄
陸昌齡
姜東序
梁位三
李明顯

憑鄰　車倫三
何寶宣
鄒敦素
周東占

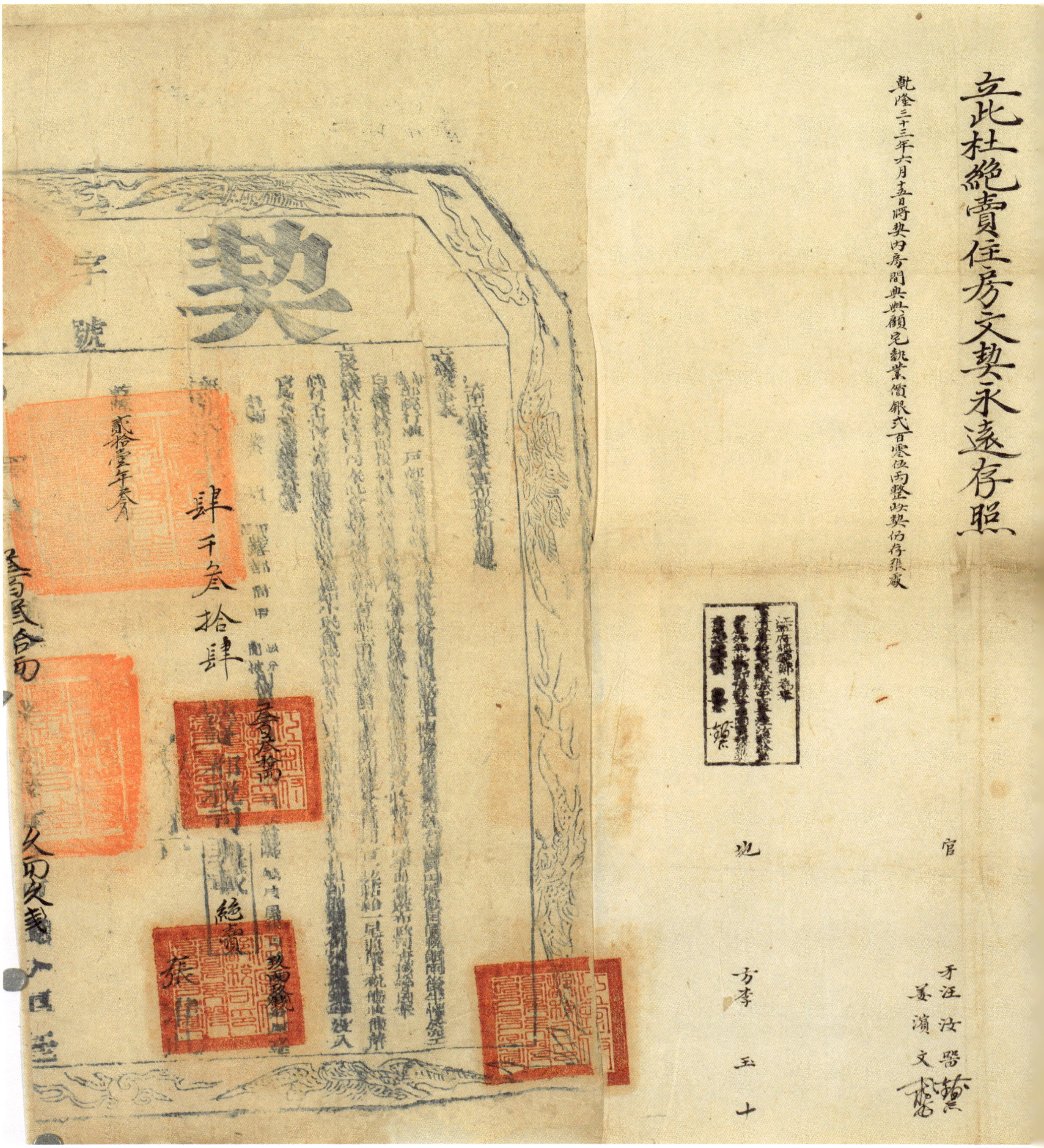

立此杜絶賣住房文契永遠存照

乾隆三十三年六月十二日將契内房間典與顧兄執業價銀弍百零伍两整此契仍存張處

官

汪汝器
姜濱文

方李玉

清乾隆二十四年（一七五九）大興縣德明賣房紅契

（契約三一七）

正藍旗滿洲覺羅伊精阿佐領下閑散覺羅德明，有瓦房拾貳間，坐落總鋪（布）胡同東頭路北地方，今賣與厢（鑲）白旗滿洲赫伸佐領下庶吉士阿肅名下，價銀貳百肆拾兩。此房倘係未行扣完官銀之公産并重複典賣、親族人等争執等情，俱係佐領伊精阿、驍騎校福爾杭阿、領催胡松阿、賣主德明仝保此照。

乾隆二十四年八月　日

立賣契人

納稅銀柒兩貳錢

德明（押）

驍騎校福爾杭阿（押）

領催胡松阿（押）

佐領伊精阿（押）

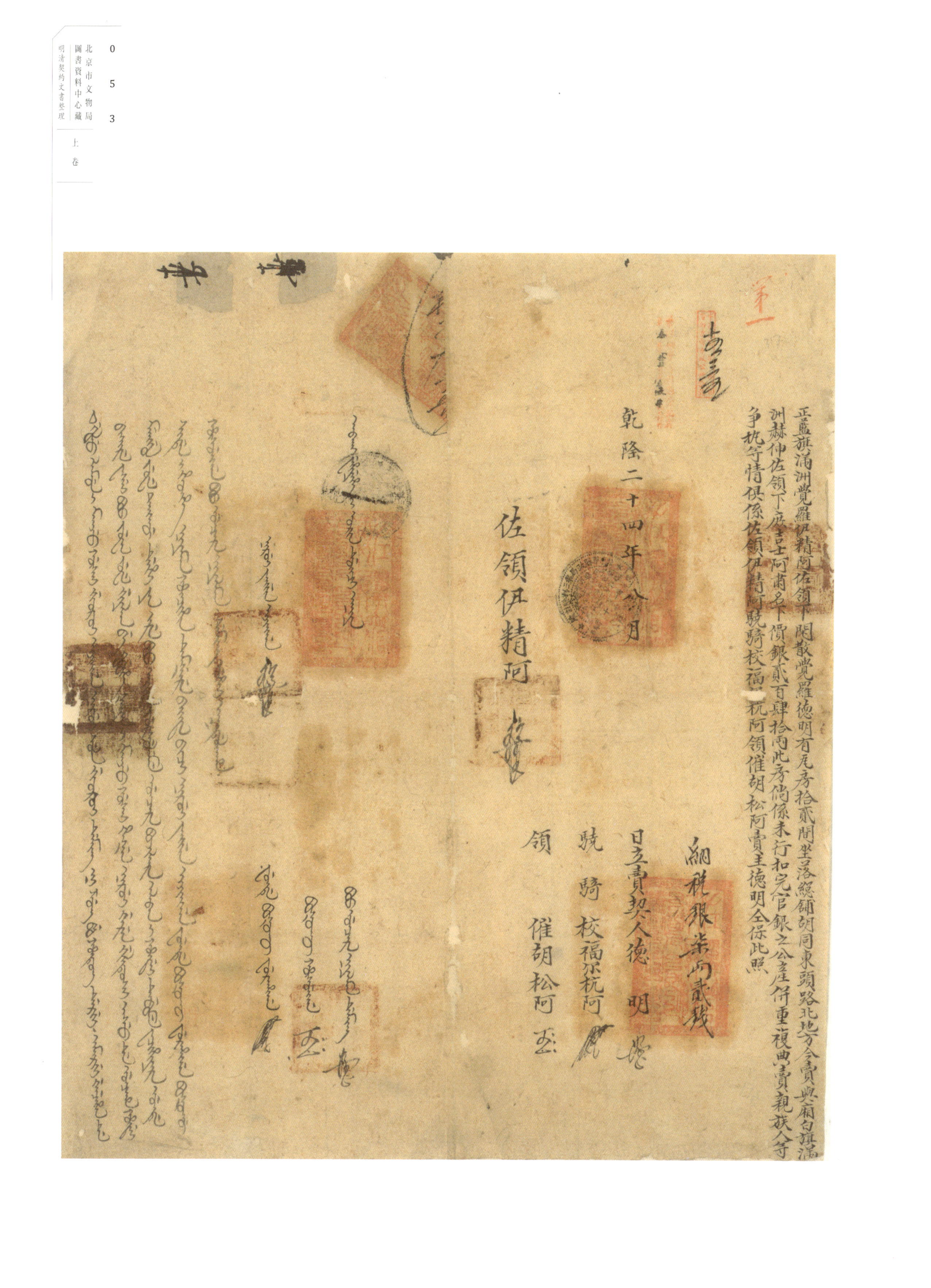

第一

大吉

正藍旗滿洲覺羅伊精阿佐領下閑散覺羅德明有瓦房拾貳間坐落絨線胡同東頭路北地方今賣與鑲白旗滿洲赫伸佐領下庫喜阿甫名下價銀貳百肆拾兩此房倘係未行和完官銀之公產併重複典賣親族人等爭執等情俱係佐領伊精阿驍騎校福爾杭阿領催胡松阿賣主德明全保此照

納稅銀柒兩貳錢

乾隆二十四年八月　日立賣契人德明

驍騎校福爾杭阿

領催胡松阿

佐領伊精阿

二四

清乾隆二十五年（一七六〇）大興縣王門臧氏同侄王有爵典房白契

（契約四一九）

立典房契人孀婦王門臧氏同侄王有爵，因乏用，將祖遺破爛壹所，門面房身地壹塊，院內向北房壹間，後有向東房壹間，隨房院落，共計破爛房貳間，門窗户壁俱全，坐落在邊（鞭）子巷三條胡同路南，今憑中保人説合，情願典與蘇　名下住坐爲業。三面言定，時值典房價清錢陸拾千文整。其錢當日收足，外無欠少。言定伍年爲滿，錢到歸贖。其房大修理業主，小修理錢主。自典之後，如有親族長幼人等争競及指房借貸滿漢銀債、争競等情，有出典房主同中保人一面承管。恐後無憑，立此典契存照。

內有原房譚姓紅契壹張，贖回張姓白典契壹張，共計紅、白契貳張，錢主收存。

乾隆二十五年七月　日

立典房契人　孀婦王門臧氏（押）

同侄　王有爵（押）

同中保人　劉漢臣（押）

劉德天（押）

柒

立典房契人孀婦王門臧氏同姪王有爵因乏用將祖遺破爛壹所門面房身地壹塊院內向北房壹間後有向東房壹間隨房院落共計破爛房
貳間門窗戶壁俱全坐落在邊子巷三條胡同路南今憑中保人說合情愿典與
穆　名下住坐為業三面言定時值典房價清錢陸拾千文整其錢當日收足外無欠少言定伍年為滿錢到歸贖其房大修理業主小修
理錢主自典之後如有親族長幼人等爭競及指房借貸滿漢銀債爭競等情有出典房主同中保人一面承管恐後無憑立此典契存照
內有原房譚姓紅契壹張贖回張姓白典契壹張共計紅白契貳張錢主收存

乾隆二十五年七月　日立典房契人孀婦王門臧氏十
同　姪　王有爵（押）
同中保人　劉漢臣（押）
劉德天（押）

二院

吉利

二五

清乾隆二十八年（一七六三）大興縣阿肅典房白契

（契約三一八）

立老典契鑲白旗滿洲都統赫伸佐領下詹事府洗馬阿肅，有本身印契，買得住房一所，計房共十二間，坐落東單牌樓總布胡同内路北，因無銀使用，憑中説合，典與正藍旗宗室伊進泰名下爲業。一典五十年，價銀陸百兩整。其銀當面交足，不致欠少。自典之後，聽憑業主永遠爲産。此房倘係未行扣完官銀之公産并重複典賣、與親族人等争競，有契主、保人一面承管。恐後無憑，立此存照。有原印契一張跟隨。

乾隆二十八年二月二十七日立

立賣契人　阿肅（押）

中保人　候補筆帖式　崇善（押）

第二

十五之三

立老典契鑲白旗滿洲都統赫伸佐領下詹事府洗馬阿肅有本身印契買得住房一所計房
共十二間坐落東单牌樓總布胡衕内路北因無銀使用憑中說合典與正藍旗
宗室伊進泰名下為業一典五十年價銀陸百兩整其銀當面交足不致欠少自典之後聽憑業
主永遠為産此房倘係未行扣完官銀之公産并重複典賣與親族人等爭競有契主保人
一面承管恐後無憑立此存照有原印契一張跟隨

立賣契人阿肅（押）
中保人候補筆帖式崇善（押）

乾隆二十八年二月二十七日立

二六

清乾隆二十八年（一七六三）大興縣張二龍典房白契

（契約四二〇）

立典房契人張二龍，因乏用，將自己鞭子巷三條胡同向北房壹間，向南房壹間，前層街門有空院壹塊，今憑中保人張大年説合，情願老典於（與）蘇　名下永遠爲業。三面言定，價房銀叁拾式兩，外修理銀柒兩，共銀叁拾玖兩整。其銀當日親手收足，外無欠少。自典之後，永不回贖，任憑蓋造，不許返（反）悔。日後如有張姓人等争凈（競）或有借代（貸）一應等説，總有中保人一面成（承）管。恐後無憑，立此契紙存照。

此房并無契紙，買主盡知底細。

向南房從四條胡同走小胡同理。

乾隆二十八年十二月二十七日

立老典房人　張二龍（押）

仝男　全官（押）

中保　張大年（押）

捌

立典房契人張二龍因乏用將自己鞭子巷三條胡同向北房壹間向南房壹間前層街門有空院壹塊

今憑中保人張大年說合情愿老典於

藴　名下永遠為業三面言定價房銀叁拾弍兩外修理銀柒兩共銀叁拾玖兩整其銀當日親手收足外無欠少自

典之後永不回贖任憑蓋造不許返悔日後如有張姓人等爭淨或有借代一應等說總有中保人一面承管

恐後無憑立此契帋存照

此房並無契帋買主盡知底細

向南房從四條胡同走小胡同理

乾隆二十八年　十二月　二十七日立老典房人張二龍　十

仝男全官　十

中保張大年　十

三院

後行

清乾隆二十九年（一七六四）大興縣伊進泰典房官契

（契約三一九）

立老典契正藍旗色和布佐領閒散宗室伊進泰，有本身原典得住房一所，計房共十二間，座（坐）落東單牌樓總布胡同内路北，因無銀使用，憑中説合，典與厢（鑲）白旗滿州（洲）六十六佐領下筆帖式敷元名下爲業。一典五十年，價銀陸百兩正。其銀當面交足，不致欠少。自典之後，聽憑業主永遠爲産。此房倘係未行扣完官銀之公産并重復典賣、與親族人等争兢（競），有契主、保人一面承管。恐後無憑，立此存照。

有原印契一張，白契一張跟隨。

乾隆二十九年三月十三日　立典契人　伊進泰（押）

中保説合人　郭申泰（押）

執照

欽差户部督理左翼税務監督五，爲遵旨議奏事。准户部咨開議覆御史增禄等條奏案内：「嗣後典契載有二三十年至四五十年以上者，令各現在典主一體上税。倘藐法行私，查出即照漏税之例懲處。」等因。乾隆三十五年七月十一日奉旨：「依議。欽此。」欽遵在案。今據厢（鑲）白旗滿洲佐領六十六等呈本，佐領下筆帖式敷元於乾隆二十九年典得正藍旗色和布佐領下伊進泰名下有房拾間，坐落總布胡同地方，價銀陸百兩，照依户部議覆典契改爲買契之例相符。署佐領富寬、驍騎校拉住、領催五十七等仝保前來，相應給發執照收執，并將原典執照粘連鈐印可也。須至執照者。

納税銀拾捌兩

立賣契人　敷元（押）

驍騎校　拉住（押）

領催　五十七（押）

署佐領　富寬（押）

乾隆三十八年四月日

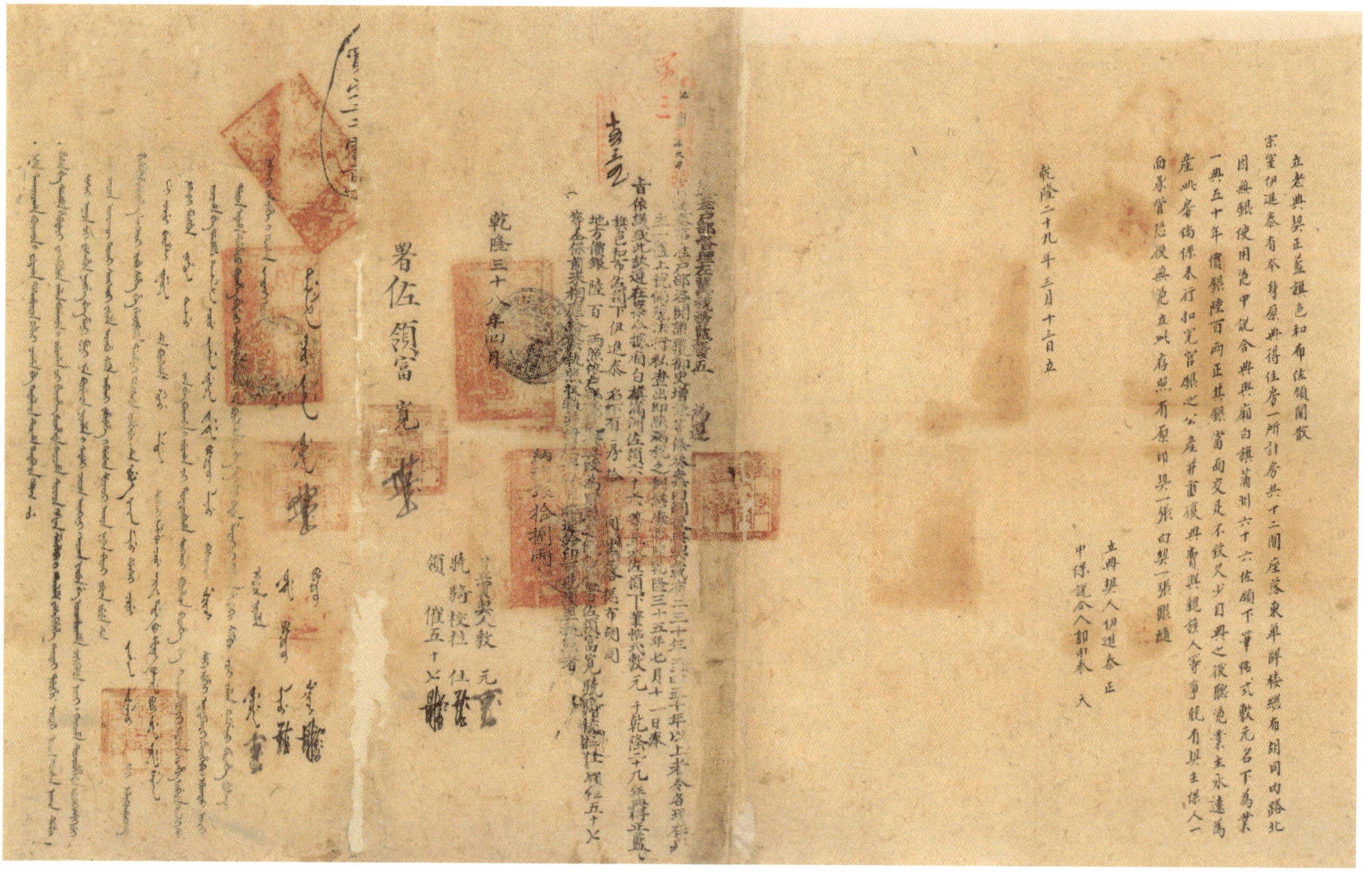

立老典契正藍旗色和布佐領閒散
宗室伊進泰有本身原典得住房一所計房共十二間座落東單牌樓總布胡同內路北
因無銀使用浼中說合典與廂白旗蕭附六十六佐領下筆帖式歡元名下爲業
一典五十年價銀陸百兩正其銀當面交足不欠少自典之後聽憑業主永遠爲
產此房倘係本行和完官銀之公產并重複典賣與親族人等爭競有典主保人一
面承管恐後無憑立此存照有原印契一張白契一張跟隨

乾隆二十九年三月十三日立

立典契人伊進泰 正
中保說合人郭中泰 大

乾隆三十八年四月

署佐領富寬

領催五十七
驍騎校拉住
當契人歡元

立老典契正藍旗色和布佐領閒散
宗室伊進泰有本身原典得住房一所計房共十二間座落東单牌樓總布胡同內路北
因無銀使用憑中說合典與廂白旗蒲刑六十六佐領下筆帖式歡元名下為業
一典五十年價銀陸百兩正其銀當面交足不致欠少自典之後聽憑業主永遠為
產此房倘係未行扣完官銀之公產并重復典賣與親族人等爭競有契主保人一
面承管恐後無憑立此存照有原印契一張白契一張跟隨

立典契人伊進泰 正
中保說合人郭中泰 大

乾隆二十九年三月十三日立

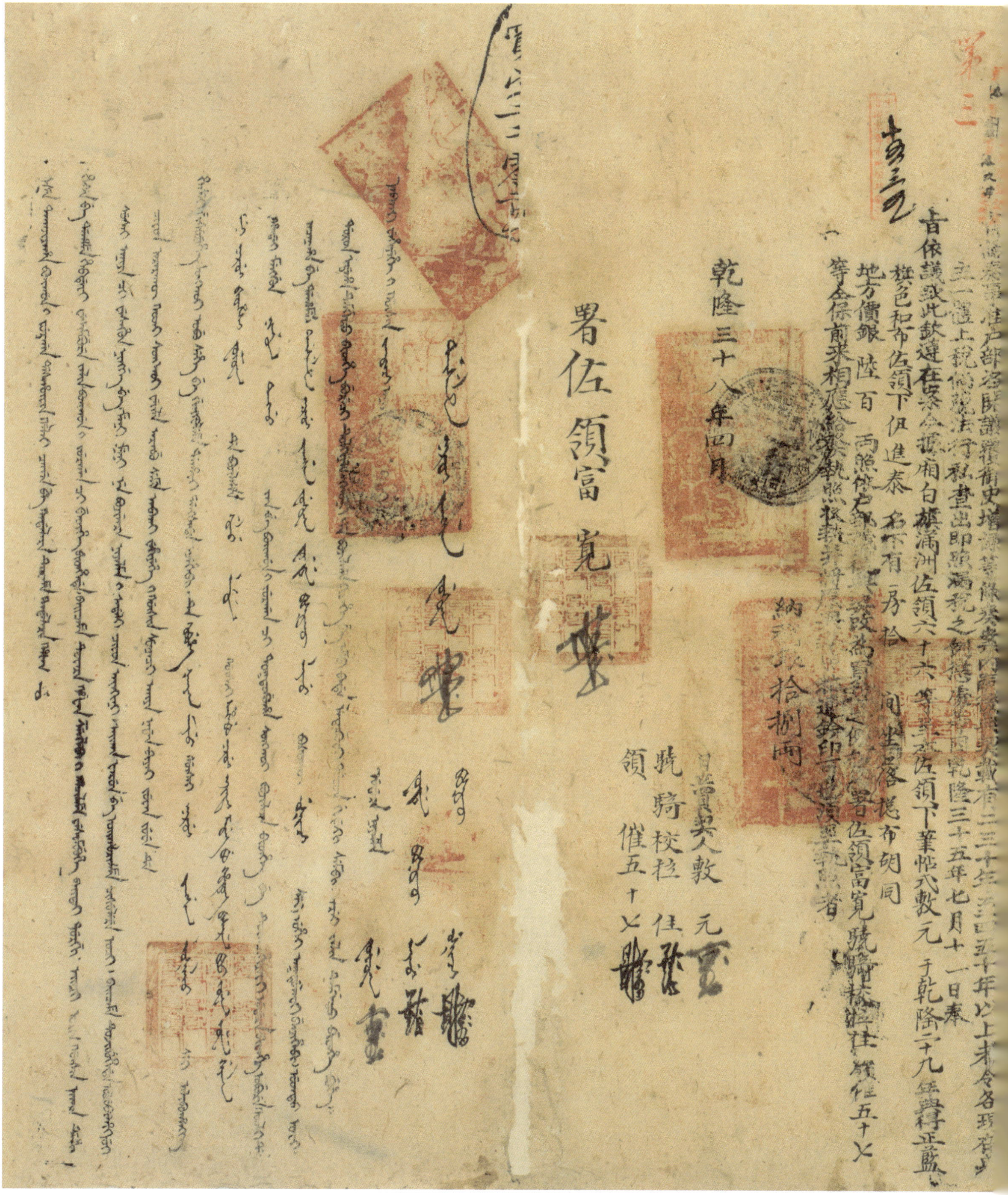
第三

[illegible]准戶部咨覆議覆御史增[illegible]等條奏案內[illegible]載有二三十年[illegible]五十年以上者令各項旗[illegible]

主一體上稅倘就法行私售出即照盜稅之例[illegible]乾隆三十五年七月十一日奉

旨依議欽此欽遵在案今據廂白旗滿洲佐領六十六等[illegible]佐領下筆帖式敦元 于乾隆二十九年典得正藍

旗色和布佐領下伊進泰 名下有 房拾 間坐落 揚布胡同

地方價銀 陸百 兩照例[illegible]發改為買[illegible]署佐領富寬驍騎校拉住領催五十七

等合保前來相應[illegible]執照[illegible]鈐印[illegible]者

納[illegible]拾捌兩

乾隆三十八年四月

署佐領富寬

日 買契人敦元

驍騎校拉住

領催五十七

二八

清乾隆三十三年（一七六八）懷柔縣金濟世典地白契

（契約二四九）

立典契人厢（鑲）黄旗包衣富扯洪管領下閑散人金濟世，因爲乏用，今將父在於乾隆拾壹年拾壹月過紅買得厢（鑲）黄旗滿洲公代屯佐領下閑散人付綱之地肆段，共計玖頃陸拾畝，坐落懷柔縣東付（駙）馬莊地方，現在土房拾柒間，園地一段，場院在内井一眼。今憑説合人朱聖訓言明，情願連紅契典於正黄旗蒙古達色佐領下閑散人明得名下管業。同中保説合人言定，價銀九八色蜜（密）雲廣平捌百柒拾兩正。一典三年爲滿，原價回贖。當日同中人銀契兩交，并無欠少。此地自典之後，倘有欠少官項或係公産并來歷不明、重復典賣、滿漢親族人争兢（競）等情，自有中保説合人一面承管。恐後無憑，隨原賣紅契一張存照。

中保　周良佐（押）

立現典白契人　金濟世（押）

説合人　朱聖訓（押）

乾隆三十三年九月十八日

立典契人廂黄旗包衣富扯洪管領下閑散人金濟世因為
乏用今將父在於乾隆拾壹年拾壹月過紅買得廂黄旗
滿洲公代屯佐領下閑散人付綱之地肆段共計玖頃陸拾畝坐落懷柔
縣東付馬庄地方現在土房拾柒間園地一段塲院在内井一眼今憑説合人朱
聖訓言明情願連紅契典於
正黄旗蒙古連色佐領下閑散人明得名下管業同中保説合人言定價銀九八
色寳雲廣平捌百柒拾兩正一典三年為滿原價回贖當日同中人銀契兩交並無欠
少此地自典之後倘有欠少官項或係公産並來歷不明重復典賣滿漢親族人
爭競等情自有中保説合人一面承管恐後無憑隨原責紅契一張存照

乾隆三十三年九月　十八日立現典白契人金濟世十
中保周良佐十
説合人朱聖訓十

二九

清乾隆三十四年（一七六九）宛平縣康維等賣房官契

（契約四〇〇）

立賣房契人康維同男康奇瑞同孫康玉龍，今因乏用，原買閆姓瓦房壹所，門面瓦房叁間，弍層瓦房叁間，共計瓦房陸間，後有落地壹條，門窗户壁俱全，上下土木相連，坐落北城靈中坊小安南營路西地方，今憑中保人説合，情願賣與林　名下居住爲業。三面言定，時值賣價紋銀壹百兩整。其銀當日親手收足，外無欠少。同中言明。自賣之後，倘有滿漢親族長幼弟男子侄指房指契、各項私債等情争兢（競）者，俱係康姓父子三人同中壹面承管。恐後無憑，立此賣契存照。

此房有康姓本身紅買契壹張，上首閆、張、茆三姓紅買契三張，共計紅契四張，銀主收存。

平係錢法。

乾隆叁拾肆年正月十伍日

立賣房契人　康維（押）

同男　康奇瑞（押）

同孫　康玉龍（押）

中保人　錢茂章（押）

張殿臣（押）

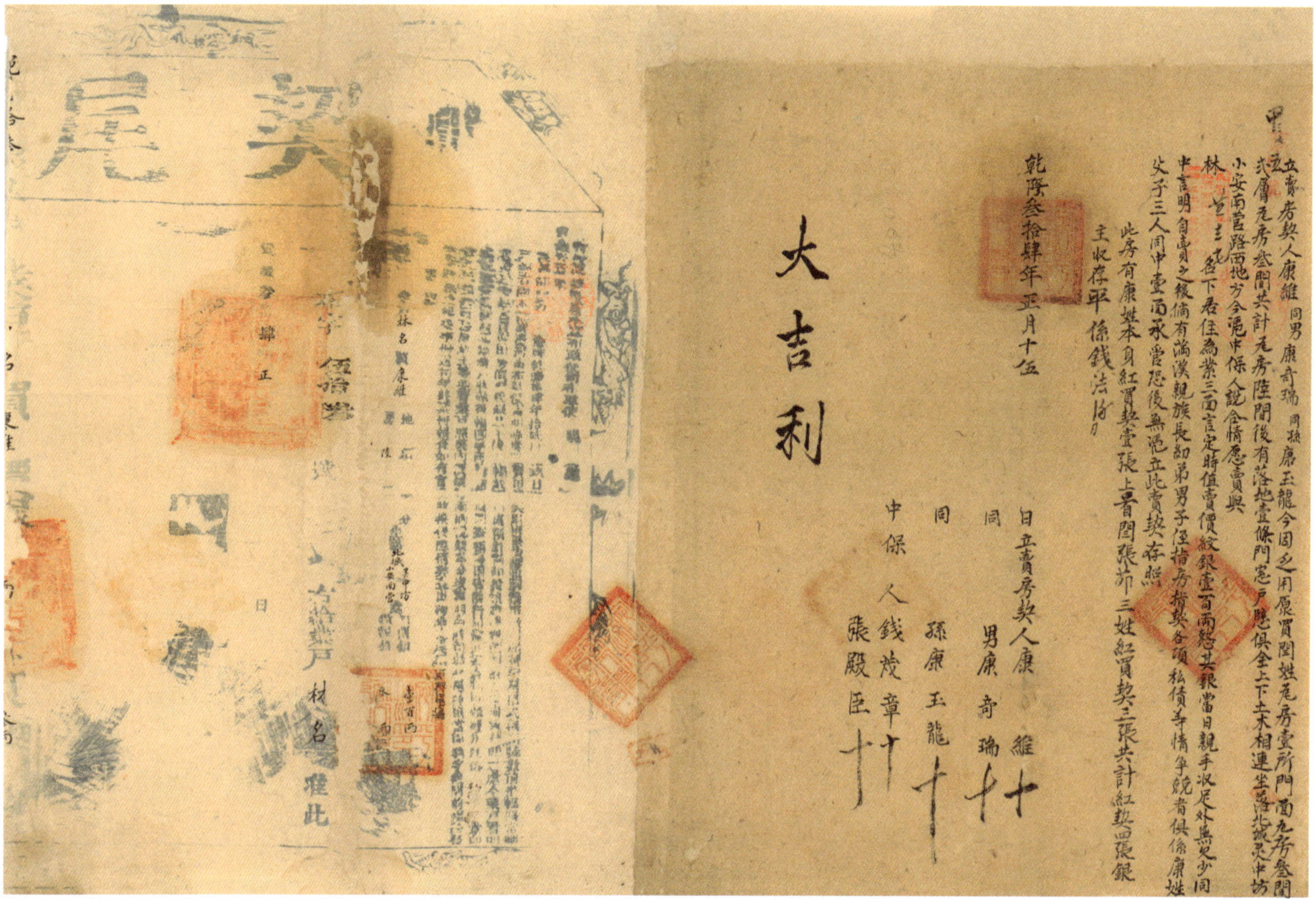
契尾
立賣房契人康維 同男康奇瑞 同孫康玉龍，今因乏用，原買閆姓瓦房壹所，門面瓦房叁間，二層瓦房叁間，共計瓦房陸間，後有落地壹條，門窗戶壁俱全，上下土木相連，坐落北城靈中坊小安南營路西地方。今憑中保人説合，情愿賣與
林□□名下居住為業。三面言定時值賣價紋銀壹百兩整，其銀當日親手収足，外無欠少。同
中言明，自賣之後，倘有滿漢親族長幼弟男子侄指房指契，各項私債等情爭競者，俱係康姓
父子三人同中壹面承管。恐後無憑，立此賣契存照。
此房有康姓本身紅買契壹張，上首閆張郝三姓紅買契三張，共計紅契四張，銀
主收存。平係錢法
乾隆叁拾肆年正月十伍日 立賣房契人康維 十
同 男康奇瑞 十
同 孫康玉龍 十
中保人 錢茂章 十
張殿臣 十
大吉利

中三成

立賣房契人康維 同男康奇瑞 同孫康玉龍今因乏用原買閆姓瓦房壹所門面瓦房叁間
弍層瓦房叁間共計瓦房陸間後有落地壹條門窗戶壁俱全上下土木相連坐落北城靈中坊
小安南營路西地方今憑中保人說合情愿賣與
林堂主名下居住為業三面言定時值賣價紋銀壹百兩整其銀當日親手收足外無欠少同
中言明自賣之後倘有滿漢親族長幼弟男子侄指房指契各項私債等情爭競者俱係康姓
父子三人同中壹面承管恐後無憑立此賣契存照

此房有康姓本身紅買契壹張上首閆張郝三姓紅買契三張共計紅契四張銀
主收存平係錢浩附月

乾隆叁拾肆年五月十五　日

立賣房契人康　維　十
同　男康　奇　瑞　十
同　孫康　玉　龍　十
中保人錢　茂　章　十
張　殿　臣　十

大吉利

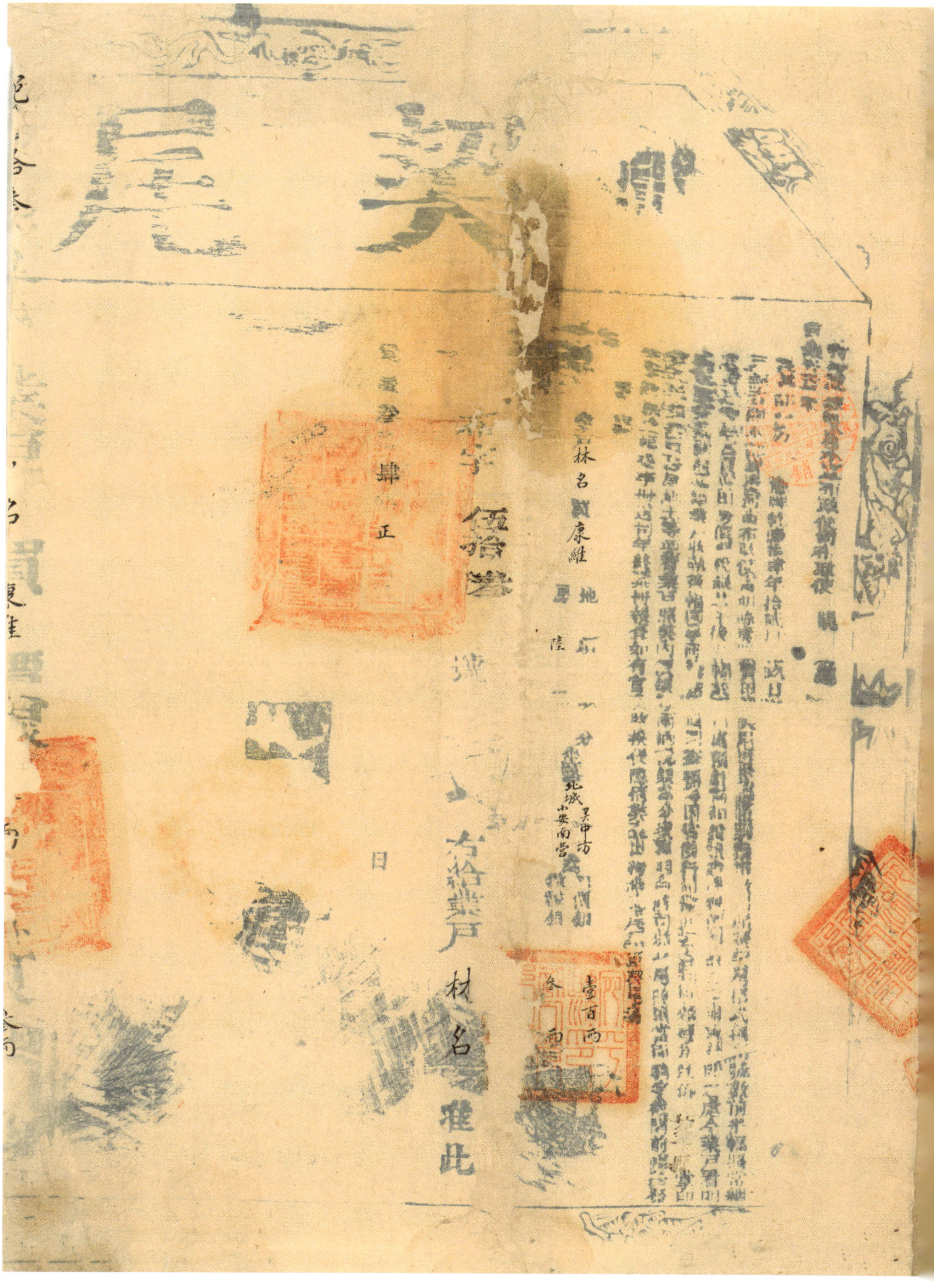
林名
康継
北城
昊中坊
小安南營
壹百兩
肆
正
伍拾
日
林名
准此

清乾隆三十四年（一七六九）大興縣甯光祖轉典房白契

（契約四三五）

立轉典房人甯光祖，今因乏用，將陳白贖回轉典共房六間，坐落草廠下五條胡同路東，今憑中人説合，轉典與汪　名下爲業。面議錢壹百伍拾吊。筆下收足。其房出典伍年爲滿，錢至歸贖。此房遭（糟）爛，如若修理，另立清單以爲修理之憑。紅契一張，白契九張，内短薛姓出名一張。如有來處不明，有人争競，甯姓一面承管。恐後無憑，立此典契存照。在（再）批：共契十張，銀主收存。

中見　汪美臣（押）
程天德（押）

立轉典人　甯光祖（押）

張文德（押）

代筆　韓君仲（押）

乾隆三十四年十二月二十二日

立轉典房人寗光祖今因乏用将陳白贖回轉典共房六間坐落草廠下五條胡同路東今憑中
人說合轉典與
汪名下為業面議錢壹佰伍拾吊筆下收足其房出典伍年為滿錢到歸贖此房遭爛如若
修理另立清单以為修理之憑在契一張白契九張内短薛姓出名一張如有來処不明
有人争競寗姓一面承管恐口無憑立此典契存照
在批共契十張銀主收存

乾隆三十四年十二月　二十三日立轉典人寗光祖十

中見
汪美臣
程天德
張文德十

代筆戴君卿

存照大吉

三一

清乾隆三十六年（一七七一）懷柔縣金濟世賣地紅契

（契約二五〇）

厢（鑲）黄旗包衣德克登額管領下莊頭金濟世，有祖遺地玖頃陸拾畝，房拾柒間，坐落懷柔縣駙馬莊地方，今賣與正黄旗蒙古德克經額佐領下閑散人明德名下，價銀陸百兩。此地倘係未行扣完官銀之公産及重複典賣、親族人等争執等情，俱係内管領德克登額、副管領保寧、領催大保、賣主金濟世仝保。此照。

乾隆三十六年四月　日

納税銀拾捌兩

立賣契人　金濟世（押）

副内管領　保寧

内管領　德克登額

領催　大保（押）

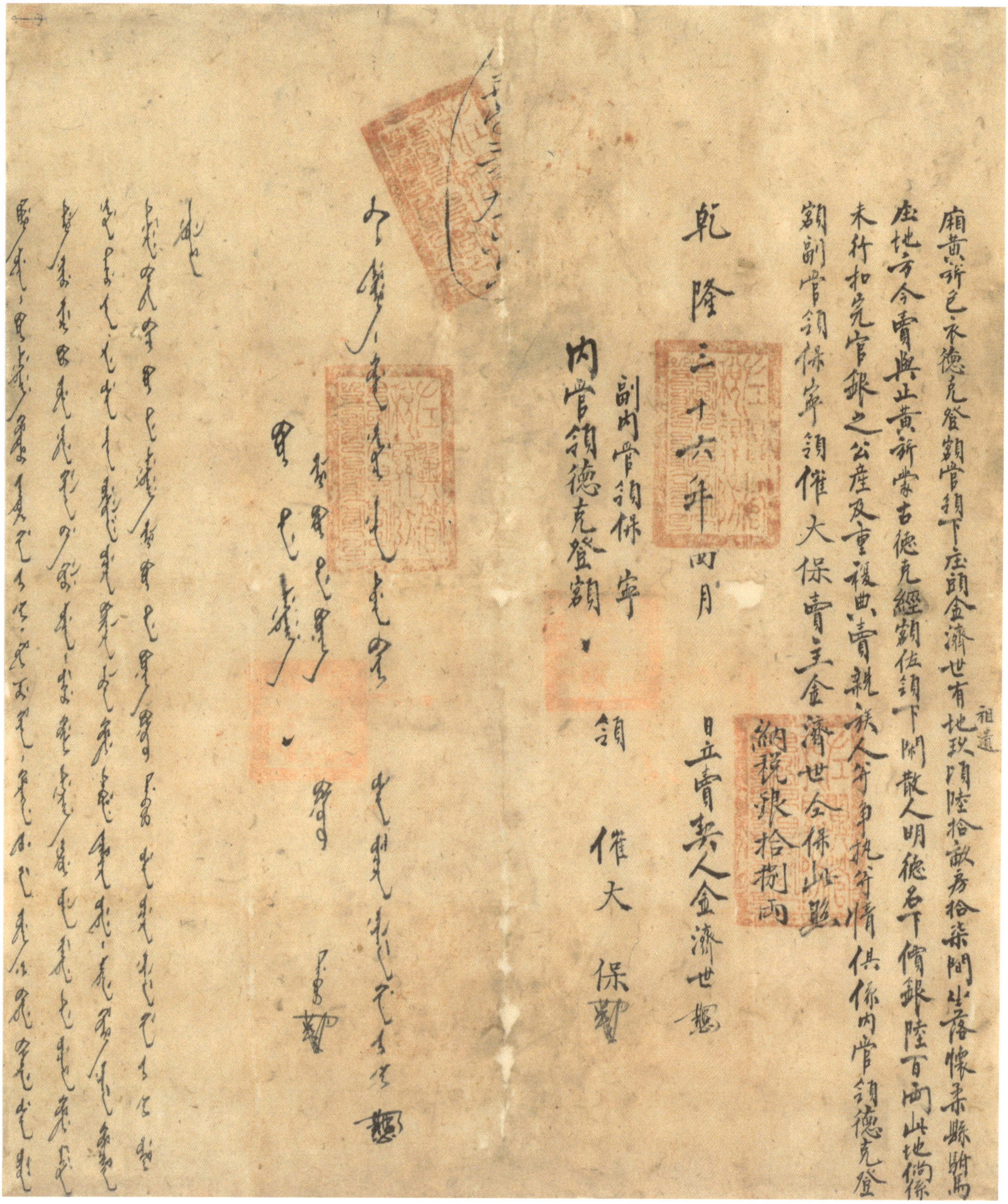

廂黃旗已永德克登額管領下庄頭金濟世有祖遺地玖頃陸拾畝房拾柒間坐落懷柔縣騎馬
庄地方今賣與正黃旗蒙古德克經額佐領下閑散人明德名下價銀陸百兩此地尚係
未作抵完官銀之公產及重複典賣親族人等爭執等情俱係內管領德克登
額副管領保寧領催大保賣主金濟世全保此照
納稅銀拾捌兩

乾隆三十六年四月　日立賣契人金濟世（押）

副內管領保寧
內管領德克登額
領催大保（押）

清乾隆三十八年（一七七三）大興縣張天禄頂賣房官契

（契約四〇六）

順天府大興縣今據劉名用價契買遵例納税事

立頂賣房契人張天禄，今因乏用，將祖遺門面房壹間，前接檐板棚半間，門窗户壁俱全，坐落北城日南坊貳鋪琉璃廠橋東邊路南總甲楊永成地方，今憑中保人説合，情願頂賣與劉　名下永遠爲業。叁面言定，頂賣房價銀肆拾兩整。其銀當日收足，外無欠少。自頂賣之後，倘有滿漢親族人等指房執契借欠官銀私債、争競，有頂賣房主同保房人蘇世沛暨中保一面承管。恐後無憑，立此頂賣房契永遠存照。

此房有張姓本身紅契壹張，付買主收存。再照。

乾隆叁拾捌年伍月　日

立賣契人　張天禄

同至親知情保房人　蘇世沛

中保人　陳秉忠

房牙　陳永懋

總甲　楊永成

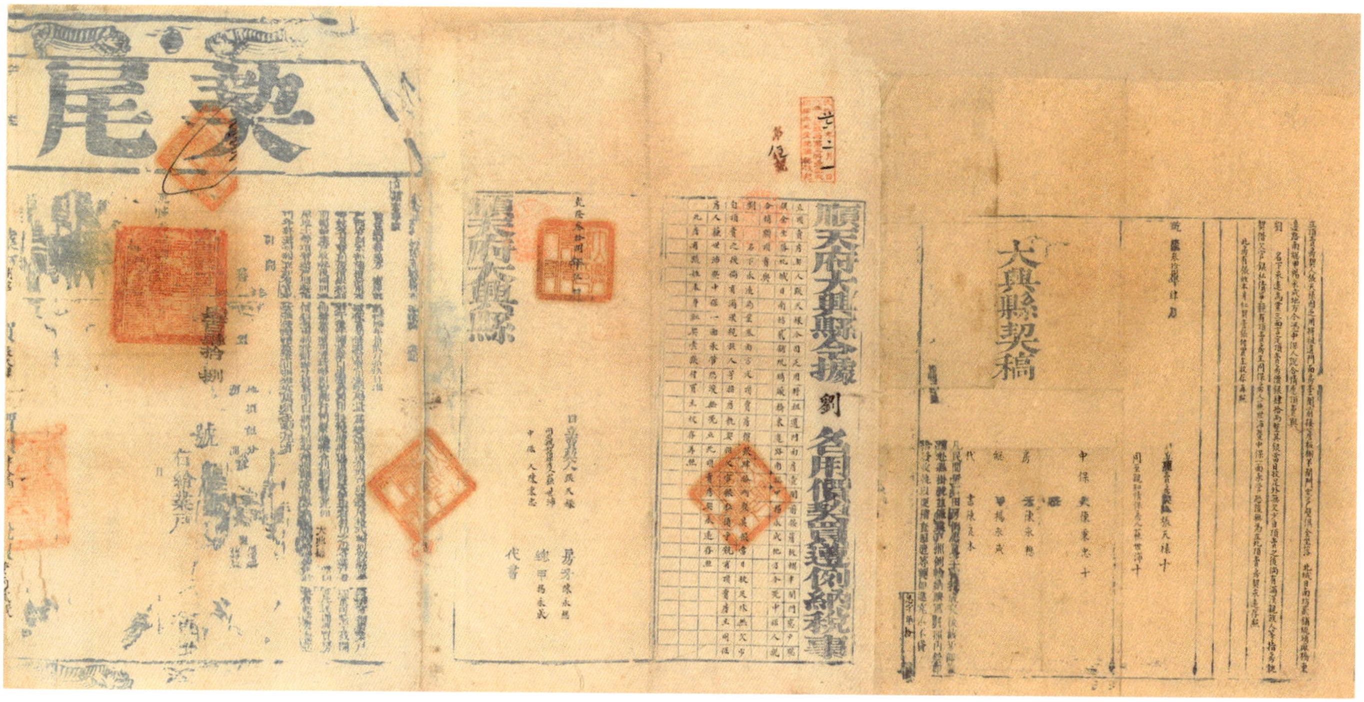
契尾
順天府大興縣
順天府大興縣契據
名用假契賣逃漏納稅事
大興縣契稿

順天府大興縣今據 劉 名用價契買遵例納稅事

立頂賣房契人張天祿今因乏用將祖遺門面房壹間前接簷板棚半間門窗戶壁俱全坐落北城日南坊貳鋪琉璃廠橋東邊路南總甲楊永成地方今憑中保人說合情願頂賣與

劉 名下永遠為業三面言定頂賣房價銀肆拾兩整其銀當日收足外無欠少自頂賣之後倘有滿漢親族人等指房執契借欠官銀私債爭競有頂賣房主同保房人蘇世沛暨中保一面承管恐後無憑立此頂賣房契永遠存照

此房有張姓本身紅契壹張付買主收存再照

乾隆[illegible]叁拾[illegible]年肆月

立頂賣房契人張天祿 十

同至親知情保房人蘇世沛 十

中保人陳秉忠 十

房[illegible]陳永懋

經[illegible]楊永成

代書陳良木

大興縣契稿

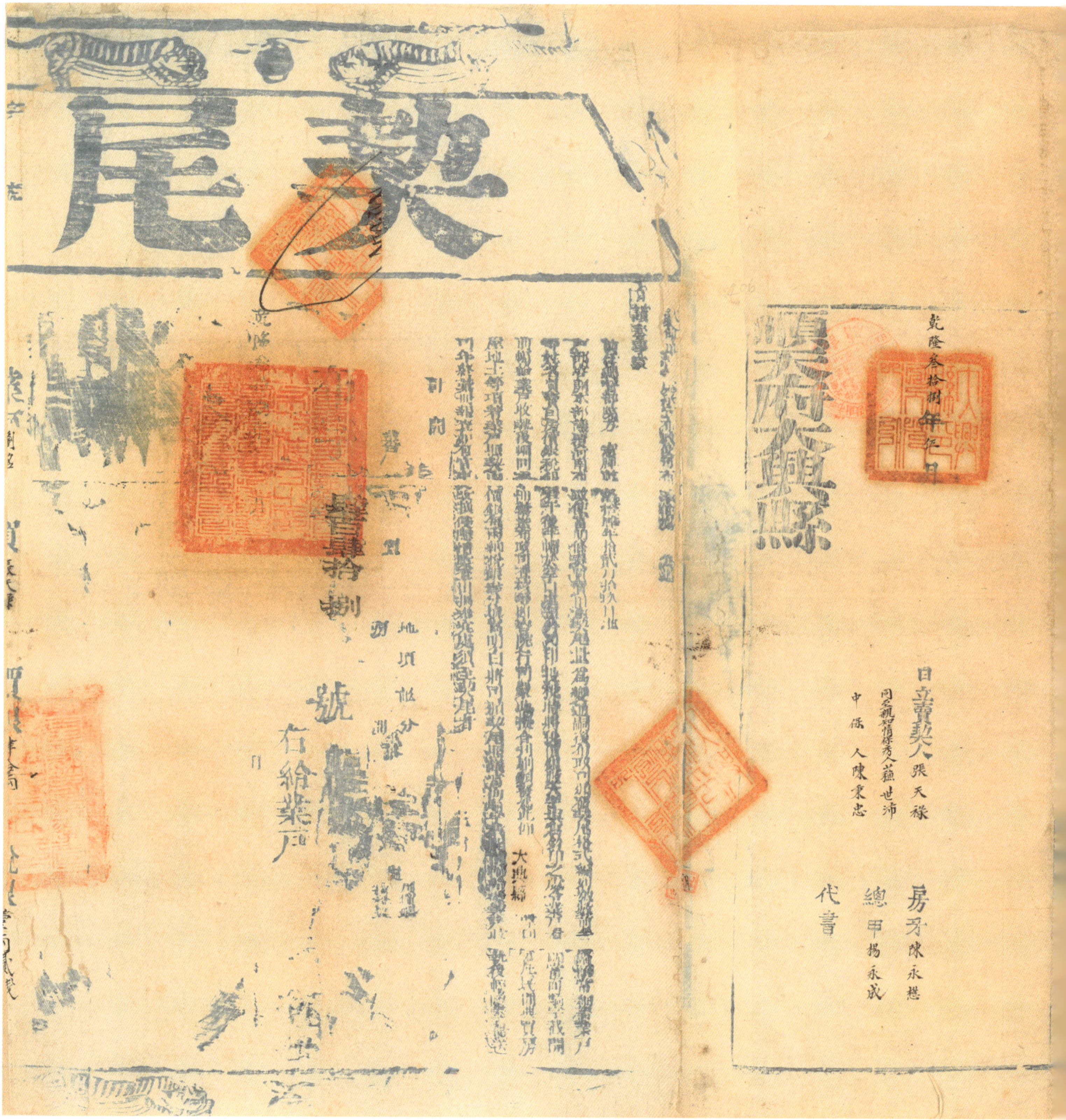
契尾
乾隆叁拾捌年拾月 日
立賣契人張天祿
中保人陳秉忠
房牙陳永懋
總甲揚永成
代書

三三

清乾隆三十九年（一七七四）大興縣楊洪義同母舅典房轉白契

（契約三三六）

立轉典房人楊洪義同母舅李起化，因乏用，今將自置破爛滩（坍）搨（塌）瓦房門面叁間，貳層瓦房叁間，共計陸間。門窗户壁不全，上下土木相連，坐落南城坊閆（閻）王廟後街，坐東向西。今憑中保人説合，情願出轉典與劉　名下住居爲業。三言議定，時值轉典價紋銀貳伯（佰）兩，外有修理銀伍拾兩整。其銀當日親手收足，并無欠少。言定伍年爲滿，銀到回贖。自轉典之後，倘有滿漢親族人等弟男子侄争競（競）者，有典主楊、李二姓壹面承管。恐後無憑，立此轉典房契存照。

此房内有陳、方、楊、史、白典契伍張，付銀主劉姓收存。在（再）照。

乾隆叁拾玖年捌月初捌日

立轉典房契人　楊洪義（押）

同母舅李起化（押）

中保人　吕全泰（押）

立轉典房人楊洪義同母舅李起化因乏用今將自置破爛灘擱尤房門面叁間貳層尤房
叁間共計陸間門窗戶壁不全上下土木相連坐落南城坊因王廟後街坐東向西今憑中
保人說合情愿出轉典與
劉　名下住居為業三言議定時值轉典價紋銀貳伯兩外有修理銀伍拾兩整其銀
當日親手收足並無欠少言定伍年為滿銀到回贖自轉典之後倘有滿漢親族人等
弟男子姪爭競者有典主楊李二姓壹面承管恐後無憑立此轉典房契存照
此房內有陳方楊史白典契伍張付銀主劉姓收存在照

乾隆叁拾玖年捌月初捌日

立轉典房契人
楊洪義 十
同母舅李起化 十
中保人 呂全泰

信行吉利

三四

清乾隆四十三年（一七七八）大興縣吴嗣金吴嗣鑾賣地官契

（契約四六〇）

順天府大興縣今據陳名用價契買遵例納税事

立賣契大興縣人吴嗣金、吴嗣鑾，今因缺用，將祖遺大糧地貳段：壹段陸畝，又壹段拾壹畝，共計地拾柒畝，坐落半壁店，東至賣主墳墻，西至沈地，南至路，北至河沿，四至分明，浼中説合，情願出賣與陳　名下永遠管業。面議價壹佰壹拾兩零伍錢整。其銀當日收足，并無短少。自賣之後，任憑銀主管業。倘有吴姓親族争論等情，俱係賣主一面承管，不與銀主相干。恐後無憑，立此存照。

再批：此地紅契因年久遺失，檢出作廢紙論。并照。

中保人　孟喜枚（押）
　　　　劉顯廷（押）
　　　　劉秉文（押）

立賣契人　吴嗣金（押）
　　　　　吴嗣鑾（押）

代筆人　任丹林（押）

乾隆肆拾叁年貳月　日

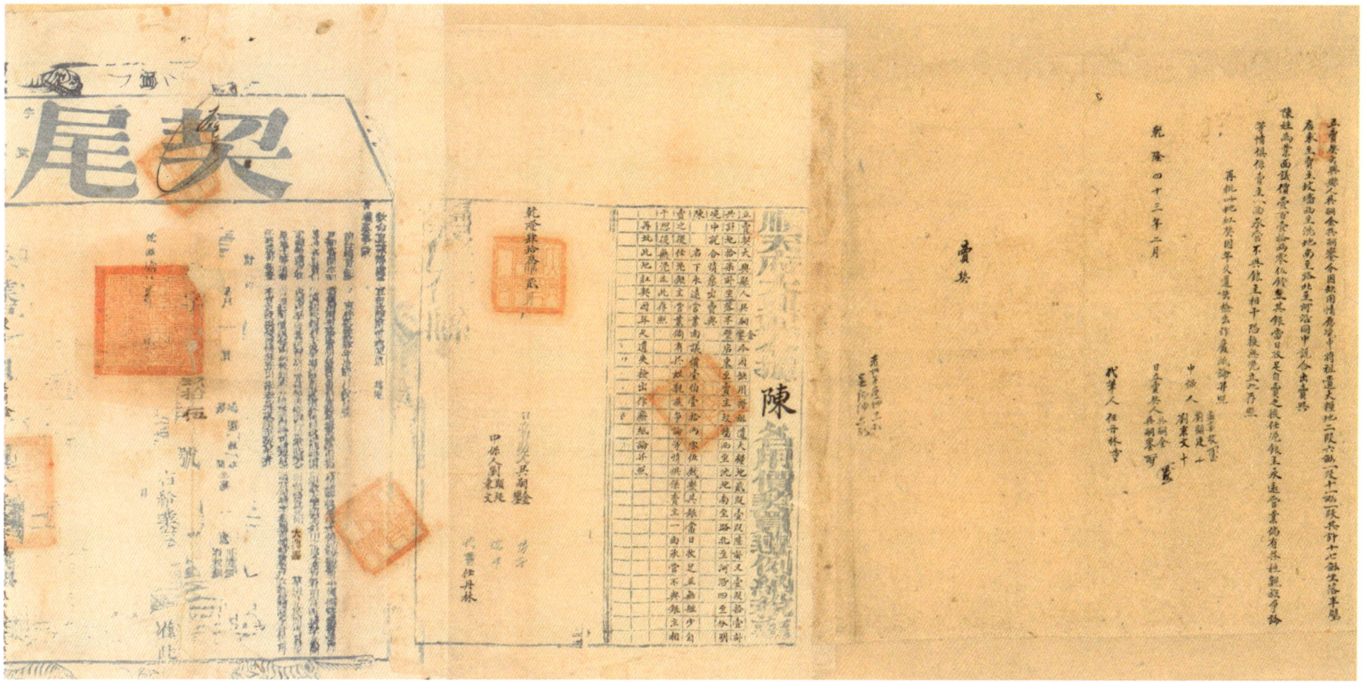

契尾
陳

立賣契大興縣人吳嗣金吳嗣鑾今因缺用情愿凂中將祖遺大糧地二段六畝一段十一畝一段共計十七畝坐落半壁店東至賣主坟墻西至沈地南至路北至河沿同中說合出賣與陳姓為業面議價壹百壹拾兩零伍錢整其銀當日收足自賣之後任憑銀主永遠管業倘有吳姓親族爭論等情俱係賣主一面承管不與銀主相干恐後無憑立此存照

再批此地紅契因年久遺失檢出作廢紙論并照

中保人　孟吉敖　劉顯廷　劉秉文

乾隆四十三年二月　日立賣契人　吳嗣金　吳嗣鑾

代筆人　任丹林

賣契

老州吳慶坤土丑
呈師伸六訖

陳

立賣契大興縣人吳嗣鑾金今因缺用將祖遺大糧地貳段壹段陸畝又壹段拾壹畝
共計地拾柒畝坐落半壁店東至賣主坟墻西至沈地南至路北至河沿四至分明

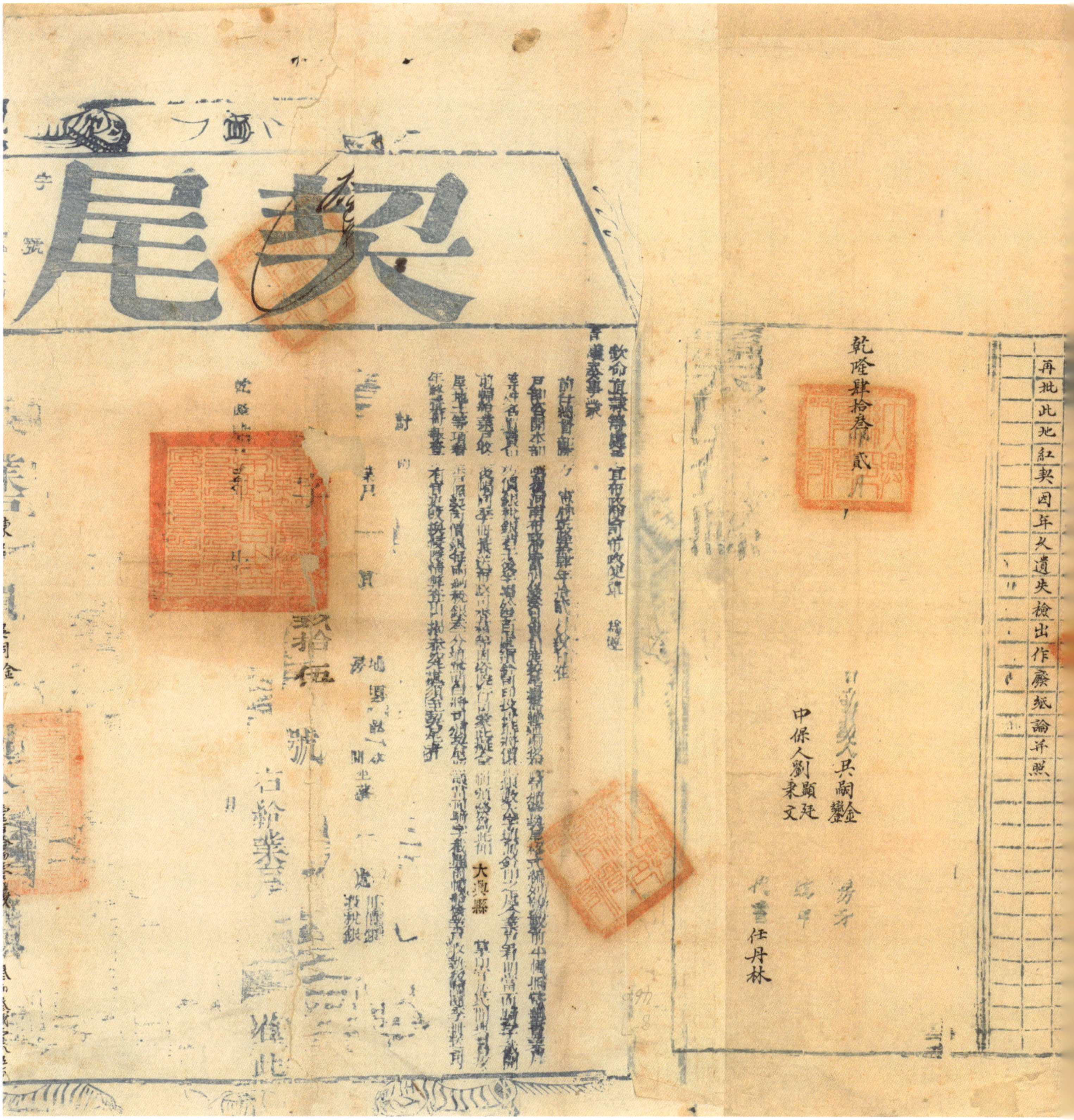

契尾

大興縣

拾伍

號

乾隆肆拾叁年　月　貳　日

中保人劉顯廷
東文

吳嗣鑾　全

代筆　任丹林

再批此地紅契因年久遺失檢出作廢紙論矣照

三五 清乾隆四十五年（一七八〇）大興縣張永祺等賣房白契

（契約四二七）

立賣房契人張永祺等，今因乏用，將自置瓦房壹所，門面房三間，到底三層，頭層房後院內有東遊廊三間、西廂房壹間，二層後院內東西廂房各壹間，共計大小房、遊廊拾伍間，後有落地一條，門窗户壁，上下土木相連，坐落中城中西坊二鋪地方，今憑中保説合，情願出賣與阮名下永遠爲業。三面議定，時值價銀壹千兩整。其銀當日收足，外無欠少。自賣之後，如有親族長幼兄弟子侄人等争競及指房借貸滿漢債并官銀庫債等情争兢（競）者，有賣房主同中保人一面承管。恐後無憑，立此賣房契永遠存照。

我生□四子，大名大德，有三十歲；弟二大紀，有廿九歲；弟三大爵，有廿七歲；弟四大緯，有八歲，分弟四兒子乾井同胡（胡同）收受。

內有原房王姓本身紅契上半張，院憲批呈壹張，張姓本身紅契壹張，共計兩張半，買主收存。

乾隆肆拾伍年拾壹月　日

立賣房契人　張永泰（押）
張永祺（押）
張永齡（押）
徐瑶圃（押）

同中保人　何廷玉（押）
金廷傑
邱景喬（押）

立賣房契人張永祺等今因乏用將自置瓦房壹所門面房三間到底三層頭層房後院內有東遊廊三間西廂房壹間二層後院內東西廂房各壹間共計大小房遊廊拾伍間後有落地一條門窗戶壁上下土木相連坐落中城中西坊二鋪地方今憑中保說合情願出賣與

院

名下永遠為業三面議定時值價銀壹千兩整其銀當日收足外無欠少自賣之後如有親族長幼兄弟子侄人等爭競及指房借貸滿漢債並官銀庫債等情爭競者有賣房主同中保人一面承管恐後無憑立此賣房契永遠存照

我生有四子大名大德有三十歲第二大紀有廿九歲第三大爵有廿七歲第四大偉有八歲分

第四兒子乾井同胡淑受

內有原房王姓本身紅契上半張院憲批呈壹張張姓本身紅契壹張共計兩張半四頁主收存

乾隆肆拾伍年拾壹月　日立賣房契人　張永泰　十　張永祺　押　張永齡　十

同中保人　徐瑶圃　押　何廷玉　金廷傑　押　邱景喬　押

三六

清乾隆四十六年（一七八一）大興縣張甯氏同子賣房白契

（契約四三·六）

立賣房契人張甯氏同子張德，今將母舊遺（遺）業住房六間，座（坐）落草廠下五條胡同路東，原典于（與）汪姓，房價錢一百五十吊，今找錢十七吊，同中賣與汪　名下永遠爲業，任憑自己稅契。是賣之後，如有甯、張二姓親族人等争兢（競）等情，有張、甯氏同子一面承管。恐後無憑，立此賣字永遠存照。

乾隆四十六年十一月二十二日

立賣契人　張甯氏（押）
同子　張　德（押）
中保人　趙有仁（押）
龔正武（押）

立賣房契人張寗氏同子張德今將毋日遺業住房六間座落草廠下五條胡同路東原典于
汪姓房價錢一百五十吊今找錢十七吊同中賣于汪名下永遠為業任憑自包稅契是
賣之後如有寗張二姓親族人等爭競等情有張寗氏同子一面承管恐後無憑立此賣
字永遠存照

乾隆四十六年十二月　　二十二　日立賣契人張寗氏 十

同子張　德 十

中保人　趙有仁 十

龔正武 十

清乾隆五十年（一七八五）大興縣劉永安頂賣房官契

（契約四〇七）

順天府大興縣今據王名用價契買遵例納税事

立頂賣房契人劉永安，因乏用，將自置房壹處，另行翻蓋門面房貳間，門窗户壁俱全，坐落北城日南坊貳鋪琉璃廠橋東邊路南總甲董祥地方，今憑中保人等説合，情願出頂賣與王 名下永遠爲業。言明賣價銀貳百兩整。其銀當日交足，外無欠少。自賣之後，倘有滿漢親族長幼弟男子侄指房執契借欠官銀私債、争競等情，有賣主同中保人一面承管。兩家情願，各無翻悔。恐後無憑，立此頂賣房契永遠存照。

外有劉姓本身紅契壹張，上首張姓紅契壹張，共計貳張，付置主收存。再照。

乾隆伍拾年拾貳月 日

立賣契人 劉永安

同至親 許爵

中保人 白起瑞

房牙 陳禄鵬

總甲 董祥

代書 范文焕

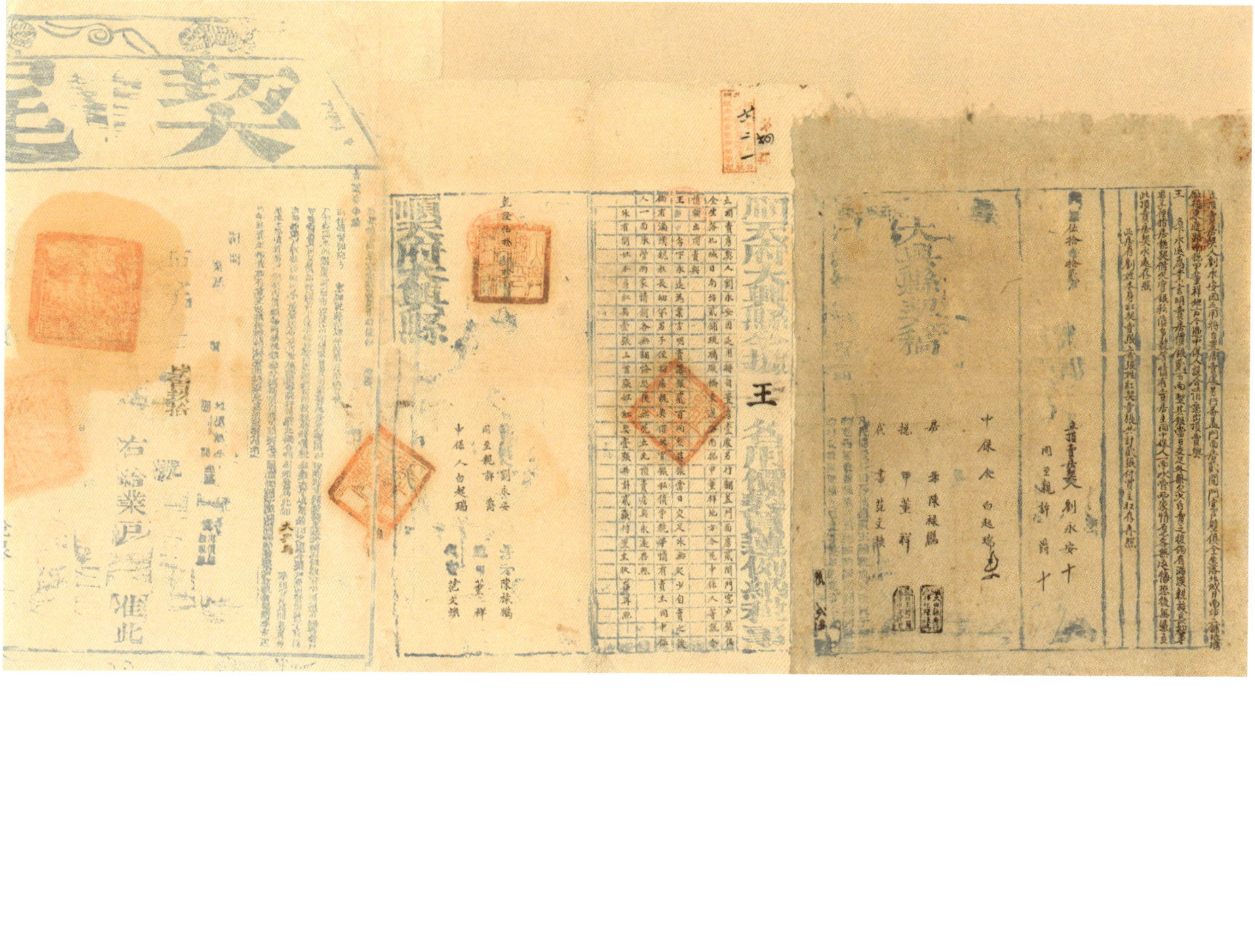

立頂賣房契人劉永安因乏用將自置房壹處另行番蓋門面房貳間門窗戶壁俱全坐落北城日南坊二鋪琉璃廠橋東邊路南揌甲董祥地方今憑中保人說合情愿出頂賣與

王 名下永遠為業言明賣房價銀貳百兩整其銀當日交足外無欠少自賣之後倘有滿漢親族長幼弟男子侄指房執契借欠官銀私債爭競等情有賣房主同中保人一面承管兩家情愿各無反悔恐後無憑立此頂賣房契永遠存照

此房有劉姓本身紅契壹張上首張姓紅契壹張共計貳張付買主收存為照

伍拾 拾貳

立頂賣房契人 劉永安 十

同至親 許爵 十

中保人 白起瑞

房牙 陳祿鵬

揌甲 董祥

代書 范文煥

大興縣契稿

廿二一

順天府大興縣……

立頂賣房契人劉永安因乏用將自置房壹處另行翻蓋門面房貳間門窗戶壁俱全坐落北城日南坊貳鋪琉璃廠橋東邊路南揌甲董祥地方今憑中保人等說合情願出頂賣與

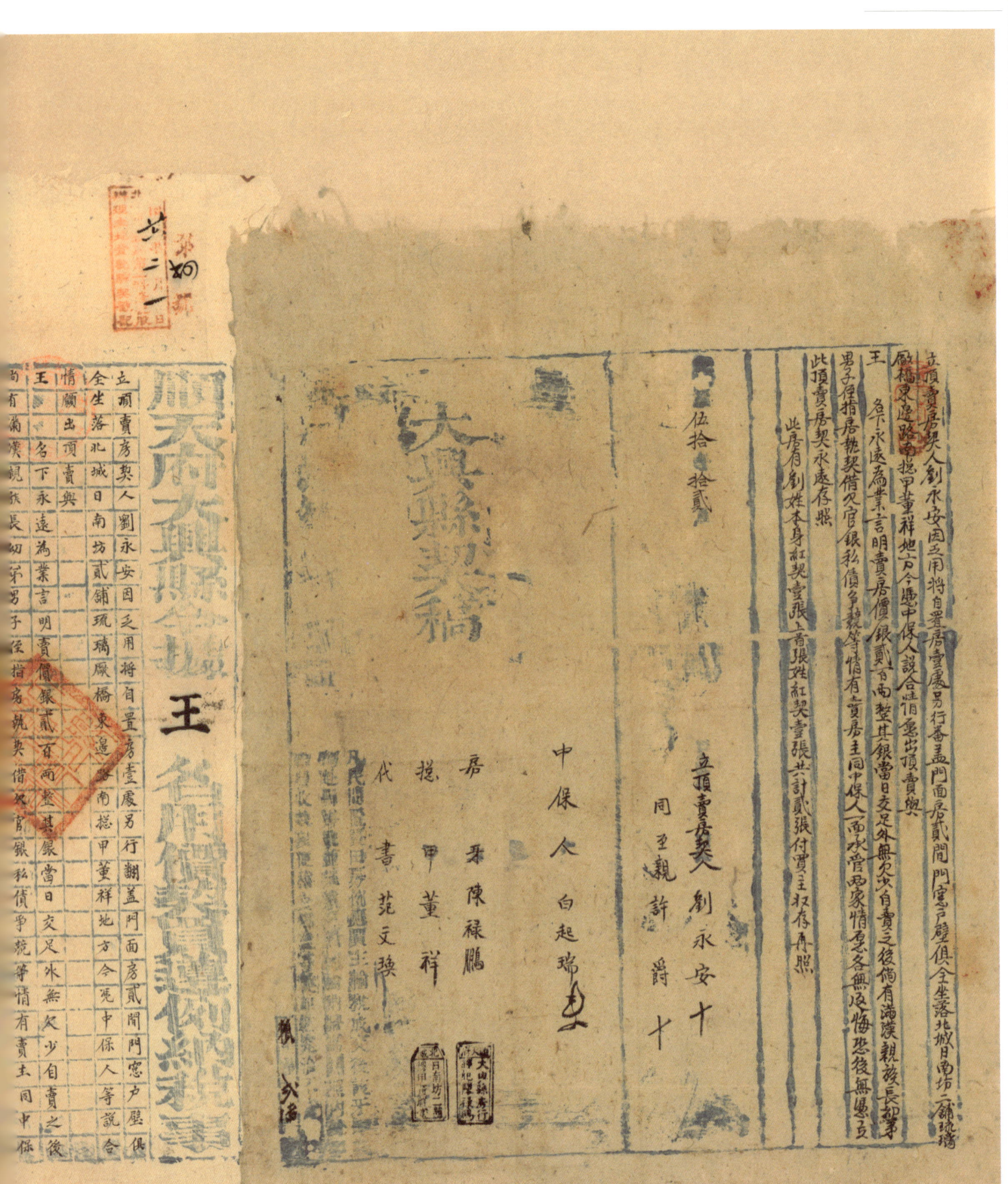

王 名下永遠為業言明賣價銀貳百兩整其銀當日交足外無欠少自賣之後倘有滿漢親族長幼弟男子侄指房執契借欠官銀私債爭競等情有賣主同中保

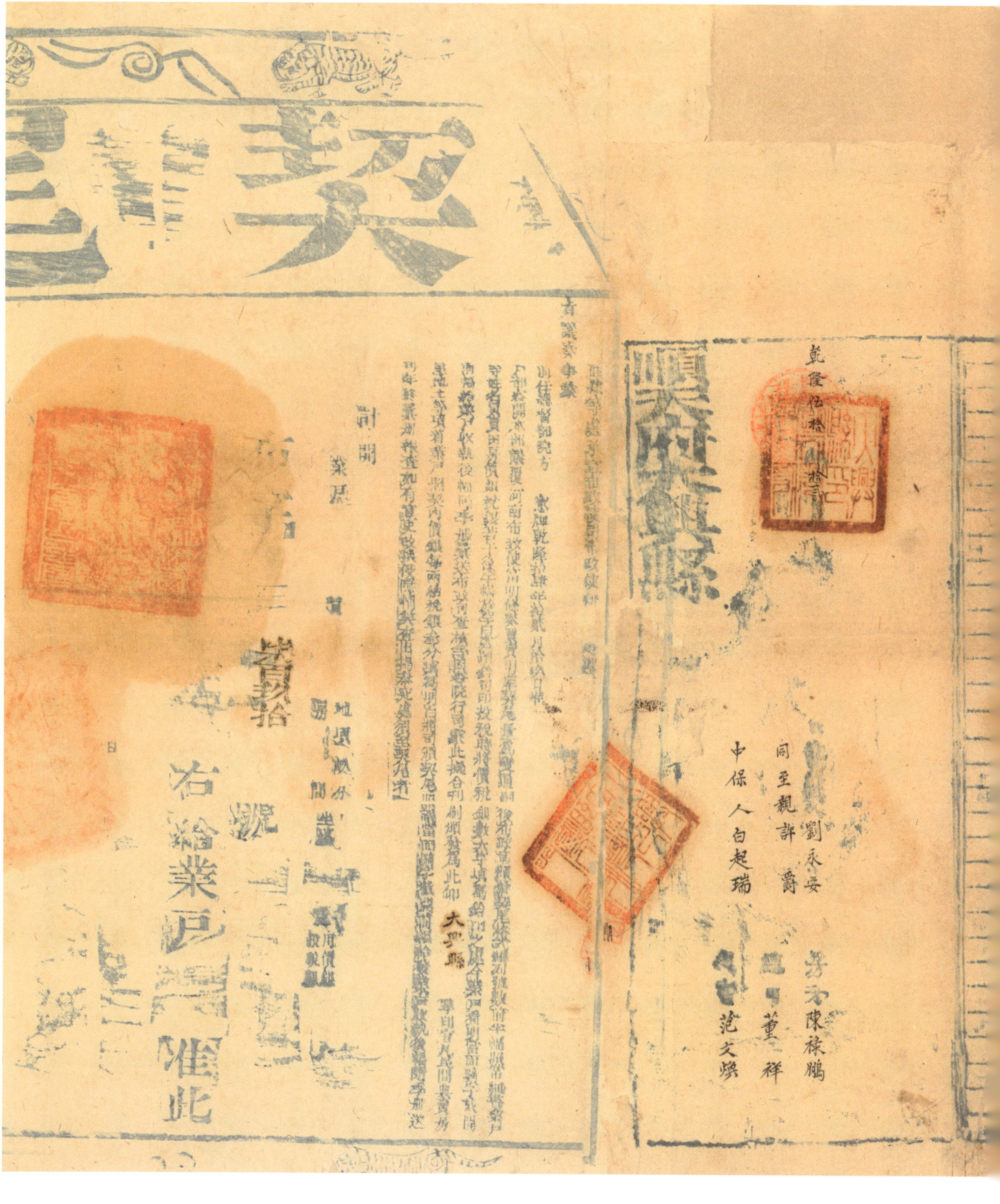
契
乾隆伍拾
劉永安
同至親 許 爵
中保人 白起瑞
陳祿鵬
董 祥
范文煥
右給業戶 准此
大興縣

三八

清乾隆五十一年（一七八六）大興縣劉亮功同子賣房官契

（契約三三七）

順天府大興縣今據李名用價契買遵例納稅事

立賣房契人劉亮功同男劉士發，因乏用，將自置門面房叁間，貳層房叁間，共計房陸間，門窗户壁，上下土木相連，坐落南城正東坊二鋪閆（閻）王廟後街路東總甲地方，今憑至親知底保人説合，情願賣與李　名下永遠爲業。三面言定，時值賣房價銀壹百兩整。其銀當日收足，外無欠少。自賣之後，倘有上首及劉姓弟男子侄另執契約争兢（競）等情，有賣主父子一面承管。恐後無憑，立此賣房契存照。

內有原房劉姓補稅紅契壹張，又白契壹張，上首白契叁張，共計伍張，置主收存。又照。

乾隆伍拾壹年拾壹月　日

立賣房契人　劉亮功同男士發

至親知底保人　楊智明

總甲　陳　盛

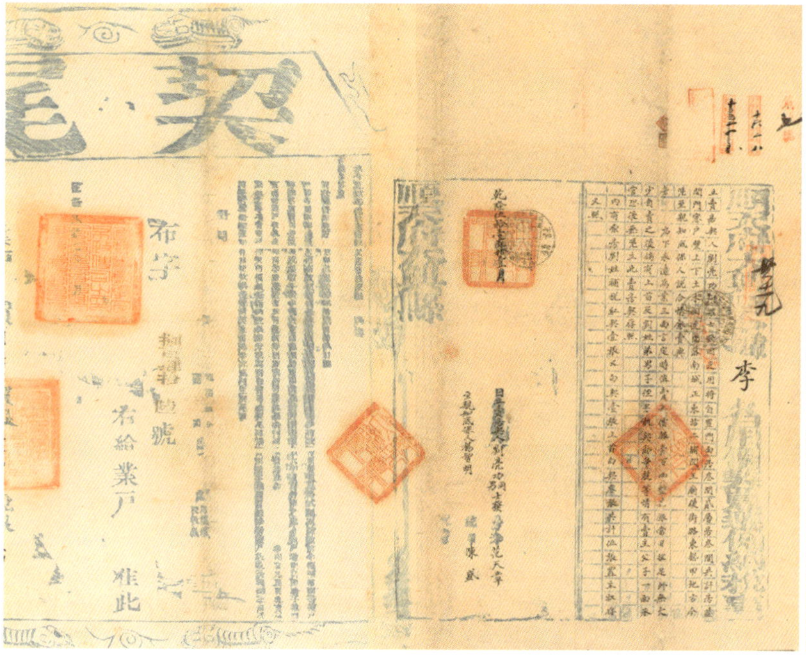

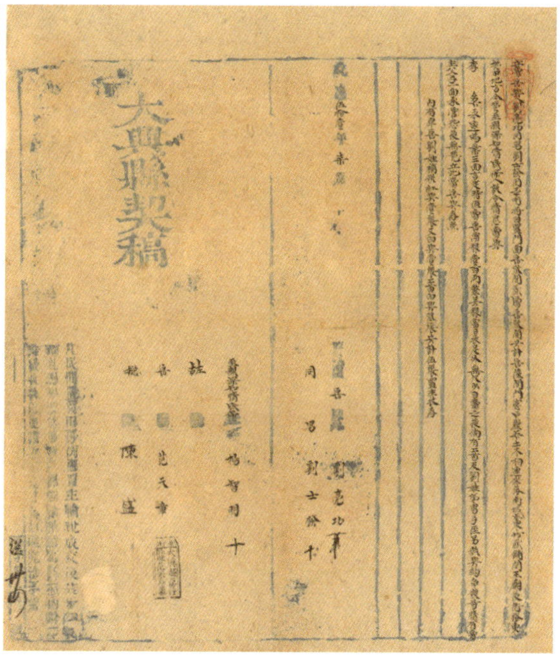

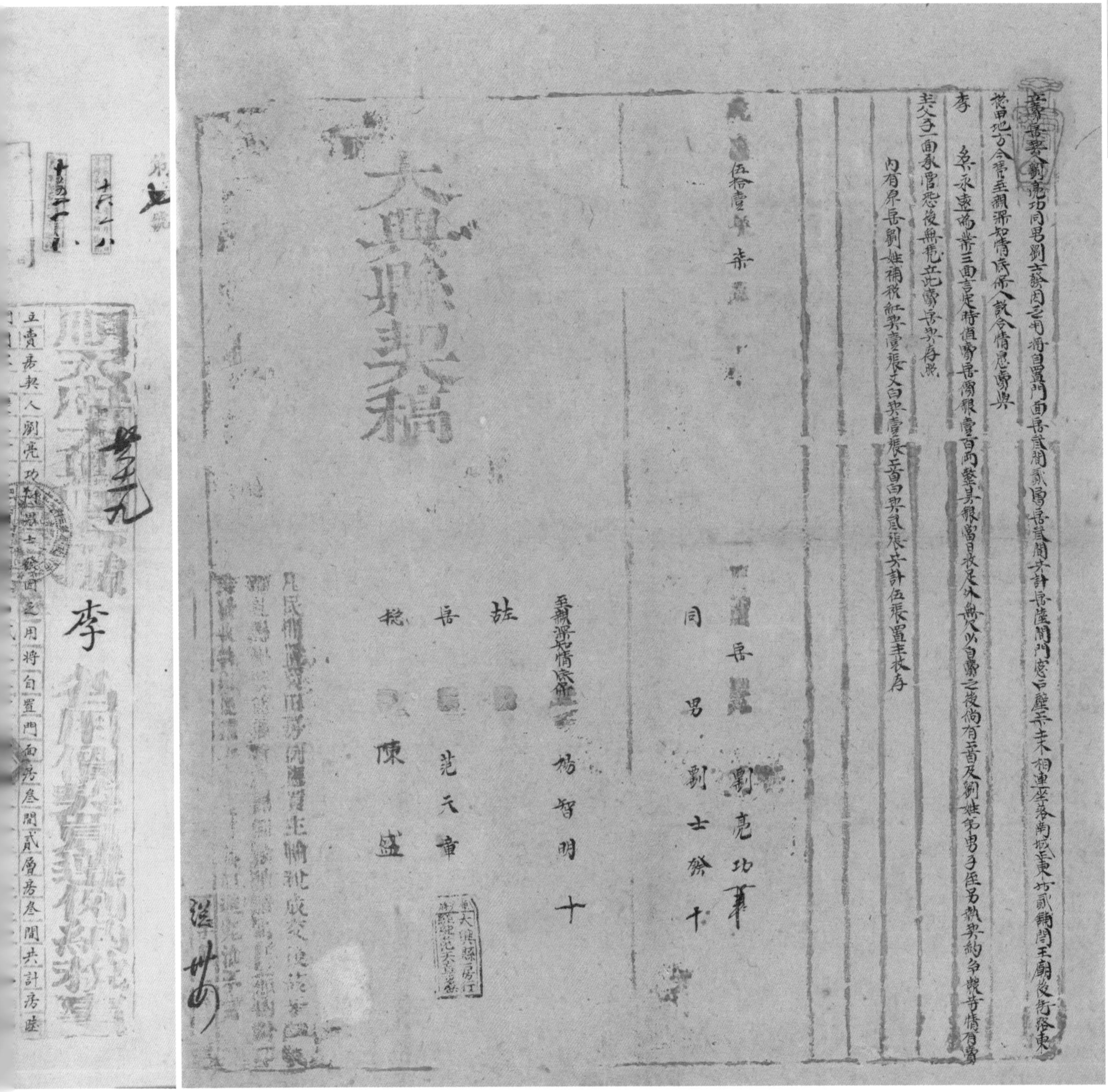

立賣房契人劉亮功同男劉士發因乏用將自置門面房貳間貳層房貳間共計房肆間門窗戶壁上下土木相連坐落南城長東坊貳鋪關王廟後街路東

托甲地方今賣至親鄰知情底保人說合情愿賣與

李

名下永遠爲業三面言定時值賣房價銀壹百兩整其銀當日收足外無欠少自賣之後倘有上首及劉姓弟男子侄另執契約爭競等情有賣

主父子一面承管恐後無憑立此賣房契存照

內有原房劉姓補稅紅契壹張文白契壹張上首白契貳張共計伍張置主收存

伍拾壹年 柒月 日

立賣房契人 劉亮功 押

同男 劉士發 十

至親鄰知情底保人 楊智明 十

房 范天章

總甲 陳盛

大興縣契稿

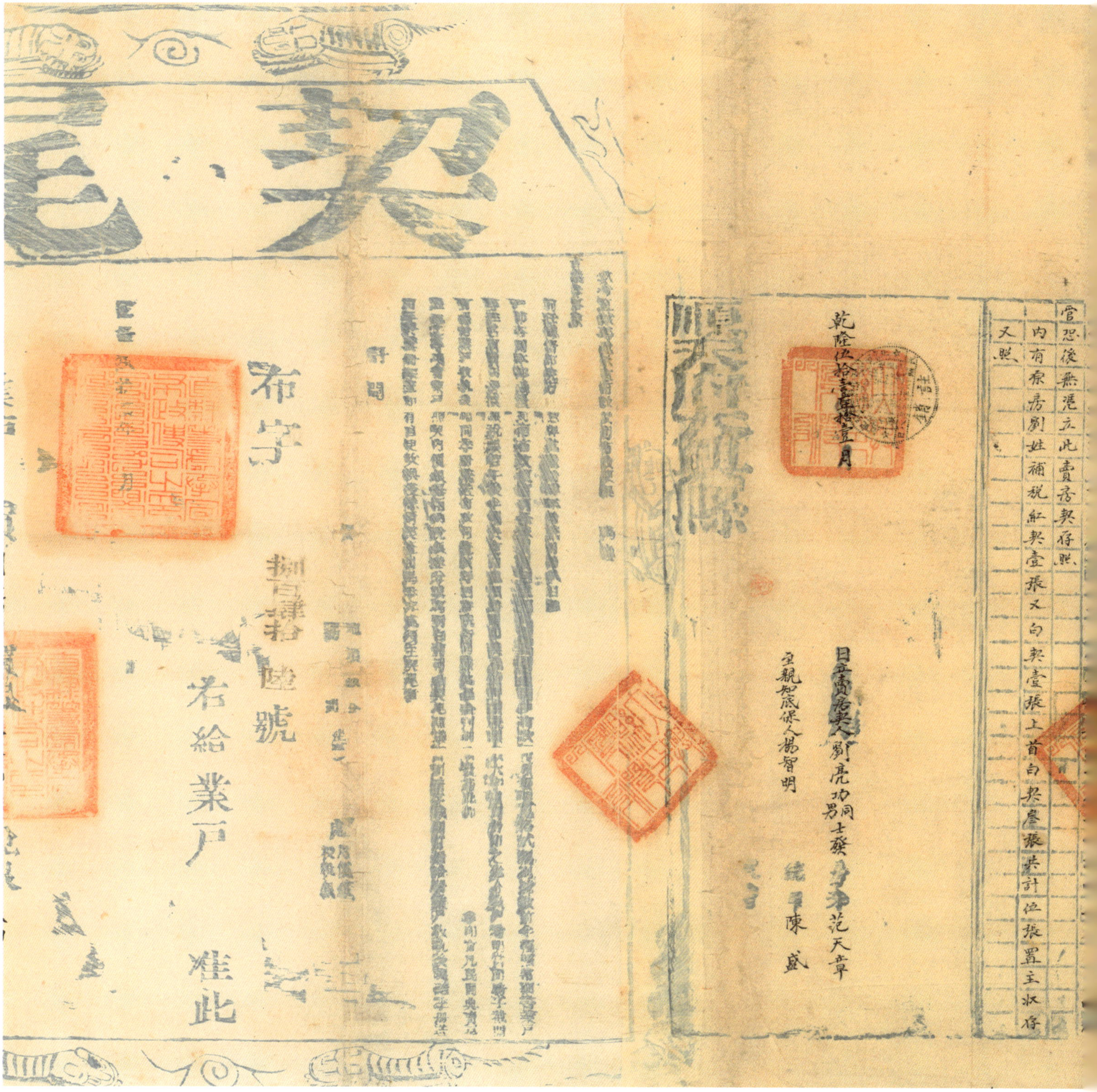
契尾
布字　號
業戶
准此
管恐後無憑立此賣房契存照
內有原房劉姓補稅紅契壹張又白契壹張上首白契叁張共計伍張買主收存
又照
乾隆伍拾壹年拾壹月
日立賣房契人劉亮功同男士發
范天章
經手陳盛
至親知底保人楊智明

三九

清乾隆五十二年（一七八七）大興縣蘇承祥典房白契

（契約四二一）

立典房契人蘇承祥，今因乏用，將自置破灰瓦房叁所，共計灰瓦房大小陸間半，門窗户壁（壁）俱全，上下土木相連，坐落南城鞭子巷三條胡同西口内路南地方，今憑中説合，情轉典與張　名下取租爲業。三面議定，時值轉典房價足滿錢壹百伍拾吊，外修理錢肆拾吊，一共錢壹百玖拾吊整。其回贖之日，一并清還。其錢當日收足，并不欠少。言明伍年爲滿，錢到回贖。自典房之後，如有親族長幼弟男子人等争兢（競）及指房另借各項官私債負并重覆典押異説等情，有原典主蘇姓仝中一面承管。恐後［無］憑，立此轉典房契存照。

此房内有蘇姓本身白契叁張，付錢主收存。内有紅、白契式張，蘇姓失落無存，將來如有，以爲廢紙并照。

中見人　閆起龍（押）
朱林雲（押）
中保人　趙　智（押）
同兄德亮（押）

贖回

乾隆伍拾式年拾式月　貳十叁日　　立轉典房契人　蘇承祥（押）

張典字一張作廢

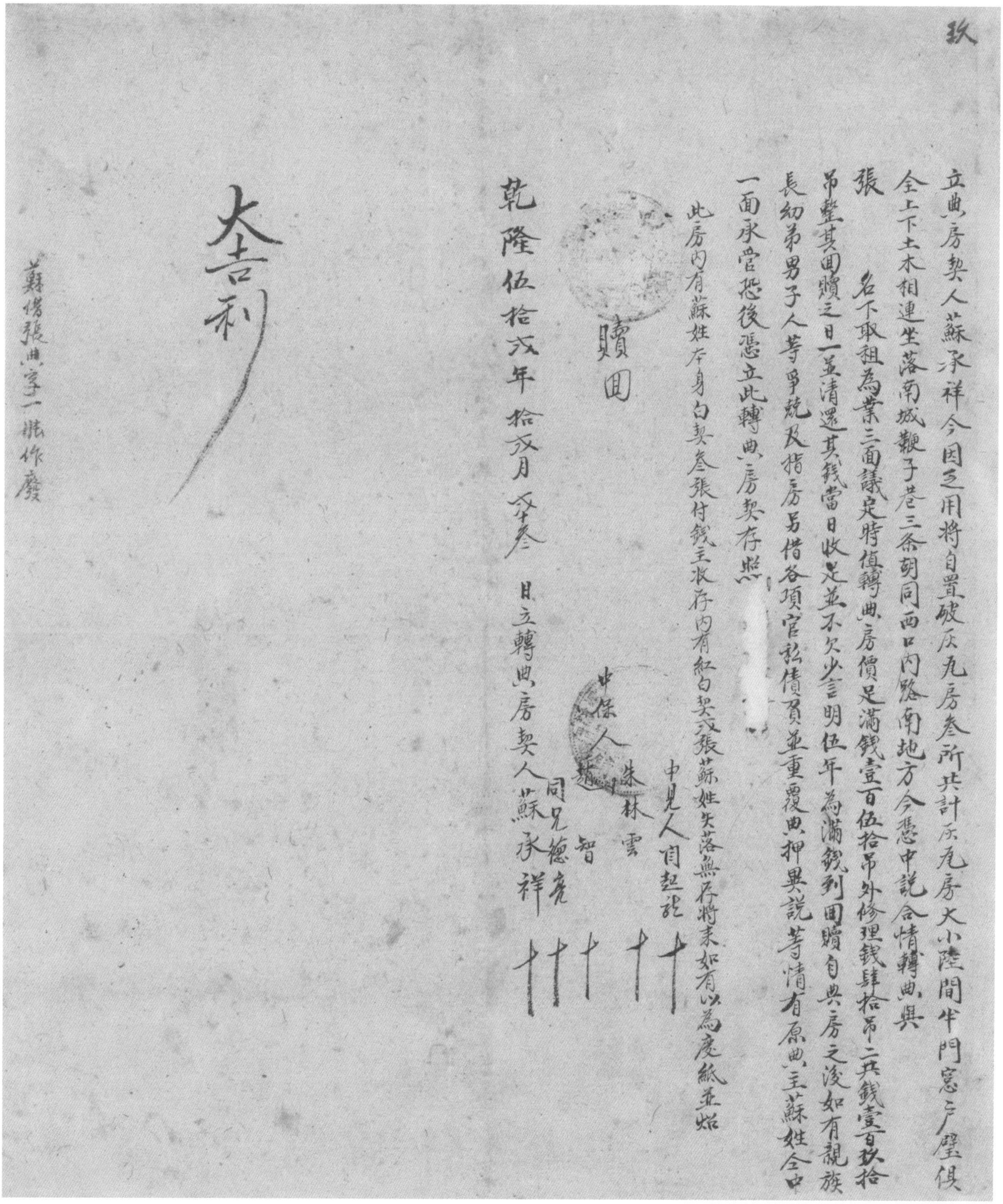

玖

立典房契人蘇承祥今因乏用將自置破灰瓦房叁所共計灰瓦房大小陸間半門窗户壁俱全上下土木相連坐落南城鞭子巷三条胡同西口内路南地方今憑中説合情轉典與

張

名下取租為業三面議定時值轉典房價足滿錢壹百伍拾吊外修理錢肆拾吊二共錢壹百玖拾吊整其回贖之日一並清還其錢當日收足並不欠少言明伍年為滿錢到回贖自典房之後如有親族長幼弟男子人等爭競及指房另借各項官私債負並重覆典押異説等情有原典主蘇姓全中一面承管恐後無憑立此轉典房契存照

此房内有蘇姓本身白契叁張付錢主收存内有紅白契貳張蘇姓失落無存將来如有以為廢紙並始

贖回

中見人　肖起龍　十

中保人　朱林雲　十

趙　智　十

同兄　德亮　十

乾隆伍拾貳年拾貳月廿叁日立轉典房契人蘇承祥　十

大吉利

蘇傳張典字一紙作廢

四〇

清乾隆五十六年（一七九一）大興縣蘇承祥賣房白契

（契約四二二）

立賣房契人蘇承祥，因乏用，今將故父所遺破爛房棚共陸間半，今情願賣於（與）趙　名下永遠爲業。此房坐落鞭子三巷路南。三面言明，賣房價清鈔壹伯（佰）捌拾吊整。此干（錢）當日筆下交足，外無欠少。立字之後，恁（任）憑趙姓拆蓋修造，永與業主無干。日後倘有蘇姓親族人等弟男子侄争竸（競）異説及指房借代（貸）官銀私債等情，總有原業主同中人一面承管。恐後無憑，立字存照。

此房三門三院，爲有中間門内王姓自蓋灰棚弍間不在其内，恁（任）憑拆去。此是（事）業已言明在先。

乾隆五十六年九月初十日

立字人　蘇承祥（押）

中保人　德　亮（押）

李永興（押）

伍

立賣房契人藕承祥因乏用今將故父所遺破爛房捌共陸間半今情愿賣於
趙
名下永遠為業此房坐落鞭子三巷路南三面言明賣房價清錢壹伯
捌拾吊整此千當日筆下交足外無欠少立字之後恁憑趙姓拆蓋修造永
與業主無干日後倘有藕姓親族人等弟男子侄爭競異說及指房借
代官銀私債等情揔有原業主同中人一面承管恐後無憑立字存照
此七房三門三院為有中間門內王姓自蓋灰棚弍間不在其內恁憑拆去此是業已言明在先

乾隆五十六年　九月　初十日立字人藕承祥　十

中保人　法亮　十

李永興　十

信行

清乾隆五十八年（一七九三）大興縣趙明泰典房白契

（契約四二三）

立典房契人趙明泰，因乏用，將自置蘇姓破爛灰瓦房三所，共房捌間，後自修蓋，門窗戶壁俱全，坐落南城邊（鞭）子巷三條胡同西口内路南地方，土木相連，今憑中説合，情願出典與邵　名下取租爲業。三面議定，時值典房價足滿錢貳百吊整。其錢當日親手收足，并不欠少。言明壹年爲滿，錢到回贖。如先期取贖，按月包租。典房之後，大小修理并房租拖欠住户騰（謄）挪，俱係業主趙姓一面承管。倘有親族長幼弟男子侄人等争兢（競）及指房另借各項官私債負、異説等情，有業主仝中人一面承管。恐後無憑，立此典房契存照（押）。此房内有本身趙姓式置白契式張，上首蘇姓白契叁張，回贖張姓白紙壹張，共計白契陸張，交付錢主存收。并照。

嘉慶拾壹年八月廿七日李姓將此房契贖回。存照。

按典價錢贖回。又照。

中保人　張在田（押）
趙　智（押）
劉義公（押）

乾隆伍拾捌年拾式月　日　立典房契人　趙明泰（押）

趙借邵姓典字一張作廢。

拾止

立典房契人趙明泰因乏用將自置蘇姓破爛灰瓦房三所共房捌間後自修蓋門窗戶壁俱全坐落南城邊子
巷三條胡同西口內路南地方左右相連今憑中說合情愿出典與
鄧
名下承典為業三面議定時值典房價足滿錢貳百吊整其錢當日親手收足並不欠少言明壹年為滿錢
到回贖如先期承贖按月包租典房之後大小修理並房租拖欠住戶騰挪俱係業主趙姓一面承管倘有親族長幼
弟男子侄人等爭競及指房另借各項官私債負異說等情有業主全中人一面承管恐後無憑立此典房契存
照。
此房內有本身趙姓成置白契壹張 上首蘇姓白契叁張 回贖張姓白紅契壹張 共計白契陸張交付錢主存收並炤

嘉慶拾壹年八月廿日李姓將此房契贖回存照
按典價錢贖回又炤

乾隆伍拾捌年拾貳月　日立典房契人趙明泰（押）

中保人　張在田（押）
趙智（押）
劉義公（押）

信行大吉利

趙借鄧姓典字據作廢

清乾隆五十八年（一七九三）大興縣趙顯德賣房官契

（契約四六一）

順天府大興縣今據陳名用價契買遵例納稅事

立賣房契人趙顯德，今因乏用，將祖遺自蓋瓦正房三間，後有土房三間，共計陸間，上下土木相連，坐落在曹家灣，房東邊有場一塊，計壹畝捌分，左鄰陳姓，右鄰趙姓，總甲張昇，今憑中說合，情願賣于（與）陳　名下爲業。言定賣價京錢貳百捌拾吊整。其錢眼同胞兄顯宗當日收足，外無欠少。自賣之後，倘有親族人等争競，有中保人一面承管，與買主無干。恐後無憑，立賣契與置主存照。

乾隆伍拾捌年叁月　日

趙顯德

經賣契人　同兄顯宗

子柱兒（押）

中保人　沈國泰（押）

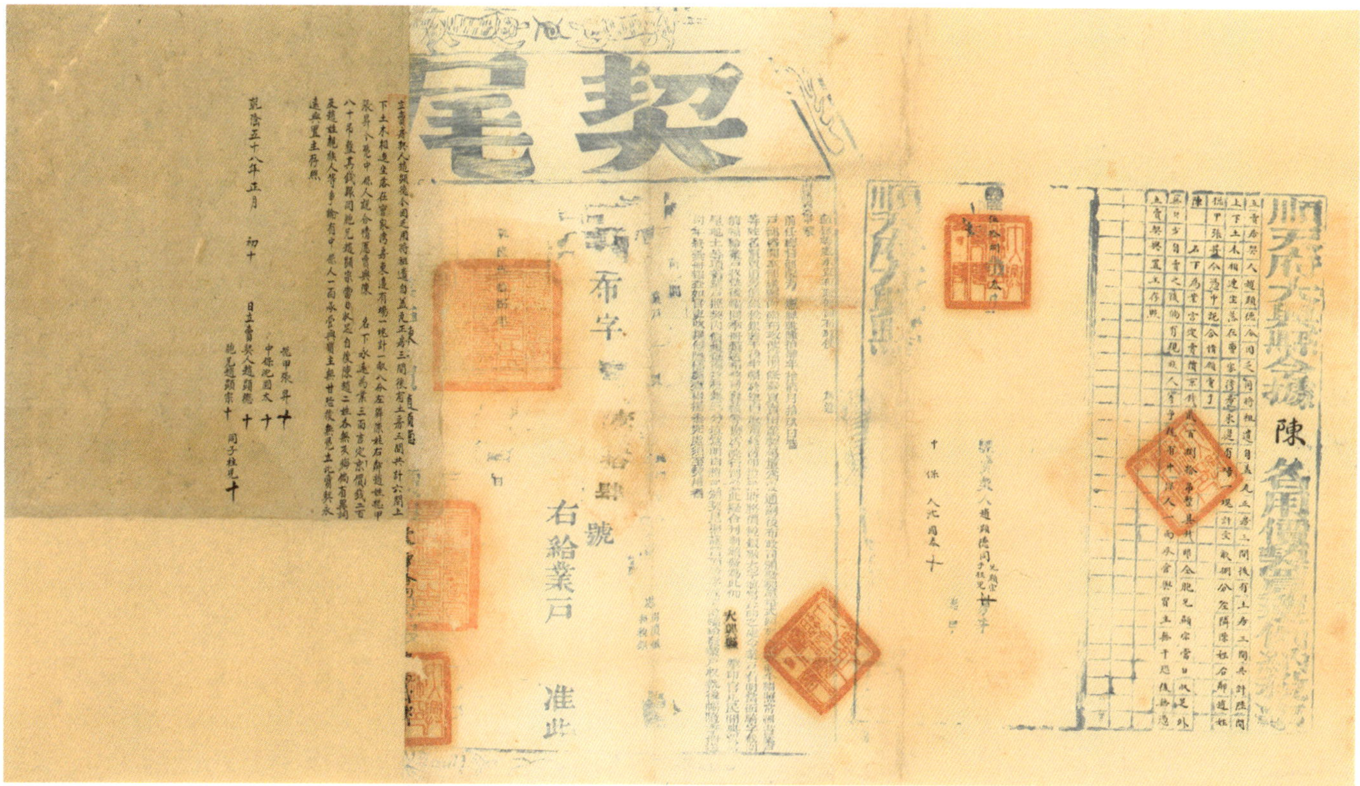

立賣房契人趙顯德今因乏用將祖遺自蓋瓦房三間後有土房三間共計六間上
下土木相連坐落在宮家高家東邊有場一塊計一畝八分左鄰陳姓右鄰趙姓牌甲
張昇今憑中保人說合情愿賣與陳　名下永遠為業三面言定京錢二百
八十吊整其錢照同胞兄趙顯宗當日收足自後陳趙二姓各無反悔倘有異詞
天趙姓親族人等爭論有中保人一面承管與買主無干恐後無憑立此賣契永
遠與買主存照

乾隆五十八年五月　初十　日立賣契人趙顯德 十
牌甲張昇 十
中保沈國太 十
胞兄趙顯宗 十
同子杜見 十

契尾

布字　號

右給業戶　准此

順天府大興縣合據　陳

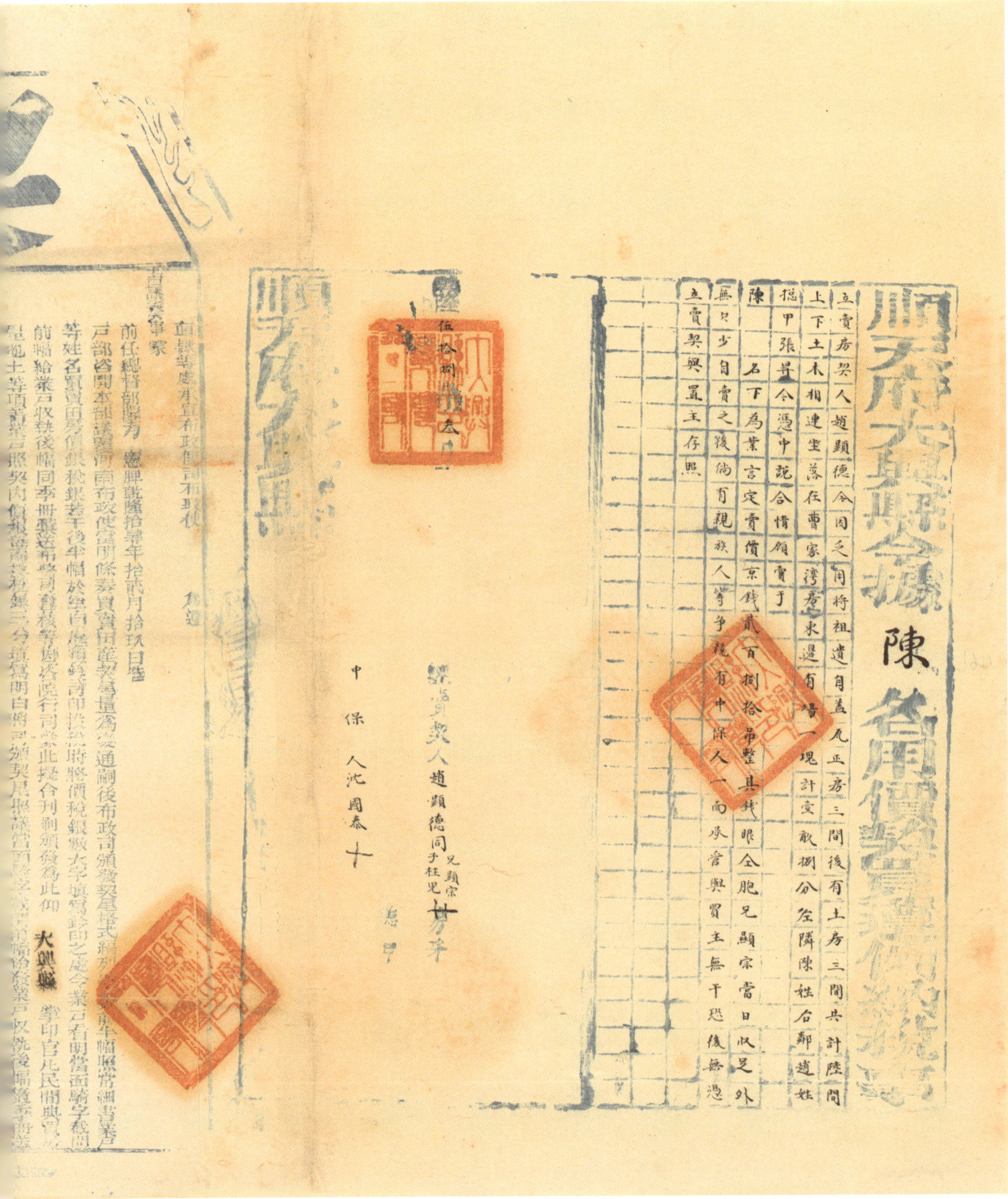
陳
立賣房契人趙顯德今因乏用將祖遺自蓋瓦正房三間後有土房三間共計陸間
上下土木相連坐落在曹家灣房東邊有場一塊計安畝捌分左隣陳姓右鄰趙姓
揔甲張昇今憑中説合情願賣于
陳　名下為業言定賣價京錢貳百捌拾吊整其錢眼全胞兄顯宗當日收足外
無欠少自賣之後倘有親族人等爭競有中保人一面承當與買主無干恐後無憑
立賣契與買主存照
伍拾捌吊
立賣契人趙顯德同子柱兒　兄顯宗　十
中保人沈國泰　十
直隸等處承宣布政使司布政使
前任總督部院方　憲牌乾隆拾肆年拾貳月拾玖日
戶部咨開本部議覆河南布政使富明條奏
大興縣

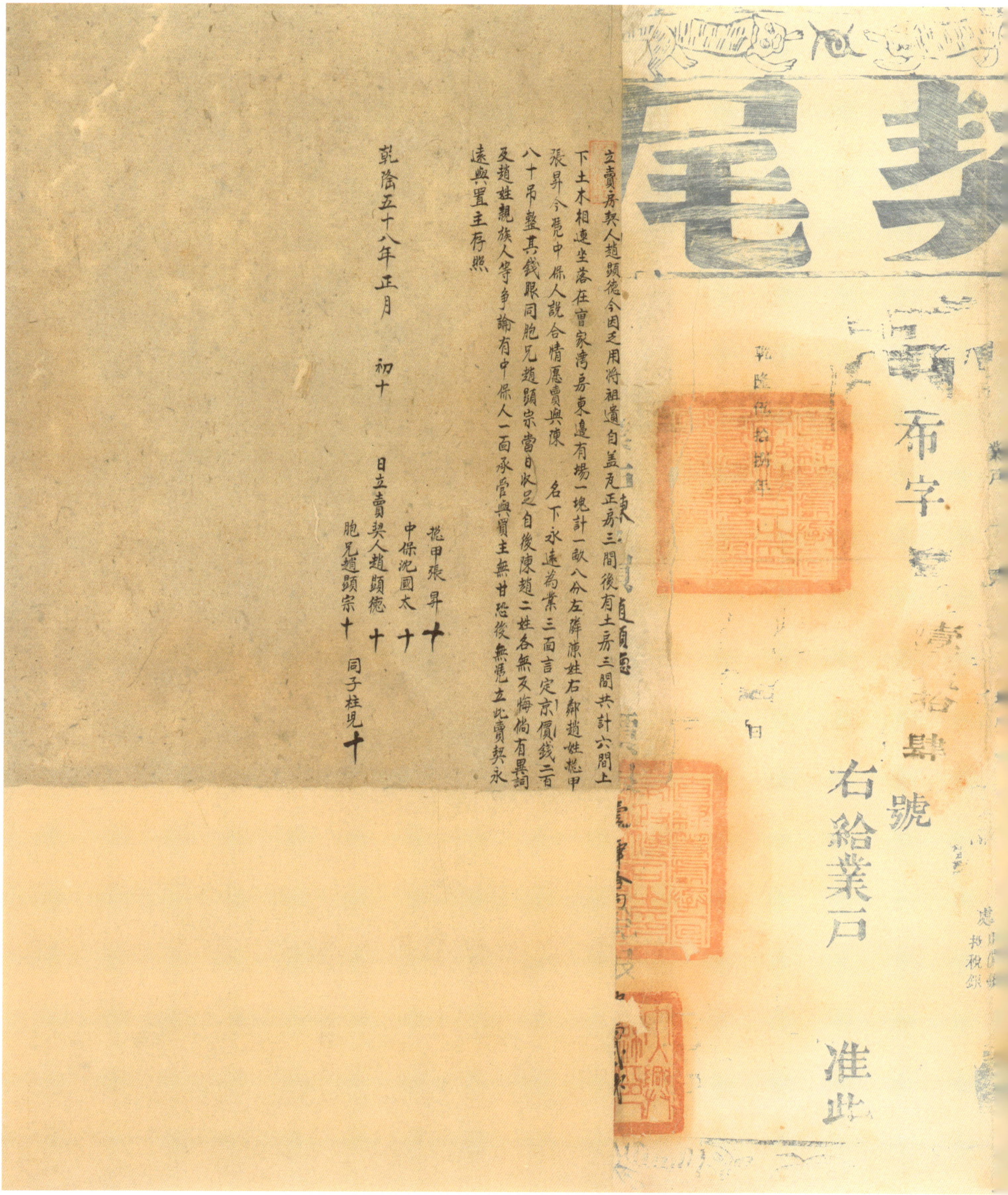

立賣房契人趙顯德今因乏用將祖遺自盖瓦正房三間後有土房三間共計六間上
下土木相連坐落在曾家灣房東邊有場一塊計一畝八分左隣陳姓右鄰趙姓總甲
張昇今憑中保人説合情愿賣與陳　名下永遠爲業三面言定京價錢二百
八十吊整其錢眼同胞兄趙顯宗當日收足自後陳趙二姓各無反悔倘有異詞
及趙姓親族人等爭論有中保人一面承管與買主無甘恐後無憑立此賣契永
遠與置主存照

乾隆五十八年正月　初十　日立賣契人趙顯德十

總甲張昇十

中保沈國太十

胞兄趙顯宗十

同子柱兒十

契尾

布字

號

右給業戶

准此

清嘉慶元年（一七九六）宛平縣王門韓氏同子頂賣房官契

（契約四〇八）

順天府宛平縣今據　名下用價銀

立頂賣房契人孀婦王門韓氏同男昌年，因乏用，將自置鋪面瓦房一處，門面房二間，門窗户壁俱全，坐落北城日南坊二鋪琉璃廠東邊路南總甲宗陞地方，今憑中保人説合，情願出賣與唐　名下永遠爲業。言明賣房價銀二百兩整。其銀當日交足，外無欠少。自賣之後，倘有滿漢親族長幼弟男子侄指房執契借欠官銀私債爭競等情，有賣房主同深知情底保并中保人一面承管。兩家情願，各無返（反）悔。恐後無憑，立此頂賣房契永遠存照。

此房有王姓本身紅契一張，上首劉姓紅契一張，上上首張姓紅契一張，共計三張，付買主收存。再照。

嘉慶元年九月　日

立頂賣房契人　孀婦王門韓氏

同男昌年

深知情底中保人　劉國祥

徐興瑞

陶興源

劉宗瑞

房牙　陳帶尹

總甲　宗陞

代書　范文煥

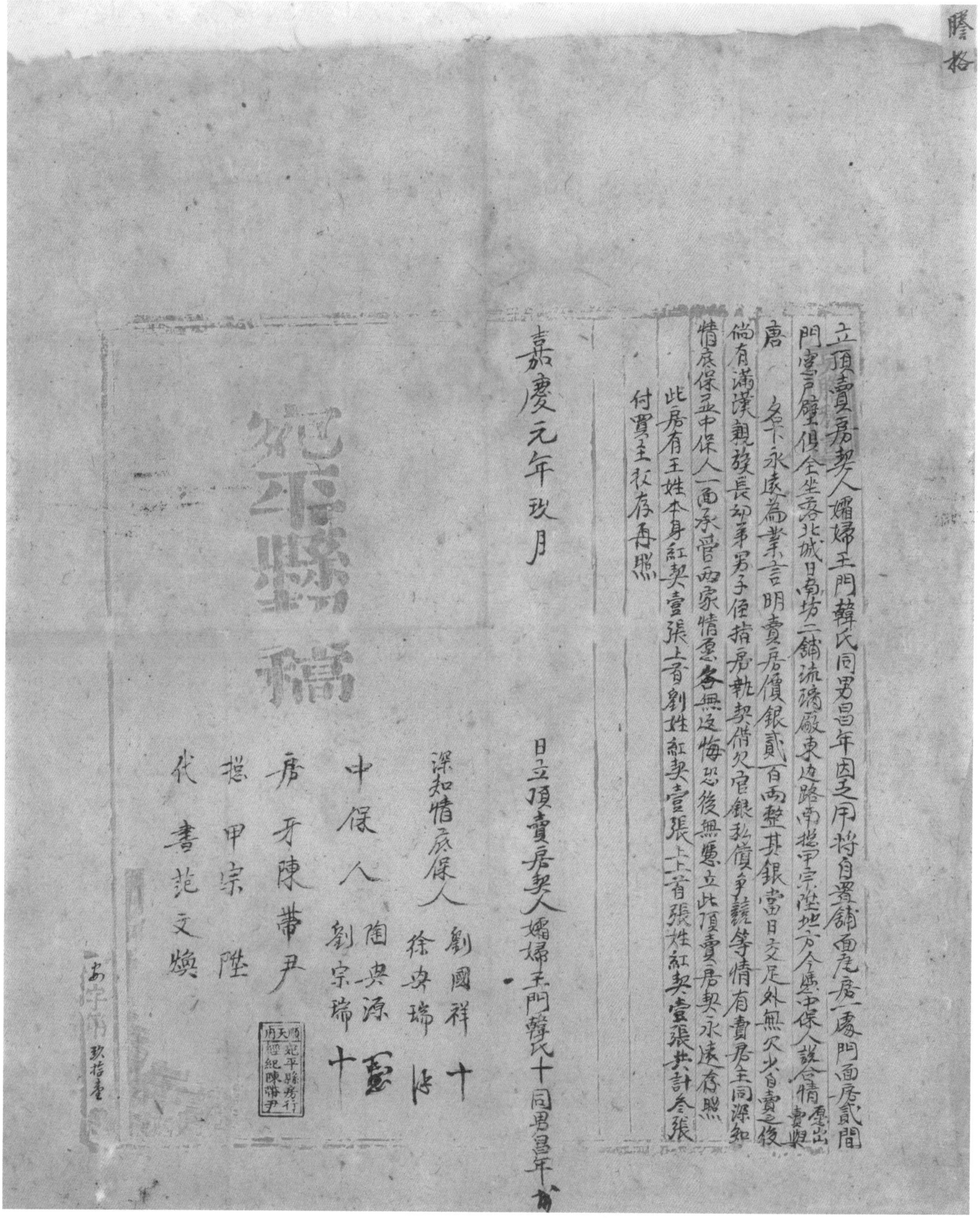
謄拾

立頂賣房契人孀婦王門韓氏同男昌年因乏用將自置鋪面房房一處門面房貳間
門窗戶壁俱全坐落北城日南坊二鋪琉璃廠東邊路南總甲宗陞地方今憑中保人說合情願出賣與
唐 名下永遠爲業言明賣房價銀貳百兩整其銀當日交足外無欠少自賣之後
倘有滿漢親族長幼弟男子侄指房執契借欠官銀私債爭競等情有賣房主同深知
情底保並中保人一面承管兩家情愿各無返悔恐後無憑立此頂賣房契永遠存照
此房有王姓本身紅契壹張上首劉姓紅契壹張上上首張姓紅契壹張共計叁張
付買主收存再照

嘉慶元年玖月　日立頂賣房契人孀婦王門韓氏 十 同男昌年 押

深知情底保人 劉國祥 十
　　　　　　 徐寅瑞 押
中保人 陶興源 押
　　　 劉宗瑞 十
房牙陳帶尹
總甲宗陞
代書范文煥

順天府宛平縣房行經紀陳帶尹

宛平縣
稿

玖拾壹

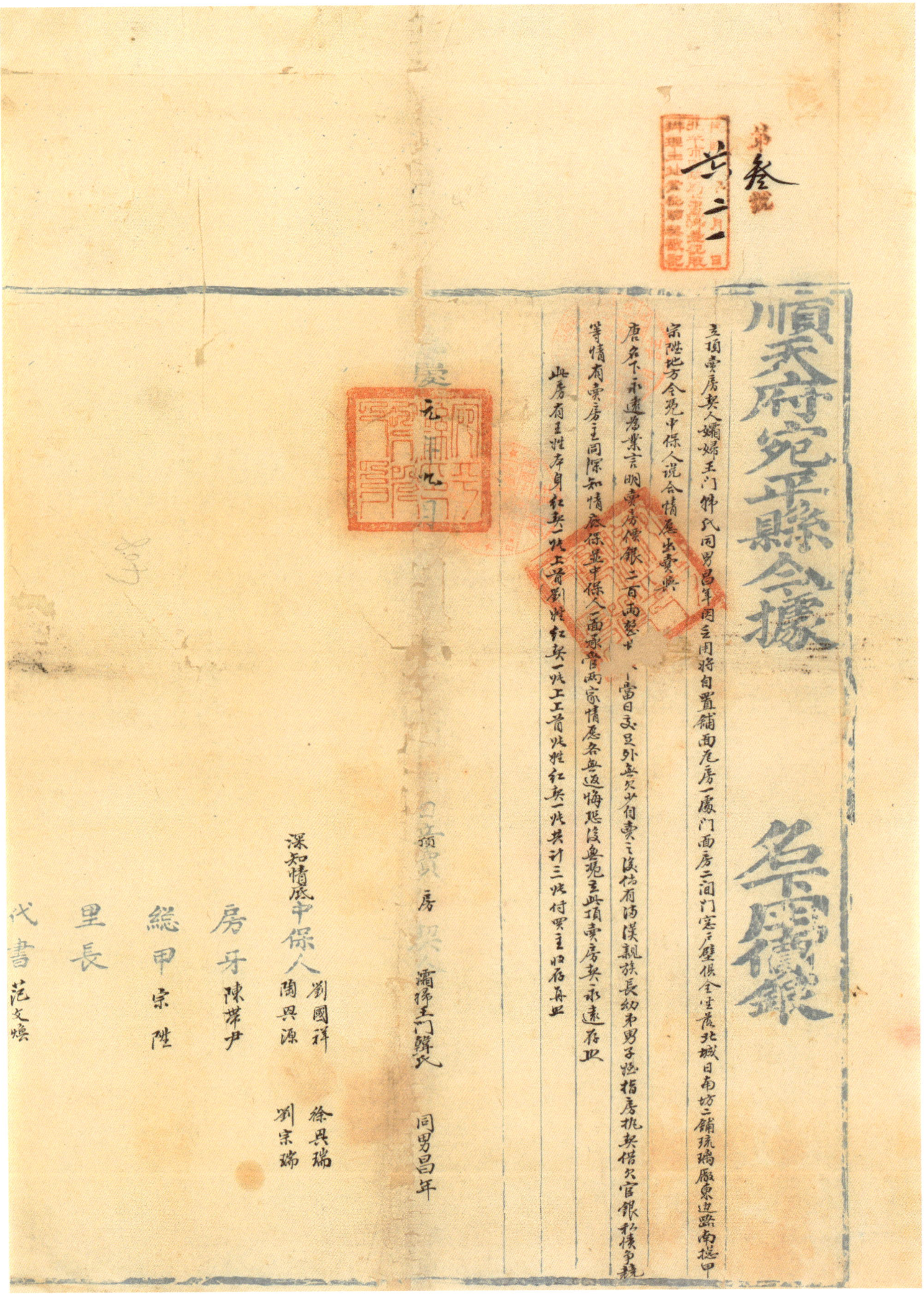

第叁號

順天府宛平縣令據

立賣房契人孀婦王門韓氏同男昌年因乏用將自置鋪面瓦房一處門面房二間門窗戶壁俱全坐落北城日南坊二鋪琉璃廠東邊臨南堤甲

宗陞地方今憑中保人說合情愿出賣與

唐名下永遠爲業言明賣房價銀二百兩整，當日交足外無欠少自賣之後倘有满漢親族長幼弟男子姪指房執契借欠官銀私債爭執

等情有賣房主同保知情底保並中保人一面承管兩家情愿各無返悔恐後無憑立此賣房契永遠存照

此房有王姓本身紅契一紙上首劉姓紅契一紙工工首吳姓紅契一紙共計三紙付買主收存存照

名下圖價銀

慶 元 九

立賣房契人孀婦王門韓氏　同男昌年

深知情底中保人　劉國祥　徐興瑞
陶興源　劉宗瑞

房牙　陳帶尹

總甲　宗陞

里長

代書　范文煥

契尾
宛平縣
業戶 唐 名
王韓氏等
琉璃廠
貳百兩
陸兩
字 壹千柒百肆拾貳 號
右給業戶 唐 名 准此
嘉慶貳年貳月

清嘉慶二年（一七九七）大興縣督理街道衙門發汪四買房執照

（契約四三七）

欽命督理街道衙門爲給發執照事。據南城

汪四呈報，草廠下五條胡同路東灰房壹間，西山墻臨街，并接連院墻門樓壹座，今將灰房、院墻門樓改蓋住房叁間一案，本衙門批准改蓋，并將山墻改爲後檐墻在案。仰即遵此辦理。該處兵役人等毋得攔阻。該户民亦毋得籍端越修，致干究處。須至執照者。

右給户人王四准此

嘉慶貳年二月廿二日

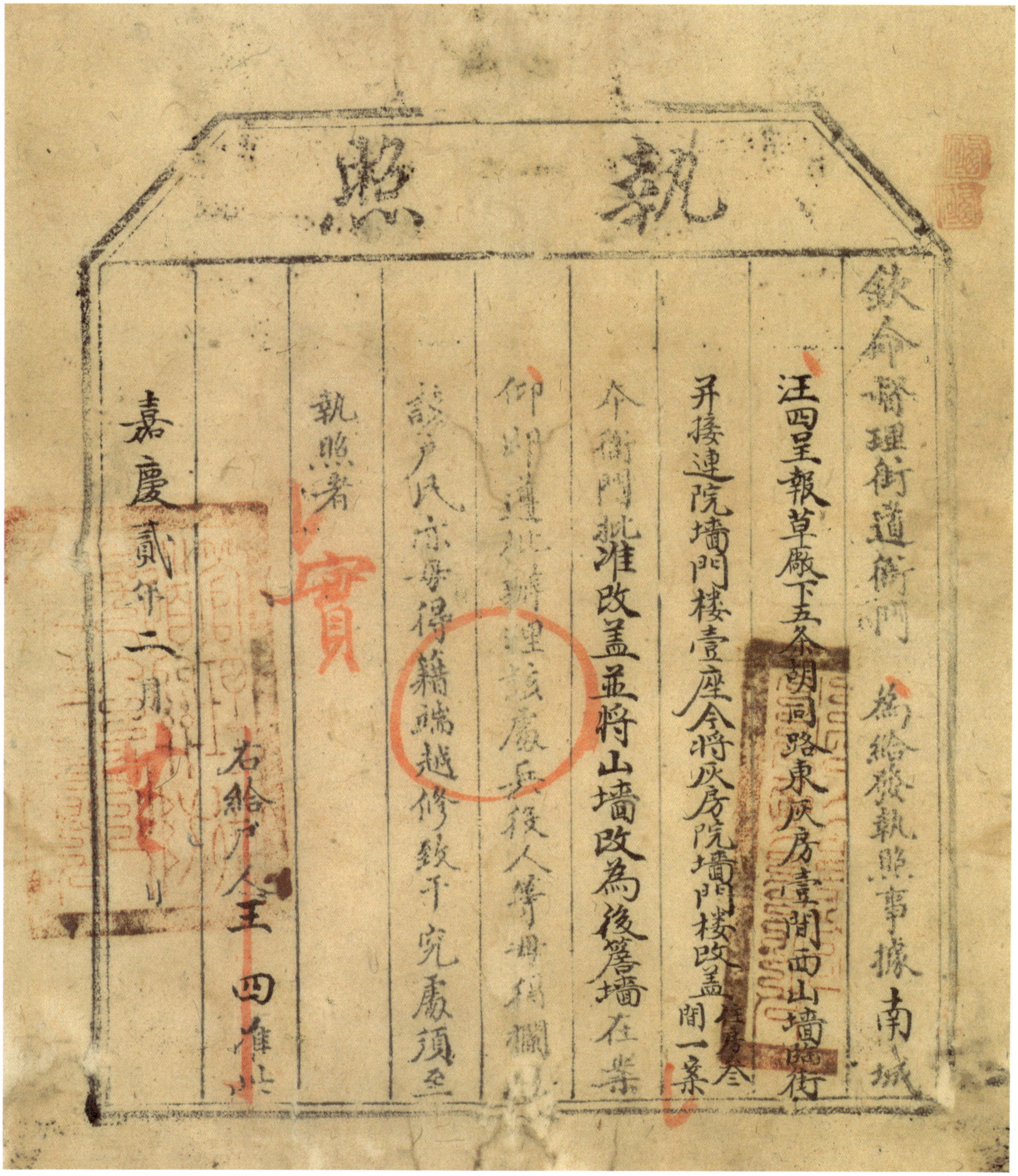

執照

欽命督理街道衙門　為給發執照事據南城
汪四呈報草廠下五條胡同路東灰房壹間西山墻臨街
并接連院墻門楼壹座今將灰房院墻門楼改盖住房叁間一条
本衙門批准改盖並將山墻改為後簷墻在案
仰即遵批辦理該處兵役人等毋得攔
該戶民亦毋得藉端越修致干究處須至
執照者
右給戶人汪四准此
嘉慶貳年二月廿日

清嘉慶二年（一七九七）大興縣董士賢賣房官契

（契約四七七）

順天府大興縣今據蔡名用價契買遵例納税事

立賣契人董士賢，因乏用，將祖遺餘地一塊，自蓋房五間，坐落東四牌樓北八條胡同東頭路北。憑中說合，情願賣與蔡　名下爲業。言明賣價紋銀壹百兩。其銀筆下交足，并不欠少。自賣之後，任憑買主拆毁蓋造，不與董姓相干。如有親族爭兢（競），有賣主一面承管。恐後無憑，立契存照。

中保人　李自省

立賣契人　董士賢

嘉慶貳年叁月　日

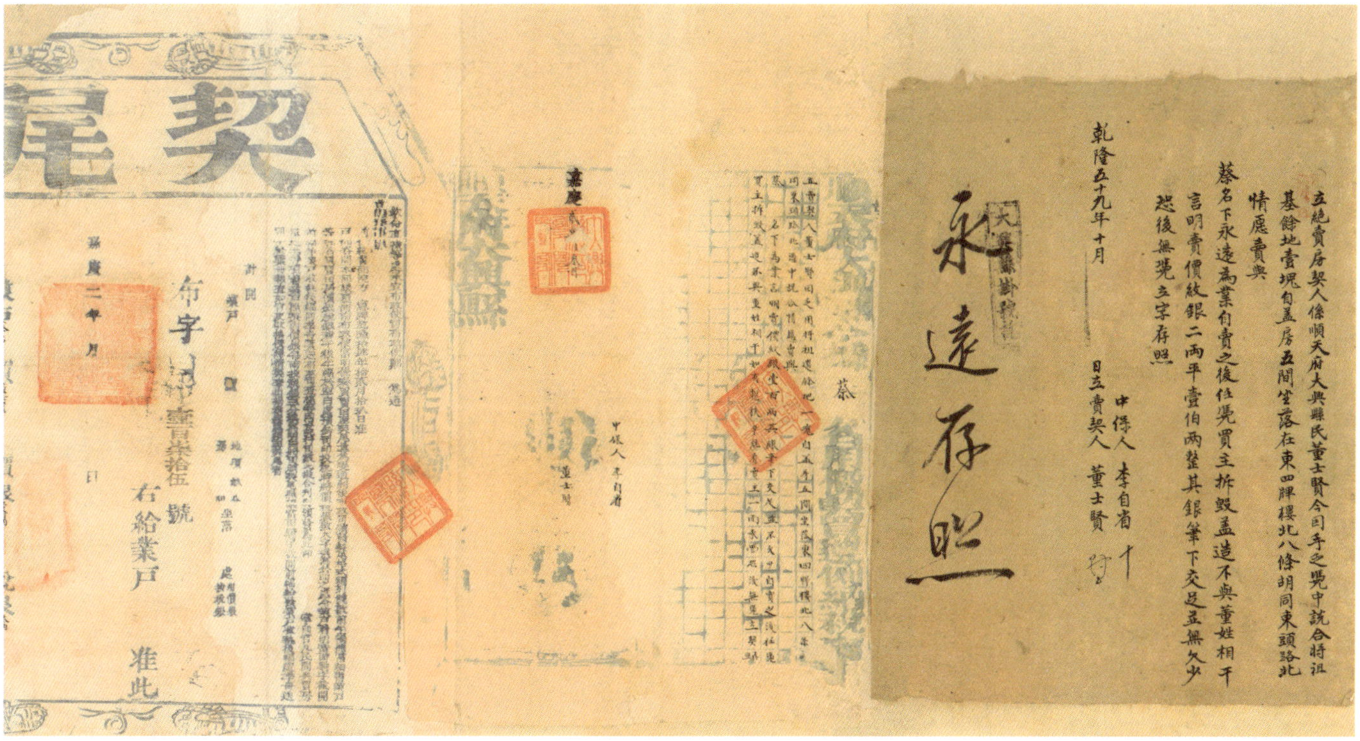

契尾

布字 壹百柒拾伍號

右給業戶 准此

嘉慶二十年 月 日

永遠存照

立絕賣房契人係順天府大興縣民董士賢今同手之凴中説合將祖
基餘地壹塊自蓋房五間坐落在東四牌樓北八條胡同東頭路北
情愿賣與
蔡名下永遠爲業自賣之後任凴買主拆毀蓋造不與董姓相干
言明賣價紋銀二兩平壹伯兩整其銀筆下交足並無欠少
恐後無凴立字存照

乾隆五十九年十月　日立賣契人 董士賢 押
中保人 李自省 十

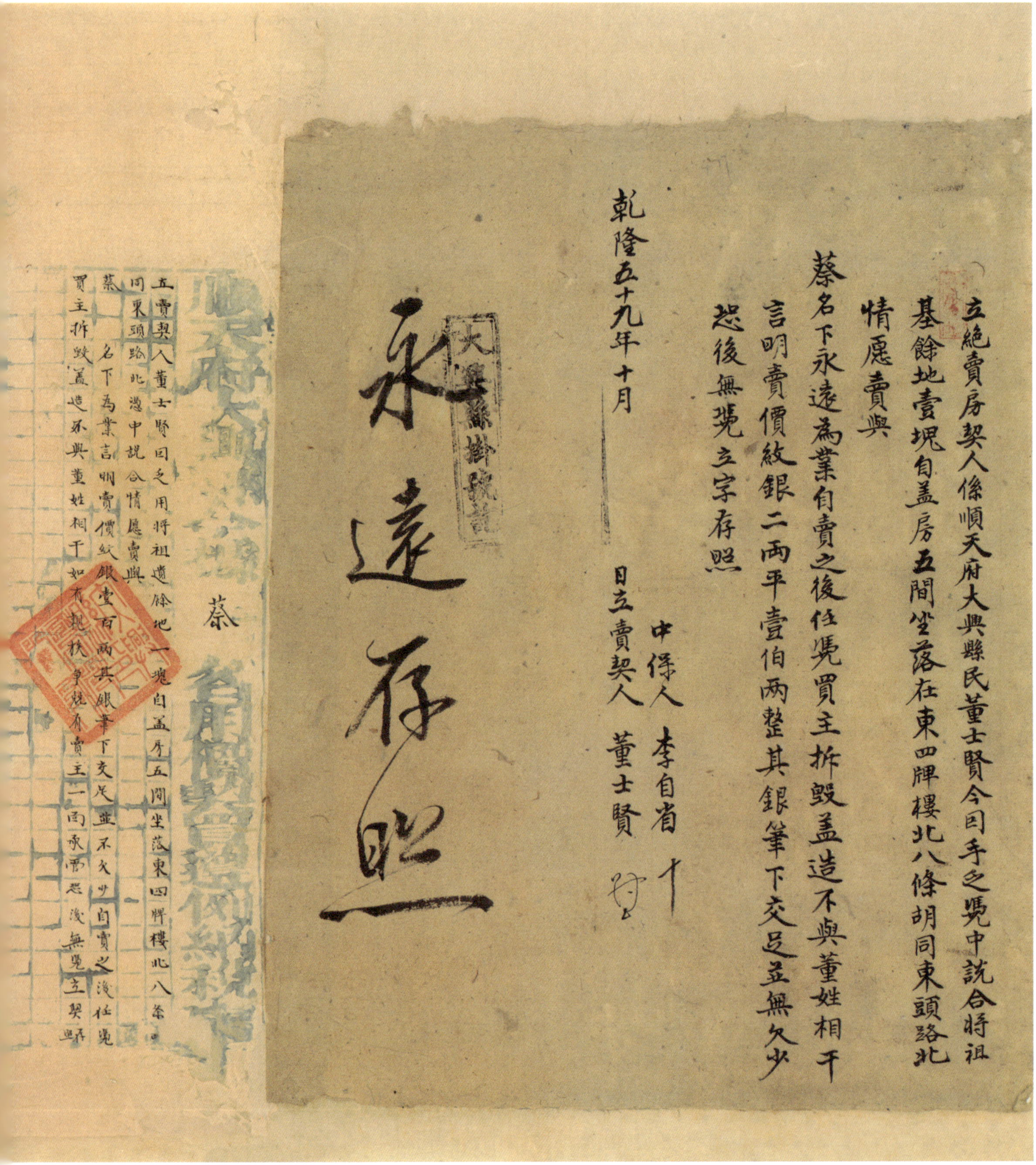

立絶賣房契人係順天府大興縣民董士賢今因手乏憑中説合將祖
基餘地壹塊自盖房五間坐落在東四牌樓北八條胡同東頭路北
情愿賣與
蔡名下永遠為業自賣之後任憑買主拆毁盖造不與董姓相干
言明賣價紋銀二兩平壹伯兩整其銀筆下交足並無欠少
恐後無憑立字存照

乾隆五十九年十月　日立賣契人　董士賢　押
中保人　李自省　十

永遠存照

大興縣掛號訖

五賣契人董士賢因乏用將祖遺餘地一塊自盖房五間坐落東四牌樓北八条
同東頭路北憑中説合情愿賣與
蔡　名下為業言明賣價紋銀壹百兩其銀筆下交足並不欠少自賣之後任憑
買主拆毁盖造不與董姓相干如有親族爭競有賣主一面承管恐後無憑立契與

蔡

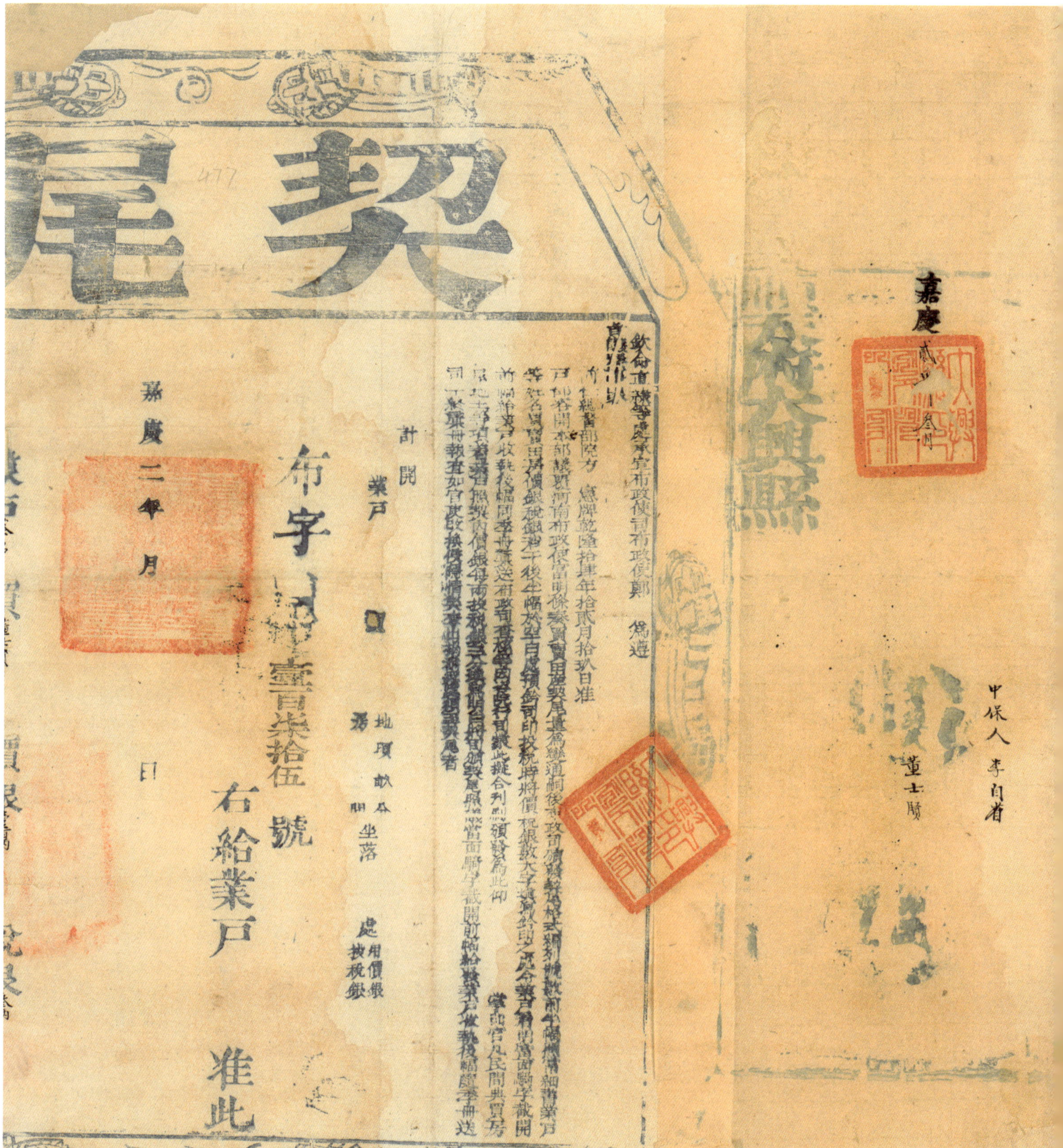

契尾

欽命直隸等處承宣布政使司布政使鄭 為遵
旨議奏事
[illegible]准總督部院方 憲牌乾隆拾肆年拾貳月拾玖日准
戶部咨開本部議覆河南布政使富明條奏買賣田產契尾一事為變通嗣後布政司頒發給民契尾格式編列號數前半幅照常細書業戶
等姓名買賣田房價銀稅銀若干後半幅於空白處預鈐司印投稅時將價稅銀數大字填寫鈐印之處令業戶看明當面騎字截開
前幅給業戶收執後幅同季冊彙送布政司查核[illegible]此擬合列刷頒發為此仰 掌印官凡民間典買房
屋地土等項者照數內價銀每兩投稅銀三分[illegible]將司頒契尾當面騎字截開前幅給業戶收執後幅匯季冊送
司[illegible]彙冊報查如官吏改換侵漏情弊[illegible]契尾者

計開
業戶 [illegible]
地 項 畝 坐落 處
用價銀
投稅銀

布字壹百柒拾伍號

右給業戶 准此

嘉慶二年 月 日

嘉慶貳年[illegible]月

中保人 李自者
董士賢

四六

清嘉慶三年（一七九八）大興縣戴士明補税官契

（契約一七七）

順天府大興縣今據　名用價契約買遵例納税事

立補税房契人戴士明，今將自置胡姓門面向西房壹間，後有壹間坍（坍）塌倒环（壞），後有房弍間，北落地壹條，門窗户壁，土木相連，坐落崇文門外頭條胡同西口外路東總甲徐德地方，今憑深知房根底保人高義等情願説合，因無紅契，今遵例赴縣補税房契，永遠管業。原價銀伍拾兩整，其中并無假捏情弊。如虛情甘認罪。欲後有憑，立此補税房契存照。

內有戴姓白契壹張，李、佛弍姓契紙弍張，標手叁張，共計陸張，付置主收存。

同深知房根底保人　錢永成　徐文玉　高義　高殿臣　韓永亮

賣契人　戴士明

房牙　周文煥

總甲　徐德

嘉慶叁年肆月

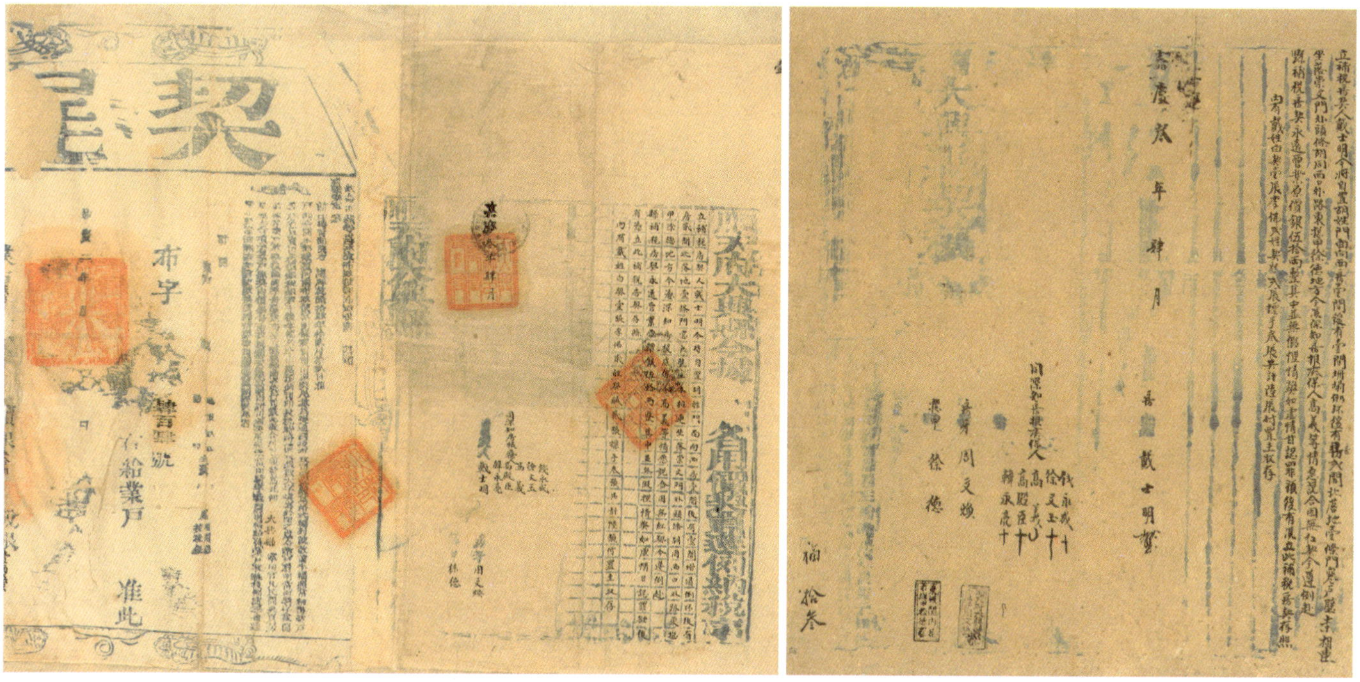
契
布字
准此
嘉慶叁年肆月
戴士明
周文煥
徐德

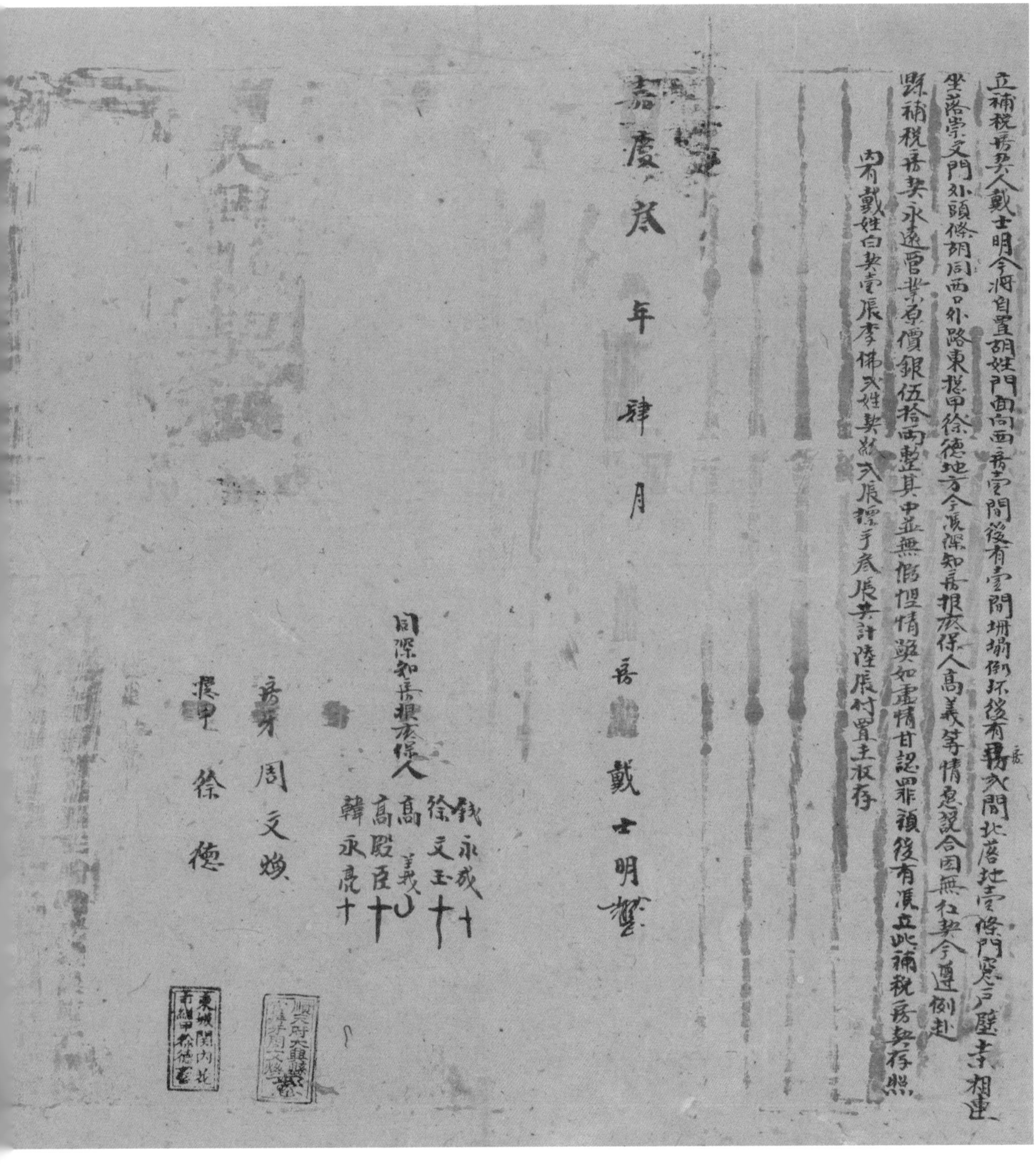
立補税房契人戴士明今將自置胡姓門面向西房壹間後有壹間坍塌倒坏後有房貳間北落地壹條門窗戶壁俱全相連
坐落崇文門外頭條胡同西口外路東總甲徐德地方今憑深知房根底保人高義等情愿說合因無紅契今遵例赴
縣補税房契永遠管業原價銀伍拾兩整其中並無假捏情弊如虛情甘認罪領後有憑立此補税房契存照
内有戴姓白契壹張李佛貳姓契紙貳張禮[illegible]手底張契計陸張付買主收存

嘉慶叁年肆月 日

房[illegible] 戴士明

同深知房根底保人 錢永成 十 徐文玉 十 高義 高殿臣 十 韓永亮 十

房牙 周文煥

總甲 徐德

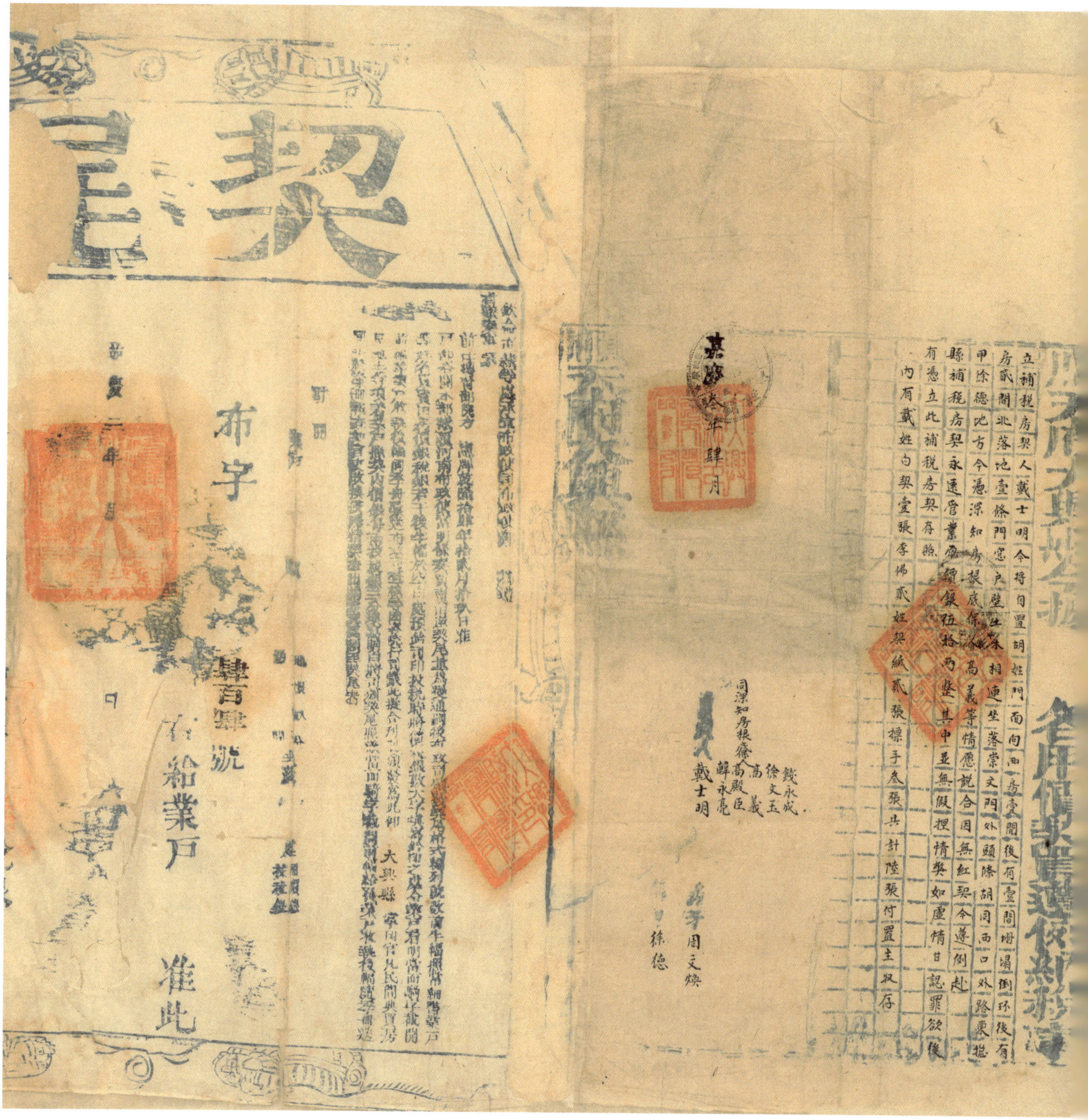
立補稅房契人戴士明今將自置胡姓門面向西房壹間後有壹間坍塌倒坏後有
房貳間北落地壹條門窓户壁土木相連坐落崇文門外頭條胡同西口外路東掂
甲徐德地方今憑深知房根底保人高義等情愿說合因無紅契今遵例赴
縣補稅房契永遠管業應價銀伍拾兩整其中並無假捏情弊如虛情甘認罪欲後
有憑立此補稅房契存照
內有戴姓白契壹張李佛貳姓契紙貳張標手叁張共計陸張付置主收存

嘉慶叁年肆月

戴士明
同深知房根底保人 錢永成 徐文玉 高義 高殿臣 韓永亮
徐德
周文煥

布字 肆百肆號
大興縣
給業戶
准此

四七

清嘉慶三年（一七九八）大興縣戴士明賣房官契

（契約一七八）

順天府大興縣今據蔡名用價契買遵例納税事

立賣房契人戴士明，因乏用，將自置坐東向西門面房壹間，後有壹間坍塌倒壞，北落地壹條，後有房貳間，門窗户壁，土木相連，坐落崇文外頭條胡同西口外路東總甲徐德地方，今憑知底保人高義、錢永成、徐文玉、高殿臣、韓永亮説合，情願賣與蔡名永遠爲業。三面言定，實置賣房價銀壹百貳拾兩整。其銀當日收足，外無欠少。自賣之後，如有親族長幼人等争兢（競）及指房借貸滿漢官銀私債等情，有賣主并知底保人一面承管。恐後無憑，立此賣契永遠存照。

内有原房戴姓補税紅契壹張，白契壹張，上首李、佛貳姓紅契貳張，標手叁張，共計柒張，付置主收存。

知底保人 徐文玉 錢永成 高義 高殿臣 韓永亮

賣契人 戴士明

總甲 徐德

房牙 周文焕

嘉慶叁年肆月

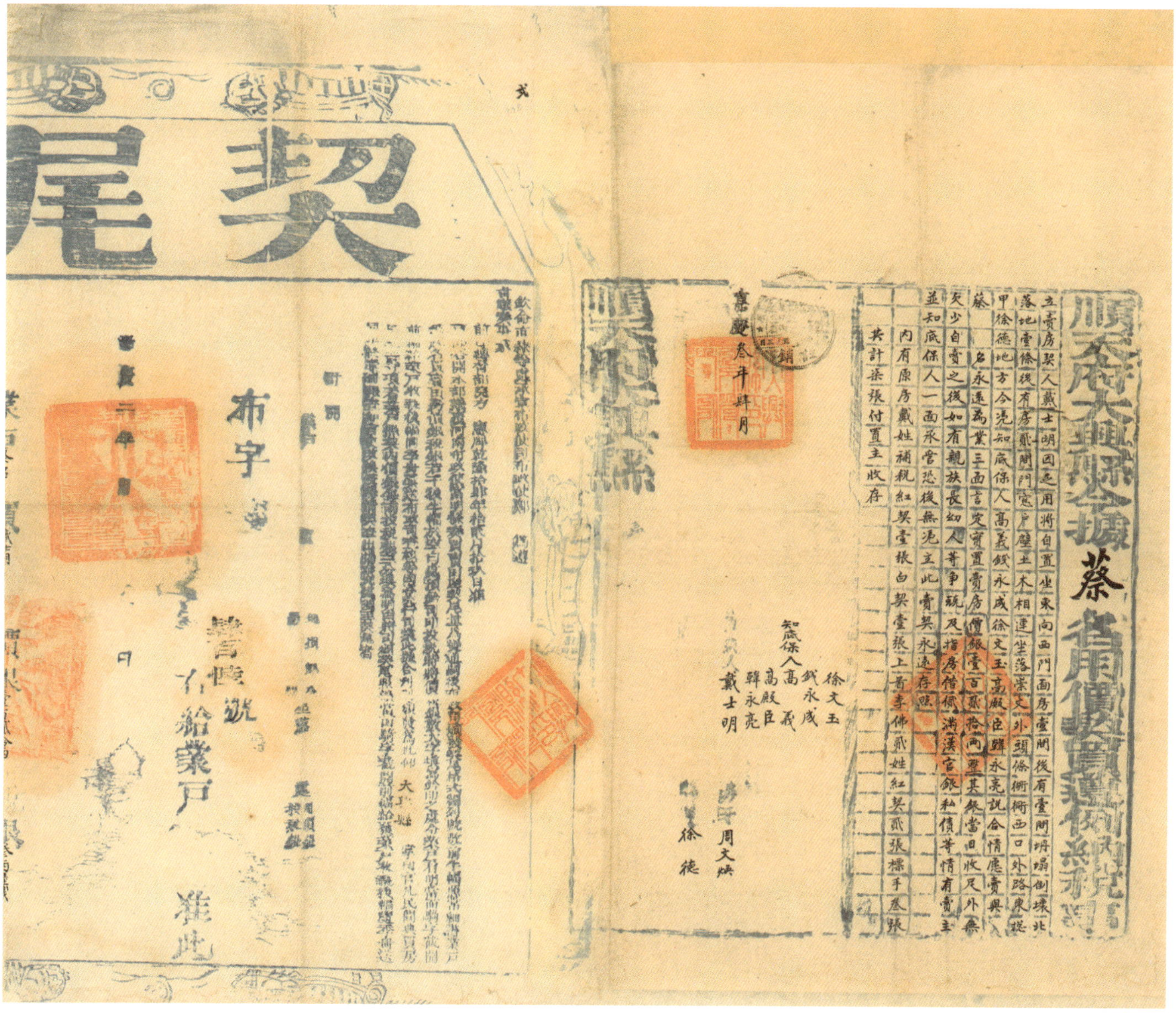
契尾
布字
立賣房契人戴士明因乏用將自置坐東向西門面房壹間後有壹間坍塌倒壞北
落地壹條後有房貳間門窗戶壁土木相連坐落崇文外頭條衚衕西口外路東從
甲徐德地方今浼知底保人高義錢永成徐文玉高殿臣韓永亮説合情愿賣與
蔡　名永遠為業三面言定實置賣房價銀壹百貳拾兩整其銀當日收足外無
欠少自賣之後如有親族長幼人等爭競及指房借佃滿漢官銀私債等情有賣主
並知底保人一面承管恐後無憑立此賣契永遠存照
內有原房戴姓補稅紅契壹張白契壹張上首李佛貳姓紅契貳張標手叁張
共計柒張付置主收存
嘉慶叁年肆月
知底保人高義
錢永成
徐文玉
高殿臣
韓永亮
戴士明
周文煥
徐德

清嘉慶五年（一八〇〇）大興縣富隆額典房白契

（契約三二〇）

立典契人係鑲白旗滿洲托謨爾歡佐領下兵部筆帖式富隆額，有本身住房一所，共計拾叁間，坐落在東單牌樓總布胡同小街東邊路北大門。今因手乏，憑中説合典與正白旗蒙古烏鎗副參領巴老爺諱漢泰名下爲業。言明一典八年爲滿，其房價係二兩平紋銀捌百兩整。其銀當日筆下交足兑清，并無欠少。内有原紅契跟隨。倘有未完官項并重複典賣或親族人等争競等情，有典契人、中保人一面承管。恐後無憑，立字存照。

原紅契壹張，白典契貳張，自行納税紅契壹張，并新立典契壹張，共計契紙伍張，一并交明。

說和人　長　新（押）

立典契人　富隆額（押）

中保人　蘇勒芳阿（押）

嘉慶伍年柒月初貳日

第四

吉壹

立典契人係鑲白旗滿洲托謨尔歡佐領下兵部筆帖式富隆額有本身住
房一所共計拾叁間坐落在東单牌樓總布胡同小街東邊路北大门
今因手乏憑中說合典與正白旗蒙古烏嚕副叅領
巴老爺諱漢泰名下為業言明典八年為滿其房價係二兩平紋銀捌
百两整其銀当日筆下交足並清並無欠少內有原紅契跟隨倘有未
完官項並重複典賣或親族人等爭競等情有典契人中保人一面承管
恐後無憑立字存照
原紅契壹張白典契貳張白行納稅紅契壹張並新立典契壹張共計契紙伍張
一並交明

嘉慶伍年柒月初貳日立典契人富隆額（押）

說合人長新（押）

中保人蘓勒芳阿（押）

清嘉慶五年（一八〇〇）大興縣范麟賣房官契

（契約四七八）

順天府大興縣今據李名用價契買遵例納稅事

立賣房契人范麟，因乏用，將自置正灰梗貳間，西灰棚壹間，坐落黑窑厰三清觀東邊五鋪日南坊地方，今憑中説合，情願賣與李德林名下永遠爲業。言定價錢捌拾千整。其錢當日交足，并無欠少。自賣之後，倘有弟男子侄争競（競）等情，有賣主、中保人一面承管。恐後無憑，立賣契存照。

此房并無紅白老契，買主深知根底，如虛甘罪。

中保人　安寧

立賣契人　范麟

嘉慶伍年拾貳月

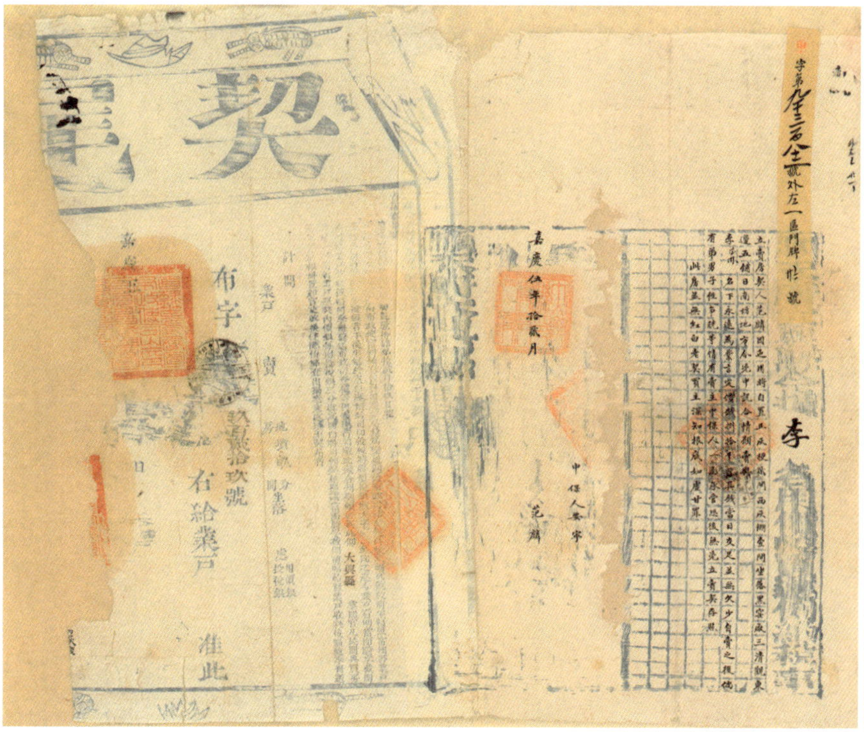

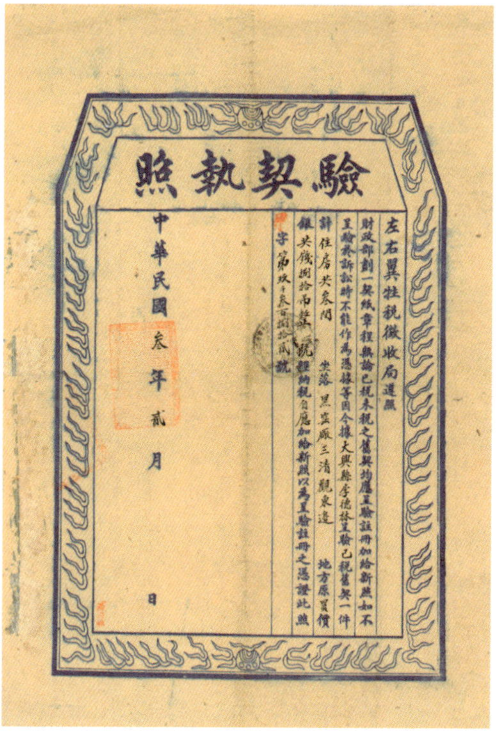

驗契執照

左右翼牲税徵收局遵照

財政部劃一契紙章程無論已税未税之舊契均應呈驗註册加給新照如不

呈驗叅訴訟時不能作為憑據等因今據大興縣李德林呈驗已税舊契一件

計住房共叁間　坐落　黑窯廠三清觀東邊　地方原買價

銀　共錢捌拾吊整　就經納税自應加給新照以為呈驗註册之憑證此照

字第玖千叁百捌拾貳號

中華民國叁年貳月　日

字第九千三百仐號外左一區門牌卄號

外左乙北一

立賣房契人范麟因乏用將自置正房硬貳間西房棚壹間坐落黑窑廠三清觀東
邊五鋪日南坊地方今浼中說合情願賣與
李出卅名下永遠爲業言定價錢捌拾千整其錢當日交足並無欠少自賣之後倘
有弟男子侄爭競等情有賣主中保人一面承管恐後無憑立賣契存照
此房並無紅白老契買主深知根底如虛甘罪

李

驗契執照

左右翼牲税徵收局遵照
財政部劃一契紙章程無論已税未税之舊契均應呈驗註册加給新照如不
呈驗於訴訟時不能作爲憑據等因今據大興縣李德林呈驗已税舊契一件
計住房共叁間　坐落黑窑廠三清觀東邊　地方原買價
銀共錢捌拾吊整　經納税自應加給新照以爲呈驗註册之憑證此照
字第玖千叁百捌拾貳號

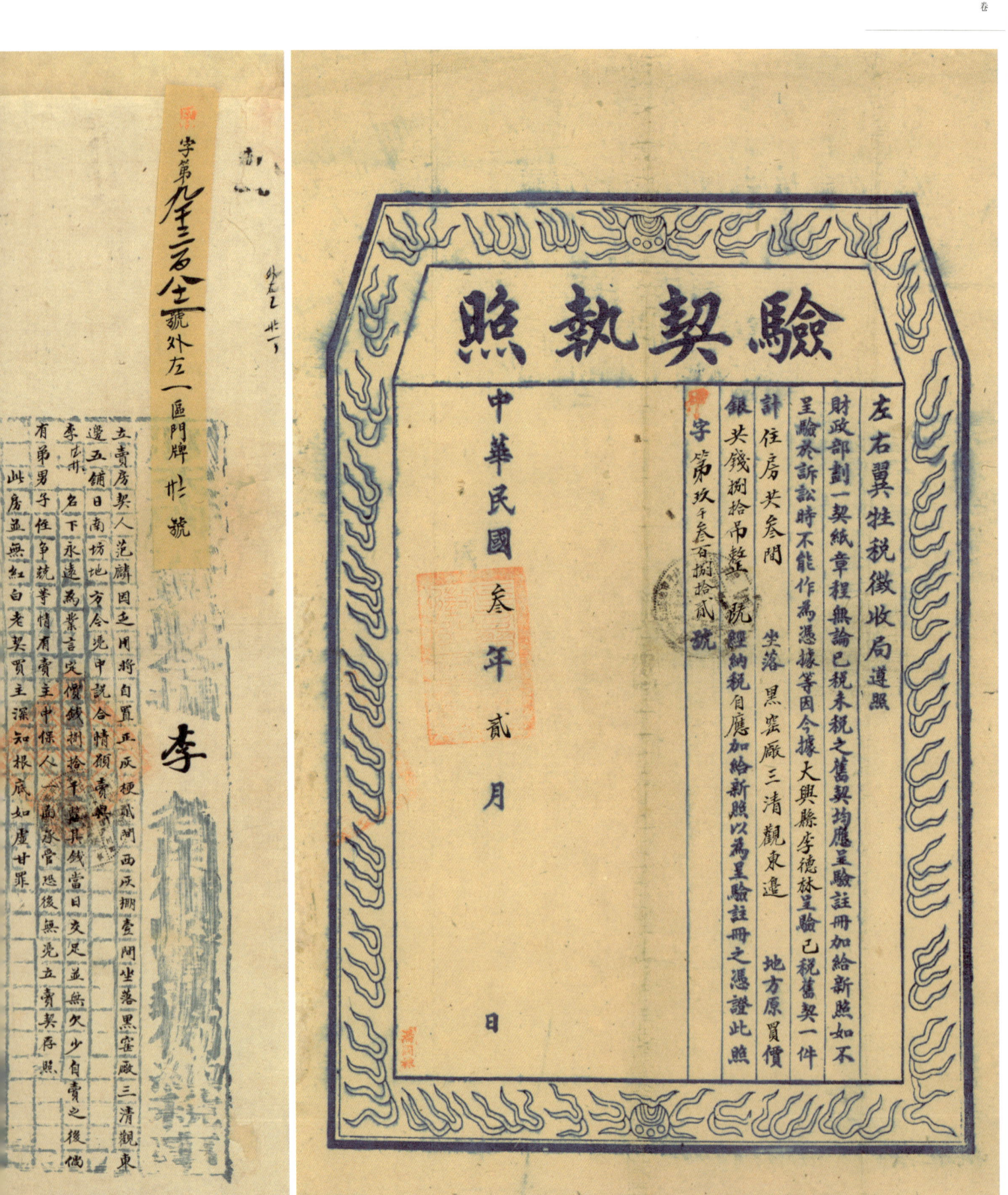

中華民國叁年貳月　日

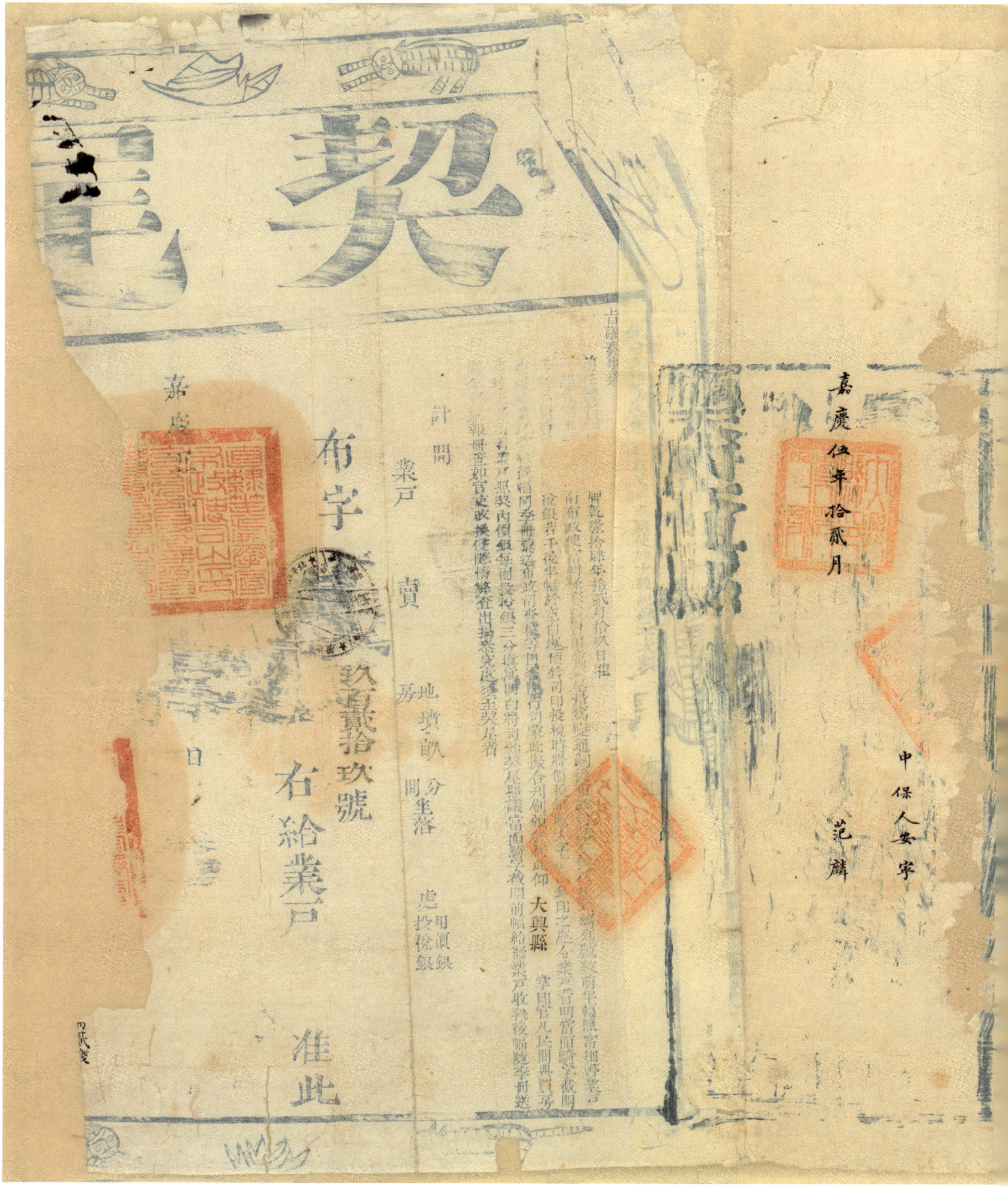

契

旨議奏事案

乾隆拾肆年拾貳月拾玖日准……編列號數前半幅照常細寫業戶

南布政使……鈐印之處令業戶看明當面騎字截開

稅銀若干後半幅於空白處預鈐司印投稅時將價稅銀數大字……

……後幅同季冊彙送布政司查核……行司蒙此擬合刊刷……仰 大興縣 掌印官凡民間典買房

……業戶照契內價銀每兩投稅銀三分填寫明白將司頒契尾騎……當面騎字截開前幅給發業戶收執後幅隨季冊送

……報冊查如官吏改換使隱情弊查出揭參究處須至契尾者

計開

業戶 賣 房 地 墳 畝 分 間 坐落

用價銀 兩 投稅銀

布字玖百貳拾玖號

右給業戶

准此

嘉慶 年 月 日

嘉慶伍年拾貳月

中保人安宇

范麟

五〇　清嘉慶九年（一八〇四）大興縣李門楊氏同侄賣房官稿

（契約二五八）

立賣房契人孀居李門楊氏同侄李起榮，因乏用，將夫遺原買劉姓爛房另行改蓋院内正瓦房叁間，西厢房壹間，東跨透天過道，官中夥走，共計房肆間，門窗户壁，上下土木相連，坐落南城正東坊貳鋪閆（閻）王廟後街横胡同内路南地方。今憑中保人説合，情願賣與祝　名下永遠爲業。三面言定，時值賣房價銀貳百兩整。其銀當日收足，外無欠少。自賣之後，如有親族長幼人等争競及指房借貸官銀私債等情，有賣房主同中保人一面承管。恐後無憑，立此賣房契存照。

内有原房李姓紅契壹張，上首劉姓補税紅契壹張，劉、楊、方、陳白典契肆張，共計陸張，置主收存。

嘉慶玖年拾貳月　日　立賣房契人　孀居李門楊氏（押）

同侄　李起榮（押）

中保人　温有源（押）

張　德（押）

房牙　胡德泰（印）

凡民間置買房産，成交後該牙眼同填寫官發契稿，催令依限納税，如有私相買賣不經官牙布圖漏税者，該牙查明禀報，以憑按例究辦。須至稿者。

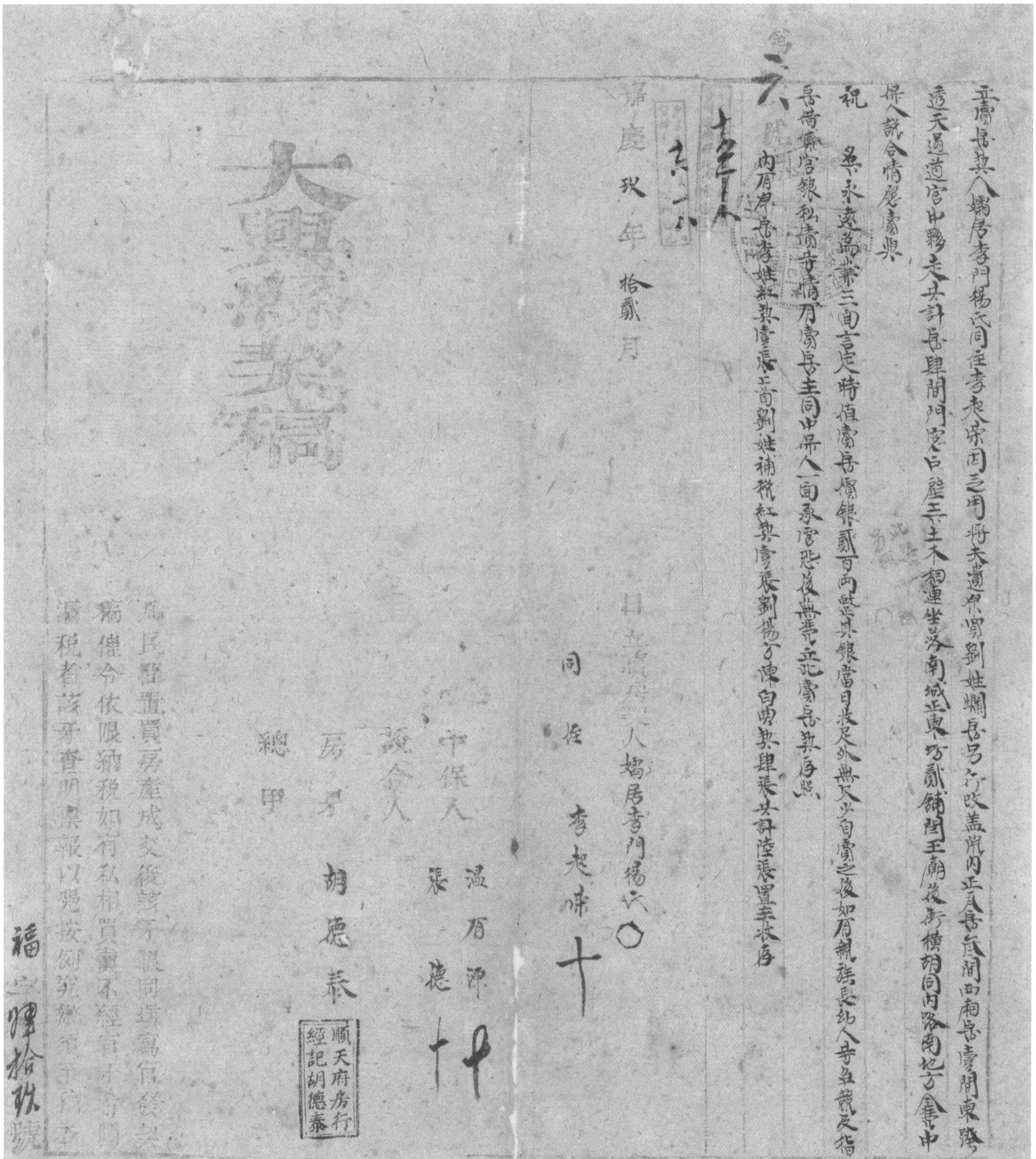

第二六

立賣房契人孀居李門楊氏同侄李起常因乏用，將夫遺原買劉姓爛房另行改蓋院內正房叁間、西廂房壹間、東隣透天過道官中夥走，共計房肆間，門窗戶壁，上下土木相連，坐落南城正東坊貳鋪閻王廟後街橫胡同內路南地方，今憑中保人說合情愿賣與

祝 名下永遠爲業。三面言定，時值賣房價銀貳百兩整，其銀當日收足，外無欠少。自賣之後，如有親族長幼人等爭競，及指房借貸官銀私債等情，有賣房主同中保人一面承管。恐後無憑，立此賣房契存照。

内有原房李姓紅契壹張，又立首劉姓補稅紅契壹張，劉楊方陳白典契肆張，共計陸張，置業收存。

嘉慶玖年拾貳月 日立賣房契人孀居李門楊氏 ○

同侄 李起常 十

中保人 溫有源 十

張 德 十

說合人

房牙 胡德泰

順天府房行經記胡德泰

總甲

大興縣契稿

凡民間置買房產成交後該行牙眼同填寫官發契稿，催令依限納稅，如有私相買賣不經官牙[illegible]漏稅者該牙查明稟報以憑按例究辦[illegible]

福字肆拾玖號

五一

清嘉慶十年（一八〇五）大興縣蔡廷瑞賣房官契

（契約一七九）

順天府大興縣今據關名用價契買遵例納税事

立賣房契人大興縣民蔡廷瑞，因乏用，將自置自蓋鋪面房一所，坐落海岱門外橋頭路東，現開設鼎興號烟錢鋪，向西門面房頂排三間，捲棚三間，後樓房上下四間，灰棚一間，傍三興居酒鋪一處，門面二間，接檐二間，共計房棚頂排拾伍間，門窗户壁，上下土木相連，東止草鋪，南止餑餑鋪，西北面俱止石道界，憑中保説合，情願賣與關　名下永遠爲業。言明房價銀貳千兩正，其銀當日收足，并無欠少。自賣之後，聽憑置主蓋造、另招鋪户租住，于賣主無干。如有來歷不明、重複典借官銀私債及滿漢親族人等争競等情，賣主、中保人一面承管。恐後無憑，立此契照。

再批：内蔡姓本身紅契一張，標手一張，戴姓補税紅契一張，白契一張，李、佛[二]姓纍落紅契二張，標手三張，共玖張，置主收存。

中保人　韓文淳　范裕德　曹永泰　高殿臣　徐文煜

立賣契人　蔡廷瑞

説合人　馬立三　顧竹溪　潘廣大

嘉慶拾年六月[初六]日

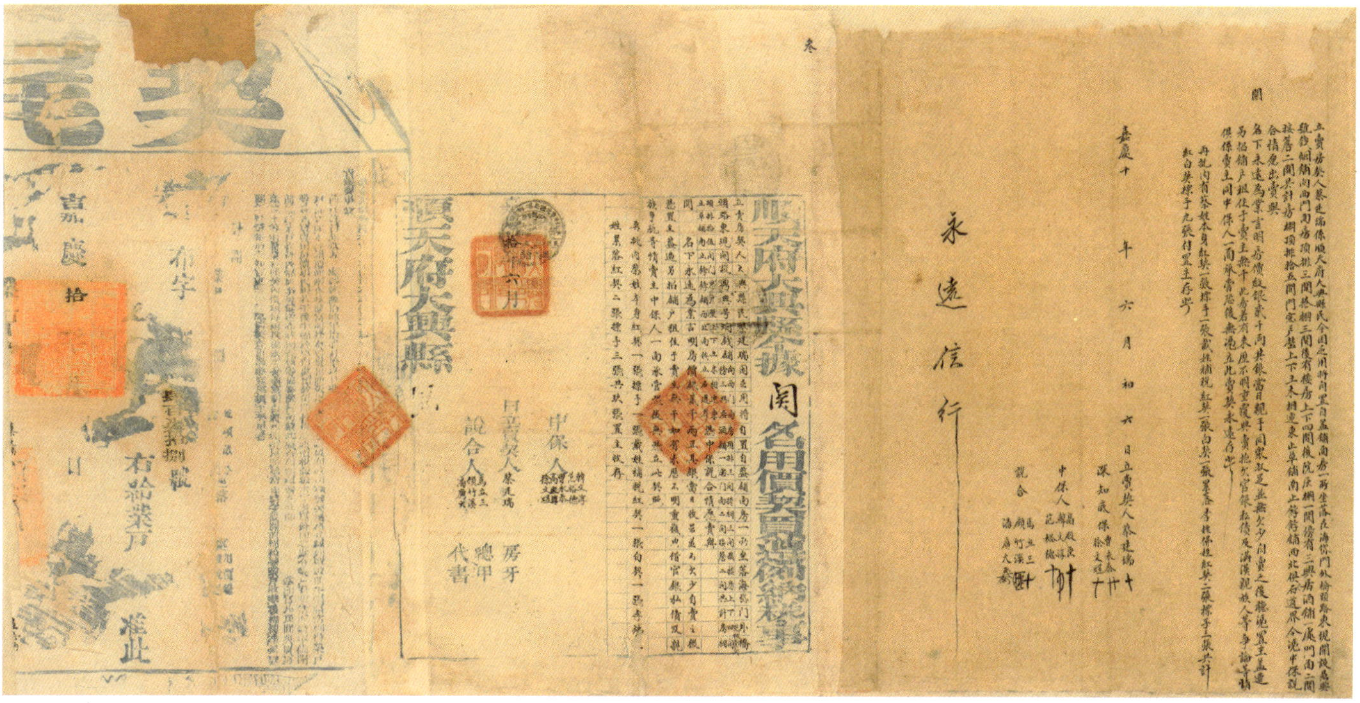
永遠信行

叁

順天府大興縣契據 閏 [illegible]

立賣房契人大興縣民蔡建瑞因乏用將自置自蓋鋪面房一所坐落海岱门外橋
頭路東現開設萬興号烟錢鋪向西门面房項排三間捲棚三間後樓房上下四間厦棚一間傍三興居酒鋪一處门面二間接蓋二間共計房棚
[illegible]拾五間门窗户壁上下土木相連東[illegible]中保説合情愿賣與

閏

立賣房契人蔡廷瑞係順天府大興縣民今因乏用將自置自蓋鋪面房一所坐落在海岱門外橋頭路東現開設萬興
號錢、烟鋪向西門面房項排三間捲棚三間後有樓房上下四間後院厦棚一間傍有三興居酒鋪一處門面二間
接蓋二間共計房棚項排拾五間門窗戶壁上下土木相連東止草鋪南止舒舒鋪西北俱至石道界今憑中保說
合情愿出賣與
名下永遠為業言明房價紋銀貳千兩其銀當日親手同衆收足並無欠少自賣之後聽憑置主蓋造
另招鋪户租住于賣主無干此房若有來歷不明重覆典賣拖欠官銀私債及滿漢親族人等爭論等情
俱係賣主同中保人一面承當恐後無憑立此賣契永遠存照

再批內有蔡姓本身紅契一張摽手一張戴姓補稅紅契一張白契一張畢落李姓佛姓紅契二張摽手三張共計
紅白契摽手九張付置主存照

嘉慶十　年　六　月　初　六　日立賣契人蔡建瑞十

深知底保曹永春十　徐文煜十

中保人高殿臣十　韓文淳十　范裕德十

說合馬立三十　顧竹溪　潘廣大

永遠信行

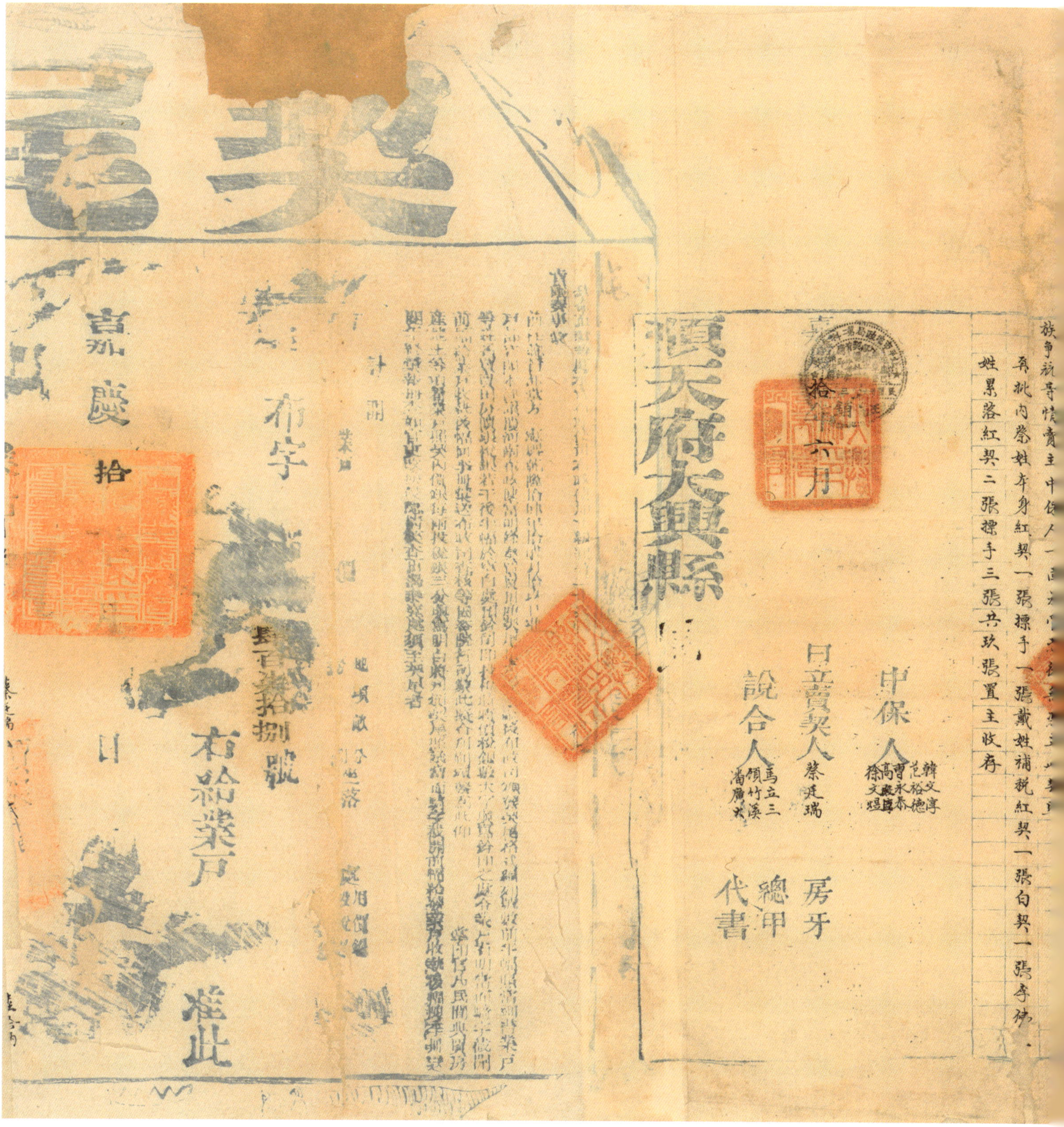
族爭執等情責主中保人一面承管
再批內蔡姓本身紅契一張標手一張戴姓補稅紅契一張白契一張李姓
姓累落紅契二張標手三張共玖張置主收存

中保人 韓文淳 范裕德 曹永泰 高殿璋 徐文煜
立賣契人 蔡廷瑞
說合人 馬立三 顏竹溪 潘廣大
房牙
總甲
代書

拾　年六月　日

順天府大興縣

契

布字

右給業戶

准此

清嘉慶十年（一八〇五）大興縣陸蓮湖同子賣房白契

（契約四二八）

立賣房契人陸蓮湖同男静齋、咏齋等，今因乏用，將自置瓦〔房〕壹所，門面三間，到底三層，頭層房内後院内有東遊廊三間，西厢房一間，二層後院内東西厢房各一間，共計大小房、遊廊拾伍間，後有落地一條，門窗户壁，上下土木相連，坐落中城中西坊二鋪地方。今憑中説合，情願出賣與丁宅永遠爲業。三面議定，時價足紋京平捌百伍拾兩。其銀當日收足，外無欠少。自賣之後，如有親族長幼兄弟子侄争競及指房借貸滿漢債并官銀庫債等項争競者，有賣主同中保人一面承管。恐後無憑，立此賣契永遠存照。

内有原房王姓本身紅契上半張，院憲批呈壹張，張姓本身紅契壹張，阮姓白契壹張，金姓本身紅契壹張粘連契尾，陸姓紅契壹，共計伍張半，買主收存。

再批：二層後院内有東厢房一間，因房糟爛，拆燬改造板槎一道，頭層房内新添花龕一架，碧紗一堂，前院板槎一道，遊廊花窗，上下俱全，案樓三副，坑架一副，風門大小陸副，天蓬一架，買主收存。

嘉慶拾年正月　日

立賣契人　陸蓮湖

同男　静齋（押）　咏齋（押）

同中保人　蕭洪寬（押）

立賣房契人陸蓮湖同男靜齋、詠齋等，今因乏用，將自置瓦房壹所，門面三間，到底三層，頭層房內後院內有東遊廊三間，西廂房一間，二層後院內東西廂房各一間，共計大小房遊廊拾伍間，後有落地一条，門窓户壁上下土木相連。坐落中城中西坊二舖地方，今憑中說合，情願出賣與

丁宅永遠為業。三面議定時價足紋京平捌百伍拾兩，其銀當日收足，外無欠少。自賣之後，如有親族長幼兄弟子姪爭競及指房借貸滿漢債並官銀庫債等項爭競者，有賣主同中保人一面承管。恐後無憑，立此賣契永遠存照。

內有原房王姓本身紅契上半張，阮憲批呈壹張，張姓本身紅契壹張，阮姓白契壹張，金姓本身紅契壹張，粘連契尾陸姓紅契壹，共計伍張半，買主收存。

再批：二層後院內有東廂房一間，因房糟爛，拆燬改造板墻一道，頭層房內新添花龕一架，碧紗一堂，前院板墻一道，遊廊花窓上下俱全，棠楼三副，坑架一副，風門大小陸副，天蓬一架，買主收存。

嘉慶拾年正月　日　立賣契人陸蓮湖同男靜齋、詠齋

同中保人蕭洪寬　十

永遠為業

五三

清嘉慶十五年（一八一〇）大興縣巴漢泰轉典房白契

（契約三二一）

立轉典契人正白旗蒙古六甲渊（喇）額爾金額佐領下鳥鎗正參領巴漢泰，有自典住〔房〕一所，共計拾叁間，坐落在東單牌樓總布胡同小街東邊路北大門。今因手乏，憑中説〔合〕，轉典與正藍旗滿洲頭甲渊（喇）正參領名下爲業。言明一典八年爲滿，其房價係二兩平紋銀捌百兩整。其銀當日筆下交足兑清，并無欠少。内有原紅契跟隨。倘有未完官項并重復典賣，或親族人等争競等情，有典主人與中保人一面承管。恐後無憑，立典契存照。

原紅契壹張、白典契叁張，自行納税紅契壹張，立典契壹張，共計紙六張，一并交明。

嘉慶拾伍年柒月初四日

中保人　庚音厄（押）

立典契正白旗蒙古額爾金額佐領下鳥鎗正參領巴漢泰（押）

第五

立轉典契人正白旂蒙古六甲喇額爾金額佐領下烏館正泰領巴漢泰有自典住房一所共計拾叁間
坐落在東單牌樓總布胡同小街東邊路北大门今因手乏憑中說轉典與正藍旂滿洲頭甲喇正泰領
六
名下為業言明典八年為滿其房價係二两平紋銀捌百两整其銀当日筆下交足兑清並無欠少內有原紅
契跟隨倘有未完官項並重復典賣或親族人等爭競等情有典主人與中保人面承管恐後無憑立典契存照
原紅契壹張白典契叁張自行納税紅契壹張立典契壹張共計紙六張一並交明

嘉慶拾伍年柒月初四日

立典契正白旂蒙古額爾金額佐領下烏館正泰領巴漢泰

中保人庚音厄

五四

清嘉慶十七年（一八一二）大興縣關華峯賣房官契

（契約一八〇）

順天府大興縣今據　名用價契買遵例納税事

立賣鋪面房契人關華峯，今有自置鋪面房一所，坐落在海岱門外橋頭路東，現開設天和號鐵鋪，向西門房頂排三間，捲棚三間，後有樓房上下四間，後院灰棚一間，傍有滙源木廠一處，門面二間，接檐二間，共計房棚頂排拾伍間，門窗户壁，上下土木相連，東至草鋪，南至餑餑鋪，西、北俱至石道界。今憑中保説合，情願出賣與誠　名下永遠爲業。言明賣價錢全錢壹千壹百吊正。其錢當日交足，并無欠少。自賣之後，如有來路不明、重復典賣親族人等情，托（拖）欠官銀私債及滿漢親族人等争論等情，俱有出賣房人仝中保人一面承管。恐後無憑，立此賣契永遠存照。

內有本身關姓民紅契壹張，上首蔡姓紅契壹張，上上首戴姓補税紅契壹張、白契壹張，纍落李姓、佛姓紅契貳張，標手四張，共計紅白契、標手拾張，付置主收存。

中保人　閆天福

管業人　杜世俊

立賣契人　關華峯

説合人　七十七　陸德

嘉慶拾七年四月初九

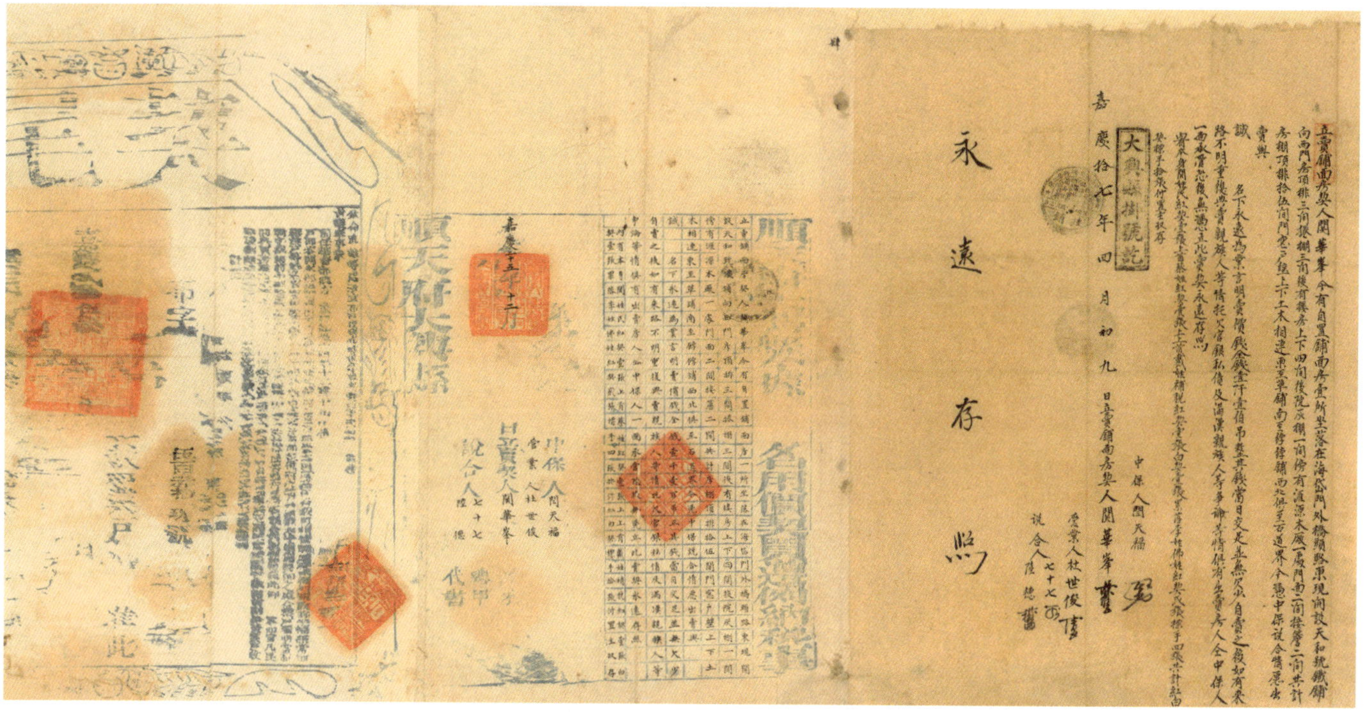
立賣舖面房契人閻華峯今有自置舖面房壹所坐落在海岱門外橋頭路東現開設天和號鐵舖
向西門面房頂排三間捲棚三間後有樓房上下四間後院灰棚一間傍有[illegible]木廠一座門面二間接簷二間共計
房棚頂排拾伍間門窗戶壁上下土木相連東至車舖南至[illegible]舖西北俱至官道界今憑中保說合情愿出
賣與
誠
名下永遠為業言明賣價錢壹千壹佰吊整其錢當日交足並無欠少自賣之後如有來
路不明重復典賣親族人等情[illegible]官銀私債及滿漢親族人等爭論等情俱有出賣房人全中保人
一面承管恐後無憑立此賣契永遠存照
[illegible]
[illegible]手[illegible]張付買主收存

大興縣掛號訖

嘉慶拾七年四月初九日立賣舖面房契人閻華峯（押）
中保人閻天福（押）
受業人杜世俊（押）
說合人陸德（押）七十七

永遠存照

立賣舖面房契人閔華峯今有自置舖面房壹所坐落在海岱門外橋頭路東現開設天和號鐵舖
向西門房頂排三間捲棚三間後有樓房上下四間後院灰棚一間傍有滙源木廠一處門面二間接簷二間共計
房棚頂排拾伍間門窓户壁上下土木相連東至草舖南至𠼪𠼪舖西北俱至石道界今憑中保説合情愿出
賣與
誠
名下永遠為業言明賣價錢全錢壹仟壹伯吊整其錢當日交足並無欠少自賣之後如有來
路不明重復典賣親族人等情托欠官銀私債及滿漢親族人等爭論等情俱有出賣房人全中保人
一面承管恐後無憑立此賣契永遠存照
計有本身閔姓民紅契壹張上首蔡姓紅契壹張上上首戴姓補税紅契壹張白契壹張累落李姓佛姓紅契式張標手四張共計紅白
契標手拾張付買主收存

大興縣掛號訖

嘉慶拾七年四月初九日立賣舖面房契人閔華峯（押）
中保人閆天福（押）
愛業人杜世俊（押）
説合人陸德（押）七十七

永遠存照

肆

順天府……
立賣舖面房契人閔華峯今有自置舖面房一所坐落在海岱門外橋頭路東現開
設天和號鐵舖向西門房頂排三間捲棚三間後有樓房上下四間後院灰棚一間

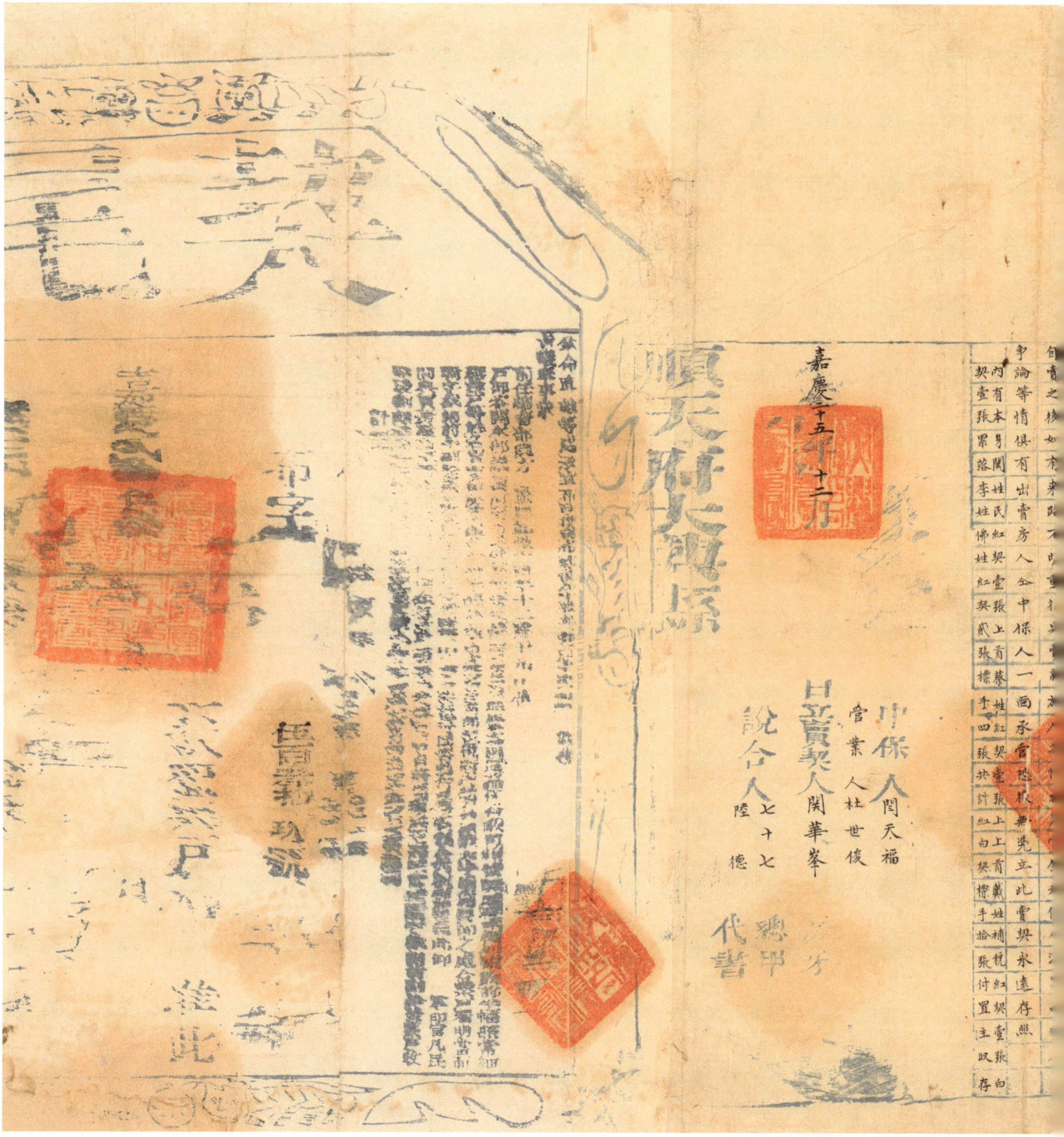
自賣之後如有來路不明
争論等情俱有出賣房人合中保人一面承管恐後無憑立此賣契永遠存照
内有本身閔姓民紅契壹張上首蔡姓紅契壹張上上首戴姓補稅紅契壹張白
契壹張累落李姓佛姓紅契貳張標手四張共計紅白契標手拾張付置主收存
順天府大興縣
嘉慶二十五年十二月
日立賣契人閔華峯
中保人閻天福
官業人杜世俊
説合人七十七
陸德
總甲
代書

五五

清嘉慶二十年（一八一五）大興縣遲九達賣房官契

（契約一七六—一）

順天府大興縣今據　名用價契買遵例納税事

立賣房契人遲九達，今因乏用，將祖遺空地一塊，自蓋住房一處，坐落在方磚厰（廠）東頭溝沿北口内路東地方，門面房五間，正房三間，東西耳房二間，東西廂房六間，西正灰房三間，共計房拾玖間，門窗户壁，上下土木相連，隨房院落以墻爲界，今憑中保説合，情願賣與蘇　名下永遠爲業。言明賣價紋銀伍佰兩正。其艮（銀）交足無欠少。自賣之後，倘有親族人等争競及來歷不明並重復典賣等情，有賣主仝中保人一面承管。恐後無憑，立賣契存照。

再批：此房寔祖遺自蓋，并無紅白老契，置主深知根底，其中如有扶捏假冒、違礙情弊，買賣主均甘認罪，批明又照。

中保人　李君弼（押）

立賣契人　遲九達

具結人　费起鳳

説合人　李　二

嘉慶二十年四月　日

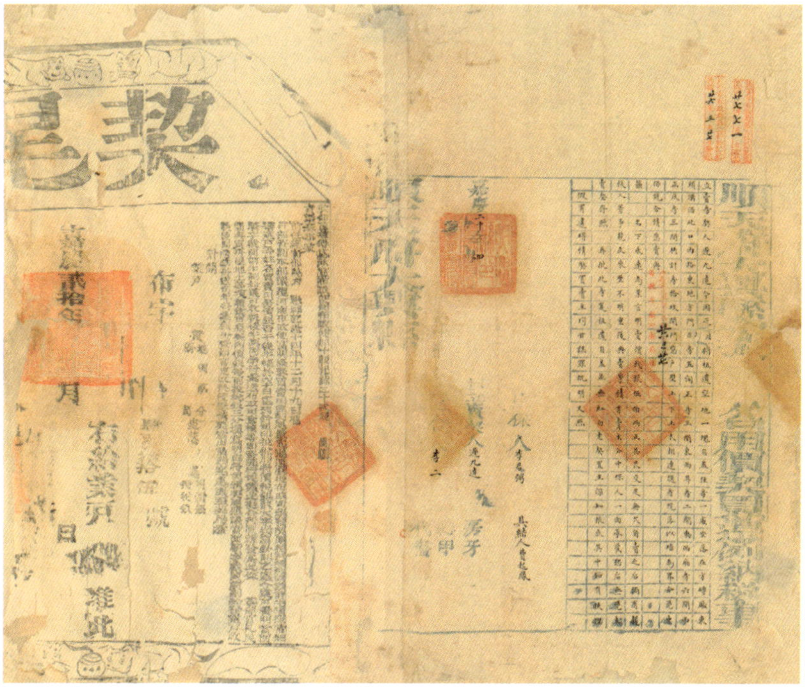

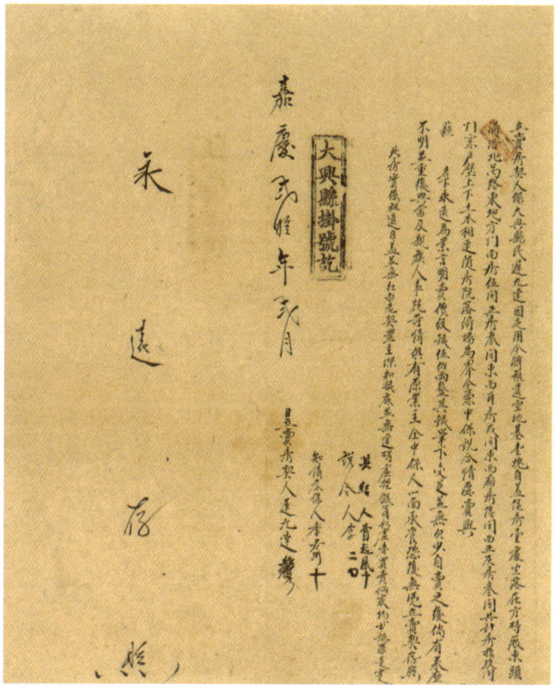
大興縣掛號訖

立賣房契人係大興縣民遲九達因乏用今將祖遺空地基壹塊自蓋住房壹處坐落在方磚廠東頭
偏路北另路東地方門面房伍間正房叁間東西耳房貳間東西廂房陸間西正灰房叁間共計房拾玖間
門窗户壁上下土木相連隨房院落倚墻為界今憑中保說合情愿賣與
藕
名下永遠為業言明賣價紋銀伍佰兩整其銀筆下交足並無欠少自賣之後倘有來歷
不明並重復典當及親族人爭競等情俱有原業主仝中保人一面承管恐後無憑立賣契存照
此房實係祖遺自蓋並無紅白老契置主深知根底並無違礙虛捏假冒如虛者買賣倆家均甘認罪是實

大興縣掛號訖

具結人貴起鳳十
說合人李二叶
知情房保人李君剛十
立賣房契人遲九達（押）

嘉慶貳拾年貳月

永遠存照

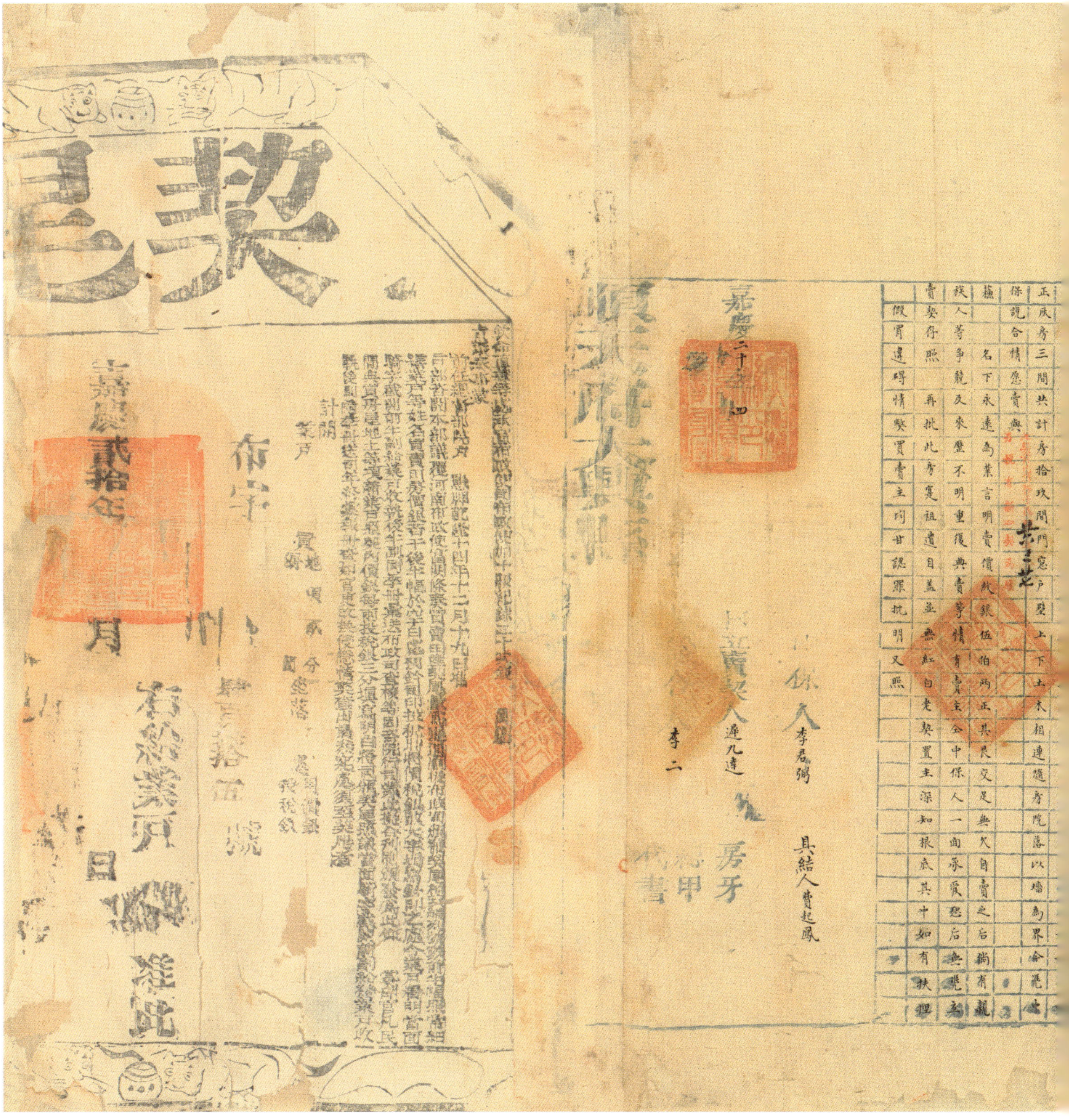
正房三間共計房拾玖間門窗戶壁上下土木相連隨房院落以墻為界合
係說合情愿賣與
蘊　名下永遠為業言明賣價紋銀伍佰兩正其艮交足無欠自賣之后倘有親
族人等爭競及來歷不明重復典賣等情有賣主仝中保人一面承管恐后無憑立
賣契存照　再批此房寔祖遺自蓋並無紅白老契置主深知根底其中如有扶理
假冒違碍情弊買賣主均甘認罪批明又照
共三紙
嘉慶二十年四
中保人　李君弼
賣契人　潘九達
李二
具結人　貴起鳳
房牙
總甲
代書
契尾
嘉慶貳拾年　月　日
布字　號

五六 清嘉慶二十一年（一八一六）順義縣張廷元執照（契約二四〇）

……咨單内開本部……德條奏請嗣後民間報□□地令布政使……執照鈐蓋司印預行頒發各州縣……闡明即將業户姓名、畝分數目及四至填明，照内給發業户收執□給過司照數目及……畝分四至歲底造册，彙報藩司查核。其開墾成熟者，於應行起徵之年照例催徵。其認……壯消亡或因地土磽薄寔在墾不成熟者，准令呈明該地方官勘明銷繳。如業户不……墾，治罪地方官查勘不□□私行濫給，亦即嚴行查參等因，奉旨「依議。欽此」等因。咨院行司蒙此……執照頒發爲此□順義縣掌印官，嗣後民間報墾荒地即照填給於歲底造册……須至執照者。

計開……

業户 張廷元

村莊□ 叁拾肆畝壹分陸厘陸毫

右執照給業户張廷元准此

嘉慶貳拾壹年閏陸月 日給

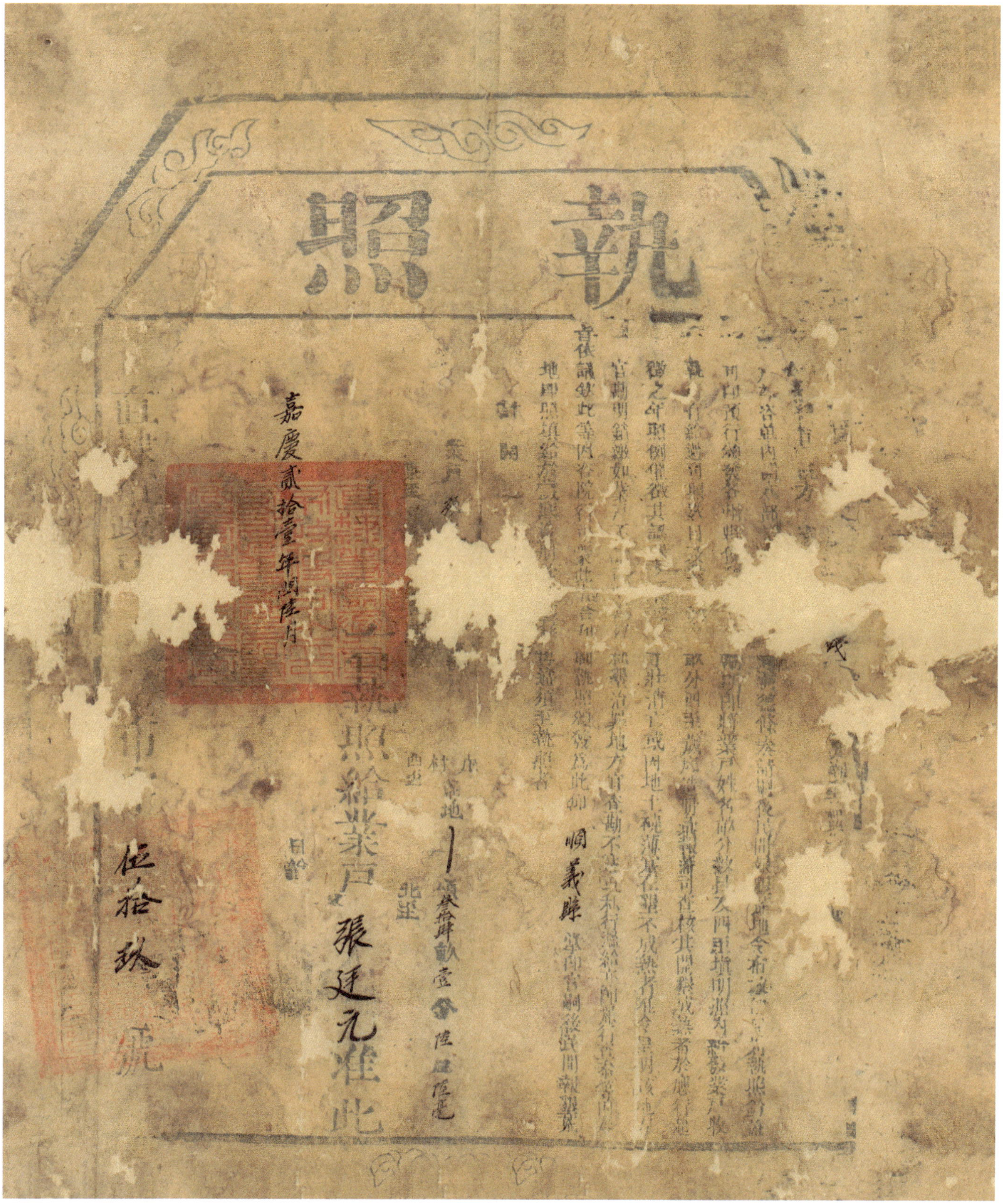
執照

順義縣

嘉慶貳拾壹年閏陸月

執照給業戶 張廷元 准此

伍拾玖 號

清嘉慶二十四年（一八一八）大興縣高柳泉賣房官契

（契約二五六）

順天府大興縣今據金名用價契買遵例納稅事

立賣房契人高柳泉，今將自置正瓦房叁間，西厢房壹間，東挎（跨）透天過道，官中夥走，共計房肆間，現因東一所金姓置買，統歸一處，門窗户壁，上下土木相連，坐落南城正東坊閆（閻）王廟後街路東横胡同内路南地方。今憑説合中人賣與金　名下永遠管業。言明賣價紋銀壹百伍拾兩正。其銀筆下交足，并不欠少。自賣之後，斷無親族人等争競等情。恐後無憑，立此賣契存照。

內有祝姓本身稿契壹張，上首李、劉二姓紅契貳張，劉、楊、方、陳四姓白典契肆張，高姓紅契一張，共計紅、白契紙共計捌張，置主收存。

嘉慶二十四年　月　日

中保人　東柳溪
立賣契人　高柳泉
説合人　錢　通

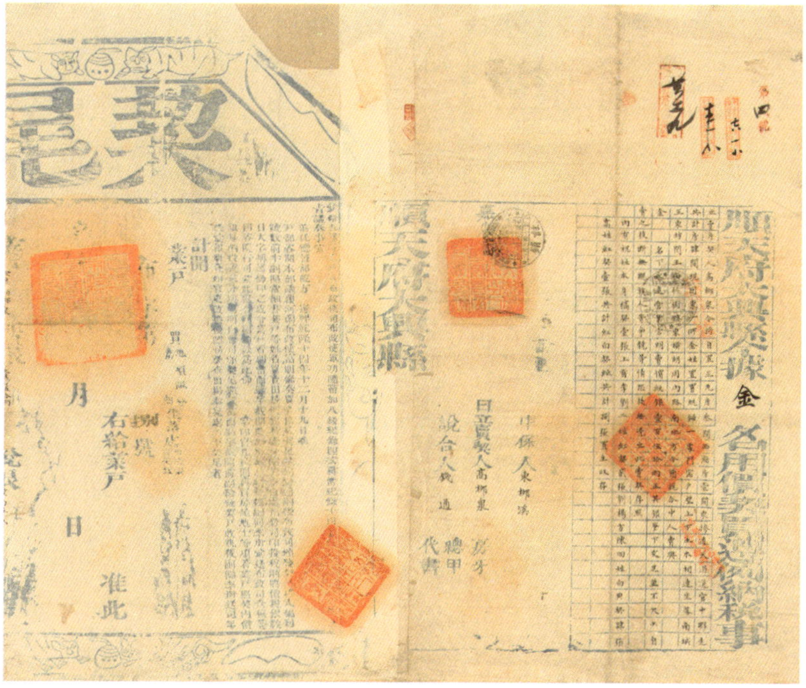

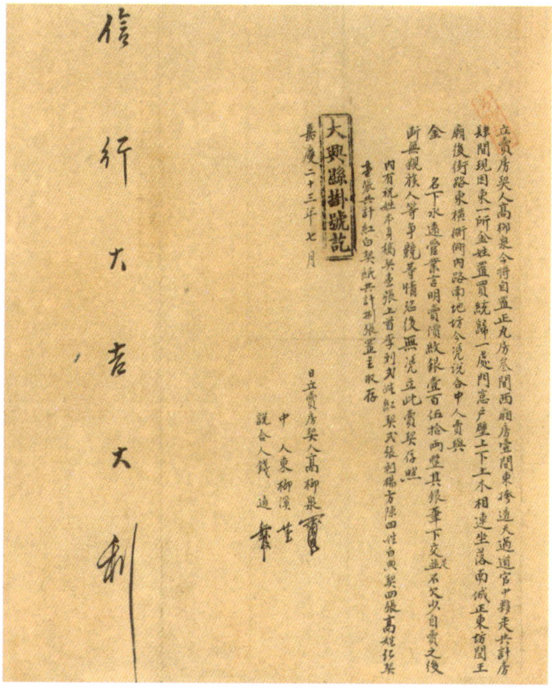
信行大吉大利
大興縣掛號訖
嘉慶二十三年七月

立賣房契人高柳泉今將自置正丸房叁間西厢房壹間東捲透天過道官中夥走共計房
肆間現因東一所金姓置買統歸一處門窓户壁上下土木相連坐落南城正東坊閆王
廟後街路東横衚衕内路南地坊今憑説合中人賣與
金　名下永遠管業言明賣價紋銀壹百伍拾兩整其銀筆下交足並不欠少自賣之後
斷無親族人等爭競等情恐後無憑立此賣契存照
內有祝姓本身稿契壹張上首李刘戈姓紅契弍張刘楊方陳四姓白典契四張高姓紅契
壹張共計紅白契紙共計捌張置主收存

大興縣掛號訖

嘉慶二十三年七月　日立賣房契人高柳泉（畫押）
中人東柳溪（畫押）
説合人錢　通（畫押）

信行大吉大利

順天府大興縣為據金
名用價契稅事

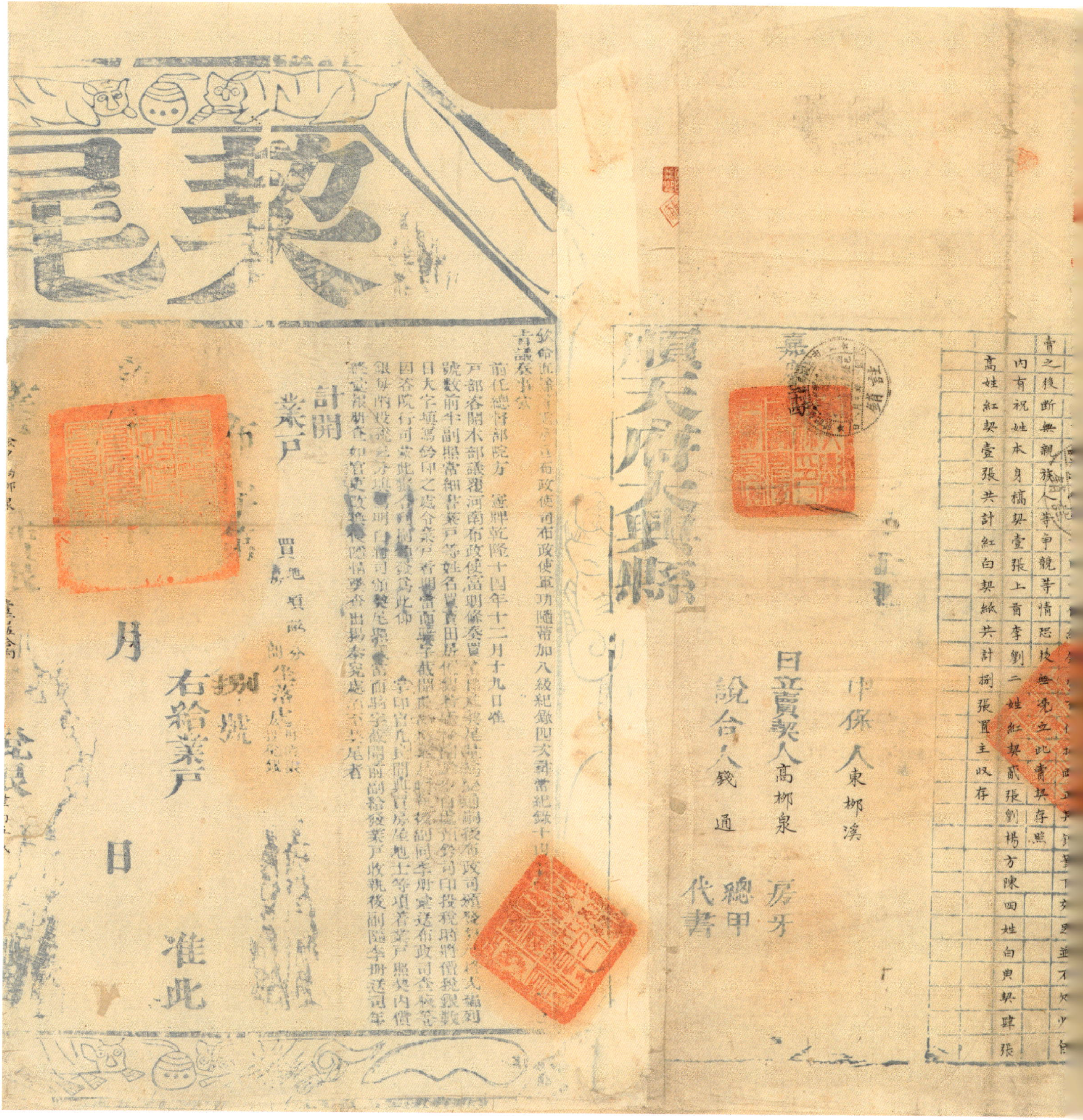

契尾

欽命直隸等處承宣布政使司布政使軍功隨帶加八級紀錄四次尋常紀錄十□

遵議奏事案

准前任總督部院方 憲牌乾隆十四年十二月十九日准

戶部咨開本部議覆河南布政使富明條奏買賣[illegible]契尾[illegible]布政司頒發[illegible]編刻

號數前半副照常細書業戶等姓名買賣田房[illegible]銀鈐司印投稅時將價銀稅銀數

日大字填寫鈐印之處令業戶看明當面騎字截開[illegible]同季冊彙送布政司查核等

因咨院行司奉此[illegible]發爲此仰

銀每兩投稅[illegible]明[illegible]司[illegible]騎字截開前副給發業戶收執後副隨季冊送司年

終[illegible]如[illegible]吏改換[illegible]隱匿[illegible]出揭參究處[illegible]尾者

計開

業戶 買地 頃 畝 分

布字 號

右給業戶 准此

月 日

順天府大興縣

嘉[illegible]

賣之後斷無親族人等爭競等情恐後無憑立此賣契存照

內有祝姓本身稿契壹張上首李劉二姓紅契貳張劉楊方陳四姓白典契肆張

高姓紅契壹張共計紅白契紙共計捌張置主收存

中保人 東梆溪 房牙

日立賣契人 高梆泉 總甲

說合人 錢 通 代書

五八

清道光元年（一八二一）大興縣李錦賣房白契

（契約四二四）

立賣房契人李錦，因乏用，將轉贖回致（至）親趙姓住房一所，南瓦房叁間，北平房一間，西灰房叁間，共計房棚七間，座（坐）落南城鞭子巷三條胡同西口内路南，今憑中説合，情願出賣與陳　名下爲業。言定賣價紋銀壹百伍拾兩整。其銀筆下交足，外無欠少。自立賣字後，任憑陳姓典賣拆改，永不與李姓相干，憑買主自便。如有李姓長幼親族人等争競及指房另借别項官錢弘（私）債等情，俱有賣房人一面承管，永不與置主相干。恐後無憑。立此賣字，永遠存照。

内有原房李姓轉贖白紙一張，上首趙姓白紙一張，蘇姓白紙三張，又有趙姓二置白紙二張，共白紙七張，面交置主收存。

中説人　王青雲（押）

道光元年十二月初十日

立賣字人　李　錦（押）

肆

立賣房契人李錦因乏用將轉贖回致親趙姓住房一所南北房叁間北平房一間西廂房叁

間共計房棚七間座落南城鞭子巷三条胡同西口內路南今憑中說合情願出賣與

陳 名下為業言定賣價紋銀壹百伍拾兩整其銀筆下交足外無欠少自立賣字後任憑

陳姓與賣拆改永不與李姓相干憑買主自便如有李姓長幼親族人等爭競及指房另借別

項官錢私債等情俱有賣房人一面承管永不與置主相干恐後無憑立此賣字永遠存照

內有原房李姓轉贖白紙一張上首趙姓白紙一張蘇姓白紙三張又有趙姓二道白紙二張共白紙七張面交置主收存

中說人王青雲（押）

道光元年十二月初十日 立賣字人李錦 十

信行吉利

清道光二年（一八二二）大興縣副護軍參領五十六典房白契

（契約三二二）

立典契人正藍旗滿洲頭甲喇宗室宿明阿佐領下副護軍參領五十六，有自置住典房一所，共計拾叁間，坐落在東單牌樓總布胡同東邊路北大門。今因手乏，憑中説合，轉典與本旗滿洲頭甲喇文光佐領下驍騎校保名下爲業。言明一典八年爲滿，其房價係二兩平紋銀捌百兩整。其銀筆下交足兑清，并無欠少。内有原紅契跟隨。倘有未完官項、重複典賣或親族人等争競等情，有典主人與中保人一面承管。恐後無憑，立典契存照。

原紅契紙貳張、白典契叁張，立典契紙契壹張，共計紙陸張，一并交明。

道光二年前三月初十日

立典契人　副護軍參領五十六（押）

中保人　郭尚會（押）

劉國興（押）

説合人　朱　山（押）

第八

立典契人正藍旗滿洲頭甲喇宗室宿明阿佐領下副護軍叅領五十六有自置住典房一所共計拾叁間坐落在東単牌楼
總布胡同東邊路北大門今因手乏憑中說合轉典與本旗滿洲頭甲喇文光佐領下驍騎校
保名下為業言明一典八年為滿其房價係二兩平紋銀捌百兩整其銀筆下交足兑清並無欠少内有原紅契跟隨倘有未完官項重複典
賣或親族人等爭競等情有典主人與中保人一面承當恐後無憑立典契存照
原紅契紙貳張白典契紙叁張立典契紙壹張共計紙陸張一並交明

道光二年前三月初十日

立典契人副護軍叅領五十六（押）

中保人 郭尚會十
刘國興〇

說合人 朱山十

清道光二年（一八二二）浙江山陰縣周步雲絶賣田文契

（契約二九八）

山陰縣南和坊圖立絶賣田契人周步雲，今將自己户内有字號田三畝零，浼中情願出賣與本縣邵處名下爲業。三面議定，時值估價錢壹百柒拾吊叁百文正。其銀當日一併收足。自賣之後，不准回贖，亦無重找，恁（任）憑銀主管業，收户辦糧，并無重叠交關。倘有事端，賣主自行承值，不涉買主之事。欲後有憑，立此絶契爲照。

有字弍千四百六十七號，湖田叁畝零三分二毛。坐落龍尾山，土名七加田。

計開：有字弍千四百六十七號，湖田叁畝零三厘二毛（毫）。

坐落龍尾山 土名七加田。

遵例一契永遠杜絶（押）

道光二年四月　日

立絶賣契人　周步雲（押）

中人　顾秉周（押）

范積孝（押）

邵士顯（押）

邵大信（押）

蕭育杞（押）

親筆（押）

今收到契内價錢，一并俱收完足，年月、中人仝前（押）。

再批：老契向失，檢出作廢紙論。并照。（押）

計開條款例：

一　凡用此契者，竟作絶賣。

一　賣主不識字者，許兄弟子侄代書。

一　成交後即粘契尾投稅，驗明推收，如違治罰。

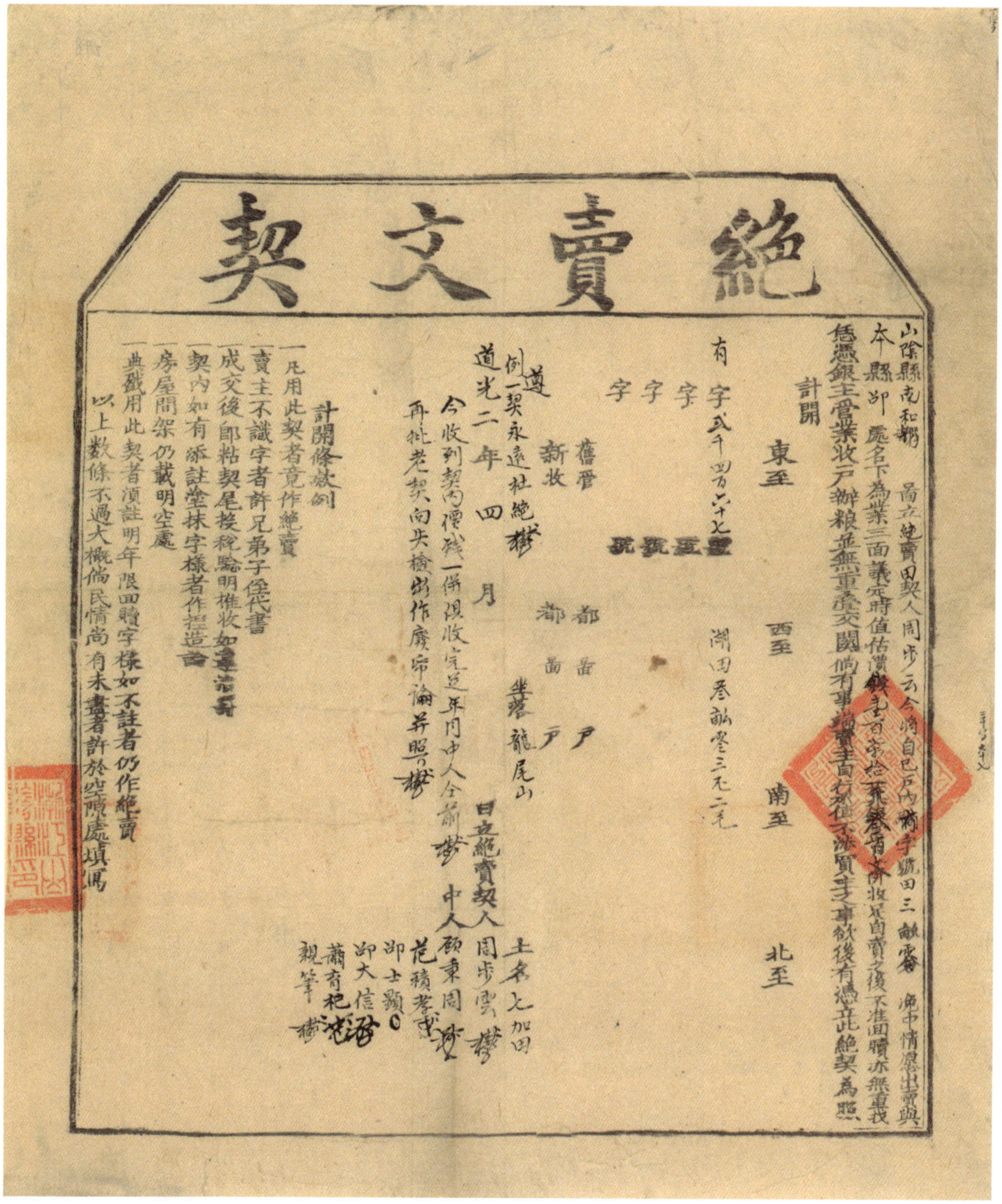
絶賣文契

山陰縣南和鄉 為立絶賣田契人周步云，今將自己戶內 字號田三畝零
本縣 都 圖 處名下為業，三面議定時值估價錢
憑銀主管業收戶辦糧，並無重叠交關，倘有
計開
東至
西至
南至
北至
有 字
字
字
字
湖田叁畝零三厘二毛
舊管 都 啚 戶
新收 都 啚 戶
道光二年 四 月 日立絶賣契人周步云
今收到契內價錢一併俱收完足
計開條款例
一凡用此契者竟作絶賣
一賣主不識字者許兄弟子侄代書
一成交後即粘契尾投稅驗明推收
一契內如有添註塗抹字樣者作捏造論
一房屋間架仍載明空處
一典戤用此契者須註明年限回贖字樣，如不註者仍作絶賣
以上數條不過大概，倘民情尚有未盡者，許於空隙處填寫

一　契内如有添注塗抹字樣者，作捏造論。
一　房屋間架仍載明空處。
一　典戤用此契者，須注明年限、回贖字樣，如不注者，仍作絶賣。
以上數條不過大概，倘民情尚有未盡者，許於空隙處填寫。

六一

清道光三年（一八二三）浙江等處承宣布政使司發契尾

（契約二九九）

浙江等處承宣布政使司，爲遵旨議奏事。奉准户部咨開乾隆十四年十一月二十日内閣抄出河南布政使富明奏稱：部議多頒契尾以後，巧取病民，緣業户契尾例不與照根同申上司查驗。不肖有司，其於給民契尾則按數登填，而於存官照根，或將價銀删改。請嗣後州縣於業户納税時，將契尾粘連，用印存貯，每遇十號，申送知府直隸州查對。如姓名、銀數相符，即將應給業户之契尾并州縣備案之照根於騎縫處截發，分别給存。其應申藩司根照，於季報時，府州彙送至知府，直隸州經收税契照州縣申送府州之例，經送藩司等語。查雜税與正賦均由州縣造報該管府州核轉，完納正賦，填寫聯三串票，從未議將税户收執串票與申繳上司底串并送府州查驗。誠以花户照票一繳府州，則給領無時，弊端易起。今税契雜項契尾與照根并送查發，是雜項更嚴於正賦，殊於政體未協。況契尾一項，經一衙門即多一衙門之停擱，出一吏胥即多一吏胥之索求，甚至夤緑（緣）爲奸、措勒駁查，以致業户經年纍月求二執照寧家而不可得，勢必多方打點，需索之費數倍於從前。將來視投税爲長途，寧匿白契而不辭，觀望延挨，於國課轉無神（裨）益。應將該布政司奏請州縣經收税銀，將契尾粘連存貯，十號申送府州查發，并知府直隸州照州縣例經送藩司之處，均無庸議。至於貪吏以大報小，奸民争執訐訟，實緣法久弊生，不可不量爲變通。臣等酌議，請嗣後布政使頒發給民契尾格式，編立號數，前半幅照常細書業户等姓名、買賣田房數目、價銀、税銀若干，後半幅於空白處預鈐司印，以備投税時將契價、税銀數目大字填寫鈐印之處，令業户看明，當面騎字截開，前幅給業户收執，後幅同季册彙送布政司查核。此係一行筆迹，平分爲二，大小數目委難改换。其從前州縣布政司備查各契尾應行停止，以省繁文。庶契尾無停擱之虞，而契價無參差之弊，於民無纍，於税無虧，侵蝕可杜，争訟可息矣。如蒙俞允，俟命下之日，臣部頒發格式通行，直省督撫一體欽遵辦理可也等因，於本年十二月十二日奏，本日奉旨：依議。欽此。相應抄録原奏，并頒發格式行文，督撫欽遵辦理可也等因。咨院行司奉此，除經通行一體遵照外，合置契尾印發該州縣，聽民投納。買價一兩納税三分，不許私毫加耗。隨將價税數目大字填寫鈐印之處，令業户看明，當面騎字截開，前幅給業户收執，後幅同季册彙送本司查核，所收税銀儘收儘解，不許隱匿侵蝕。所頒契尾務要一契一尾，不許數契粘連一尾朦（蒙）混，均無故違凛遵。須至契尾者。

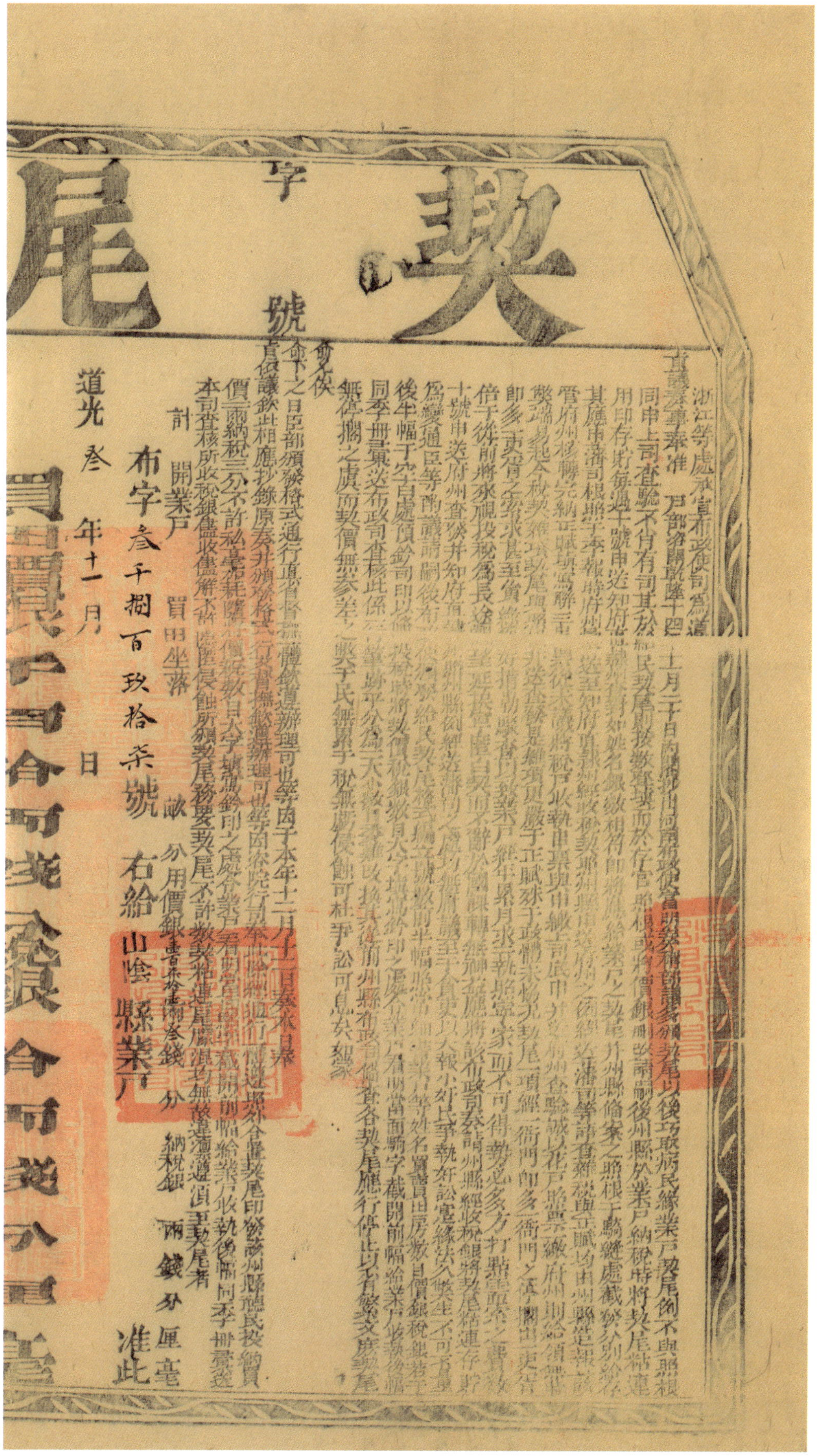

計開：業户買田坐落　畝　分用價銀壹百柒拾壹兩叁錢　分。納税銀　兩　錢　分

厘　毫。

布字叁千捌百玖拾柒號。右給山陰縣業户。准此。

道光叁年十一月　日

清道光三年（一八二三）大興縣保昌典房白契

（契約三二三）

立典契人正藍旗滿洲頭甲喇文光佐領下驍騎校保昌，有自置住典房一所，共計拾叁間，坐落在東單牌樓總布胡同東邊大門路北。今因手乏，無錢使用，憑中説合，轉典大興縣民人石名下爲業。言明一典捌年爲滿，其房價銀係二兩平紋銀捌伯（佰）兩整。其銀筆下交足兑清，并無欠少。内有原紅契跟隨。倘有未完官項、重復典賣或親族人等争競等情，有典主人一面承管。恐後無憑，立典契存照。

原紅契貳張、白典契紙肆張，立典契壹張，共計柒張，一并交明。

中保説合人　領催保慶（押）

立典契人　驍騎校保昌（押）

道光叁年貳月初二日立

立典契人正藍旗滿洲頭甲喇文光佐領下驍騎校保昌有自置住典房壹所共計拾叁間坐
落在東单牌樓總布胡同東边大門路北今因手乏無錢使用凴中説合轉典大興
縣民人
石
名下為業言明一典捌年為滿其房價銀係二兩平紋銀捌伯兩整其筆下交
足並無欠少內有原紅契跟隨倘有未完官項重復典賣或親族人等爭競
等情有典主人一面承管恐後無憑立典契存照

原紅契紙貳張白契典紙肆張立典契壹張共計柒張一並交明

中保説合人領催保慶（押）

立典契人驍騎校保昌（押）

道光叁年二月初二日 立

清道光三年（一八二三）大興縣石崑山典房白契

（契約三二四）

立典契人係大興縣民石崑山，有自典瓦房一所，正房三間，照（罩）房五間，東厢房一間，門房四間，共計房拾叁間，坐落在總布胡同東頭中間路北。今因手乏，無銀使用，仝中保説合，情願典與策　名下爲業。言定一典捌年，銀到回贖，言明典價京平紋銀捌伯（佰）兩整。其銀筆下交足，并無欠少。如過捌年之後，原業主無力回贖，任憑典主遵例上税過契。倘有親族人等争兢（競）、重復典賣，俱有契主并中保説合人一面承管，不與典主相干。恐後無憑，立典字存照。

內有紅契式張、白契五張跟隨。

中保説合人　朱　何（押）

典契人　石崑山（押）

道光三年二月十三日立

第八

立典契人係大興縣民石崑山有自典尾房一所正房三間照房五間

十三東廂厦房一間門房四間共計房拾叁間坐落在總布胡同東頭中

間路北今因手乏無銀使用今中保說合情愿典與

策名下為業言定一典捌年銀到回贖言明典價京平紋銀捌佰兩整其銀

筆下交足並無欠少如過捌年之後原業主無力回贖任凴典主遵例

上稅過契倘有親族人等爭競重復典賣俱有契主並中保說合人一面承

管不與典主相干恐後無憑立典字存照

內有紅契弍張白契五張跟隨

中保說合人朱何十

道光三年二月十三日立　典契人石崑山十

信

行

六四

清道光五年（一八二五）大興縣張茂之賣房官稿（契約四八七）

立賣房契人張茂之，因乏用，將自置住房壹所，門面房叁間半，對面廂房弍間，二層房叁間半，三層房肆間，對面廂房肆間，南挎（跨）小耳房弍間，共計房拾玖間，前有板壁壹圍，後有落地壹條，隨房院落，門窗户壁，土木上下相連，坐落東城朝陽坊弍鋪汪太醫胡同路東總甲王忠地方。今憑知底保人説合，情願出賣與王　名下永遠爲業。三面言定，賣房價銀柒伯佰兩整。其銀筆下交足，外無欠少。自賣之後，倘有親族長幼人等争競□指房借貸官銀私債等情，有賣主同知底中保人一面承管。恐後無憑，立此賣契存照。

內有原房張姓本身紅契壹張，上首曹姓紅契壹張，上上首纍落紅契明季老契，共計拾張，付置主收存。

道光五年七月　日

立賣房契人　張茂之（押）

陳天瑞（押）

知底中保人　于匯然（押）

劉　泰（押）

房牙　劉　珍（印）

總甲　王　忠（印）

立賣房契人張茂之因乏用將自置住房壹所門面房壹間半又西廂房貳間二層房壹間半三層房肆間對面

廂房肆間南捲小耳房貳間共計房拾玖間前有板壁壹扇後有後地壹條隨房院落門窗戶壁土木上下相連坐落東城朝

陽門外大街迤北太醫胡同路東總甲王忠地方今憑知底保人說合情願出賣與

王　　名下永遠為業三面言定賣房價銀柒佰兩整其銀當下交足外無欠少自賣之後倘有親族長幼人等爭競

並指房借貸官銀[illegible]項等情有賣主同知底中保人一面承管恐後無憑立此賣契存照

內有原房張姓本身紅契壹張　首賣姓紅契壹張上手[illegible]紅契明季老契共計拾張付置主收存

道光五年　七　月　　立賣房契人　張茂之　押

知底中保人　陳天瑞　押

于滙然　押

說合人　劉泰　押

房牙　刘珍

總甲　王忠

[illegible]

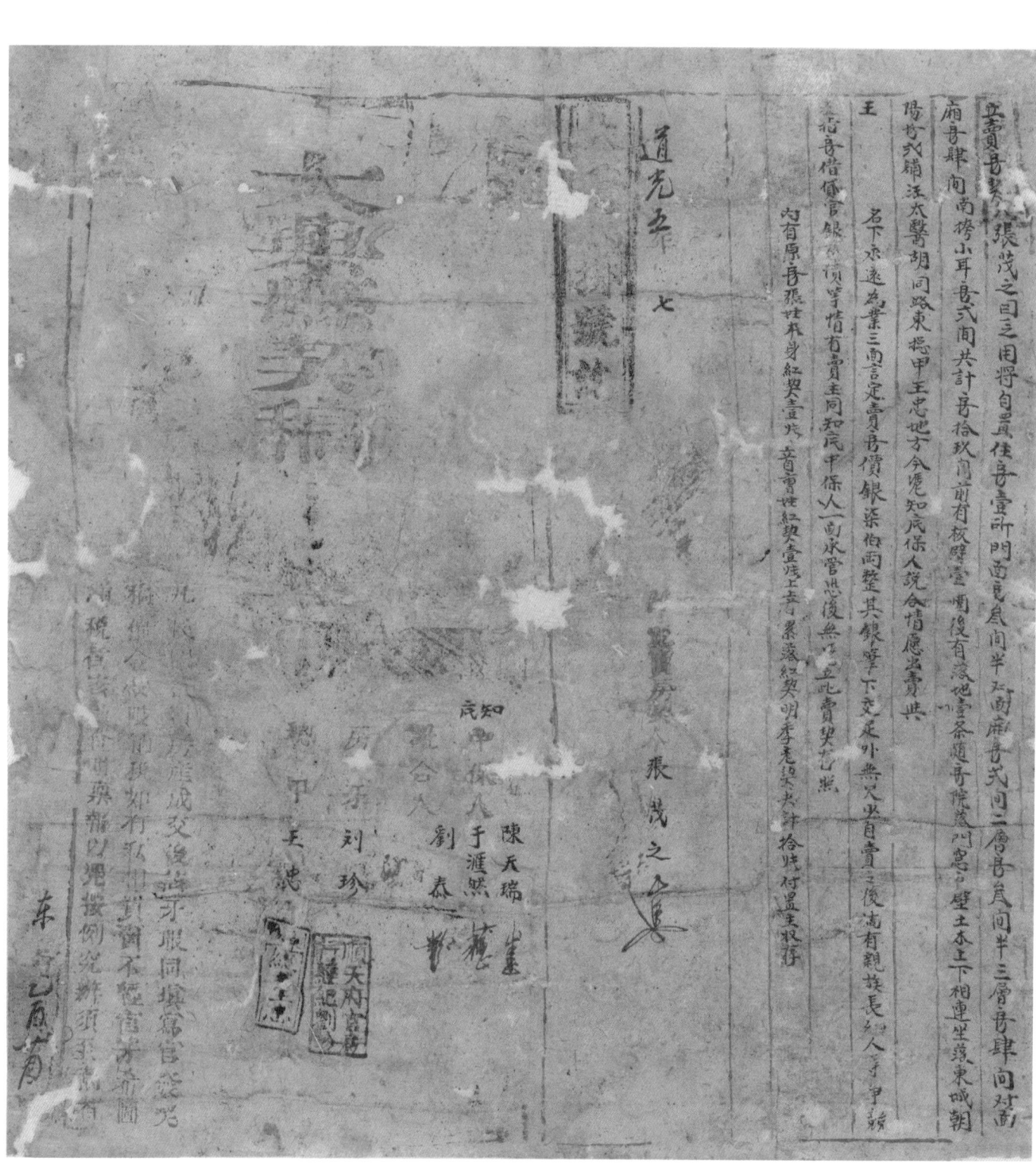

清道光七年（一八二七）大興縣高守謙賣房官稿

（契約三九四）

立賣房契人高守謙，因乏用，將原買徐姓門面房貳間，接檐房貳間，後院南房貳間，共計房陸間，門窗户壁，土木相連，坐落南城茶食胡同火把廠口路南地方，今憑知底管業人及保人說合，情願賣與吴　名下永遠爲業。三面言定，時值賣房價銀貳百伍拾兩整。其銀當日交足，外無欠少。自賣之後，如有親族長幼人等争競及指房借貸官銀私債等情，有賣房主同知底管業人及保人一面承管。恐後無憑，立此賣房契存照。

内有原房高姓紅契壹張，上首徐、梁、武、金、蘇、王、盧柒姓紅契柒張，贖回張姓紅典契壹張，王姓白字壹張，共計紅、白契字拾張，置主收存。又照。

道光柒年潤（閏）伍月　日

立賣契人　高守謙（押）

同知底管業人　李玉堂（押）

胡景琛（押）

中保人　高永泰（押）

李玉齊（押）

李玉珍（押）

房牙　劉雲升（章）

凡民間置買房産，成交後該牙眼同填寫官發契稿，催令依限納税，即有私相買賣不經官牙希圖漏税者，該牙查明禀報，以憑按例究辦。須至稿者。

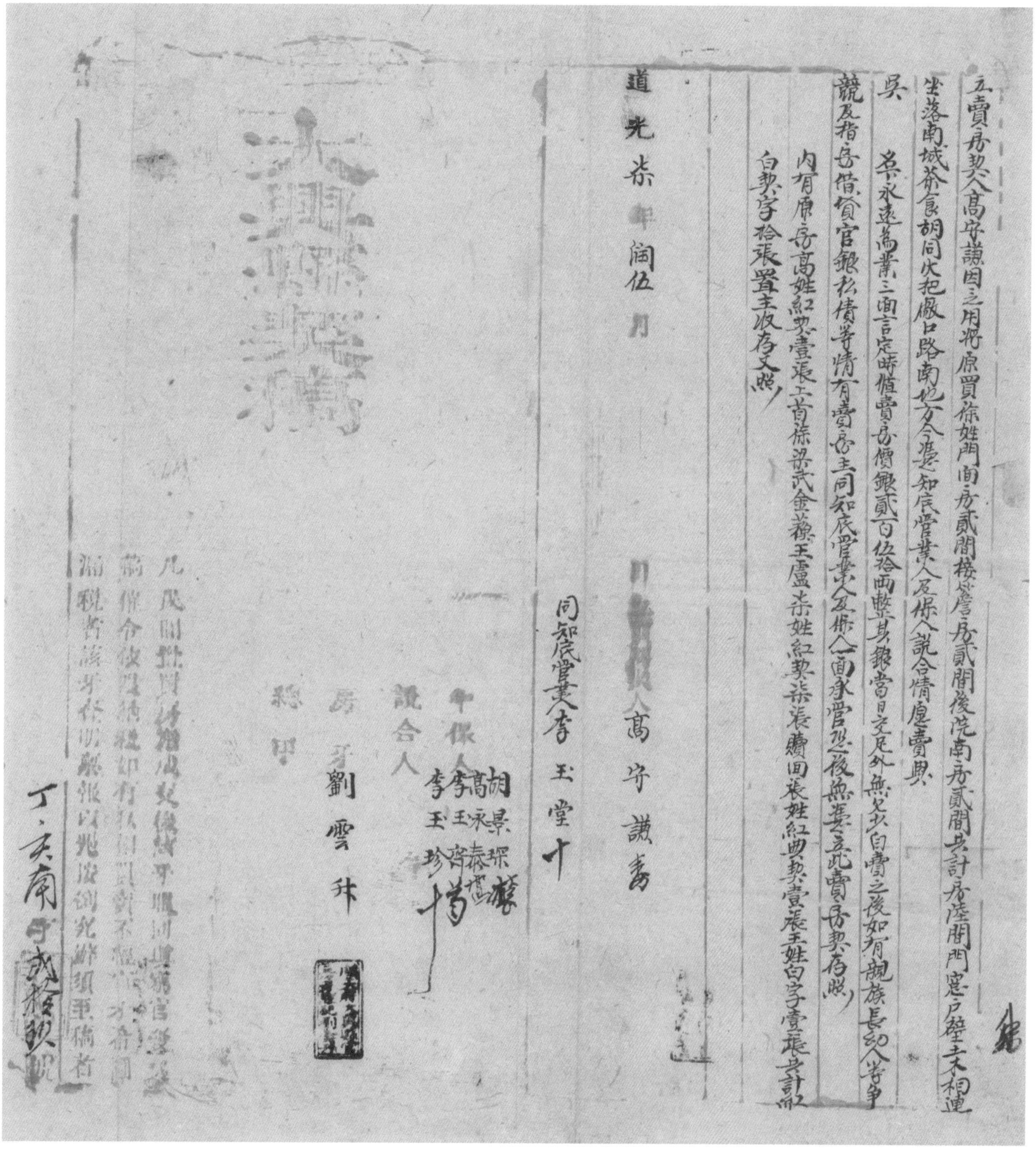
立賣房契人高安謙因乏用將原買徐姓門面房貳間樓上房貳間後院南房貳間共計房陸間門窗戶壁土木相連
坐落南城茶食胡同次把儆口路南地方今憑知底當業人及保人說合情愿賣與
吳名下永遠為業三面言定時值賣房價銀貳百伍拾兩整其銀當日交足外無欠少自賣之後如有親族長幼人等爭
競及指房借貸官銀私債等情有賣房主同知底當業人及保人一面承管恐後無憑立此賣房契存照
內有原房高姓紅契壹張上首徐梁武金蘇王盧柒姓紅契柒張贖回張姓紅典契壹張王姓白字壹張共計紅
白契字拾張賣主收存文照
道光柒年閏伍月
立賣房契人高安謙
同知底當業人李玉堂
中保人胡景琛 高永泰 李玉齊 李玉珍
說合人
房牙劉雲升
總甲

清道光八年（一八二八）宛平縣林錦成同至親賣房官契（契約四〇一一一）

順天府宛平縣今據　名用價契買遵例納稅事

立賣房契人林錦成同至親蔣松岩，今因乏用，將自置住房一處，正灰棚四間，門窗户壁俱全，上下土木相連，坐落北城靈中坊小安南營路西并鋪地方，南至黄姓，北至單姓，西至客店後墻，東至官街，今憑中人説合，情願出賣與方　名下永遠爲業。言明賣房價銀伍拾兩正。其銀筆下交足，并無欠少。自賣之後，倘有親族長幼弟男子侄指房執契借欠官銀私債，并來歷不明重復典押有人争競等情，有原業主同至親蔣姓并深知情底保人一面承管。恐後無憑，立此賣房契永遠存照。

外有林姓紅契一張，上首康姓紅契一張，上上首老紅契三張，共計紅契五張，付買主收存。又照。

道光八年六月　日

立賣房契人　林錦成
同至親　蔣松岩
深知情底保人　姜兆熙
中保人　劉起發
周　玉

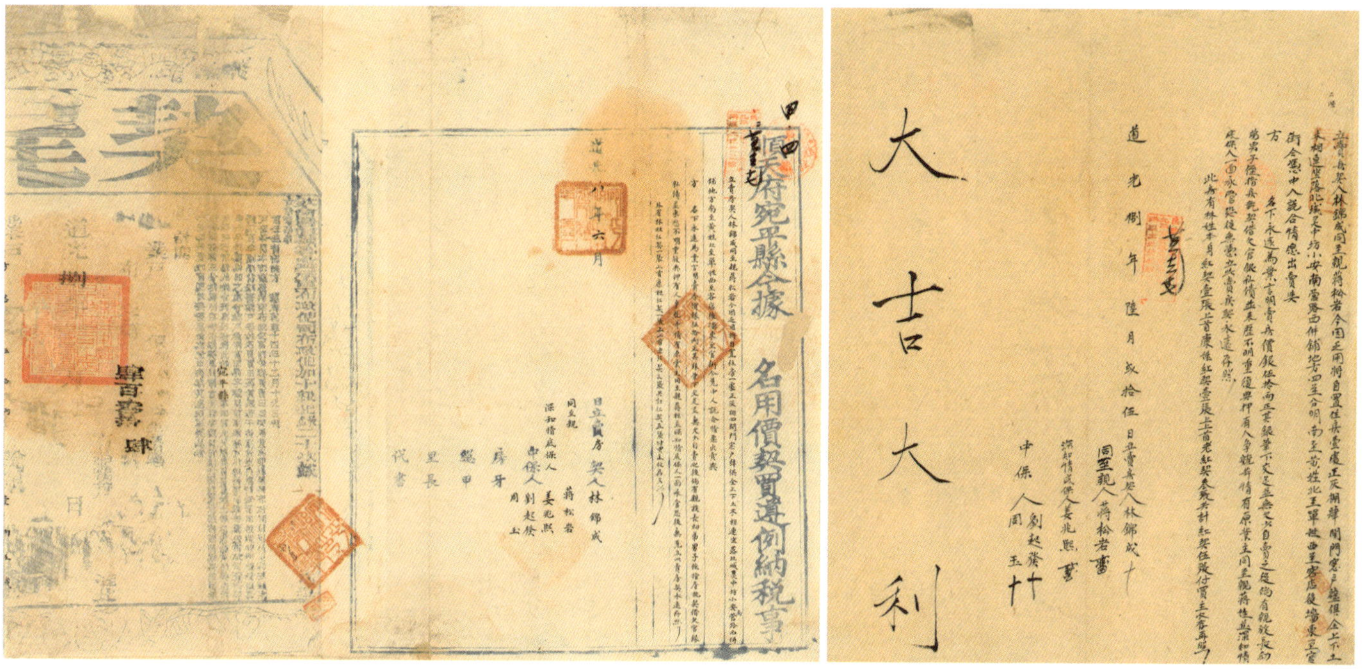
順天府宛平縣令據
名用價契買遵例納稅事
大吉大利

二四

立賣房契人林錦成同子親蔣松岩今因乏用將自置住房壹處正灰棚肆間門窗户壁俱全上下土
木相連坐落北城靈中坊小安南營路西併鋪地方四至分明南至黄姓北至單姓西至窖店後墻東至官
街今憑中人説合情愿出賣與
方　名下永遠為業言明賣房價銀伍拾兩正其銀筆下交足並無欠少自賣之後倘有親族長幼
弟男子侄指房執契借欠官銀私債並來歷不明重復典押有人爭競等情有原業主同子親蔣姓並深知情
底保人一面承管恐後無憑立此賣房契永遠存照
此房有林姓本身紅契壹張上首康姓紅契壹張上首老紅契叁張共計紅契伍張付買主收存再照

道光捌年陸月貳拾伍日立賣房契人林錦成十
同子親人蔣松岩畫
深知情底保人姜兆熙畫
中保人劉起發十
周玉十

大吉大利

順天府宛平縣今據　名用價契買遵例納税事

立賣房契人林錦成同子親蔣松岩今因乏用將自置住房一處正灰棚四間門窗户壁俱全上下土木相連坐落北城靈中坊小安南營路西併

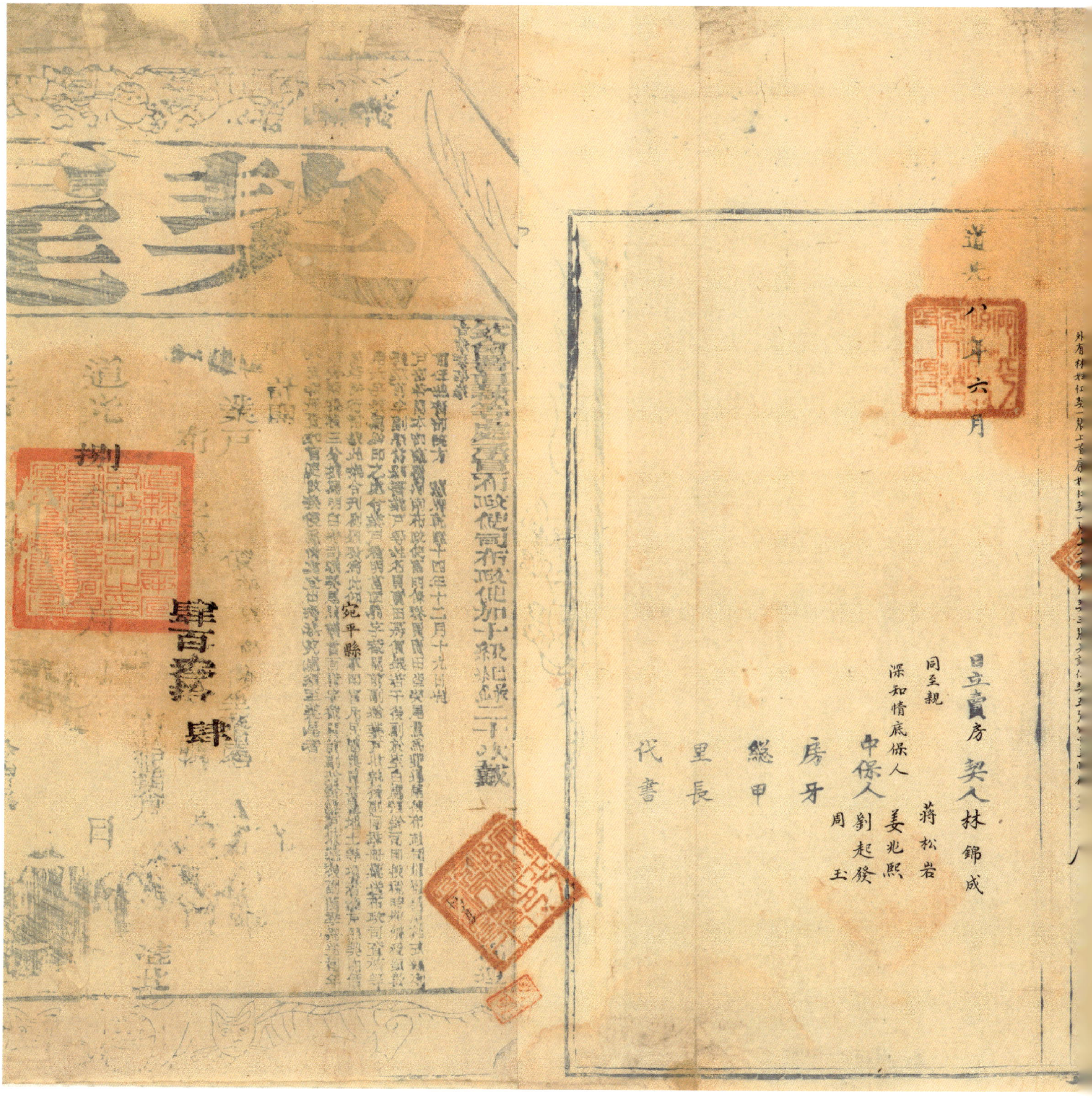
道光八年六月
日立賣房契人林錦成
同至親 蔣松岩
深知情底保人 姜兆熙
中保人 劉起發
房牙 周玉
總甲
里長
代書

清道光八年（一八二八）宛平縣方大錢賣房官契

（契約四〇一一一二）

順天府宛平縣今據　名用價契買遵例納税事

立賣房契人方大錢，今因乏用，將自置住房壹處，正灰棚肆間，隨房院落，上下土木相連，此房坐落在北城靈中坊小安南營路西并鋪地方，南至黄姓，北至單姓，西至客店後墻，東至官街，四至分明，今憑知情底保人説合，情願出賣與杜　名下永遠爲業。三面言明，賣房價連添蓋房工料價共京平紋銀伍佰兩整。其銀筆下交足，并無欠少。自賣之後，倘有來路不明、重復典賣并親族人等争兢（競）等情，有賣房人同知情底保人一面承管。恐後無憑，立賣房契永遠存照。

此房内有方姓本身紅契壹張，上首林姓紅契壹張，上上首康姓紅契壹張，再上首閆姓紅契壹張，儘上首老廢紅契貳張，共計紅契陸張，一并跟隨。又照。

又批：杜姓自添蓋南房叁間，東房肆間，西房壹間，平臺壹間，共自添蓋灰瓦房玖間，實用過工料錢捌百吊，合銀肆百兩，連原置價銀壹佰兩，共銀伍百兩正。

道光捌年拾壹月　日

立賣房契人　方大錢
知情底保人　方一元
中保人　吴名遠　王永年
房牙　孫永祥（印）
代書　魏大成

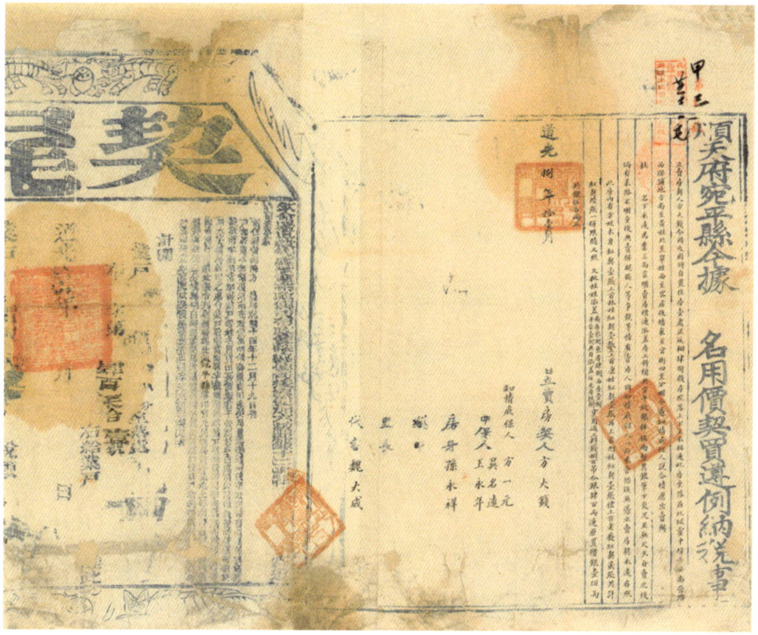

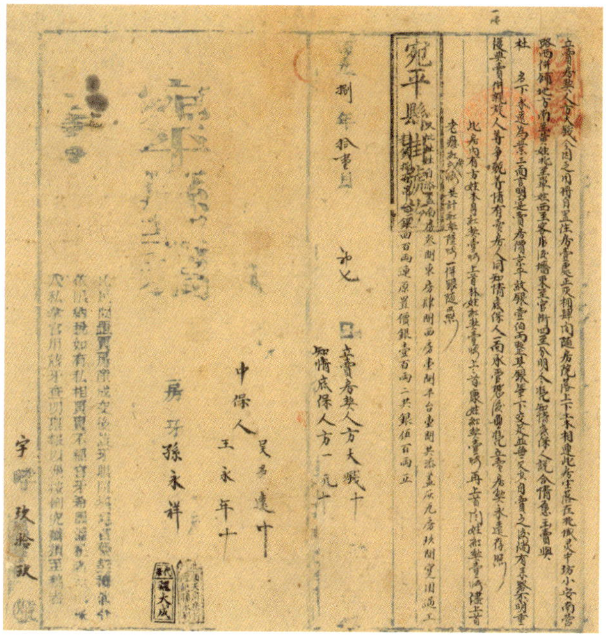

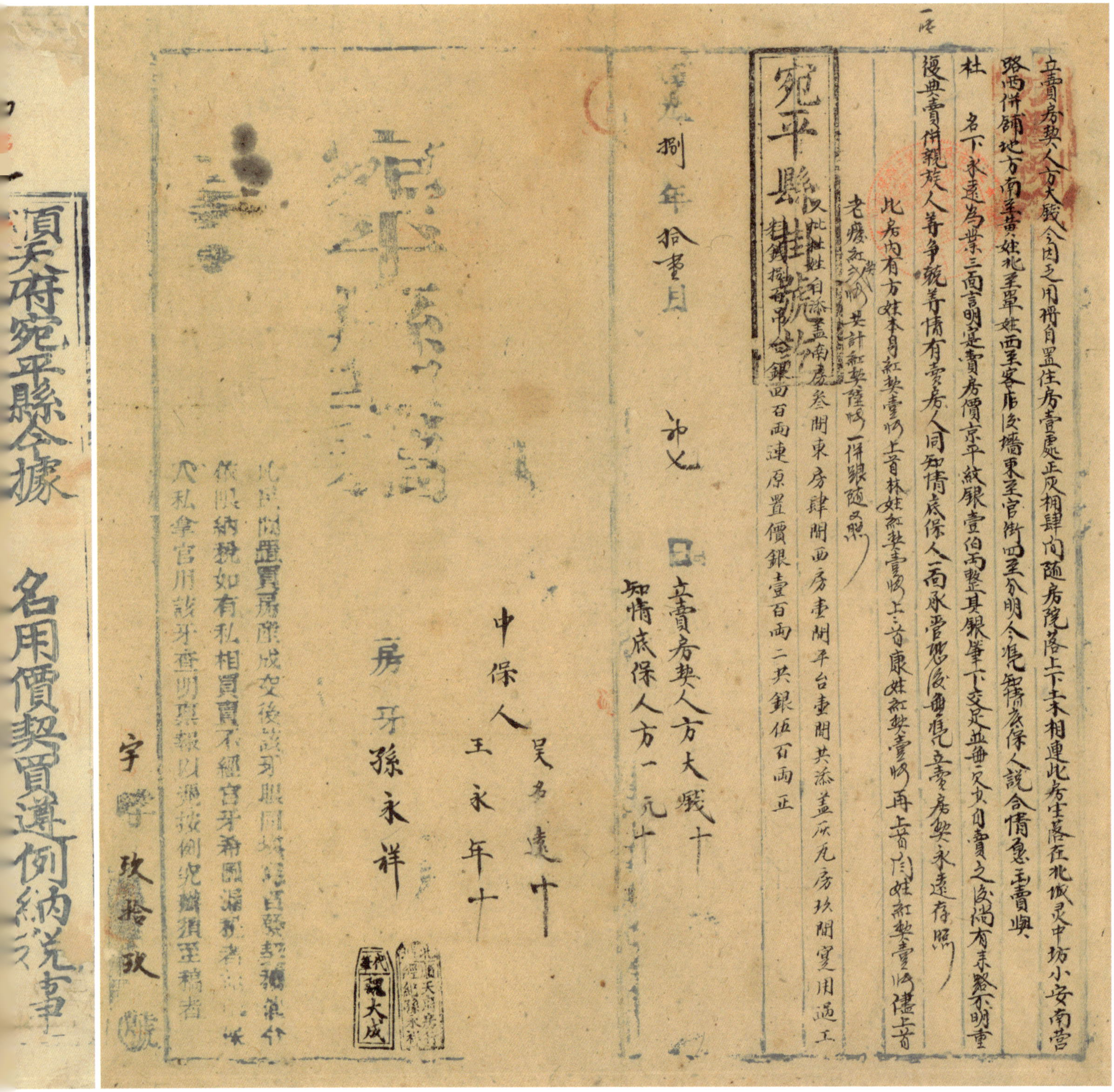

一㕓

立賣房契人方大鋑，今因乏用，將自置住房壹處，正灰棚肆間，隨房院落，上下土木相連。此房坐落在北城灵中坊小安南营路西併鋪地，方南至黄姓，北至單姓，西至客店後墻，東至官街，四至分明。今憑知情底保人說合，情愿立賣與杜名下永遠為業。三面言明，是賣房價京平紋銀壹伯兩整，其銀筆下交足，並無欠少。自賣之後，倘有来歷不明，重復典賣，併親族人等爭競等情，有賣房人同知情底保人一面承管。恐後無憑，立賣房契永遠存照。

此房内有方姓本身紅契壹紙，上首林姓紅契壹紙，上上首康姓紅契壹紙，再上首肖姓紅契壹紙，老上首老瘦紅契弍紙，共計紅契陸紙，一併跟隨文照。

此杜姓自添蓋南房叁間，東房肆間，西房壹間，平台壹間，共添蓋灰瓦房玖間，實用過工料錢捌佰吊，合銀四百兩，連原置價銀壹百兩，二共銀伍百兩正。

宛平縣 [illegible] 號

[illegible]捌年拾壹月　押

立賣房契人方大鋑　十

知情底保人方一元　十

宛平 [illegible]

凡民間置買房産成交後該牙眼同[illegible]當官發契[illegible]依限納税，如有私相買賣不經官牙希圖漏税者[illegible]凡私拿官用該牙查明禀報以憑按例究辦須至稿者

房牙孫永祥

中保人　王永年　十　吳名遠　十

字玖拾玖號

代書 大成

順天府房經紀孫永祥

順天府宛平縣今據

名用價契買遵例納税事

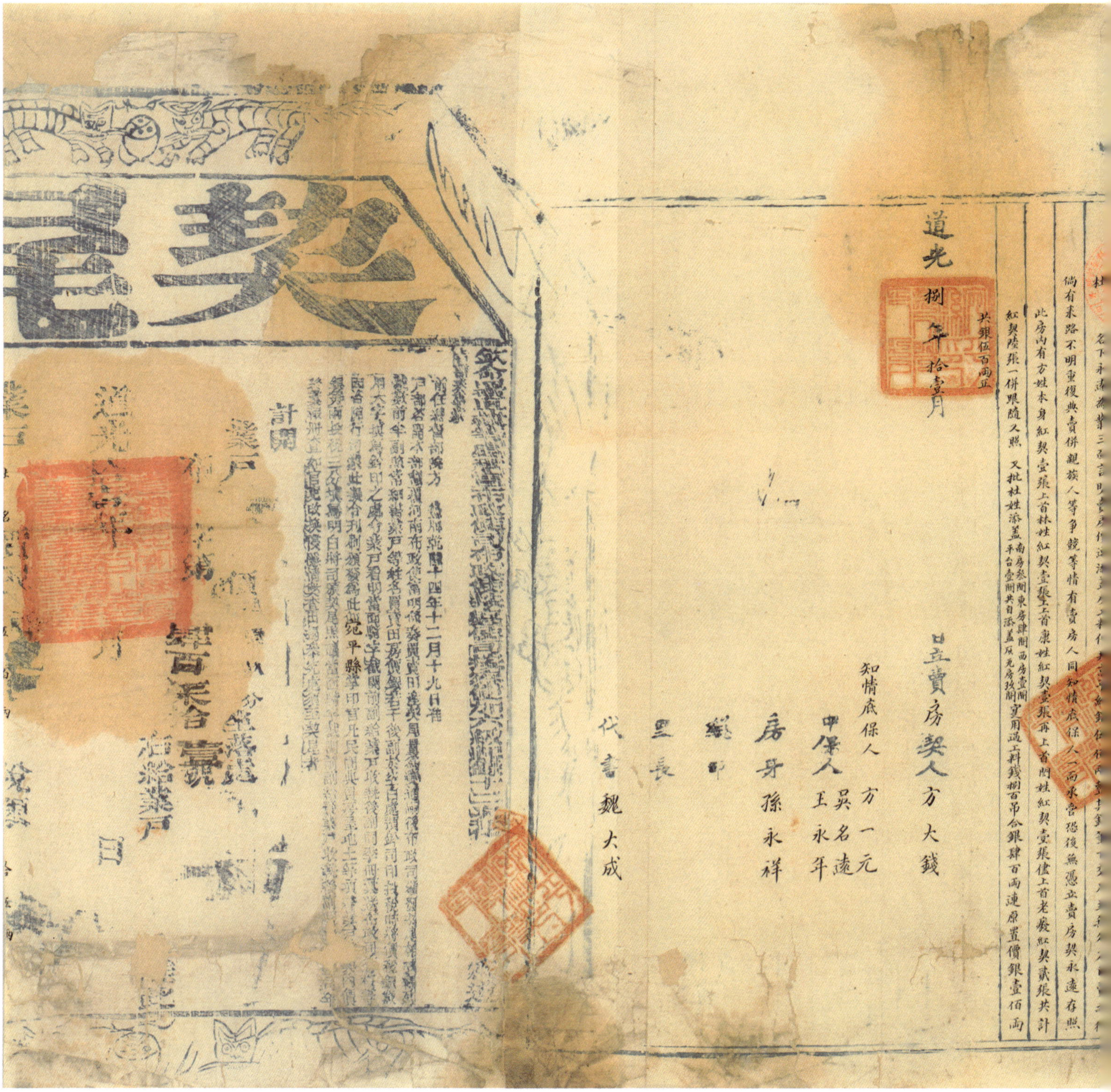
契

倘有來路不明重復典賣併親族人等爭競等情有賣房人同知情底保人一面承管恐後無憑立賣房契永遠存照

此房內有方姓本身紅契壹張上首林姓紅契壹張上首康姓紅契壹張再上首劉姓紅契壹張儘上首老廢紅契貳張共計

紅契陸張一併跟隨久照　又批杜姓添蓋南房叁間東房肆間西房壹間平台壹間共自添蓋灰瓦房玖間實用過工料錢捌百吊合銀肆百兩連原置價銀壹佰兩

共銀伍百兩正

道光捌年拾壹月　日立賣房契人方大錢

知情底保人方一元

中保人吳名遠　王永年

房牙孫永祥

總甲

里長

代書魏大成

六八

清道光十年（一八三〇）大興縣陳貴明賣房官稿

（契約四二五）

順天府大興縣今據 名用價契買遵例納税事

立賣房契人陳貴明，今因乏用，將自置崇文門外南城地坊（方）鞭子巷三條胡同路南住房壹所，南灰棚叁間，北灰土房壹間，破爛不堪，門窗户壁不全，隨房院落，上下土木相連。憑知底保人説合，情願賣與王 名下永遠爲業。言定實賣價京滿錢壹百貳拾吊整。其錢筆下交足，并無欠少。自賣之後，倘有親族人等争競及指房借貸官銀私債等情，俱有賣主同底保人一面承管。恐後無憑，立此賣契存照。

再：自賣之後，恁（任）憑王姓拆蓋改移自便，不與陳姓相干。又照。

内有原房上上首白典契、白買契共柒張，陳姓本身白買契壹張，付置主收存。

道光十年二月 日

投保税契人 王玉璽
中保人 王思志
立賣契人 陳貴明
知底保人 陳樹成 任國泰
具結人 張正元

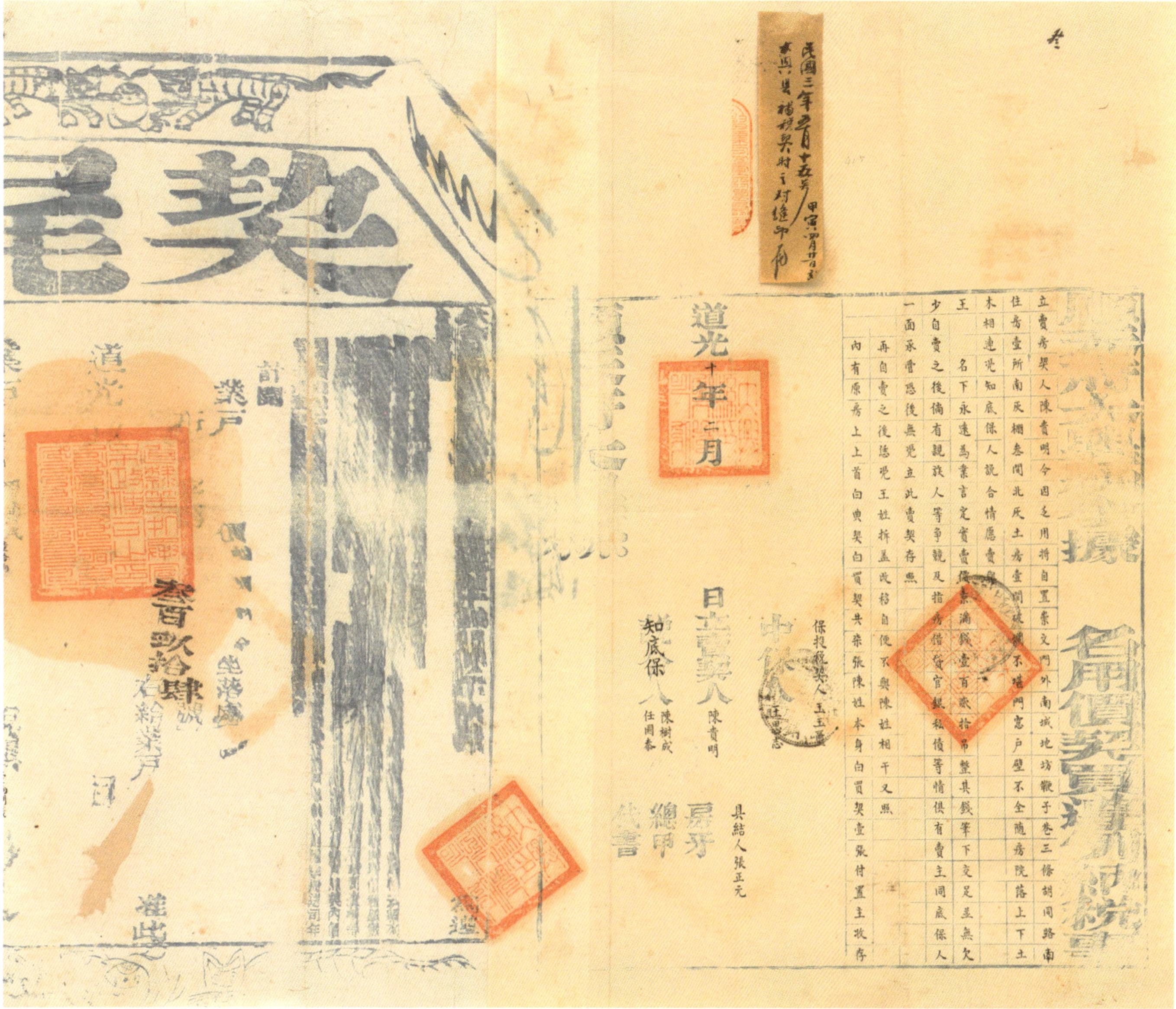
立賣房契人陳貴明今因乏用將自置崇文門外南城地坊鞭子巷三條胡同路南
住房壹所南灰棚叁間北灰土房壹間破爛不堪門窗戶壁不全隨房院落上下土
木相連憑知底保人說合情愿賣與
王　名下永遠為業言定實賣價京滿錢壹百貳拾弔整其錢筆下交足並無欠
少自賣之後倘有親族人等爭競及指房借貸官銀私債等情俱有賣主同底保人
一面承當恐後無憑立此賣契存照
再自賣之後憑王姓拆蓋改移自便不與陳姓相干又照
內有原房上上首白典契白買契共雜張陳姓本身白買契壹張付置主收存

道光十年二月　日立賣契人　陳貴明
保投稅契人　王玉璽
知底保人　陳樹成　任同泰
具結人張正元
房牙
總甲
代書

民國三年四月十五號大興縣補稅契附之付繳印存
甲寅四月廿日

六九

清道光十年（一八三〇）密雲縣李恭等分家單據

（契約四五）

立執照分單人李恭、李和、李平、李永禄父子四人，度日不過，公同謫（商）議，情願分居，各守家業。公煩説合，情願分開各人度日，安分守業。李恭應分西院上房、東三間草房，門窗俱全，金石瓦片，院路全走，碾磨大家公用。又分西上坎子地壹段南半截，東至下坎沿毛姓，南至小道，西至上地坎樹木一段三人分，北至界[䃰]石，内有下坎樹相[連]。又分牛郎織地上坡頭壹塊，東至坎沿，南至坎沿，西至坎沿，北至地頭，四至分明。又一段弍畝條子，通北頭梁骨以共家居，賬目、牲口諸物等項大家均分。此係大家情願，各不返（反）悔。恐口無憑，立執照存證。外有房差錢弍伯（佰）文。倘若日後永不纏繞，如若纏繞者，到官聽罰。

道光拾年又四月初四日

同中見人　李進邦（押）
王　全（押）
朱進良（押）

立分單人　李　恭（押）
李　和（押）
李　平（押）
李永禄（押）

代筆人　劉玉堂（押）

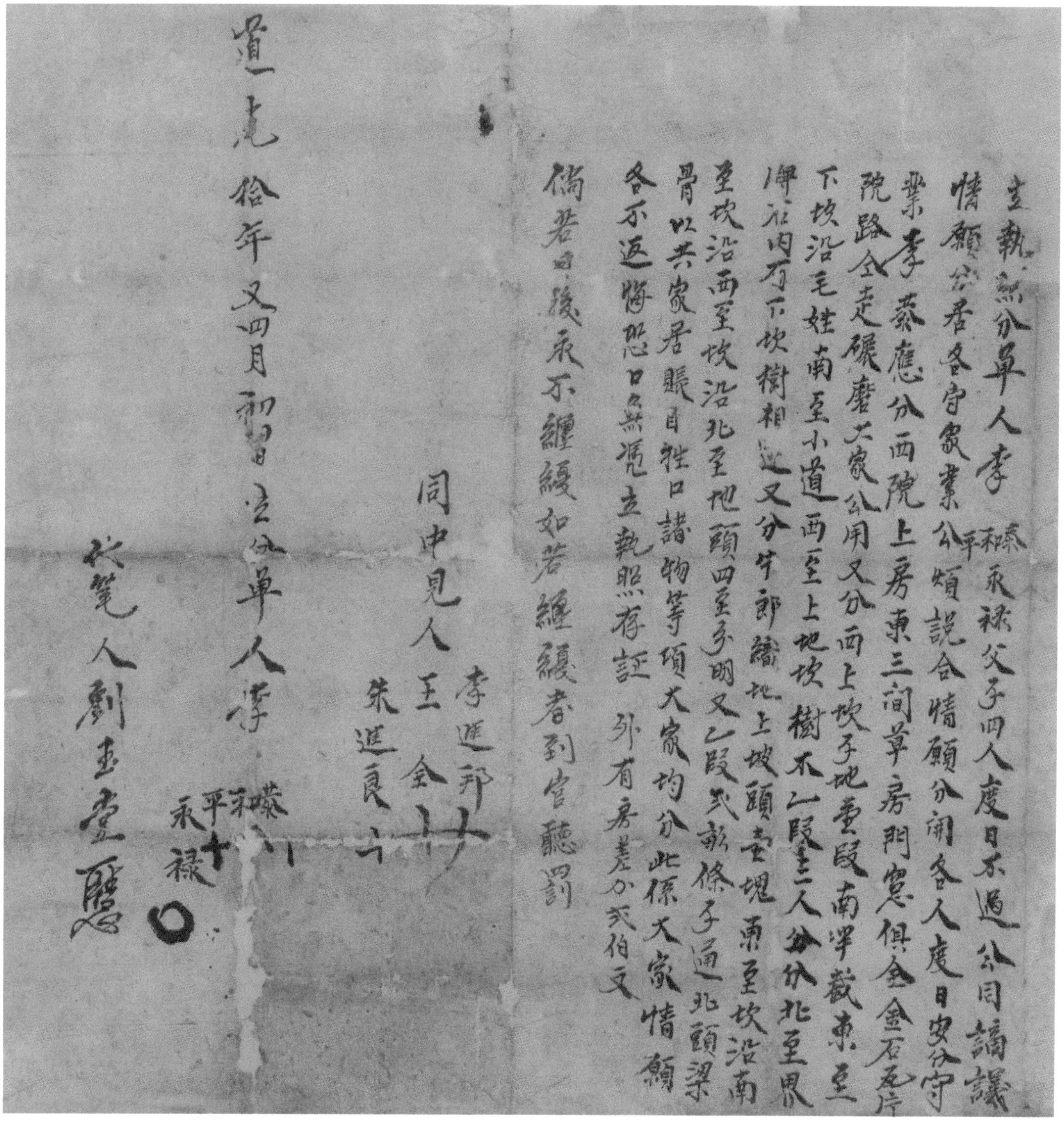
立執照分單人李榛、和、平、永祿父子四人度日不過，公同商議，
情願分居，各守家業。公煩說合，情願分開，各人度日，安分守
業。李榛應分西院上房東三間草房，門窗俱全，金石瓦片，
院路全走，碾磨大家公用。又分西上坎子地壹段，南半截，東至
下坎沿毛姓，南至小道，西至上地坎，樹不以段，二人分伙，北至界
牌社內，有下坎樹相連。又分牛郎繃地上坡頭壹塊，東至坎沿，南
至坎沿，西至坎沿，北至地頭，四至分明。又以段弍畝條子通北頭梁
背。以共家居賬目、牲口諸物等項，大家均分，此係大家情願，
各不返悔。恐口無憑，立執照存証。外有房基分弍伯文。
倘若日後永不纏繞，如若纏繞者，到官聽罰。
同中見人 李進邦 十 王金 十 朱進良 十
道光拾年又四月初四日立分單人李榛、和、平、永祿 十
代筆人劉玉堂

七〇

清道光十一年（一八三一）大興縣管大賣房地基白契（契約八七）

立賣房地基人係大興縣民管大，今因手乏，情願將自置房地基壹塊，坐落在香兒胡同中間路南新號内。憑中保人説合，賣與李　名下永遠爲業。言明賣價清錢叁百吊整。其錢筆下交足，并無欠少。自賣之後，如有重復典賣及來路不明并親族人等争兢（競）等情，俱有原業主與中保説合人一面承管。恐後無憑，立賣字永遠存照。

道光十一年四月十八日

知情底保人　嚴永孝（押）
説合人　張　福（押）
立賣字人　管　大（押）

六.

廿三 十一

立賣房地基人係大興縣民曾大令因手乏情愿將自置房地基壹塊坐落在香兒衚衕中間路南新號內憑中保說合賣與李名下永遠為業言明賣價清錢叁百吊整其錢筆下交足並無欠少自賣之後如有重復典賣及來路不明並親族人等爭執等情俱有原業主與中保說合人一面承管恐後無憑立賣字永遠存照

如情底保人嚴永孝

說合人張福

道光十一年四月十八日立賣字人曾大

永遠為業

七一

清道光十三年（一八三三）天津武清縣卯國璽同子杜賣地官契

（契約四六八）

立杜賣地文約人卯國璽同子宗堯，因乏手，煩中說合，將自置民地一段，坐落陳園家東咼家墳，計地陸畝陸分壹厘五，每畝賣價紋銀伍兩伍錢，共銀叁拾陸兩叁錢捌分貳厘五，弓口、四至開列於後。情願賣與李楷名下永遠爲業。其銀筆下交足。如有遠近族人爲礙者，有賣主、中人一面承管。欲後有憑，立杜賣字存照。

升科糧

中人　李柗（押）
宗科（押）

道光拾叁年九月初二日　立杜賣地字人　卯國璽（押）

東至李　南寬九弓壹尺五寸
西至李　中寬九弓零貳五寸
南至李　中寬九弓貳尺
北至道　北寬九弓三尺

均長壹伯（佰）六拾九弓四尺

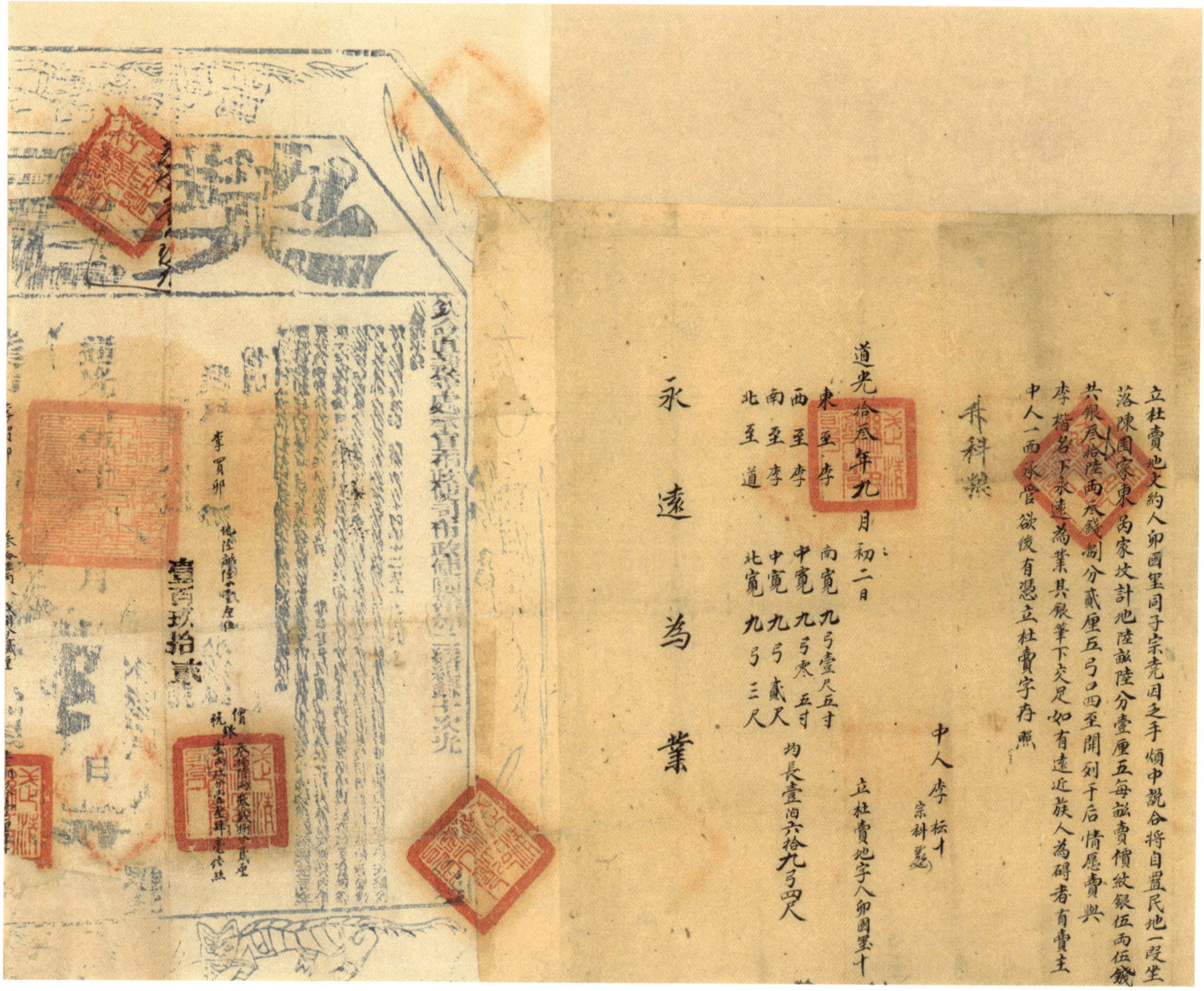

立杜賣地文約人卯國璽同子宗堯因乏手煩中説合將自置民地一段坐
落陳國家東為家坟計地陸畝陸分壹厘五每畝賣價紋銀伍兩伍錢
共銀叁拾陸兩叁錢捌分貳厘五弓四至開列于后情愿賣與
李楷名下永遠為業其銀筆下交足如有遠近族人為碍者有賣主
中人一面承管欲後有憑立杜賣字存照

并科照

東至李　南寬九弓壹尺五寸
西至李　中寬九弓叁五寸
南至李　北寬九弓貳尺
北至道　三尺

均長壹佰六拾九弓四尺

道光拾叁年九月初二日

立杜賣地字人卯國璽十

中人李　栝十
宗科懇

永遠為業

七二

清道光十五年（一八三五）大興縣策勳典房白契

（契約三二五）

立轉典房契人係厢（鑲）白旗滿洲富通阿佐領下候補主政策勳，今因乏用，煩中保説合，情願將自典房一處，座（坐）落在東總布胡同東口内路北地方，分爲東西兩所，東所瓦房七間，灰房二間，西所十二間半，合共灰、瓦房貳拾壹間半。憑中説合，轉典與本旗滿洲佐領印務章京松姓名下爲業。言定典價京全錢壹仟捌佰吊正。其錢筆下交足，并無欠少。言定一典捌年爲滿，錢到回贖。如逾拾年，聽其典主自行順契，不必通知業主。拾年限内，若有房屋坍塌，必先通知業主查看情形，典主修理用錢若干登記契上，俟回贖房之日，除付典價外，如數付清，再行回贖。自典之後，倘有親族争競以及重復典當，有業主一面承管。恐後無憑，立轉典契存照。

外有東所民紅契一張，西所紅契二張、白字七張，共紅契三張、白契七張跟隨。除此外并無旗民紅、白契紙以及粘單查對合同字樣注明。并照。

道光十五年三月　日

說和人　祥通（押）

立轉典房契人　策勳（押）

中保人　文德（押）

十三

立轉典房契人係廂白旂滿洲富通阿佐領下候補主政策勳今因乏用煩中保說合情
愿將自典房一處座落在東總布胡衕東口内路北地方分為東西兩廂東廂瓦房
七間灰房二間西廂十二間半合共灰瓦房貳拾壹間半憑中說合轉典與本
旂滿洲佐領印務章京

松

姓名下為業言定典價京全錢壹仟捌佰吊正其錢筆下交足並無欠少言
定一典捌年為滿錢到回贖如逾拾年聽其典主自行順契不必通知業主拾
年限内若有房屋坍塌必先通知業主查看情形典主修理用錢若干登記
契上俟回贖房之日除付典價外如数付清再行回贖自典之後倘有
親族爭競以及重復典當有業主一面承管恐後無憑立轉典契存照

外有東廂民紅契一張 西廂紅契二張白字七張 共紅契三張白契七張跟隨

除此外並無旂民紅白契紙以及粘單查對合同字樣註明並照

道光十五年三月　日

立轉典房契人策勳（押）

說合人祥通（押）

中保人文德（押）

清道光十七年（一八三七）大興縣蘇常山賣房官契

（契約一七六）

立賣房契人係大興縣民蘇常山，因乏用，今將自置住房壹處，座（坐）落在方磚廠東頭内溝沿北口内路東地方，門房伍間，正房叁間，東西耳房弍間，東西厢房陸間，西正灰房叁間，自添蓋灰房捌間，共計房弍拾柒間。門窗户壁，上下土木相連，隨房落院倚墻爲界，今憑中保説合，情願賣與王　名下永遠爲業。言明賣價紋銀肆佰兩整。其銀筆下交足，并無欠少。自賣之後，倘有來歷不明并未行扣完官銀私債指契借貸之公産、重復典當及親族人争兢（競）等情，俱有原業主仝中保説合人一面承管。恐後無憑，立賣契永遠存照。

外有本身蘇姓民紅契壹張跟隨。

説合人　葉□銀（押）

費起鳳（押）

中保人　楊文忠（押）

立賣房契人　蘇常山（押）

道光十七年二月初九日

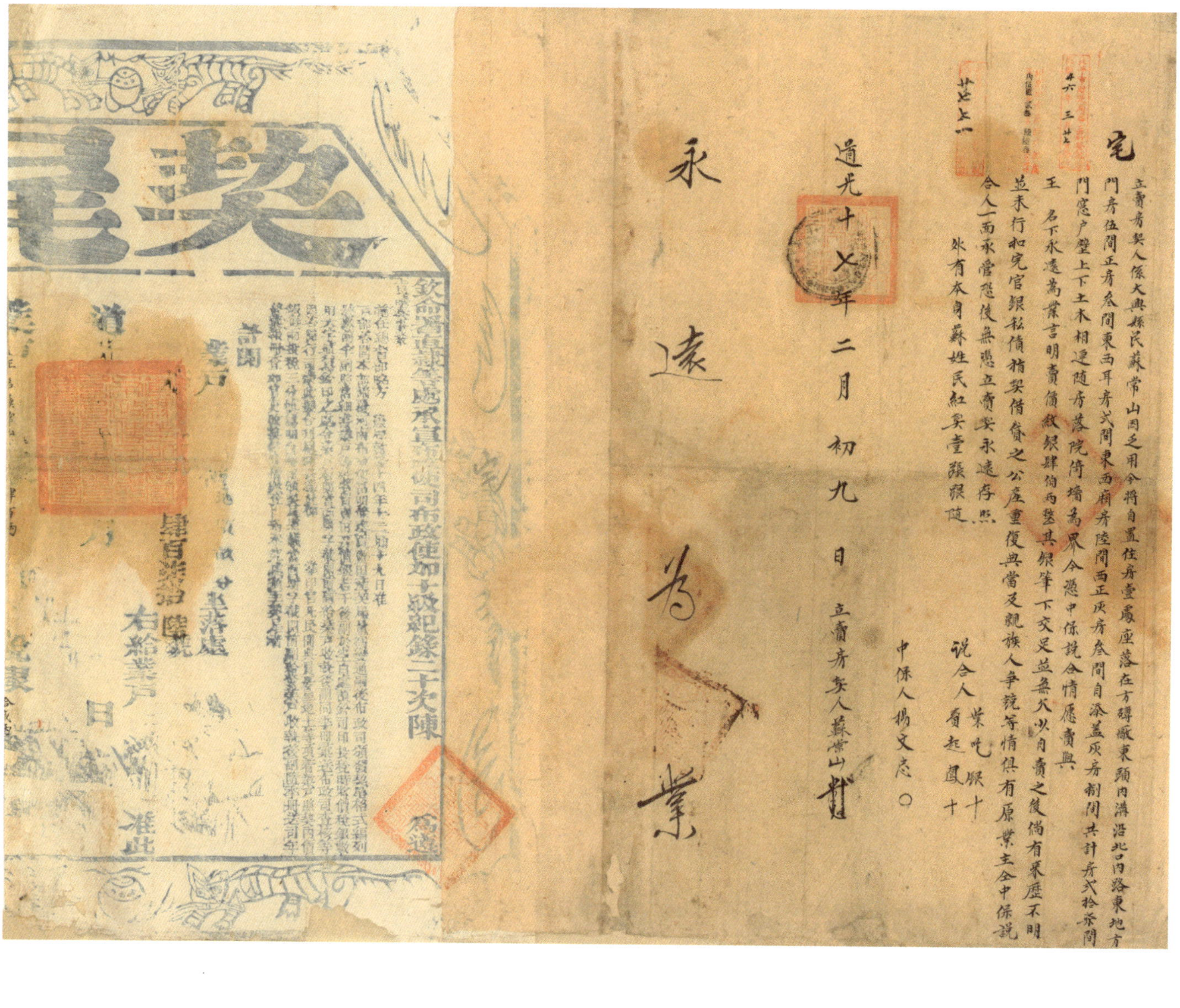

宅

立賣房契人係大興縣民蘇常山因乏用今將自置住房壹處座落在方磚厰東頭內溝沿北口內路東地方門房伍間正房叁間東西耳房弍間東西廂房陸間西正灰房叁間自添蓋灰房捌間共計房弍拾叁間門窗户壁上下土木相連隨房落院倚墻為界今憑中保說合情愿賣與

王　名下永遠為業言明賣價紋銀肆佰兩整其銀筆下交足並無欠少自賣之後倘有來歷不明並未行知完官銀私債指契借貸之公產重復典當及親族人爭競等情俱有原業主全中保說合人一面承當恐後無憑立賣契永遠存照

外有本身蘇姓民紅契壹張隨

說合人　葉屯　限十

肖起鳳　十

中保人　楊文志　○

道光十七年二月初九日　立賣房契人蘇常山　押

永遠為業

七四

清道光十八年（一八三八）山東恩縣深祥同孫賣地官契

（契約五九）

立賣契人深祥同孫秀祥，因無錢使用，今將自己灣地一段，計一畝四分五厘六毛，其地四至不同，北至買主，西至買主，東至賣主，南至賣主，四至分明，今同中人袁明滿起文説合，賣於洪天玉名下爲業。言明共價京拾貳吊。其錢當日交足，外無欠少。隨契過割。恐後無憑，立文存證。

三石一□大北關海文開地一畝四分五厘六毛（毫）

本里本莊洪天玉（押）

道光拾捌年　月　日　立

長活（闊）三十二步五分，横活（闊）十一步，三活（闊）同。

立賣契人深　祥同孫層　科厝無載使用今將自己湾地二段計山畝四分五

道光　拾捌年

契

買

契

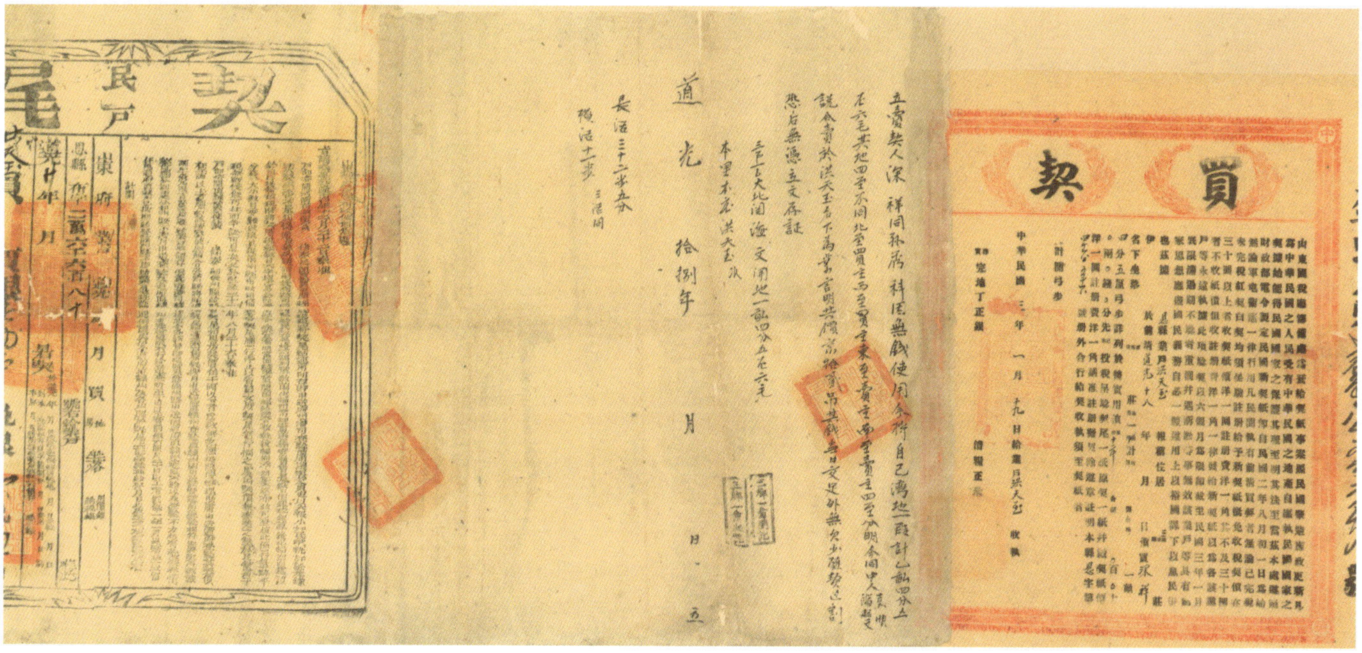

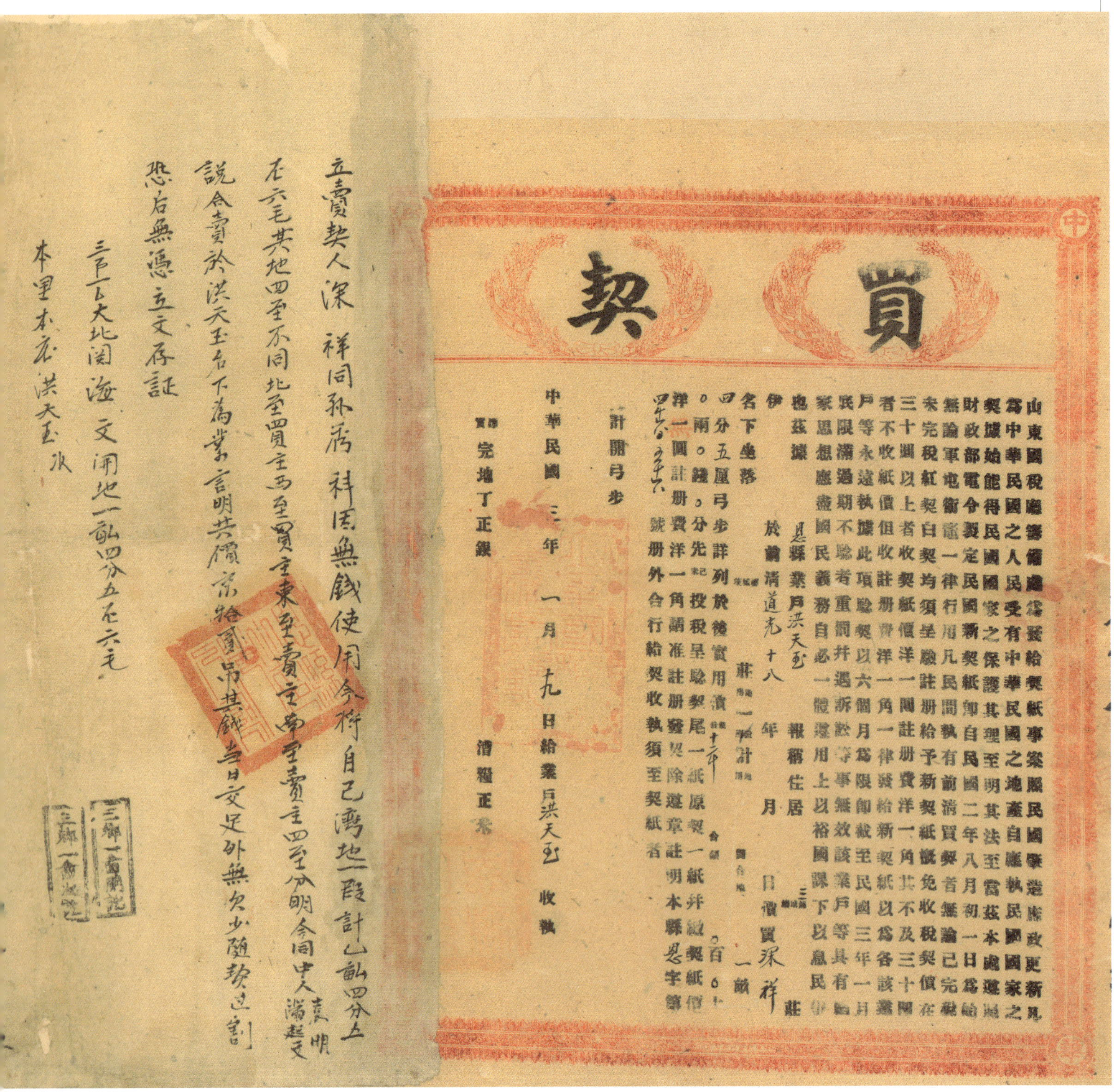

立賣契人深 祥同孫禹 祥因無錢使用今將自己灣地一段計山畝四分五
厘六毛共地四至不同北至買主西至買主東至賣主南至賣主四至分明今同中人滿超文
說合賣於洪天玉名下為業言明共價京錢貳吊其錢當日交足外無欠少隨契過割
恐后無憑立文存証
三户下大地関海 文湧地一畝四分五厘六毛
本里本宗 洪天玉 收

賣契

山東國稅廳籌備處為發給契紙事案照民國肇造政更新凡
為中華民國之人民受有中華民國之地產自應執民國國家之
契據始能得民國國家之保護其理至明其法至當茲本處遵照
財政部電令製定民國新契紙自民國二年八月初一日為始
無論軍屯衛竈一律行用凡民間執有前清買契者無論已完
未完稅紅契白契均須呈驗註册給予新契紙概免收稅契價在
三十圓以上者收契紙價洋一圓註册費洋一角其不及三十圓
者不收紙價但收註册費洋一角一律發給新契紙以為各該
戶等永遠執據此項驗契以六個月為限即截至民國三年一月
底限滿過期不驗者重罰并遇訴訟等事無效該業戶等具有
家思想應盡國民義務自必一體遵用上以裕國課下以息民爭
也茲據
縣業戶洪天玉 報稱住居 鄉社
伊於前清道光十八年 月 日價買 深祥
名下坐落 莊 計 一畝
四分五厘弓步詳列於後實用價 十千 〇百〇十
〇兩〇錢〇分先投稅呈驗契尾一紙原契一紙并繳契紙價
洋一圓註册費洋一角請准註册發契除遵章註明本縣 字第
四千六百六十六 號册外合行給契收執須至契紙者
計開弓步
中華民國 三 年 一 月 九 日給業戶洪天玉 收執
完地丁正銀
漕糧正米

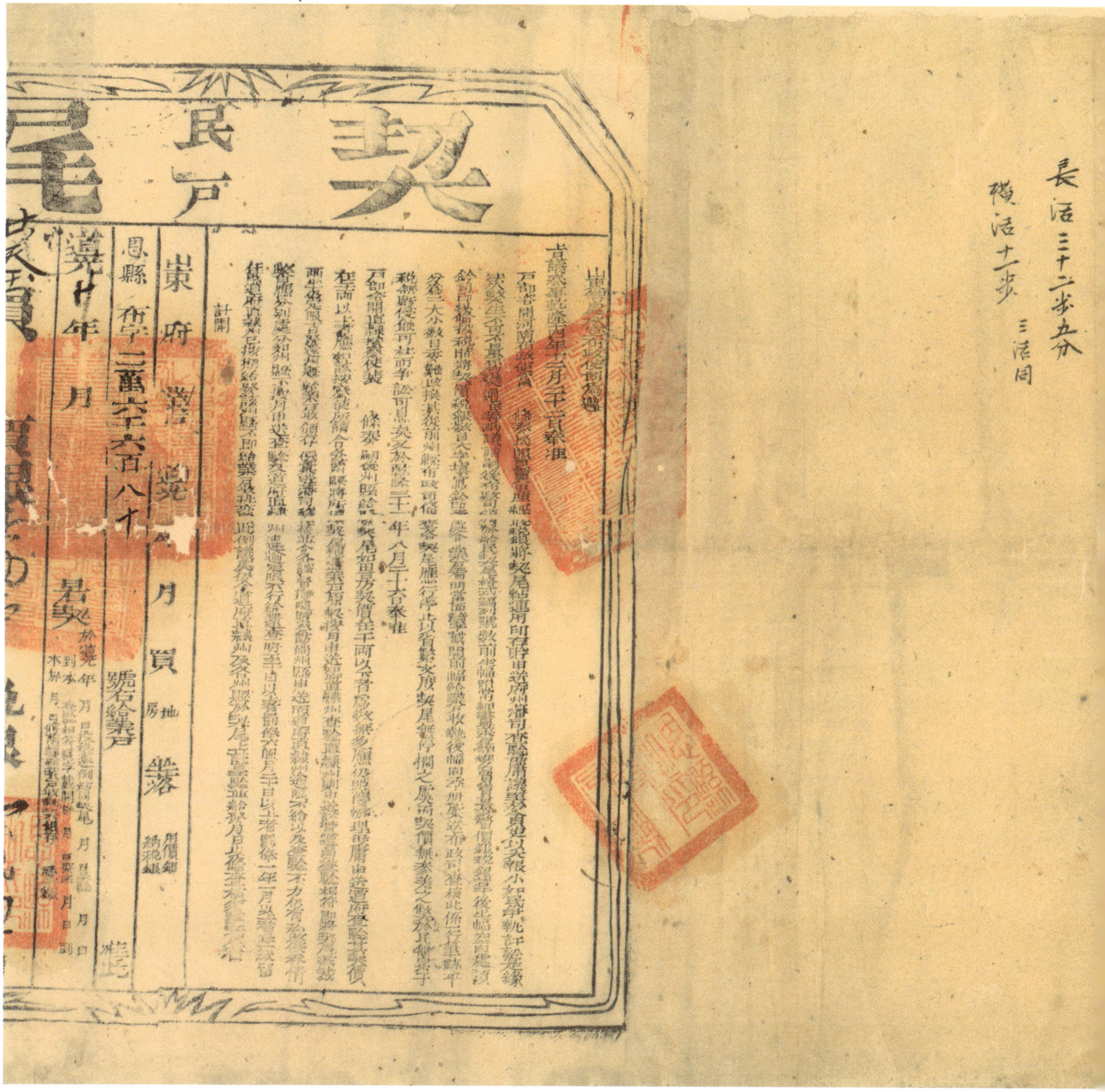
契尾
民户
計開
崇府
恩縣
字 號給業户
長活三十二步五分
橫活十一步
三活同

七五

清道光二十二年（一八四二）宛平縣唐樂圃典房白契

（契約四〇九）

已辦補稅。立典房契人唐樂圃，因乏用，將自置鋪面瓦房弍間，外有排子弍間，門窗户壁俱全，坐落在北城日南坊二鋪琉璃廠橋東邊路南地方，今憑中保説合，情願出典與章　名下收租。典房價銀壹百兩整。其銀當日交足，并無欠少。言明一典拾年，如拾年不贖取，即將此房歸於章　名下永遠爲業。照例投稅契紙，兩家情願，各無返（反）悔。恐後無憑，立此存照。

此房有唐姓本身紅契一張，上首王、劉、張三姓紅契三張，共計四張，付典主收存。再照。

道光貳拾貳年叁月　日　　立典房契字人　唐樂圃（押）

再批：咸豐叁年二月，因年限早滿，已辦補稅契紙，與章姓爲業，不與唐姓相干。

中保人　王錦堂（押）

知底中保人　王雲浦（押）

總甲　韓　順（押）

已辦補稅

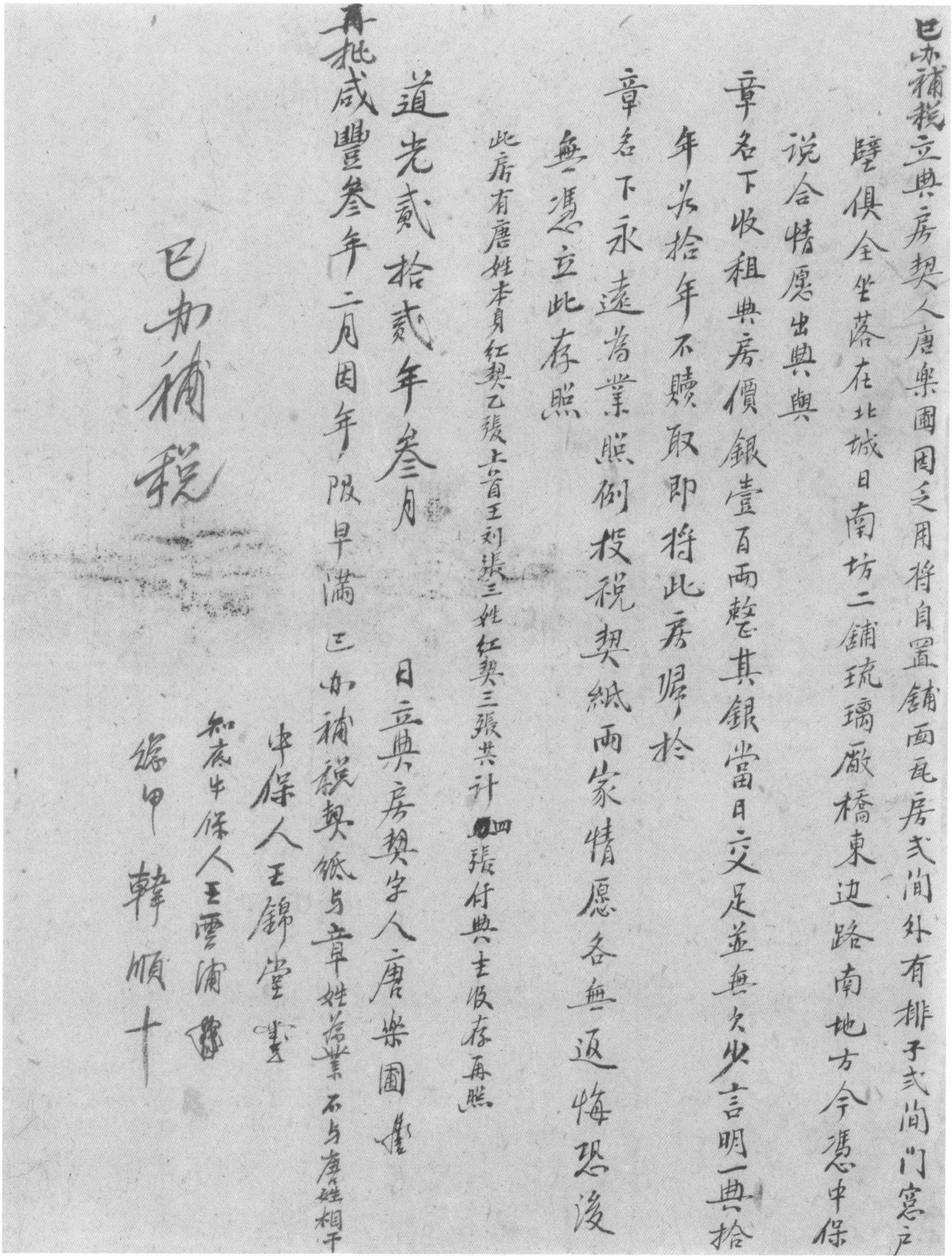

已办補税立典房契人唐樂園因乏用將自置鋪面瓦房弍間外有排子弍間门窗户
壁俱全坐落在北城日南坊二鋪琉璃廠橋東边路南地方今憑中保
说合情愿出典與
章名下收租典房價銀壹百兩整其銀當日交足並無欠少言明一典拾
年為拾年不贖取即將此房歸於
章名下永遠為業照例投税契紙兩家情愿各無返悔恐後
無憑立此存照
此房有唐姓本身红契乙張上首王刘張三姓红契三張共計四張付典主收存再照
道光貳拾貳年叁月　日立典房契字人唐樂園（押）
再批咸豐叁年二月因年限早滿已办補税契紙与章姓為業不与唐姓相干
中保人王錦堂（押）
知底中保人王雲浦（押）
已办補税
經中韓順十

清道光二十五年（一八四五）密雲縣田永順賣地白契

（契約二〇）

立賣地契文約人田永順，因手乏，無錢使用，今將自己祖遺民地壹段，坐落好臺莊西北大道溝口，東至地堵盧姓，西至石姓壩坎，南至河溝，北至大河溝，四至分明，自煩説合，情願出賣與王全名下永遠爲業。同中人言明，買價銀拾兩整。其銀筆下交足，分文不短，并無恢（反）悔。若有親族人等争競者，自有賣主一面承管，不與買主相干。此係兩家情願，各無恢（反）悔。恐口無憑，立賣契存照。隨代（帶）推白五畝，土木相連，内有兩坐（座）孤墳。

道光貳拾伍年十二月初八日

同中説合人　高　金（押）

王永强（押）

立賣契文約人　田永順（押）

田文運（押）

同叔　田文寶（押）

田文來（押）

同爺　田得潤（押）

親筆　田露深　清心

立賣地契文約人田永順因手乏無錢使用今將自己祖遺民地壹段坐落好台庄西北大道
溝口東至地堦盧姓西至石姓壩坎南至河溝北至大河溝四至分明自煩說合情愿
出賣與　王　全名下永遠爲業同中人言明買價銀拾兩整其銀筆下交足
分文不短並無反悔若有親族人等爭競者自有賣主一面承管不與買主相干此係
兩家情願各無反悔恐口無憑立賣契存照隨代推白五畝土木相連內有兩坐
孤墳

道光貳拾伍年十二月初八日立賣契文約人田永順　押

同中說合人　高　金十
　　　　　　王永强十

同叔　田文寶十　運十

同爺　田得潤十　來十

親筆　田露深　清心

七七

清道光二十五年（一八四五）昌平州達沖阿賣地官契

（契約二四六）

立賣地契人正藍旗包衣傅倫佐領下二等獲（護）衛達沖阿，有故祖自置租地壹頃柒拾叁畝七分，計地九段，坐落在湯山馬房村西地方。因手乏，仝中説合，情願賣與廂（鑲）黄旗滿洲耀奎佐領下錫齡名下永遠爲業。言定賣價京平足銀叁佰伍拾兩整。其銀筆下交足，并無欠少。自賣之後，倘有親族人等争競重復典賣以及官私債目、未分明之公産等情，俱有原業主并中人一面承管。恐口無憑，立字存照。隨帶本身老紅契一張跟隨。

道光二十五年十二月二十六日

立賣字人　達沖阿（押）

温　成（押）

中保説合人　孫積功（押）

龔大刁（押）

投税人廂（鑲）黄旗滿洲文端署佐領下和璋，有故祖錫齡買得達沖阿名下祖地壹頃柒拾叁畝七分，計九段，投税是實。

坐落在京北昌平州屬

朱永榮地八畝　蔣貴昇地三畝

刑永順地八畝　李榮貴地肆畝

批賣

張伯旺地五畝　王海地肆畝

閻文仲地拾叁畝　崔文治地叁拾伍畝

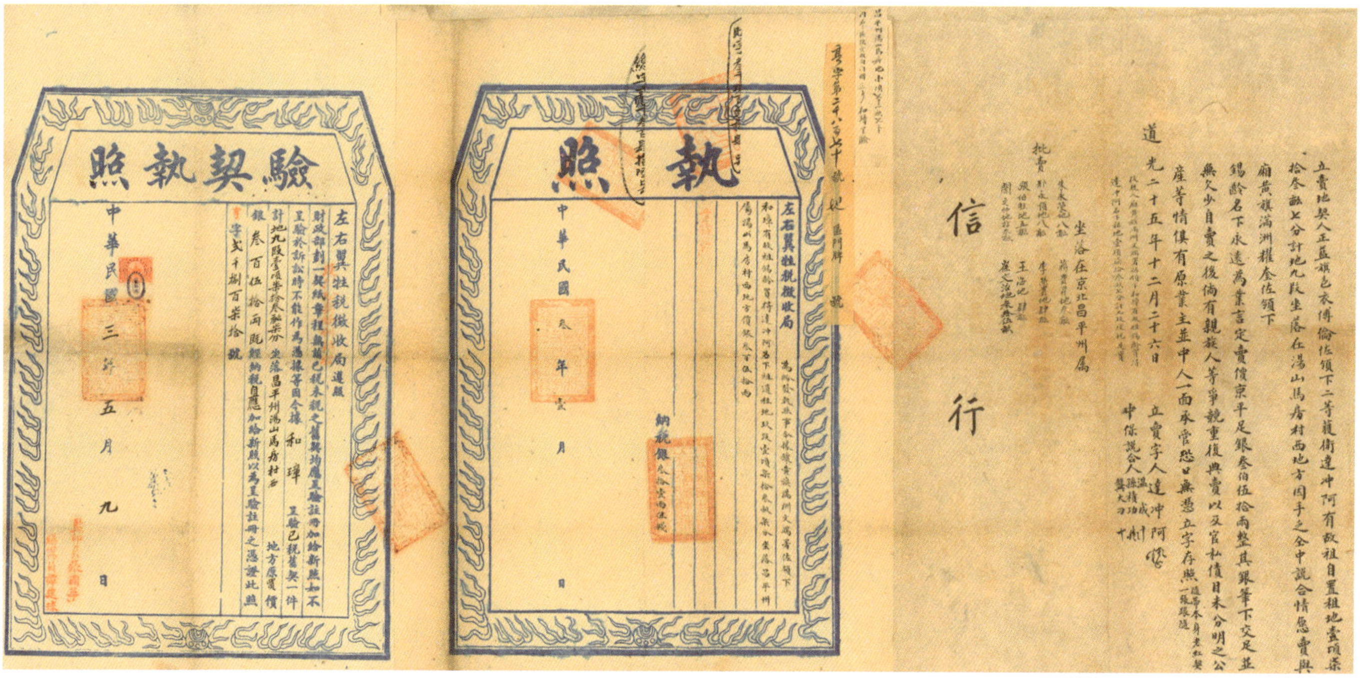
立賣地契人正藍旗包衣傅倫佐領下二等護衛達沖阿有故祖自置祖地壹頃柒拾叁畝七分計地九段坐落在湯山馬房村西地方因手乏今中說合情愿賣與
廂黃旗滿洲椿奎佐領下
錫齡名下永遠為業言定賣價京平足銀叁伯伍拾兩整其銀筆下交足並
無欠少自賣之後倘有親族人等爭競重復典賣以及官私債目未分明之公
產等情俱有原業主並中人一面承管恐口無憑立字存照 隨帶本身老紅契一張跟隨
道光二十五年十二月二十六日
立賣字人達沖阿
中保說合人溫成 孫積功 龔大力
坐落在京北昌平州屬
批賣
信行

執照
左右翼牲稅徵收局 為給發執照事今據鑲黃旗滿洲文瑞署佐領下
和瑋有故祖錫齡買得達沖阿名下祖遺旗地玖段壹頃柒拾叁畝柒分坐落昌平州
屬湯山馬房村西地方價銀叁百伍拾兩
納稅銀
中華民國叁年壹月 日

驗契執照
左右翼牲稅徵收局遵照
財政部劃一契紙章程無論已稅未稅之舊契均應呈驗註冊加給新照如不
呈驗於訴訟時不能作為憑據等因今據 和瑋 呈驗已稅舊契一件
計地九段壹頃柒拾叁畝柒分 坐落昌平州湯山馬房村西 地方原賣價
銀叁百伍拾兩既經納稅自應加給新照以為呈驗註冊之憑證此照
字第貳千捌百柒拾號
中華民國三年五月九日

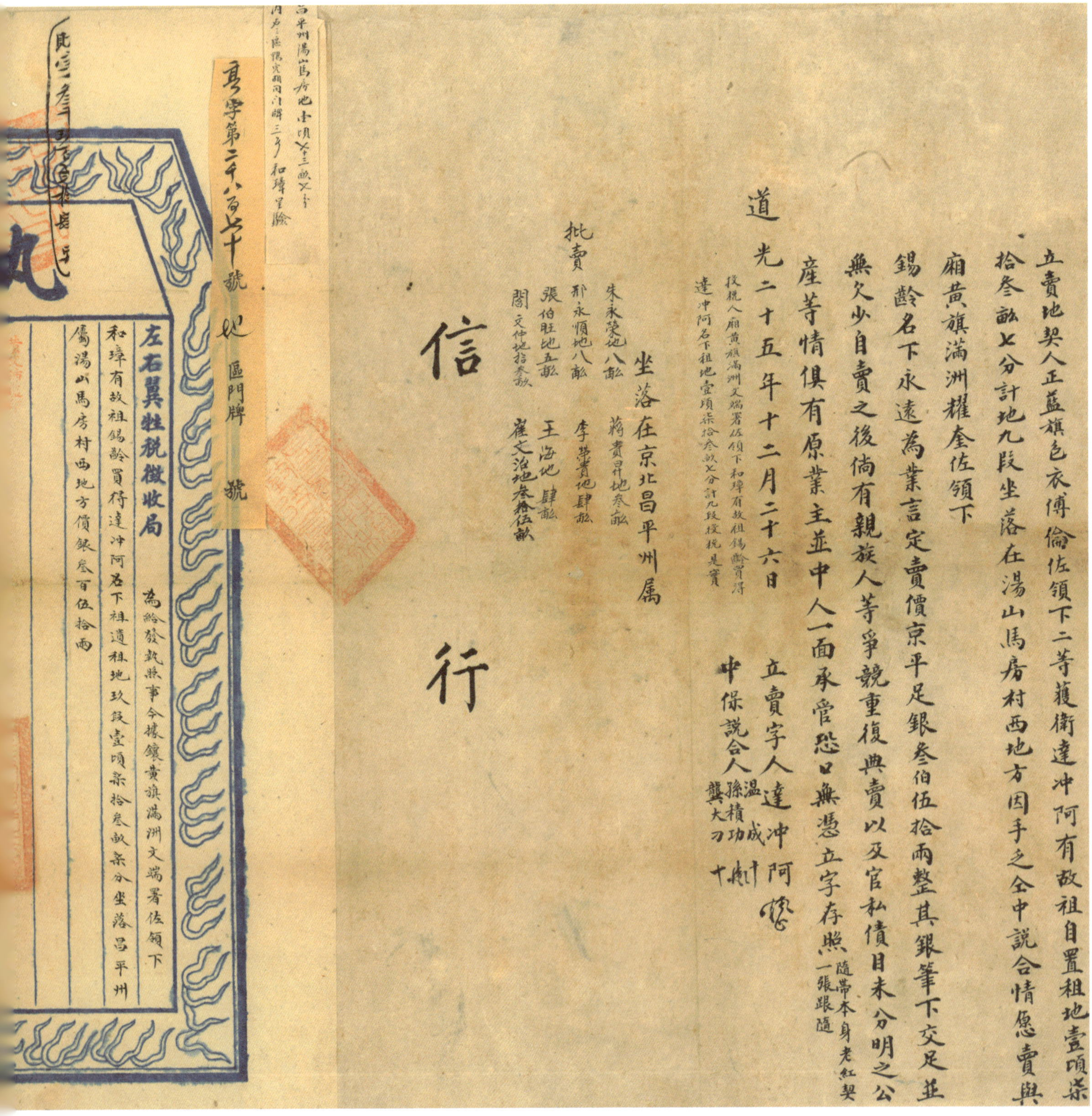

立賣地契人正藍旗包衣傅倫佐領下二等護衛達冲阿有故祖自置租地壹頃柒拾叁畝七分計地九段坐落在湯山馬房村西地方因手乏仝中說合情愿賣與廂黃旗滿洲權奎佐領下錫齡名下永遠為業言定賣價京平足銀叁伯伍拾兩整其銀筆下交足並無欠少自賣之後倘有親族人等爭競重復典賣以及官私債目未分明之公產等情俱有原業主並中人一面承管恐口無憑立字存照隨帶本身老紅契一張跟隨

坐落在京北昌平州屬

朱永榮地八畝　蔣貴昇地叁畝
邢永順地八畝　李榮貴地肆畝
張伯旺地五畝　王海地肆畝
閻文仲地拾叁畝　崔文治地叁拾伍畝

批賣

投稅人廂黃旗滿洲文端署佐領下和璋有故祖錫齡買得達冲阿名下租地壹頃柒拾叁畝七分計九段投稅是實

道光二十五年十二月二十六日

立賣字人達冲阿
中保說合人溫成
孫積功
龔大刀

信　行

左右翼牲税徵收局
為給發執照事今據鑲黃旗滿洲文端署佐領下和璋有故祖錫齡買得達冲阿名下祖遺租地玖段壹頃柒拾叁畝柒分坐落昌平州屬湯山馬房村西地方價銀叁百伍拾兩

亨字第二千八百七十號
區門牌　號

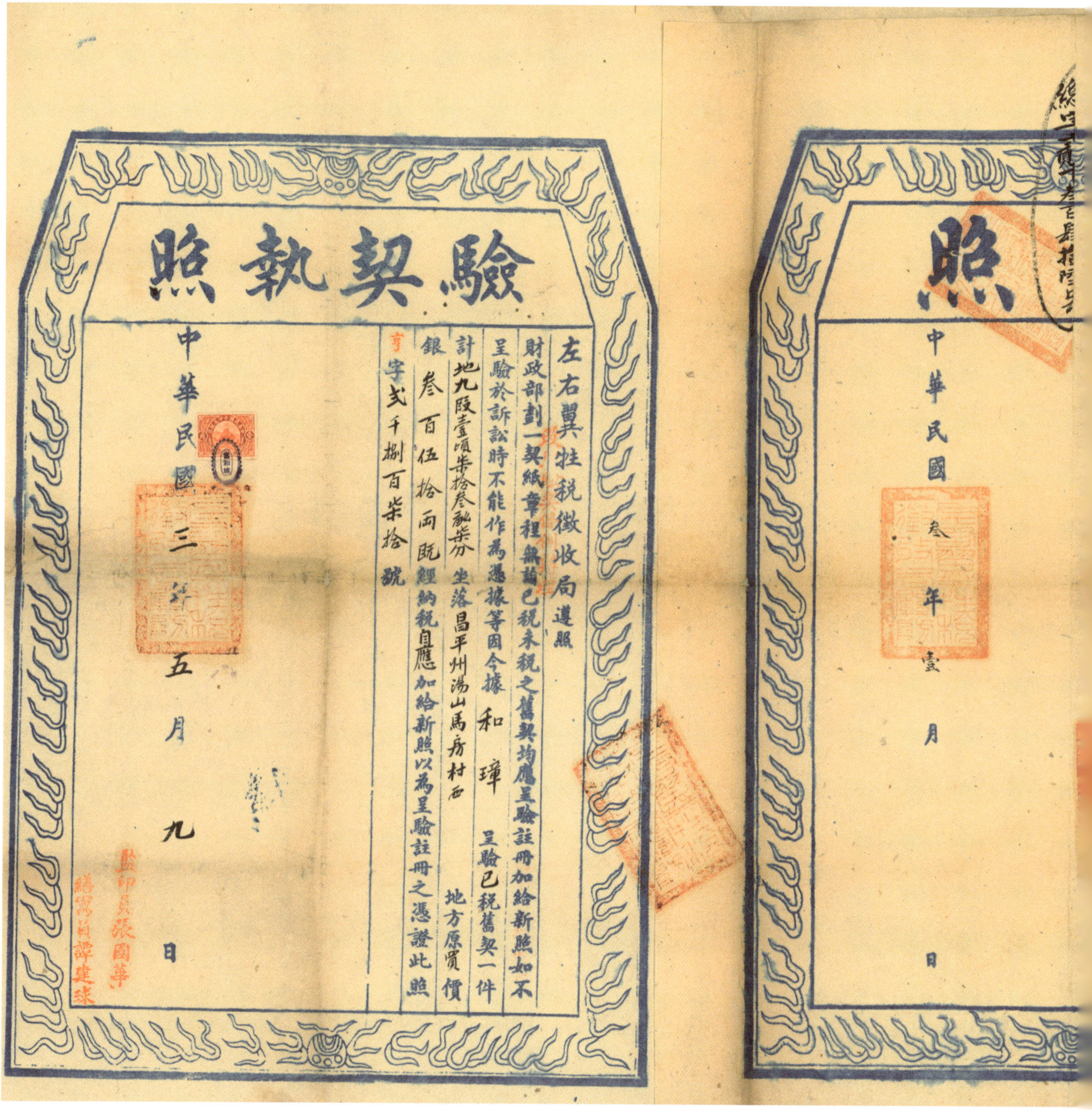

驗契執照

左右翼牲稅徵收局 遵照

財政部劃一契紙章程無論已稅未稅之舊契均應呈驗註冊加給新照如不

呈驗於訴訟時不能作為憑據等因今據 和瑋 呈驗已稅舊契一件

計地九段壹頃柒拾叁畝柒分 坐落昌平州湯山馬房村西 地方原買價

銀叁百伍拾兩既經納稅自應加給新照以為呈驗註冊之憑證此照

亨字弍千捌百柒拾號

中華民國三年五月九日

監印員張國華

繕寫員譚建球

照

中華民國叁年壹月 日

清道光二十六年（一八四六）大興縣誠春賣房官契

（契約一八一）

立賣房契人誠春，因乏用，將自置鋪面房一處，門面頂排三間，捲棚三間，後樓房上下肆間，後灰房一間，共計房拾壹間，現開設糧店生理，坐落在崇文門外橋頭路東地方，今憑知情保人說合，情願將此房出賣與徐　名下永遠爲業。三面言明，實賣房價紋銀肆佰兩整。其銀筆下交足，并不欠少。自賣之後，倘有親族人等爭兢（競）及重復典賣、拖欠官銀私債及未曾分明之公産名等情，均有賣主仝知情底保人一面承管，不與置主相干。恐後無憑，立此賣契存照。

再批：外有誠姓本身民紅契一張，上首關姓紅契一張，上上首蔡姓紅契一張，戴姓收稅紅契一張，共計紅契四張，一并跟隨。此房原有戴姓白契一張，李、佛二姓紅契二張，標手三張，俱隨滙源木廠去了，不與此契相干。再照。

道光二十六年　月　日

立賣房契人　錫　穀（押）
　　　　　　誠　春（押）

知情管業人　蔣　勝（押）
　　　　　　楊小山（押）
　　　　　　張海興（押）
　　　　　　姜德源（押）

中保人　王大有（押）
　　　　張東耀（押）
　　　　顧榮光（押）
　　　　白　玉（押）

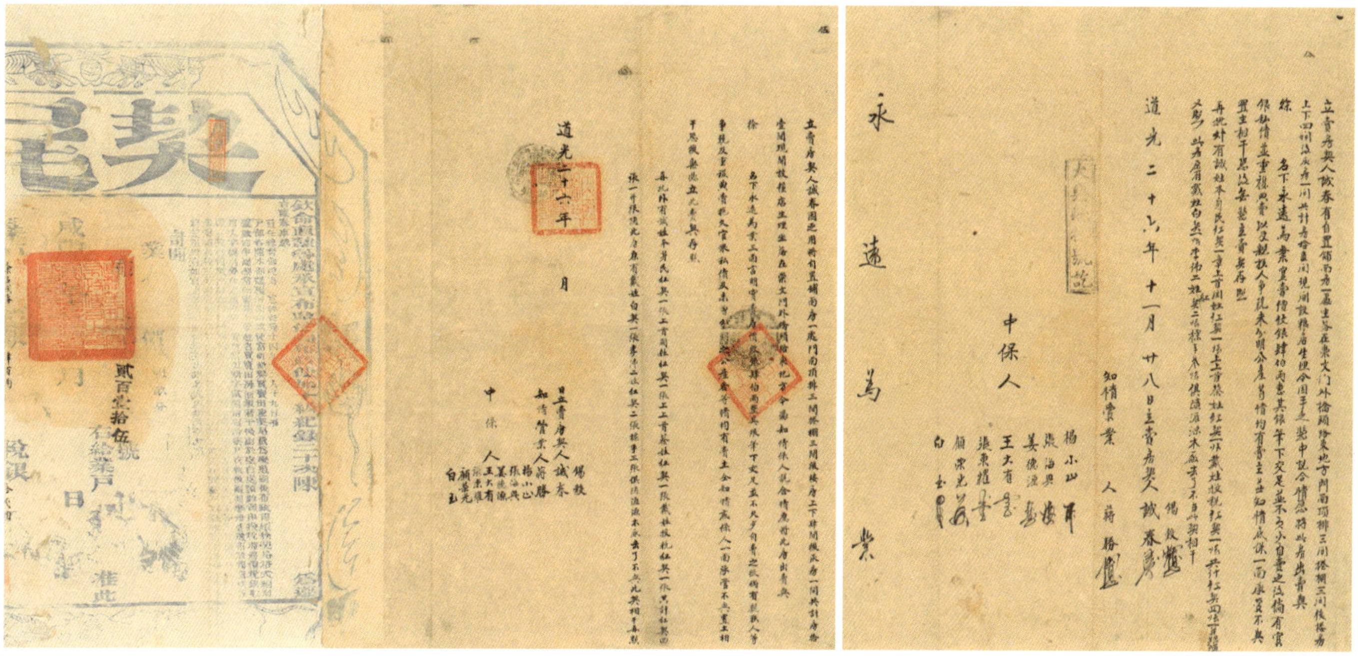
永遠爲業
中保人

立賣房契人誠春有自置鋪面房一處坐落在崇文门外橋頭路東地方門面顶排三間捲棚三間後樓房上下四間後灰房一間共計房拾壹間現開設粮店生理今因手乏憑中説合情愿將此房出賣與
徐
名下永遠為業言明賣價紋銀肆伯兩整其銀筆下交足並不欠少自賣之後倘有官銀私債並重複典賣以及親族人争競未分明公產等情均有賣主並知情底保一面承管不與置主相干恐後無憑立賣契存照

再批外有誠姓本身民紅契一章上首閔姓紅契一張上上首蔡姓紅契一張戴姓投稅紅契一張共計紅契四張一并隨
又照 此房原有戴姓白契一張李佛二姓紅契二張標手叁張俱隨源木廠去了不與此契相干

道光二十六年十一月廿八日立賣房契人 誠 春(押)
知情賞業 人 蔣 勝(押)
錫 數(押)

中保人
楊小山(押)
張海興(押)
姜德源(押)
王大有(押)
張東耀(押)
顧榮光(押)
白 玉(押)

永遠為業

伍

立賣房契人誠春因乏用將自置鋪面房一處門面頂排三間捲棚三間後樓房上下肆間後灰房一間共計房拾壹間現開設糧店生理坐落在崇文門外橋頭路東地方今憑知情保人説合情愿將此房出賣與
徐
名下永遠為業三面言明實賣房價紋銀肆伯兩整其銀筆下交足並不欠少自賣之後倘有親族人等争競及重複典賣拖欠官銀私債及未曾分明之公產各等情均有賣主全知情底保人一面承管不與置主相

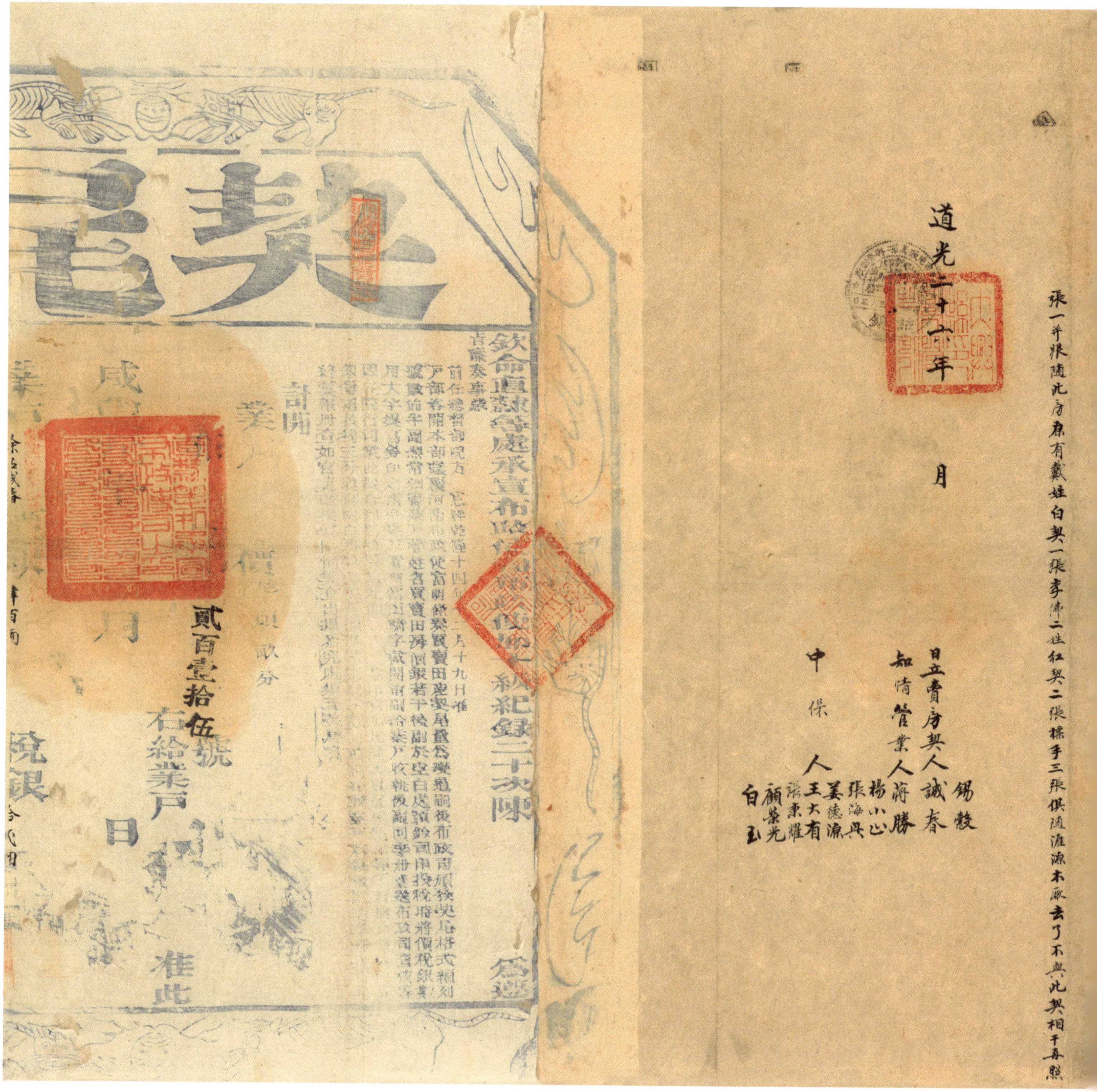

張一并張隨此房原有戴姓白契一張李佛二姓紅契二張標手三張俱隨滙源木廠去了不與此契相干再照

道光二十一年　月　日立賣房契人　誠春　錫敷

知情管業人　蔣勝

中保人　楊小山　張海興　姜德源　王大有　張東耀　顧榮光　白玉

契尾

欽命直隸等處承宣布政使司……紀錄二十次陳　為遵

旨議奏事案

計開

業戶

價銀

貳百壹拾伍號

右給業戶

咸豐　年　月　日

准此

清道光二十六年（一八四六）大興縣王耀先賣房官契

（契約三八八）

立賣房契人王耀先，因乏用，將自置住房壹所，門面瓦房叁間半，對面平臺弍間，二層房叁間半，叁層房肆間，對面厢房肆間，南跨耳房弍間，共計大小房平臺拾玖間，前臨街板壁壹圍，後有落地壹條，門窗户壁，上下土木相連，坐落東城朝陽坊弍鋪汪太醫胡同路東總甲王添相地方。今憑知底保及中保説合，情願出賣與謝　名下永遠爲業。三面言定，實賣房價銀伍佰兩整。其銀筆下交足，外無欠少。自賣之後，倘有親族人等争兢（競）以及指房借貸官銀私債等情，有賣主同知底中保人等一面承管。恐後無憑，立此賣契永遠存照。

內有原房王姓本身紅契壹張，上首纍落紅契明季老契拾張，共計拾壹張，交付置主收存。

道光弍拾陸年玖月　日

立賣房契人　王耀先（押）

知底保人　趙博菴（押）　張彦齋（押）

中保人　石山（押）　宋永福（押）　牟焕章（押）　崔明（押）　朱士明（押）　金志綱（押）　孫禄（押）

代催房牙　李振魁（印）

總甲　王添相（印）

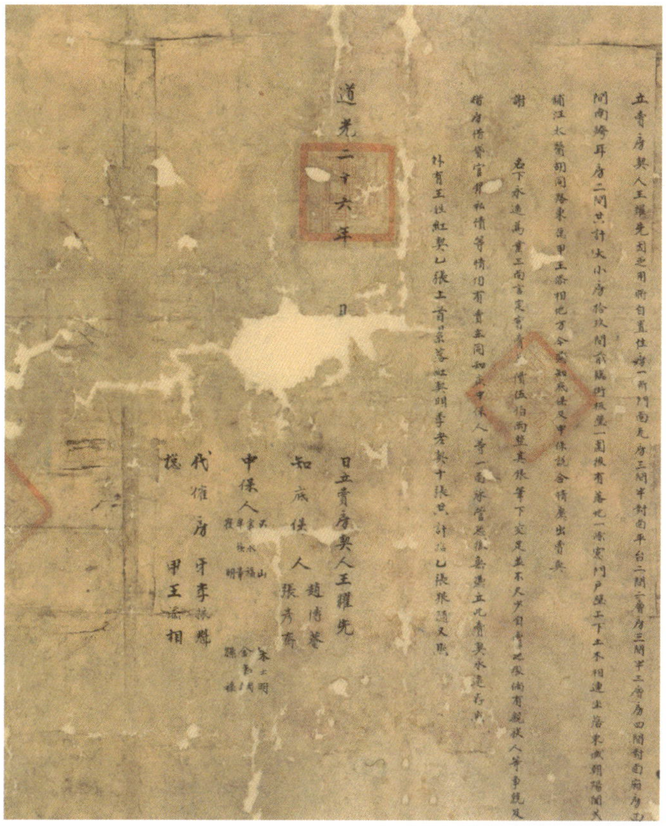

立賣房契人王耀先因乏用將自置住房一所門面瓦房三間半對面平台二間二層房三間半三層房四間對面廂房五間南跨耳房二間共計大小房拾玖間前臨街板壁一圍……坐落東城朝陽關大……胡同路東……甲王添相地方今……知底保及中保說合情願出賣與

謝

名下永遠為業三面言定賣價……伍佰兩整其銀筆下交足並不欠少自賣之後倘有親族人等爭競及借房借貸官私債等情俱有賣主同知底中保人等一面承管恐後無憑立此賣契永遠存照

外有王姓紅契乙張上首……共計拾乙張隨契交執

道光二十六年 日立賣房契人王耀先

知底保人 趙博菴 張秀齋

中保人

代催房 甲王添相

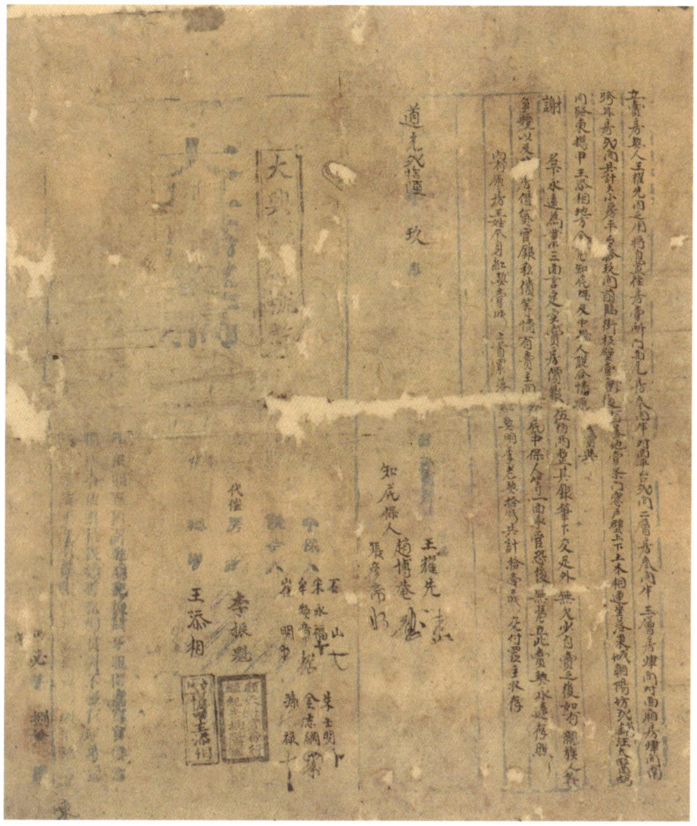

立賣房契人王耀先因乏用，將自置住房壹所，門面瓦房叁間，對面平台玖間，二層房叁間，三層房肆間，對面廂房肆間，南

跨耳房玖間，共計大小房平台叁拾玖間，前臨街，板壁壹道，後有□池壹條，門窗戶壁，上下土木相連，坐落東城朝陽坊玖鋪汪太醫胡

同路東。憑甲王添相、地方仝知底保及中人說合，情願賣與

謝

名下永遠為業。三面言定，實賣房價銀伍佰兩整，其銀筆下交足，外無欠少。自賣之後，如有親族人等

爭競，以及□房借貸官錢私債等情，有賣主同知底中保人等一面承管。恐後無憑，立此賣契，永遠存照。

內有原房王姓本身紅契壹紙，上首累落紅契明季老契拾紙，共計拾壹紙，交付買主收存。

道光廿陸　玖　日

王耀先（押）

知底保人　趙博菴（押）
張彥齋（押）

中保人　石山（七）
宋永福（十）
牟煥章（押）
崔明（押）
朱士明（押）
金志綱（押）
孫祿（十）

代催房牙　李振魁

總甲　王添相

順天府官房行經紀李振魁

中城……總甲王添相

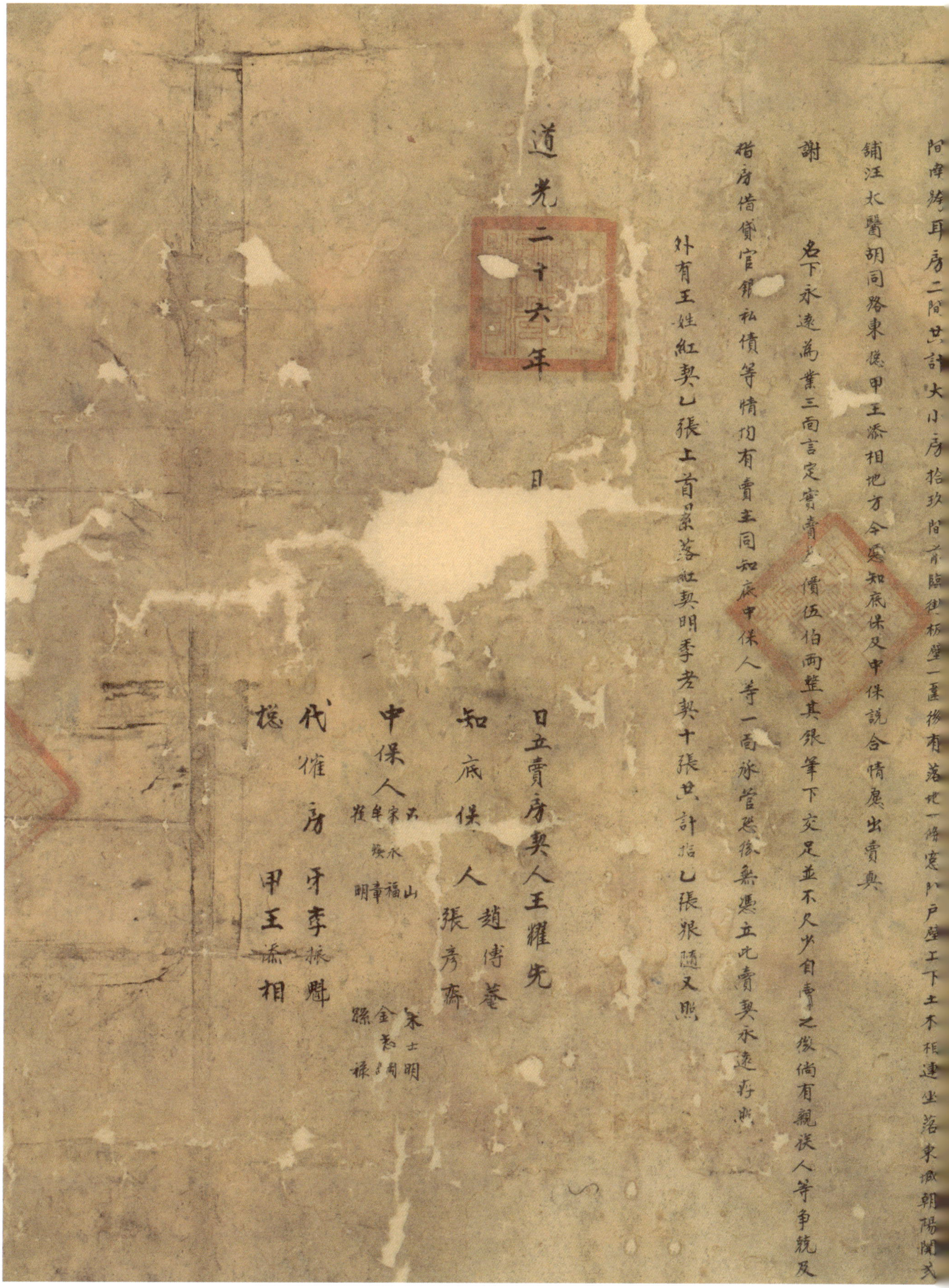

閒南房耳房二閒共計大小房拾玖閒前臨街板壁一道後有落地一條窗門戶壁上下土木相連坐落東城朝陽関式
鋪汪太醫胡同路東總甲王添相地方今憑知底保及中保說合情愿出賣與
謝　名下永遠爲業三面言定實賣價銀伍伯兩整其銀筆下交足並不欠少自賣之後倘有親族人等爭競及
指房借貸官銀私債等情均有賣主同知底中保人等一面承管恐後無憑立此賣契永遠存照
外有王姓紅契乙張上首泉落紅契明季老契十張共計拾乙張跟隨又照
道光二十六年　日
日立賣房契人王耀先
知底保人　趙傳菴　張彥齋
中保人　王山　宋永福　牟錦章　崔明　朱士明　金惠潤　孫祿
代催房牙李振鵬
總甲王添相

八〇

清道光二十九年（一八四九）宛平縣楊賡盛同母典房白契

（契約四六二）

立典人楊賡盛同母王氏，因手乏，無錢使用，今將自身費地壹塊，南北長弍丈五尺，東西寬弍丈四尺弍寸，此地坐落在前門内碾兒胡同路東，南至范姓，北至財神廟，東至去業主，西至置主，四至分明，今托中人説合，情願老典與王姓名下永遠爲業，由王姓使用。同中人言明，典價京滿錢壹百九拾吊。期（其）錢當面交清，并無欠少。言明錢無利息，地無租價，錢到回贖。立字後如有親族令人等争競者，有去業主、深知底保〔人〕壹面承管。兩家情願，并〔無〕返（反）悔。恐口無憑，立字存照爲證。

深知底保人 耿鳳羽（押）
秦永興（押）

立字人 楊賡盛（押）

大清道光弍拾九年六月拾叁日

因前字不接連，已報遺失，具有保結壹紙。

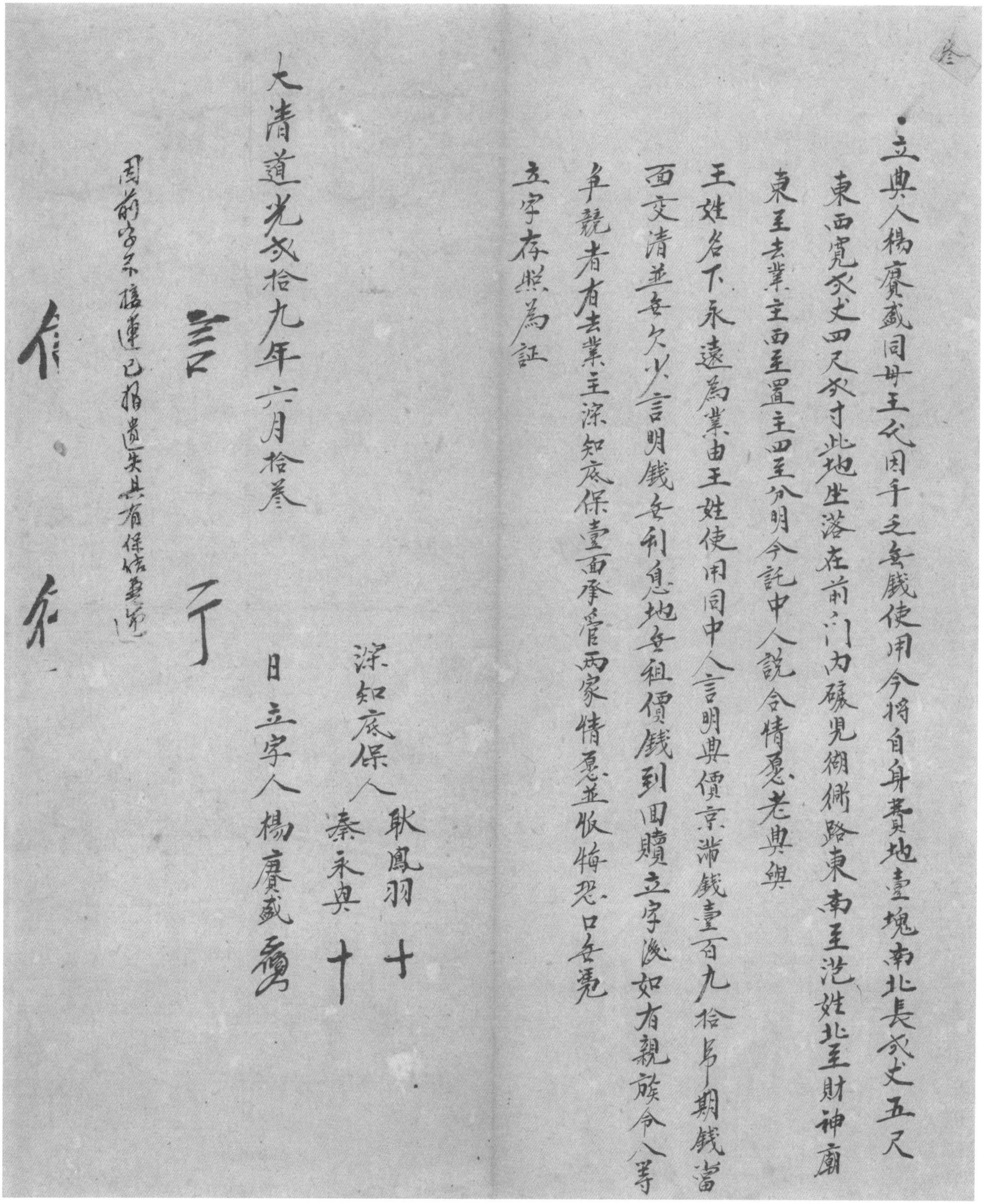

立典人楊賡藏同母王氏因手乏無錢使用今將自身賛地壹塊南北長弍丈五尺
東西寬弍丈四尺弍寸此地坐落在前門內礦兒衚衕路東南至范姓北至財神廟
東至去業主西至置主四至分明今託中人説合情愿老典與
王姓名下永遠為業由王姓使用同中人言明典價京蚨錢壹百九拾吊期錢當
面交清並無欠少言明錢無利息地無租價錢到回贖立字後如有親族人等
爭競者有去業主深知底保壹面承管兩家情愿並無反悔恐口無憑
立字存照為証

深知底保人 耿鳳羽 十
秦永興 十

大清道光弍拾九年六月拾叁日 立字人楊賡藏 押

因前字系樓連已指貴遺失具有保結無憑

八一

清道光二十九年（一八四九）天津武清縣李楷杜絶賣地白契

（契約四六九）

立杜絶賣地文契人李楷，因乏手，煩中説合，今將本身自置民地升科糧一段，坐落咼墳東，計地陸畝伍分壹厘弍毫，情願出賣與李玉堂名下永遠爲業。時置賣價言明每畝東錢伍拾弍吊，共計東錢叁佰叁拾捌吊陸佰文。其錢筆下交足。此係二家情願，個（各）無返（反）悔。裕（欲）後有憑，立杜賣地契存照。

隨代老契壹張。

隨代（帶）老契一張

四至弓口開後

批爲故紙

李如楷（押）

中人 李恩魁（押）

李尚杰（押）

道光廿九年十二月十一日 立杜賣地文契人 李 楷（押）

均長壹伯（佰）陸拾九弓四尺，南寬捌弓四尺，中寬九弓壹尺四寸，北寬九弓三尺。北至道，南至李，西至李，東至李。

立杜绝賣地文契人李楷因乏手煩中说合今将本身自置民地升科粮一段坐落
品坟東计地陆畝伍分壹厘贰毫情愿出賣與
李玉堂名下永遠為業時置賣價言明每畝東錢伍拾贰吊共计東錢叁佰叁
拾捌吊陆伯文其錢筆下交足此係二家情愿個無返悔裕后有憑立杜賣
地契存照

隨代老契一張

四至弓口开后

批為故紙

中人 李如楷 十
李恩魁 十
李尚杰 十

道光廿九年十二月十一日立杜賣地文契人李楷 十

均長壹佰陆拾九弓四尺
南寬捌弓四尺
中寬九弓壹尺四寸
北寬九弓三尺

北至道 南至李
西至李 東至李

永遠為業

清咸豐二年（一八五二）宛平縣任元賣房白契

（契約三八六）

立賣房契人任元，今因乏用，將自置住房壹所，門面房三間，二層對面厢房二間，共計八間，院内板㯶一槽，門窗户壁俱全，土木相連，坐落在北城靈中坊并鋪小安南營路西地方，今憑知底中保人説合，情願出賣與李　名下永遠爲業。三面言明，實賣房價銀貳百兩整。其銀筆下交足，并無欠少。自賣之後，倘有遠近親族弟男子侄争競及重覆典押等情，有賣房人仝知底中保人一面承管。恐後無憑，立此賣房契永遠爲證。

此房内有黄姓本身紅契壹張，許、嚴二姓紅契弍張，任姓紅契一張跟隨，置主收存。又照。

立賣房契人　任　元（押）

深知情底保人　王正順（押）

中保人　田家寶（押）

宋榮太（押）

咸豐二年五月二十三日立

立賣房契人任元今因乏用將自置住房壹所門面房三間二層對面廂房二間共計八間
院內板櫈一槽門窗戶壁俱全土木相連坐落在北城靈中坊併鋪小安南營路西地
方今憑知底中保人說合情愿出賣與
李　名下永遠為業三面言明賣房價銀叁百兩整其銀筆下交足並無欠少自
賣之後倘有遠近親族弟男子侄爭競及重覆典押等情有賣房人全知底中保人一
面承管恐後無憑立此賣房契永遠為證
此房內有黃姓本身紅契壹張計　繳二姓紅契叁張任姓紅契一張跟隨買主收存爲照

立賣房契人任元（押）
深知情底保人王正順　十
中保人　田家寶　十
　　　　宋榮太　十

咸豐二年五月二十三日立

清咸豐二年（一八五二）大興縣占元補税契及執照

（契約二三五）

立補税契人厢（鑲）黄旗滿洲二甲喇慶壽佐領下驍騎校占元，有祖遺房一所，灰梗五間，瓦房二間，共房七間，坐落在喇叭營胡同中間路南。因契紙遺失無存，情願照原價銀五十兩赴翼補税，請領热（執）照，以憑執業。

咸豐二年十二月　日

立投税契人　占元

執照

……號税依議欽此欽遵……咸豐貳年十一月……據廂黄旗滿洲慶壽佐領下驍騎校占元有
祖遺房柒間坐落喇叭營胡同中間路南地方因契紙遺失無存情愿照原價
銀伍拾兩遵例補税請領執照
咸豐貳年叁月 日 給 占元
納税銀壹兩伍錢

立補税契人廂黄旗滿洲二甲喇慶壽佐領下驍騎校占元有
祖遺房一所灰梗五間瓦房二間共房七間坐落在喇叭營胡同中間路南 因契
紙遺失無存情愿照原價銀五十兩赴翼補税請領執照以憑執業

咸豐二年十二月 日立投税契人占元

立補稅契人廂黃旗滿洲二甲喇慶壽佐領下驍騎校占元有

祖遺房一所灰梗五間尾房二間共房七間坐落在喇叭營胡同中間路南　因契

紙遺失無存情愿照原價銀五十兩赴翼補稅請領執照以憑執業

咸豐二年十二月　　日　立報稅契人占元

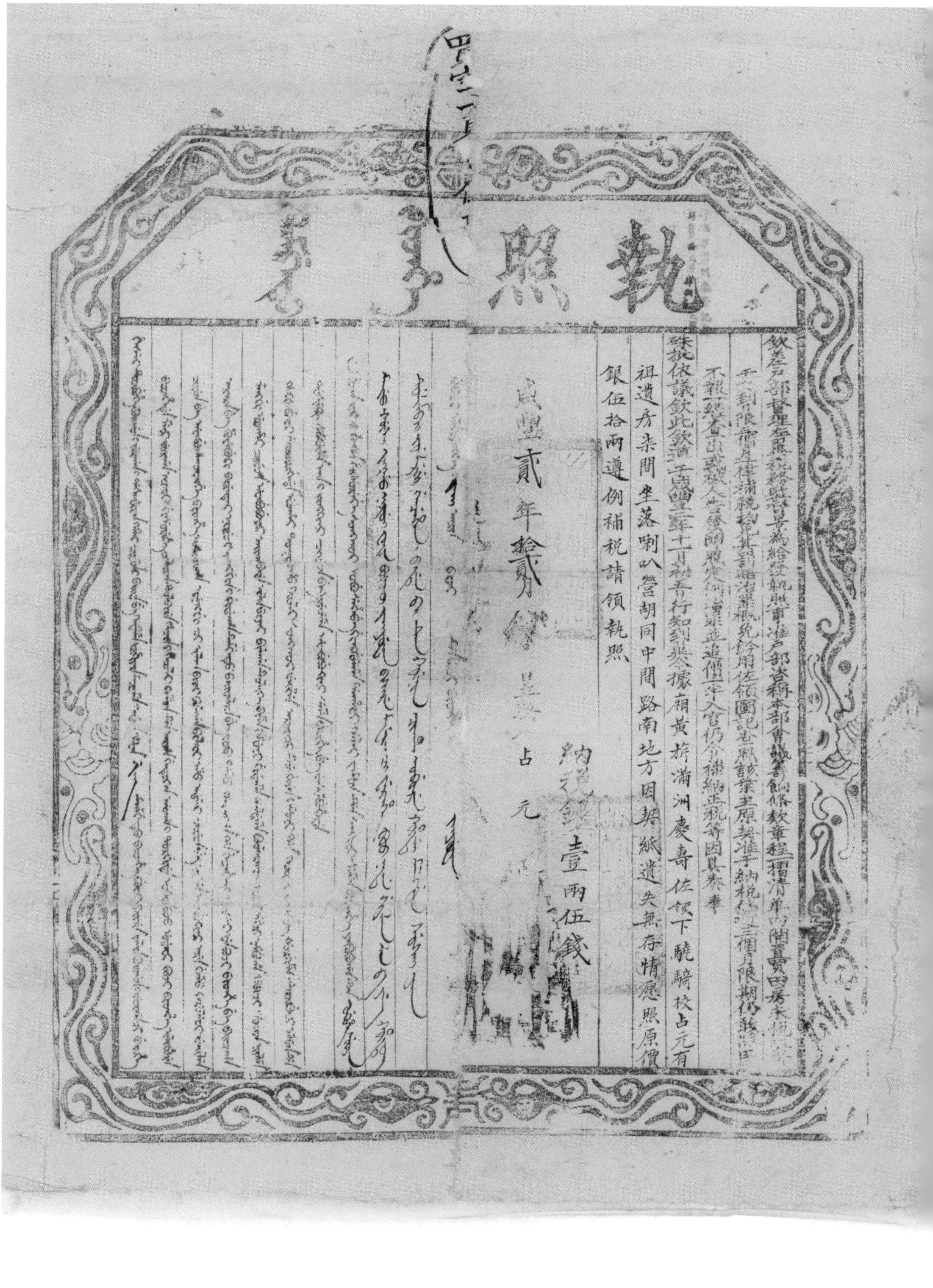

執照

欽差戶部督理左翼稅務監督[illegible] 為給發執照事准戶部咨稱本部會議奏請酌議條款章程一摺清單內開置買田房未稅[illegible]
于十一月到部限兩個月一律補稅均免其罰[illegible]令用佐領圖記並照該業主原契准予納稅[illegible]三個月限期仍敢[illegible]
不報一經查出或被人告發即照定例治罪並追價一半入官仍令補納正稅等因具奏奉
硃批依議欽此欽遵于咸豐二年十月初五日行知到案今據廂黃旗滿洲慶壽佐領下驍騎校占元有
祖遺房柒間坐落喇叭營胡同中間路南地方因契紙遺失無存情愿照原價
銀伍拾兩遵例補稅請領執照

咸豐貳年拾貳月 日 給

業戶 占元

納稅銀壹兩伍錢

八四

清咸豐三年（一八五三）宛平縣章姓補房税官契

（契約四一〇）

立補税房契人章姓，原典得唐樂圃鋪面房一處，計瓦房貳間，門窗户壁俱全，此房坐落在北城日南坊二鋪琉璃廠橋東邊路南地方。原有中人議定，此房一典拾年，現今年限已滿，情願遵例赴縣補房契一（以）便管業。當日原典價銀壹百兩整。其中并無虚捏、假冒情弊以及隱匿契據希圖重税等情，倶有補税房契人仝知底中保人一體干咎。欲後有憑，立此補税房契存照。

外有唐姓本身紅契一張，上首王、劉、張三姓紅契叁張，一并跟隨。又照。

知底中保人　王雲浦

立補税房契人　章　姓

總甲　韓　順

咸豐三年二月　日

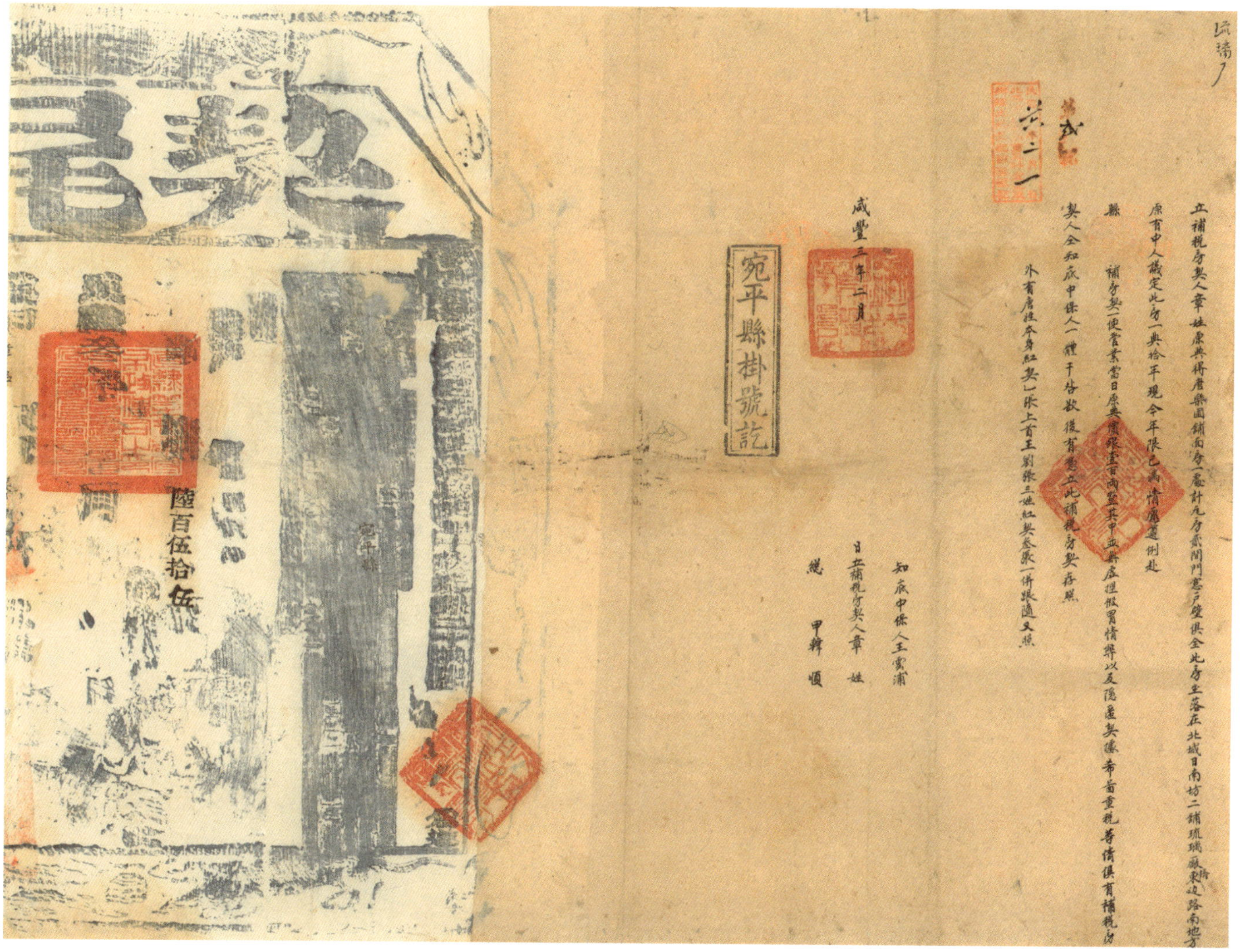

立補稅房契人章姓原典得廣樂園鋪面房一處計九房貳間門窓戶壁俱全此房坐落在北城日南坊二舖琉璃廠東段路南地方

原有中人議定此房一典拾年現今年限已滿情願遵例赴

縣補房契一使當業當日原典價銀壹百兩整其中並無虛捏假冒情弊以及隱匿契據希圖重稅等情俱有補稅房

契人全知底中保人一體干咎欲後有憑立此補稅房契存照

外有唐姓本身紅契一張上首王劉張三姓紅契叁張一併跟隨又照

咸豐三年二月　日立補稅房契人章　姓

知底中保人王雲浦

總甲韓順

宛平縣掛號訖

陸百伍拾伍

琉璃厂

第貳

六二一

立補税房契人章姓原典得唐樂園舖面房一處計瓦房貳間門窓户壁俱全此房坐落在北城日南坊二舖琉璃廠東边路南地方

原有中人議定此房一典拾年現今年限已滿情愿遵例赴

縣　補房契一便営業當日原典價銀壹百兩整其中並無虚捏假冒情弊以及隱匿契據希啚重税等情俱有補税房

契人仝知底中保人一體干咎歉後有憑立此補税房契存照

外有唐姓本身紅契乙張上首王劉張三姓紅契叁張一併跟随又照

咸豐三年二月

宛平縣掛號訖

知底中保人王雲浦

日立補税房契人章　姓

總　甲韓　順

陸百伍拾伍
宛平縣

八五

清咸豐三年（一八五三）大興縣劉鳳山投稅官契

（契約二六三）

立投稅房契人大興縣民劉鳳山，原有祖遺灰梗正房壹間半，坐落干面胡同西羅圈胡同路東門，隨房院落一塊，東西四丈五尺，南北四丈弍尺，東至恒宅界墻，西至官街，南至界墻，北至胡同。因無契，情願赴縣投稅紅契以憑執業，作價紋銀伍拾兩整。此房實係祖遺，并無紅契。情願投稅，別無虛揑情弊，如虛甘咎。恐後無憑，立此存照。

知情底保人　韓永吉（押）

具結　趙庭梅（押）

立投稅房契人　劉鳳山（押）

咸豐叁年十月　日

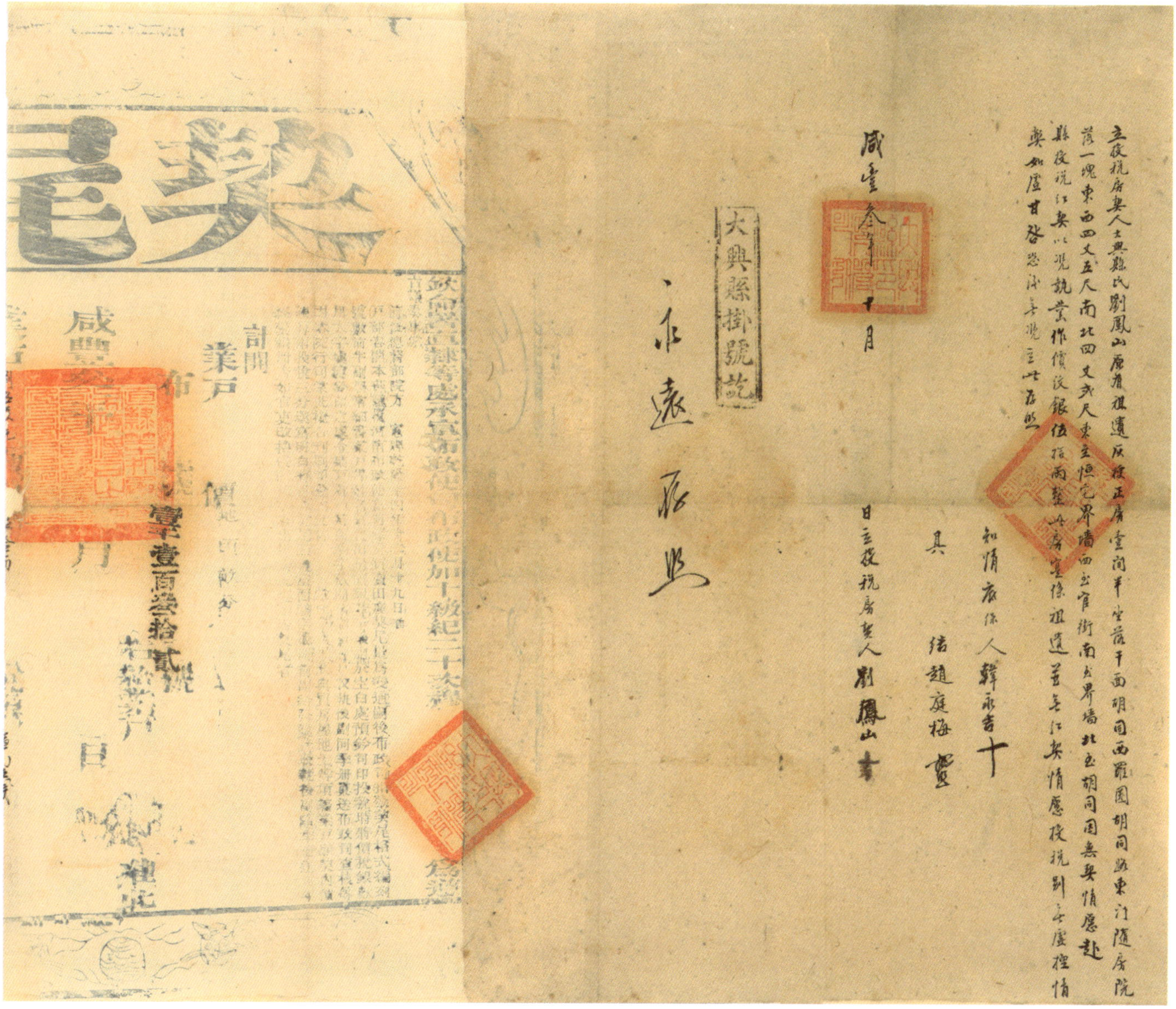

立投税房契人大興縣民劉鳳山，原有祖遺灰梗正房壹間半，坐落干面胡同西羅圈胡同路東门随房院落一塊，東西四丈五尺，南北四丈弍尺，東至恒宅界墻，西至官街，南至界墻，北至胡同。因無要情愿赴縣投税紅契，以光執業，作價紋銀伍拾兩整。此房實係祖遺，並無紅契，情愿投税，别無虚捏情弊，如虚甘罪。恐後無憑，立此存照。

知情底保人韓永吉十

具結趙庭梅畫

咸豐叁年十月　日立投税房契人劉鳳山畫

大興縣掛號訖

永遠存照

契尾

欽命……

業戶

咸豐

壹百叁拾貳號

清咸豐五年（一八五五）宛平縣杜門楚氏賣房白契

（契約三八七）

立賣字人杜門楚氏孀居，今因乏用，將自置房一所，正房四間，西房弍間，東房四間，南房三間，隨房落院，上下土木相連，此房座（坐）落在北城靈中坊小安南營路西并鋪地方，南至黄姓，北至單姓，西至客店後墻，東至官街，四至分明，今憑中保知情底人説合，情願出賣與霍明下永遠爲業。三面言明，賣房價京滿錢四佰七十吊文。其錢筆下交足，并無欠少。自賣之後，倘有來路不明、重復典賣并親族人等争競等情，有賣房人同知情底保〔人〕一面承管。恐後無憑，立賣房契永遠存照。

此房内有方姓本身紅契壹張，上首林姓紅契壹張，上上首康姓紅契壹張，再上首閆姓紅契壹張，儘上首老廢紅契弍張，共計紅契六張，杜姓本身紅契壹張，一并跟隨全交，存照爲據。

咸豐伍年陸月拾捌日

立賣房契人　杜門楚氏（押）

知情底保人　楚　斌（押）

中保人　劉國動（押）

楚元龍（知情底保之子，押）

代筆人　孫起龍（押）

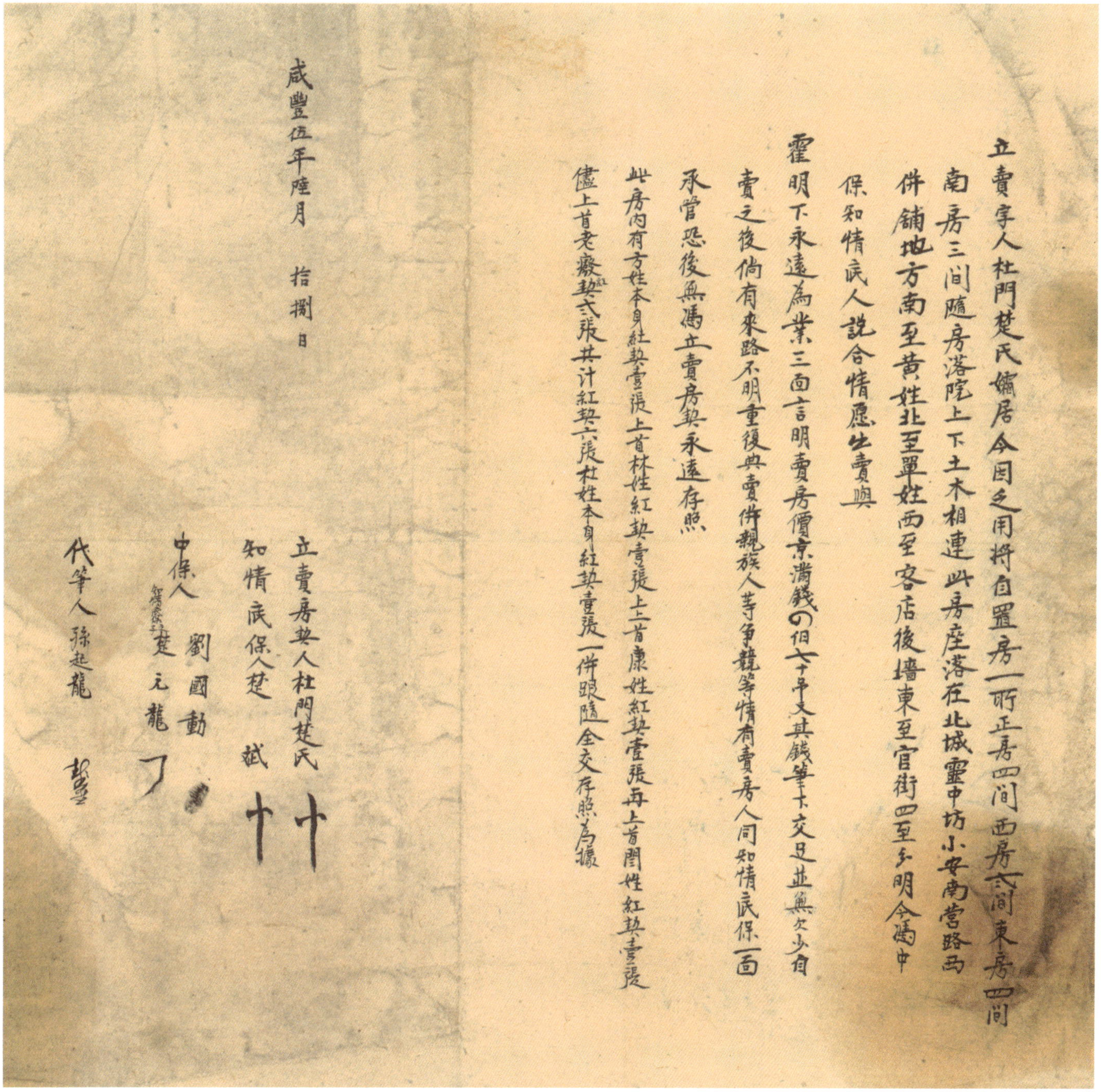

立賣字人杜門楚氏孀居今因乏用將自置房一所正房四間西房二間東房四間
南房三間隨房落院上下土木相連此房座落在北城靈中坊小安南營路西
併舖地方南至黃姓北至單姓西至客店後墻東至官街四至分明今憑中
保知情底人說合情愿出賣與
霍明下永遠為業三面言明賣房價京滿錢〇伯七十吊文其錢筆下交足並無欠少自
賣之後倘有來路不明重復典賣併親族人等爭競等情有賣房人同知情底保一面
承管恐後無憑立賣房契永遠存照
此房內有方姓本身紅契壹張上首林姓紅契壹張上上首康姓紅契壹張再上首閆姓紅契壹張
儘上首老廢紅契弍張共計紅契六張杜姓本身紅契壹張一併跟隨全交存照為據

咸豐伍年陸月 指捌日

立賣房契人杜門楚氏 十
知情底保人楚 斌 十
中保人 劉國勳
楚元龍 丁
代筆人孫起龍

八七

清咸豐五年（一八五五）順義縣劉天文賣地官契

（契約三七七）

立賣糧地契文約人劉天文，因手乏無錢用，今有自種糧地壹段，坐落在水坡村南，拾捌畝，地名五荒幅，東至王姓，西至王姓，南至王，北至壕，四至分明，自托中人説合，情願將此地賣與西馬各莊王珠名下爲業。言明實價銅製東錢叁百陸拾吊整。其錢筆下交足不欠。言定自賣之後，由置主自便，不與劉姓相干。若有争端等情，有契主、中人承管。此係均願，各無悈（反）悔。空口無憑，立字爲據。

中保説合人　劉天相（押）

立賣字人　劉天文（押）

代筆人　李思明（押）

咸豐五年臘月廿日

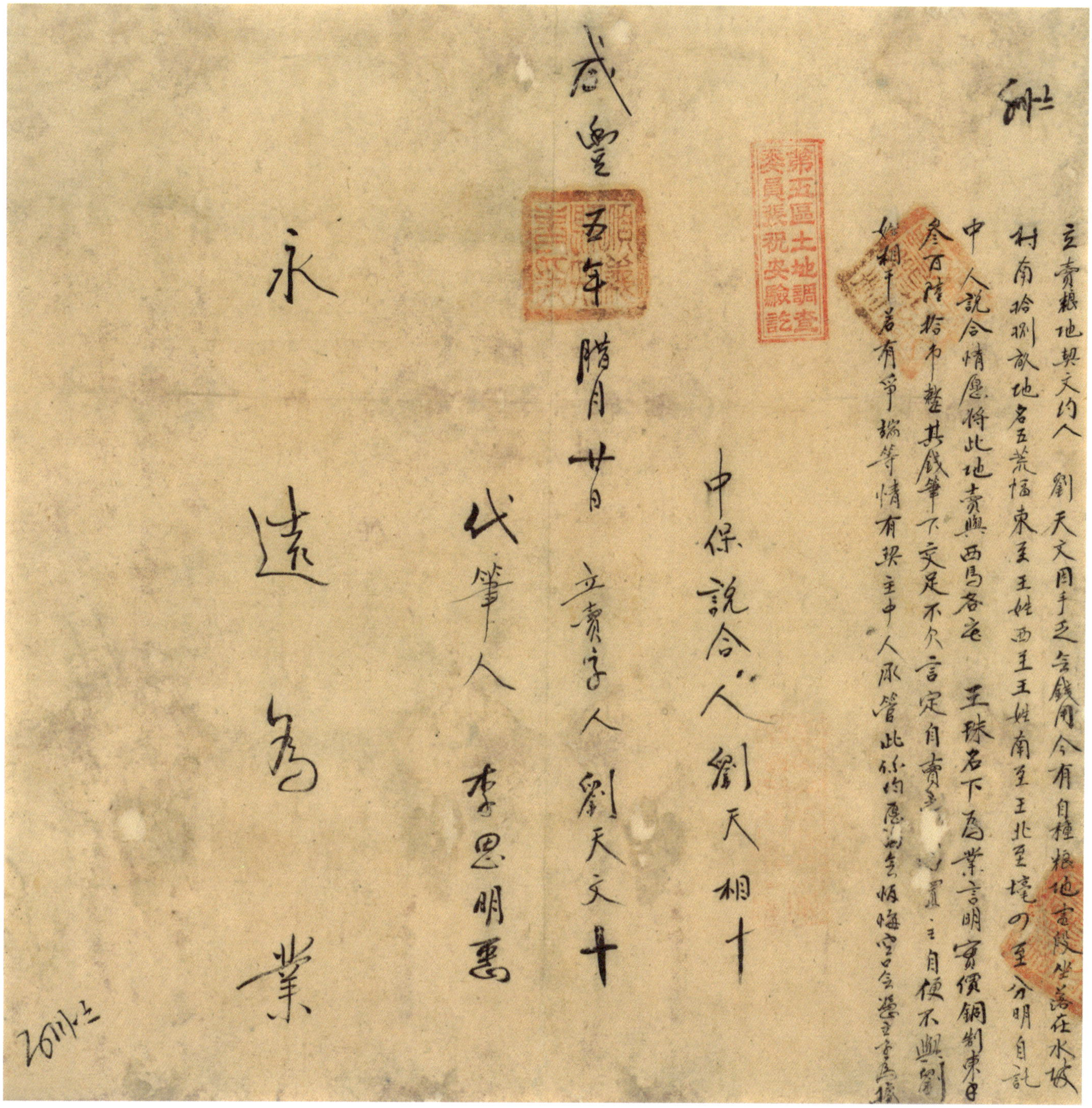
立賣粮地契文約人　劉天文因手乏無錢用，今有自種粮地壹段，坐落在水坡
村南拾捌畝，地名五荒樞，東至王姓，西至王姓，南至王，北至壕，四至分明，自託
中人說合，情愿將此地賣與西馬各庄　王琛名下為業，言明實價銅制錢
叁百陸拾吊整，其錢筆下交足不欠，言定自賣之後，買主自便，不與劉
姓相干，若有爭端等情，有契主中人承管，此係兩愿，各無返悔，空口無憑，立字為據。

中保說合人　劉天相　十
立賣字人　劉天文　十
代筆人　李思明　書
咸豐五年臘月廿日
永遠為業

買契

買主姓名 王琭

不動産種類

座落 水坡

面積 拾捌畝

四至 東 南 西 北

賣價 東錢叁百陸拾吊

應納稅額 貳拾壹吊陸百文

原契幾張

立契年月日

賣主 劉天文

中人 劉天相

中華民國三年六月三十日 給

第五區土地調查委員會稅契驗訖

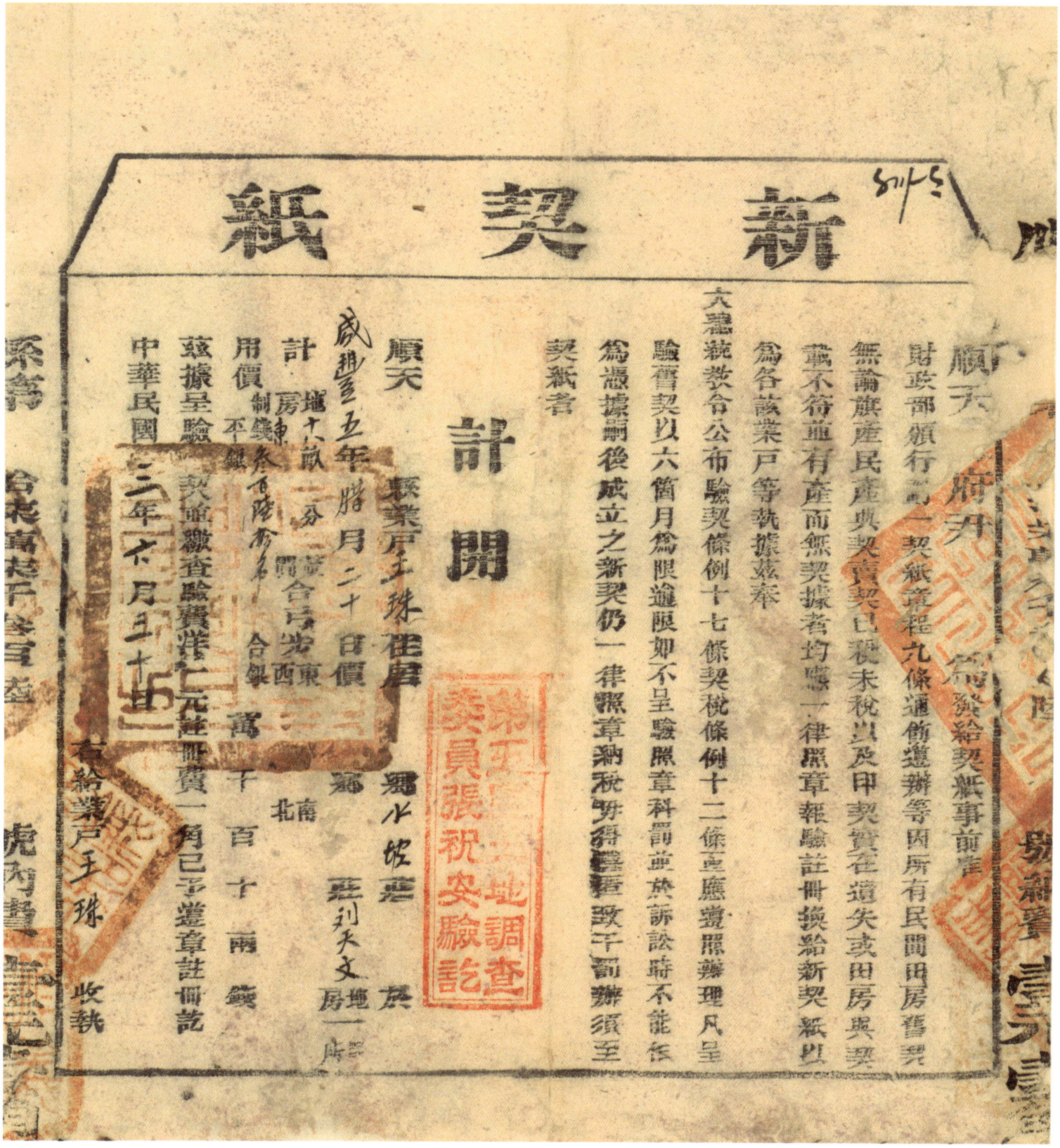
新契紙

順天府府尹　為發給契紙事前准
財政部頒行訂一契紙章程九條通飭遵辦等因所有民間田房舊契
無論旗產民產典契賣契已稅未稅以及印契實在遺失或田房與契
載不符並有產而無契據者均照一律照章報驗註冊換給新契紙以
為各該業戶等執據茲奉
大總統教令公布驗契條例十七條契稅條例十二條並應遵照辦理凡呈
驗舊契以六箇月為限逾限如不呈驗照章科罰並於訴訟時不能作
為憑據嗣後成立之新契仍一律照章納稅毋得隱匿致干罰辦須至
契紙者

計開

順天　縣業戶王珠　住居　宛平　坡　莊
咸豐五年　月二十　日價　地一　房一所
計　房　地十六畝一分　間合　東至　西至　南至　北至
用價　制錢叁百陸拾　合銀　萬　千　百　十　兩　錢
茲據呈驗　契並繳查驗費洋　元註冊費一角已予遵章註冊訖
中華民國三年六月五十日

右給業戶王珠　收執

第五區地調查委員張祝安驗訖

八八

清咸豐六年（一八五六）大興縣阿穆昌阿轉典房白契

（契約三二六）

立轉典房契人係厢（鑲）白旗滿洲頭甲秋格佐領下欽軍阿穆昌阿，今因手乏，煩中説合，情願將自典房一所，座（坐）落在東總布胡同東口内路北地方，共計十二間半，憑中説合，今典與正黄旗蒙古色普興阿佐領下諾姓永遠爲業。同中言明，價錢壹千捌百吊。其錢筆下交足，并不短少。如拾年後，聽其典主自行順契，不必通知業主。拾年限内，若有房屋坍塌，必先通知業主查看情形，典主修理用錢若干，登記契上，俟回贖之日，除付典價外，如數付清，再行回贖。自典之後，倘有親族争競以及重復典當，有原業主一面承管。恐後無憑，立契存照。

旗紅契二張，白字八張，一并跟隨。除此外，并無紅、白契紙以及粘單查對合同字樣注明。

并照。

咸豐六年正月十二日立照

轉典契人　阿穆昌阿（押）

中保人　護軍德蒙額（押）

立轉典房契人係廂白旗滿洲頭甲秋格佐領下欽軍阿穆昌阿今因手乏煩中說合
情愿將自典房一所座落在東總布胡同東口内路北地方共計十二間半憑中說合今
典與正黃旗蒙古色普興阿佐領下
諸姓永遠為業同中言明價錢壹千捌百吊其錢筆下交足並不短少如拾年後贖其典主自行順契不必通知業主拾年限内若有房屋坍塌必
先通知業主查看情形典主修理用錢若干登記契上俟回贖之日除付典價外如數付清
再行回贖自典之後倘有親族爭競以及重復典當有原業主一面承管恐後無憑立契
存照旂紅契二張白字八張一並跟隨除此外並無紅白契紙以及粘单查對合同字樣註
明並照

咸豐六年正月十二日立照

轉典契人阿穆昌阿
中保人護軍德蒙額

清咸豐六年（一八五六）宛平縣范建陶絶賣房白契

（契約四六三）

立絶賣房契人范建陶，今因缺用，情願浼中將祖遺空地自蓋坐北朝南灰棚二間，房外院地計東西三丈，南北至臺堦一丈六尺五寸，坐落在前門内西城根財神廟夾道，今具四至，東至楊家院地，南至賣主院地，西至賣主山墻前檐，北至買主院地爲界，現在四至分明。上連瓦片椽箔，下連基地磴礤，四圍門壁窗櫺一切俱全，情願出絶賣與郭姓名下永遠爲業。當面議定，得受時價紋銀貳拾兩整。其銀當日一并交足。自賣之後，恁（任）憑錢主管業居住，拆造修蓋無阻。并無親族争執，亦無重疊典押，如有違礙，賣主自行理值，不涉置主之事。此係兩邊情願，各無憣（反）悔。恐後無憑，立此絶賣契永遠存照。

再批：并無紅、白契紙跟隨。并照。

立賣房契人 范建陶（押）

知情底保人 連　秀（押）

梁興志（押）

說合人 俞少堂（押）

李恩隆（押）

代筆人 范濬齋（押）

咸豐陸年玖月　日

因前不接連，已報遺失，具有保結壹紙。

立絕賣房契人范建陶今因缺用情愿凂中將祖遺空地自盖坐北朝南灰棚二間房外院地計東西三丈

南北至台階一丈六尺五寸坐落在前門內西城根財神廟夾道今具四至東至楊家院地南至賣主院地

西至賣主山墻前簷北至買主院地為界現在四至分明上連瓦片椽箔下連基地磴礤四圍門壁窗櫺一切俱全

情愿出絕賣與郭姓名下永遠為業當面言議定得受時價紋銀貳拾兩整其銀當日一併交足自賣之後任凭錢

主管業居住拆造修盖無阻並無親族爭執亦無重疊典押如有違碍賣主自行理值不涉買主之事此係兩边情愿

各無懈悔恐後無憑立此絕賣契永遠存照

再批並無紅白契紙跟隨并照

立賣房契人范建陶 心

知情底保人 連秀 十

梁與志 十

說合人 俞少堂 押

李恩隆 押

代筆人 范濬齋 押

咸豐陸年玖月 日

房契之

因前接連已很遺失自無有保結為存

九〇

清咸豐七年（一八五七）密雲縣李永發同子賣地官契

（契約二七）

立賣地契文約人李永發同子李俊商儀（議），今因手乏無措，將祖遺民地壹段，座（坐）落田家莊北白石嶺，計地不拘畝數，係東至地堦，南至河溝，西至梁頭分水，比（北）至河溝，四至分明，自煩中人説合，情願出賣與李國名下永遠爲業。同中人言明，時直賣價東錢肆佰貳拾伍吊整。其錢筆下交完不欠。自賣之後，并無親族人等争倫（論）。如若有親族人争倫（論）者，有契主、中人一面承管，不與錢主相干。亦言爲礙，并無攪擾。如有先攪，干罰契地價壹半入官用。此係兩家情原（願），各無返（反）悔，恐口無憑，立賣字爲證。隨代（帶）推白三畝五分，四至内道南土坑許契主使土。

中見説合人　王起才（押）

李永發（押）

立賣地契文約人　同子

焦　順（押）

李　俊（押）

同家叔　李永魁（押）

李永順（押）

代字人　王　瑞（押）

咸豐七年正月初八日

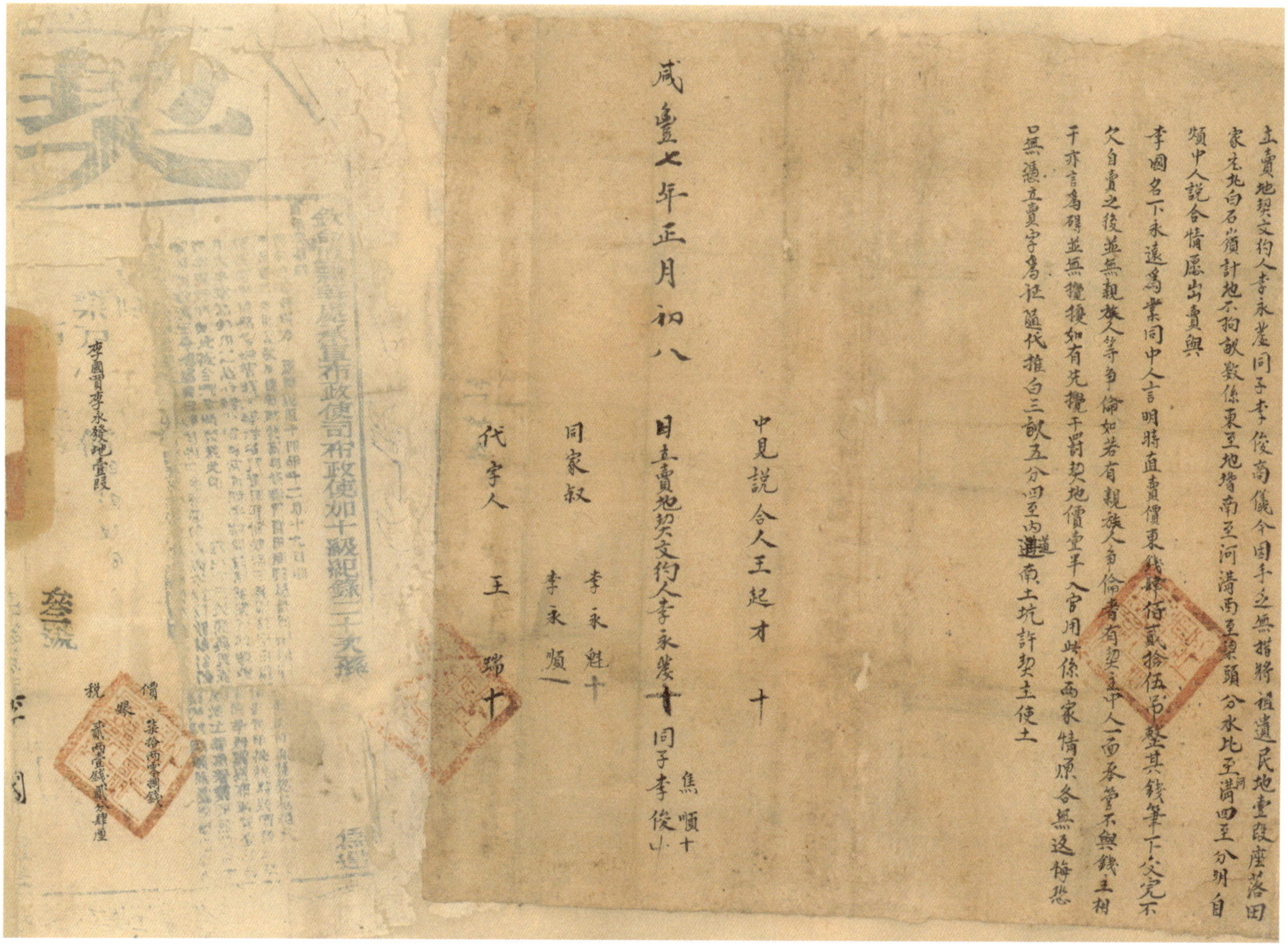
立賣地契文約人李永發同子李俊高儀今因手乏無措將祖遺民地壹段座落田家莊北白石嶺計地不拘畝數係東至地營南至河溝西至梁頭分水北至溝㵎四至分明自煩中人說合情愿出賣與
李國名下永遠為業同中人言明將直賣價東錢肆佰貳拾伍吊整其錢筆下交完不欠自賣之後並無親族人等爭論如若有親族人爭論者有契主中人一面承管不與錢主相干亦言為碍並無攪擾如有先攪干罰契地價壹半入官用此係兩家情願各無返悔恐口無憑立賣字為証 隨代推白三畝五分四至內道南土坑許契主使土

中見說合人王起才 十
同立賣地契文約人李永發 十
同子李俊焦 十
李俊順 十
同家叔李永魁 十
李永順 一
代字人王端 十

咸豐七年正月初八

李國買李永發地壹段
叁號
價 柒拾兩零捌錢
稅 貳兩壹錢貳分肆厘

立賣地契文約人李永茂同子李俊高儀今因手乏無措將祖遺民地壹段座落田
家庄北白石嶺計地不拘畝數係東至地堦南至河溝西至梁頭分水北至溝（河）四至分明自
煩中人說合情愿出賣與
李國名下永遠為業同中人言明時值賣價東錢肆佰貳拾伍吊整其錢筆下交完不
欠自賣之後並無親族人等爭論如若有親族人爭論者有契主中人一面承管不與錢主相
干亦言為碍並無攪擾如有先攪干罰契地價壹半入官用此係兩家情愿各無返悔恐
口無憑立賣字為証隨代推白三畝五分四至內道南土坑許契主使土

中見說合人王起才 十

焦順 十

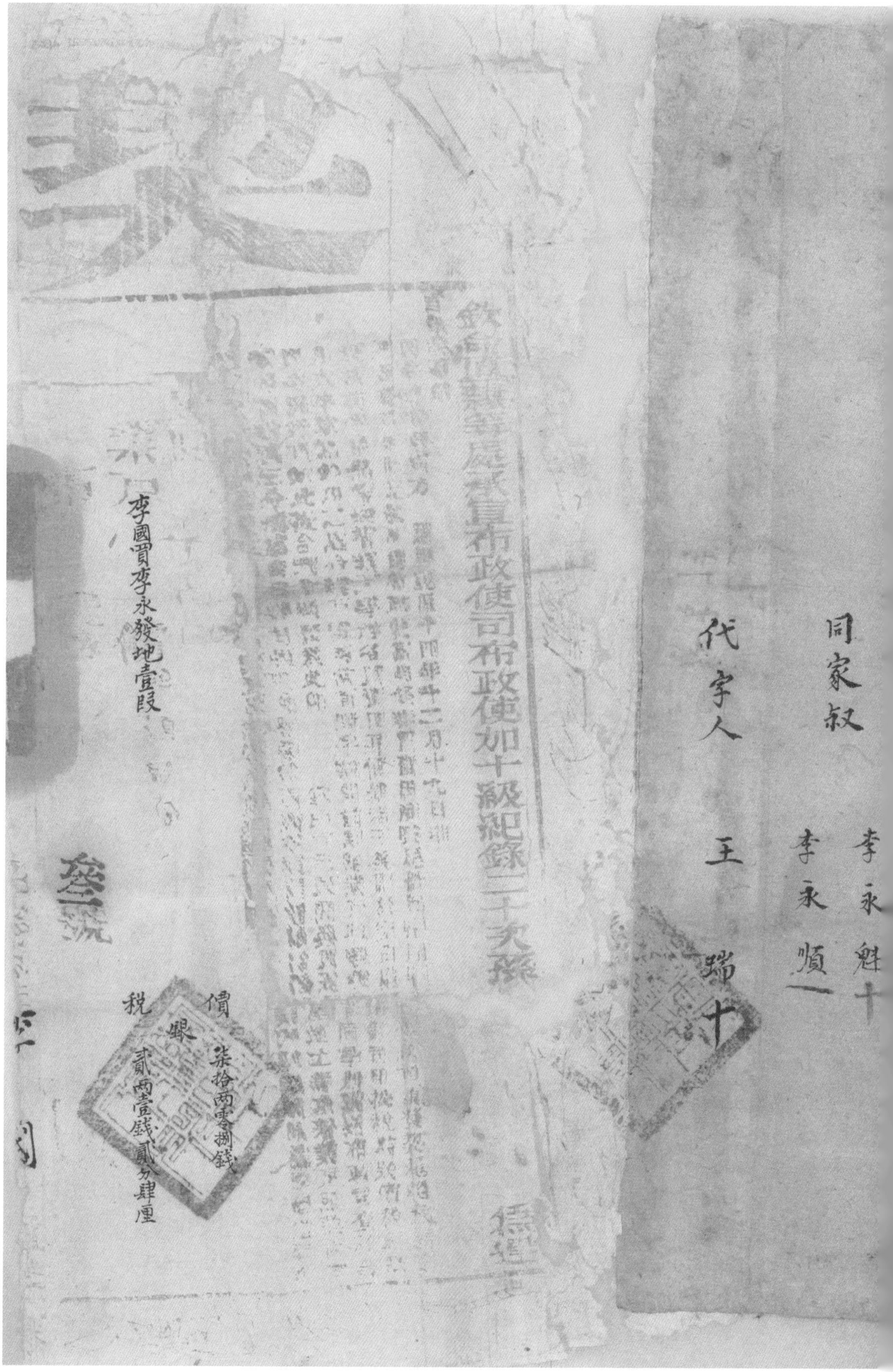

布政使司布政使加十級紀錄二十次孫

李國賈李永發地壹段

價 柒拾兩零捌錢

稅 貳兩壹錢貳分肆厘

同家叔 李永魁 十

李永順 一

代字人 王瑞 十

九一 清咸豐七年（一八五七）順義縣毛德泰賣地白契（契約一一一三）

立賣地契文約人毛德泰，因手乏，將祖遺地壹段，東西隴兩壠，西頭壹小塊，貳拾畝，此地坐落西馬各莊西南，托中人，情願將此地賣與白美名下耕種爲業。當面言明，賣價東錢壹仟肆佰吊整。其錢筆下交足不欠。自賣之後，任憑買主自便，不與賣主相干。兩家情願，各無恢（反）悔。恐後無憑，立賣字永遠爲證。南至旗地，北至旗地，東至到（道），西至壕。

咸豐七年二月初十日

中保人 李殿楨（押）

立賣字人 毛德泰（押）

同子 毛永瑞（押）

寬（押） 親筆

立賣地契文約人毛德泰因手乏將祖遺地壹段東西壠兩坱西頭壹小坱貳拾畝此地
坐落西馬各庄西南托中人情願將此地賣與白美名下耕種為業當面言明
賣價東錢壹仟肆佰吊整其錢筆下交足不欠自賣之後任憑買主自便不與
賣主相干兩家情願各無返悔恐後無憑立賣字永遠為証

南至旗地　北至旗地
東至到　西　至壕

中保人李殿楨押

立賣字人毛德泰十
同子毛永瑞十
覔十　親筆

咸豐七年二月初十日

永遠為業

九二

清咸豐七年（一八五七）河北雄縣姜永安賣地官契

（契約二七二）

立賣契人姜永安，因手乏用，清（情）源（願）將自己家南園地一段，計（計）園地三畝，東至毫（壕），西至毫（壕），南至毫（壕），北至陳廷弼，四至明白，今憑中人出賣與姜永清名下承重（種）永遠爲業。言明賣價錢叁拾吊正。其錢筆下交足。恐口無憑，立字爲正（證）。

中人 陳廷弼 姜有田 姜永太

咸豐柒年十二月十九日 立

姜永清收

姜有才地八分三九

咸豐拾壹年正月過

姜永才除

姜永清大地八分三九

咸豐拾壹年正月過

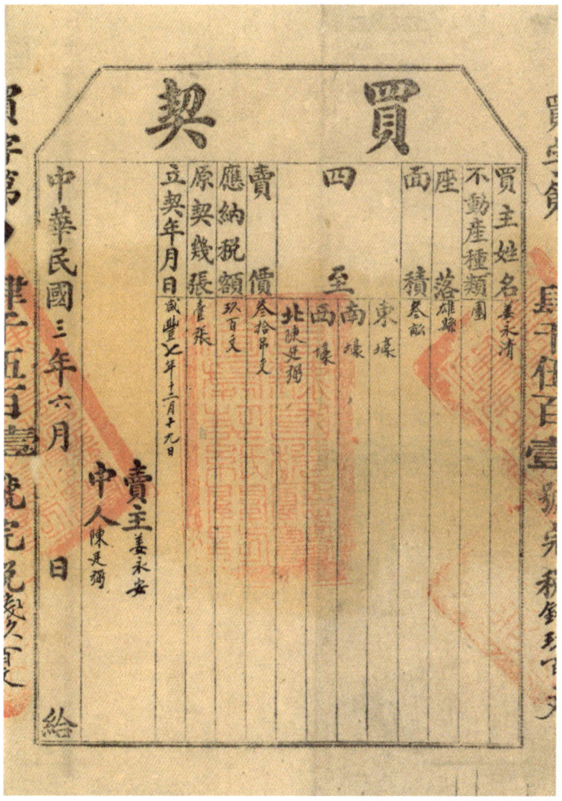

買契

買主姓名 姜永清
不動產種類 園
坐落 雄縣
面積 叁畝
四至 東 壕 南 壕 西 壕 北 陳廷獨
賣價 叁拾吊文
應納稅額 玖百文
原契幾張 壹張
立契年月日 咸豐七年十二月十九日

賣主 姜永安
中人 陳廷獨

中華民國三年六月 日 給

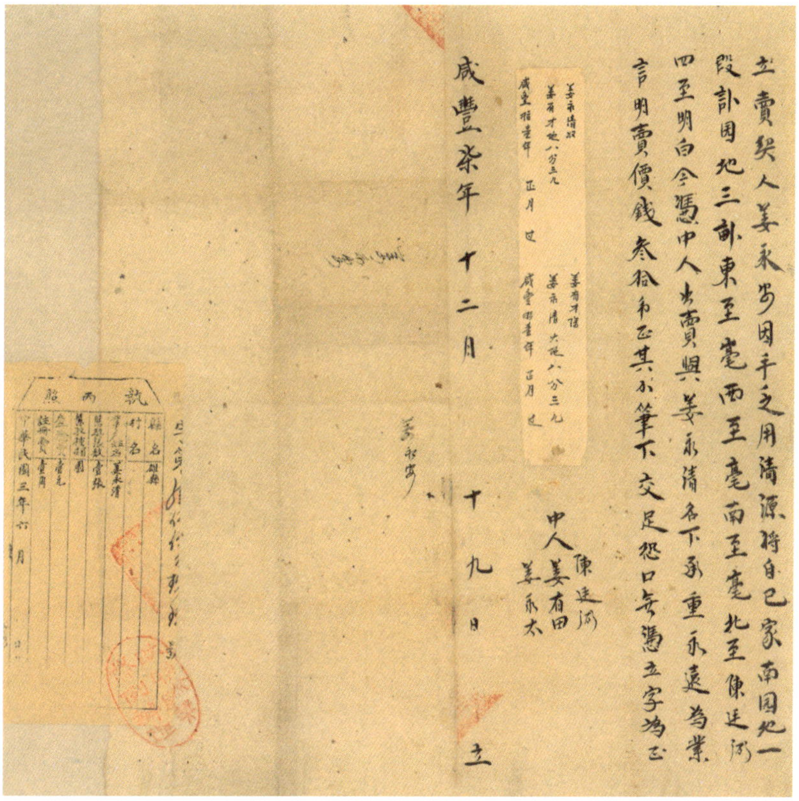

立賣契人姜永安因手乏用，情願將自己家南園地一段，計園地三畝，東至壕，西至壕，南至壕，北至陳廷獨，四至明白。今憑中人出賣與姜永清名下承重永遠為業。言明賣價錢叁拾吊正，其錢筆下交足。恐口無憑，立字為证。

姜永清收 姜有才地八分三九 咸豐拾壹年正月 过
姜有才收 姜永清大地八分三九 咸豐拾壹年正月 过

中人 陳廷獨 姜有田 姜永太

咸豐柒年十二月十九日 立

立賣契人姜永安因手乏用清源將自己家南園地一
段計園地三畝東至毫西至毫南至毫北至陳廷俶
四至明白今憑中人出賣與姜永清名下承重永遠為業
言明賣價錢叁拾吊正其錢筆下交足恐口無憑立字為証

中人
陳廷俶
姜有田
姜永太

咸豐柒年十二月十九日立

姜永安

姜永清收
姜有才地八分三九
咸豐拾壹年正月过

姜有才信
姜永清大地八分三九
咸豐拾壹年正月过

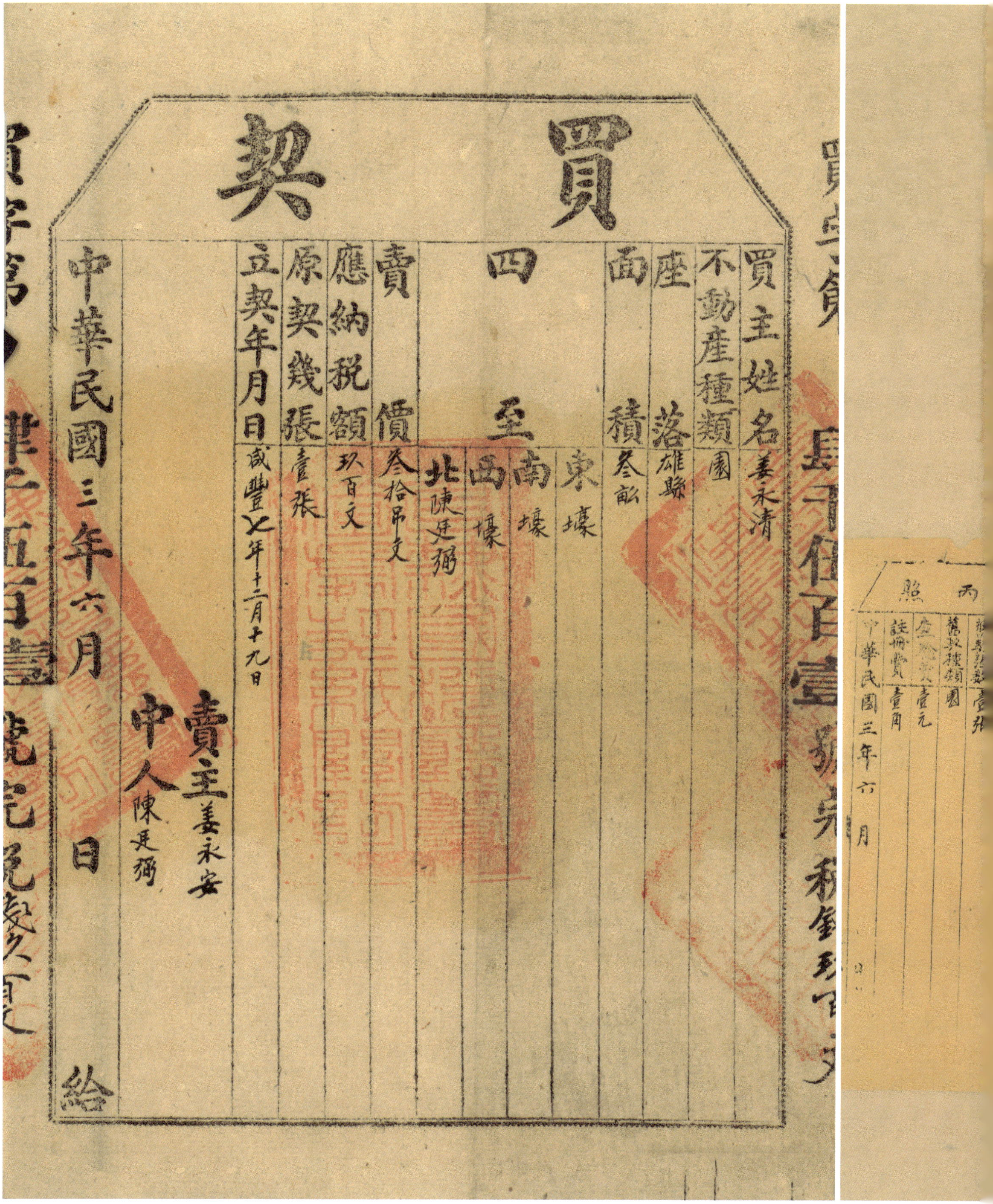

買契

買主姓名	姜永清
不動產種類	園
坐落	雄縣
面積	叁畝
四至	東 壕 南 壕 西 壕 北 陳廷弼
賣價	叁拾吊文
應納稅額	玖百文
原契幾張	壹張
立契年月日	咸豐七年十二月十九日

賣主 姜永安

中人 陳廷弼

中華民國三年六月 日 給

九三

清咸豐八年（一八五八）順義縣門庭魁典地白契

（契約一三七）

立典地契人門庭魁，因手乏，將自置地壹段，拾伍畝，坐落楊二營家西，情願典與族兄門庭惠名下爲業。言明典價京錢叁佰伍拾吊整。其錢筆下交足，并無欠少。自典叁年，錢到地歸本主。此係兩家情願，并無返（反）悔。如有返（反）悔者，有中保人壹面承管。恐後無憑，立字存照。

費紙

中保人 門庭山（押）

咸豐八年八月二十四日

立典字人 門庭魁（押）

找艮（銀）捌兩壹錢 門長春代字（押）

同治六年十一月初一日

找錢壹佰叁拾吊 門門趙氏（押）

找艮（銀）叁兩

立典地契人門庭魁因手乏將自置地壹段拾伍畝坐落楊二營家西情願典與族兄門庭惠名下為業言明典價京錢叁佰伍拾吊整其錢筆下交足並無欠少自典叁年錢到地歸本主此係兩家情願並無返悔如有返悔者有中保人壹面承管恐後無憑立字存照

中保人門庭山 押

賣紙

立典字人門庭魁 押

咸豐八年八月二十四日

同治六年十月初一日 找良捌兩壹錢 門長春代字 押

找錢壹佰叁拾吊 門〻趙氏 十

找良叁兩

信行存照

九四

清咸豐九年（一八五九）大興縣李西亭賣地基官契

（契約八八）

立賣地基人係大興縣民李西亭，今因手乏，同合族人等商議，情願將祖遺地基壹塊，座（坐）落在香兒胡同中間路南新號內，憑中保説合，賣與紀　名下永遠爲業。言明賣價銀伍兩整。其銀筆下交足。并無欠少。如有重復典賣及來路不明并親族人等争兢（競）等情，俱有原業主與中保説合人一面承管。買定之後，自蓋灰棚八間，共用工料銀貳拾兩。恐後無憑，立賣字永遠存照。

中保人　李文瑞（押）

立賣字人　李西亭（押）

代筆人　牛繼賢（押）

咸豐九年肆月初四日

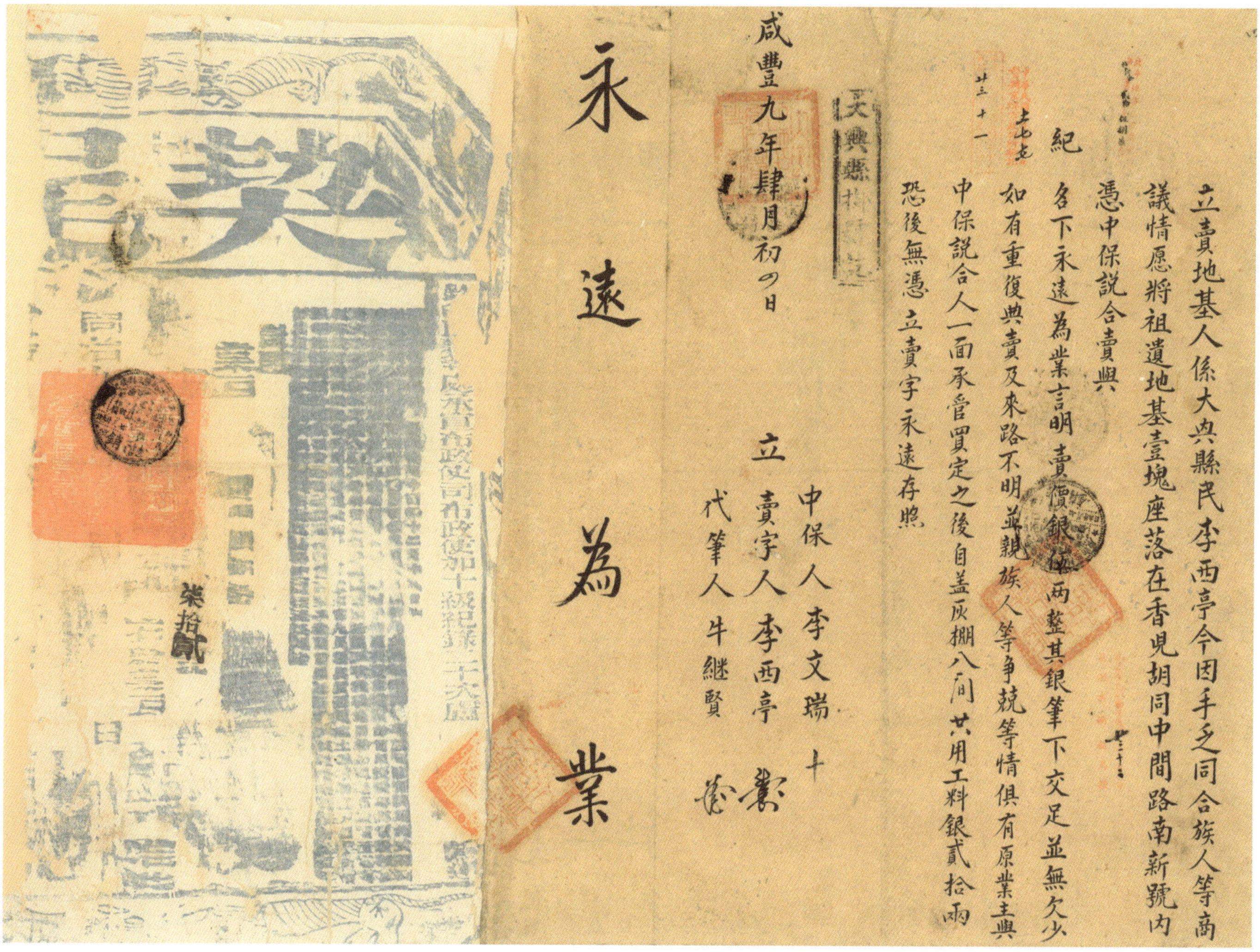

立賣地基人係大興縣民李西亭今因手乏同合族人等商
議情愿將祖遺地基壹塊座落在香兒胡同中間路南新號內
憑中保說合賣與
紀
名下永遠為業言明賣價銀伍兩整其銀筆下交足並無欠少
如有重復典賣及來路不明並親族人等爭競等情俱有原業主與
中保說合人一面承管買定之後自蓋灰棚八間共用工料銀貳拾兩
恐後無憑立賣字永遠存照

咸豐九年肆月初四日

立賣字人李西亭
中保人李文瑞 十
代筆人牛繼賢

永遠為業

立賣地基人係大興縣民李西亭今因手乏同合族人等商
議情愿將祖遺地基壹塊座落在香児胡同中間路南新號内
憑中保説合賣與
紀
名下永遠為業言明 賣價銀伍兩整其銀筆下交足並無欠少
如有重復典賣及來路不明並親族人等爭兢等情俱有原業主與
中保説合人一面承管買定之後自盖灰棚八間共用工料銀貳拾兩
恐後無憑 立賣字永遠存照

立 賣字人 李西亭

中保人 李文瑞 十

代筆人 牛繼賢

咸豐九年肆月初四日

契

承宣布政使司布政使加十級紀錄二十次盧

柒拾貳

永遠為業

清咸豐十年（一八六〇）宛平縣王佛保賣房白契

（契約四四一）

立賣房契人王佛保，因乏用，將祖遺鋪面房一處，現開設黄酒鋪和茂號，門面二間，樓房上下四間，共計房六間。門窗户壁，上下土木相連，坐落在前門外觀音寺路南地方。今憑中人説合，情願賣與姚　名下永遠爲業。言明賣價銀壹佰兩整。其銀當日交足，并無欠少。自賣之後，倘弟兄親族人等争論以及重復典賣等情，有原業主同中保人一面承管。恐後無憑，立賣房契存照。

此房有王姓紅契一張，李姓紅契一張，楊姓紅契一張，張姓紅契一張，老紅契一張，贖回廢紅契一張，共計六張。又及。

中保説合人　于宗貴（押）

立賣房契人　王佛保（押）

咸豐十年六月十六日

立賣房契人王佛保因乏用将祖遺鋪面房一處現開設黃酒鋪和茂號門面二間樓房上下四間共計房六間門窗户壁上下土木相連坐落在前門外觀音寺路南地方今憑中人說合情愿賣與

姚　名下永遠為業言明賣價銀壹伯兩整其銀當日交足並無欠少自賣之後倘有弟兄親族人等争論以及重複典賣等情有原業主同中保人一面承管恐後無憑立賣房契存照

此房有王姓紅契一張李姓紅契一張楊姓紅契一張張姓紅契一張老紅契一張贖回廢紅契一張共計六張交

中保說合人于宗貴　十

咸豐十年六月十六日　立賣房契人王佛保　（押）

清咸豐十年（一八六〇）宛平縣王佛保賣房白契

（契約四四二）

立賣房契人王佛保，今因乏用，將自置鋪面房壹處，現開設黄酒鋪和茂號；門面二間，樓房上下四間，共計房六間，門窗户壁，上下土木相連，坐落在前門外觀音寺前路南地方，今憑知底中保人説合，情願賣與李　名下永遠爲業。三面言明，實賣房價銀壹佰兩整。其銀當日交足，并無欠少。自賣之後，倘有弟兄親族人等争競以及重伏（復）典賣等情，有原業主同中保人一面承管。恐口無憑，立此賣房契永遠存照。

此房内有王姓本身紅契一張，上首李姓紅契一張，張姓紅契一張，楊姓紅契一張，老紅契一張，贖回紅契一張，共計紅契六張，交置主收存。又照。

咸豐拾年柒月拾壹日

立賣房契人　王佛保（押）

經手管業保人　姚崇菴（押）

中保人　楊永順（押）

董天智（押）

立賣房契人王佛保今因乏用將自置鋪面房壹處現開設黃酒鋪和茂號門面二間樓房上下四間共計房六間門窗戶壁上下土木相連坐落在前門外觀音寺前路南地方今憑知底中保人說合情願出賣與

李

名下永遠為業三面言明實賣房價銀壹伯兩整其銀當日交足並無欠少自賣之後倘有弟兄親族人等爭競以及重復典賣等情有原業主同中保人一面承管恐口無憑立此賣房契永遠存照

此房內有王姓本身紅契一張上首李姓紅契一張張姓紅契一張楊姓紅契一張老紅契一張續回紅契一張共計紅契六張交置主收存又照

咸豐拾年柒月拾壹日

立賣房契人王佛保（押）

經手管業保人姚崇菴（押）

中保人 楊永順 十
董天智（押）

永遠為業

九七

清咸豐十年（一八六〇）順義縣李順推地白契

（契約一三三）

立推地文約人李順，因手乏，有匠藝地壹段，坐落西馬各莊村西，計地拾肆畝，今煩中人，情願將此地推與王玉德名下承種。同中人言明，作價東錢伍佰玖拾肆吊整。其錢筆下交足，并不短少。自立字之後，不與李姓相干。四至開例於後。此係兩家情願，各無悢（反）悔，恐口無憑，立推地文約存照。

東至鄭姓，西至王姓，南至道，北至坑。

咸豐十年十二月二十五日

中保人　王容嶺（押）
馬　十（押）
魏殿如（押）
立字人　李　順（押）
代字人　孫天保（押）

立推地文約人李順因手乏有匠營地壹段坐落西馬各庄村西計地拾肆
畝今煩中人情愿將此地推與王玉德名下承種同中人言明作價東
錢伍伯玖拾肆吊整其錢筆下交足並不短少自立字之後不與
李姓相干四至開例于後此係兩家情愿各無反悔恐口無憑立推地
文約存照

東至鄭姓　西至王姓
南至道　北至坑

中保人　王容嶺十
馬十十
魏殿如十

咸豐十年十二月二十五日立字人李順

代字人孫天保恩

永遠為証

九八 清咸豐十一年（一八六一）順義縣鄭永□過匠醫地白契

（契約一三四）

立過匠醫地文約人鄭永□，因乏手，無錢使用，今將匠醫地壹段九畝，坐落在西馬各莊正西，南北隴，南至道，北至道，東至契主，西至王姓，四至分明，今托中保説合人，情願將此地過與王鐸名下耕種。當面言明，過價東錢伍百吊整。其錢筆下交足，并不欠少……後，不與□主相干，任憑□□主。此係兩家情願……無憑，立過字存照爲證。

中保人 李環（押）

周永豐（押）

立契主人 鄭永□（押）

代字人 趙直介（押）

咸豐十一年十一月十三日

立过匠醫地文約人鄭永□因乏手無錢使用今將匠醫
地壹段九畝坐落在西馬庄正西南北隴南至道北至道
東至契主西至王姓四至□明今托中保說合人情愿將此
地过與王鐸名下耕種當面言明过價東錢伍百吊整其
錢筆下交足並不欠□ 日後不與□主相干任□
至此係兩家情愿□ □□憑立过字存
為證

咸豐十一年十一月十二日

中保人李環十
周永豐十
立契主人鄭永□十
代字人趙□□

永遠爲業

九九

清咸豐十一年（一八六一）宛平縣李恩隆置房借錢白契

（契約四六四）

立置房借錢人李恩隆，今因手乏，無錢使用，有自置灰房弍間半，隨房院落一塊，上下土木相連，門窗户壁俱全，坐落在前門内西城根財神廟夾道路東。同中保人借到柯大名下全錢肆拾伍吊正。言明房無租價，錢無利息，壹年後錢到回贖，壹年後不贖，任從柯姓自行典賣。倘有來路不明，有中保人一面承管。恐口無憑，立此借字存照。外有白契紙弍張。

借錢人　李恩隆（押）

中保人　柯　二（押）

咸豐拾壹年伍月拾七日　立

因前字不接連，已報遺失，具有保壹紙。

肆

立置房借錢人李恩隆今因手乏無錢使用有自置厍房弍間半隨房院落一塊上下土木相連门窗户壁俱全坐落在前门内西城根財神廟夾道路東同中保人借到柯大名下全錢肆拾伍吊正講明房無租價錢無利息壹年後錢到回贖壹年後不贖任從柯姓自行典賣倘有來路不明有中保人一面承管恐口無憑立此借字存照　外有白契帋弍張

借錢人李恩隆（押）

中保人柯二　十

咸豐拾壹年伍月拾八日　立

因前字不檢連已將遺失具有保無節

一〇〇

清咸豐十一年（一八六一）宛平縣柯大置房借錢白契

（契約四六五）

立置房借錢人柯大，今因手乏，無錢使用，有自置房灰棚弍間半，隨房院落一塊，上下土木相連，門窗户壁俱全，坐落西城根財神廟夾道路東，借道（到）李 名下全錢肆拾吊正。當面言明，錢到回贖。恐口無憑，立此借字存照。外有白字叁張。

借錢人 柯大（押）

咸豐拾壹年六月初二日 立

因字據不接連，已報遺失，具有保壹紙。

伍

立當房借錢人柯大庠因手乏無錢使用有自置房屋棚一
弍間半隨房院落一塊上下土木相連門窗戶壁俱全
坐落西城根財神廟夾道路東清道李爺下全米肆拾
吊正當面言明錢到回贖恐口無憑立此借字存
照　外有白字叁個

借錢人柯大十

咸豐拾壹年四月初十日立

因字據不據西邊已被遺失具有保證者字

一〇一一一

清同治元年（一八六二）大興縣孫惟典等倒鋪底傢具白契

（契約二三四）

立倒鋪底傢俱（具）人孫惟典、王樾、劉如瑾，因東夥不合，生意不能承做，衆東公議，將自己原倒地安門内街東源通合鋪房壹所，傢俱（具）俱全。同中説合，出倒與王溥錫名下承做作業。言定時值倒價錢陸仟伍伯（佰）吊整。所有米常二字不準（准）新號使用。其錢當日交足，并無欠少。若後源通合有人争論，有倒主壹面承管，不與承做人相干。兩家情願，并無異説。恐口無憑，立倒約爲據。

經手人　任九思（押）

説合人　段明彩（押）
王樞（押）

在中人　郭涵濤（押）
武恒煜（押）

立倒約人　孫惟典（押）
王樾（押）
劉如瑾（押）

大清同治元年後八月二十八日

立倒鋪底傢俱人王德　孫惟典　劉如瑾因東夥不合生意不能承做衆東公議將
自己原倒地安門內街東源通合鋪房壹所傢俱全同中說合出倒
與
王蓮錫名下承做作業言定時值倒價錢陸仟伍伯吊整所有米
常二字不準新號使用其錢當日交足並無欠少若後源通合有人
爭論有倒主壹面承管不與承做人相干兩家情愿並無異說恐口無
憑立倒約爲據

經手人任九思　十
說合人段明彩　十
王樞　十
在中人郭逕濤　十
武恒煋　十

大清同治元年八月二十八日

立倒約人王德　孫惟典　十
劉如瑾　十

一〇一一二

清同治元年（一八六二）大興縣孫維典等倒鋪底字據

（契約三七九）

立倒鋪底傢俱（具）人孫維典、王檖、劉如瑾，因東夥不合，生意不能承做，衆東公議，將自己原倒地安門内街東源通合鋪房壹所，傢俱（具）俱全。同中説合，出倒與王溥錫名下承做作業。言定時值倒價錢陸仟伍百吊整。所有米常二字，不準（准）新號使用。其錢當日交足，并無欠少。若後源通合有人争論，有倒主壹面承管，不與承做人相干。兩家情願，并無異説。恐口無憑，立倒約爲據。

京師地方審判廳民事第二庭驗訖

經手人 任九思

説合人 段明彩 王樞

在中人 郭涵濤 武恒煜

立倒約人 孫惟典 王檖 劉如瑾

大清同治元年後八月二十八日

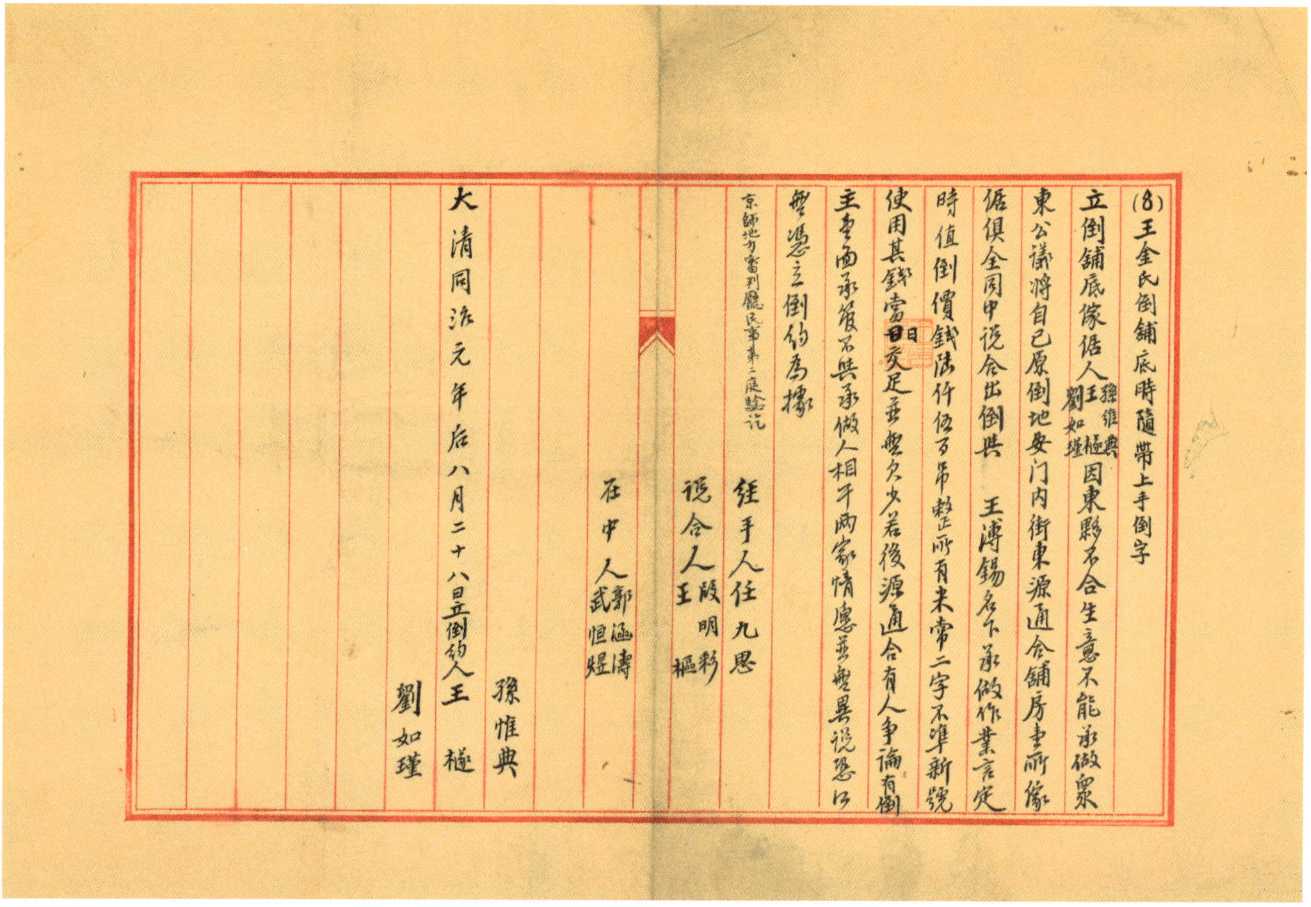

(8)王全氏倒舖底時隨帶上手倒字

立倒舖底傢俱人王樾（孫惟典、劉如瑾）因東夥不合生意不能承做衆
東公議將自己原倒地安門內街東源通合舖房屯所傢
俱全同中說合出倒與　王溥錫名下承做作業言定
時值倒價錢陸仟伍百吊整所有來帶二字不準新號
使用其錢當日交足並無欠少若後源通合有人爭論有倒
主壹面承管不與承做人相干兩家情願並無異說恐口
無憑立倒約為據

京師地方審判廳民事第二庭驗訖

經手人任九思
說合人殷明彩　王樞
在中人郭涵濤　武恒煜

大清同治元年后八月二十八日立倒約人王樾　孫惟典　劉如瑾

(8)王全氏倒鋪底時隨帶上手倒字

立倒鋪底僫僫人王孫維典因東夥不合生意不能承做眾
劉如樾瑾
東公議將自己原倒地安門內街東源通合鋪房屋所僫
僫俱全同中說合出倒與王溥錫名下承做作業言定
時值倒價錢陸仟伍百吊整所有來帳二字不准新號
使用其錢當日交足並無欠少若後源通合有人爭論有倒
主並承管不與承做人相干兩家情愿並無異說恐后
無憑立倒約為據

京師地方審判廳民事第二庭驗訖

經手人任九恩
說合人王殷明彩
樞

在中人郭涵濤
武恒煜

孫惟典

大清同治元年后八月二十八日立倒約人王樾

劉如瑾

一〇二

清同治元年（一八六二）宛平縣柯及賣房白契

（契約四六六）

立賣房契人柯及，今因乏用，將自置住房壹所，共計正灰房二間半，門窗户壁俱全，土木相連，坐落在前門内西城根財神廟後身路東地坊（方）。今憑知底保人説合，情願賣與王　名下永遠爲業。三面言定，實賣房價京滿錢捌拾吊正。其錢筆下交足，并不欠少。自賣知（之）後，倘有親族人等争兢（競）及指房借貸官銀私債等情，有知底保人一面承管。恐後無憑，立賣契永遠爲業存照。

此房原有柯姓白契一張，上首白契。

同治元年叁月廿五日

立賣房契人　柯及（押）

知底保人　丁五（押）

因前字不接連，已報遺失，具有保壹紙。

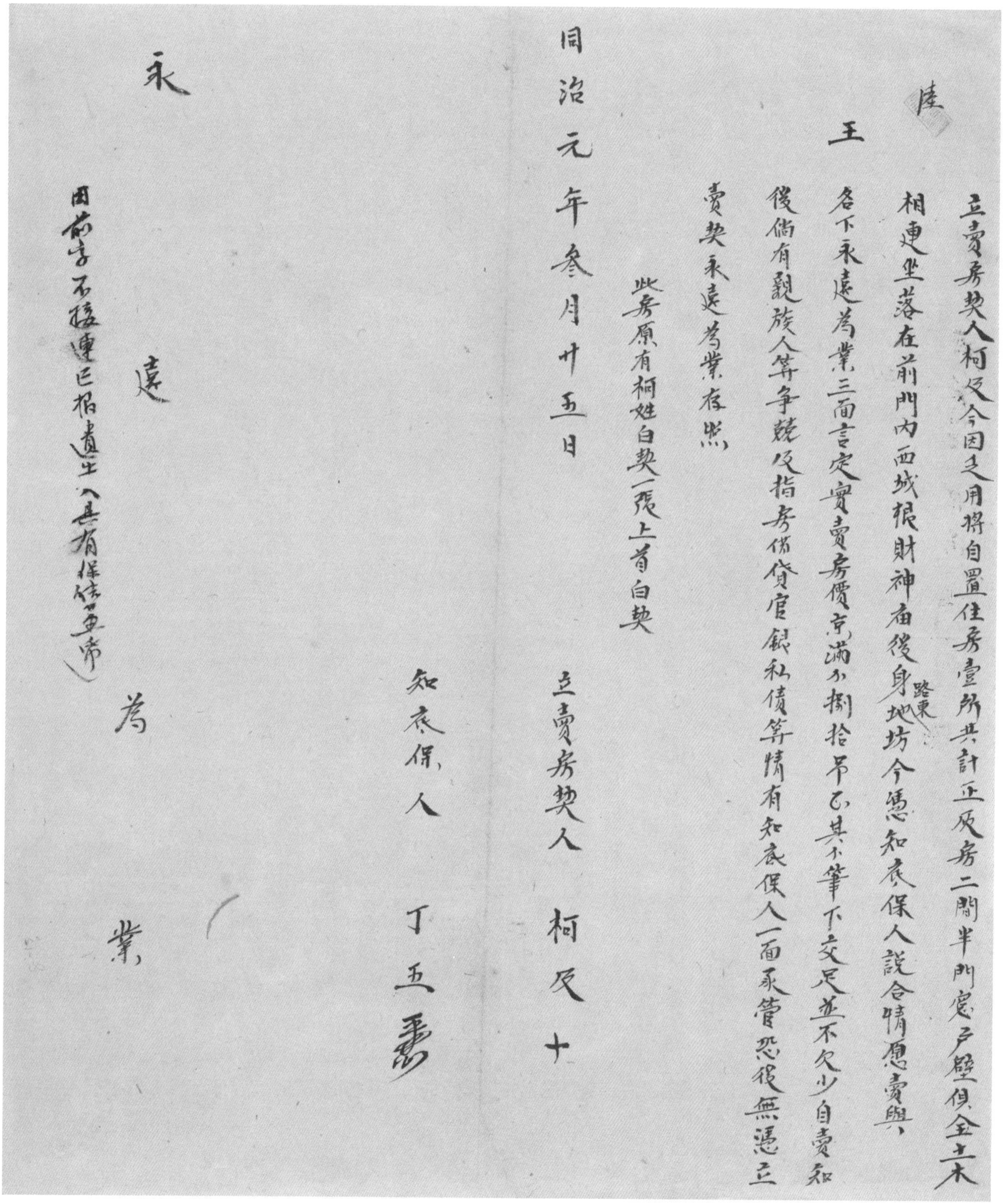

立賣房契人柯殳今因乏用將自置住房壹所共計正灰房二間半門窗戶壁俱全土木
相連坐落在前門內西城根財神廟後身路東地坊今憑知底保人說合情愿賣與
陸
王
名下永遠為業三面言定實賣房價京錢壹佰捌拾吊正其錢筆下交足並不欠少自賣知
後倘有親族人等爭競及指房借貸官銀私債等情有知底保人一面承管恐後無憑立
賣契永遠為業存照
此房原有柯姓白契一張上首白契
同治元年叁月廿五日
立賣房契人　柯殳　十
知底保人　丁五
永
遠
為
業
因前字不接連匹相遺失人無有保結無帶

清同治元年（一八六二）大興縣徐壇賣房官契稿

（契約三九〇）

立賣房契人徐壇，今因乏用，將原置住房壹所，門面叁間半，貳層叁間半，後層叁間，前後厢房伍間，共計房拾伍間，前後通街，隨房院落，門窗户壁俱全，上下土木相連，坐落南城東南坊香串胡同中間路西地方，今憑知底中保人説合，情願賣與王　名下永遠爲業。三面言定，寔值賣房價銀捌拾兩整。其銀筆下交足，外不欠少。自賣之後，倘有親族長幼弟男子侄争競（競）、指房借銀官銀私債等情，均有賣房主仝知底中保人一面承管。恐後無憑，立此賣房契永遠存照。

内有原房本身徐姓紅契壹張，上首文、周貳姓紅契貳張，共計紅契叁張，付置主收存。又照。

再批：上首纍落典契六張批廢無用。

同治元年捌月　日

立賣房契人　徐　壇（押）

知底保人　楊　崑（押）

呂門楊氏（押）

中保人　王　見（押）

盧　辰（押）

説合人　杜　成（押）

王永祥（押）

房牙　葉嵩齡（章）

凡民間置買房産成交後，該牙眼同填寫官發契稿，催令依限納税，即有私相買賣不經官牙希圖漏税者，該牙查明禀報，以憑按例究辦。須至稿者。

壬戌行字拾陸號中

立賣房契人徐壇，今因乏用，將原置住房壹所，門面叁間半貳層，叁間半後層，叁間前後廂房伍間，共
計房拾伍間，前後通街，隨房院落門窗戶壁俱全，上下土木相連，坐落南城東南坊香串胡同中間路西地
方，今憑知底中保人說合，情愿賣與
王　名下永遠爲業，三面言定，賣房價銀捌拾兩整，其銀筆下交足，外不欠少，自賣之後，倘
有親族長幼弟男子姪爭競，指房借銀，官銀私債等情，均有賣房主仝知底中保人一面承管。恐後無
憑，立此賣房契永遠存照。

內有原房本身徐姓紅契壹張，上首文周貳姓紅契貳張，共計紅契叁
張，付置主收存。又照，再批上首累落典契六張，扯壞無用。

同治元年捌月　日立賣房契人　徐　壇　十

知底保人　楊　崑　十
　　　　　呂門楊氏　十

中保人　王　見　十
　　　　盧　辰　十
　　　　杜　成　十
說合人　王　永祥　十
房　牙　葉嵩齡

順天府官房經紀葉嵩齡

大興縣契稿

凡民間置買房產成交後，該牙眼同塡寫官發契稿，催令依限納稅，卽有私相買賣不經官牙，希圖漏稅者，該牙查明禀報，以憑按例究辦，須至稿者。

壬戌　行字拾[illegible]號　中

清同治二年（一八六三）密雲縣李志典地白契

（契約一一）

立典地契文約人李志，因手乏不便，今將自己祖遺地一段，座（坐）落在北田家莊南後坎，計地不拘畝數。計開四至，東至毛姓，南至官道，西至于姓、官界，北至官界，四至分明，自煩中人説合，情願出典與李永成名下耕種。當面言明，典價匣市東錢肆拾吊整。其錢筆下交足，不拘年限，錢到許贖。此係二家情願，各無返（反）悔。恐口不憑，立字存照爲證。

中保説合人　李永才（押）
石廣富（押）

同治二年十一月初十日　立典地契文約人　李　志（押）
代字人　雷振聲（押）

同治九年十二月二十一日李志又使錢叁吊□筆下交足。

立典地契文約人李志因手乏不便今將自己祖遺地一段座落在
北田家庄南後坎計地不拘畝数計開四至東至毛姓南至官道西至
于姓官界北至官界四至分明仝頌中人說合情願出典與　李永成
名下耕種當面言明典價通市東錢肆拾吊整其錢筆下交足不拘年限
錢到許贖此係二家情願各無返悔恐口不憑立字存照為証

中合人　石廣富
子永才　十

同治二年　十一月　初十　日立典地契文約人李志　十

代字人雷振聲　押

同治九年十一月二十一日李志又使錢叁吊整筆下交足

一〇五

清同治三年（一八六四）順義縣李殿魁杜絶賣地紅契

（契約九六）

立杜絶地契文約人李殿魁，因手乏，今將祖遺地壹段，坐落在馬頭莊家北，地名頂柳行，東西行畛，計數拾捌畝，東至道，西至道，南至李姓，北至李姓，四至分明，今煩中保人説合，情願杜絶於劉永和名下永遠爲業。當面言明，地價紋銀京市平壹伯（佰）兩整。其銀筆下交足不欠。自杜絶之後，任憑劉姓自便，永無李姓相干。如有親族人等争論者，有李殿鰲一面承管。此係兩家情願，各無返（反）悔。恐口無憑，立杜絶字永遠爲證。

中保人　李殿鰲（押）

説合人　劉永吉（押）

陶　四（押）

同治三年二月二十六日

立杜絶字人　李殿魁（押）

代字人　樊潯陽（押）

立杜絶地契文約人　李殿魁
因手乏今將祖遺地壹段坐落在馬頭庄家北地名頂柳行東西行畛
計數拾捌畝東至道西至道南至李姓北至李姓四至分明今煩中保人說合情願杜絶於　劉永和名下
永遠為業當面言明地價紋銀京市平壹佰兩整其銀筆下交足不欠自杜絶之後任憑劉姓自便
永無李姓相干如有親族人等爭論者有李殿鰲一面承管此係兩家情愿各無返悔恐口無憑
立杜絶字永遠為証

中保人李殿鰲

說合人　劉永吉　十

陶　四十

同治三年二月二十六日　立杜絶字人李殿魁　十

代字人樊潯陽

永遠為業

一〇六

清同治三年（一八六四）浙江山陰縣沈元瀛執照

（契約三〇〇）

户部爲籌餉事。御史何其仁奏請將部監空名印照頒發各省收捐并酌減銀數一摺。本部酌議頒發部照、監照數目，并將監銀壹百零捌兩之數，每名減銀貳拾兩，止交銀捌拾捌兩。其向來每百兩内加平餘肆兩，免其交納。由順天府暨各藩司將照均散各廳州縣，協同紳士勸諭收捐。該捐生一面交銀，立即將部照并監照各一張填名給領，准其一體鄉試，并報捐官職。至應交解部飯銀，每百兩交飯銀壹兩伍錢，每捐監一名交部照費貳錢，監照費壹錢伍分，均較從前酌減，以示鼓勵等因，於咸豐叁年捌月拾柒日具奏。奉旨：依議，欽此。欽遵行知各省在案。今據俊秀沈元瀛係浙江省紹興府山陰縣人，年貳拾歲，身中，面白，無鬚，於同治叁年十一月二十日在浙紹米捐案内捐納監生，交正項銀捐米拾叁石，照奏定章程申算，合銀陸拾伍兩，飯銀兩錢，分，部照費貳錢，監照費壹錢伍分，共交庫平銀捌拾捌兩，給予親填部監各照，無須再用實收，以照簡易。須至執照者：

右照給沈元瀛收執

曾祖樹業　祖文錦　父葆初

同治叁年拾壹月二十日給照

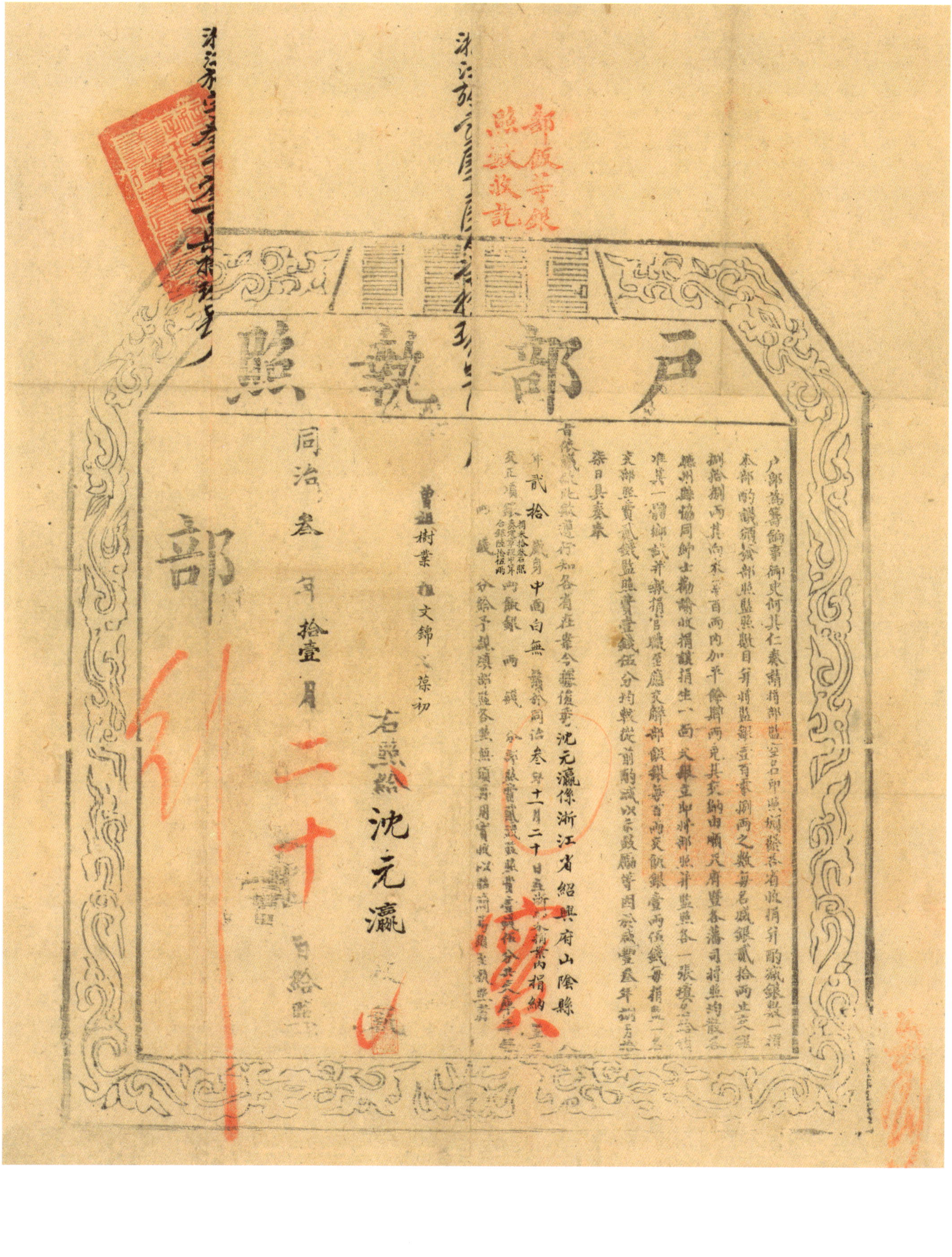

部飯平銀照數收訖

戶部執照

戶部為籌餉事御史何其仁奏請捐監一項照舊歸各省收捐所收銀數一併
奏部酌議須發部照監照數目每年將監銀壹百壹拾捌兩之數每名減銀貳拾兩止交銀
捌拾捌兩其向來每百兩內加平餘銀兩免其交納由順天府暨各藩司將照均發各
總州縣協同紳士勸諭收捐議捐生一面交銀立即將部照并監照各一張填名給
准其一體鄉試并嗣捐官職應交辦部飯銀每百兩交飯銀壹兩伍錢每捐監一名
交部照實貳錢監照實壹錢伍分均較從前酌減以示鼓勵等因於咸豐叁年[illegible]
奏日具奏奉
旨依議欽此欽遵行知各省在案今據俊秀沈元瀛係浙江省紹興府山陰縣
人年貳拾歲身中面白無鬚於同治叁年十一月二十日在浙省捐輸案內捐納
監生交足實銀捌拾捌兩飯銀兩錢分部照實貳錢監照實壹錢伍分共交庫[illegible]
兩錢分給予執照須照從各藥照須幣用實收以為[illegible]

曾祖樹業　祖文錦　父葆初

右照給沈元瀛　准此

同治叁年拾壹月二十日給

部

實

一〇七

清同治三年（一八六四）浙江山陰縣沈元瀛監照

（契約三〇〇）

國子監爲發給執照事。准户部咨稱御史何其仁奏請將部監空名印照頒發各省收捐并酌減銀數一摺。本部酌議頒發部照、監照數目，并將監銀壹百零捌兩之數，每名減銀貳拾兩，止交銀捌拾捌兩。其向來每百兩内加平餘肆兩，免其繳納。由順天府暨各藩司將照均散各廳州縣，協同紳士勸諭收捐。該捐生一面交銀，立即將部照并監照各一張填名給領，准其一體鄉試，并報捐官職。至應交解部飯銀，每百兩交飯銀壹兩伍錢，每捐監一名交部照費貳錢，監照費壹錢伍分，均較從前酌減，以示鼓勵等因。於咸豐叁年捌月拾柒日具奏。奉旨：依議，欽此。欽遵行知各省在案。今據俊秀沈元瀛係浙江省紹興府山陰縣人，年貳拾歲，身中，面白，無鬚，於同治叁年十一月二十日在浙紹米捐案内捐納監生，相應給予監照，以杜假冒頂替等弊。須至監照者。

右照給沈元瀛收執

三代曾祖樹業　祖文錦　父葆初

同治叁年拾壹月二十日

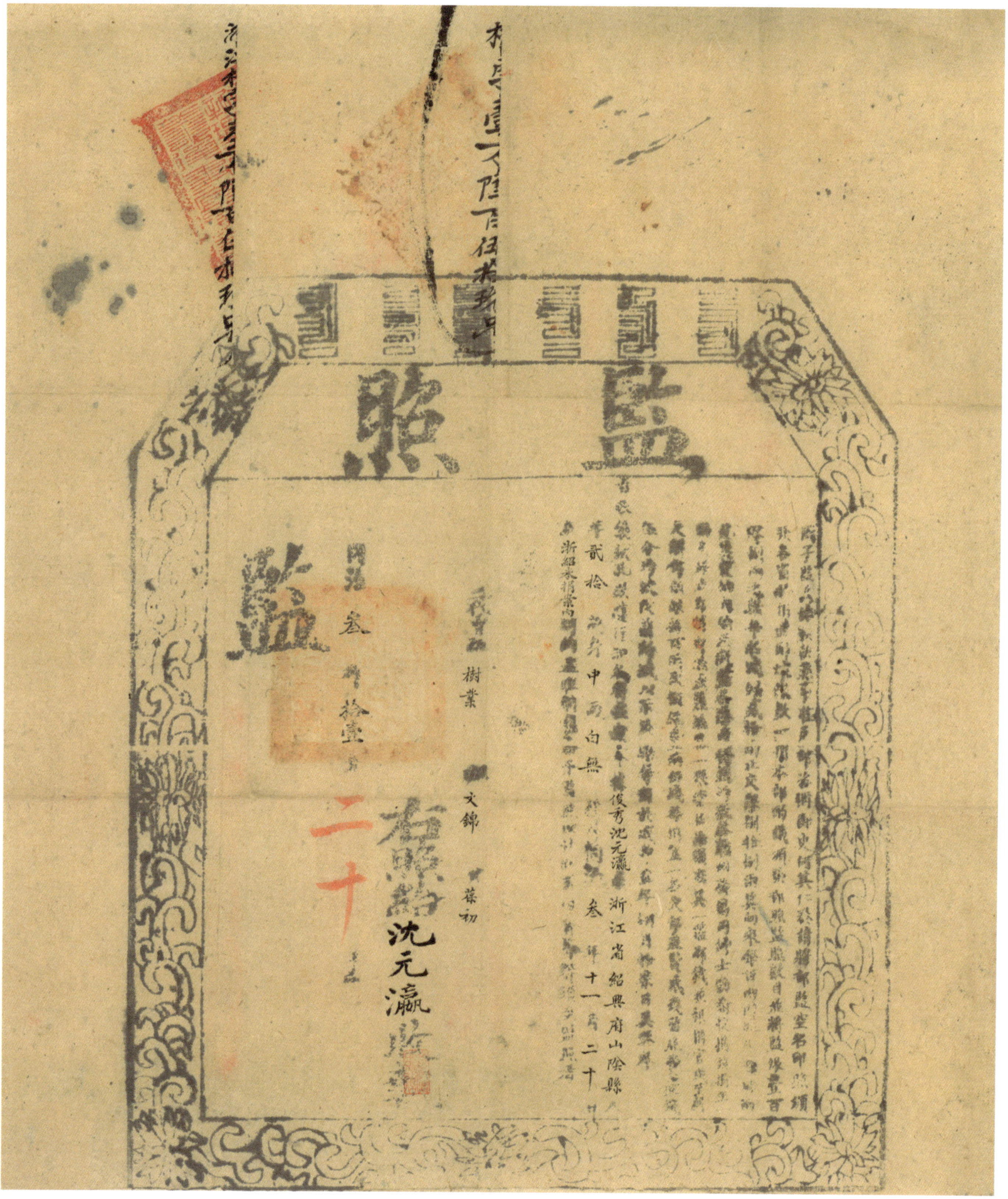
監照
俊秀沈元瀛
浙江省紹興府山陰縣人
年貳拾
中
面白
無
叁
年十一月二十
樹業
文錦
蔡初
沈元瀛
二十

一〇八

清同治四年（一八六五）遼寧傅騰雲杜絶賣地基官契

（契約五一三）

立杜絶賣地基文約人傅騰雲，因手乏無錢，今將本身地基一所，坐落雙臺子橋北路西，門市平房四間，院内偏正房十五間，門窗户壁在内，土木俱全。凡（煩）中人説合，情願賣與劉廷貴名下永遠爲業。賣價銀陸拾兩整。其銀筆下交足，分文不欠。自賣之後，任憑買主自便，不與賣主相干。亦無族中臨（鄰）居争競，如有争競者，俱在賣主、中人爲證。恐後無憑，立杜絶賣契文約永遠存照。

計開四至：南北寬，東頭四丈三尺八，西頭寬，四丈七尺八；東西長三十二丈。東、西至道，南至王姓，北至買主。

大清同治四年二月廿五日

立賣地基文約人　傅騰雲（押）

鄉約　李永庥

傅文彩

中人　趙廣德

趙盛泰

傅文彬（代筆）

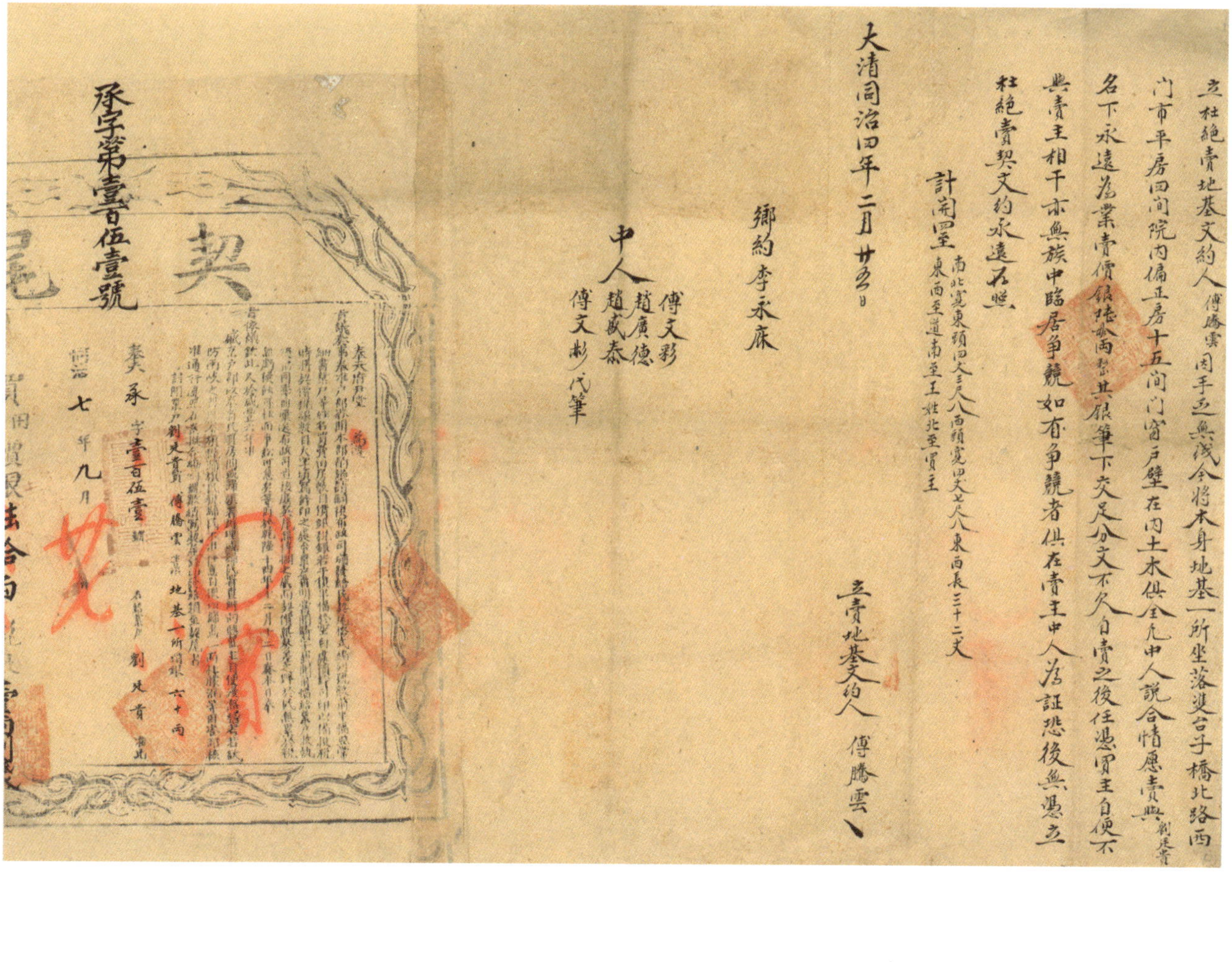

立杜絕賣地基文約人傅騰雲因手乏無錢今將本身地基一所坐落婆台子橋北路西
門市平房四間院內偏正房十五間門窗戶壁在內土木俱全憑中人說合情願賣與劉廷貴
名下永遠為業賣價銀陸拾兩整其銀筆下交足分文不欠自賣之後任憑買主自便不
與賣主相干亦無族中臨居爭競如有爭競者俱在賣主中人為証恐後無憑立
杜絕賣契文約永遠存照

計開四至 南北寬東頭四丈三尺八 西頭寬四丈七尺八 東西長三十二丈
東西至道 南至王姓 北至買主

大清同治四年二月廿五日

立賣地基文約人 傅騰雲 、

鄉約 李永庥

中人 傅文彩 趙廣德 趙蔵泰

傅文彬 代筆

承字第壹百伍壹號

契

奉天府尹堂

奉天承字壹百伍壹號

同治七年九月

買主劉廷貴 傅騰雲 地基一所 價銀六十兩

立杜絶賣地基文約人傅騰雲因手乏無錢今將本身地基一所坐落婁台子橋北路西

门市平房四间院内偏正房十五间门窗户壁在内土木俱全凭中人説合情愿賣與劉廷貴

名下永遠為業賣價銀陸拾兩整其銀筆下交足分文不欠自賣之後任憑買主自便不

與賣主相干亦無族中臨居争競如有争競者俱在賣主中人為証恐後無憑立

杜絶賣契文約永遠存照

計開四至 南北寬東頭四丈三尺八寸西頭寬四丈七尺八寸東西長三十二丈

東西至道南至王姓北至買主

大清同治四年二月廿五日

立賣地基文約人傅騰雲（押）

鄉約李永麻

傅文彩

趙廣德

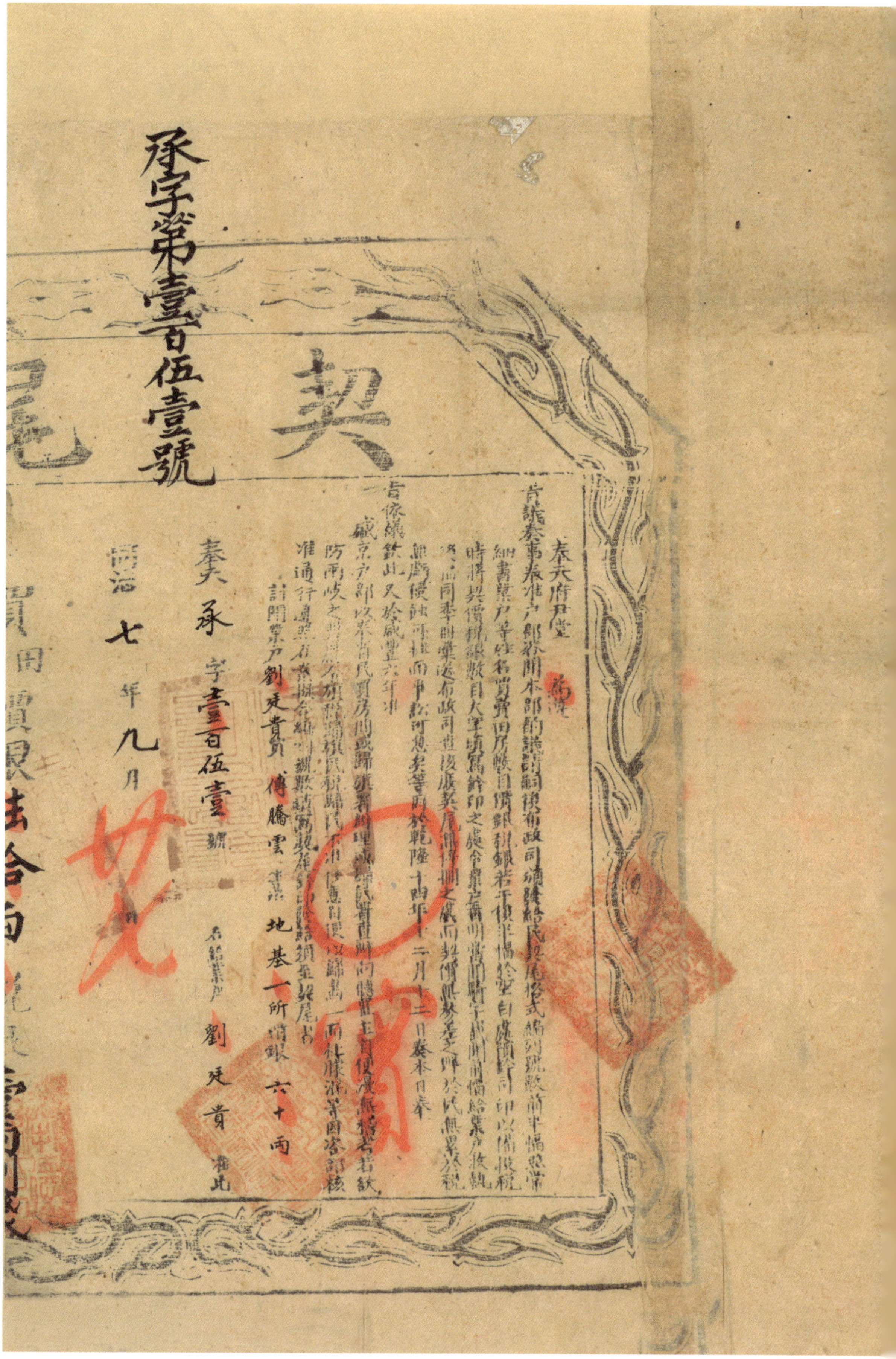

承字第壹百伍壹號

契尾

奉天府尹堂 爲遵

旨議奏事，奉准户部咨開本部酌議請飭該布政司頒發給民契尾格式，編列號數，前半幅照常

細書業户等姓名、買賣田房數目、價銀、稅銀若干，後半幅於空白處預鈐司印，以備投稅

時將契價稅銀數目大字填寫鈐印之處，令業户看明，當面騎字截開，前幅給業户收執，

後幅同季冊彙送布政司查核。庶契尾無從假捏之弊，而契價無參差之弊，於民無累，於稅

無虧，俾蝕可杜，而爭訟可息矣等因，於乾隆十四年十二月十二日奏，本日奉

旨依議，欽此。又於咸豐六年准

盛京户部咨，奉省旗民買房間，或歸旗者，[illegible]民自稅，毋庸向旗署呈明，自便浸無稽考，若欲

防兩歧之弊，[illegible]民契歸民，不准[illegible]以歸劃一，而杜牽混等因，咨部核

准通行遵照在案。[illegible]須至契尾者。

計開業户劉廷貴買 傅騰雲 [illegible] 地基一所 價銀 六十兩

布字業户 劉廷貴 准此

奉天 承 字壹百伍壹號

同治 七 年 九 月

買田 價銀 [illegible]

一〇九

清同治五年（一八六六）順義縣孫慶蘭賣空莊窠官契

（契約七二）

立賣空莊窠文約人孫慶蘭，因手乏，將祖置空莊窠壹段，座（坐）落西馬各莊本村街北，南北長壹百壹拾弓，東西寬拾貳弓二尺五寸，四至例（列）後。情願出賣與本村張文通名下永遠爲業。言明賣價紋銀拾叁兩整。其銀當面交足不欠。自賣之後，任憑張姓更名、稅契、蓋房、修井、養樹自便，永不與孫姓相干。此係兩家情願，均無返（反）悔。恐後無憑，立賣字永遠存照。

計開四至：南至官道，東至去主墻根，北至頂頭，西至置主。

說合人 潘玉德（押）

王 才（押）

立賣字人 孫慶蘭（押）

代字人 王松賓（押）

同治五年十月廿六日

立賣空莊窠文約人孫慶蘭因手乏將祖置空莊窠壹段坐落西馬各莊本村街北
南北長壹百壹拾弓東西寬拾貳弓三尺五寸四至同後情願出賣與本村　張文通名
下永遠爲業言明賣價紋銀拾叁兩整其銀當面交足不欠自賣之後任馮張姓更
名稅契蓋房修井養樹自便永不與孫姓相干此係兩家情願各無返悔恐後無憑立
賣約　永存照

計開四至　南至官道　東至吉姓墻根
　　　　　北至項頭　西至買主

同治五年十月廿六日

立賣字人　孫慶蘭　十
説合人　潘玉德　十
　　　　王才　十
代字人　王松賓　畫押

一一〇

清同治五年（一八六六）順義縣劉天相賣地紅契

（契約一三五）

立賣地契文約人劉天相，因手乏，有祖遺地壹段，坐落水坡村南，計地壹幅，南北長叁佰零四弓，北頭寬柒弓零貳尺，□□寬八弓零貳尺伍，南頭寬九弓，四至開列於後。將此地情願賣與王玉臣名下永遠爲業。言明賣價紋銀貳拾兩整，瀋（毫）無欠少。筆下交足不欠。言明自賣之後任憑至（置）主自便。此係兩家情願，各無悈（反）悔。恐口無憑，立賣字爲證。

開四至分明：南至到（道），北至瀋（壕），東至劉姓，西至葉（業）主。

族孫中保人　劉　榮（押）

同治伍年十月十七日

立賣字人　劉天相（押）

代字人　胞弟劉天增（押）

立賣地契文約人劉天相因手乏有祖遺地壹段坐落水坡村南計地壹幅南北長

叁伯零四弓北頭寬柒弓零貳尺 寬八弓零貳尺伍南頭寬九弓四至開列

於後將此地情愿賣與王玉臣名下永遠為業言明賣價紋銀貳拾兩

整湜無欠少筆下交足不欠言明自賣之後任憑至主自便此係兩家情愿

各無反悔恐口無憑立賣字為証

開四至分明南至到北至湜東至劉 西至業主

同治伍年十月十七日 立賣字人劉天相（押）

族孫中保人劉榮十

代字人胞弟劉天增（押）

永遠為業

一一一

清同治五年（一八六六）大興縣王沛珍賣房白契

（契約三九一）

立賣房契人王沛珍，今因乏用，將原置住房壹所，門面叁間半，貳層叁間半，後層叁間，前後厢房伍間，共計房拾伍間，前後通街，隨房院落，門窗户壁俱全，上下土木相連，坐落南城東南坊香串胡同中間路西地方，今憑知底中保人説合，情願賣與索　名下永遠爲業。叁面言定，寔值賣房價銀捌拾伍兩整。其銀筆下交足，外不欠少。自賣之後，倘有親族長幼弟男子侄争兢（競）指房借銀官銀私債等情，均有賣房主仝知底中保人一面承管。恐後無憑，立此賣房契永遠存照。

內有原房本身王姓原契壹張，徐姓紅〔契〕壹張，上首文、周貳姓紅契貳張，共計紅〔契〕叁張，付置主收存。又照。再批：上首纍落典契六張無用。

同治伍年四月拾叁日

立賣房契人　王沛珍（押）

知底保人　褚　四（押）

趙　安（押）

立賣房契人王沛珍今因乏用將原置住房壹所門面叁間半貳層叁間半後層叁間前後廂房伍間共計房拾伍間前後通街隨房院落門窗户壁俱全上下土木相連坐落南城東南坊香串胡同中間路西地方今憑知底中保人説合情愿賣與袁名下永遠爲業叁面言定實值賣房價銀捌拾伍兩整其銀筆下交足外不欠少自賣之後倘有親族長幼弟男子姪争競指房借銀官銀私債等情均有賣房主仝知底中保人一面承管恐後無憑立此賣房契永遠存照

内有原房本身王姓原契壹紙徐姓紅壹張上首文周貳姓紅契貳張共計紅叁張付買主收存又照再批上首累落典契六張無用

同治伍年四月拾叁日

一　立賣房契人王沛珍　十（押）

知底保人　褚四　趙安十

一一二

清同治六年（一八六七）大興縣索國禄賣房白契

（契約二九二）

立賣房契人索國禄，今因乏用，自置住房壹所，門面叁間半，二層叁間半，後層叁間，前後厢房五間，共計房拾伍間，前後通街，隨房院落，門窗户壁（壁）俱全，上下土木相連，坐落南城坊香串胡同中間路西地方，今憑知底中保人説合，情願賣與魯　名下永遠爲業。三面言定，賣房銀捌拾兩整。其銀筆下交足不欠。自賣之後，倘有親族長幼弟男子侄争兢（競）、指房借銀官銀私債等情，均有賣房主仝知底中保人壹面承管。恐後無憑，立此買房人契永遠存照。

内有原房本身王姓原稿一張，徐姓紅契一張，上首文、周二姓紅契二張，共紅契叁張，付自（置）主收存。再批：上首纍落典契無用。

同治陸年十月初三日

代筆知情底保人　趙　安（押）

中保人　姜文興（押）

立契人　索國禄（押）

立賣房契人索国禄今因乏用自置住房壹所门面叁间半二層叁间半後層叁间前後廂
房五间共計房拾伍间前後通街隨房院落门窓户壁俱全上下土木相連坐落南城
坊香串胡同中间路西地方今憑知底中保人説合情愿賣與
詹名下永遠為業三面言定賣房銀捌拾兩整其銀筆下交足不欠自賣之後倘有親族長幼弟
男子姪爭競指房借銀官銀私債等情均有賣房主全知底中保人壹面承管恐後無憑立此
買房人契永遠存照內有原房本身王姓繝原一張徐姓紅契一張上首文周二姓紅契二張共紅契
叁張付自主收存再批上首果落典契無用

代筆知情底保人赵　安十

中保人姜文典　十

立契人索国禄　十

同治陸年十月初三日

清同治六年（一八六七）順義縣李安賣地白契

（契約九七）

立杜絶賣契文約人李安，因手乏，無銀使用，今有祖遺地一段，坐落在馬頭莊村西北，計地十八畝，東西行隴，今托中保人説合，情願賣與李作霖名下永遠爲業。言明賣價文（紋）銀壹百壹拾柒兩。自賣之後，任憑治（置）主陰陽傪造，不與賣主相干。計開四至：西至黄姓，東至道，南至李姓，北至治（置）主，四至分明。自買之後，如有親族人等争論，有賣主與中保人一面成（承）管。此係兩家情願，各無反悔。恐口無憑，立賣字永遠爲證。

中保説合人 李殿楨（押）
張禹卿（押）
李桂蘭（押）
李亭心（押）

代字人 李蕚樓（押）

立賣字人 李 安（押）

同治六年十一月十四日

遂（隨）帶原契四張。

立杜絶賣契文約人李安因手乏無銀使用今有祖遺地一段坐落在馬
頭莊村西北計地十八畝東西行隴今託中保人説合情願賣與李作
霖名下永遠為業言明賣價文銀壹百 壹 拾 柒 兩
自賣之後任憑治主陰陽 修造不與賣主相干計開四至（西至黄姓 東至道 南至李姓 北至治主）四
至分明自買之後如有親族人等爭論有賣主與中保人一面成
管此係兩家情願各無反悔空口無憑立賣字永遠為証

中保説合人 李殿楨十
張禹卿十
李桂蘭十
李亭心（押）

同治六年十一月十四日

立賣字人李安十

代字人李萼樓 樓

遂帶原契四張

一一四

清同治六年（一八六七）順義縣馬大同弟賣地白契

（契約四九八一二）

立杜絶文約[人]馬大同弟馬二，因手乏，今將祖遺民地壹段，坐落在西杜蘭莊杜西，計地拾貳畝，南置（至）亳（壕），北置（至）道，東至馬家墳，西置（至）曲姓，四至分明。又地壹段，坐落在小七畝，計地拾畝。今煩中人，情願將此地賣與曲明名下耕種，永遠爲業。南置（至）道，北置（至）亳（壕），東置（至）曲姓，[西]置（至）馮姓，四置（至）分明。同中言明，作賣價東錢壹佰吊零玖拾伍吊整。其錢筆下交足，并不欠少。立字言明，自許、曲姓所便，不與馬姓相干。如有舛錯，有中保來人一面承管。此係兩字情願，各無恢（反）悔。恐口無憑，立賣字爲證。

同治六年十一月十七日

中保人　陳朝强（押）

立字人　馬　大（押）

[馬　二]（押）

代字人　劉廷元（押）

光緒二十五年五月十六日

賣與張喜莊苐林[西]地拾畝

立杜絶文約人馬大同弟馬二因手乏今將祖遺民地壹段坐落在西杜
蘭庄杜西計地拾貳畝南置毫北置道東置馬家坟西置曲姓四置
分明又地壹段坐落在小七畝計地拾畝今煩中人情愿將此地
賣與曲明名下耕種永遠為業南置道北置毫東置曲姓西置馮姓
四置分明同中言明作賣價東錢壹伯吊零玖拾伍吊整共錢筆
下交足並不欠少立字言明自許曲姓所便不與馬姓相干如有
拼錯有中保人一面承當此係兩家情愿各無板悔恐口無憑立賣
字為証

中保人陳朝強

同治六年十一月十七　日立字人馬大十 十

代字人劉廷元憑

光緒二十五年五月十六日

賣與張喜庄第卅四、地拾畝

一一五

清同治七年（一八六八）大興縣文英典房白契

（契約三二七）

立轉典房契人係正黄旗蒙古七甲喇慶瑞佐領下筆帖式文英，今因手乏，煩中説合，情願將自典房一所，坐落在東總布胡同東口内路北地方，共計十四間半，憑中説合，今典與正藍旗滿洲二甲喇普昌佐領下奎姓永遠爲業。同中言明，價錢壹千捌佰吊。其錢筆下交足，并不短少。如拾年後，聽其典主自行順契，不必通知業主。拾年限内，若有屋舍坍塌，必先通知業主察看情形，典主修理用錢若干，登記契上，俟回贖之日，除付典價外，如數付清，再行回贖。自典之後，倘有親族争競以及重復典當，有原業主一面承管。恐後無憑，立契存照。

旗紅契二張，白字九張，一并跟隨。除此外，并無紅、白契紙以及粘單察對合同字樣，注明。并照。

同治柒年肆月二十陸日立照

轉典契人　文英（押）

中保人　連清（押）

立轉典房契人係正黃旗蒙古七甲喇慶瑞佐領下筆帖式文英今因手乏煩中說合
情願將自典房一所坐落在東總布胡同東口內路北地方共計十四間半憑中說合
今典與正藍旗滿洲二甲喇普昌佐領下
奎姓永遠為業同中言明價錢壹千捌伯吊其錢筆下交足並不短少如拾年後聽其典主
自行順契不必通知業主拾年限內若有屋舍坍塌必先通知業主察看情形典主修理
用錢若干登記契上俟回贖之日除付典價外如數付清再行回贖自典之後倘有親族
爭競以及重復典當有原業主一面承管恐後無憑立契存照旗紅契二張白字九張一
並跟隨除此外並無紅白契紙以及粘單察對合同字樣註明並照

同治柒年肆月二十陸日立照

轉典契人文英

中保人連清

清同治七年（一八六八）大興縣奎鑑典轉房白契（契約三二八）

立轉典房人係正藍旗滿洲二甲喇普昌佐領下步軍校奎鑑，今因手乏，煩中説合，情願將自典房一所，坐落在東總布胡同東口内路北地方，共計拾四間半，憑中説合，今典與正藍旗滿洲四甲喇郭新泰佐領下驍騎校舒姓永遠爲業。同中言明，價錢壹千捌伯（佰）吊。其錢筆下交足，并不短少。如拾年後，聽其典主自行順契，不必通知業主。拾年限内，若有屋舍坍塌，必先通知業主察看情形，典主修理用錢若干，登記契上，俟回贖之日，除付典價外，如數付清，再行回贖。自典之後，倘有親族争競以及重復典當，有原業主一面承管。恐後無憑，立契存照。

旗紅契二張，白字九張，一并跟隨。除此外，并無紅白契紙以及粘單察對合同字樣，注明。

并照。

轉典人　奎鑑（押）

中保人　成明（押）

同治柒年四月立照

立轉典房人係正藍旗滿洲二甲喇普昌佐領下步軍校奎鑑今因手乏煩中說合情願將自典房一所坐落在東
總布胡同東口內路北地方共計拾四間半憑中說合令典與正藍旗滿洲四甲喇郭新泰佐領下驍騎校
舒
姓永遠為業同中言明價錢壹千捌伯吊其錢筆下交足並不短少如拾年後聽其典主自行順契不必通知業主
拾年限內若有屋舍坍塌必先通知業主察看情形典主修理用錢若干登記契上俟回贖之日除付典價外如數
付清再行回贖自典之後倘有親族爭競以及重復典當有原業主一面承當恐後無憑立契存照旗紅契二張
白字九張一並跟隨除此外並無紅白契紙以及粘單察對合同字樣註明並照

轉典人奎鑑（押）
中保人成明（押）

同治柒年四月　立照

清同治七年（一八六八）大興縣王溥錫倒鋪底字據

（契約三七九）

立倒鋪底傢俱（具）人王溥錫，現因東夥不合，不能承做生理，今將自己原倒地安門内路東源通和鋪房一所，傢俱（具）俱全。同中説合，情願出倒與　名下承做爲業。言明倒價市平高松江銀柒百兩正。其銀筆下交足，并無欠少。自倒之後，所有聚和永内該外欠及有人争論等情，均係去主自己清理一面承管，不與置主相干。此係兩家情願，并無異説。恐口無憑，立約爲證。

外有原倒字一張跟隨。

京師地方審判廳民事第二庭驗訖

立倒約人　王溥錫

中保人　徐雙壽　趙德泰

説合人　韓昭明

同治七年八月二十一日立

（7）王金氏倒得鋪底字據

立倒鋪底傢倨人王溥錫現因東夥不合不能承做生理今將自

己原倒地安門內路東源通和鋪房一所傢倨俱全同中說合情

願出倒與

名下承做為業言明倒價市平高松江銀柒百兩正其

銀筆下交足並無欠少自倒之後所有聚和永內該外欠及有人爭

論等情均係去主自己清理一面承管不與買主相干此係兩

家情願並無異說恐口無憑立約為証

外有原倒字一張跟隨

京師地方審判廳民事第二庭驗訖

立倒約人 王溥錫

中保人 徐双壽 趙德泰

說合人 韓昭明

同治七年 八月二十一日 立

(7) 王金氏倒得舖底字據

立倒舖底傢倨人王溥錫現因東夥不合不能承做生理今將自己原倒地安門内路東源通和舖房一所傢倨俱全同中說合情願出倒與

名下承做為業言明倒價市平高松江銀柒百兩正其銀筆下交足並無欠少自倒之後所有聚和永内該外欠及有人爭論等情均係去主自己清理一面承管不與置主相干此係兩家情願並無異說恐口無憑立約為証

外有原倒字一張跟隨

京師地方審判廳民事第二庭騐記

立倒約人　王溥錫
中保人　徐双壽
　　　　趙德泰
說合人　韓昭明

同治七年八月二十一日　立

一一八

清同治八年（一八六九）宛平縣杜門楚氏賣房官契

（契約四〇二）

立賣字人杜門楚氏孀居，今因乏用，將自置房壹所，正房四間，西房弍間，東房四間，南房三間，隨房落院，上下土木相連，此房座（坐）落在北城靈中坊小安南營路西并鋪地方，南至黄姓，北至單姓，西至客店後房根，東至官街，四至分明。今憑中保知情底人説合，情願出賣與徐　名下永遠爲業。三面言明，賣價紋銀伍拾兩整。其銀當面交足，并無欠少。自賣之後，倘有來路不明、重復典賣并親族人等争競等情，有賣房人同知情底保人一面承管。恐後無憑，立賣房契永遠存照。

此房内有杜姓本身紅契一張，上首方姓紅契壹張，上上首林姓紅契壹張，再上康姓紅契壹張，再再上首閆姓紅契壹張，共計紅契五張，壹并跟隨，全交存照。外有老廢紅契弍張，一并跟隨在内。

同治八年二月十六日

知情底保人　霍明仁（押）
賣字人　杜門楚氏（押）
中保人　馬文齋（押）
　　　　馬慶泰（押）
代筆人　馬文齋（押）

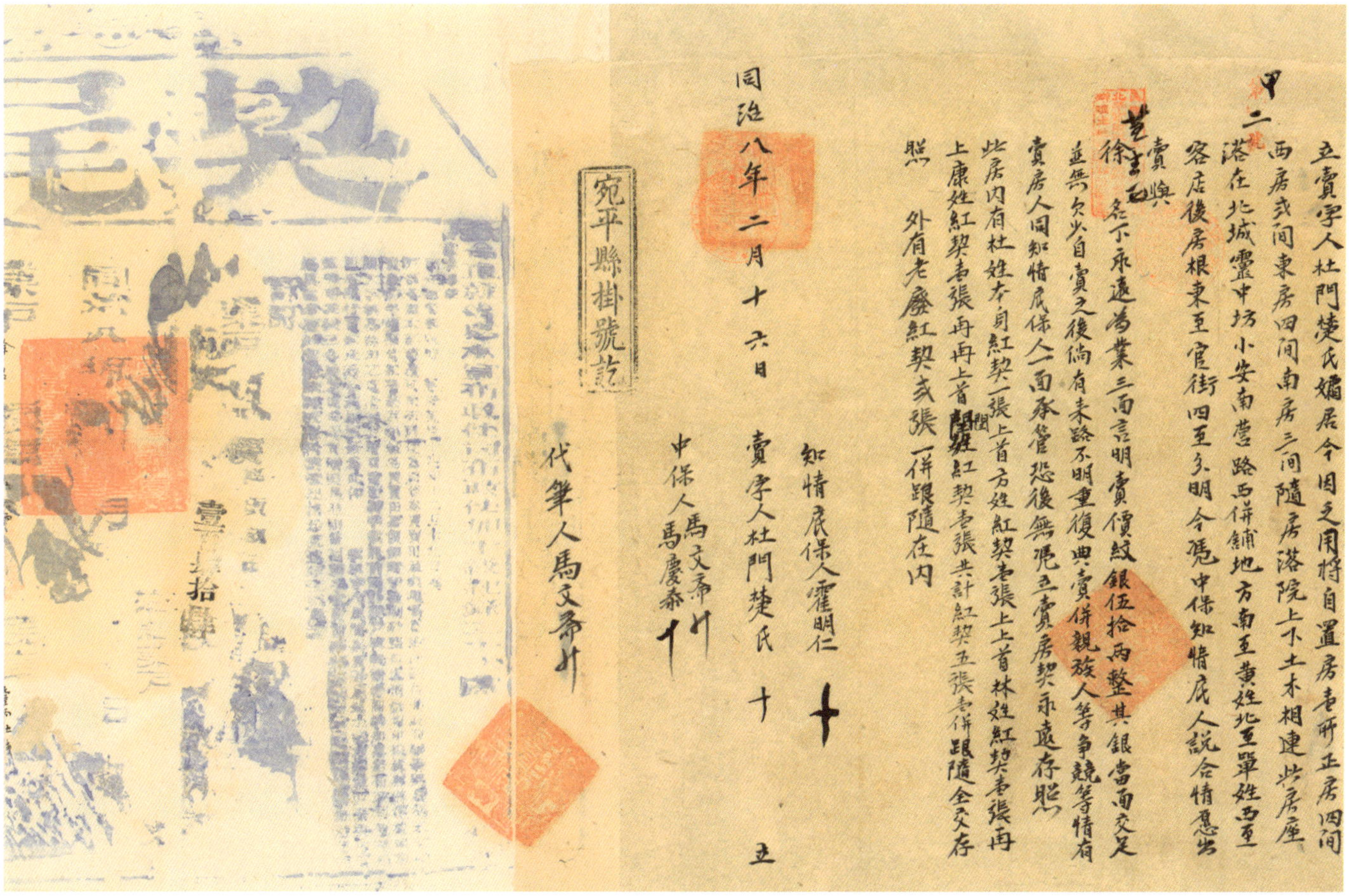

甲二號

立賣字人杜門楚氏孀居今因乏用將自置房壹所正房四間西房弍間東房四間南房三間隨房落院上下土木相連此房座落在北城靈中坊小安南營路西併鋪地方南至黃姓北至單姓西至容店後房根東至官街四至分明今憑中保知情底人說合情愿出賣與董吉白徐名下永遠為業三面言明賣價紋銀伍拾兩整其銀當面交足並無欠少自賣之後倘有來路不明重復典賣併親族人等爭競等情有賣房人同知情底保人一面承管恐後無憑立賣房契永遠存照

此房內有杜姓本身紅契一張上首方姓紅契壹張上上首林姓紅契壹張再上康姓紅契壹張再再上首閻姓紅契壹張共計紅契五張壹併跟隨全交存照

外有老發紅契弍張一併跟隨在內

同治八年二月十六日　立

知情底保人霍明仁　十

賣字人杜門楚氏　十

中保人馬文希　十

馬慶泰　十

代筆人馬文希　十

宛平縣掛號訖

甲二號

立賣字人杜門楚氏孀居今因乏用將自置房壹所正房四間
西房貳間東房四間南房三間隨房落院上下土木相連此房座
落在北城靈中坊小安南營路西併鋪地方南至黃姓北至畢姓西至
容店後房根東至官街四至分明今憑中保知情底人説合情愿出
賣與
徐書白名下永遠為業三面言明賣價紋銀伍拾兩整其銀當面交足
並無欠少自賣之後倘有來路不明重復典賣併親族人等爭競等情有
賣房人同知情底保人一面承管恐後無憑立賣房契永遠存照
此房内有杜姓本身紅契一張上首方姓紅契壹張上上首林姓紅契壹張再
上康姓紅契壹張再再上首閻姓紅契壹張共計紅契五張壹併跟隨全交存
照 外有老廢紅契貳張一併跟隨在内

知情底保人霍明仁 十

同治八年二月十六日 賣字人杜門楚氏 十 立

中保人馬文齋 十

契
宛平縣掛號訖
代筆人馬文希

一一九

清同治八年（一八六九）宛平縣王佛保賣房白契

（契約四四三）

立賣房字人王佛保，今因乏用，將自置鋪面房一處，開設和茂黄酒鋪，門面房弍間，樓房上下四間，共計房六間，門窗户壁（壁），上下土木相連，坐落在前門外觀音寺前路南地方，今憑知底保人説合，情願出賣與朱　名下永遠爲業。三面言明，實賣房價銀壹百兩整。其銀當日交足，并無欠少。自賣之後，倘有親族人等争兢（競），有中保人同原房主一面承管。恐口無憑，立此賣房契永遠存照。

此房内有王姓本身紅契一張，上首李姓紅契一張，張姓紅契一張，楊姓紅契一張，老紅契一張，贖回紅契一張，共計紅契六張，交置主收存照。

同治八年柒月初弍日

立賣房契人　王佛保（押）

經手管業保人　李心齋（押）

壁上下土木相連坐落在前门外觀音寺前路南地方今憑知底保人說合情愿出賣與

朱

名下永遠為業三面言明賣房價銀壹百兩整其銀當日交足並無欠少自賣之後倘有親族人等爭競有中保人同原

房主一面承管恐口無憑立此賣房契永遠存照

此房内有王姓本身紅契一紙上首李姓紅契一紙張姓紅契一紙楊姓紅契一紙老紅契一紙贖回紅契一紙共計紅契六紙交置

主收存照

同治八年 柒月 初九日

立賣房契人王佛保

經手管業保人李心齋 十

永遠為業

一二〇

清同治八年（一八六九）順義縣廣泰同孫賣地官契

（契約二〇四）

立賣地契文約人廣泰同孫德寬，因爲手乏，今有本身自買地壹段，共歸拾畝楊樹前，坐落在水坡村正南，南北隴，今煩中見人將此地賣與王玉臣名下爲業。當面言明，賣價紋銀弍拾肆兩整。其銀筆下交足，分厘不欠。自賣之後，由其買主自變（便），永不與賣主相干，報糧過稅。此係二家情願，各無悔（反）悔。恐口無憑，立賣字爲證。

此地由南壕沿往北撥出陸拾叁工（弓）長、東西寬貳拾工（弓）。作塋地，叁家同用。

計開四至：南至劉姓，北至道，西至王姓，東至王姓。

中保人　杜永發（押）

立賣字人　廣　泰（押）

同孫德寬（押）

代字人　趙直公（押）

同治八年十二月初四日

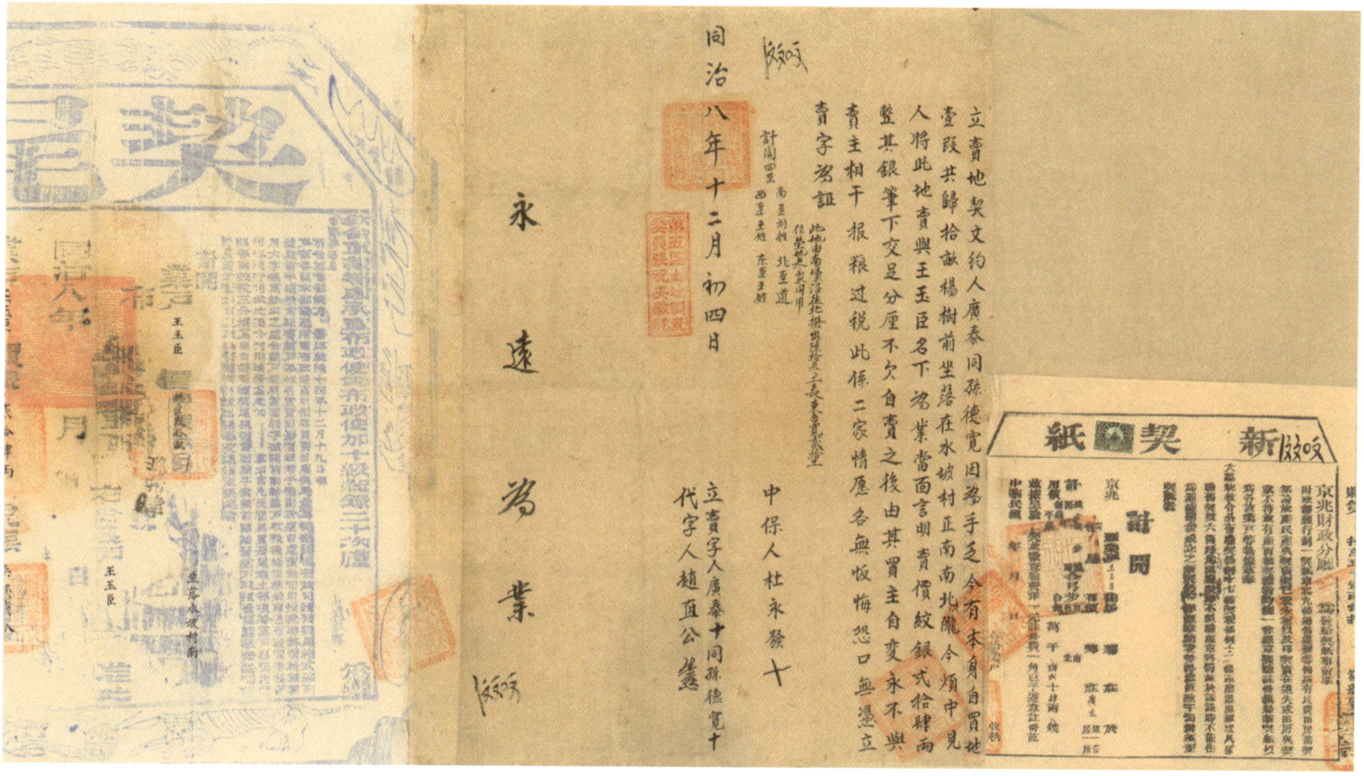
立賣地契文約人廣泰同孫德寬因為手乏今有本身自買地
壹段共歸拾畝楊樹前坐落在水坡村正南南北壟令煩中見
人將此地賣與王玉臣名下為業當面言明賣價紋銀式拾肆兩
整其銀筆下交足分厘不欠自賣之後由其買主自變永不與
賣主相干报粮过税此係二家情愿各無反悔恐口無憑立
賣字為証

計開四至 南至劉姓 北至道 西至王姓 東至王姓

同治八年十二月初四日

中保人杜永發十
立賣字人廣泰十同孫德寬十
代字人趙直公

永遠為業

新契紙

京兆財政分廳

收繳

立賣地契文約人廣泰同孫德寬因為手乏今有本身自買地壹段共歸拾畝楊樹前坐落在水坡村正南南北壠今煩中見人將此地賣與王玉臣名下為業當面言明賣價紋銀式拾肆兩整其銀筆下交足分厘不欠自賣之後由其買主自变永不與賣主相干报粮过税此係二家情愿各無反悔恐口無憑立賣字為証

此地由南壕沿往北撥出陸拾叁弓長東西寬貳拾叁弓作塋地叁家同用

計開四至 南至刘姓 北至道 西至王姓 东至王姓

中保人杜永發十

同治八年十二月初四日

立賣字人廣泰十同孫德寬十

代字人值公

收繳 新契紙

京兆財政分廳 為發給契紙事前准

財政部頒行劃一契紙章程九條通飭遵辦等因所有民間田房舊契無論旗產民產典契賣契已稅未稅以及印契實在遺失或匠房與契載不符並有產而無契據者均應一律繳驗註冊換給新契紙以為各該業戶管業執據茲奉

大總統教令公布驗契條例第十七條契稅條例第十一條[illegible]

契紙者

計開

京兆 縣業戶王玉臣 於 莊

許 房 畝 分 坐落 廣太

用價 平銀 萬 千 百 十肆兩 錢

茲據呈驗契並徵查驗費洋一元註冊費一角已予遵章註冊訖

中華民國 年 月 日

右給業戶 收執

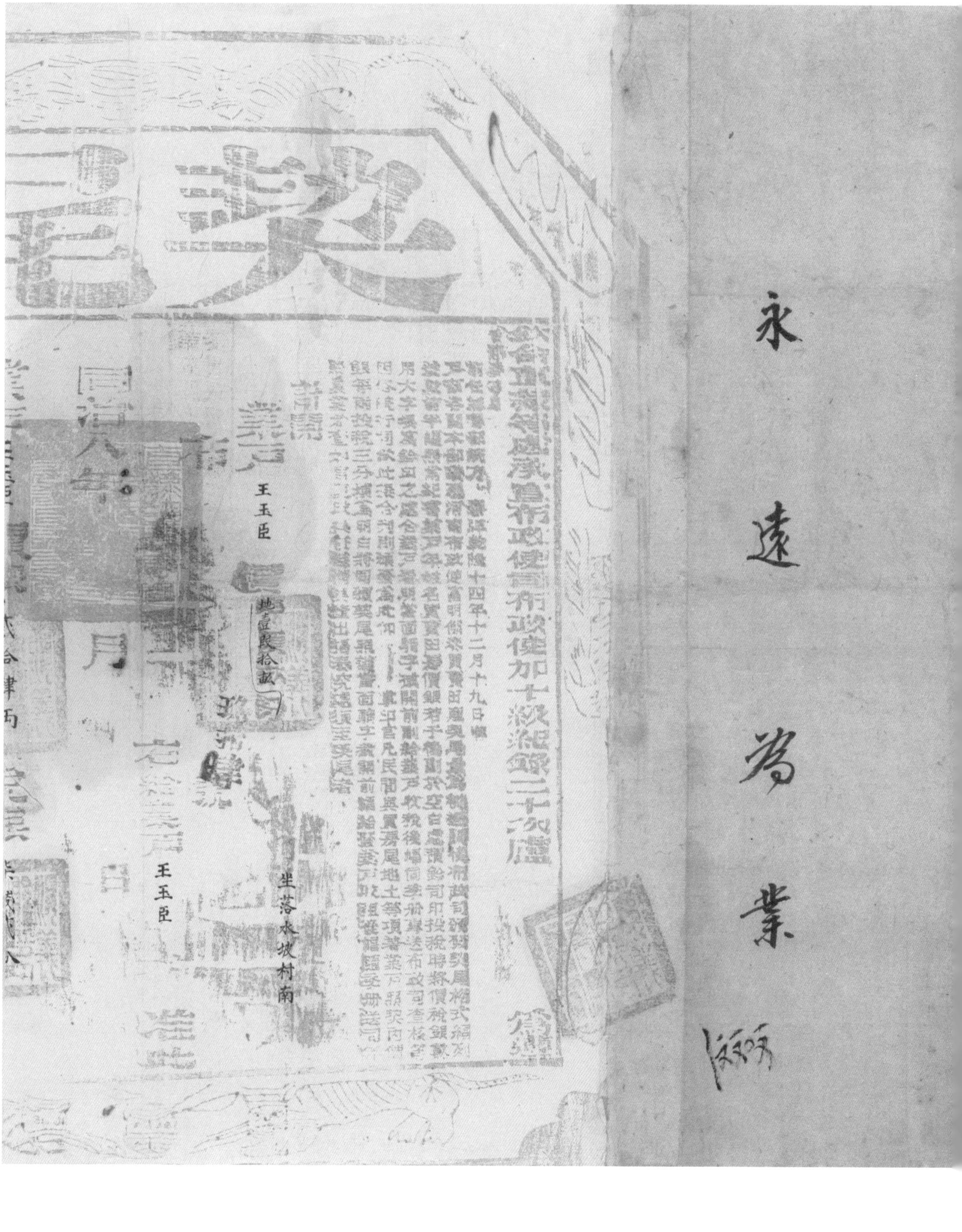

業戶 王玉臣

地壹段拾畝

坐落水坡村南

同治八年 月

業戶 王玉臣

永遠為業

清同治八年（一八六九）雄縣姜胖子典地白契

（契約二六六）

立當契人姜胖子，因手乏用，今將自己家北南北地一段，計地壹畝五分，東至李開泰，西至姜永旺，南至查頭，北至百家地，四至明白，今憑中人説合，立契情願出當與李云杰名下承種，三年爲滿，錢到許贖。言明當價清錢拾叁吊正。其錢當日交足。恐口無憑，立字爲證。

計開：中長六拾弓，寬可六弓。

中人 李連保 李寬泰

同治捌年十二月十二日立

每年代糧九十文

立當契人姜胖子因手乏用今將自己家北南北地一段計地壹畝五
分東至李開春西至姜永旺南至查頭北至百家地四至明白今憑中
人說合立契情愿出當与李云杰名下承種三年為滿錢到許贖言明
當價清錢拾叁吊正其錢當日交足恐口無憑立字為証

計開　中長六拾弓
　　　寬可六弓

中人　李連保
　　　李寬春

同治捌年　十二月　十二日　立

每年代粮九十文

清同治八年（一八六九）宛平縣黄二執照

（契約四〇三）

欽命督理街道衙門爲給發執照事。據北城黄二報小安南營口内路西後言（檐）墻開小門一個。本衙門批准開小門一個，不得更立臺階在案。仰即遵批辦理，該處兵役人等毋得攔阻，該户民亦毋得藉端越修，致干究處。須至執照者。

右給户人黄二 准此

同治八年正月廿八日

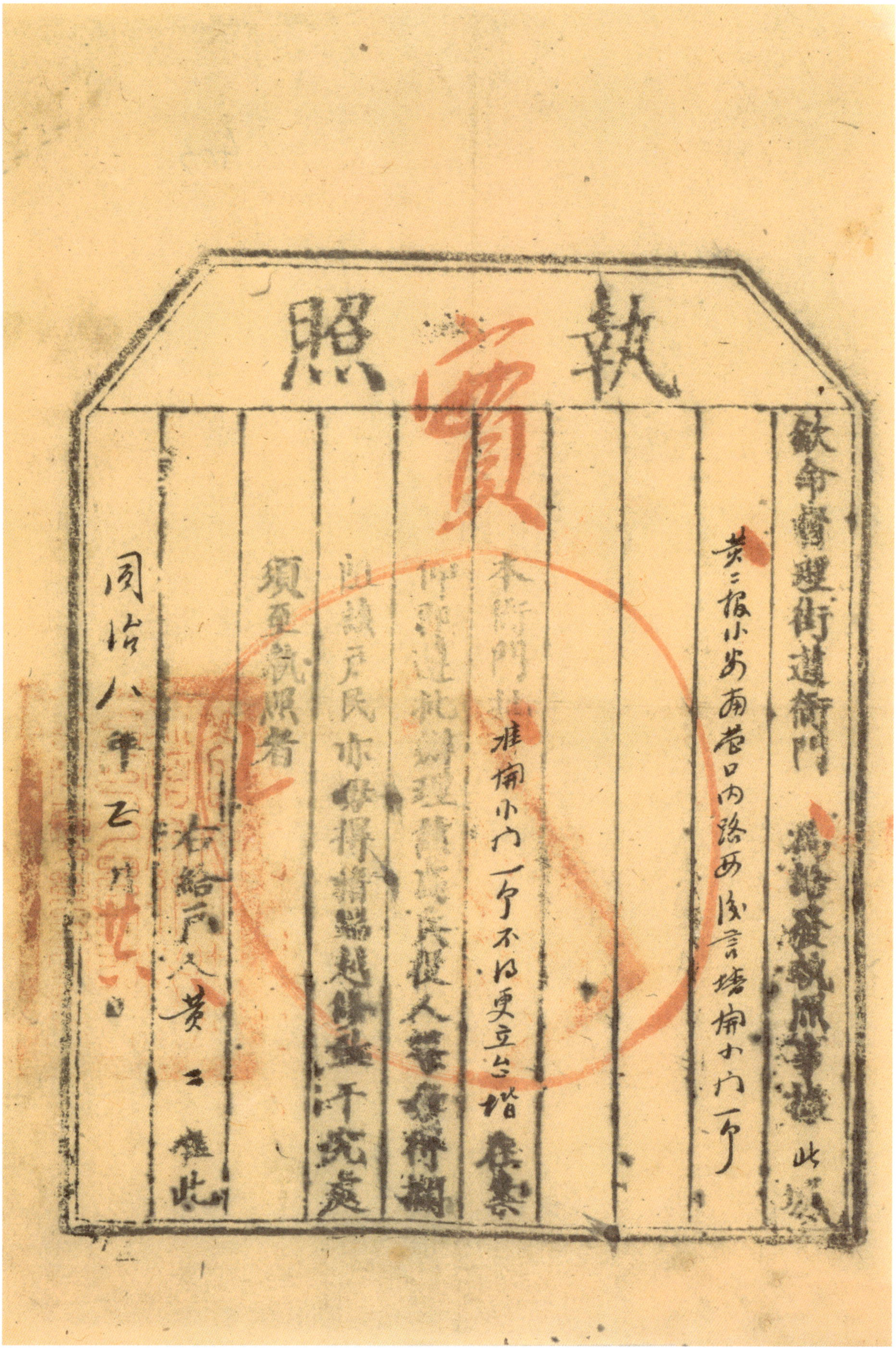

執照

欽命管理街道衙門　為給發執照事據　此
黄二报小安南巷口内路西後言墙铺小门一个
本衙門據此　准铺小门一个不得更立台堦　等情
仰該管理街道兵役人等毋得攔
阻該户民亦不得稍越餘地干究處
須至執照者
右給户人　黄二　准此
同治八年五月廿日

一二三

清同治八年（一八六九）宛平縣李二執照

（契約四〇三）

欽命督理街道衙門爲給發執照事。據北城李二報小安南營路西後檐墻改車大門一間。本衙門批准於後墻車大門，此街甚窄，僅容一車之路，不得侵占在案。仰即遵批辦理該處兵役人等，毋得攔阻，該户民亦毋得藉端越修，致干究處。須至執照者。

右給户人李二　准此

同治八年月十九日

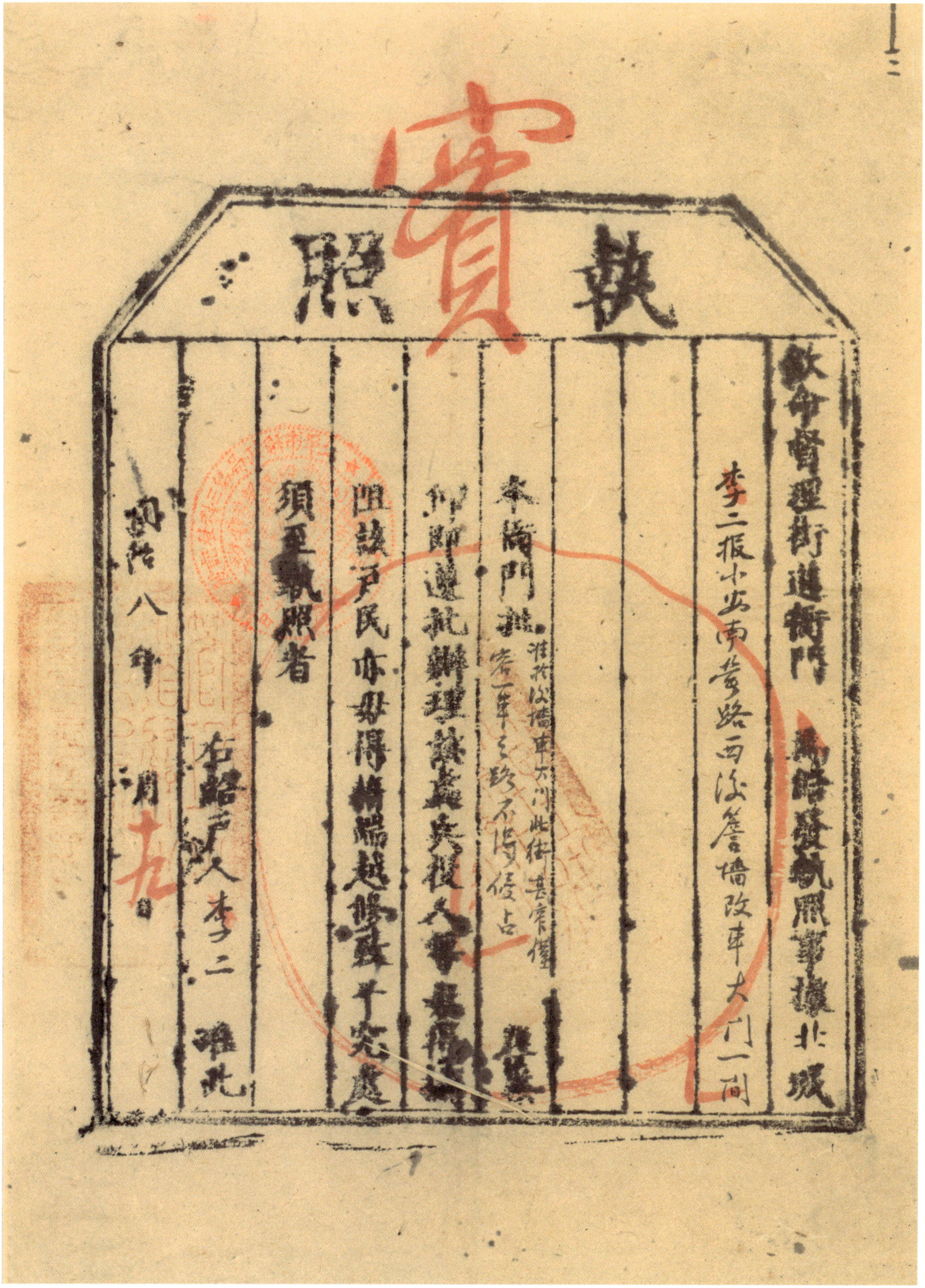

執照

欽命督理街道衙門 為給發執照事據北城

李二報小安南營路西沿營墻改車大門一間

本衙門批 准於沿墻東大川此街甚窄僅容一車之路不得侵占 准其

即節遵執照辦理毋許兵役人等需索滋

阻該戶民亦毋得稍踰越侵占干究處

須至執照者

右給戶人李二 准此

同治八年 月 九 日

清同治十年（一八七一）順義縣李殿英等賣地白契（契約九八）

立賣地契文約人李殿英、李殿卿同弟二人，因手乏，無銀使用，今將祖遺地壹段，坐落在馬投莊村正北，地名頂柳桁，東西行畛，計地拾陸畝陸分整，計開四至：東頭頂壠（壕），西頭頂道，南靠置主，北靠李姓，四至分明，今托中保説合，兩家情願，賣於（與）劉芳名下爲業。言明賣價京市平銀壹佰貳拾肆兩伍錢整。其銀筆下交足不欠。地賣以後，與買主自便，不與契無干。此係兩家情願，各無反悔。如若反悔者，有中保人壹面承管。恐口無憑，立賣字永遠爲證。

中保人　張永順（押）
　　　　張永祥（押）
立賣字人　李殿英（押）
　　　　　李殿卿（押）
代字人　陶　連（押）

同治拾年十月二十二日

立賣地契文約人李殿卿英同弟二人因手乏無銀使用今將祖遺地壹段坐落在馬投庄村正北
地名頂掷術 西行畛計地拾陸畝陸分整計開四至 東頭頂墻 西頭頂道 南靠置主 北靠李姓 四至分明今托中保說合兩
家情願賣於劉芳名下為業
言明賣價京市平銀壹佰貳拾肆兩伍錢整其銀筆下交足不欠其地賣以後與買主自便不與契無干
此係兩家情願各無反悔如若反悔者有中保人壹面承管恐口無憑立賣字永遠為証

中保人 張永順十 張永祥十

同治拾年 十月 二十二日 立賣字人李殿卿英十

代字人陶連璽

永遠為業

一二五

清同治十年（一八七一）雄縣李善朋賣地官契

（契約二六四）

立賣契人李善朋，因有家北四股道南北地壹段，計地捌畝整，東至姜永梅，西至道，南至李開城，北至百家地，四至明白。憑中人說合，立契出賣與姜永清名下永遠爲業。言明賣價錢肆拾捌吊正。其錢筆下交足，外無欠少。恐口無憑，立字存照。

計開：中長壹伯（佰）步，北寬廿六步，南寬十二步二。

同治拾年十二月廿五日立

中人 李連甲

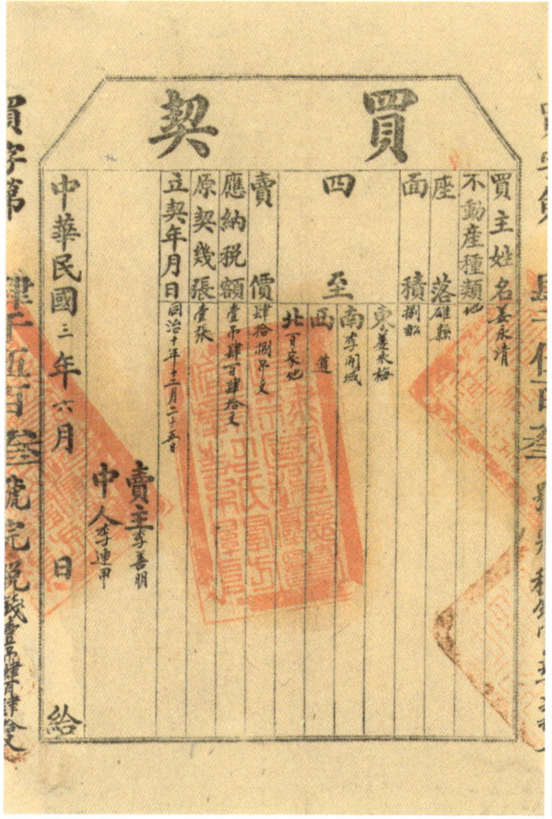

買契

買主姓名 姜永清
不動產種類 地
坐落 雄縣
面積 捌畝
四至 東 姜永梅 南 李開城 西 道 北 百家地
賣價 肆拾捌吊文
應納稅額 壹吊肆百肆拾文
原契幾張 壹張
立契年月日 同治十年十二月二十五日

中華民國三年六月 日 給
賣主 李善明
中人 李連甲

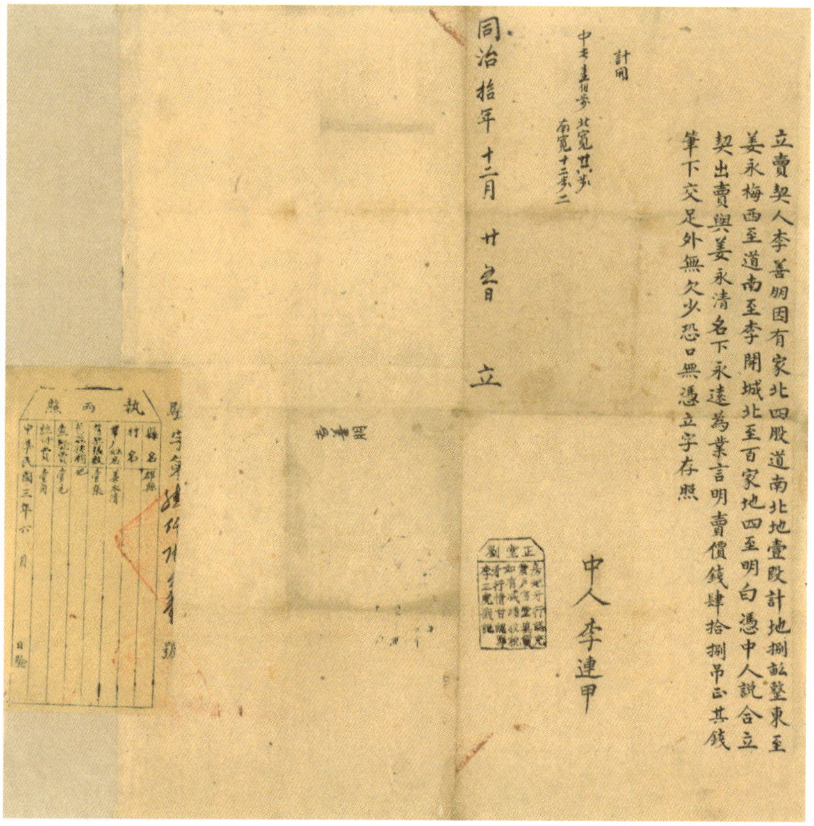

立賣契人李善明因有家北四股道南北地壹段計地捌畝整東至
姜永梅西至道南至李開城北至百家地四至明白憑中人說合立
契出賣與姜永清名下永遠為業言明賣價錢肆拾捌吊正其錢
筆下交足外無欠少恐口無憑立字存照

計開
中長 壹佰步 北寬廿六步
南寬十二步二

同治拾年十二月廿五日 立

中人 李連甲

立賣契人李善朋因有家北四股道南北地壹段計地捌畝整東至
姜永梅西至道南至李開城北至百家地四至明白憑中人說合立
契出賣與姜永清名下永遠為業言明賣價錢肆拾捌吊正其錢
筆下交足外無欠少恐口無憑立字存照

中人李連甲

正堂劉
房地牙行認充
業戶當堂填價
如有減瞞投稅
牙行情甘認罪
李三虎戳記

計開
中長壹佰步 北寬廿六步
南寬十二步二

同治拾年十二月廿四日 立

…字第壹仟…號

買契

買主姓名 姜永清
不動產種類 地
座落 雄縣
面積 捌畝
四至 東 姜永梅 南 李開城 西 道 北 百家地
賣價 肆拾捌吊文
應納稅額 壹吊肆百肆拾文
原契幾張 壹張
立契年月日 同治十年十二月二十五日

賣主 李善朋
中人 李連甲

中華民國三年六月 日 給

買字第肆[illegible]百[illegible]號完稅錢壹吊肆百肆拾文

丙 照

買主姓名 姜永清
舊契張數 壹張
不動產種類 地
查驗費 壹元
註冊費 壹角
中華民國三年六月 日驗

一二六

清同治十年（一八七一）雄縣李善鵬賣地白契

（契約二六八）

立賣契人李善鵬，因有家北四股道南北地壹段，計地捌畝整，東至北頭姜永梅、南頭李開成，西至道，北至百家地，南至百家地，四至明白，憑中人說合，立契出賣與耿永懷明（名）下承種，永遠爲業。言明賣價清錢壹佰肆拾四千文。其錢筆下交足。恐口無憑，立字存照。

計開：中長可壹佰一十步，北寬可廿六步，南寬可十七步。

中人 李連甲

同治拾年十二月廿五日立

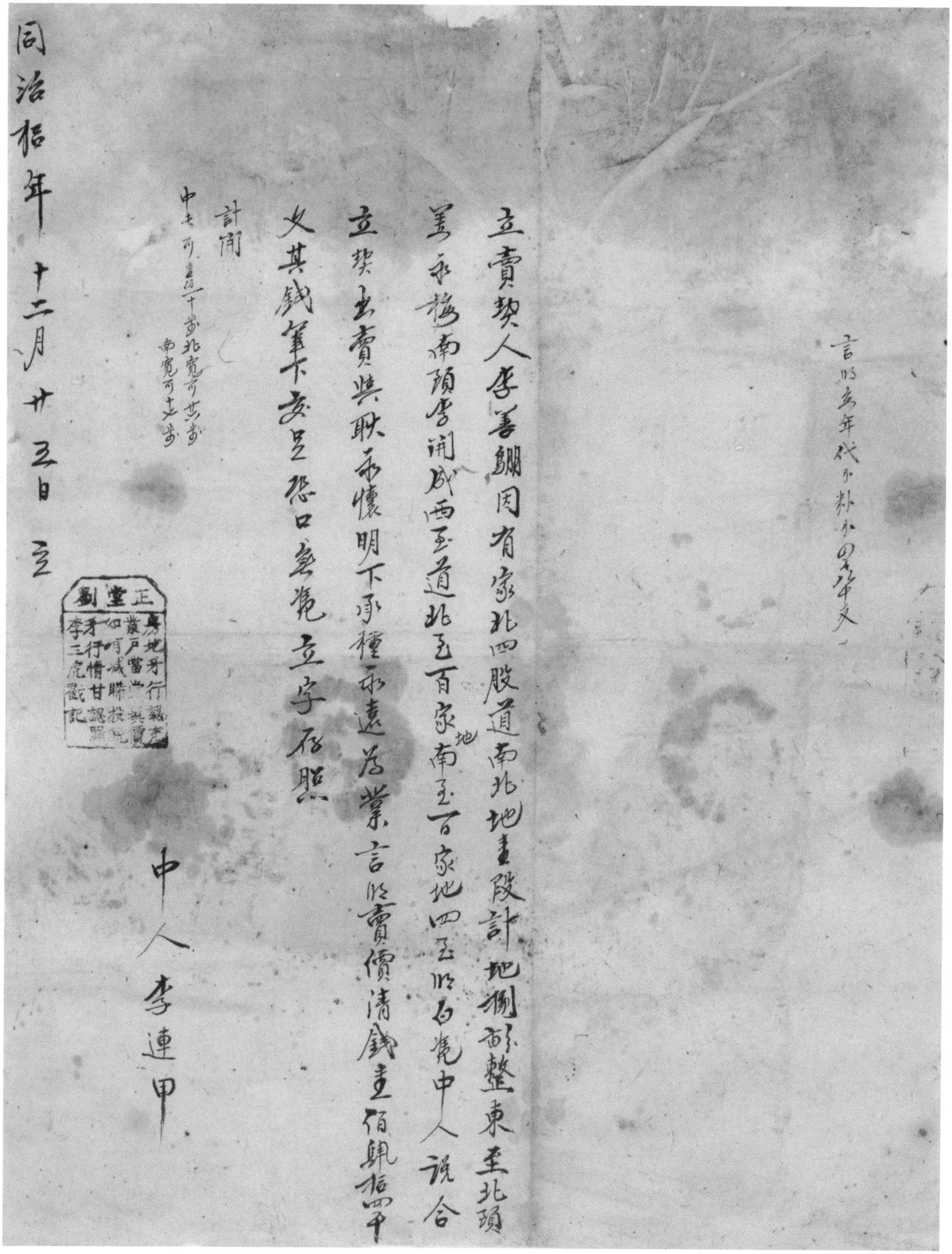

言明立年代不粘不用草文一

立賣契人李善鵬因有家北四股道南北地壹段計地捌畝整東至北頭姜永梅南頭李闹成西至道北至百家地南至百家地四至明白憑中人說合立契出賣與耿永懷明下承種永遠為業言明賣價清錢壹佰柒拾四千文其錢筆下交足恐口無憑立字存照

計開
中長可壹佰一十步北寬可廿步
南寬可十七步

正堂劉
房地牙行魏光
業戶當堂興賣
如有減瞞投稅
牙行情甘認罪
李三虎戳記

同治拾年十二月廿五日立

中人李連甲

一二七

清同治十年（一八七一）河北雄縣姜永梅賣地白契

（契約二六七）

立賣契人姜永梅，因有家北四股道南北地壹段，計地捌分正，東至姜永旺，西至要主，南至要主，北至百家地，四至明白，今憑中人説合，立契情願出賣與耿永懷名下承種，永遠爲業。言明賣價清錢拾叁吊五百文。其錢筆下交足。恐口無憑，立字存照。

計開：中長可六十五步，寬可叁步正。

中人 李庶元 李連甲

同治拾年十二月廿七日立

言明每年代錢糧五十文

立賣契人吴永梅因有家北四股道南北地壹段計地捌分東至吴永旺
西至要主南至要主北至万家地四至明白今憑中人説合立契情願出賣與
耿永懷名下承種永遠爲業言明賣價清錢拾叁[illegible]文其錢筆下交足恐
口無憑立字存照

計開
中長[illegible]十五步
寬[illegible]尺五步

同治拾年十二月廿五日立

言明每年代書耿革文

中人 李廣元 李連甲

正堂劉
房地牙行認充業戶當堂填價如有減瞞投稅手行情甘認罪李三虎戳記

一二八—一

清同治十一年（一八七二）河北雄縣李善朋等賣地白契

（契約二六五）

立賣契人李善朋，因有家北四股道南北地一段，計地捌畝整，東至姜永梅，西至道，南至李開成，北至百家地，四至明白，今憑中人説合，立契出賣于（與）姜永清名下永遠爲業。言明賣價錢肆拾捌吊正。其錢當日交足，恐口無憑，立字爲證。計開：中長可壹伯（佰）拾步，北寬可二十六步，南寬可拾七步。同侄李枝，因有家東東西地一段，計地貳畝伍分，東至横頭，西至横頭，南至李清遠，北至李清遠，四至分明。憑中人説合，立契出賣與姜永清名下永遠爲業。言明賣價錢拾四吊。其錢當日交足。恐口無憑，立字爲證。計開：中長可二伯（佰）步，寬可叁步。立賣契人李連和，因手乏用，今將自己家東北南北地一段，計地四畝整，東至蘇萬慶，西至張姓，南至道，北至百家地，四字（至）明白。憑中人説合，立契出賣與姜永清名下永遠爲業。言明賣價錢貳拾貳吊正。其錢筆下交足，外無欠少。恐口無憑，立字爲證。

中人 李殿元 楊連枝 李善有 李連甲 李則聖

同治拾壹年拾壹月二拾叁日立字

立賣契人李善朋因有家北四股道南北地一段計地捌畝整東至姜永梅西至道南至
李開成北至百家地四至明白今憑中人說合立契出賣于姜永清名下永遠為業言明賣價錢
肆拾捌吊正其錢當日交足恐口無憑立字為証 計開 中長可壹伯拾步 北寬可二十六步 南寬可拾七步 同姪李枝因有家東
東西地一段計地貳畝伍分東至横頭西至横頭南至李清遠北至李清遠四至分明憑中人說合立契
出賣與姜永清名下永遠為業言明賣價錢拾四吊其錢當日交足恐口無憑立字為証計開
中長可二伯步 寬可叁步 立賣契人李連和因手乏用今将自己家東北南北地一段計地四畝整東至蘇萬慶西
至張姓南至道北至百家地四字明白憑中人說合立契出賣與姜永清名下永遠為業言明
賣價錢貳拾貳吊正其錢筆下交足外無欠少恐口無憑立字為証

中人
李殿元
楊連枝
李善有
李連甲
李則聖

正堂劉
房地牙行認充
業戶當堂填寫
如有减賺捏税
牙行情甘認罪
李三虎戳記

同治拾壹年拾壹月二拾叁日 立字

一二八—二

清同治十一年（一八七二）河北雄縣李善朋同侄賣地官契

（契約二六五—一）

立賣契人李善朋同侄李枝，因手乏用，今將自置南北地壹段，計地拾畝零伍分，坐落家北四股道，中長壹百拾弓、弍百弓，北寬可弍拾陸弓、叁弓，南可拾柒弓，東至姜永梅、橫頭，西至道、橫頭，南至李開成、李清遠，北至百家地、李清遠，長可四至明白，憑中人、牙行說合，情願賣與姜永清名下永遠爲業。言明時值價錢陸拾弍千文，合銀叁拾壹兩整。其錢銀當日交足，并無短少。如有親族争端，賣主一面承管。此照。

同治拾壹年十一月廿三日

立賣契人　李善朋
李殿元
楊連枝
中人　李善有
李連甲
李則聖
官牙行　李三虎

雄字地玖壹號

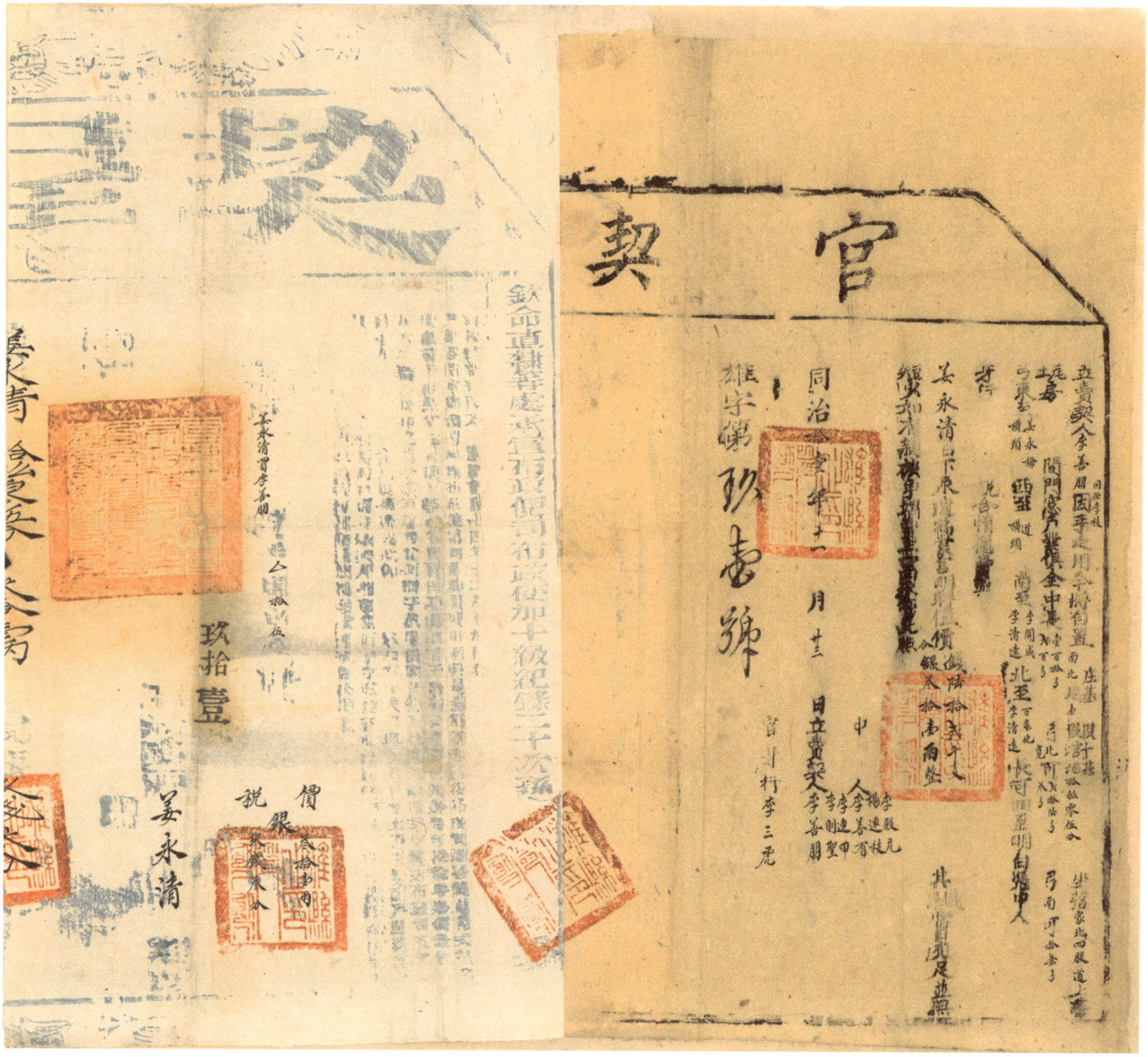
官契
立賣契人李善朋
姜永清
同治拾壹年十一月十三日立賣契人李善朋
中人
李殿元
楊連枝
李善有
李連甲
李則聖
官牙行李三虎
雄字第玖壹號
姜永清
玖拾壹
價銀
税銀

一二九

清同治十一年（一八七二）大興縣劉庭貽典房白契

（契約三九五）

立典房契人劉庭貽，因爲不便，今將東茶食胡同甫（鋪）面房一坐（座），開舍（設）東天德肉鋪、廣茂煙鋪，門面弎間，道（到）底三層，共六間，當面言明，典於（與）樊姓名下爲業。今典銀壹伯（佰）兩正。同中人言明，每月弎分行息。當面交清，并無短欠。外有房契拾張，房扠（摺）一個。恐口無憑，立字爲正（證）。存照。

知情底中保人　姚蘭茂（押）

立字人　劉庭貽（押）

同治十一年十二月廿六日立

立典房契人刘庭貽因為不便今將東茶食胡同南面房一坐闲舍東天德肉舖
廣茂煙舖門面式間道底三層共六間当面言明典於樊姓
名下為業今典銀壹佰兩正同中人言明每月弍分行息当
面交清並無短欠外有房契捡清房契一個恐口無憑立字為証

鉛存照

知情保中人姚蘭茂（押）

立字人劉庭貽（押）

同治十一年十二月廿六日立

一三〇

清同治十二年（一八七三）大興縣劉門杜氏同子賣房官稿

（契約四三八）

立賣房契人劉門杜氏仝男劉文，今因乏用，將自置住房一處，門面房三間，二層房三間，西廂房四間，共計拾間，隨房院落，門窗户壁俱全，上下土木相連，坐落南城草廠下五條胡同路東地方，今憑知底中保人説合，情願將此房出賣與馬　名下永遠爲業。三面言定，時賣房價銀壹百貳拾兩整。其銀筆下交足，并無欠少。自賣之後，倘有遠近親族長幼弟男人等争競，以及指房執契借貸官銀私債、重復典押等情，俱有賣房主并知底中保人一面承管。恐後無憑，立此賣房契永遠存照。

内有原房劉姓本身紅契一張，上首王、鄭、汪三姓紅契三張，上上首纍落紅白契標手拾貳張，共計拾陸張。又照。

同治拾貳年六月　日　　立賣房契人　劉門杜氏（押）仝

男　劉　文（押）

中保人　李　源（押）

房牙　于承業（印）

大興縣契稿

凡民間置買房産成交後，該牙眼同填寫官發契稿，催令依限納税，即有私相買賣，不經官牙，希圖漏税者，該牙查明禀報，以憑按例究辦。須至稿者。

癸酉果字拾肆號

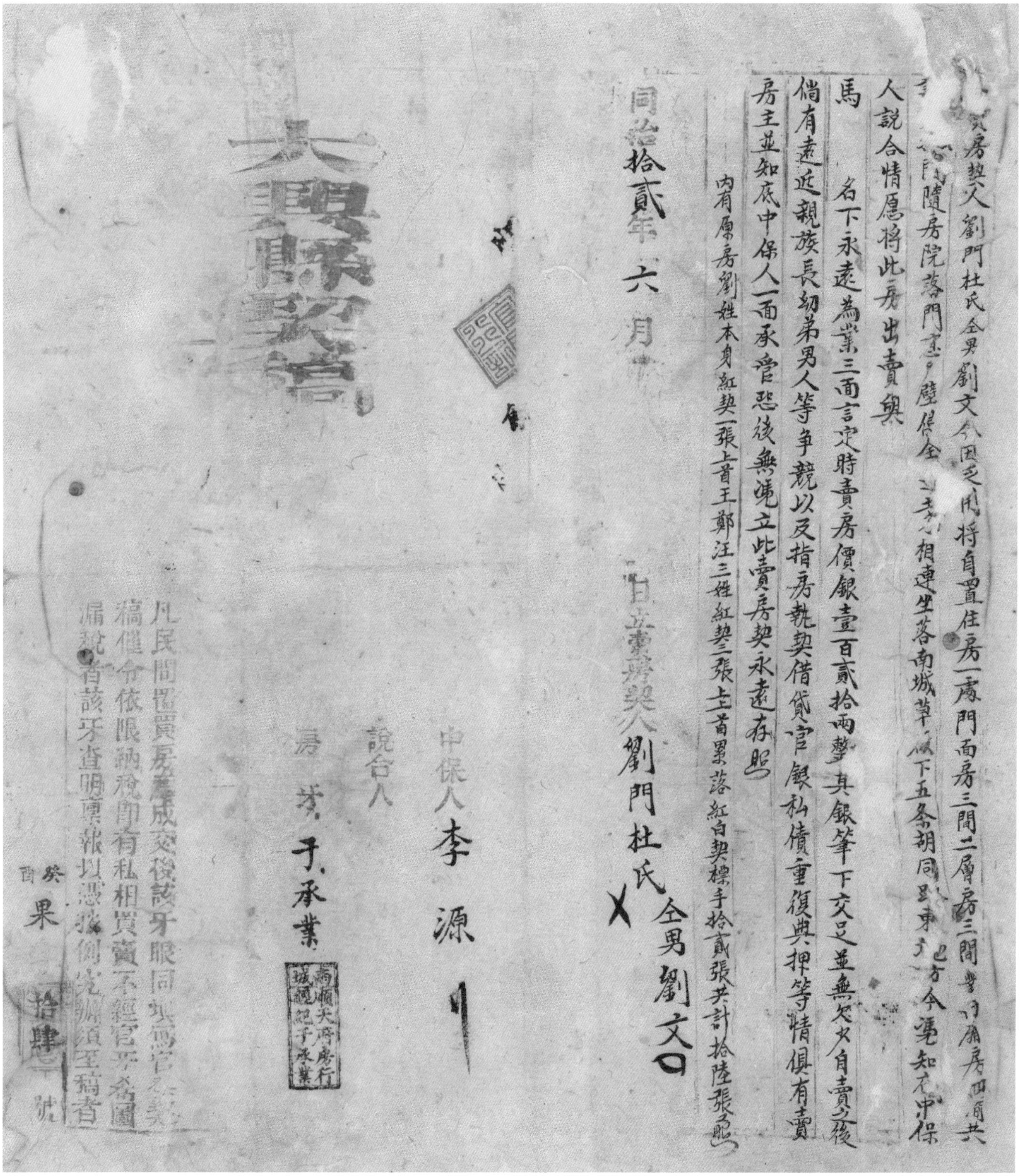

立賣房契人劉門杜氏仝男劉文今因乏用將自置住房一處門面房三間二層房三間……四間共……院隨房院落門窗戶壁俱全……相連坐落南城草廠下五條胡同路東……方今憑知底中保人說合情願將此房出賣與

馬　名下永遠為業三面言定時賣房價銀壹百貳拾兩整其銀筆下交足並無欠少自賣之後

倘有遠近親族長幼弟男人等爭競以及指房執契借貸官銀私債重復典押等情俱有賣

房主並知底中保人一面承管恐後無憑立此賣房契永遠存照

內有原房劉姓本身紅契一張上首王鄭汪三姓紅契三張上首異落紅白契檁手拾貳張共計拾陸張為照

同治拾貳年六月　日立賣房契人劉門杜氏　仝男劉文

中保人李源

說合人

房牙于承業

凡民間置買房產成交役該牙眼同填寫官……稿催令依限納稅即有私相買賣不經官牙希圖漏稅者該牙查明稟報以憑按例究辦須至稿者

癸酉　果　拾肆號

清同治十二年（一八七三）浙江會稽縣沈翼清執照（契約三〇一）

户部爲籌餉事……本部議奏籌備軍餉摺。内請將空白職銜、封典執照，發交山西、陝西、四川、廣東等省，并將花翎、藍翎執照注明，減二成銀數，發交各路糧臺，遇有赴營報捐者，即行發給，以廣招徠等因。奉旨：依議，欽此。復發十月十四日，附先請將前定核減銀數章程通行各省，所有應給執照，除援籌餉新例，報捐文武各官及常例職四品以上、武職三品以上，及一二品封典仍由部核准標發外，其餘常例文武職銜封典貢生以及翎枝等項，均先頒發空白執照，行令各督撫飭，交藩司按照核減例定銀數二成收捐，隨時填名給領。并於同治五年四月二十日奏請，無論大捐常捐，亦無論何項捐輸，凡請給獎叙者，悉按正項銀百兩應收飯銀壹兩伍錢，給照一張，隨收照費叁錢等因。奉旨依議，欽此。欽遵□□□。今據附生沈翼清，現年貳拾柒歲，係浙江紹興府會稽縣人，請捐貢生，交正項銀米拾柒石貳斗捌升，合銀叁拾肆兩伍錢陸分，飯銀壹兩柒錢柒分叁厘六毫，照費銀叁錢……叁拾陸兩叁分叁厘陸毫，所捐銀兩於同治拾貳年拾壹月　日在陝省甘捐總局照數收訖，給予親填部照，并填明照根，截下……實。須至執照者。

貢生　右照給沈翼清收執

曾祖樹業　祖文錦　父葆初

同治拾貳年拾壹月廿四日

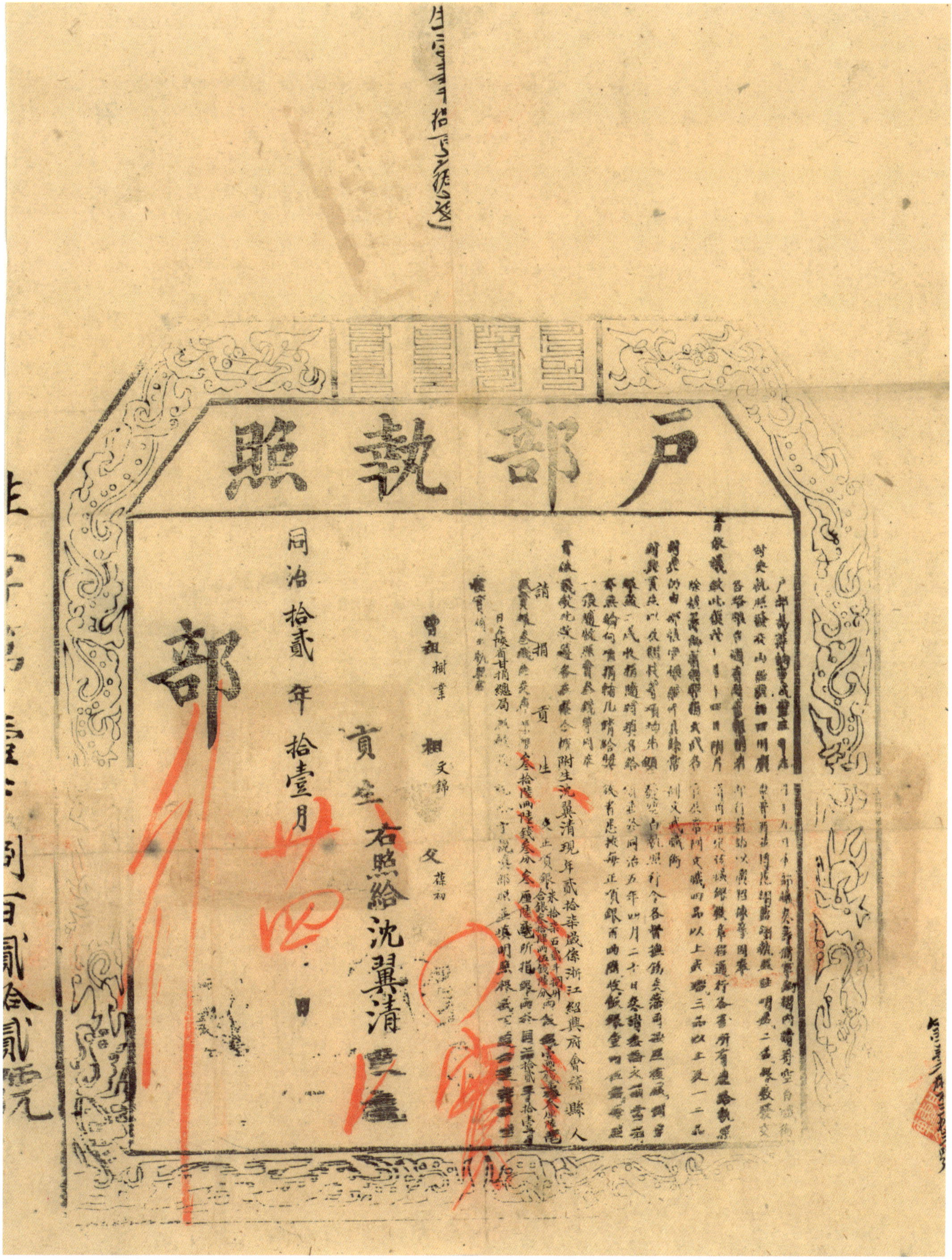
戶部執照

附生沈翼清現年貳拾柒歲係浙江紹興府會稽縣人

曾祖 樹業
祖 文錦
父 葆初

右照給沈翼清 貢生

同治拾貳年拾壹月 日

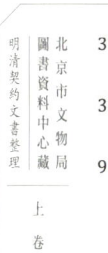

部

一三二

清同治十二年（一八七三）浙江會稽縣沈翼清監照

（契約三〇一）

監照

國子監爲給發執照事。准户部咨稱御史何其仁奏請將部監空名印照頒發各省收捐，并酌減銀數一摺。本部酌議頒發部照、監照數目，并將監銀壹百零捌兩之數，每名減銀貳拾兩，止交銀捌拾捌兩。其向來每百兩内加平餘銀肆兩，免其交納。由順天府暨各藩司將照均散各廳、州、縣，協同紳士勸諭收捐。該捐生一面交銀，立即將部照并監照各一張填名給領。准其一體鄉試，并報捐官職。至應交解部飯銀，每百兩交飯銀壹兩伍錢，每捐監一名交部照費貳錢、監照費壹錢伍分，均較從前酌減，以示鼓勵等因。於咸豐叁年捌月拾柒日具奏，奉旨：依議，欽此。欽遵行知各省在案。今據附生沈翼清係浙江省紹興府會稽縣人，年貳拾柒歲，於同治拾貳年拾壹月　日在陝省甘捐總局捐納貢生，相應給予監照，以杜假冒頂替等弊，須至監照者：

右照給沈翼清收執

三代曾祖樹業　祖文錦　父葆初

同治拾貳年拾壹月廿四日給

監照

國子監為給發執照事。准戶部咨[illegible]御史何[illegible]奏請將部監空名執照頒發
各省[illegible]捐[illegible]收數一摺，本部[illegible]議[illegible]監照[illegible]壹百零捌
兩之數，每張減銀貳拾兩，止交銀捌拾捌兩，其向不[illegible]加平餘[illegible]兩，亦其
交納由順天府暨各藩司將照封發各廳州縣[illegible]同紳士勸[illegible]捐[illegible]捐生一面交
銀在部將部照監照[illegible]各一張填名給領[illegible]
飯銀每百兩交飯銀[illegible]錢[illegible]部[illegible]伍分[illegible]
從前酌減以示鼓勵[illegible]咸豐叁年捌月拾柒日具奏，奉
旨：依議。欽此。欽遵行知[illegible]今[illegible]附生沈翼清，係浙江紹興府會稽縣人，
年貳拾柒歲，身[illegible]面[illegible]於同治拾貳年拾壹月　日
在陝甘捐總局報捐貢生，相應給予監照，以杜假冒[illegible]須至監照者。

曾祖　樹棠
祖　文錦
父　葆初

右照給沈翼清收執

同治拾貳年拾壹月　日

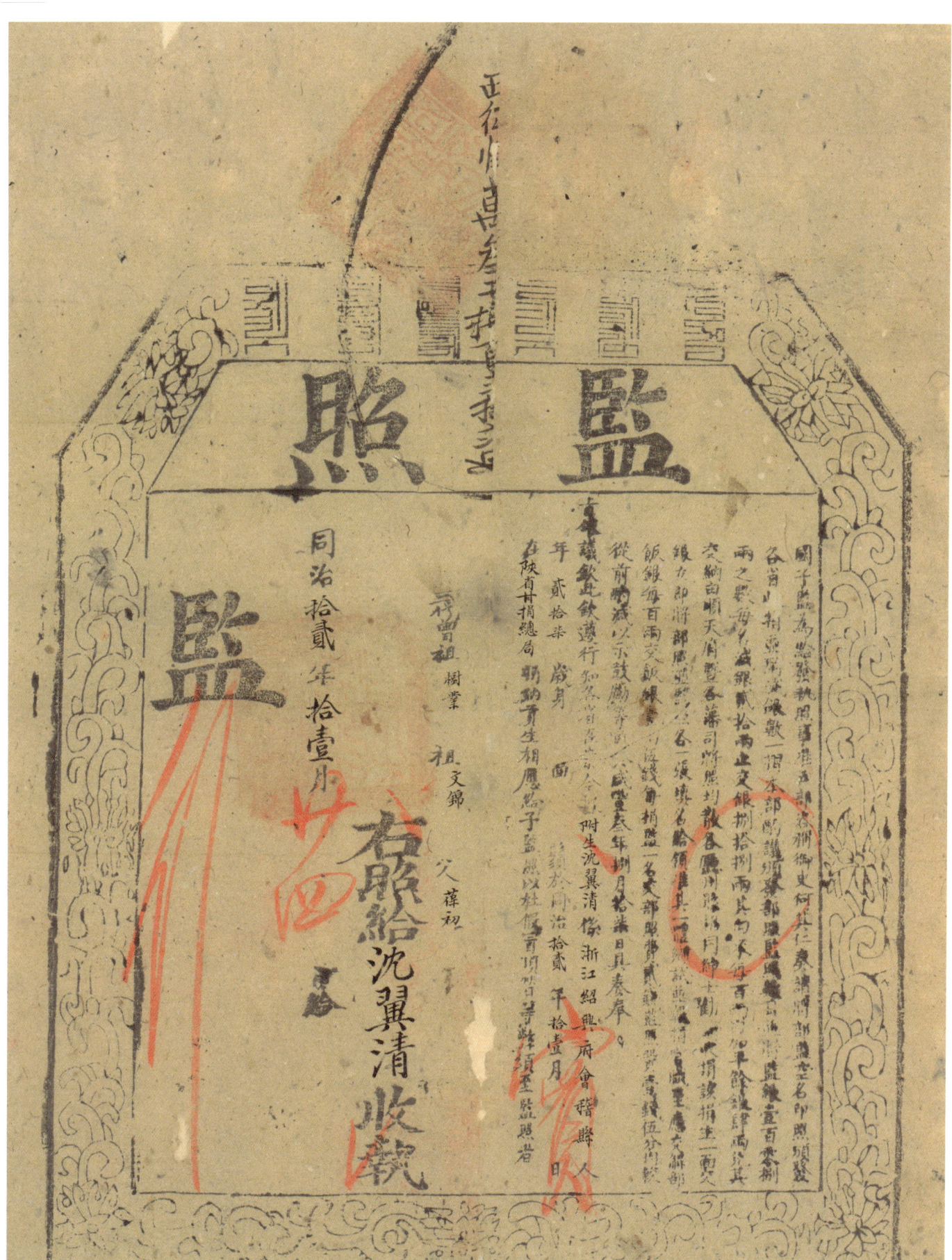

監

一三三

清同治十二年（一八七三）順義縣王珍賣糧地官契

（契約四九七）

立賣糧地契文約人王珍，因無錢，今將祖遺糧地壹段，拾畝，南北隴，坐落□西馬各莊村東南，自托中人說合，情願將此地賣與西馬各莊王玉臣名下爲業。仝衆言明，賣價市平松銀貳拾捌兩整。其銀筆下交足不欠。自賣之後，任憑置主自便，不與棄（業）主相干。此係兩家均願，各無返（反）悔。如有舛錯，有中人承管。空口無憑，立賣字爲證。

四至：南至壋（壕），北至道，東至王姓，西至史姓。

同治十二年十一月十七日

中保說合人　孫文陞（押）

立賣字人　王　珍（押）

代筆人　王子明（押）

立賣粮文約人王珍，因無錢，今將上遺粮地壹段拾畝，南北
龍生落馬各庄村東南，自託中說合，情愿將此地賣與
西馬各王玉臣名下為業。仝衆言明賣價市平松銀貳拾捌
兩整，其銀筆下交足不欠。自賣之後，任憑置主自便，不與棄主相干。
此係兩家均愿，各無返悔。如有舛錯，有中人永管。空口無憑，立
賣字為証。

四至：南至嘎 北至道 東至王姓 西至史姓

中保說合人 孫文陞 十

同治十二年十一月十七日 立賣字人 王珍 十

代筆人 王子明 應

永遠為業

買契

買主姓名 王玉臣

不動產種類 地一段

座落 西馬各庄

面積 十畝

四至 東 南 西 北

賣價 貳拾捌兩

應納稅額 五錢陸分

原契幾張 壹張

立契年月日 同治十二年十一月十五日

賣主 王 珍

中人 孫文陞

中華民國三年四月三十日 順義縣 給

新　紙

順天府府尹[illegible]發給契紙事前准
財政部頒行劃一契[illegible]章程九條通飭遵辦等因所有民間田房舊契
無論旗產民產典[illegible]契已稅未稅以及印契實在遺失或田房典契
載不[illegible]據者均應一律照章報驗註冊換給新契紙以
並有產而[illegible]奉
[illegible]十七條契稅條例十二條亟應遵照辦理凡呈
逾限如不呈驗照章科罰並於訴訟時不能作
契仍一律照章納稅毋得隱匿致干罰辦須至

順天　縣業戶王玉臣住居　鄉西馬各莊於
同治十二年十二月十七日價買　鄉本莊王珍地房一段所
計地十畝　分　盤合弓步東西南北
房　間
用價制錢／公銀　萬　千　百貳十捌兩　錢合銀
茲據呈驗　契並繳查驗費洋一元註冊費[illegible]角已予遵章註冊訖
中華民國三年四月二十日
右給業戶王玉臣收執

一三四

清同治十二年（一八七三）順義縣張玉振推地白契

（契約四九二）

立推租地文約人張玉振，因手乏，今將本身租地壹段，貳拾畝，此地落在西馬各莊村北，東西隴，□玦（塊），今托中保人說合，情願將此租地推與張文通名下永遠承種。當面言明，受□東錢肆佰肆拾吊整。其錢筆下交足，并不欠少。自推之後，任憑張姓自變（便），不與推主相干。此係兩家情願，各無恢（反）悔。恐後無憑，立推字永遠存照。

計開四至：東至張姓，西至濠，南至萬姓，北至道。

中保人 祁永富（押）
□智中（押）

立推字人 張玉振（押）

代字人 趙魁祥（押）

同治拾弍年十二月二十一日

立推租地文約張玉振因手乏今將本身租地貳拾畝此
地落在西馬家庄村北東西隴 烪今托中保人說合情
願將此租地推與張文通名下永遠承種當日言明
受使東錢肆伯肆拾吊整其錢筆下交足並不欠少自
推之後任憑張姓自便不與推主相干此係兩家情願
各無反悔恐後無憑立推字永遠存照

計開四至 至張姓西至濠
至萬姓北至道

中保人 祁永富 十
張智 十

立推字人張玉振〇
代字人趙魁祥書

同治拾貳年十二月二十一日

永遠

一三五

清同治十三年（一八七四）大興縣謝伯敬同弟賣房白契

（契約三八九）

立賣契人謝伯敬同弟仲光，今憑中説合，將祖遺原買王姓瓦房一所，共計大小弍拾壹間，門窗户壁俱全，上下土木相連，坐落崇文門外汪太醫胡同路東，情願出賣與　名下永遠爲業。三面議定，賣價京平松江銀壹千叁百兩正。言明四個月騰房，當日先交付銀壹千壹百兩，眼仝中人收訖，下短銀弍百兩，俟交房時再行找清。此係兩家情願，各無返（反）悔。如先悔之人，罰銀弍百兩；倘房過期不交，一月罰銀五拾兩，交房不付銀，一日罰銀拾兩。自立賣契之後，倘有親族長幼人等争兢（競）及指房另借官項私債等事，有賣房人并中保人一面承管。恐後無憑，立此賣契存照。

計纍落紅白契拾套，裝修單一紙，交置主收存，俟交房時照單點收，如有短少，情甘認罰又照。

中保人　張魁升（押）

立賣房契人　謝伯敬（押）
謝仲光（押）　親筆記

説合知底保人　李雨亭（押）
張魁亮（押）

同治拾叁年柒月弍拾柒日

立賣契人謝伯敬同弟仲光今憑中說合將祖遺原買王姓瓦房一所共計大小弍拾壹间门窗户壁俱全
上下土木相連坐落崇文门外汪太醫胡同路東情愿出賣與
名下永遠為業三面議定賣價京平松江銀壹千叁百兩正限四個月騰房當日先交付銀壹千壹百兩眼仝
中人收訖下短銀弍百兩俟交房时再行找清此係兩家情愿各無返悔如先悔之人罰銀弍百兩倘房過
期不交一月罰銀五拾兩交房不付銀一日罰銀拾兩自立賣契之後倘有親族長幼人等爭競及指房另借官項
私債等事有賣房人並中保人一面承管恐後無憑立此賣契存照
計累落紅白契拾套裝修單一紙交買主收存俟交房时照單点收如有短少情甘認罰又照

中保人張魁升十

同治拾叁年柒月弍拾柒日立賣房契人謝伯敬 仲光 親筆記

說合知底保人李雨亭 張魁亮十

一三六

清同治十三年（一八七四）大興縣沈西園賣房白契

（契約三九六）

立賣房契人沈西園，因乏用，將原買吴姓門面房弍間，接檐房弍間，後院南房弍間，共計房陸間，門窗户壁，土木相連，坐落在南城茶食胡同火把廠口路南地面，今憑知底管業人及保人説合，情願賣樊　名下永遠爲業。三面言定，時值賣房價銀伍拾伍兩整。其銀當日交足，外無欠少。自賣之後，如有親族長幼人等争競及指房借貸官銀私債等情，有賣房主同知底管業人及保人一面承管。恐後無憑，立此賣房契存照。

內有原房高姓紅契一張，上首徐、梁、武、金、蘇、王、盧柒姓紅契七張，贖回張姓紅契一張，王姓白字一張，共計紅白契字拾張。沈姓本身白字一張，置主收存。又照。內有王姓白字一張失去。

同治十三年十一月

立賣字人　沈西園（押）

中保人　姚芝坡（押）

东茶食〇〇

一

立賣房契人沈西園因乏用將原買吴姓門面房貳間接簷房貳間後院南房貳間共計房陸間
門窗戶壁土木相連坐落在南城茶食胡同火把廠口路南地面今憑知底買業人及保人說合情愿賣
與樊　名下永遠為業三面言定時值賣房價銀伍拾伍兩整其銀當日交足外無欠少自賣之後如有
親族長幼人等爭競及指房借貸官銀私債等情有賣房主同知底買業人及保人一面承管恐後無憑立
此賣房契存照
內有原房高姓紅契一張上首徐梁武金蘇王盧柒姓紅契七張贖回張姓紅契一張王姓白字一張共計紅白契字
拾張沈姓本身白字一張買主收存又照　內有王姓白字一張失去

同治十三年十一月

立賣字人沈西園（押）
中保人姚芝坡（押）

一三七

清光緒元年（一八七五）大興縣李得禄補税房官契

（契約三八四—一）

立補税房契人李得禄，原有祖遺破爛住房拾貳間，隨房院落，門窗户壁俱全，上下土木相連，此房坐落在正陽門外甘井胡同路北，後通濕井胡同路南地方。今因無憑執業，情願遵例赴縣補税紅契以便管業。當日時值房價銀貳百伍拾兩整。其中并無虚揑假冒、重複匿契等情，如虛，有補税契人并知底税契保人一體情甘認咎。欲後有憑，立此補税房契永遠爲據。

再批：此房原有纍落紅白契據，因咸豐年間代（帶）出赴任，被水失落無存，倘日後查出，作爲廢紙無用。又照。

光緒元年貳月　日

立補税房契人　李得禄

知底税契保人　葉秀臣　王寶恒

房牙　顧振霖

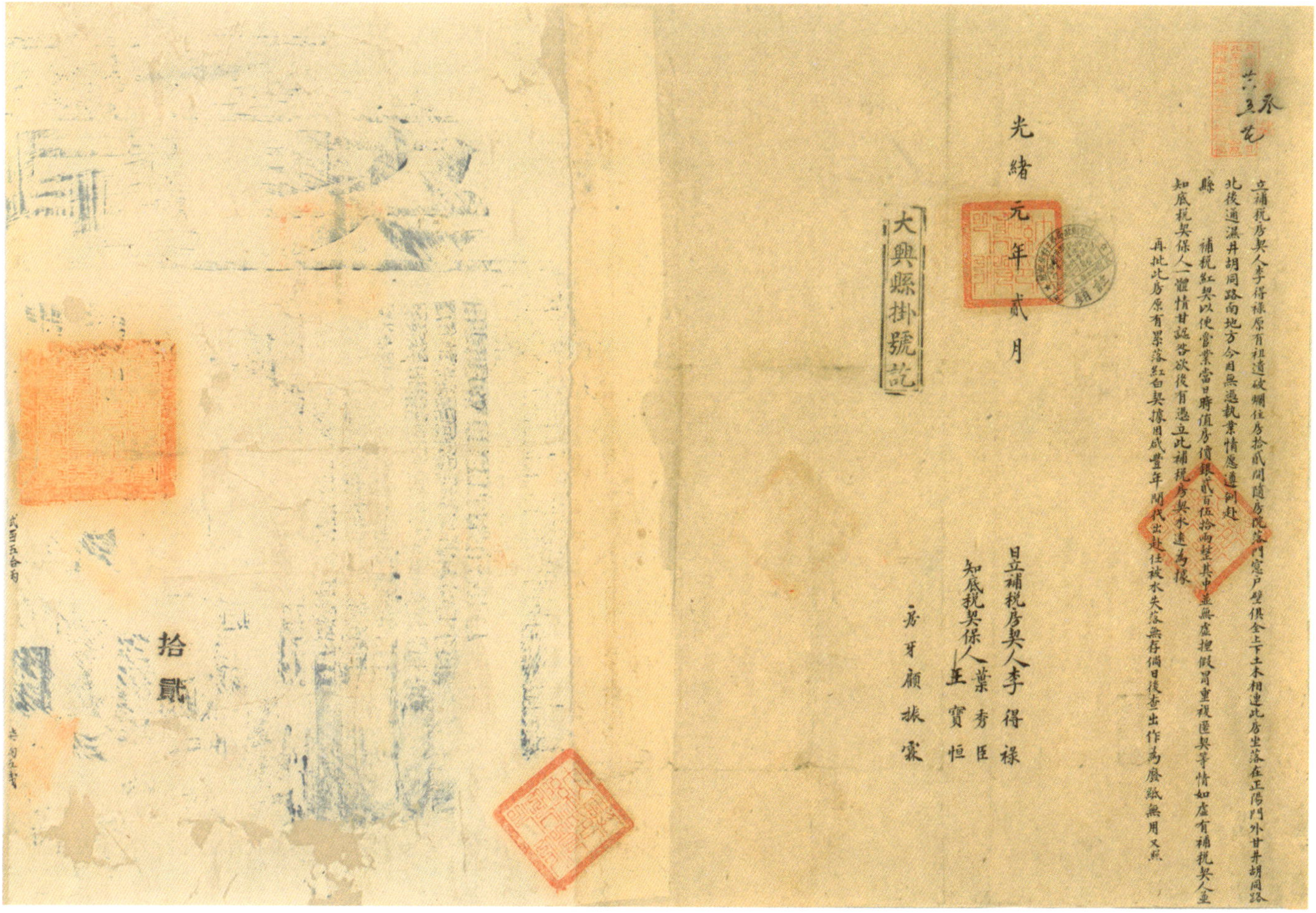

立補税房契人李得祿原有祖遺破爛住房拾貳間隨房院落門窗戶壁俱全上下土木相連此房坐落在正陽門外甘井胡同路
北後通濕井胡同路南地方今因無憑執業情愿遵例赴
縣　補税紅契以便管業當日時值房價銀貳百伍拾兩整其中並無虛捏假冒重複匿契等情如虛有補税契人並
知底税契保人一體情甘認咎欲後有憑立此補税房契永遠為據
再批此房原有墨落紅白契據因咸豐年間代出赴任被水失落無存倘日後查出作為廢紙無用又批

光緒元年貳月　日立補税房契人李得祿
知底税契保人　葉秀臣
　　　　　　　王寶恒
房牙顧振霖

大興縣掛號訖

拾貳

立補稅房契人李得祿原有祖遺破爛住房拾貳間隨房院落門窗戶壁俱全上下土木相連此房坐落在正陽門外甘井胡同路
北後通濕井胡同路南地方今因無憑執業情願遵例赴
縣　補稅紅契以便管業當日時值房價銀貳百伍拾兩整其中並無虛揑假冒重複匿契等情如虛有補稅契人並
知底稅契保人一體情甘認咎欲後有憑立此補稅房契永遠為據
再批此房原有累落紅白契據因咸豐年間代出赴任被水失落無存倘日後查出作為廢紙無用又照

光緒元年貳月　日立補稅房契人李得祿
知底稅契保人　葉秀臣
王寶恒
房牙　顧振霖

大興縣掛號訖

註銷

拾貳

清光緒元年（一八七五）宛平縣馬甘氏賣房白契

（契約四一四）

立賣房契人馬甘氏，今因乏用，將自置鋪面房壹處，門面房一間，抅（勾）連搭灰房一間，後院南灰棚一間，房後東西小院壹條，後門壹座，共計灰瓦房叁間，隨房院落門窗户壁俱全，此房坐落在北城日南坊琉璃廠西門内路南地方，今憑中保人説合，情願出賣與嚴　名下爲業。明言寔賣房價銀捌拾兩整。其銀筆下收足，并無欠少。自賣之後，如有親族弟男子侄指房執契借欠官銀等情，均有賣主仝中保人一面承管。恐口無憑，立此賣房契永遠存照。

此房内有馬姓補税紅契壹張跟隨，置主收存。又照。

光緒元年貳月弍拾日

立賣房契人　馬甘氏（押）

中保人　張静軒（押）

許　成（押）

立賣房契人馬甘氏今因乏用將自置鋪面房壹處門面房一間构連搭灰房一間
後院南灰棚一間房後東西小院壹條後门壹座共計灰瓦房叁間隨房院落门窗
戶壁俱全此房坐落在北城日南坊琉璃廠西门内路南地方今憑中保人說合情
願出賣與
嚴 名下為業言明寔賣房價銀捌拾兩整其銀筆下收足並無欠少自賣之
後如有親族弟男子姪指房執契借欠官聚等情均有賣主同中保人
一面承管恐口無憑立此賣房契永遠存照
此房內有馬姓補稅白契壹張跟隨置主收存又照

光緒元 貳月 廿拾日立賣房契人馬甘氏十

中保人 張靜軒十
許 成十

永遠為業

一三九

清光緒元年（一八七五）順義縣趙明退地官契

（契約二〇五）

立退旗糧地文約人趙明，因手乏，今將楊樹廠一塊，坐落在水坡家南，弍拾畝，西至劉姓，東至趙姓，北至道，南至墭（壕），今托中人説合，情願賣與王珠永遠爲業。同面言明，賣價錢叁伯（佰）弍拾吊正。其鈔交足不欠。此係二家情願，亦不恹（反）悔。恐後無憑，立字爲證。自此以後，憑至（置）主稅契交糧，與出主無干。

中保説合人　趙　亮（押）
王　金（押）
立賣字人　趙　明（押）
代字人　郭文德（押）

光緒元年十月初十日

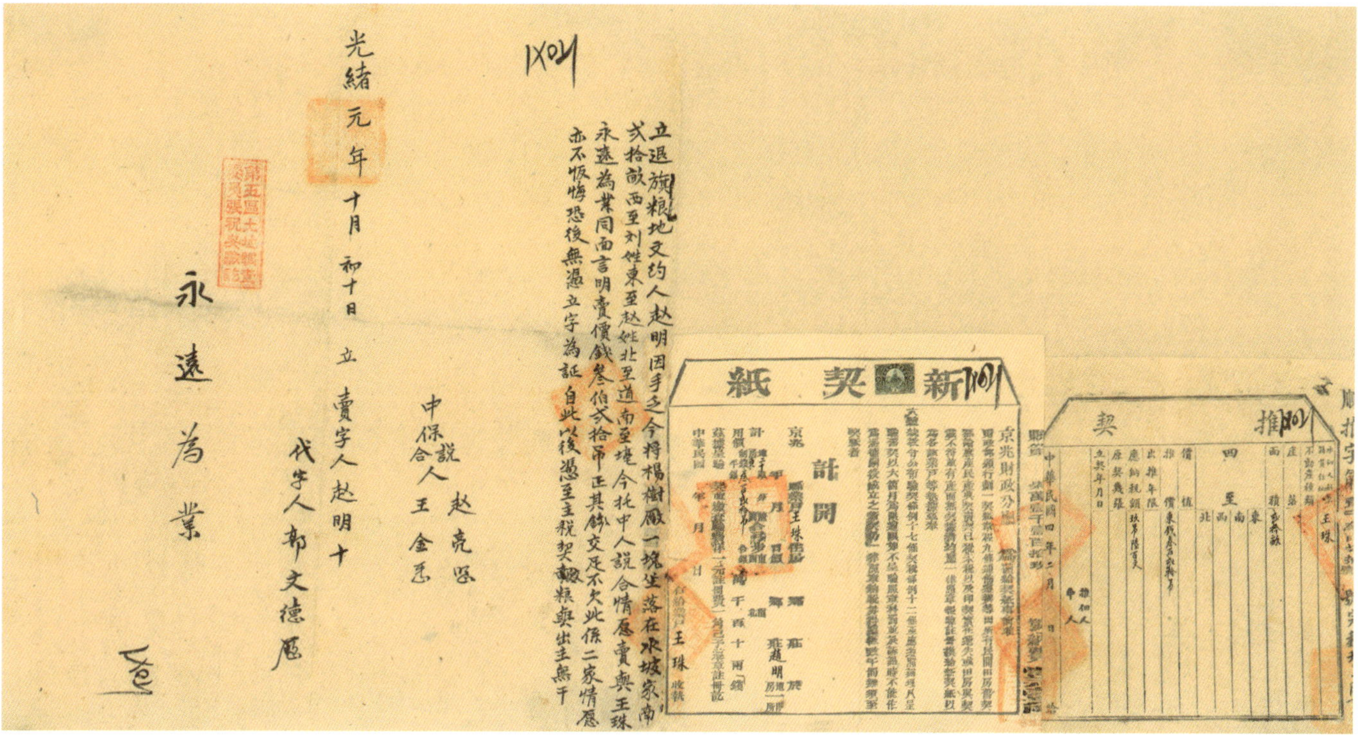

1X0㉑

立退旗粮地文约人赵明因手乏今将楊樹廠一塊坐落在水坡家南貳拾畝西至刘姓東至赵姓北至道南至塊今扥中人説合情愿賣與王珠永遠為業同面言明賣價錢叁伯貳拾吊正其錢交足不欠此係二家情愿亦不恢悔恐後無憑立字為証自此以後憑至主稅契撥粮與出主無干

中保説合人 赵亮(押) 王金(押)

光緒元年十月初十日 立 賣字人赵明十

代字人郝文德(押)

永遠為業

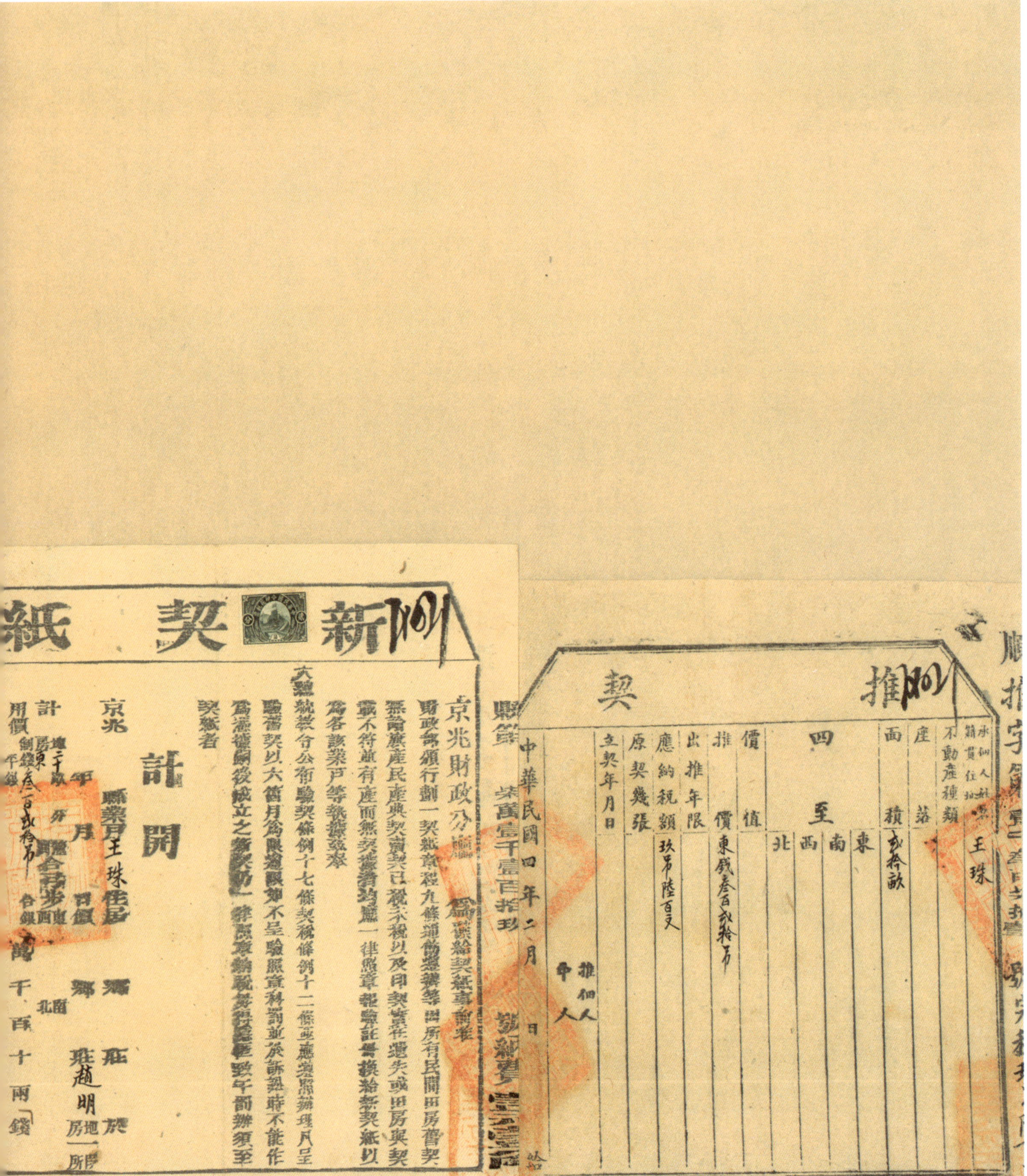

推契

縣第柒萬壹千壹百拾玖號

承佃人姓名籍貫住址	王珠
不動產種類	
坐落	
面積	貳拾畝
四至	東 南 西 北
價值	推價東錢叁百貳拾吊
出推年限	
應納稅額	玖吊陸百文
原契幾張	
立契年月日	中華民國四年二月　日

推佃人
中人

新契紙

京兆財政分廳為發給契紙事前准
財政部頒行劃一契紙章程九條通飭遵辦等因所有民間田房買典契
紙除前清舊契應查照契稅條例第十二條……
……
為各該業戶等執業之據……
大總統頒令公布驗契條例十七條契稅條例十一條……
驗舊契以六箇月為限……
為該條例……立之新契……
契紙者

計開

京兆　縣業戶王珠住居　鄉　莊　旗
年　月　日價　鄉　莊趙明
計　地二十畝　房　間合名步　東西南北　地一段　房一所
用價　制錢叁百貳拾吊　平銀　合銀　萬千百十兩錢

1X04

立退旗粮地文约人赵明因手乏今将楊樹廠一塊坐落在水坡家南弍拾畝西至刘姓東至赵姓北至道南至墁今托中人説合情愿賣與王珠永遠為業同面言明賣價錢叁伯弍拾吊正其錢交足不欠此係二家情愿亦不饭悔恐後無憑立字為証　自此以後憑至主税契過粮與出主無干

右給業戶王珠收執

第五區土地調查委員張祝安驗訖

中保説合人　赵亮坚
　　　　　　王金恩

光緒元年十月初十日　立　賣字人赵明十

代字人郭文德愿

永遠為業

立

一四〇

清光緒元年（一八七五）順義縣許老退地白契

（契約一二四）

立退地文約人許老，□手乏，今將祖遺糧地壹段，拾貳畝半，此地坐落在西馬各莊村南，計地貳幅，東西隴，今托中保人說合，情願將此糧地退與張文通名下永遠承種。許老托（拖）欠官糧張姓捕（補）那（納），當面言明，許老受使東錢陸佰玖拾吊整。其錢筆下交足，并不欠少。自退之後，任憑張姓自變，不與許姓相干。此係兩家情願，各不忛（反）悔。如有舛錯者，自有許老、中保人一面承管。空口無憑，立退字永遠存照。

計開四至：南至王姓，北至官地，東至道，西至濠。

中保人 許　財（押）
許永貴（押）
王　財（押）

立退地人 許　老（押）

代字人 趙奎祥（押）

光緒元年十二月初四日

立退地文約人許尭　手乏今將祖遺粮地壹段拾貳畝半此地坐落在西馬各庄村南計

地貳輻東西隴今託中保人說合情愿將此粮地退與張文通名下永遠承種許尭

抛欠官粮張姓補那當面言明許尭受使東錢陸伯玖拾吊整其錢筆下交足並不

欠少自退之後任憑張姓自變不與許姓相干此係兩家情愿各不收悔如有舛錯者

自有許尭中保人一面承管空口無憑立退字永遠存照

計開四至　南至王姓　北至官地　東至道　西至濠

中保人　許財十　許永貴十　王財十

光緒元年十二月初四日

立退地人許尭十

代字人趙奎祥（押）

永遠事業

清光緒元年（一八七五）大興縣马進修賣房白契

（契約四三九）

立賣房契人馬進修，今因乏用，將自置住房壹處，門面房叁間，貳層房叁間，對面厢房肆間，茅樓壹間，共計房拾壹間，隨房院落，門窗户壁俱全，上下土木相連，坐落南城草廠下五條胡同路東地方。今憑知底中保人説合，情願將此房出賣與樊　名下永遠爲業。三面言定，時賣房價銀市平松江肆伯（佰）兩整。其銀筆下交足，并無欠少。自賣之後，倘有遠近親族弟男人等争競以及指房借貸官銀私債重複典押等情，俱有賣主并知底保人一面承管。恐後無憑，立此賣房契永遠存照。

内有原房馬姓紅稿契壹張，上首劉、王、鄭、汪四姓紅契肆張，上上首紅、白契標手共拾叁張，共計拾柒張。又照。

知底中保人　郭世興（押）　德潤恒（押）　湯曉廷（押）

立賣房契人　馬進修（押）

光緒元年十二月廿六日

下五条胡同

立賣房契人馬進修今因乏用將自置住房壹處門面房叁間
貳層房叁間對面廂房肆間茅樓壹間共計房拾壹間隨
房院落門窗戶壁俱全上下土木相連坐落南城草廠下五
条胡同路東地方今憑知底中保人說合情愿將此房出賣與
樊　名下永遠為業三面言定時賣房價銀市平松江肆伯兩整其
銀筆下交足並無欠少自賣之後倘有遠近親族弟男人等爭競以及
指房借貸官銀私債重複典押等情俱有賣主並知底保人一面承管恐
後無憑立此賣房契永遠存照

內有原房馬姓紅（鵝）契壹張上首劉王鄭汪四姓紅契肆張上上首紅白契摞手共拾叁張共
計拾柒張又照

知底中保人　郭世興十
德潤恒十
湯曉廷　押

光緒元年十二月廿六日立賣房契人馬進修十

一四二

清光緒二年（一八七六）順義縣劉玉山絶賣地白契

（契約二二八）

立絶賣地文約人水坡村劉玉山，因手乏，將本身祖遺地壹段，坐落在水坡村西齊道，地南北隴，東西寬，北頭拾陸弓，南頭拾伍弓，南北長壹伯（佰）貳拾叁弓，四至開後，煩中人説合，賣於（與）西馬各莊王珠名下承種爲業。作賣價東錢肆伯（佰）吊整。其錢筆下交足，并不欠少。當面言明。自賣之後，王姓承種，永不許劉姓争論。如有争論，有賣主一面承管。此係兩家情願，各無恆（反）悔。恐後無憑，立賣字爲證。

東至劉姓，西至賣主，南至道，北至道。

中保人 劉雲亭（押）

立絶賣字人 劉玉山（押）

代字人 葉耀堂（押）

光緒二年十月二十七日

立绝賣地文约人水坡村劉玉山因手乏将本身祖遗地壹段坐落
在水坡村西齊道地南北壠東西寬北頭拾陸弓南頭拾伍弓南北長壹
伯貳拾叁弓西至闊後烦中人說合賣于西馬各庄王珠名下承種為業
作賣價東錢肆伯吊整其錢笔下交足並不欠少當面言明自賣之後
王姓承種永不許劉姓爭論如有爭論有賣主一面承管此係兩家情
愿各無反悔恐後無憑立賣字為证

東至劉姓 西至賣主
南至道 北至道

中保人劉雲亭忠

光緒二年十月二十七
日立绝賣字人劉玉山十

代字人葉耀壹押

存照

一四三

清光緒二年（一八七六）宛平縣杜潤甫兄弟賣房白契

（契約四一五）

立賣文契杜潤杜潤甫、杜濱甫，今因奉慈命，情願將所遺己産柴兒胡同住房一所，計東西兩院，共房拾叁間，出賣於（與）樊　名下爲業。憑中説合，時值估價足紋松江銀壹千兩正。其銀當日收足。此係自己分受産業，與别房無干。自賣之後，倘有本家伯叔弟兄子侄争執，有賣主同原中一面承管。欲後有憑，立此永遠賣文契存照行。

外附上手（首）紅、白契纍落契共拾伍張。

光緒貳年拾月初七日

立賣房契　杜潤甫（押）

中見人　何朗山（押）

說合人　趙虎臣（押）

沈保如（押）

茶兒胡同

立賣文契杜潤甫今因奉　慈命情愿將所遺己產柴兒胡同住房一所計東西兩院共
房拾叁間出賣於
樊名下為業憑中說合時值估價足紋松江銀壹千兩正其銀當日收足此係自己分受
產業與別房無干自賣之後倘有本家伯叔弟兄子姪爭執有賣主同原中一面承管
欲後有憑立此永遠賣文契存照行
外附上手紅白契累落契共拾伍張

光緒貳年拾月　初七　日立賣房契杜潤甫（押）

中見人何朗山（押）
說合人　趙虎臣（押）
沈保如（押）

一四四

清光緒二年（一八七六）大興縣師竹堂賣房白契（契約四四四）

立賣房契人師竹堂，今因乏用，將自置房壹所，門面房伍間、廂房拾間，腰房四間半，東、西廂房四間，後正房五間，灰棚一間，共計瓦房、灰棚貳拾玖間半，隨房院落，門窗户壁俱全，上下土木相連，此房坐落在中城中東坊東珠市口東邊路北地方，今憑知底中保人説合，情願出賣與　名下永遠爲業。三面言明，實賣房價銀貳仟零貳拾兩正。其銀筆下交足，并無欠少。自賣之後，倘有遠近親族人等争競并指房執契借欠官銀私債及來路不明、重復典賣等事，均有賣〔主〕仝中保人一面承管。恐後無憑，立此賣契永遠存照。

此房内有張姓本身白契一張，沈姓紅契一張，上首王、崔、索、蘇、趙、王柒姓共計紅契柒張，一并交置主收存。

光緒貳年　月　日

立賣房契人　師竹堂張（押）

知底中保人　王羣發（押）

中保人　崔永傑（押）

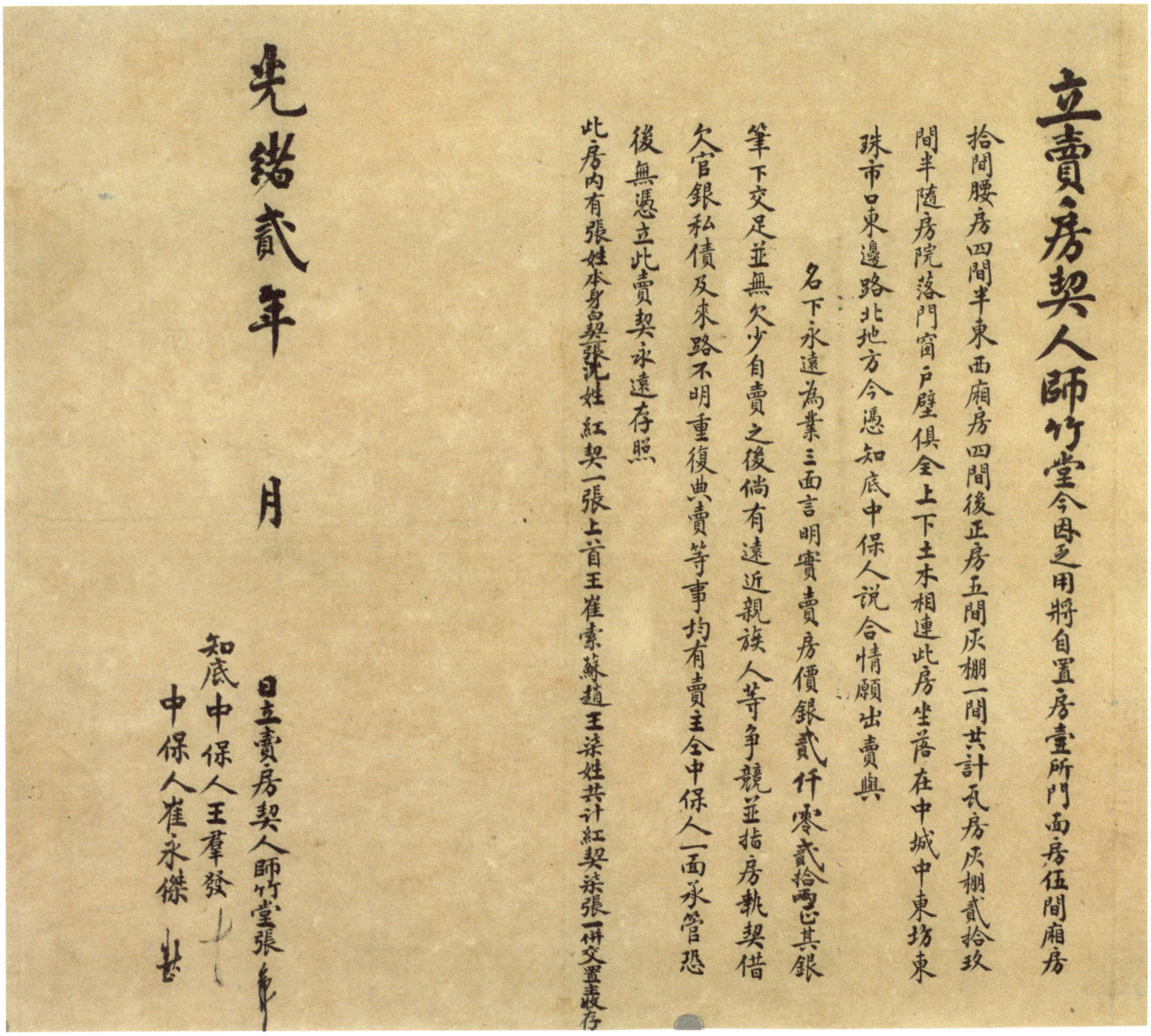

立賣房契人師竹堂今因乏用將自置房壹所門面房伍間廂房
拾間腰房四間半東西廂房四間後正房五間灰棚一間共計瓦房灰棚貳拾玖
間半隨房院落門窗戶壁俱全上下土木相連此房坐落在中城中東坊東
珠市口東邊路北地方今憑知底中保人說合情願出賣與
名下永遠為業三面言明實賣房價銀貳仟零貳拾兩正其銀
筆下交足並無欠少自賣之後倘有遠近親族人等爭競並指房執契借
欠官銀私債及來路不明重復典賣等事均有賣主全中保人一面承管恐
後無憑立此賣契永遠存照
此房內有張姓本身白契一張沈姓紅契一張上首王崔索蘇趙王柒姓共計紅契柒張一併交置主收存

光緒貳年　月　日立賣房契人師竹堂張
知底中保人王羣發
中保人崔永傑

一四五

清光緒二年（一八七六）順義縣李才賣地紅契

（契約四九六）

立賣地契文約人李才，因手乏，將本身祖遺地壹段，柒畝伍分，坐落在西馬各莊東南，四至開後，煩中人説合，情願賣于（與）王玉臣名下承種爲業，作賣價紋銀貳拾兩整。其銀筆下交足，分毫不欠。當面言明，自賣之後，準（准）其買主報糧占尾，不許賣主争論。此係兩家情願，各無㤨（反）悔。恐後無憑，立此賣字爲證。

東至王姓，西至劉姓，南至濠，北至道。

中保人　劉成金（押）

立賣字人　李　才（押）

代字人　葉耀堂（押）

光緒二年十一月二十□日

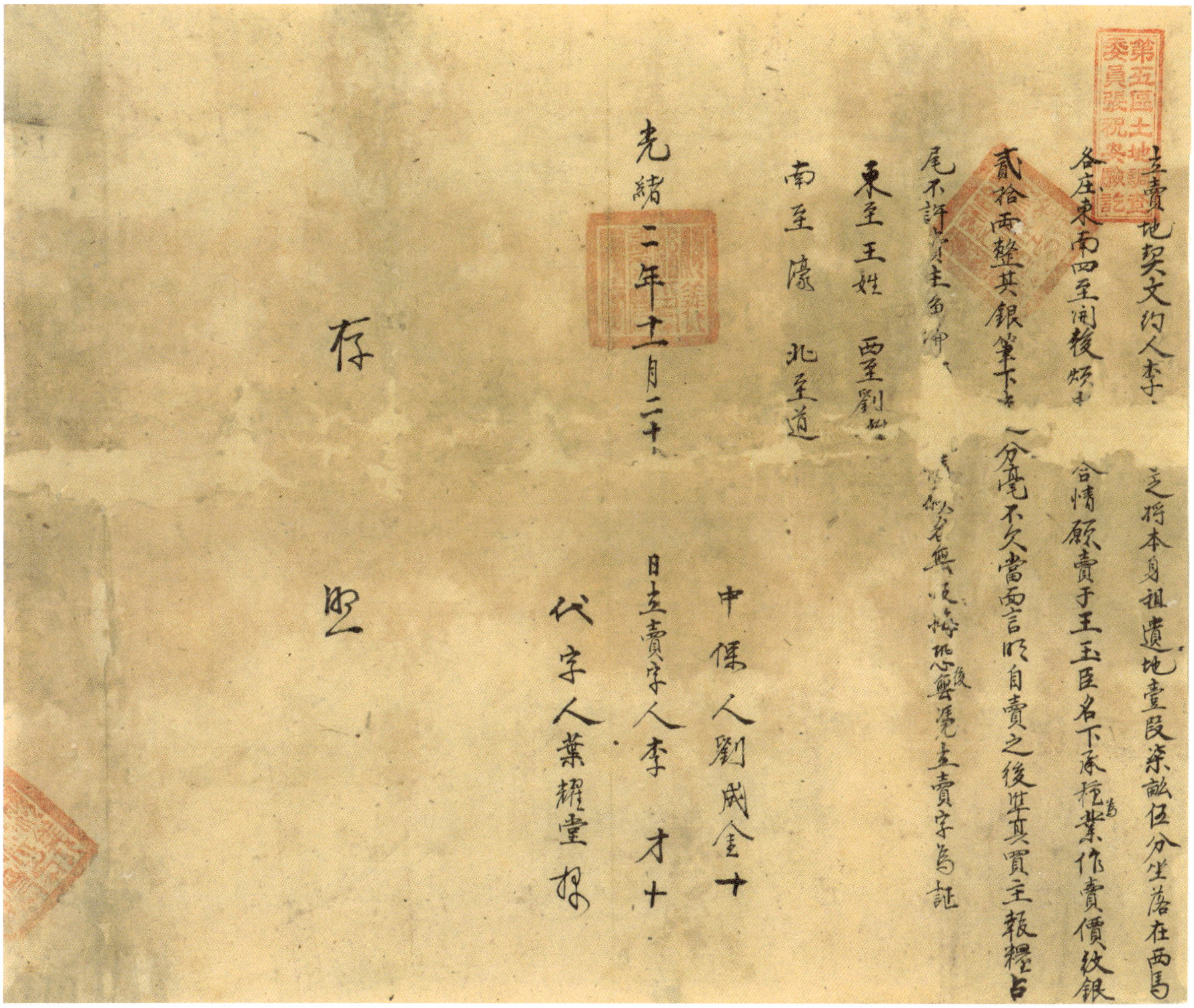

第五區土地調查委員張視察驗訖

立賣地契文約人李□之將本身祖遺地壹段柒畝伍分坐落在西馬
各庄東南四至閑後煩中合情願賣于王玉臣名下承種爲業作賣價紋銀
貳拾兩整其銀筆下交一分毫不欠當面言明自賣之後如有買主報糧占
尾不許賣主爭論[illegible]無反悔恐後無憑立賣字爲証

東至王姓　西至劉姓
南至濠　北至道

光緒二年十二月二十日　立賣字人李才十
中保人劉成金十
代字人葉耀堂押

存照

一四六

清光緒三年（一八七七）宛平縣徐心一執照

（契約四〇三）

欽命督理街道衙門爲給發執照事。據北城徐心一報小安南營路西臨街住房一所，大小共十間，起地基三尺，院内墊地自行刨起本街灰土使用，均照舊行補油什，不敢侵占官街。本衙門批准照舊址添修房屋，本街灰土准其墊用，行補油什，仍照舊式房間昇高，不許侵占官街在案。仰即遵批辦理，該處兵役人等毋得攔阻，該户民亦毋得藉端越修，致干究處。須至執照者。

右給户人徐心一　准此

光緒三年九月初二日

執照

欽命管理街道衙門　為給發執照事據北城
徐心一於小安南營路西臨街住房並於大坑中
掏起地基三尺院內墊地自行剷起本街原土
使用均照章自行補油什不敢侵佔官街
本衙門批　准照所址添修房屋本街原土准其墊用自行補油什物照其原兩井高不許侵佔官街　在案
仰即遵批辦理該處兵役人等毋得攔
阻該戶民亦毋得藉端越修致干究處
須至執照者
右給戶人徐心一　准此
光緒三十年九月初二日

租寶仁堂

一四七

清光緒三年（一八七七）河北雄縣姜大胖賣地紅契

（契約二四一）

立賣契人姜大胖，因手乏用，今將自己家南東西園地壹段，計園地六分，東至要主，西至要主，南至毫（壕），北至毫（濠），四至分明，今憑中人説合，立契出賣與姜永清名下承種，永遠爲業。言明買價清錢叁拾五吊整。其錢當日交足。恐口無憑，立字爲正（證）。

中人　張永寬

光緒三年二月十五日立

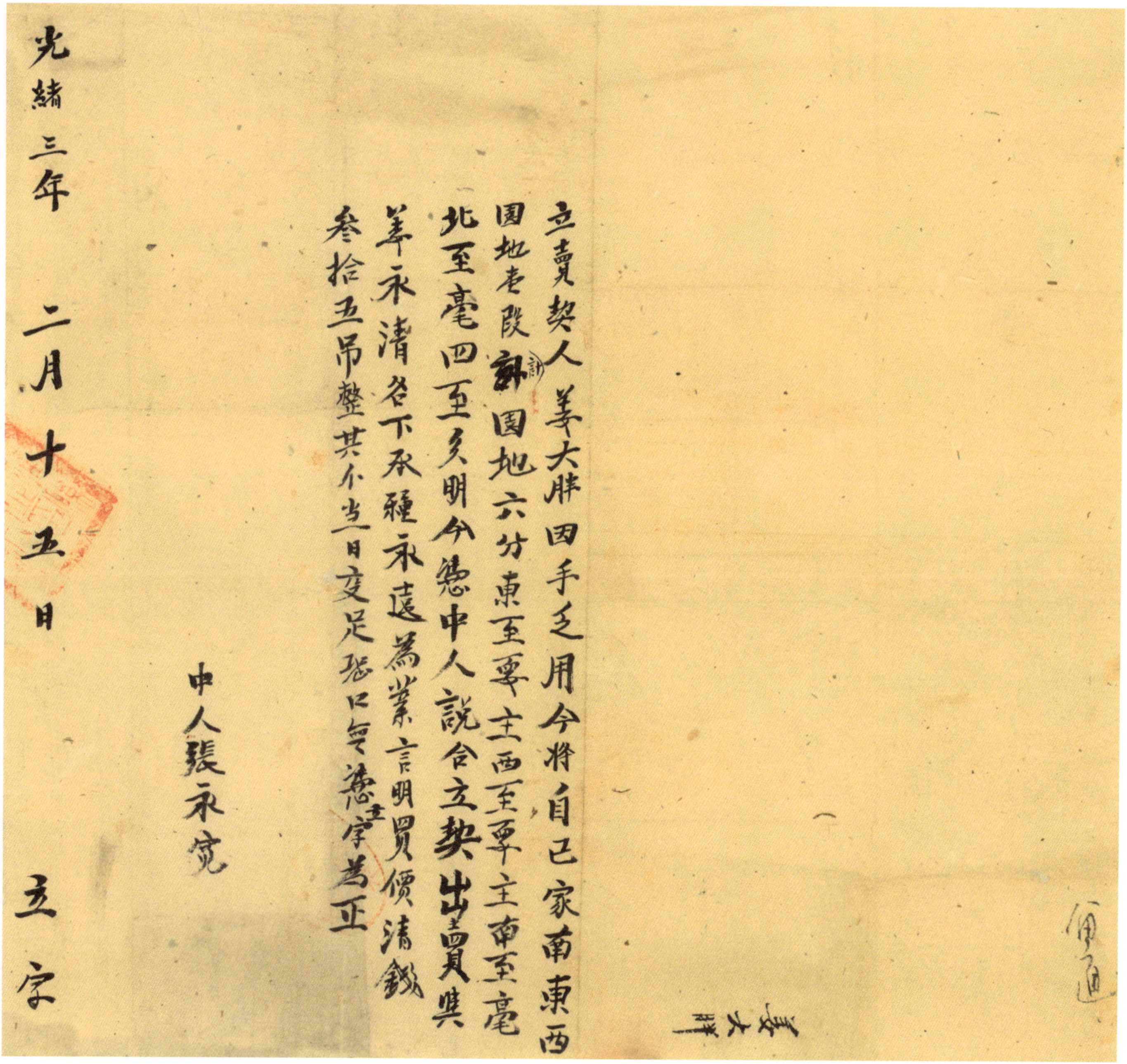

立賣契人姜大胖因手乏用今將自己家南東西
園地壹段新園地六分東至姜主西至姜主南至毫
北至毫四至分明今憑中人說合立契出賣與
姜永清名下承種永遠爲業言明賣價清錢
叁拾五吊整其价当日交足恐口無憑立字爲証

中人張永寬

光緒三年二月十五日　立字

姜大胖

清光緒三年（一八七七）大興縣李得禄賣房官契

（契約三八四一二）

立賣房契人李得禄，今因乏用，將祖遺破爛住房拾貳間，隨房院落，門窗户壁俱全，上下土木相連。此房坐落在正陽門外甘井胡同路北，後通濕井胡同路南地方，今憑知底中保人説合，情願出賣與孫　名下永遠爲業。三面言明，定賣房價銀叁百貳拾兩整。其銀筆下交足，并無欠少。自賣之後，倘有遠近親族弟男子侄指房執契借欠官銀私債及重複典賣争兢（競）等情，均有賣主全知底中保人一面承管。恐後無憑，立此賣房契永遠存照。

此房内有李姓補税紅契壹張跟隨，置主收存。又照。

光緒叁年肆月　日

立賣房契人　李得禄

深知情底中保人　何玉崑

房牙　顧振霖

凡民間置買房産，成交後該牙眼同填寫官發契稿，催令依限納税，即有私相買賣不經官牙希圖漏税者，該牙查明稟報，以憑按例究辦。須至稿者。

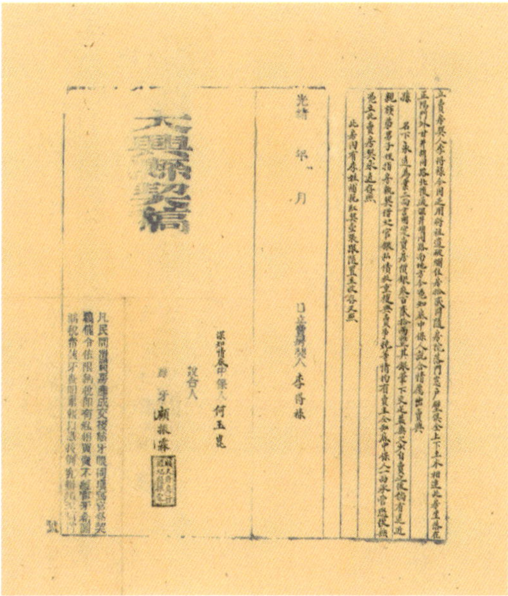

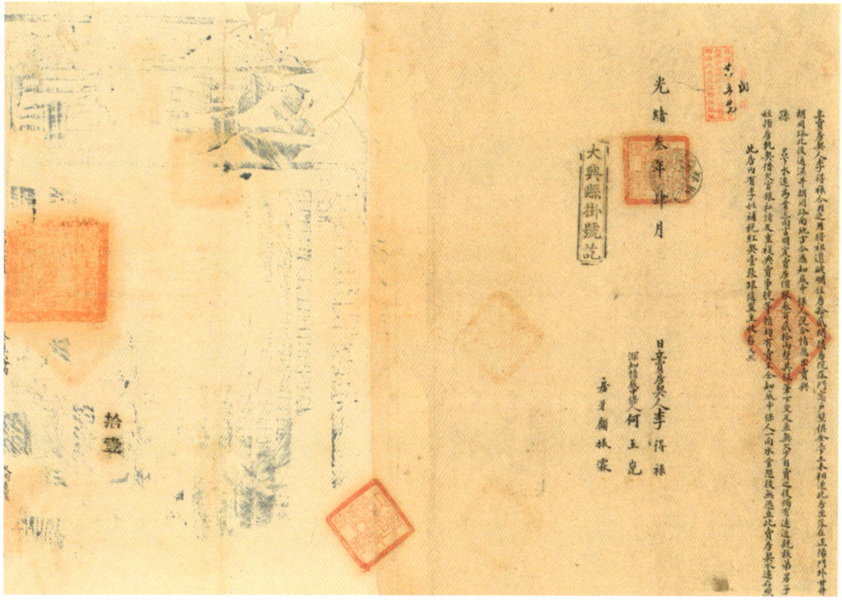
光緒叁年肆月
大興縣掛號訖
拾壹

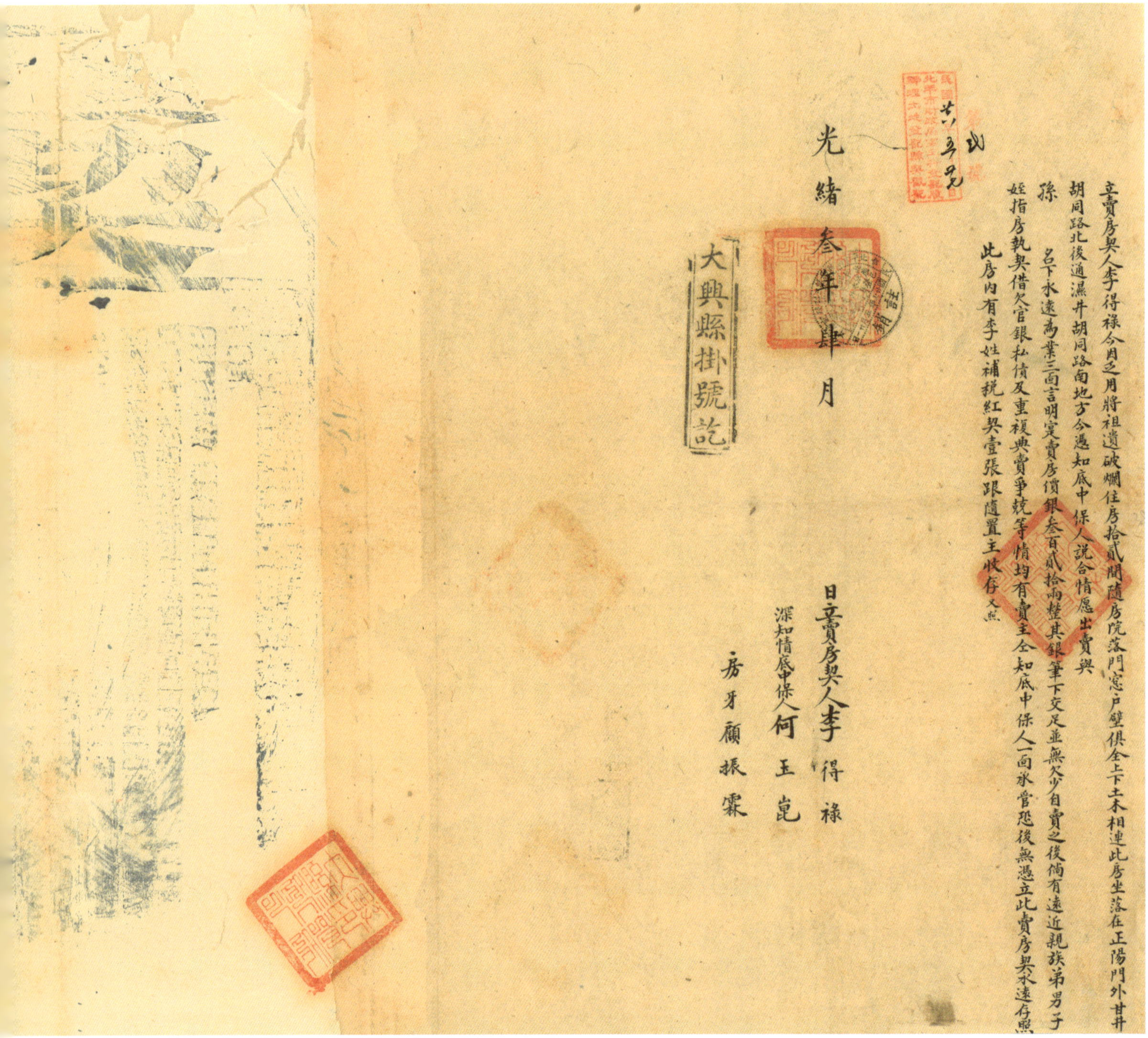

立賣房契人李得祿今因乏用將祖遺破爛住房拾貳間隨房院落門窗戶壁俱全上下土木相連此房坐落在正陽門外甘井
胡同路北後通濕井胡同路南地方今憑知底中保人說合情愿出賣與
孫　名下永遠爲業三面言明定賣房價銀叁百貳拾兩整其銀筆下交足並無欠少自賣之後倘有遠近親族弟男子
姪指房執契借欠官銀私債及重複典賣爭競等情均有賣主全知底中保人一面承管恐後無憑立此賣房契永遠存照
此房内有李姓補稅紅契壹張跟隨置主收存　又照

民國廿八年五月

光緒叁年肆月　日立賣房契人李得祿

深知情底中保人何玉崑

房牙顧振霖

大興縣掛號訖

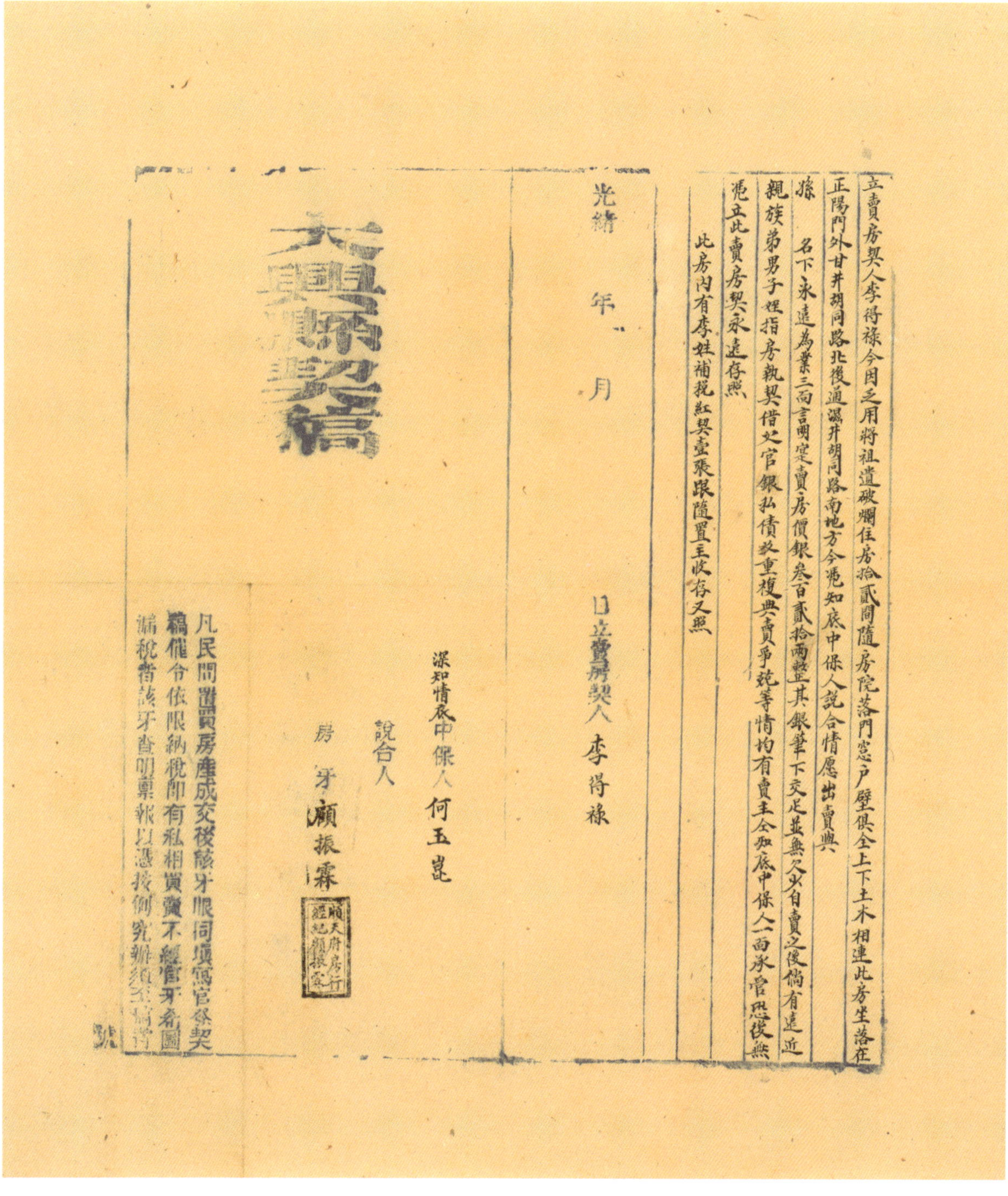

立賣房契人李得祿今因乏用將祖遺破爛住房拾貳間隨房院落門窗户壁俱全上下土木相連此房坐落在
正陽門外甘井胡同路北後通濕井胡同路南地方今憑知底中保人説合情愿出賣與
𠇍名下永遠為業三面言明定賣房價銀叁百貳拾兩整其銀筆下交足並無欠少自賣之後倘有遠近
親族弟男子姪指房執契借支官銀私債及重複典賣爭㪍等情均有賣主全知底中保人一面承管恐後無
憑立此賣房契永遠存照
此房内有李姓補税紅契壹張跟隨買主收存又照

光緒　年　月　日立賣房契人李得祿

深知情底中保人何玉崑

説合人

房牙顧振霖

順天府房行經紀顧振霖

大興縣契稿

凡民間置買房產成交後該牙眼同填寫官發契稿催令依限納税卽有私相買賣不經官牙希圖漏税者該牙查明稟報以憑按例究辦絕不寬貸

號

一四九

清光緒三年（一八七七）大興縣魯清泉賣房白契

（契約三九三）

立賣房契人魯清泉，今因乏用，自置住房壹所，門面房叁間半，二層叁間半，後層叁間，前後廂房伍間，共計房拾伍間，前後通街，隨房院落，門窗户壁俱全，上下土木相連，坐落在南城坊香串胡同中間路西地方，今憑知底中保人説合，情願賣與樊　名下永遠爲業。三面言定，房價陸百伍拾兩正。其銀筆下交足，并不欠少。自賣之後，倘有親族長幼弟男子侄争兢（競）指房借銀官銀私債等情，均有賣房主仝知底中保人一面承官（管）。恐後無憑，立此買房契人永遠爲業，立此存照。

内有原房本身王姓官稿壹張，徐姓紅契壹張，上首文、周兩姓紅契貳張，共紅契叁張，索姓、魯姓白契貳張，交置主收存，纍落典契無用。

知情底保人　牛彭齡（押）

中保人　宋忠芝（押）

李　太（押）

立賣房契人　魯清泉（押）

光緒叁年捌月初玖日

香串胡同

立賣房契人魯清泉今因乏用自置住房壹所門面房叁間半二層叁間半後層叁間前後廂房伍間

共計房拾伍間前後通街隨房院落門窗戶壁俱全上下土木相連坐落在南城坊香串胡同中間路西地

方今憑知底中保人說合情願賣與

樊　名下永遠為業三面言定房價陸百伍拾兩正其銀筆下交足並不欠少自賣之後倘有親族

長幼弟男子侄爭競指房借銀虧銀私債等情均有賣房主全知底中保人一面承管恐後無憑立此賣房

契人永遠為業立此存照

因有原房本身王姓官稿壹張孫姓紅契壹張上首文周兩姓紅契貳張共紅契叁張索姓

魯姓白契貳張交買主收執累落與契無用

光緒叁年捌月初玖日立賣房契人魯清泉（押）

知情底保人　牛彭齡（押）

中保人　宋忠芝（押）

李古（押）

一五〇

清光緒三年（一八七七）大興縣常清賣房官契

（契約三二九）

立賣字人正藍旗滿洲四甲喇榮純佐領下常清，皆因手乏無錢，煩中人說合，情願自置房一所，坐落在東總布胡同中間路北，共計房拾四間半，憑中人說合，賣與正白旗滿洲四甲喇慶貴佐領下德姓名下永遠爲業。言明價銀二兩平松杠（江）銀弍百兩。自賣之後，倘有親族人等争倫（論），有原賣主一面承管。恐口無憑，立字存照。賣字之時，其錢筆下交足，并無欠少，立字爲證。

光緒三年拾月初四日立

立賣字人　常　清（押）

中保人　杜有保（押）

閆長春（押）

底保人　清　霖（押）

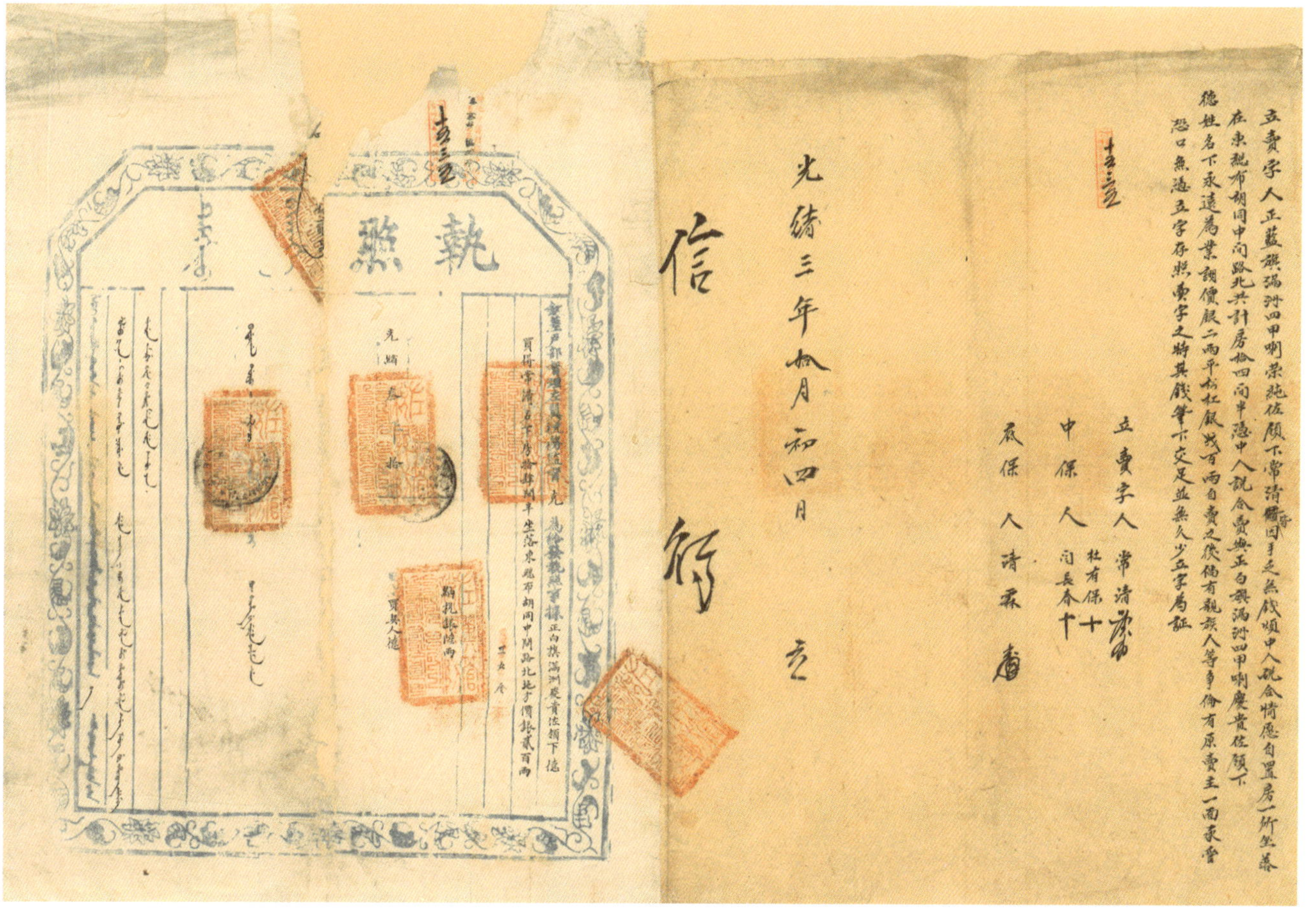
執照
立賣字人正藍旗瑞澍四甲喇崇純佐領下常清因手乏無錢煩中人說合情愿自置房一所坐落
在東觀音寺胡同中間路北共計房拾四間半憑中人說合賣與正白旗瑞澍四甲喇慶貴佐領下
德姓名下永遠為業言明價銀二兩平[illegible]銀[illegible]百兩自賣之後倘有親族人等爭論有原賣主一面承管
恐口無憑立字存照賣字之將其錢筆下交足並無欠少立字為証
立賣字人 常清
中保人 杜有保 閻長春
取保人 清霖
光緒三年九月初四日 立
信行

立賣字人正藍旗滿洲四甲喇榮純佐領下常清[illegible]因手乏無錢煩中人說合情愿自置房一所坐落
在東總布胡同中間路北共計房拾四間半憑中人說合賣與正白旗滿洲四甲喇慶貴佐領下
德姓名下永遠爲業議價銀二兩平松杠銀柒百兩自賣之後倘有親族人等爭倫有原賣主一面承管
恐口無憑立字存照賣字之時其錢筆下交足並無欠少立字爲証

立賣字人 常清（押）

中保人 杜有保 十
閆長春 十

底保人 清霖（押）

光緒三年拾月初四日 立

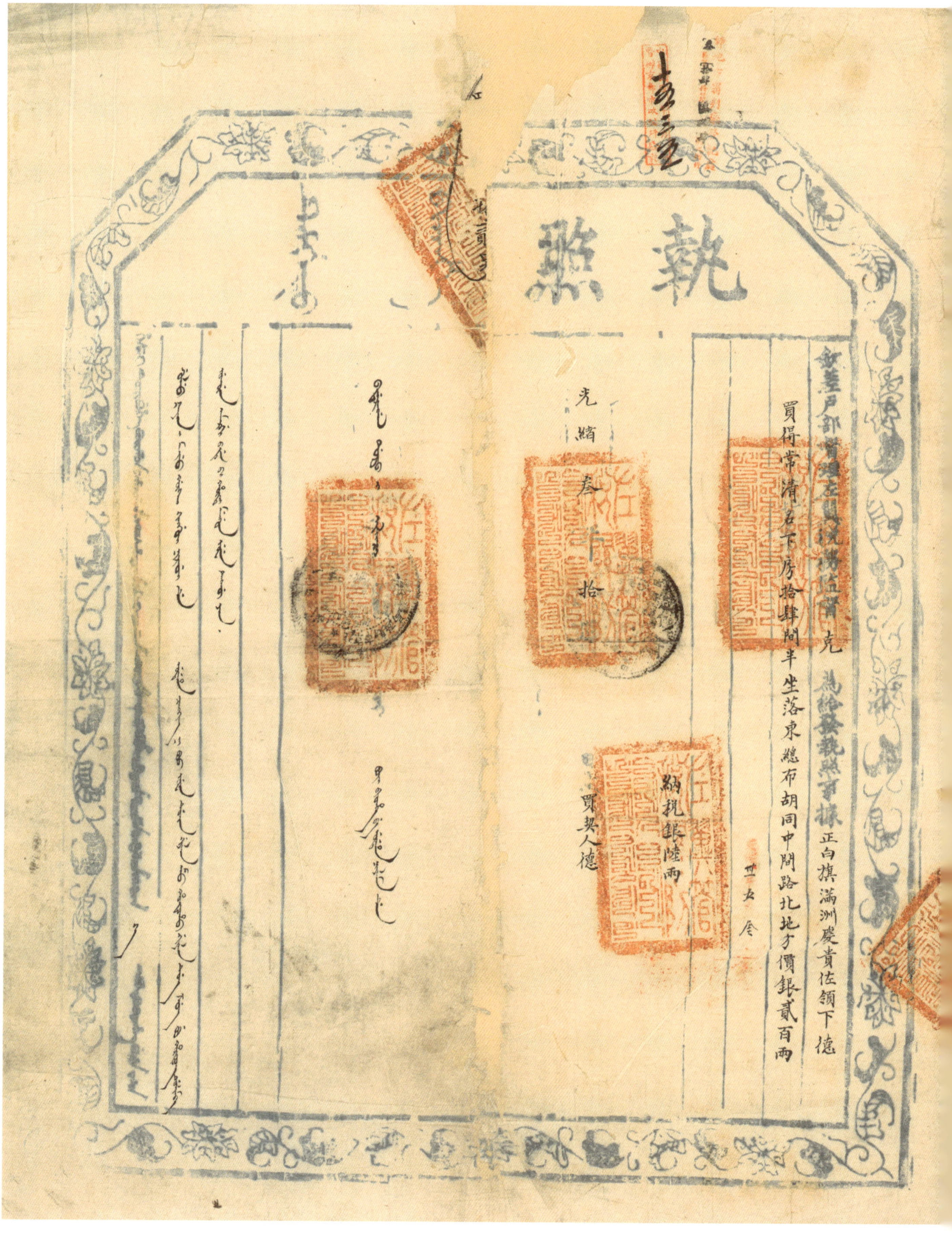

執照

欽差戶部管理左翼稅務監督 克 為給發執照事據正白旗滿洲慶貴佐領下德
買得常清名下房拾肆間半坐落東總布胡同中間路北地方價銀貳百兩
納稅銀陸兩
買契人德
光緒叁拾

清光緒三年（一八七七）密雲縣王俊賣地白契

（契約二九）

立賣地契文約人王俊，因手乏無措，今將授（受）祖遺民地弍段相連，坐洛（落）在大道溝口，計地不拘畝數，東至河溝，南至河溝，西至置主官界，北至河溝，四至分明。自請中保説妥，棄主情願出賣與石廣榮名下永遠爲業。同中言明，賣價紋銀叁拾玖兩整。其銀筆下當面交足，分厘不欠。自賣之後，金石土木相連，俱是買主之物，永不與王姓相干，并無親族人等争論，亦無私債折凖，并非逼迫成交，異言爲礙。如有舛錯者，有中保人壹面成（承）管，置主照契管業。此係兩相情願，各無返（反）悔。恐口不憑，立賣契永遠存照。隨代推白叁畝，老契在王裕成手存。

中保説合人　王永禄（押）
王永和（押）
石廣富（押）

同侄　裕成（押）
裕福（押）

同家兄弟人　王連（押）
王生（押）
王義（押）

立賣民地契文約人　王俊（押）
同子裕賢（押）

代書人　盧春發（押）

光緒三年十二月十四日

立賣地契文約人王 俊因手乏無措今將授祖遺民地弍段相連坐落在大道濠口
計地不拘畝數東至河灘南至河灘西至買主官界北至河灘四至分明自請中
保說妥棄主情愿出賣與
石廣榮名下永遠爲業同中言明賣價紋銀叁拾玖两整其銀筆下當
面交足分厘不欠自賣之後金石土木相連俱是買主之物永不與王姓相干並
無親族人等爭論亦無私債折準並非逼勒成交異言爲碍如有舛錯有
中保人壹面成當買主照契管業此係兩相情愿各無反悔恐口不憑立賣契
永遠存照 隨代推白叁畝 老契在王裕成手存

中保說合人 王永祿十 王永和十 石廣富十

同家 兄 人 王 連十 同侄 裕成十
弟 王 生十 裕福十
王 義十 同子 裕賢十

光緒三年十二月十四日 立賣民地契文約人王 俊十

代書人 芎集費 押

永遠爲業

一五二

清光緒四年（一八七八）密雲縣王義賣地白契（契約四八）

立賣地契文約人王義，因手乏無措，今將授（受）分民地壹段，座（坐）落在大道溝口，計地不拘畝數，四至列後，自請中保説妥，棄主情願出賣與石廣榮名下永遠爲業。同中言明，賣價紋銀拾兩整。其銀筆下當面交足，分毫不欠。自賣之後，金石土木相連，俱是買主之物，永不與王姓相干。亦無私倩（債）折準，并無親族人等争論。倘有異言者，有棄主、中保人一面承管，買主照契管業。此係兩相情願，各無返（反）悔。恐口不憑，立賣契永遠存照。隨代推白壹畝弍分五厘，老契在王裕成收存。

計開四至：東至置主，西至置主，南至河溝，北至置主，四至分明。

同中保説合人 王永禄（押）

王琰（押）

同伯兄弟人 王連（押）

王俊（押）

裕成（押）

家侄 裕福（押）

裕文（押）

光緒四年十二月初七日

立賣地契文約人 王義（押）

代書人 蘆春茂（押）

立賣地契文約人王　義因手乏無措今將接分民地壹段座落在大道
溝口計地不拘畝數四至列后自請中保說妥棄主情愿出賣與
石廣榮名下永遠為業同中言明賣價紋銀拾兩整其銀筆
下當面交足分毫不欠自賣之後金石土木相連俱是買主之物
永不與主姓相干亦無私債折準並無親族人等爭論倘有異言
者有棄主中保人一面承管買主照契管業此係兩相情愿各無返
悔恐口不憑立賣契文永遠存照　隨代推白壹畝弍分五厘　老契在王裕成存收

計開四至　東至置主　西至置主　南至河溝　北至置主　四至分明

同中保說合人　王永祿十　王玖十

同　伯兄　人　王連十　成十

　　弟　　人　王俊十　家侄裕福十

光緒四年十二月初七日立賣地契文約人王　義十　文十

永遠為業

代書人芦崇茂

一五三

清光緒四年（一八七八）順義縣王琛推過匠藝地白契

（契約一三二）

立過匠藝地文約人王琛，□□□無錢使用，將祖父所遺匠藝地壹段，坐落在西馬各莊正西，計地玖畝，南北行隴，四至分明，南至官道，北至壑溝，東至置主，西至王姓，今托中人説合，情願將此地推與王珠名下永遠爲業。言明過價東錢肆伯（佰）伍拾吊整。其錢筆下交足不欠。自過之後，租項任憑置主承交，耕種自便，不與棄（業）主相干。此係兩家情願，各無恢（反）悔。如若年深日遠舛□錯者，惟以中人一面承管。恐後無憑，立過字爲證。

隨代（帶）原契紙壹張。

中保人　王玉啓（押）

光緒四年拾弍月初壹日

立字人　王　琛（押）

代字人　張湛如（押）

立過匠藝地文約人王[illegible]錢使用將祖父所遺匠藝地壹段坐
落在西馬各庄正西計地玖畝[illegible]行隴四至分明南至官道北至壟溝東
至置主西至王姓今託中人說合情願將此地推與
王 珠名下永遠為業言明過價錢肆佰伍拾吊整其錢筆下交足不
欠自過之後租項任憑置主承文耕種自便不與原主相干此係兩家
情愿各無反悔如若年[illegible]日遠[illegible]錯者惟以中人一面承管恐後無
憑立過字為証

隨代原契紙壹張

中保人 王玉啓十

緒 四年拾叁月初壹日 立字人 王 琛十

代字人 張湛如

永遠為業

国家出版基金项目
NATIONAL PUBLICATION FOUNDATION

北京市文物局圖書資料中心藏

明清契約文書整理

北京市文物局圖書資料中心 編

北京燕山出版社

下卷

北京市文物局
圖書資料中心藏

明清契約文書整理

下卷

一五四

清光緒四年（一八七八）順義縣門門趙氏同弟賣地白契

（契約一三八）

立賣地契文約人門門趙氏同弟門庭全，因手乏，無銀使用，今將祖遺地壹段，拾伍畝，坐［落］在本村廟西長隴地對面，説明情願賣與族侄門錦堂名下永遠爲業。賣價紋銀場平銀壹伯（佰）零伍兩整。其銀筆下交足，并不欠少。自賣以後，如有親族人等争競，有契主壹面承管。恐口無憑，立賣字永遠爲證。

光緒肆年十二月十二日

立賣字人　門門趙氏（押）

同弟門庭全（押）

代字人　門香甫（押）

立賣地契文約人門門趙氏同弟門庭全因手乏無銀使用今將祖遺地壹段拾伍畝坐在本村廟西長壟地對面說明情愿賣與族侄門錦堂名下永遠為業賣價紋銀垻平銀壹伯零伍兩整其銀筆下交足並不欠少自賣以後如有親族人等爭競有契主壹面承管恐口無憑立賣字永遠為証

光緒肆年十二月十二日立賣字人門門趙氏十 同弟門庭全十

代字人門秉圃 忠

永遠為業

一五五

清光緒五年（一八七九）密雲縣宋德賣地白契

（契約一一二）

立賣園地契文約人宋德，原因手乏無措，今將祖遺民園地壹段，座（坐）落在田家莊東，計園地壹段，不拘畝數，係東至河溝，西至坎，南至石姓，北至毛姓界墻，四至分明。自請中人説妥，棄主情願出賣與于門李氏名下永遠爲業。同中人言明，實值賣價制東錢壹百貳拾吊整。其錢筆下當面同中人交足，分文不欠。自賣之後，金石土木相連，俱是買主之物，永不與棄主相干。并無親族人等争論，倘有舛錯等情者，有棄主、中人一面承管，買主照契管業。亦無私倩（情）折準，并非逼迫强交，棄（業）主異言爲礙。此係兩相情願，各無返（反）悔。恐口不憑，立賣契永遠存照。

同中見説合人 相國柱（押）
石廣富（押）
李芸（押）

立賣園地契文約人 宋德（押）

代書人 盧萬枝（押）

光緒五年二月二十六日

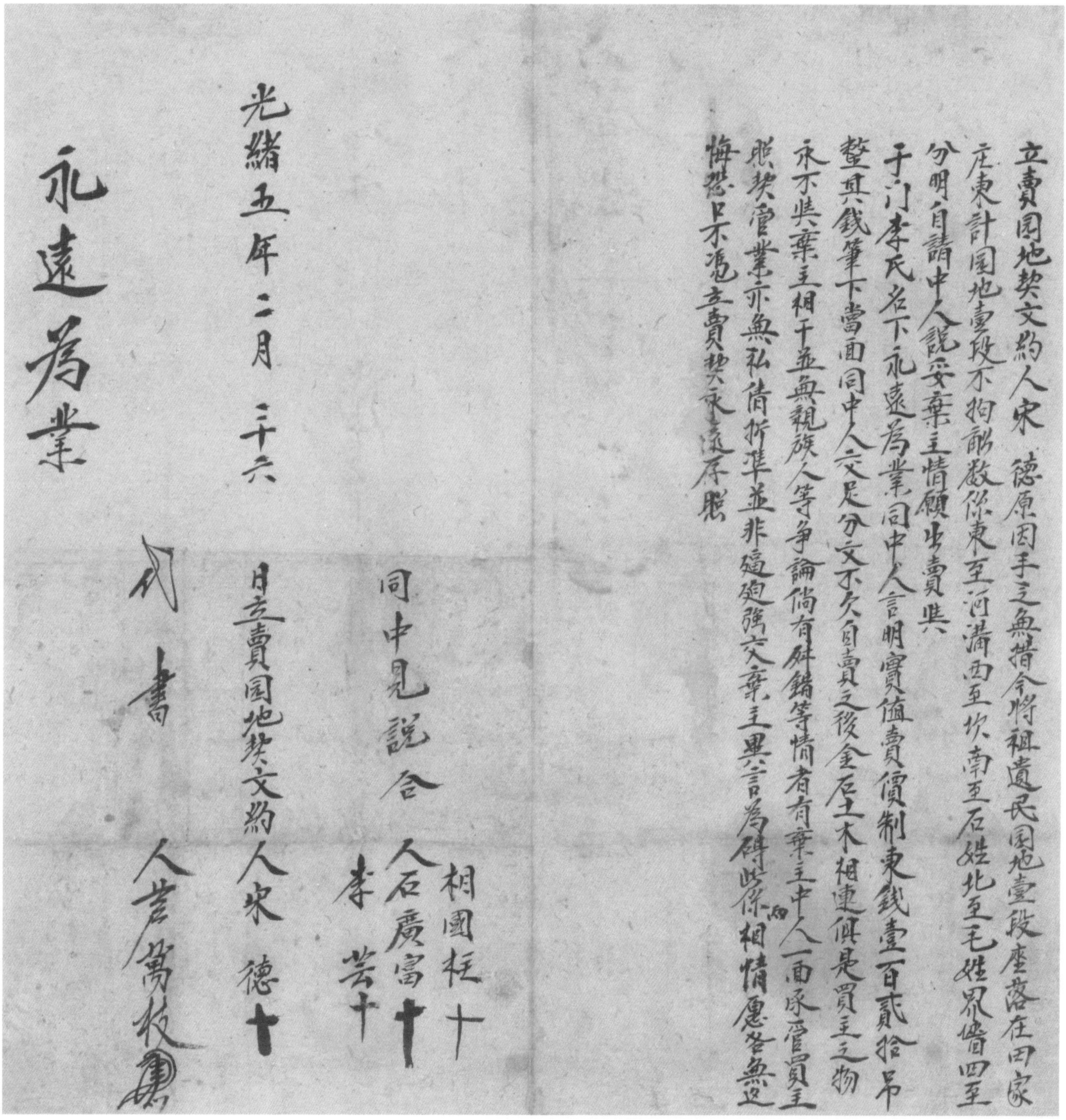

立賣園地契文約人宋　德原因手乏無措今將祖遺民園地壹段座落在田家
庄東計園地壹段不拘畝數係東至河溝西至坎南至石姓北至毛姓界俱四至
分明自請中人說妥棄主情願出賣與
于门李氏名下永遠為業同中人言明實值賣價制東錢壹百貳拾吊
整其錢筆下當面同中人交足分文不欠自賣之後金石土木相連俱是買主之物
永不與棄主相干並無親族人等爭論倘有舛錯等情者有棄主中人一面承管買主
照契管業亦無私債折準並非逼迫強交棄主異言為憑此係兩相情愿各無返
悔恐口不憑立賣契永遠存照

永遠為業

光緒五年二月二十六日立賣園地契文約人宋　德　十

同中見說合人石廣富　十
李　芸　十
相國柱　十

代書人岸萬枝

清光緒五年（一八七九）宛平縣志文補稅官契

（契約二五一）

立補稅契人係内務府正白旗那丹珠佐領下筆帖式志文，今因祖父遺業，於乾隆年間自置庚姓鋪面房一所，坐落在西四牌樓羊肉胡同口内路南，振昌油鹽店生理，門面房三間，前後四層，接連西櫃房一間，灰棚房三間，共計房十六間，後院一塊，原置價銀貳百兩整。今因本年正月間夜内被竊，將原舊有紅、白契紙遺失。當時呈報本地面在案，相應具呈，遵例補稅，請領紅契以憑執業。俟後如將舊契尋獲，作爲廢紙。倘有揑報不實等情，職情甘認咎。所具寔實。

光緒五年三月　日　　立補稅契人筆帖式　志文（押）

正白旗那丹珠佐領下爲出具圖結事。職佐領下筆帖式志文呈稱，伊祖父於乾隆年間自置庚姓鋪面房一所，坐落在西四牌樓羊肉胡同口内路南，共計房十六間，買價銀貳百兩。於本年正月初間夜内被竊，將原紅、白契紙遺失，呈請照例出具圖結，補行稅契以憑管業，爲此報明貴翼補行稅給志文契紙。倘有虛揑，職等情甘認究。所具圖結是寔。

爲此佐領那丹珠、副領催定奎仝保。

光緒伍年二月　日

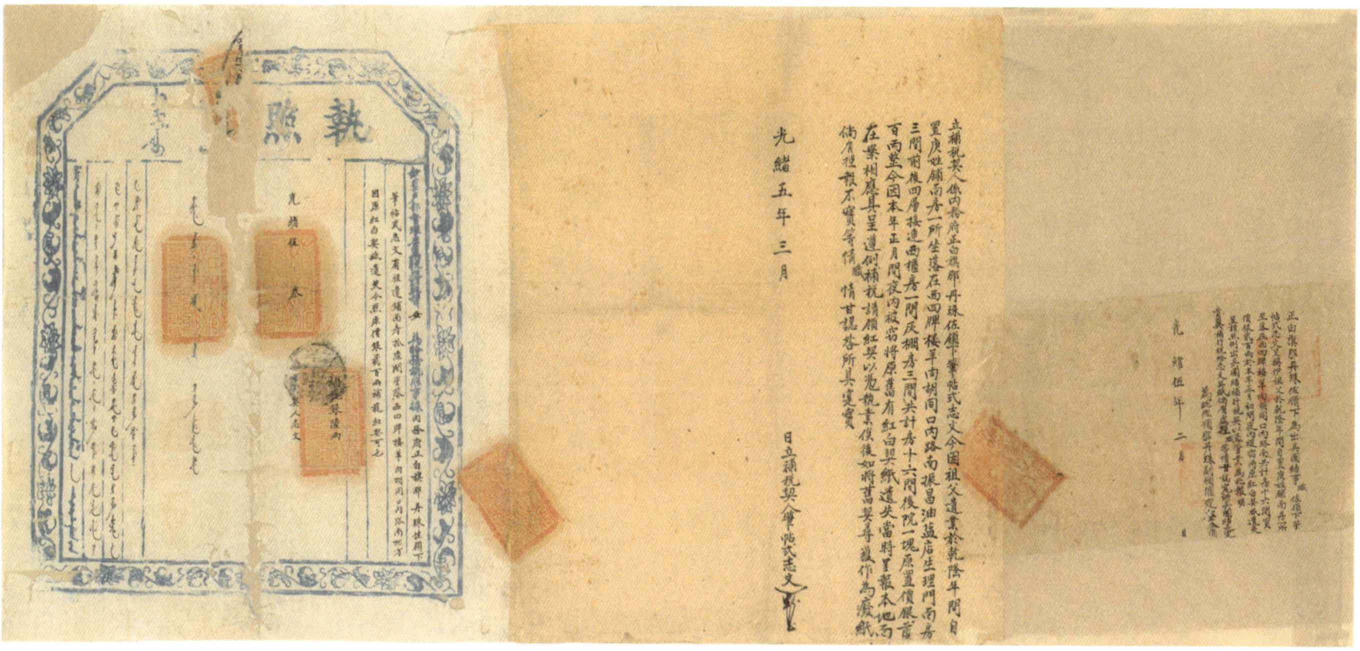

執照

……内務府正白旗那丹珠佐領下
筆帖式志文有祖遺鋪面房於坐落西四牌樓羊肉胡同口内路南地方
因原紅白契紙遺失今照原價銀貳百兩補稅紅契可也

光緒伍年叁月
……契人志文

立補稅契人係内務府正白旗那丹珠佐領下筆帖式志文今因祖父遺業於乾隆年間自
置庚姓鋪面房一所坐落在西四牌樓羊肉胡同口内路南振昌油鹽店生理門面房
三間前後四層接連西櫃房一間灰棚房三間共計房十六間後院一塊原置價銀貳
百兩整今因本年正月間夜内被竊將原舊有紅白契紙遺失當將呈報本地面
在案相應具呈遵例補稅請頒紅契以憑執業俟後如將舊契尋獲作為廢紙
倘有捏報不實等情 職 情甘認咎所具是實

光緒五年三月　日立補稅契人筆帖式志文（押）

光緒伍年二月

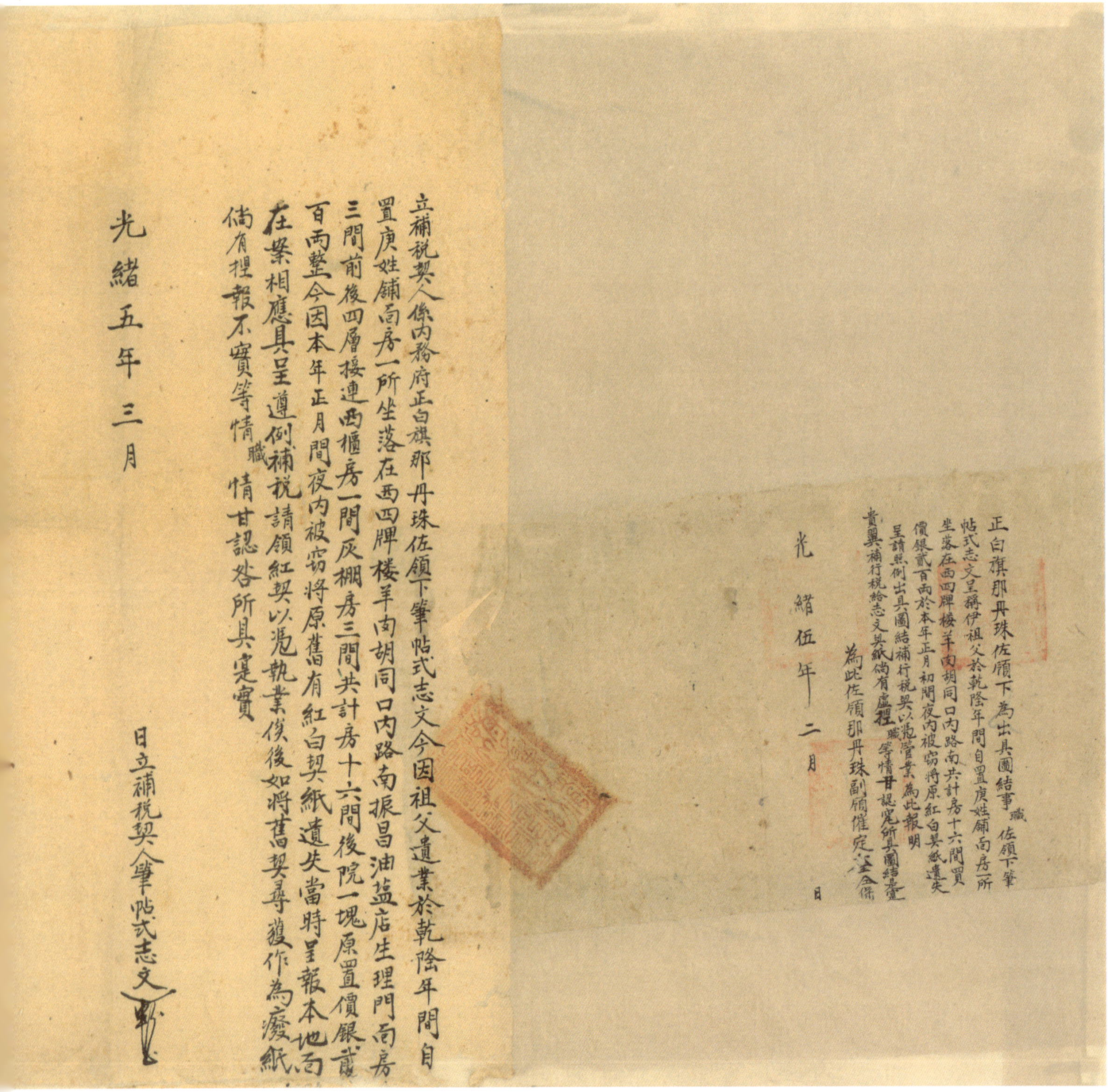
立補稅契人係內務府正白旗那丹珠佐領下筆帖式志文今因祖父遺業於乾隆年間自
置庚姓舖面房一所坐落在西四牌樓羊肉胡同口內路南振昌油鹽店生理門面房
三間前後四層接連西櫃房一間灰棚房三間共計房十六間後院一塊原置價銀貳
百兩整今因本年正月間夜內被竊將原舊有紅白契紙遺失當時呈報本地面
在案相應具呈遵例補稅請領紅契以憑執業俟後如將舊契尋獲作為廢紙
倘有捏報不實等情職 情甘認咎所具是實
光緒五年三月 日立補稅契人筆帖式志文（押）

正白旗那丹珠佐領下為出具圖結事職 佐領下筆
帖式志文呈稱伊祖父於乾隆年間自置庚姓舖面房一所
坐落在西四牌樓羊肉胡同口內路南共計房十六間買
價銀貳百兩於本年正月初間夜內被竊將原紅白契紙遺失
呈請照例出具圖結補行稅契以憑管業為此報明
貴翼補行稅給志文契紙倘有虛捏職等情甘認究所具圖結是實
為此佐領那丹珠副領催定全保
光緒伍年二月 日

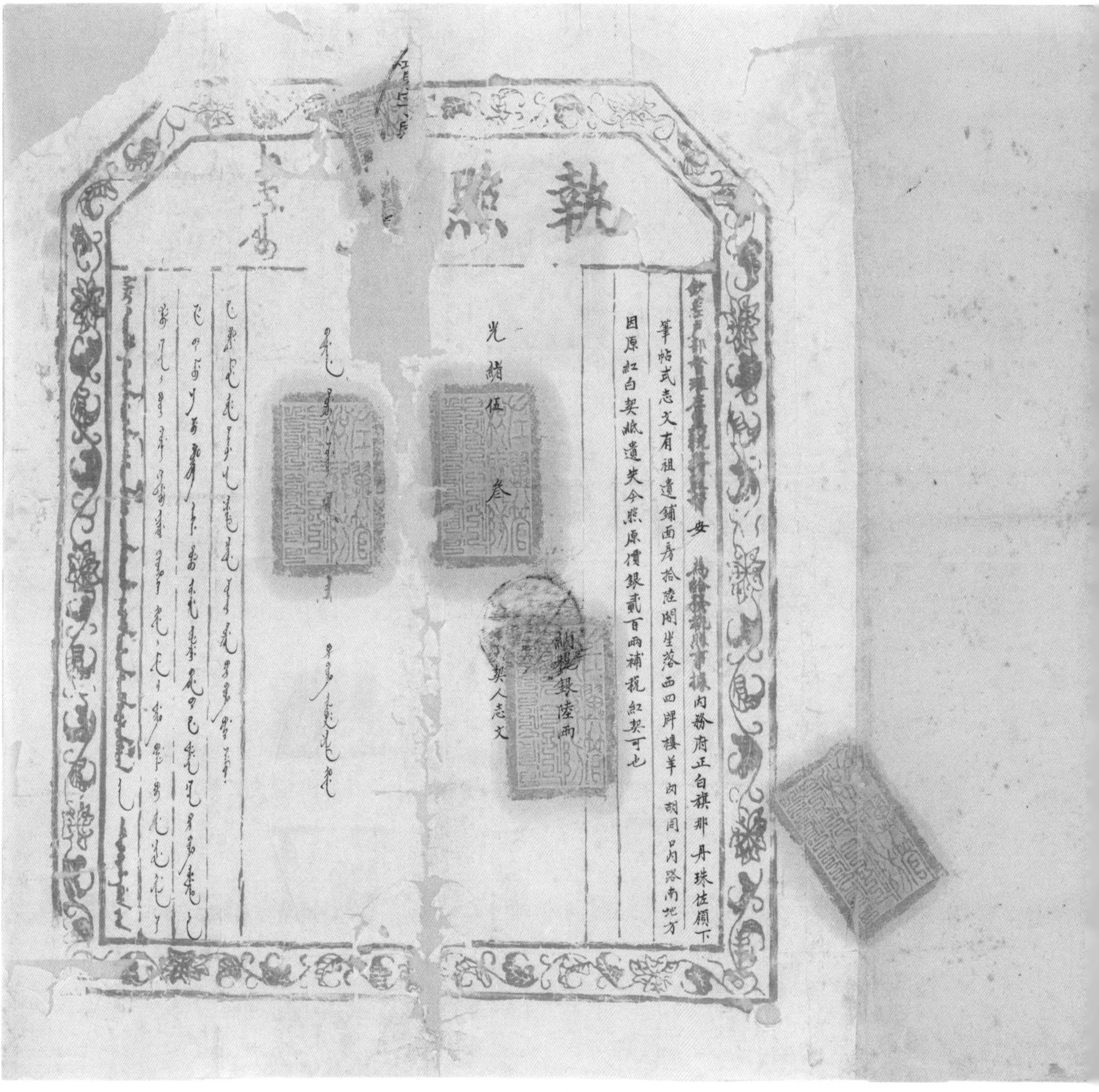

執照

欽差戶部管理左翼税務事務[illegible] 安 為給發執照事據內務府正白旗那丹珠佐領下筆帖式志文有祖遺鋪面房拾陸間坐落西四牌樓羊肉胡同路南地方因原紅白契紙遺失今照原價銀貳百兩補税紅契可也

光緒伍年 月 叁 日

納税銀陸兩

契人志文

清光緒五年（一八七九）順義縣王緒退地官契

（契約二〇六）

立退匠藝租地契人王緒，因無錢，將祖遺租地壹段，南北畛，叁拾柒畝。坐落水坡村正南，東至劉姓，西至道，南至道，北至壕，四至分明，自煩中人説合，情願退與王玉臣爲業。同衆議定，退價東錢五百吊整。其錢筆下交足。自退後，憑任主自便。此係二家情願，各無返（反）悔。恐口無憑，立字爲據。

光緒五年十月十四日

說合中保人　賀得義（押）
立退契人　王　緒（押）
代字人　劉蘭田（押）

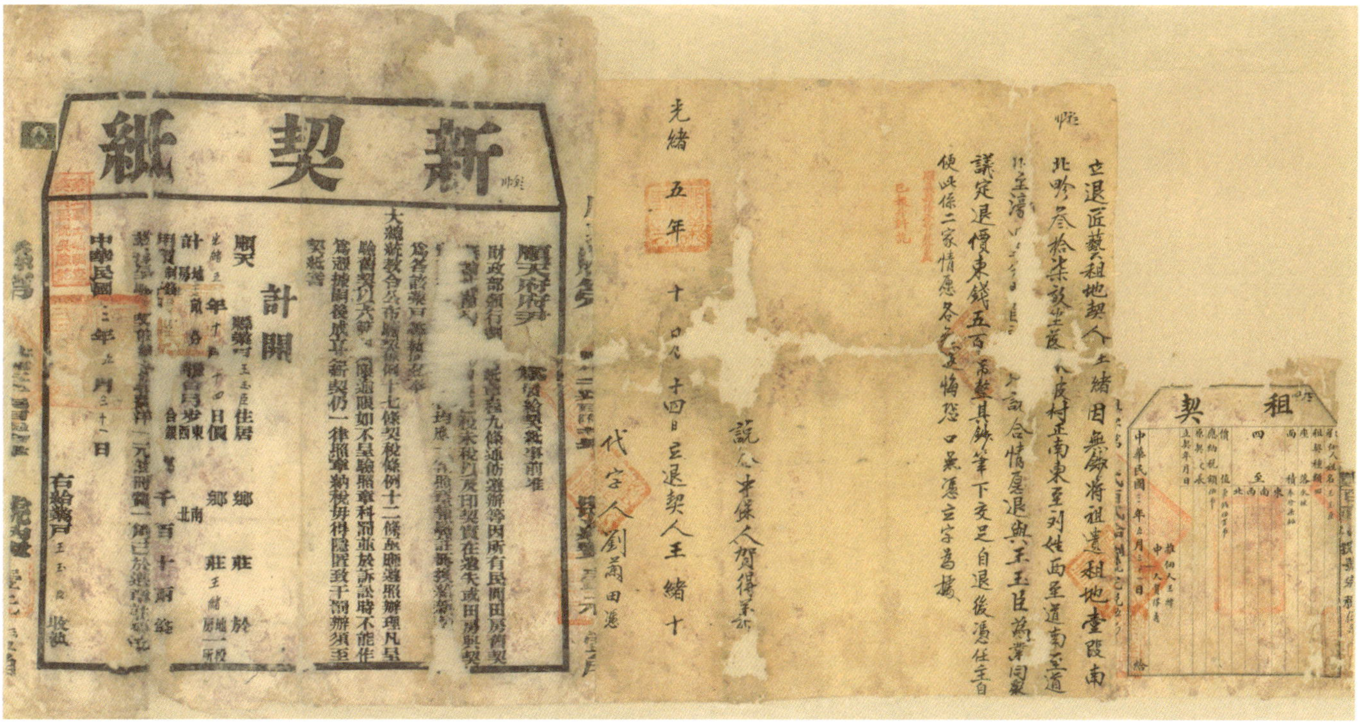
新契紙

計開

立退匠藝租地契人王緒因無錢將祖遺租地壹段南
北畛叁拾柒畝五厘坐落八皮村正南東至劉姓西至道南至道
北至[illegible]合情愿退與王臣爲業同衆
議定退價東錢五百吊整其錢筆下交足自退後憑任主自
便此係二家情愿各無反悔恐口無憑立字爲據

說合中保人賀得榮

光緒五年十一月十四日立退契人王緒十

代字人劉萬田

租契

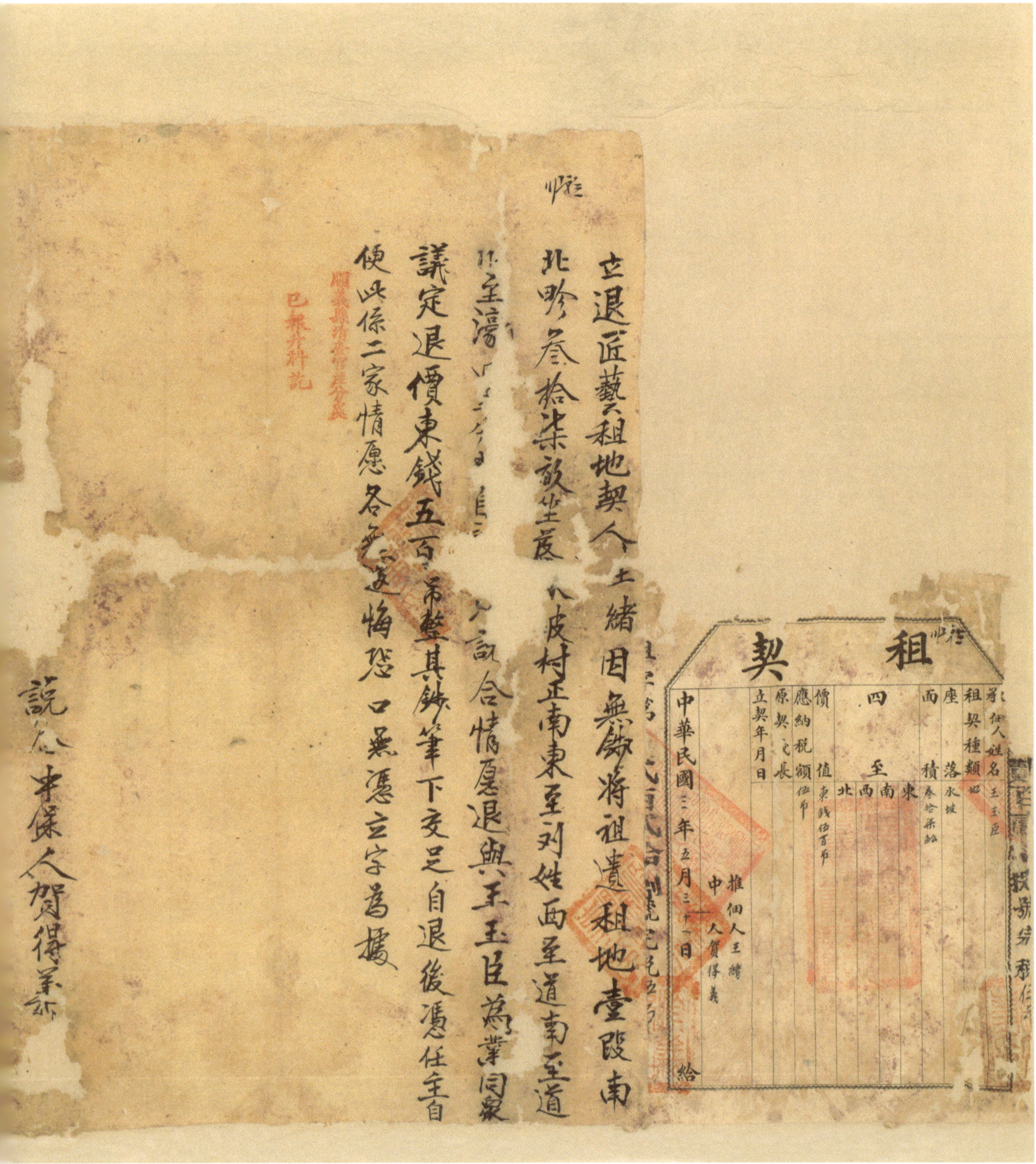
立退匠藝租地契人王緒因無錢將祖遺租地壹段南
北畛叁拾柒畝坐落八皮村正南東至刘姓西至道南至道
北至濠□□□□□□□□人說合情愿退與王玉臣為業同衆
議定退價東錢五百吊整其錢筆下交足自退後憑任王自
便此係二家情愿各無返悔恐口無憑立字為據
說合中保人賀得義

順義縣清查官產分處
已報升科訖

租契

承佃人姓名　王玉臣
租契種類　地
座落　水坡
面積　叁拾柒畝
四至　東　南　西　北
價值　東錢伍百吊
應納稅額　伍吊
原契□長
立契年月日
推佃人王緒
中人賀得義
中華民國三年五月三十一日　給

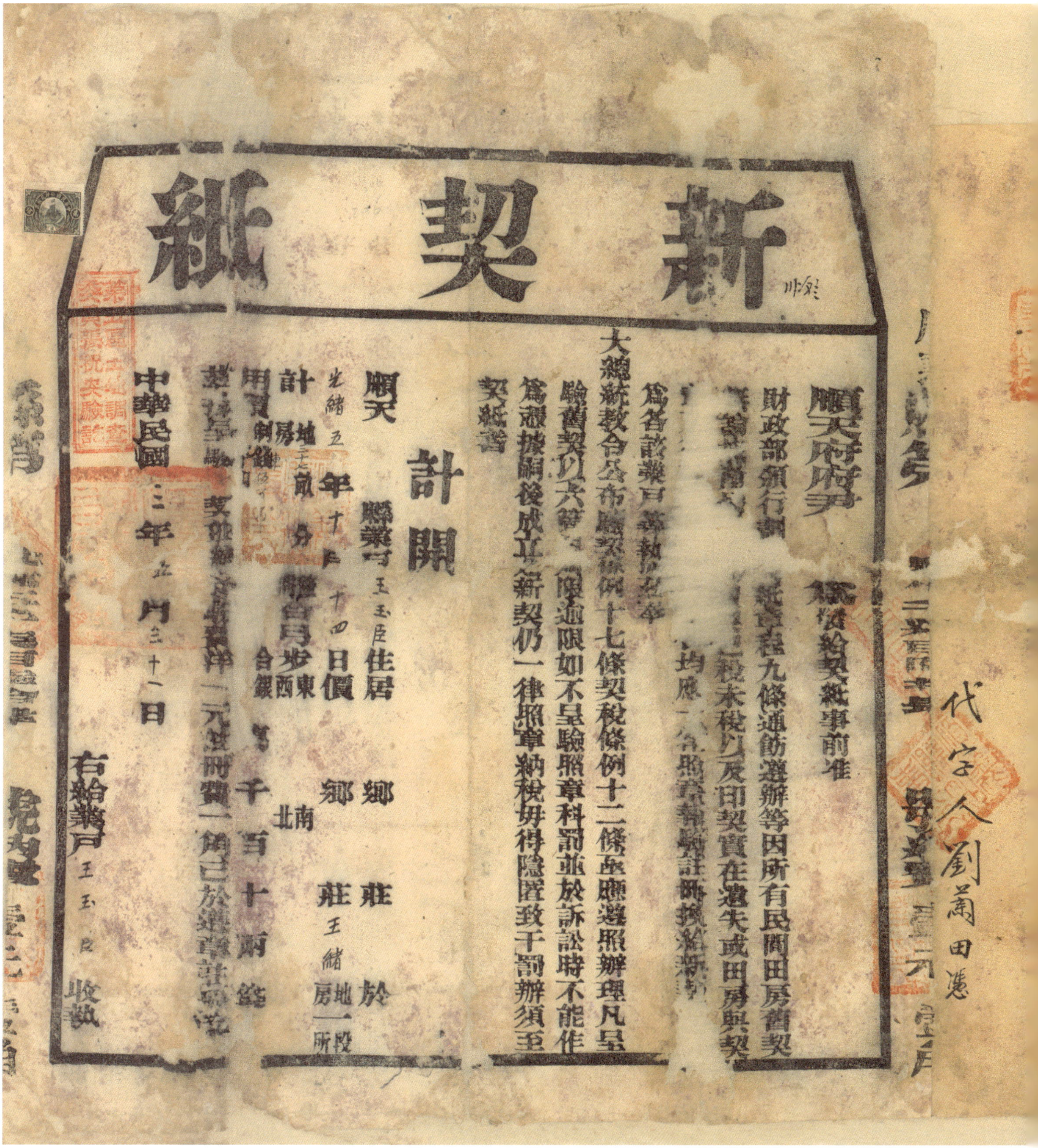

新契紙

順天府府尹 為發給契紙事前准
財政部頒行制[illegible]紙章程九條通飭遵辦等因所有民間田房舊契
[illegible]一稅未稅以及印契實在遺失或田房與契
[illegible]均應一[illegible]照章[illegible]註冊換給新契
為咨該業戶[illegible]執[illegible]本
大總統教令公布驗契條例十七條契稅條例十二條亟應遵照辦理凡呈
驗舊契以六個月為限逾限如不呈驗照章科罰並於訴訟時不能作
為證據嗣後成立新契仍一律照章納稅毋得隱匿致干罰辦須至
契紙者

計開

順天 縣業戶王玉臣住居 鄉 莊於
光緒五年十月十四日價 鄉 莊王緒 地一段 房一所
計地 畝 分 東 西 南 北
計房 間 合銀
用價 千 百 十 兩 錢
契紙[illegible]一元[illegible]冊費一角已於[illegible]

中華民國三年五月三十一日

右給業戶王玉臣收執

代字人劉蕭田憑

一五八

清光緒五年（一八七九）大興縣王林山借錢白契

（契約四二六）

立借字人王林山，今因乏用無錢，將自置瓦房壹所，坐落在崇文門外鞭子巷三條胡同中間路南，南房三間，北房三間，東房弍間，西房弍間，平臺壹間，共計拾壹間，將自置房契今借到樊宅名下松江京平銀叁佰兩整。言明每月案壹分弍厘行息，典限六個月歸除。其銀筆下交足，并不欠少。如有親族人等重復倒典争競等情，具有知情底保人一面承管。恐口無憑，立借字據爲證。本身紅契壹張，白契壹張，外有白契七張，共計九張，付銀主收存。又照。

知情底保人 張順和（押）

郭世興

光緒五年拾壹月拾七日

立借字人 王林山（押）

一起十止
壹

立借字人王林山今因乏用將自置民房壹所坐落
在崇文门外鞭子巷三条胡同中间路南南房三间北房
三间东房貳间西房貳间平台壹间共計拾壹间將自置
房契今借到
樊宅名下松江京平银叁佰两整言明每月按壹分貳厘行息
典限六個月歸還其銀單下交足並不欠少如有親族
人等重複倒典爭競等情具有知情底保人一面承管
恐口無憑立借字據爲証本身紅契壹紙白契壹紙外有
白契七張共計九張付銀主收存爲照

知情底保人　張順和十
郭世興

鋪保

光緒五年拾壹月拾七日立借字人王林山十

樊憑契字借押 王林山銀三百兩 借字一張 房十一間

光緒五年十一月十七日立

又

王振恒找清立契歸樊宅為業苏浴核銀四百五十兩正立契至今

未稅房十一間 與現今租摺均相符 光緒十一年三月初五日立

又

王姓買 陳貴明 京蒲錢一百廿吊 紅契一張 房四間

道光十年二月立

又

陳姓買 李錦 房時用銀一百五十兩正因 李錦 用銀將親戚趙姓房

掾贖回後商明出賣與 陳姓白字一張註明 房七間

道光元年十二月初十日立

又

趙姓買 蘇承祥 清錢一百八十吊 白字一張註明 房八間半

乾隆十七年六月十七日立 又註二十一年找清永不回贖

二王门臧氏 同住王有爵 將破爛房兩間 典與蘇姓 清錢六十吊 白字一張註明 另外有字據均贖回

乾隆廿五年七月立

三張二龍 有中保張大年 說合老典與蘇姓 二共銀三十九兩整

白字一張 房兩间

乾隆五十六年九月初十日立

又

另外有廢典字二張

一蘇姓典與張姓字一張 廢 办清

乾隆五十二年立

二趙姓典與邵姓字一張 廢 办清

乾隆五十八年立

以上統共拾件

中華民國三年五月十四号 甲寅四月廿日 清單

外左五區鞭子巷三条西口路南 门牌廿六号

文宅住

保人陳修之 櫻桃斜街

德昌木廠舖掌

一五九

清光緒五年（一八七九）順義縣劉順劉緒賣地白契

（契約四九五）

立杜絶地契文約人劉順、劉緒，因爲手乏無錢，今將本身授（受）分祖遺地一段，式□□□晝，坐落在西馬各莊村西地方，今托中人，情願將此□□□□臣名下爲業承種。當面言明，寔賣價銅製東錢□□□□吊整。其錢筆下交足不欠。自賣之後，由其買主自□□□□與劉姓相干。此係二家各無悏（反）悔。恐口無憑……

開列四至

光緒五年十一月廿□日

中保人 劉得財（押）
劉得禄（押）

立賣字人同 劉順（押）
劉緒（押）

代字人 趙直公（押）

立杜绝地契文约人刘[illegible]為手乏無錢今將本身
授分祖遺地一段式[illegible]畝坐落在西馬各庄村西北
今託中人情愿將此[illegible]臣名下為業承種當面言
明寔賣價銅制東錢[illegible]吊整其錢筆下交足不欠自
賣之後由其買主自與刘姓相干此係二家各[illegible]
恢悔恐口無憑

開列四至

光绪五年十一月廿[illegible]

中保人刘得財十
刘得禄

立賣字人同刘順十
刘緒十

代字人趙直公

永[illegible]業

一六〇

清光緒五年（一八七九）順義縣孫文陞賣地官契

（契約四九四）

立賣糧地契文約人孫文陞，……坐落在東馬各莊村北南隴，自托中人説合，情願將此西馬各莊王玉臣名下爲業。同衆言明，定賣價京平松銀五拾兩整。其銀當面交清不欠。自賣之後，任憑置主自便，不與賣主相干。此係兩家均願，各無返（反）悔。如有親族人等争論，有中人承管。空口無憑，立賣字永遠爲據。

□至喬姓，□至史姓，北至墑（壕）。

光緒五年十二月十三日

中保説合人 孫思忠（押）

立賣字人 孫文陞（押）

代筆人 王永

計山仁

立賣糧地契文約人孫文陞
坐落在東馬各庄北南北地自氣亡人說合情愿出
西馬各庄王玉昆名下永業，同衆言明，賣價京平松銀五拾兩整，其
銀當面交清不欠，自賣之後，任憑置主自便，不與賣主相干，此係兩家均
愿，各無返悔，如有親族人等爭論，有中人承管，空口無憑，立賣字
永遠為據。

至香姓
至史姓
北至道

說合人孫思忠十

光緒五年十二月十三日 立賣字人孫文陞十

代筆人王永

永遠為業

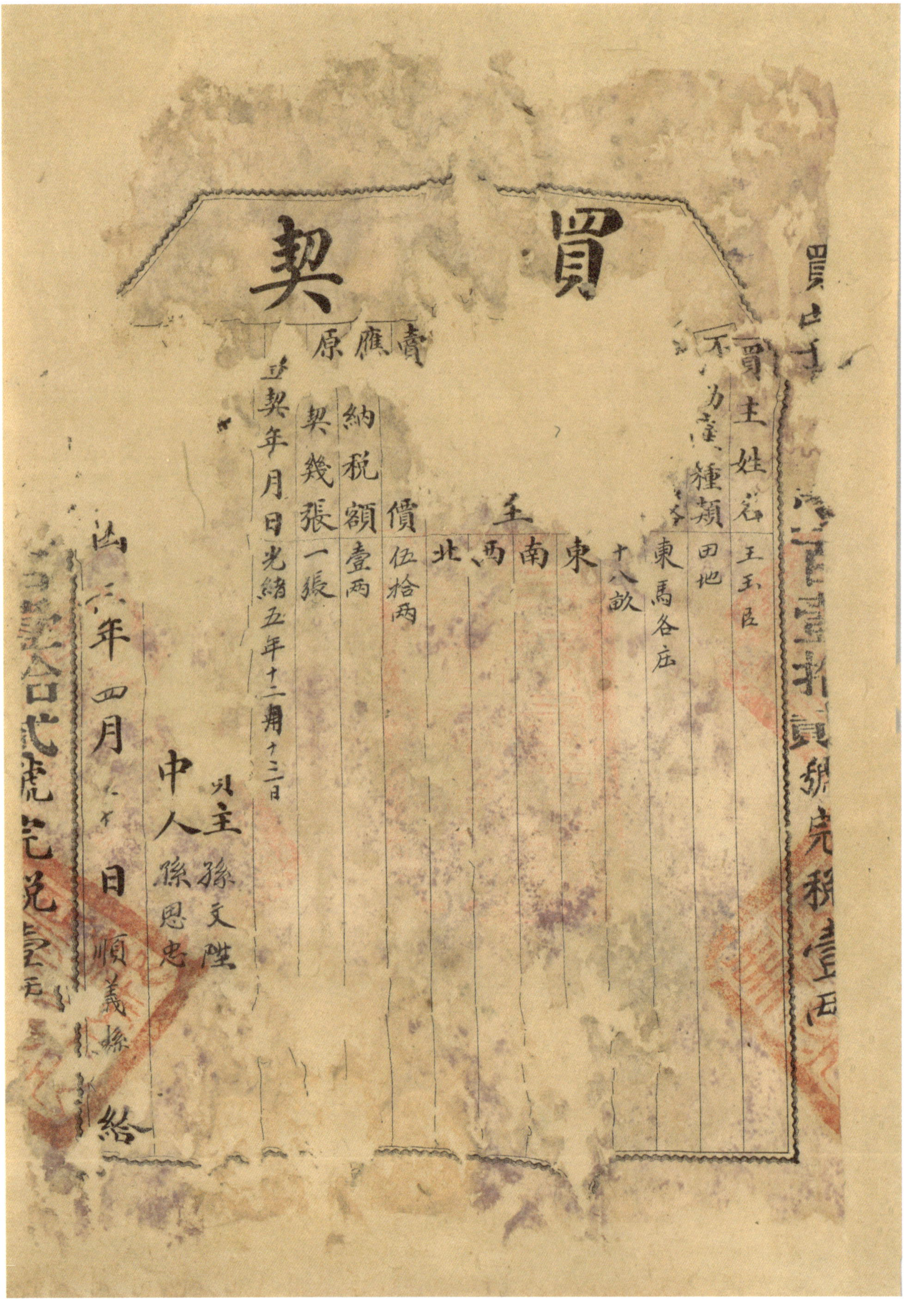

買契

賣應原

買主姓名　王玉臣
不動產種類　田地
東馬各庄　十八畝
東
南
西
北
價　伍拾兩
納稅額　壹兩
契幾張　一張
立契年月日　光緒五年十二月十三日

賣主　孫文陞
中人　孫恩忠

年四月　日
順義縣給

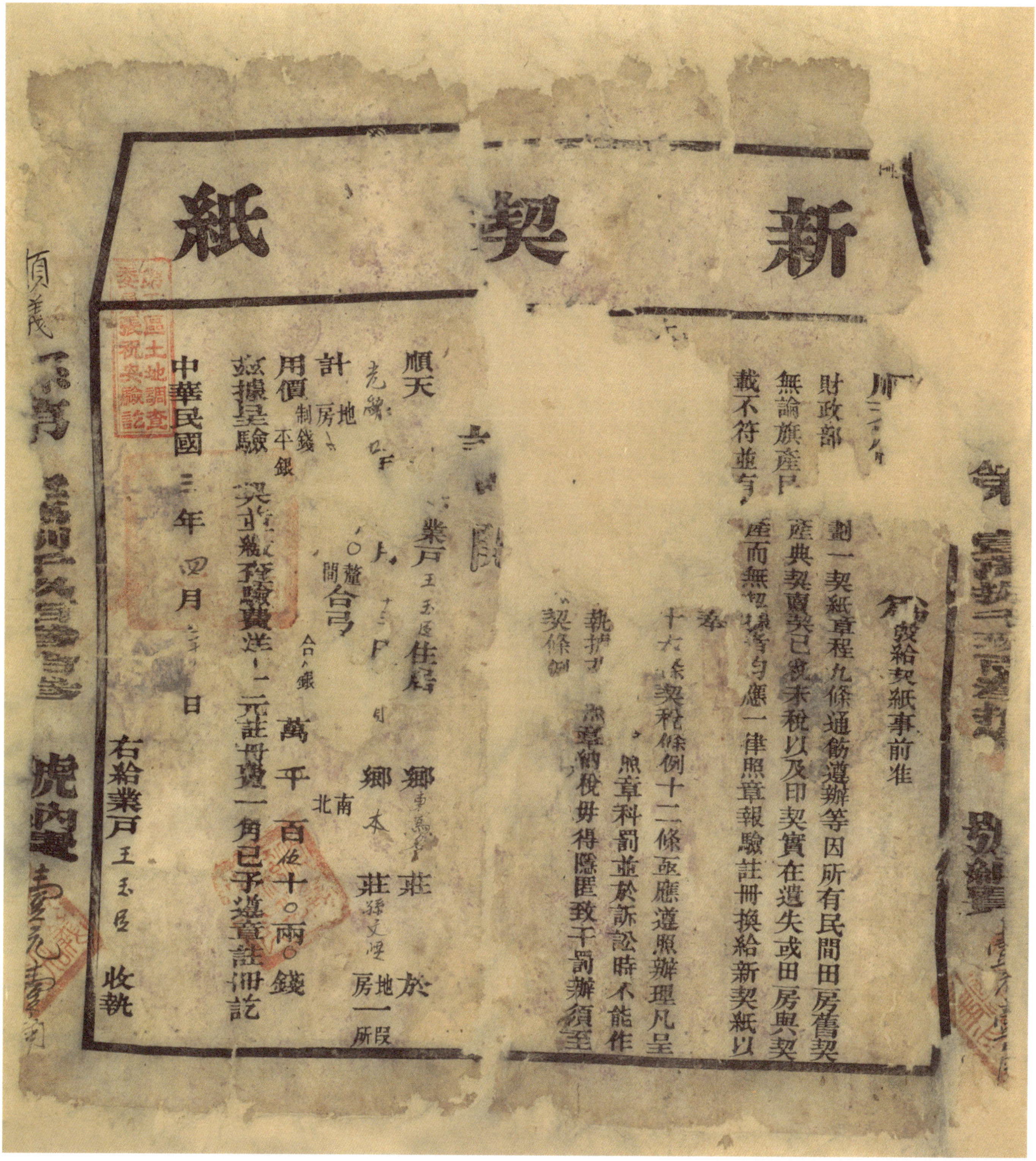

新契紙

財政部
無論旗產民
載不符並有
產而無契
奉

頒發給契紙事前准
劃一契紙章程九條通飭遵辦等因所有民間田房舊契
產典契賣契已稅未稅以及印契實在遺失或田房與契
產而無契等均應一律照章報驗註冊換給新契紙以
十六條契稅條例十二條亟應遵照辦理凡呈
照章科罰並於訴訟時不能作
執據
照章納稅毋得隱匿致干罰辦須至
契條例

順天
業戶王玉臣住居　鄉　莊於
　鄉本　莊　房地一段所
計　地房　間
用價　制錢平銀　萬　千　百　十　兩　錢
茲據呈驗契紙經驗費洋一元註冊費一角已予遵章註冊訖

中華民國三年四月　日

右給業戶王玉臣收執

區土地調查委員長祝安驗訖

清光緒六年（一八八〇）宛平縣志文典房紅契

（契約二五二）

立典房字人内府正白旗那丹珠佐領下掌儀司候補員外郎志文，今因手乏，將祖遺鋪面房一所，坐落在西四牌樓南羊肉胡同東口内路南，現開設振昌油房生理，計門面三間，接連四層，櫃房一間，灰棚三間，共計灰、瓦房十八間，上下土木相連，内外粧（裝）修門窗户壁俱全，自蓋照（罩）棚三間，瓦房二間，灰棚二間，灰耿（埂）房二間，後院西厢房三間，通共計灰、瓦房三十間。憑中説合，情願典與韓　名下暫行爲利。言明一典陸年，錢到回贖。如限期不到，回贖之日按月包租；如逾八年不贖，任憑典主過契爲業，不與原業主相干。三面言明，其典價全錢貳萬七千正。其錢筆下交足，并不欠少。自典之後，倘有親族人等争競及重復典賣并來歷不明、未分清之公産各等情，均有原業主并知情底保一面承管。倘若本鋪如有大修，動用錢文并拖欠房租，俟回贖之日有原業主一面承管，照數付還。此係兩家情願，各無返（反）悔。恐無憑，立典字存照。

外隨紅契一套，新、舊摺子二個，一并跟隨。

中保説合人　德　秀（押）

立典字人　志　文（押）

知情底保人　王景全（押）

光緒陸年拾月拾貳日

再：振昌之房現改福來字號，其房續典韓宅，其原典之錢眼仝中保人按現時市價合市銀壹仟玖百弍十八兩五錢七分，其房銀到回贖。特此批明今又借市平銀叁拾壹兩四錢叁分，二共合市平松江銀壹仟玖百陸拾兩正。

王景全（押）

光緒十六年七月初三日

志少華（押）

立典房字人內府正白旗那丹珠佐領下掌儀司候補員外郎志文，今因手乏，將祖遺鋪面房
一所，坐落在西四牌樓南羊肉胡同東口內路南，現開設振昌油房生理，計門面三間，接連四層
樓房一間，灰棚三間，共計灰房房十八間，上下土木相連，內外粘修門窓戶壁俱全，自蓋照棚三間，
瓦房二間，灰棚二間，灰船房二間，後院西廂房三間，通共計灰瓦房三十間，憑中說合，情愿
典與
韓名下暫行為利，言明一典陸年，錢到回贖。如限期不到，回贖之日按月包租，如逾八年不贖，任
憑典主過契為業，不與原業主相干。言明其典價全平貳萬千兩，其平筆下交足，並不
短少。自典之後，倘有親族人等爭競，及重復典賣，並未盡不明，未分清之公產，各等情，
均有原業主並知情底保一面承管。倘若本鋪將應大修動用小文，並拖欠房租，候回贖之日，
有原業主一面承管，照數付還。此係兩家情愿，各無返悔，恐無憑，
立典字存照。[illegible]

外隨紅契一套，新舊摺子二個，一並根隨。

光緒陸年拾月拾貳日

中保說合人 德秀 壽（押）
立典字人 志文（押）
知情底保人 王景全（押）

信行

原振昌之房現改福來字號。其房續典韓宅，其原典之銀時平銀，眼全中保人按現合市平銀壹仟玖百叁拾八兩五錢七分。其之房銀到回贖，特此批明。今又借市平銀叁拾壹兩四錢叁分，二共合市平松江銀壹仟玖百陸拾兩正。
光緒十六年六月初三日 志華（押）
王景全 十

一六二

清光緒七年（一八八一）大興縣陳博如賣房官契

（契約三九七）

立頂賣房契人陳博如，今因乏用，仝經手管業人方鳳泉，將陳姓自置鋪面房壹處，門面頂排貳間，後接檐房樓上下房捌間，共計拾間，門窗户壁俱全，坐落在正陽門外肉市路西地方，今憑深知根底中保人説合，情願出賣與樊　名下永遠爲業。三面言明，定賣房價銀貳百兩整。其銀筆下交足不欠。自賣之後，倘有遠近親族長幼人等争兢（競），以及指房借貸官銀私債并分產不明等情，俱有賣主仝知底保人一面承管。恐後無憑，立此賣字存照。

內有陳姓本身紅契壹張，上首雷姓、松姓、劉姓、張姓、金姓紅契伍套，共紅契陸套，一并付置主收存。

光緒柒年捌月　日

立賣房契人　陳博如（押）

經手管業人　方鳳泉（押）

知底中保人　甘蘭亭（押）

李　太（押）

内市

立頂賣房契人陳博如今因乏用仝經手管業人方鳳泉將陳姓自置舖面房
一處門面頂排貳间後接蓋房楼上下房捌间共計拾间门窓户壁俱全坐落在
正陽门外肉市路西地方今憑保知根底經手管業人並中保人說合情愿出賣與
樊名下永遠為業三面言明實賣房價市平銀叁伯五拾五两整其銀筆下交足並無欠
少自賣之後倘有親族人長幼弟男子侄人等爭競以及指房借貸官銀私債
各门另户分產不明各等情俱有出賣房主仝保知根底保人等均愿一面承當
恐後無憑立此賣房契永遠存照

内有原房陳姓本身紅契壹套上手雷姓紅契壹套上上手松劉張金四姓紅契肆套
共紅契陸套一併付與置主収存又照

光緒柒年捌月　日立賣房契人陳博如
經手管業知底保人方鳳泉
知底保人甘蘭亭　平
中保說合人李太　十

信行

右

肉市十向

清宅發

立項賣房契人陳博如今因乏用仝經手管業人方鳳泉將陳姓自置鋪面房壹處門面項排貳間後接簷房樓上下房捌間共計拾捌間門窗户壁俱全坐落在正陽門外肉市路西地方今憑深知根底中人說合情愿出賣與

樊　名下永遠為業三面言明定賣房價銀貳百兩整其銀筆下交足不欠自賣之後倘有遠近親族長幼人等爭競以及指房借貸官銀私債並分產不明等情俱有賣主仝知底保人一面承管恐後無憑立此賣字存照

內有陳姓本身紅契壹張上首雷姓松姓劉姓張姓金姓紅契伍套共紅契陸套一併付置主收存

光緒柒年捌月　日立賣房契人陳博如 押

經手管業人方鳳泉 十

知底中保人 甘蘭亭 押

叁百叁

一六三

清光緒七年（一八八一）大興縣吴洪玉賣房官契

（契約一六六）

立賣契人協成木廠吴姓，今將自置到住房一所，坐落在喇叭營中間路南。計上房三間，廂房六間，耳房貳間，東院正房貳間，南院西房貳間，共房拾五間，憑中説合，賣與錫宅永遠爲業。言明價銀市平松江銀叁伯（佰）兩整。其銀筆下交清，并無短欠。恐口無憑，立賣契存據。

外隨旗紅契壹張，白契壹張。

立賣契人　吴洪玉（押）

中保人　石慎亭（押）

光緒七年九月十九日立

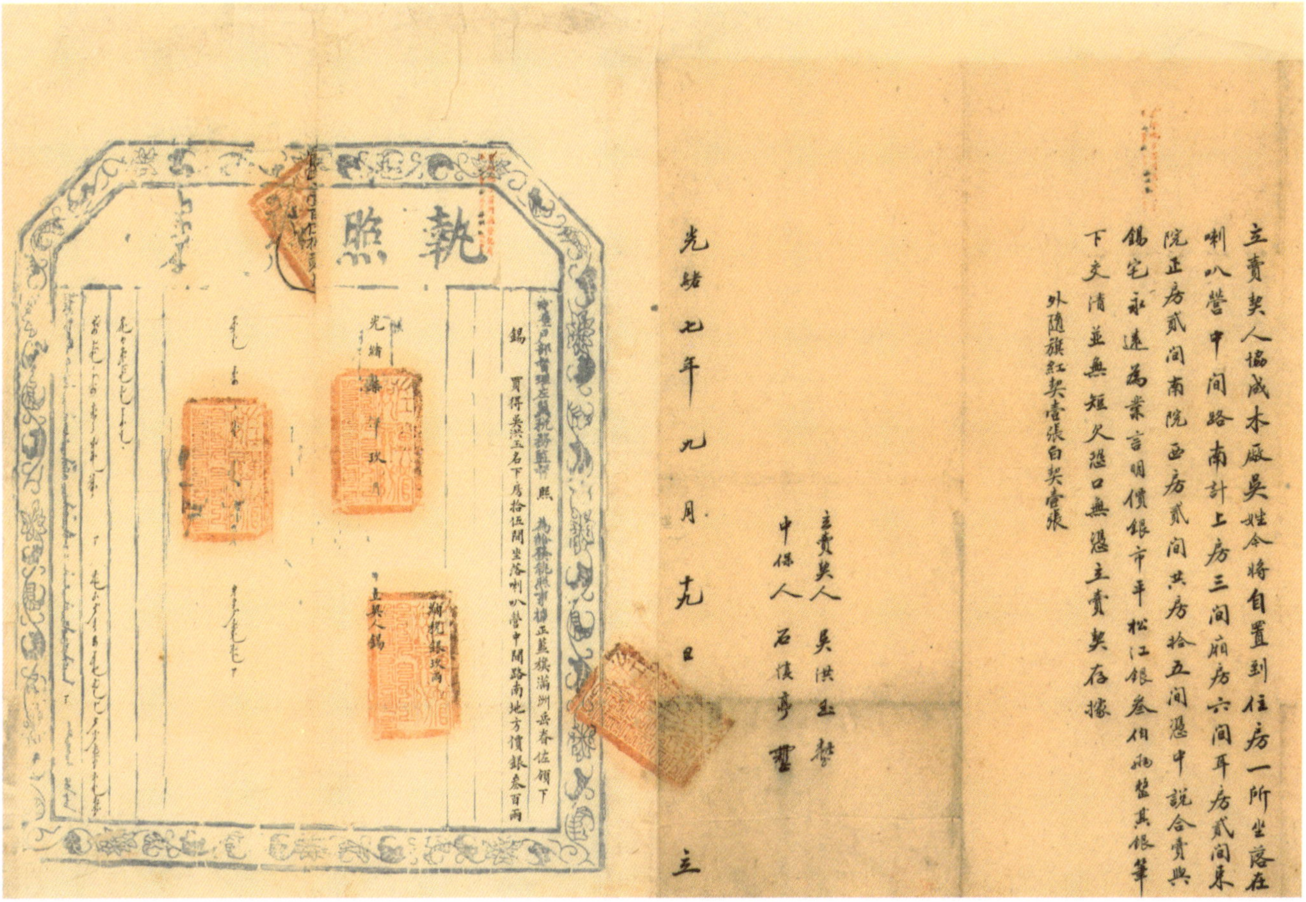

立賣契人協成木廠吳姓今將自置到住房一所坐落在喇叭營中間路南計上房三間廂房六間耳房貳間東院正房貳間南院西房貳間共房拾五間憑中說合賣與錫宅永遠爲業言明價銀市平松江銀叁佰兩整其銀筆下交清並無短欠恐口無憑立賣契存據

外隨旗紅契壹張白契壹張

光緒七年九月十九日立

立賣契人 吳洪玉 押

中保人 石煥亭 押

執照

欽差戶部管理左翼税務監督 照 爲給發執照事據正藍旗滿洲岳春佐領下

錫 買得吳洪玉名下房拾伍間坐落喇叭營中間路南地方價銀叁百兩

納税銀玖兩

光緒 年 月

立契人錫

立賣契人協成木廠吳姓今將自置到住房一所坐落在
喇叭營中間路南計上房三間廂房六間耳房貳間東
院正房貳間南院西房貳間共房拾五間憑中說合賣與
錫宅永遠為業言明價銀市平松江銀叁佰兩整其銀筆
下交清並無短欠恐口無憑立賣契存據

外隨旗紅契壹張白契壹張

立賣契人　吳洪玉　押

中保人　石慎亭　押

光緒七年□月□日

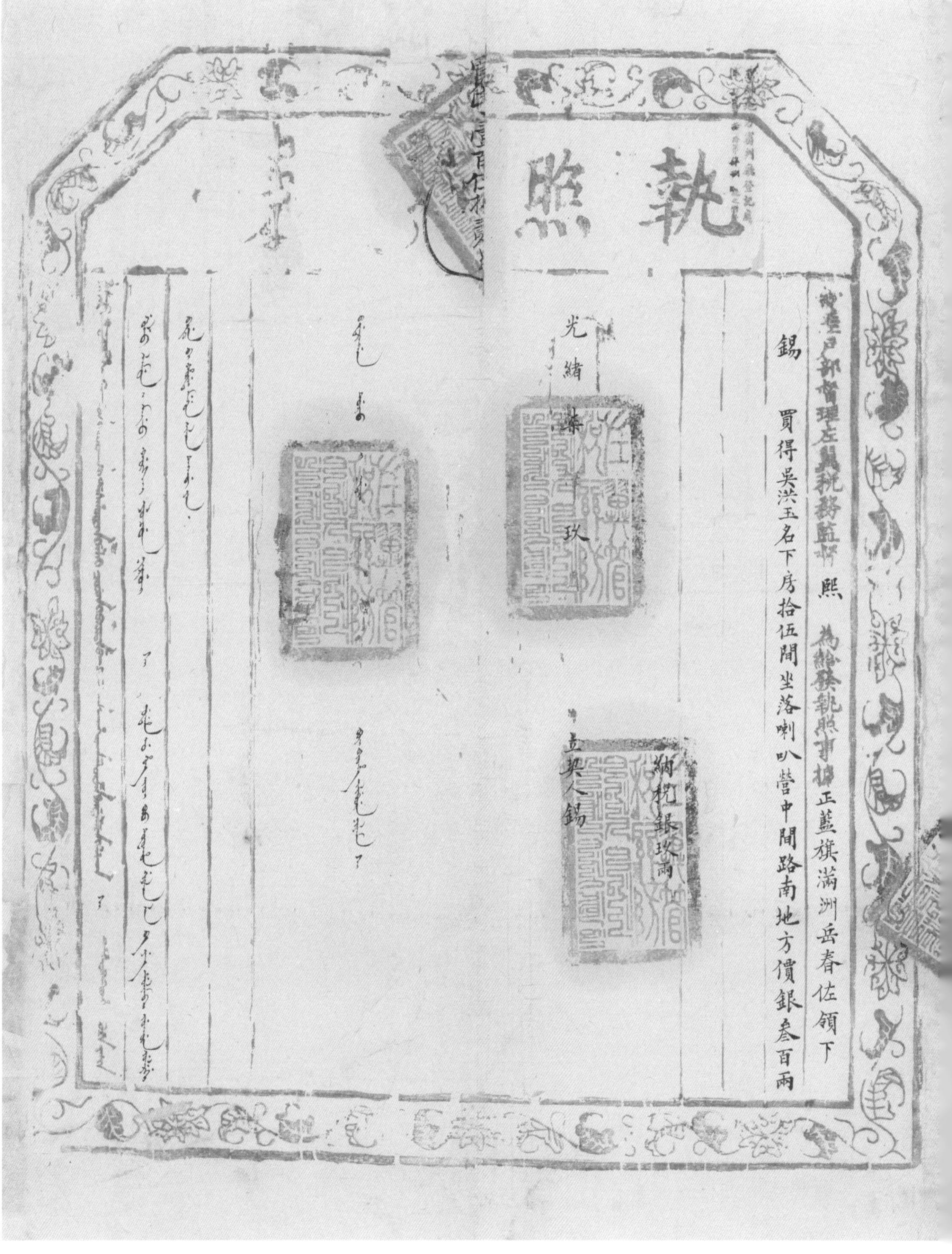

執照

欽差戶部管理左翼稅務監督熙 為給發執照事 據正藍旗滿洲岳春佐領下

錫 買得吳洪玉名下房拾伍間坐落喇叭營中間路南地方價銀叁百兩

納稅銀玖兩

立契人錫

光緒柒年玖

一六四

清光緒七年（一八八一）順義縣史宗聖退地白契

（契約一一一八）

立退官糧地人史宗聖，因爲手乏，今將本身糧壹段，坐落在東馬各莊村北，南北行壟，計地拾畝，今托中見，情願退與孫文陞名下耕種。當面言明，價東錢伍佰吊證（正）。其錢筆下交足，并不欠少。此係兩家情願，各無恢（反）悔。恐口無憑，立字爲證。

計開：東至置主，西至史姓，北至壟（壕），南至壟（壕）。

光緒七年拾二月初拾日

中保人 王廷彦（押）

立退字人 史宗聖（押）

代字人 王居易（押）

立退官粮地人史宗聖因為手乏今將本身粮壹段
坐落在東馬各庄村北南北行地計地伍畝
今托中見情願退與孫文陞各下耕種
當面言明價東錢伍佰吊証其錢筆下
交足並不欠少此係兩家情愿各無收悔恐
口無憑立字為証

計開
東至置主　北至壕
西至史姓　南至壕

光緒七年拾二月初貳拾日立退字人史宗聖十

中保人王廷彥

代字人王居貴

退字

清光緒八年（一八八二）宛平縣孫小如賣房契稿

（契約三八五）

立賣房契人孫小如，今因乏用，將自置破爛住房拾貳間，自行添改蓋北瓦房五間，東西廂房六間，臨街南房五間，灰棚二間，東跨院北房二間，東廂房二間，腰房一間，臨街南房二間，後院北房五間，東西平臺十間，南平臺五間，後東跨院北房二間，東廂房四間，灰棚一間，共計灰瓦房臺伍拾叁間，隨房院落，門窗户壁俱全，上下土木相連，此房坐落在前門外甘井胡同路北，後通濕井胡同路南地方，今憑知底中保人説合，情願出賣與樊　名下永遠爲業。三面言明，寔賣價銀壹千貳百兩整。其銀筆下交足，并無欠少。自賣之後，倘有遠近親族弟男子侄指房執契借欠官銀私債及重複典賣争兢（競）等情，均有賣主仝知底中保人一面承管。恐後無憑，立此賣房契永遠存照。

此房内有孫姓本身紅契一張，上首李姓補税紅契一張，共計紅契貳張跟隨，置主收存。又照。

光緒捌年拾月　日

立賣房契人　孫小如

深知情底中保人　葉秀臣

房牙　顧振霖（印）

凡民間置買房産，成交後該牙眼同填寫官發契稿，催令依限納税，即有私相買賣不經官牙希圖漏税者，該牙查明禀報，以憑按例究辦。須至稿者。

立賣房契人孫小如今因乏用，將自置破爛住房拾貳間，自行添改蓋北瓦房五間，東西廂房六間，臨街南房五間，灰棚二間，東跨院北房一間，東廂房一間，腰房二間，臨街南房二間，後院北房五間，東西平台十間，南平台五間，後東跨院北房二間，東廂房四間，灰棚一間，共計灰瓦房台伍拾叁間，隨房院落門窗户壁俱全，上下土木相連。此房坐落在前門外甘井胡同路北，後通濕井胡同路南地方。今憑知底中保人說合，情愿出賣與

名下永遠爲業。三面言明，定賣價銀壹千貳百兩整，其銀筆下交足，並無欠少。自賣之後，倘有遠近親族弟男子姪指房執契借欠官銀私債及重複典賣爭競等情，均有賣主全知底中保人一面承當。恐後無憑，立此賣房契永遠存照。

此房内有孫姓本身紅契一張，上首李姓補税紅契一張，共計紅契貳張，跟隨置主收存，又照。

光緒捌年拾月　日　立賣房契人孫小如

深知情底中保人葉秀臣

房牙顧振霖

順天府房行經紀顧振霖

劍字拾肆號

清光緒九年（一八八三）順義縣史君勤賣地白契

（契約二〇八）

立賣地契文約人史君勤，因手乏，無銀使用，今將民糧地壹段，坐落在東馬各莊村東南，計地貳拾柒畝半，南北行畛，東至史姓，西至置主，南至壕，北至壕，計開四至分明，今托中人説合，情願出賣與史君智名下永遠爲業。同中人言明，賣價順義縣平銀壹百柒拾兩整。其銀筆下交足，并不短少。自賣之後，任憑置主盧墓田園，不與賣主相干。如若有親族人等争論，有賣主與中人一面承管。此係兩家情願，各無恢（反）悔。如若返悔者，有中保人一面承管。口説無憑，立賣地契存照。

光緒九年三月十三日

中保人　王廷彦（押）
立賣地人　史君勤（押）
代字人　王椿林（押）

立賣地契文約人史君勤因手乏無銀使用今將民粮地壹段坐落在東馬各庄村東南計地貳拾弍
畝半南北行畛東至史姓南至 西至置主北至壕計開四至分明今托中人說合情願出賣與
史君智名下永遠爲業同中人言明賣價順義縣平銀壹百柒拾兩整其銀筆下交足並不短少
自賣之後任憑置主廬墓田園不與賣主相干如若有親族人等爭論有賣主與中人一面承管此
係兩家情願各無返悔如若返悔者有中保人一面承管口說無憑立賣地契存照

中保人王廷彥十

光緒九年三月十三日立賣地人史君勤押

代字人王樹林押

永遠爲業

清光緒九年（一八八三）大興縣啟元補房稅官契

（契約四一二—一）

立補稅房契人啟元，將祖遺鋪面房一處，臨街門面房一間，接連二間，西首烟鋪後接連三間，三層西院灰棚一間，後通德泰皮店罩棚三間，罩棚後中院南房三間，西灰棚一間，後北院過庭三間，東西廂房四間，小廠棚二間，正房三間半，共計瓦房、灰棚、罩棚叁拾貳間半，隨房院落，門窗户壁俱全，上下土木相連，此房坐落在正陽門外打磨廠路北地方。因契房不對，現今照時房樣，遵例赴縣補稅紅契，以便永遠爲業。原置房價銀肆百兩整，其中并無虛捏假冒、分授不清、匿契另稅各等情，俱有補稅紅契人情甘認咎。立此補稅紅契，欲後有憑。

內有原房啟姓老紅契壹張跟隨。又照。

光緒九年三月　日

立補稅契人　啟　元（押）

知情管業人　李德山（押）

玉璞莊（押）

中保人　田文斌（押）

程國臣（押）

說合人　葉秀臣（押）

房牙　顧振霖（印）

凡民間置買房產，成交後該牙眼同填寫官發契稿，催令依限納稅，即有私相買賣不經官牙希圖漏稅者，該牙查明禀報，以憑按例究辦。須至稿者。

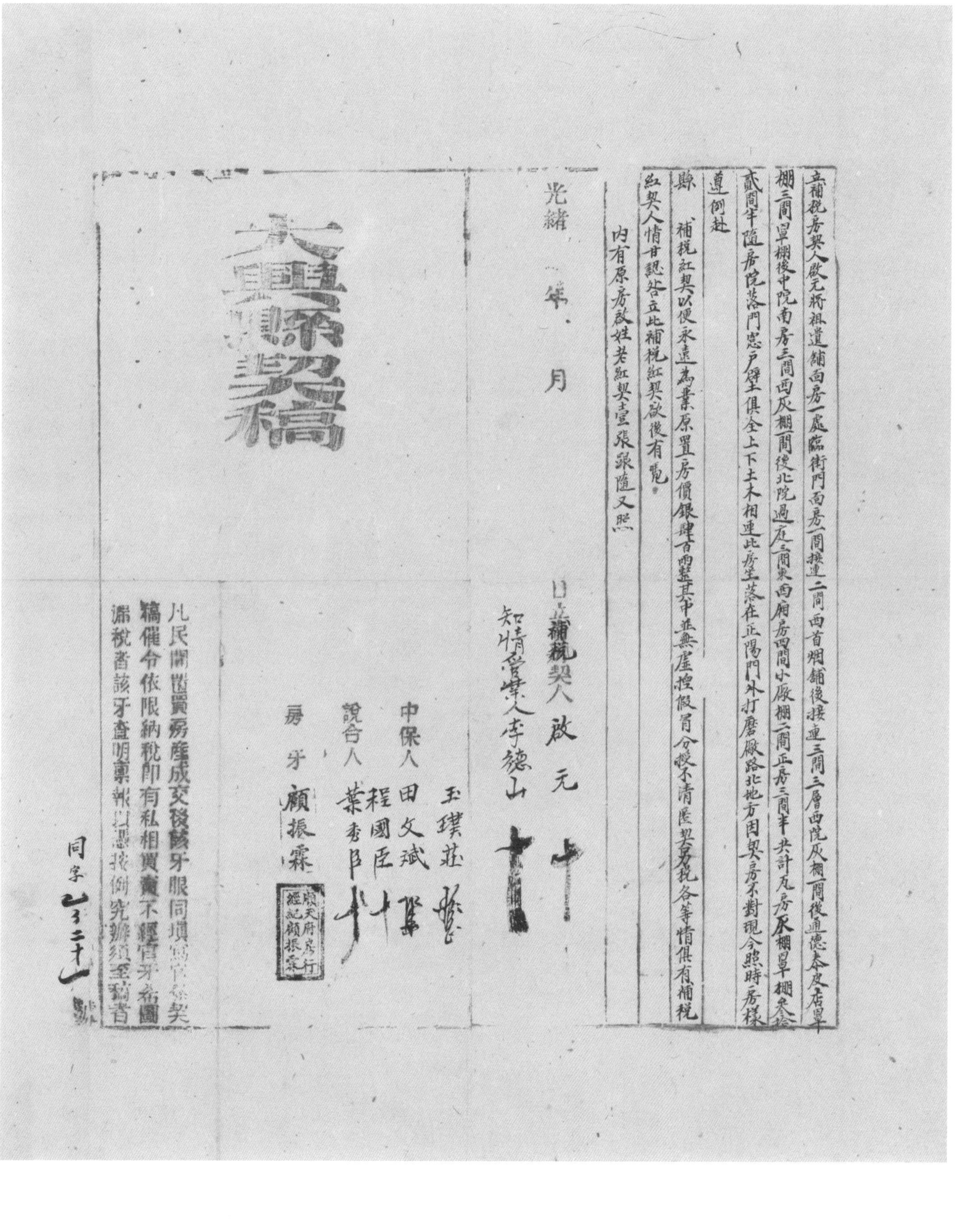

立補稅房契人啟元將祖遺舖面房一處臨街門面房一間接連二間西首烟舖後接連三間三層西院灰棚一間後通德奉皮店旱棚三間旱棚後中院南房三間西灰棚一間後北院過庭三間東西廂房四間小廠棚二間正房三間半共計瓦房灰棚旱棚參拾貳間半隨房院落門窗戶壁俱全上下土木相連此房坐落在正陽門外打磨廠路北地方因契房不對現今照時房樣

遵例赴

縣補稅紅契以便永遠為業原置房價銀肆百兩整其中並無虛撞假冒分授不清匿契另税各等情俱有補稅

紅契人情甘認咎立此補稅紅契啟後有憑

內有原房啟姓老紅契壹張跟隨又照

光緒　年　月　日立補稅契人　啟元　十

知情管業人　李德山　十

玉璞莊　押

中保人　田文斌　押

程國臣　十

說合人　葉秀臣　押

房牙　顧振霖

順天府房行經紀顧振霖

凡民間置買房產成交後該牙限同填寫官發契稿催令依限納稅即有私相買賣不經官牙希圖漏稅者該牙查明稟報以憑按例究辦須至稿者

同字山字二十一號

大興縣契稿

民國廿四年十一月五日 北京市財政局 第貳

立補税房契人啟元將祖遺舖面房一處臨街門面房一間接連二間西首烟舖後接連三間三層西院灰棚一間後通德泰皮店罩棚二間罩棚後中院南房三間西灰棚一間後北院過庭三間東西廂房四間小厰棚二間正房三間半共計瓦房灰棚罩棚叁拾貳間半隨房院落門窗戶壁俱全上下土木相連此房坐落在正陽門外打磨厰路北地方因契房不對現今照時房樣遵例赴

縣 補税紅契以便永遠為業原置房價銀肆百兩整其中並無虛捏假冒分毫隱匿契另税各等情俱有補税紅契人情甘認營立此補税紅契欲後有憑

内有原房啟姓老紅契一張粘連又照

大興縣掛號訖

知底保人田文斌

光緒九年三月 日立補税房契人啟 元

房 牙 顧振霖

拾
伍

清光緒九年（一八八三）大興縣啟元投税官契

（契約四一二一二）

立投税契人正藍旗滿洲松齡佐領下刑部員外郎啟元，有祖鋪面房一所，坐落正陽門外打磨廠偏西路北地方，計灰、瓦房叁拾間零半間，原置價銀肆百兩，因年久將紅契遺失無存。今情願赴翼投税，請領紅契以憑執業。其中并無來路不明、重復典賣等情，如虚情甘認咎。所具投税是實。

光緒玖年叁月　日　　立投税契人　啟元（押）

執照：

□□户部督理左翼税務監督奕爲給發執照事據正藍旗滿洲松齡佐領下刑部員外郎啟元，有祖遺鋪面房叁拾間零半間，坐落正陽門外打磨廠偏西路北地方。價銀肆佰兩。

納税銀拾貳兩。

光緒玖年叁月　　立契人　啟元

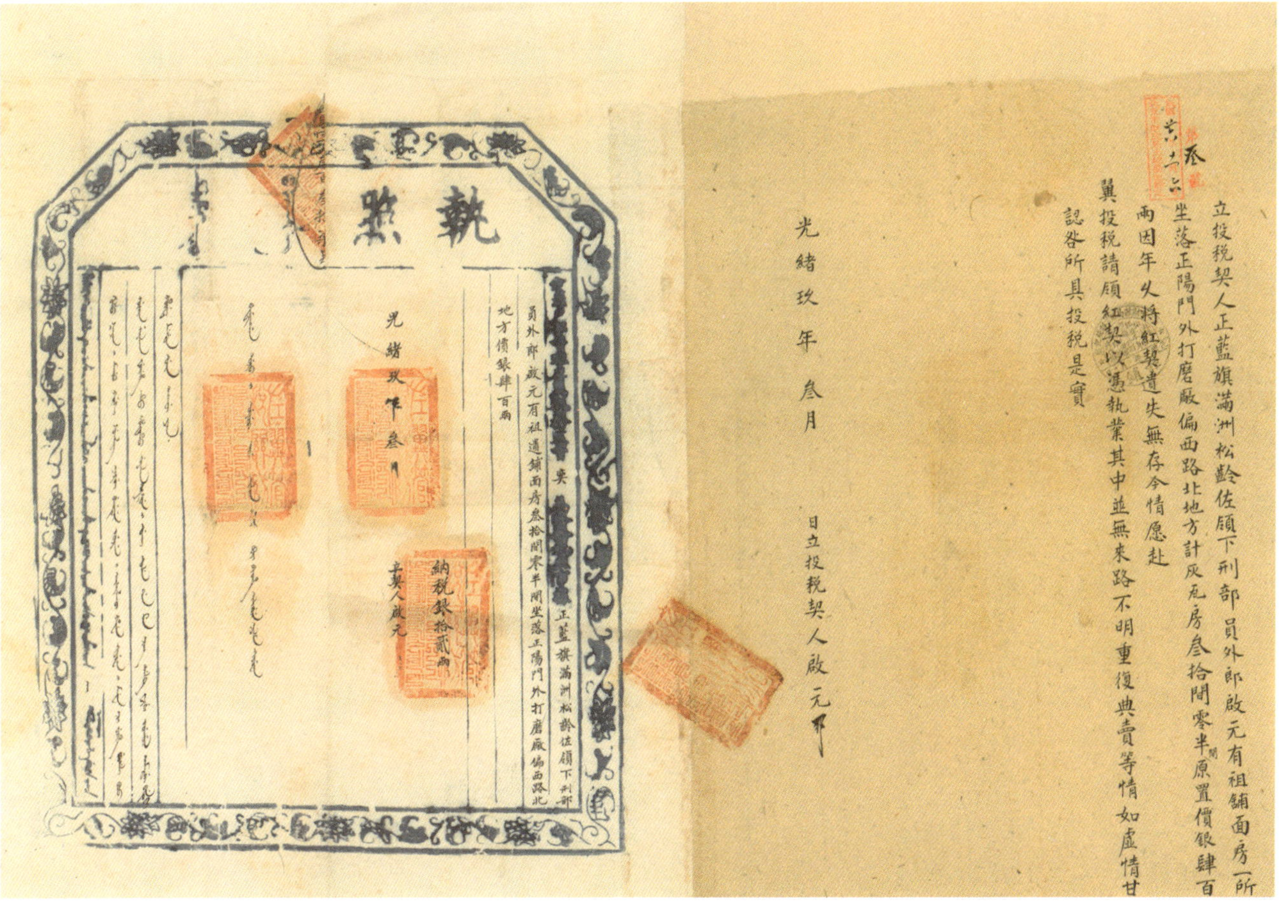

立投稅契人正藍旗滿洲松齡佐領下刑部員外郎啟元有祖舖面房一所
坐落正陽門外打磨厰偏西路北地方計灰瓦房叁拾間零半間原置價銀肆百
兩因年久將紅契遺失無存今情愿赴
翼投稅請領紅契以憑執業其中並無來路不明重復典賣等情如虛情甘
認咎所具投稅是實

光緒玖年叁月　　日立投稅契人啟元（押）

執照

正藍旗滿洲松齡佐領下刑部　買
員外郎啟元有祖遺舖面房叁拾間零半間坐落正陽門外打磨厰偏西路北
地方價銀肆百兩

納稅銀拾貳兩

立契人啟元

光緒玖年叁月

第叁號

立投稅契人正藍旗滿洲松齡佐領下刑部員外郎啟元有祖鋪面房一所

坐落正陽門外打磨廠偏西路北地方計灰瓦房叁拾間零半間原置價銀肆百

兩因年久將紅契遺失無存今情愿赴

翼投稅請領紅契以憑執業其中並無來路不明重復典賣等情如虛情甘

認咎所具投稅是實

光緒玖年叁月　日立投稅契人啟元（押）

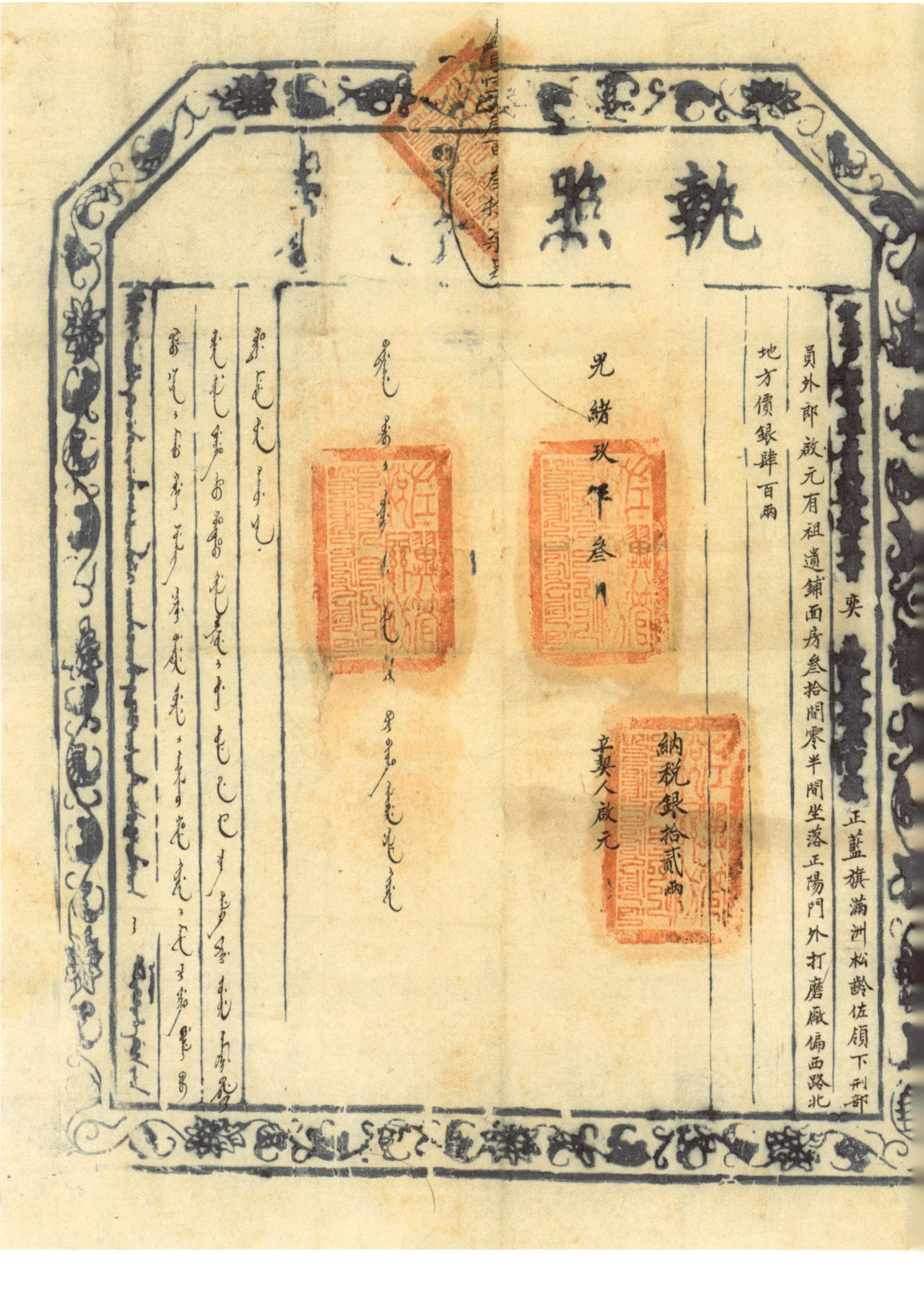

執照

正藍旗滿洲松齡佐領下刑部

賣

員外郎啟元有祖遺鋪面房叁拾間零半間坐落正陽門外打磨廠偏西路北

地方價銀肆百兩

光緒玖年叁月

納稅銀拾貳兩

立契人啟元

清光緒九年（一八八三）遼寧盤山縣傅文學等杜絶賣房官契

（契約五〇八）

立杜絶賣房間地基文約人傅文學、傅文海、傅文惠兄弟三人，因無錢使用，今將祖遺房産壹所，坐落雙臺子街河北路西朝東臨街，門市房肆間，北正平房捌間，南正平房壹間，門窗户扇、磚、瓦石塊土木相連，俱各在内，長寬四至列後，煩中人説合，情願出契賣與劉士彬名下永遠修理居住爲業。同衆言明，賣價市銀壹百捌拾伍兩整。其銀筆下交足，分毫不欠。自賣之後，任憑買主修造自便，不與賣主干涉。亦無私債折準等弊，并無鄰佑争競。倘有争競攪擾者，俱在賣主與中人一面承管。此係兩家情願，立此杜絶賣契永遠爲證。

計開：南北長東頭叁丈玖尺，西頭南北長肆丈叁尺；東西寬叁拾貳丈。東至官街中，西至道中，南至買主，北至韓姓。

光緒九年三月十二日

立杜絶賣房間地基文約 傅文学（押） 傅文海（押） 傅文惠（押）

族人 傅景賢（押） 傅賡雲（押） 傅文靈（押）

鄉約 張文順（押） 張欽德（押）

中人 天德永（押） 福和號（押） 韓萬玉（押） 孫秀實（押） 李德興（押） 忠發染（押） 四海梁（押） 趙福山（押）

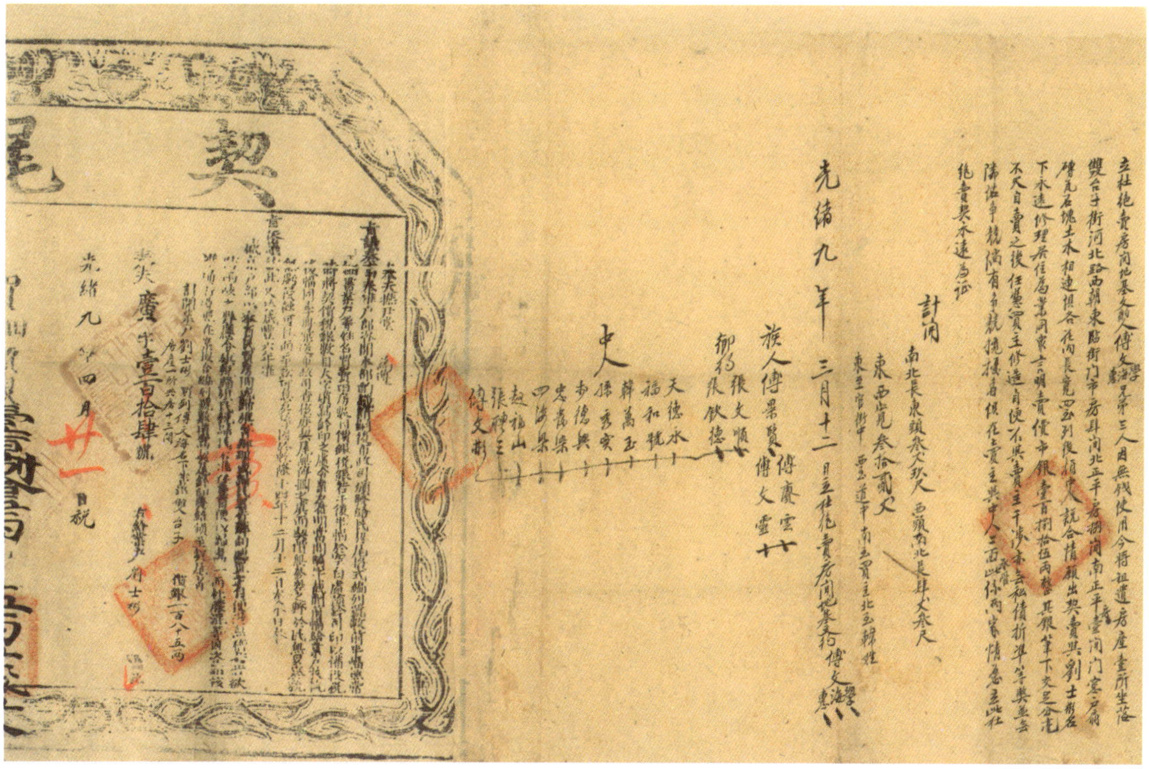

張聘三（押）
傅文彬（押）

立杜绝賣房间地基文約人傅文學、海、惠兄弟三人因無錢使用今將祖遺房產壹所坐落雙台子街河北路西朝東臨街门市房肆间北正平房捌间南正平房壹间门窗户扇磚瓦石塊土木相連俱各在内長寬四至列後憑中人説合情願出契賣與劉士彬名下永遠修理居住爲業同衆言明賣價市銀壹百捌拾伍兩整其銀筆下交足分毫不欠自賣之後任憑買主修造自便不與賣主干涉亦無私債折準等弊並無隣佑爭競倘有争競攙擾者俱在賣主與中人二面承擋係两家情愿立此杜绝賣契永遠為証

計開

南北長東頭叁丈玖尺 西頭南北長肆丈叁尺

東西寬叁拾貳丈

東至官街中 西至道中 南至買主 北至韓姓

光緒九年三月十二日立杜绝賣房间地基文約 傅文學、海、惠

族人 傅景賢 傅慶雲 傅文靈

御行 張文順 張欽德

天德永 福和號 韓萬玉 來秀實

中

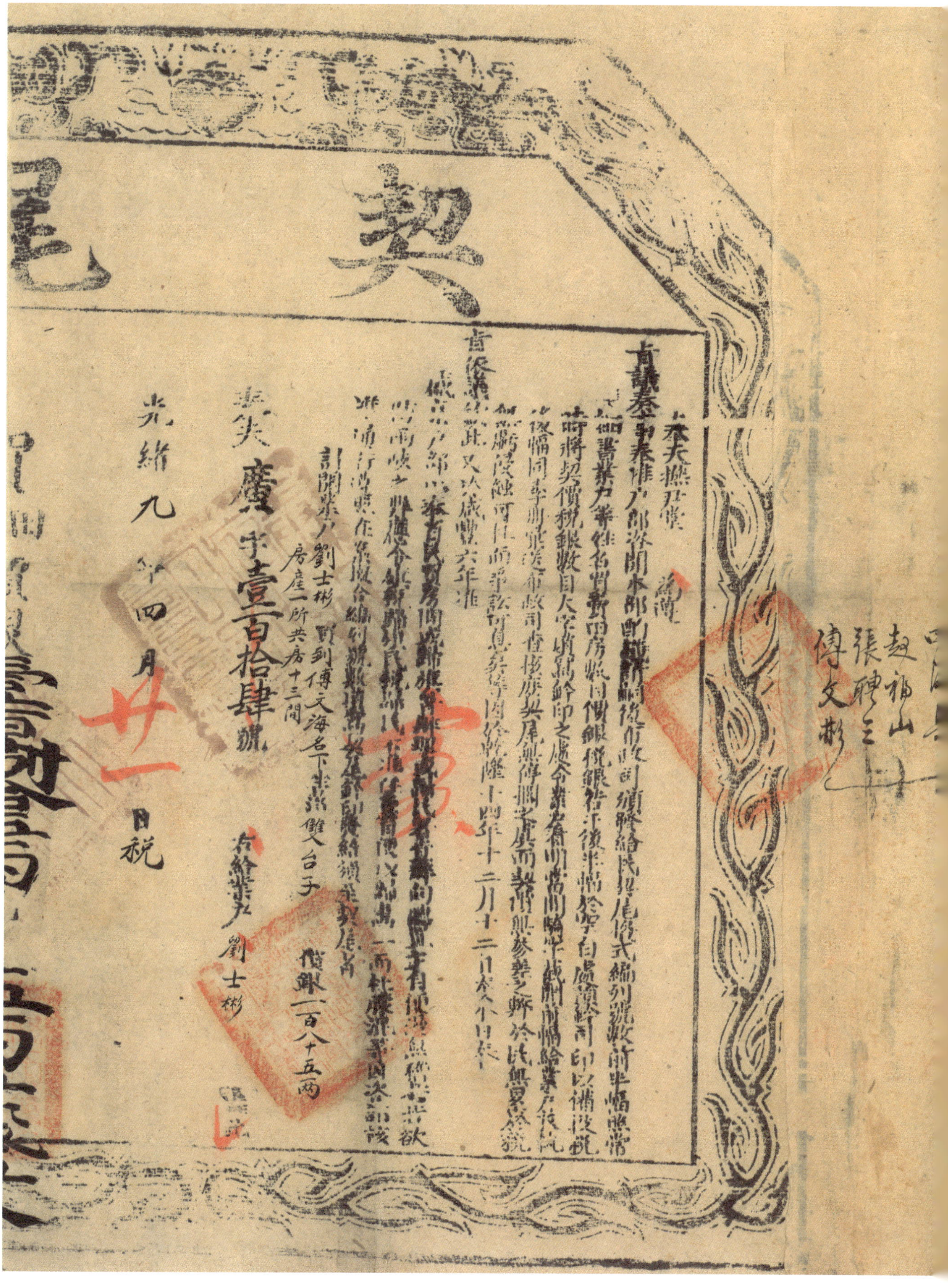

契

計開業户劉士彬 買到傅文海名下坐落雙人台子
房座一所共房十三間
價銀一百八十五兩

右給業户劉士彬

契尾 慶字壹百拾肆號

光緒九年四月廿一日税

趙神山
張聘三
傅文彬

一七〇

清光緒九年（一八八三）順義縣王門于氏同子推官地白契

（契約一二五）

立推官地文約人王門于氏仝子王順，因手乏，今將祖遺官地壹段，捌畝，此地座（坐）落在西馬各莊村南，計地兩幅，東西隴，南至置主，北至劉姓，東至官道，西至壕，四至分明，人（今）托中保人説合，情願將此官地推與張文通名下永遠承種。當面仝衆言明，王姓受使東錢伍佰吊整。其錢筆下交足不欠。王姓拖欠官糧，張姓捕補那（納）。自推之後，任憑張姓自變（便），不與王姓相干。此係兩家情願，各［無］返（反）悔。恐後無憑，立推字永遠存照。

中保人　許　才（押）
　　　　賈　五（押）
　　　　丁永和（押）

立推字人　王門于氏（押）
　　　　　仝子王順（押）

代字人　趙奎祥（押）

光緒玖年八月十四日

立推官地文約、王門于氏全子王順同手足今將祖遺官凡壹分八捌畝此地座落
在西邑各庄村南計地兩幅東西隴南至邑主北至刘姓東至官道西至濠四
至分明人托中保人說合情願將此官地推與張文通名下永遠承種當面全
象言明王姓受使東錢伍伯吊整其錢筆下交足不欠王姓拖欠官粮張姓
捕那自推之後任憑張姓自變不與王姓相干此係兩家情願各返悔恐後
無憑立推字永遠存照

光緒玖年八月十四日

中保人 許才 十
賈五 十
丁永和

立推字人王門于氏全子王順 十

代字人趙奎祥

永遠承種

一七一

清光緒九年（一八八三）大興縣紀祥賣房官契（契約八八九）

立賣房契人係紀祥，今因手乏無錢，自蓋房壹所，坐落香兒胡同中間路南新號胡同，內有此房東院正房二間，南房壹間，西院正房三間，北院正房三間，共計房九間，瓦片托落，墻房坍塌，門窗户壁，上下土木相連。情願中保人説合，賣與王德春名下永遠爲業。言明賣價銀壹百兩整。其銀筆下交足，并無欠少。如有重復典賣及來路不明并親族人等争兢（競）等情，俱有原業主與中保人一面承管。恐後無憑，立字爲證。

外有紅契壹套，白字壹張。

中保人　祝秀峯（押）
李文祥（押）

立賣字人　紀　祥（押）

知情底保人　李永志（押）

光緒九年拾月初十日

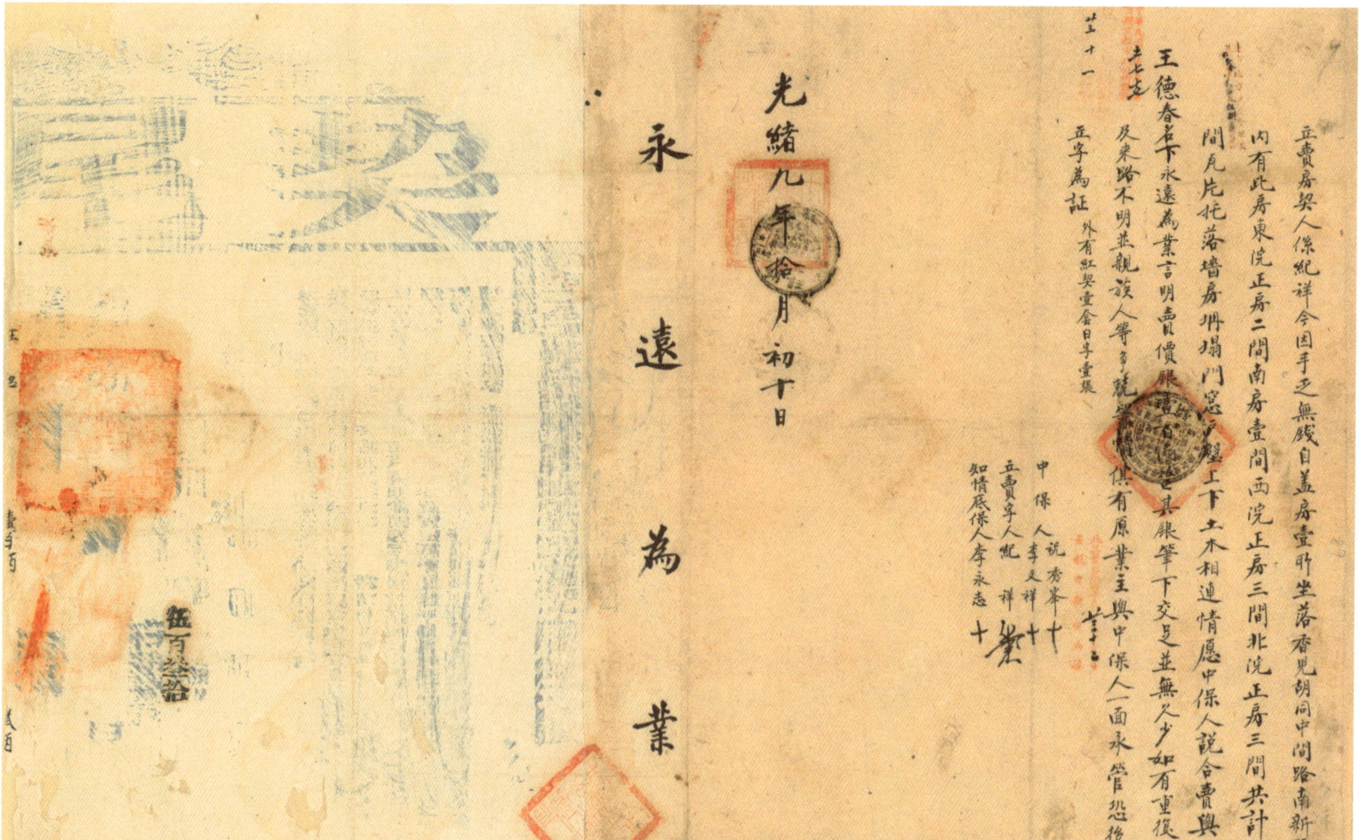

立賣房契人紀祥今因手乏無錢自盖房壹所坐落香兒胡同中間路南新號胡同
內有此房東院正房二間南房壹間西院正房三間北院正房三間共計房九
間瓦片托落墙房撕塌門窗戶壁上下土木相連情愿中保人說合賣與
王德春名下永遠為業言明賣價[illegible]其銀筆下交足並無欠少如有重復典賣
及來路不明並親族人等爭競[illegible]俱有原業主與中保人一面承管恐後無憑
立字為証　外有紅契壹套白字壹張

中保人　說秀峯　十
　　　　李文祥　十
立賣字人　紀祥　押
知情底保人　李永志　十

光緒九年拾月初十日　立

永遠為業

五

立賣房契人係紀祥今因手乏無錢自盖房壹所坐落香児胡同中間路南新號胡同

内有此房東院正房二間南房壹間西院正房三間北院正房三間共計房九

間瓦片托落墻房坍塌門窓户壁上下土木相連情愿中保人說合賣與

王德春名下永遠為業言明賣價銀壹百兩整其銀筆下交足並無欠少如有重復典賣

及來路不明並親族人等争競者俱有原業主與中保人一面承管恐後無憑

立字為証　外有紅契壹套白字壹張

中保人　祝秀峯　十
　　　　李文祥　十
立賣房字人紀　祥
知情底保人李永志　十

光緒九年拾月初十日

五

伍百叁拾

一七二

清光緒十年（一八八四）順義縣劉玉庭賣地官契

（契約二二〇）

立賣莊户地人劉玉庭，因爲手乏，無銀使用，今將祖遺地壹段，坐落西馬各莊村東南，計地四幅，南□□，計地拾陸畝陸分四，今煩中人説合，願將此地賣與王玉臣名下承種。當面言明，寔賣紋銀肆拾兩整。其銀筆下交足不欠。自賣之後，由其買主自便，永不與賣主相干。如有親族人等争論，有中保人一面承管。恐口無憑，立賣字爲證。

四置（至）：南至壑，北至壑，東至道，西至王姓。

中保人　王士有（押）

光緒拾年十二月十一日

立賣字人　劉玉庭（押）

代字人　劉　浩（押）

立賣庄户地人劉玉庭因為手乏無錢使用今將祖遺地壹段坐

馬各庄村東南計地四幅南北、言地拾陸畝陸分四厘情

願將此地賣與王玉臣名下承種當面言明寔賣紋銀肆拾兩

其銀筆下交足不欠自賣之後由其買主自便永不與賣主相

如有親族人等爭論有中保人一面承管恐口無憑立賣字為

證

四至 南至壑北至壑 東至道西至王姓

中保人王士有十

立賣字人刘玉庭十

代字人劉浩十

光緒拾年十二月十一日

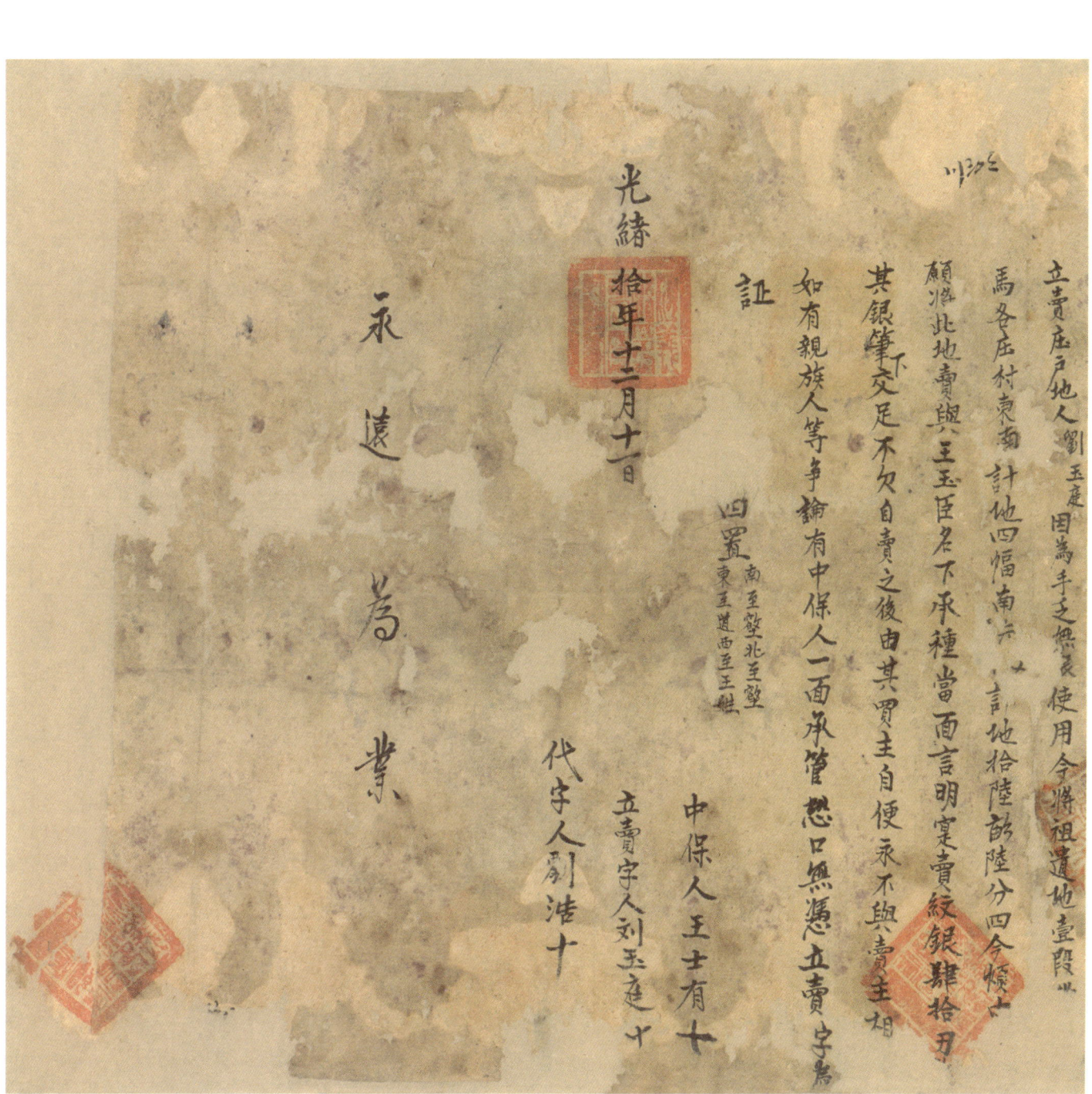

永遠為業

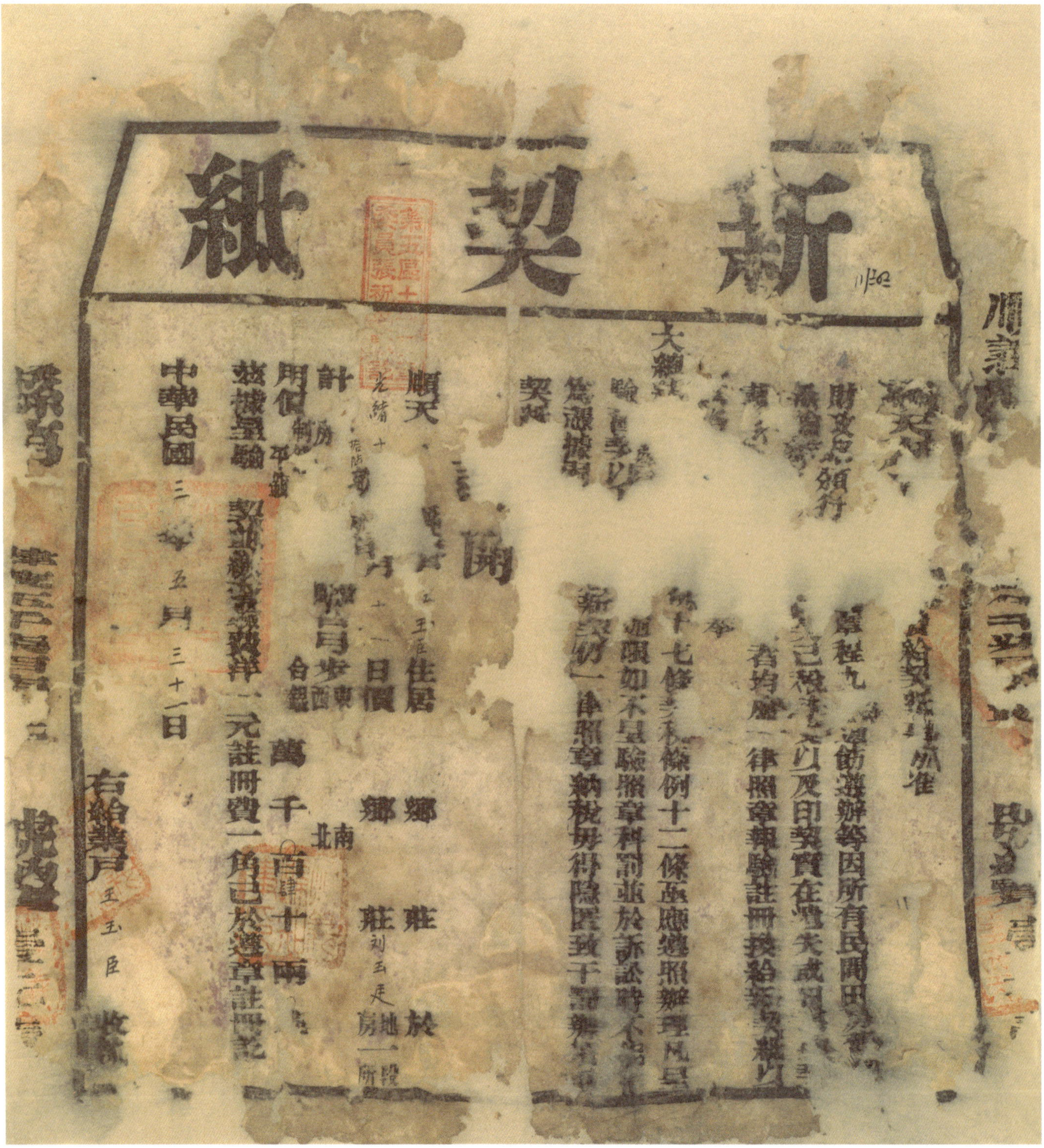

新契紙

章程九

條遵飭遵辦等因所有民間田

已以及印契實在

者均應一律照章報驗註冊換給新契紙

除十七條

條例十二條亟應遵照辦理凡民

逾限如不呈驗照章科罰並於訴訟時不

新契紙一律照章納稅毋得隱匿致干

順天

住居

日價

鄉

鄉

莊

莊

於

計

用價

南

北

東

西

茲據呈驗

契紙

元註冊費一角已於遵章註冊

中華民國 三 年 五 月 三十一日

右給業戶 王玉臣

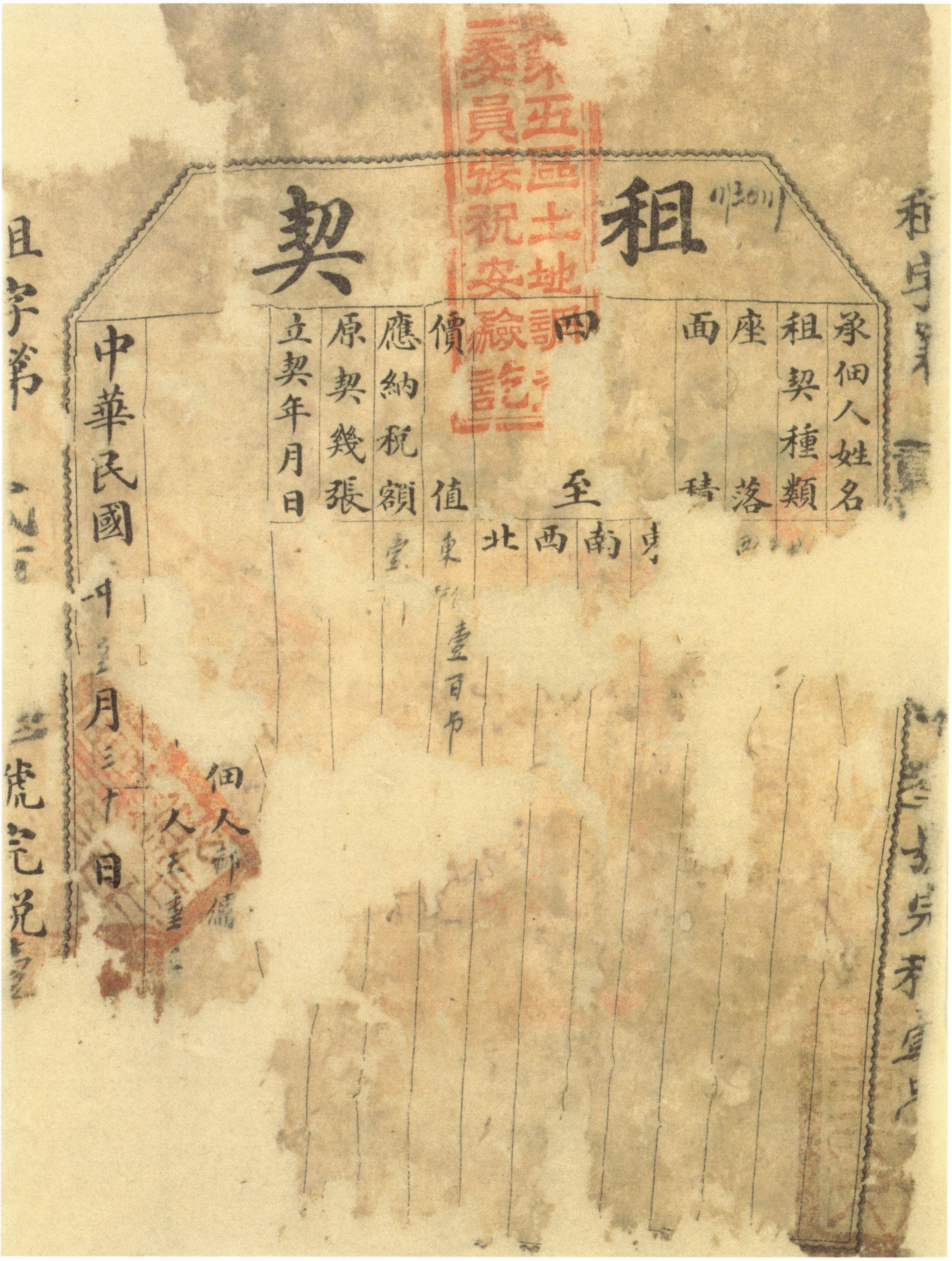

第五區土地調查委員張祝安驗訖

租契

承佃人姓名
租契種類
座落
面積
四至　東　南　西　北
價值　壹百吊
應納稅額　壹
原契幾張
立契年月日

中華民國廿[illegible]年　月三十日

佃人郝儒
中人天重

一七三

清光緒十年（一八八四）泰來功牌

（契約三三一）

欽命總理神機營事務王大臣，爲給發功牌事。照得本營奉命訓練馬步隊伍，原以振拔人材，其有技藝嫻熟及差使奮勉弁兵，自應酌加獎勵。茲查正紅旗漢軍顧裕祥佐領下馬甲泰來，技藝嫻熟，洵堪嘉尚，合行給予八品頂帶，以招激勸。該兵當益加勤奮，勉圖上進。須牌。

右牌給八品頂帶泰來收執

光緒十年六月初十

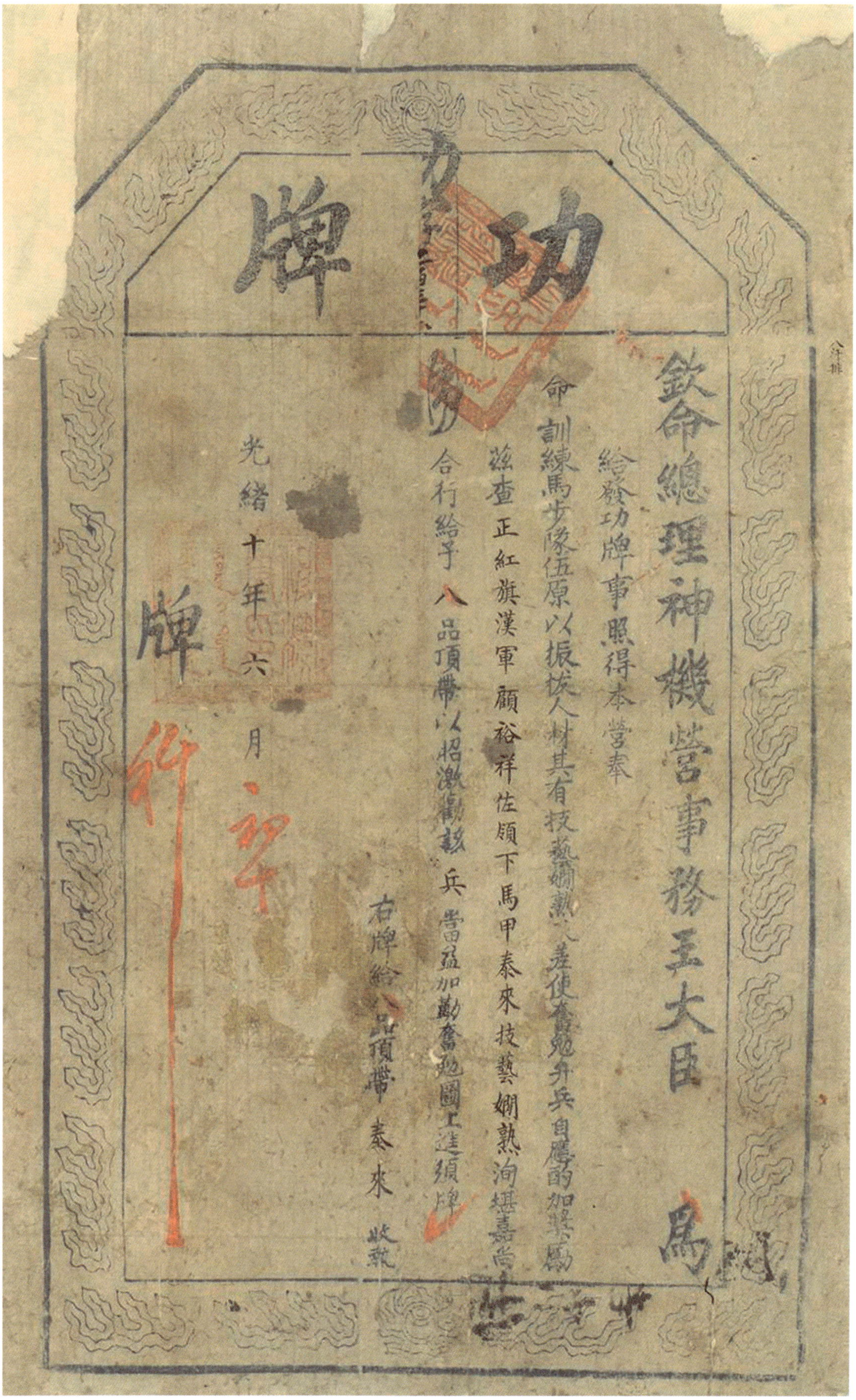

功牌

欽命總理神機營事務王大臣 為

給發功牌事照得本營奉

命訓練馬步隊伍原以振拔人材其有技藝嫻熟差使奮勉弁兵自應酌加獎勵

茲查正紅旗漢軍 顧裕祥佐領下馬甲泰來技藝嫻熟洵堪嘉尚

合行給予八品頂帶以招激勸該 兵 當益加勤奮勉圖上進須牌

右牌給八品頂帶 泰來 收執

光緒十年六月 初

牌

行

一七四

清光緒十年（一八八四）大興縣畢錦堂賣房官契

（契約四四五）

立賣房契人畢錦堂，今因乏用，將原置住房一處，自行添蓋正瓦房叁間，東瓦房一間半，西平臺一間半，共計瓦房、平臺六間。院内屏門板墻一道，門窗户壁俱全，上下土木相連，此房坐落在崇文門外南城南官園中間路西地方，今憑知底中保人説合，情願出賣與柴　名下永遠爲業。三面言定，實賣房價銀貳百兩整。其銀當日筆下收足，并不短少。自賣之後，如有親族長幼弟男子侄人等争兢（競），以及指房借貸官銀私債、重覆（復）典押各等情，俱有出賣房主仝知底中保人一面承管。恐後無憑，立此賣房契永遠存照。

原房内有畢姓本身紅契壹張，上首宋姓紅契壹張，蓋房執照壹張，共計叁張，交付買主收存。又照。

知底中保人　李成林（押）

中保説合人　袁長山

立賣房人　畢錦堂（押）

光緒拾年十一月三十日

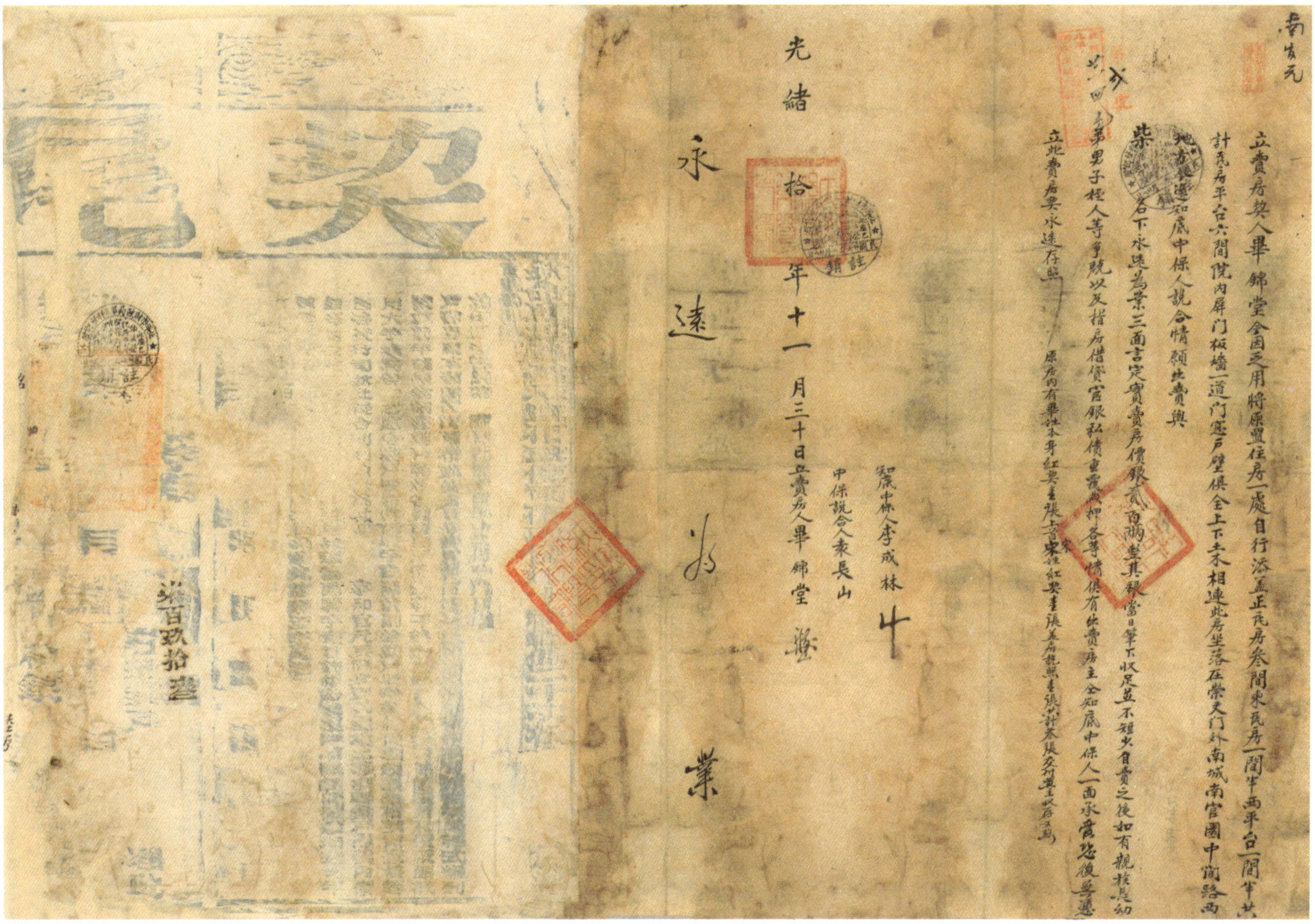

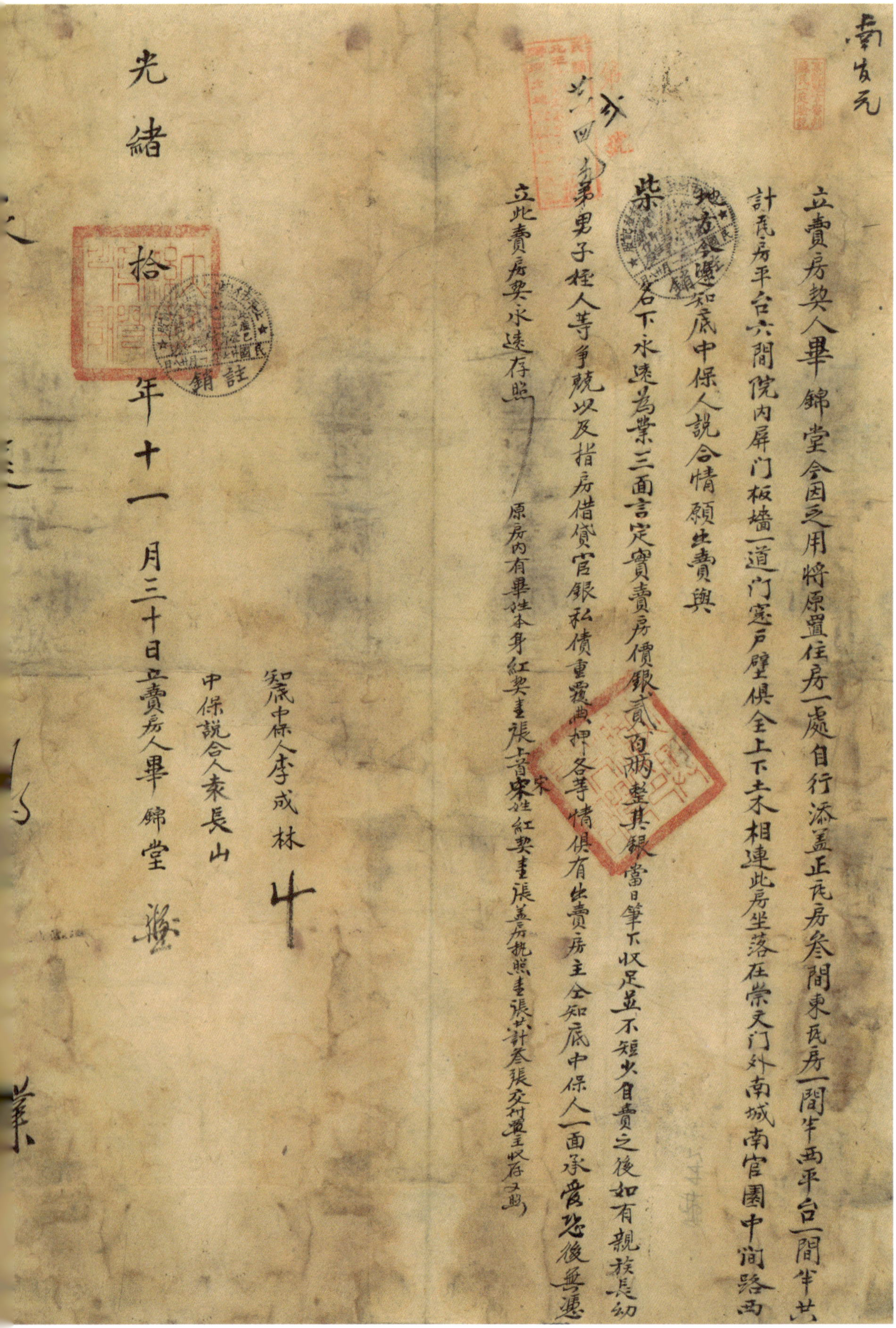

南安元

立賣房契人畢錦堂今因乏用將原置住房一處自行添蓋正瓦房叁間東瓦房一間半西平台一間半共
計瓦房平台六間院內屏门板墻一道门窗戶壁俱全上下土木相連此房坐落在崇文门外南城南官園中間路西
地方錢鋪知底中保人說合情願出賣與
柴名下永遠為業三面言定賣價銀貳百兩整其銀當日筆下收足並不短少自賣之後如有親族長幼
弟男子姪人等爭競以及指房借貸官銀私債重覆典押各等情俱有出賣房主全知底中保人一面承管恐後無憑
立此賣房契永遠存照

原房內有畢姓本身紅契壹張上首宋姓紅契壹張並房執照壹張共計叁張交付買主收存又照

知底中保人李成林 十
中保說合人來長山

光緒拾年十一月三十日立賣房人畢錦堂 押

契
註銷
第百玖拾壹

一七五

清光緒十一年（一八八五）大興縣金保官賣房官契

（契約二五七）

立賣房契人金保官，因乏用，將自置住房一所，計正瓦房叁間，西相（廂）房壹間，東挎（跨）通天過道，關中走道，水流東鄰舊渠，只房四間，門窗户扇俱全，土木相連，坐落南城正東坊住閏（閻）王廟後街東横胡同路南地坊（方）。今憑中人説合，情願賣于（與）蘇濬雲名下永遠爲死業。三面言明，宲價銀柒拾兩正。其銀當面交足，并無欠少。自賣之後，倘有金姓親族長幼人等争競，以及指房借錢并令（另）有契紙在外借貸銀錢并此紅白契紙不宲、來歷不明等情，均有賣房之主、中人一面承管。恐口無憑，立字爲證。

内有祝姓本身稿契壹張，上有李、劉二姓紅契弍張，劉、楊、方、陳四姓白典契四張，高姓紅契壹張，共計紅白契紙共計捌張，置主收存。

中保人　王入山（押）
宋志明（押）
楊振邦（押）
申榮代筆

光緒拾壹年叁月初四日

立賣契文字人　金保官（押）

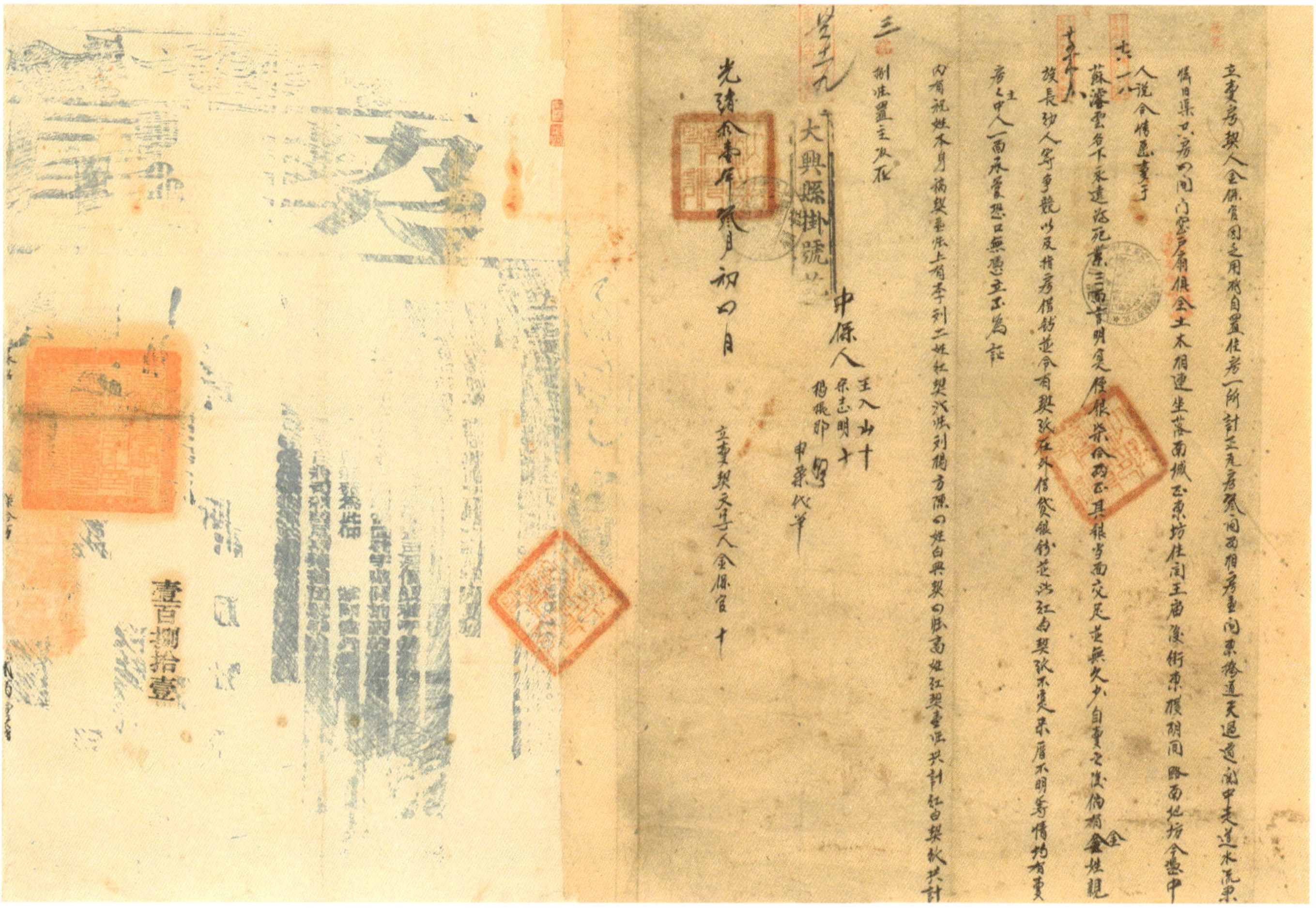
立賣房契人金保官因乏用，將自置住房一所，計正房叁間、西相房壹間、東游道、天過道、院中走道、水流東
隨舊渠，又房四間，門窗戶扇俱全，土木相連，坐落南城正東坊，住閻王廟後街東椴胡同路西地方，今憑中
人說合，情願賣于
蘇灣雲名下永遠爲死業，三面言明，賣價銀柒佰兩正，其銀當面交足，並無欠少。自賣之後，倘有金姓親
族長幼人等爭競，以及指房借銀，並令有契張在外借貸銀錢，並有紅白契張不交，來歷不明等情，均有賣
房之中人一面承管。恐口無憑，立字爲証。
內有祝姓本身稿契壹張，上有李、劉二姓紅契六張，劉、楊、方、陳四姓白契四張，高姓紅契壹張，共計紅白契張，共計
撥住置主收存
大興縣掛號
中保人 王入山十 陳志明十 楊振卿 申策代筆
光緒叁拾叁年柒月初四日
立賣契文字人金保官十
壹百捌拾壹

立賣房契人金保宜因乏用將自置住房一所計正北房叁間西相房壹間東擋道天過道門中走道水流東
隣旧渠以房四間門窗戶扇俱全土木相連坐落南城正東坊住閻王廟後街東頭胡同路南地坊今憑中
人說合情愿賣于
蘇濬雲名下永遠為死業三面言明賣價銀柒拾兩正其銀當面交足並無欠少自賣之後倘有金姓親
族長幼人等爭競以及指房借錢並今有契張在外借貸銀錢並以紅白契張不定來歷不明等情均有賣
房之主中人一面承管恐口無憑立此為証
內有祝姓本身稿契並住上有李劉二姓紅契以住劉楊方陳四姓白典契四張高姓紅契壹張共計紅白契張共計
倒住置主收存

三號

大興縣掛號

中保人 王入山 十
宋志明 十
楊振卯
申棠代筆

光緒叁拾叁年叁月初四日

立賣契文字人金保宜 十

契

壹百捌拾壹

一七六

清光緒十二年（一八八六）順義縣夏存貴賣糧地官契

（契約七一）

立賣糧地契文約人夏存貴，因無錢使用，今將祖遺地壹段，貳拾柒畝，又壹段，貳畝，坐落在西馬各莊西南，南北行隴，親托中人説合，情願將此地賣與王玉臣名下爲業。同衆言明，賣價銅製東錢肆百吊整。其錢筆下交足不欠。自賣之後，任憑置主自便，不與契主相干。此係均願，各無⿰忄反（反）悔。如有舛錯，有中人承管。口説無憑，立賣字爲證。

計開四至：東至李姓，西至周姓，南至埯（壕），北至壕。第二段四至：東至張姓，西至李姓，南至埯（壕），北至頂頭。

光緒十二年九月初十

中保説合人 張文蘭（押）

立賣字人 夏存貴（押）

代字 王子明（押）

川北

立賣粮地契文約人夏存貴因乏錢使用今將祖遺地壹段貳拾柒畝又壹段貳畝
坐落在西馬各庄西南南北行壠親託中人説合情愿將此地賣與王玉臣名下為業同衆言
明賣價銅制东錢肆百吊整其錢筆下交足不欠自賣之後任憑置主自便不與賣主相干此係
均愿各無反悔如有舛錯有中人承管口説無憑立賣字為証

計開四至　东至李姓　西至周姓
　　　　　南至壕　　北至壕
第二段四至　东至張姓　西至李姓
　　　　　　南至壕　　北至項頭

中保説合人張文蘭　十

光緒十年　九月初十　立賣字人夏存貴　十

代字王子明　押

永遠存業

川北

新契紙

川322

順天府府尹　爲發給契紙事前准
財政部令行[illegible]九條通飭遵辦等因所有民間田房舊契
[illegible]稅[illegible]以及印契實在遺失或田房與契
業不[illegible]有產而[illegible]者均應一律照章報驗註冊換給新契紙以
爲各該業戶等執業[illegible]茲奉
大總統教令公布驗契條例十七條契稅條例十二條亟應遵照辦理凡呈
驗舊契以六個月爲限如逾限如不呈驗照章科罰並於訴訟時不能作
爲憑據嗣後庚續立之新契仍一律照章納稅毋得隱匿致干罰辦須至
契紙者

計開

順天　縣民王　住居　鄉馬各　莊　於
光緒十二　年九　月初十　日價　鄉　莊夏存貴　地一段　房一所
計　地玖式　畝　分　[illegible]　弓　步　東　西　南　北
　房　[illegible]　間　合
原價　制錢捌拾百吊　合銀　萬　千　百　十　兩　錢
[illegible]并一[illegible]註冊費一角已於遵章註冊訖

中華民國　三　年　五　月　二十一　日

右給業戶王玉臣　收執

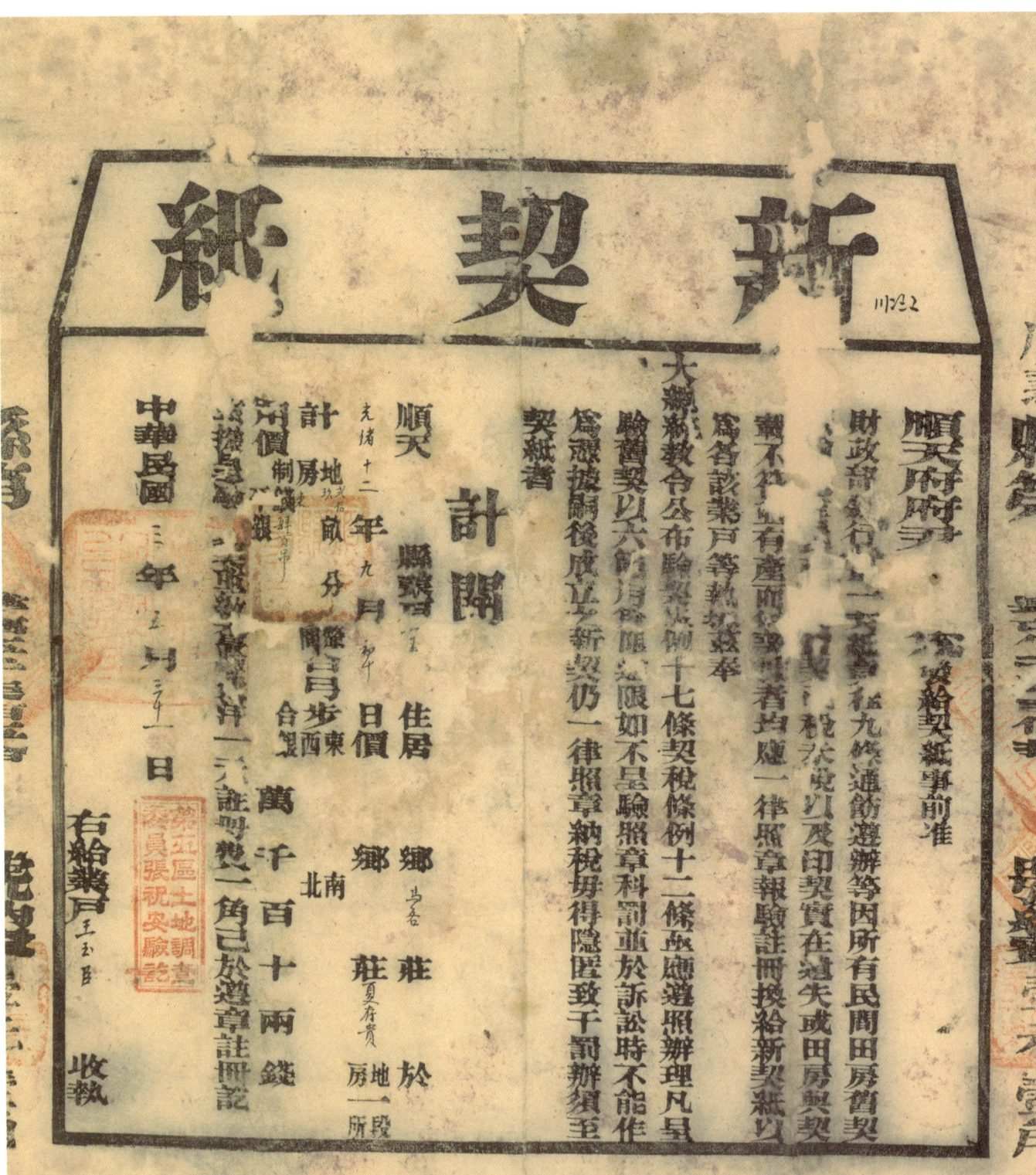

第五區土地調查委員張祝安驗訖

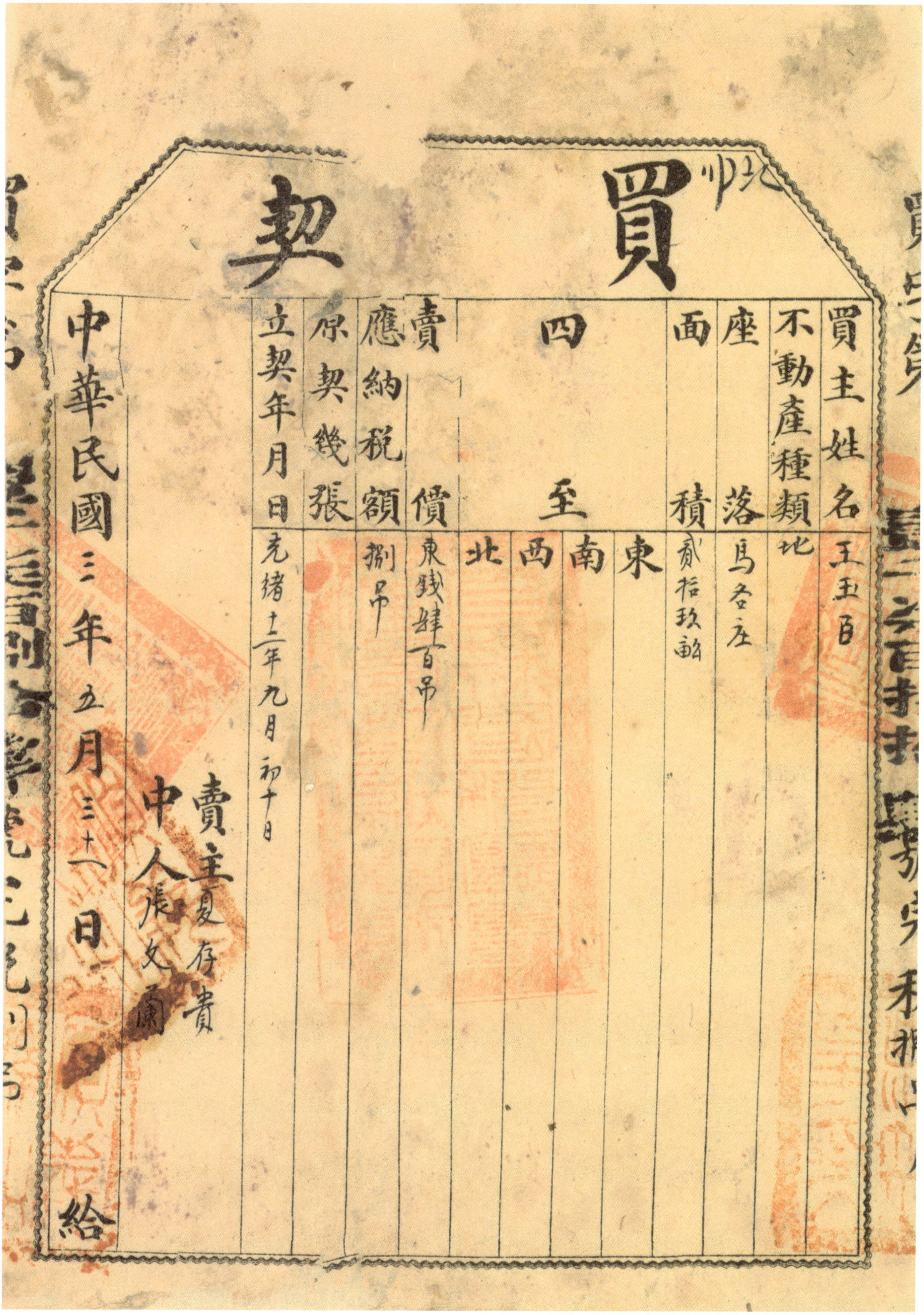

買契

買主姓名	王玉百
不動產種類	地
坐落	馬各庄
面積	貳拾玖畝
四至	東 南 西 北
賣價	東錢肆百吊
應納稅額	捌吊
原契幾張	
立契年月日	光绪十二年九月初十日

賣主夏存貴
中人張文蘭

中華民國三年五月三十八日 給

一七七

清光緒十四年（一八八八）順義縣張文蘭賣地官契

（契約七九）

立賣糧地契文約人張文蘭，因手乏無錢，乃將祖遺地壹段，肆拾伍畝，東西行隴，坐落在火神營村正北，親托中人説合，情願將此地賣與西馬各莊王玉臣名下爲業。同衆言明，賣價東制銅錢伍百吊整。其錢筆下交足，分文不欠。自賣之後，任憑置主自便，不與棄主相干。此係均願，各無⿰忄反（反）悔。如有舛錯，有中人承管。恐口無憑，立賣字爲證。

計開四至：東、西至道，南至黄姓，北至黄姓。

中保説合人　王永旺（押）

立賣字人　張文蘭（押）

代字　趙斌（押）

光緒十四年十二月十八日

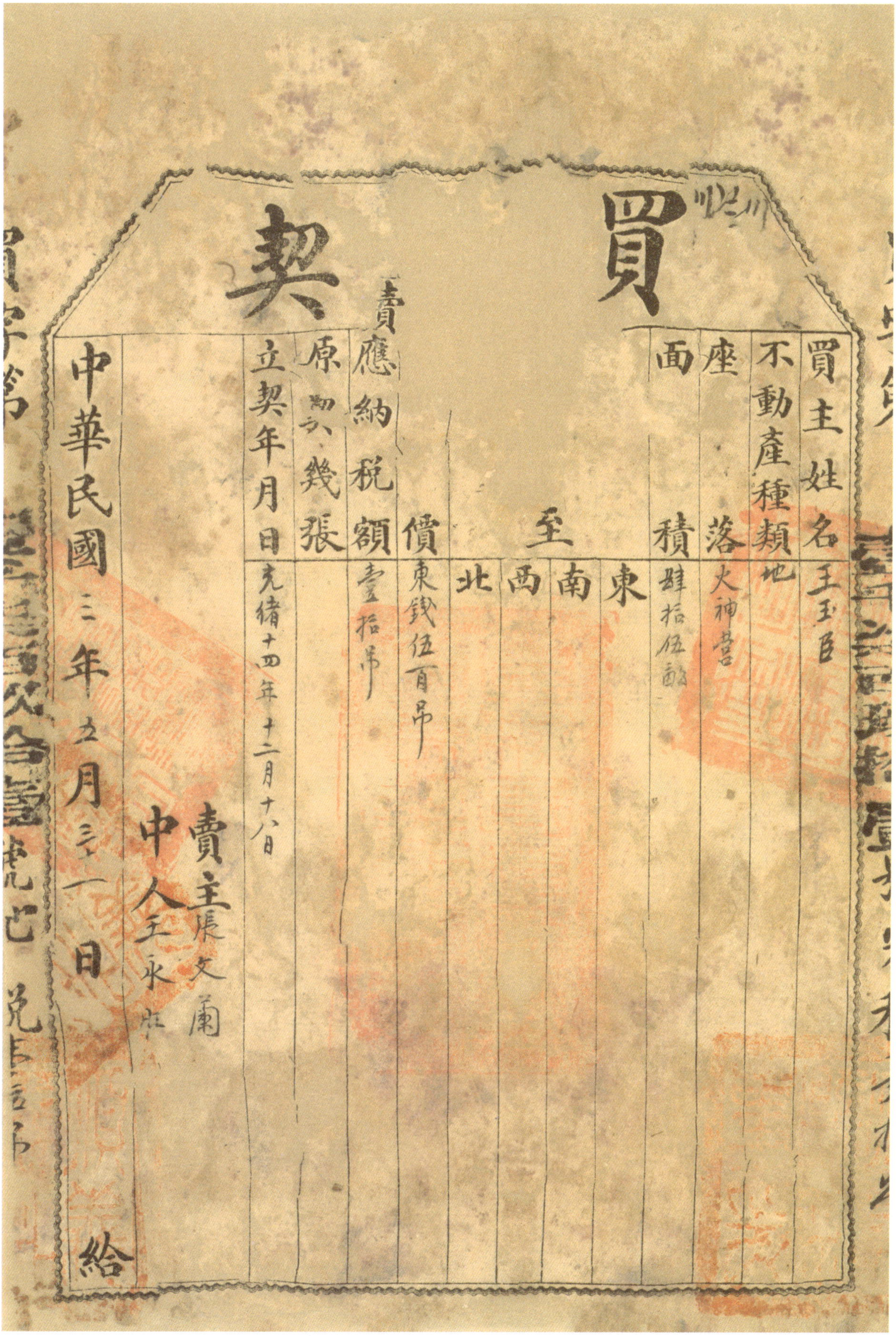

買契

買主姓名　王玉臣
不動產種類　地
坐落　火神營
面積　肆拾伍畝
至　東　南　西　北
價　東錢伍百吊
應納稅額　壹拾吊
原契幾張　捌張
立契年月日　光緒十四年十二月十八日

賣主　張文蘭
中人　王永[illegible]

中華民國三年五月三十一日　給

順天府府尹
財政部發行
字第 號

新[illegible]契紙

第五區土地調查委員張祝安驗記

計開
縣屬業戶王玉臣 佃戶 鄉大神堂莊 於
十四年十二月十八日價 鄉 莊屠文蘭 房地一段/所
計地/房 畝 分 間 台 弓 步 東/西 南/北
用價制錢/平銀 合銀 萬 千 百 十 兩 錢
茲據呈驗契紙并一元註冊費一角已於遵章註冊訖
中華民國三年五月三十一日

右給業戶王玉臣收執

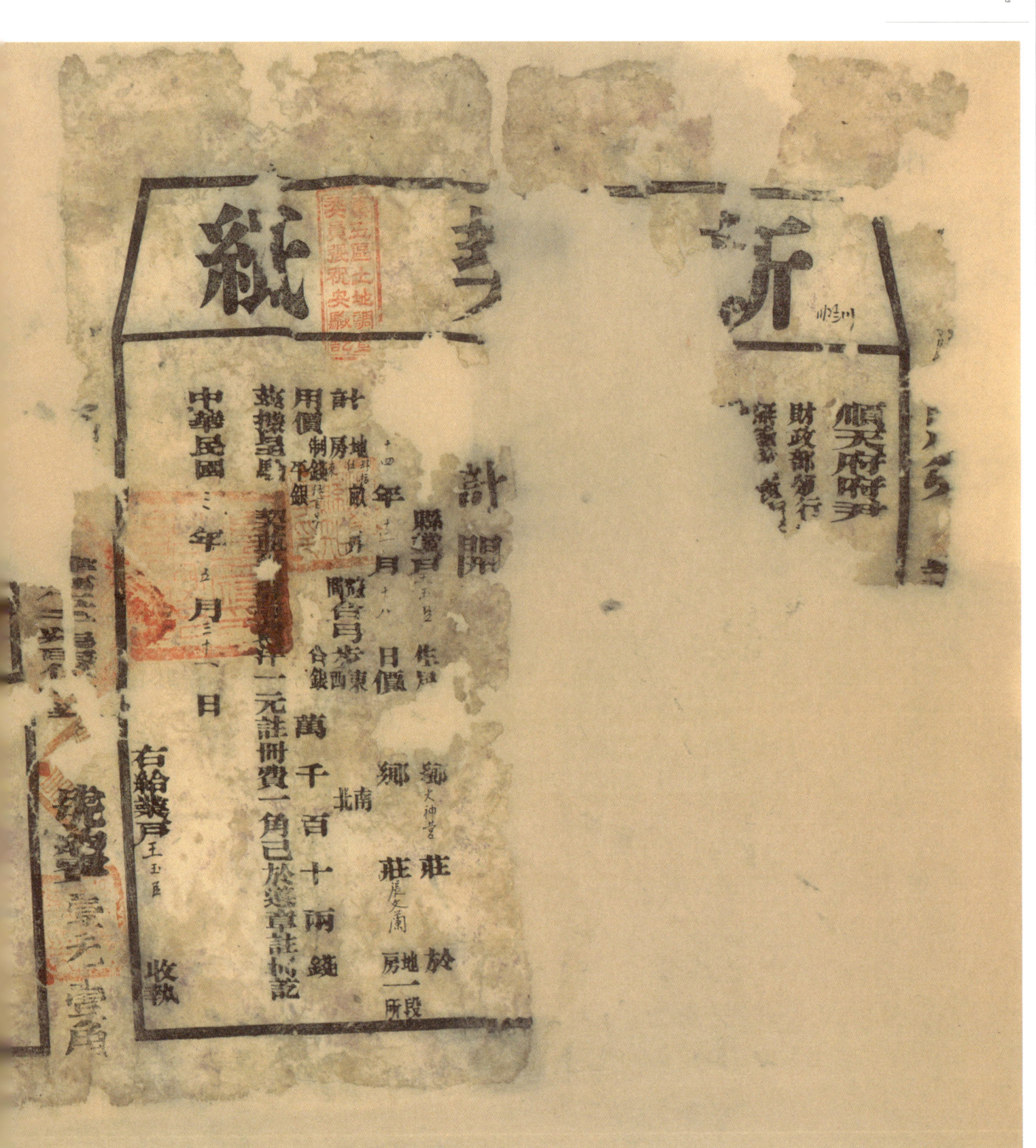

號
壹角

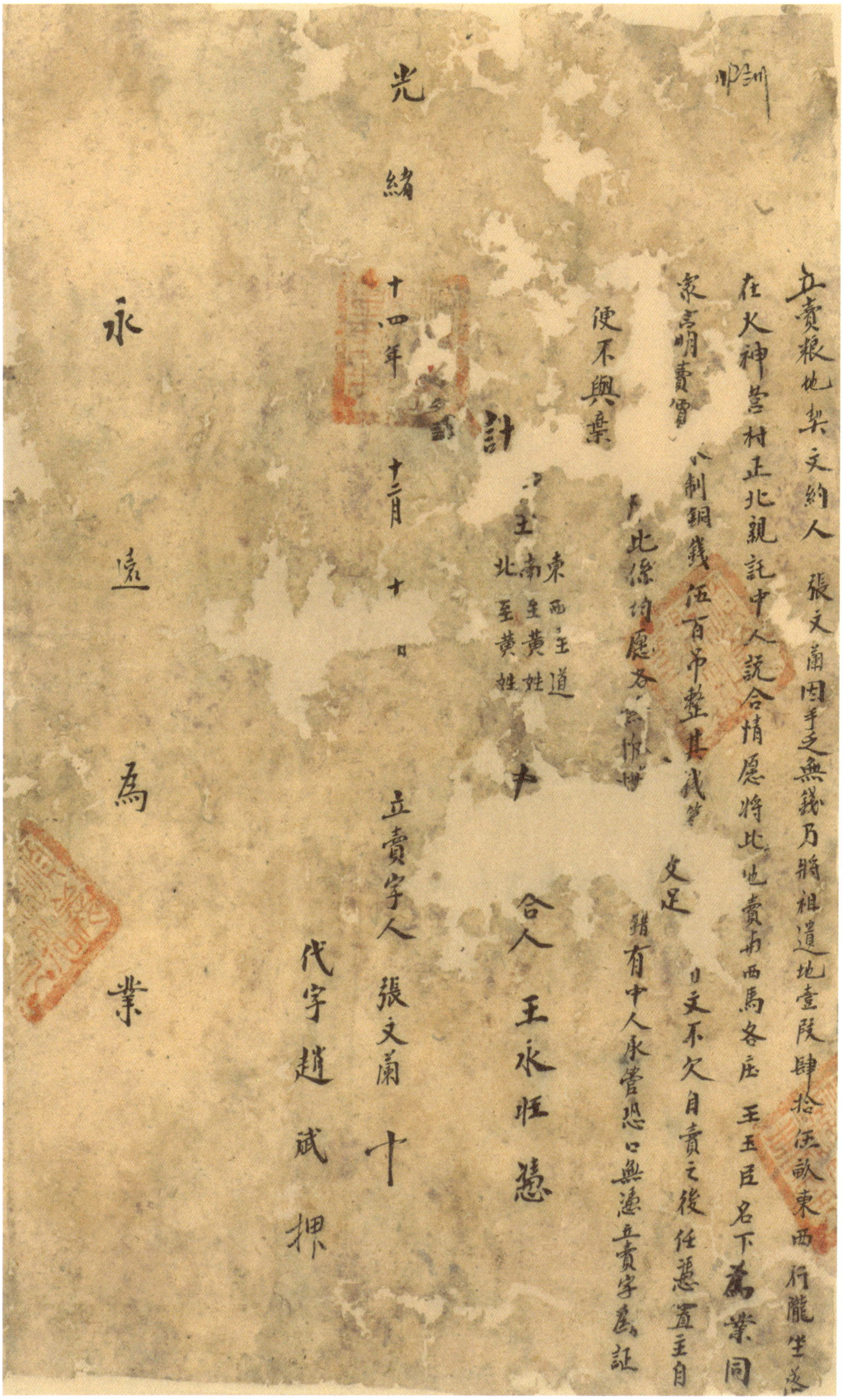

明訓

立賣粮地契文約人 張文蘭因手乏無錢乃將祖遺地壹段肆拾伍畝東西行龍生[illegible]

在火神營村正北親託中人說合情愿將此地賣與西馬各庄 王玉臣 名下為業同

家言明賣價[illegible]制銅錢伍百吊整其錢筆[illegible]文足日文不欠自賣之後任憑置主自

便不與[illegible]

[illegible]此係均愿各無[illegible]悔[illegible]錯有中人承管恐口無憑立賣字為証

計 開

東至道 西至王

南至黄姓 北至黄姓

中 合人 王永旺 [illegible]

光緒 十四年 十二月 十 日 立賣字人 張文蘭 十

代字 趙斌 押

永遠為業

契已稅未稅以及白契買[illegible]
[illegible]均應一律照章報驗註冊[illegible]
條例十七條[illegible]第二十二條並應遵照辦理凡是
[illegible]罰並於訴訟時不能作
[illegible]後逾限則[illegible]私相[illegible]得隱匿致干罰辦須至

一七八

清光緒十五年（一八八九）順義縣王楨賣地白契

（契約一四五）

立賣地契文約人王楨，因爲無錢使用，今將受分祖遺地壹段，坐落在東馬各莊村東南，計地拾畝一幅，南北隴，南至壑，北至道，東至王姓，西至王姓，情願自托中人説合，出賣與西馬各莊王玉臣名下爲業。言明實賣，價東錢捌百壹拾吊整。其錢筆下交足不欠，自賣之後，任憑買主自便。如有親族人等諍（争）論者，有賣主、中保人一面承管。此係二家情願，各無悔（反）悔。恐口無憑，立賣字爲證。

中保人　孫文陞（押）

立賣字人　王　楨（押）

代筆人　劉藍田（押）

光緒拾伍年十二月廿八日

立賣地契文約人王楨因為無錢使用今將受分祖遺地壹段坐落
在東馬各庄村東南計地拾[illegible]一幅南北壠（南至壑 北至道 東至王姓 西至王姓）情願自託中人說合
出賣與西馬各庄王玉臣名下為業言明實賣價東錢捌百壹拾吊整其錢
筆下交足不欠自賣之後任憑買主自便如有親族人等諍論者有賣
主中保人一面承管此係二家情願各無反悔恐口無憑立賣字為證

中保人孫文陞十

光緒拾伍年十二月廿八日立賣字人王楨十

代筆人劉藍田

永遠為業

一七九

清光緒十七年（一八九一）順義縣張普退地紅契

（契約二一一八）

立退莊頭地契文約人張普，因無錢使用，今將祖遺地壹段，伍拾伍畝，東西行隴，坐落在西馬各莊村正南，親托中人說合，情願將此地退與本村王玉臣名下爲業。仝衆言明，退價東制銅錢伍百伍拾吊整。其錢筆下交足不欠。自退之後，任憑置主自便，不與退主相干。此係均願，各無返（反）悔。如有舛錯，有中人承管。恐口無憑，立退字爲證。

計開四至：東、西至道，南至賀姓，北至王姓。

中保說和人 王重三（押）

光緒十七年十一月二十日

立退字人 張 普（押）

代筆人 劉玉聲（押）

川叙

立退莊頭地契文約人張普因無錢使用今將祖遺地壹段伍
拾伍畝東西行龍生各在西馬各庄村正南親託中人說合情愿
將此地退與本村王玉臣名下為業全家言明退價東制銅錢
伍百伍拾吊整其錢筆下交足不欠自退之後任憑置主自便不與
退主相干此係均愿各無返悔如有舛錯有中人承管恐口無憑立退
字為証

計開四至 東西至道 南至賈姓 北至王姓 中保說合人王重三憑

光緒十七年十一月二十日 立退字人張普十

永遠為業 代筆人劉玉聲 書心

川叙

租契

承佃人姓名 王玉臣
租契種類 地
座落 西馬各庄
面積 伍拾伍畝

四至
東
南
西
北

價值 東錢伍百伍拾吊
應納稅額 伍吊伍百吊
原契幾張
立契年月日

推佃人 張普
中人 王重三

中華民國三年五月三十一日 給

新契紙

順天府府尹　為發給契紙事前准

財政部通行劃一[illegible]通飭遵辦等因所有民間田房舊

契業經[illegible]契實在遺失或田房[illegible]

[illegible]契換者均應一[illegible]報驗註冊換給新契

[illegible]為各該業戶等執據茲奉

大總統教令公布驗契條例十七條契稅條例十二條亟應遵照辦理[illegible]

[illegible]契以六個月為限逾限如不呈驗照章科罰並於訴訟時不能作

為憑據嗣後成立之新契仍一律照章納稅毋得隱匿致干罰辦須至

契紙者

計開

順天　縣業戶王玉臣住居　鄉　莊於

光緒十七年十二月二十日價　鄉　莊張普　房地一段所

計地五畝貳分　房　間　東至　步　南　西　北

用價制錢伍百伍拾吊　平銀　台銀　兩　千　百　十　兩　錢

茲據呈驗[illegible]一角已[illegible]註冊

中華民國三年五月二十一日

右給業戶王玉臣　收執

第五區土地調查委員張祝安驗訖

清光緒十八年（一八九二）密雲縣李文秀賣地白契

（契約八）

立賣地文約人李文秀，因手乏不便，今將自己受分祖遺民地壹段，不拘畝數，坐落在田莊北，名爲牛織係，東至李姓地堦，西至坎沿，南至坎沿，北至河溝，四至分明。自煩中人説合，情願出賣與李文義名下耕種，永遠爲業。賣價實值東錢壹佰伍拾吊整。其錢筆下同中人親手收足，并無□欠折準。自賣之後，金石土木相連，俱是買主之物。亦無舛錯、親族人等爭論，如有爭論者，有棄主、中人壹面承管，不於（與）買主相干。此係兩家情願，各無返（反）悔。恐口無憑，立賣字存照爲證。紅契不能隨帶，在李文顯家收存，隨帶錢糧壹畝五分。

同兄 李文山（押）

李旺（押）

李起（押）

同叔 李雲（押）

李春（押）

李福（押）

中間人 李文顯（押）

立賣地文約人 李文秀

代字人 石璞（押）

光緒拾捌年正月二十六日

立賣地文約人李文秀因手乏不便今將自已受分祖遺民地壹段不拘畝數坐落在田

庄北名為牛織條東至李姓地堉西至坎沿南至坎沿北至河溝四至分明自煩中人說

合情願出賣與

李文義名下耕種永遠為業賣價實值東錢壹佰伍拾吊整其錢筆下同中

人親手交足無欠所準自賣之後金石土木相連俱是買主之物亦無舛錯

親族人等爭論如有爭論者有業主中人壹面承管不於買主相干此係兩家情願

各無返悔恐口無憑立賣字存照為証紅契不能隨帶在李文顯家收存隨

帶錢粮壹畝五分

同兄李文山十

同叔李起十 李旺十 李雲十 李春十 李福十

中間人李文顯十

代字人石璞

光緒拾捌年正月二十六日立賣地文約人李文秀

永遠為業

一八一

清光緒十八年（一八九二）大興縣王德春賣房官契

（契約九〇）

立賣房契人係王德春，今因手乏無錢，將原有房壹所，坐落香兒胡同中間路南新號胡同，內有此房東院正房式間，南房壹間，西院正房叁間，北院正房叁間，共計房九間，瓦片托（脱）落，墻房坍塌，門窗户壁，上下土木相連，情願中保人説合，賣與李德順名下永遠爲業。言明賣價銀壹百兩整。其銀筆下交足，并無欠少。如有重復典賣及來路不明并親族人等争兢（競）等情，俱有原業主與中保人一面承管。恐後無憑，立字爲證。

外有紅契式套，白字壹張。

光緒拾捌年四月貳拾日

中保人　孫茂林（押）

立賣字人　王德春（押）

知情底保人　劉　德（押）

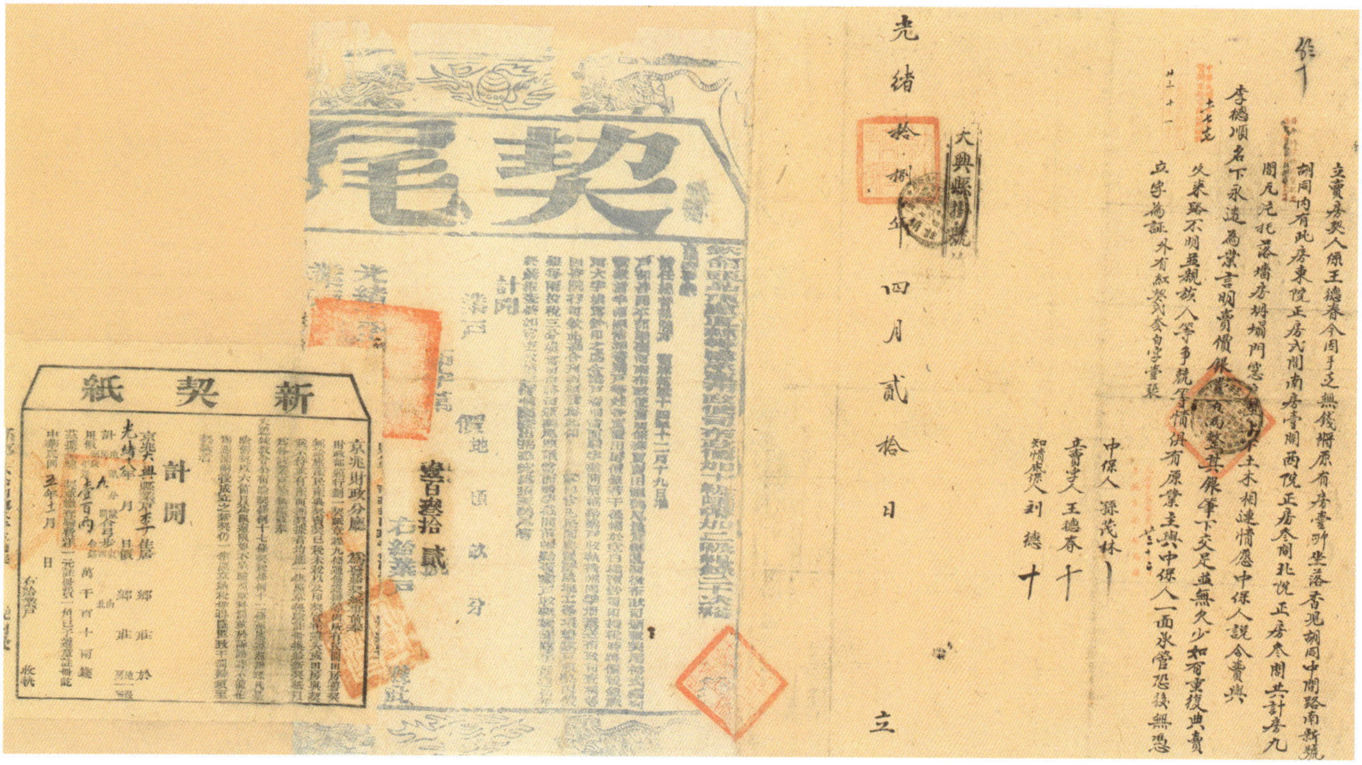
作十
立賣房契人係王德春今因手乏無錢將原有房壹所坐落香兒胡同中間路南新號
胡同內有此房東院正房弍間南房壹間西院正房叁間北院正房叁間共計房九
間凡花托落墻房拐墻門窗土木相連情愿中保人說合賣與
李德順名下永遠為業言明賣價銀兩整其銀筆下交足並無欠少如有重復典賣
以來路不明並親族人等爭競等情俱有原業主與中保人一面承管恐後無憑
立字為証外有紅契弍套白字壹張
中保人 孫茂林
立賣契人 王德春 十
知情底保人 刘德 十
光緒拾捌年 四月貳拾日 立
大興縣掛號
契尾
計開
新契紙
計開

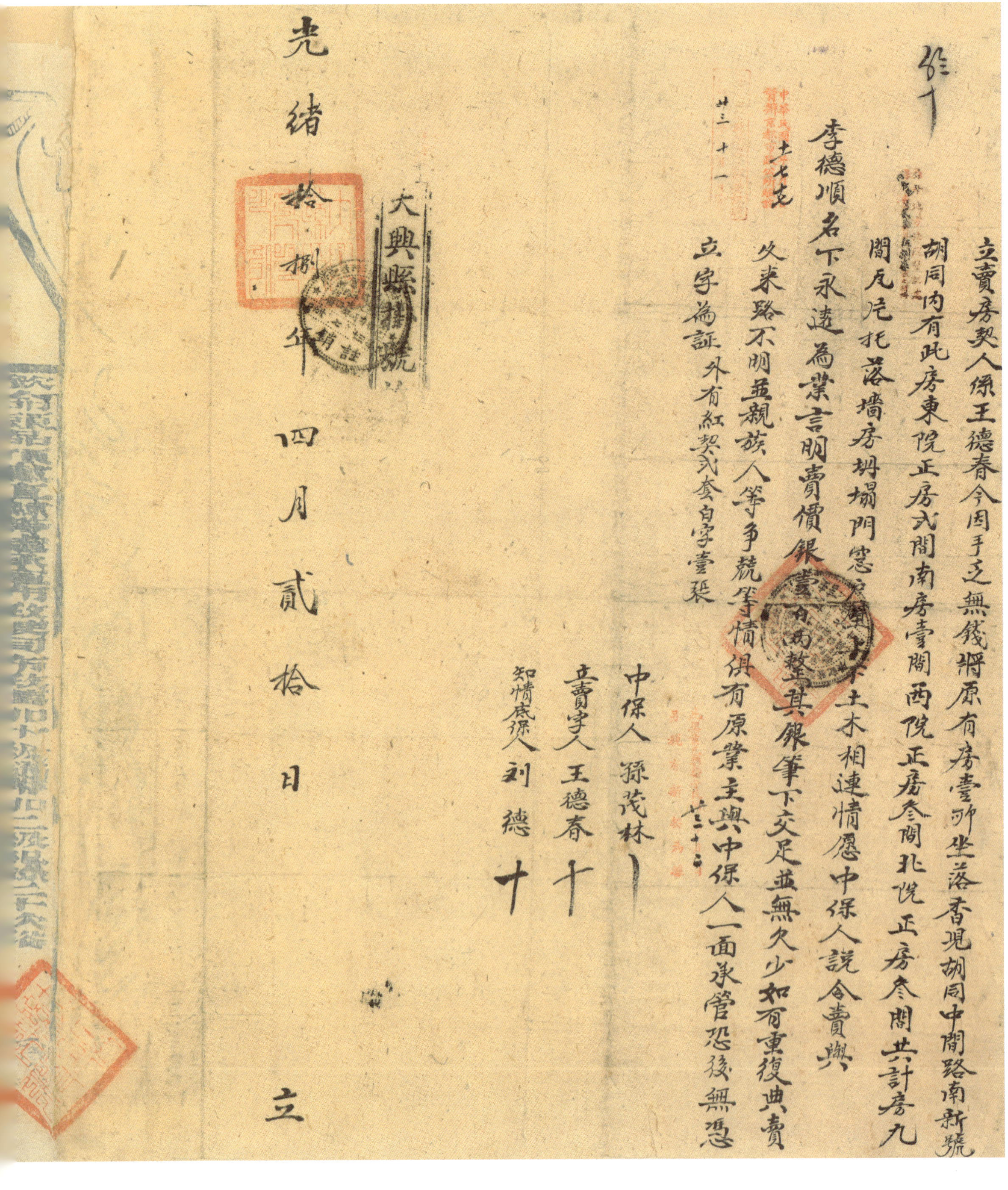

號十

立賣房契人係王德春今因手乏無錢將原有房壹所坐落香䡿胡同中間路南新號

胡同内有此房東院正房弍間南房壹間西院正房叁間北院正房叁間共計房九

間瓦房托落墻房坍塌門窗戶壁上下土木相連情愿中保人説合賣與

李德順名下永遠爲業言明賣價銀壹百兩整其銀筆下交足並無欠少如有重復典賣

來路不明並親族人等爭競等情俱有原業主與中保人一面承管恐後無憑

立字爲証外有紅契弍套白字壹張

十七光

卄三 十一

中保人 孫茂林 ｜

立賣字人 王德春 十

知情底保人 刘德 十

大興縣掛號

光緒拾捌年四月貳拾日立

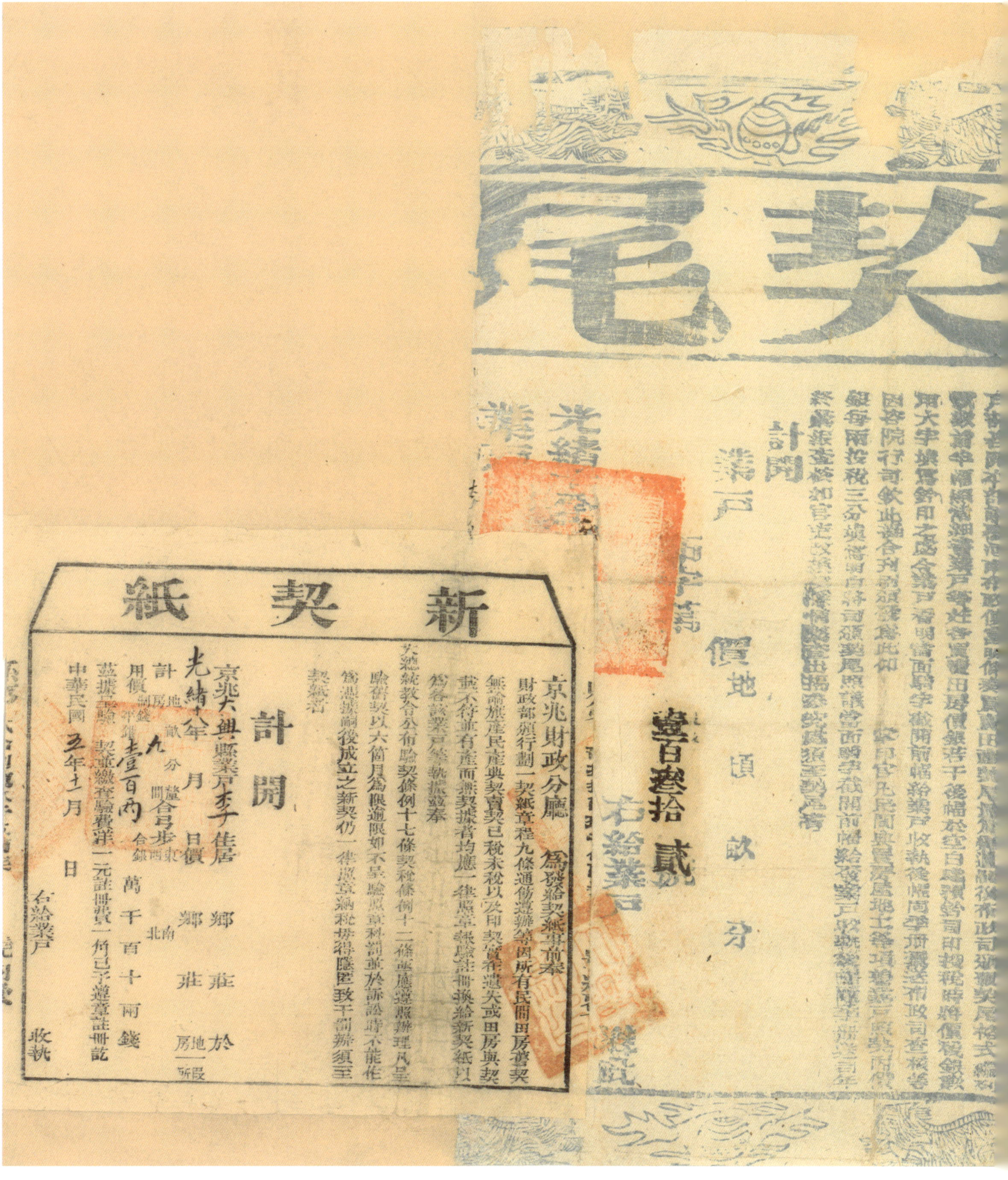
契尾

計開

業戶

價地　頃　畝　分

壹百叁拾貳

右給業戶

新契紙

京兆財政分廳　爲發給契紙事前奉
財政部頒行劃一契紙章程九條通飭遵辦等因所有民間田房舊契
無論旗產民產典契賣契已稅未稅以及印契白契遺失或田房與契
載不符並有產而無契據者均應一律照章報驗註冊換給新契紙以
爲各該業戶等執據此奉
大總統教令公布驗契條例十七條契稅條例十二條並應遵照辦理凡呈
驗舊契以六箇月爲限逾限如不呈驗照章科罰並於訴訟時不能作
爲憑據嗣後成立之新契仍一律照章納稅毋得隱匿致干罰辦須至
契紙者

計開

京兆大興縣業戶李子　住居　鄉　莊　於
光緒十八年　月　日價　鄉　莊　地房一段所
計地房　畝　分　釐　間合弓步　東西南北
用價制錢平銀九壹百兩　合錄　萬　千　百　十　兩　錢
蓋據呈驗　契並繳查驗費洋一元註冊費一角已予遵章註冊訖
中華民國五年十二月　日
右給業戶　收執

一八二

清光緒十八年（一八九二）大興縣慶澄氏賣房白契

（契約二九一）

立賣住房契人正白旗滿洲二族慶澄氏，有本身自置住房一所，坐落在隆福寺東邊孫家坑北胡同路北，青（清）水脊門樓壹座，院内正瓦房叁間，東厢房壹間，南灰棚一間，共計房五間，門窗户壁俱全，上下木土木相連。今因乏用，情願將此房賣與侯世榮名下永遠爲業。同中言明，賣價銀壹百伍拾兩整。其銀筆下交足，并無欠少。自賣之後，倘有遠近親族人等争論、重復典賣以及未分明之公産或另有契紙在外指借官項私債、一概來歷不明各等情，均有原賣主仝至親底保人與中保人等一面承管。恐口無憑，立此賣字永遠存照。

隨帶原根補税民紅契壹套、白字捌張一并跟隨。又照。

光緒十八年十月二十三日

立賣契人　慶澄氏（押）

知根底保人至親　慶　福（押）

中保説合人　韓國俊（押）

　　　　　　薛存忠（押）

代筆人　楊潤堂（押）

立賣住房契人正白旗滿洲二族慶澄氏有本身自置住房一所坐落在隆福寺東邊孫家北胡同路北青水脊門樓壹座院內正瓦房叁間東廂房壹間南灰棚乙間共計房五間門窗戶壁俱全土木相連今因乏用情願將此房賣與侯世榮名下永遠為業同中言明賣價銀壹百伍拾兩整其銀筆下交足並無欠少自賣之後倘有遠近親族人等爭論重復典賣以及未分明之公產或另有契紙在外指借官項私債一概來歷不明各等情均有原賣主全至親底保人與中保人等一面承管恐口無憑立此賣字永遠存照

隨帶原根補稅民紅契壹套白字捌張一併跟隨又照

光緒十八年十月二十三日立賣契人慶澄氏十

知根底保人至親慶福 押

中保說合人韓國俊十

薛存忠 押

代筆人楊潤堂 押

永遠為業

一八三

清光緒十八年（一八九二）順義縣門庭蘭典地白契（契約一七〇）

立典地契文約人門庭蘭，因手乏，今將自置地壹段，計地拾畝，坐落楊犖營村南，地名小河溝。今托中人説合，情願典與王毓陳名下。言明典價填平銀柒拾兩整。其銀筆下交足，并不欠少。地典叁年，銀到回贖，地歸本主。此係兩家各無返（反）悔。如返（反）者，有中人承管。恐後無憑，立典字爲證。

四至分明：南至道，北至道，東至門姓，西至門姓。

中保人　方國安（押）

光緒拾八年十一月十二日

立典字人　門庭蘭親筆（押）

立典地契文約人門庭蘭因手乏今将自置地壹段計地拾畝坐
落楊二营村南地名小河溝今托中人説合情愿典與
王毓陳名下言明典價填平銀柒拾兩整其銀筆下交足並不
欠少地典叁年銀到回贖地歸本主此係两家各無返悔如返
者有中人承管恐後無憑立典字為証

四至分明 南至道 北至道 東至門姓 西至門姓

中保人方國安十

光緒拾八年十月十二日 立典字人門庭蘭親筆

信行

一八四

清光緒十九年（一八九三）順義縣劉玉聲退地官契

（契約二〇七）

立退莊頭地契文約人劉玉聲，因無錢使用，今將祖遺地壹段，肆拾玖畝，又壹段，叁畝半，東西行隴，坐落在西馬各莊村正南，親托中人説合，情願將此地退與本村王玉臣名下爲業。仝衆言明，退價東制銅錢伍百吊整。其錢租下交足不欠。自退之後，任憑買主自便，不與退主相干。此係均願，各無返（反）悔。如有舛錯，有中人承管。恐口無憑，立退字爲證。

計開四至：東、西至墶（壕），南至劉姓，北至陳姓。

一段四至：東至道，西至墶（壕），南至任姓，北至王姓。

中保説合人　王重三（押）

立退字人　劉玉聲親筆（押）

光緒十九年十月二十四日

立退莊頭地契文约人劉玉聲因無錢使用今將祖遺地壹段肆
拾玖畝又壹段叁畝半東西行壟生落在西馬各庄村正南親託中人
説合情愿將此地退與本村王玉臣名下為業仝衆言明退價東
制銅錢伍百吊整其粨下交足不欠自退之後任憑置主自便不
與退主相干此係恰無返悔如有舛錯有中人承管恐口無
憑立退字為証

一計開四至 東西至俺 南至刘姓 北至陳姓

一段四至 東至道西至俺 南至任姓 北至王姓

中保説合人王重三 憑

光緒十九年十月二十四

立退字人劉玉聲親筆 押

永遠為業

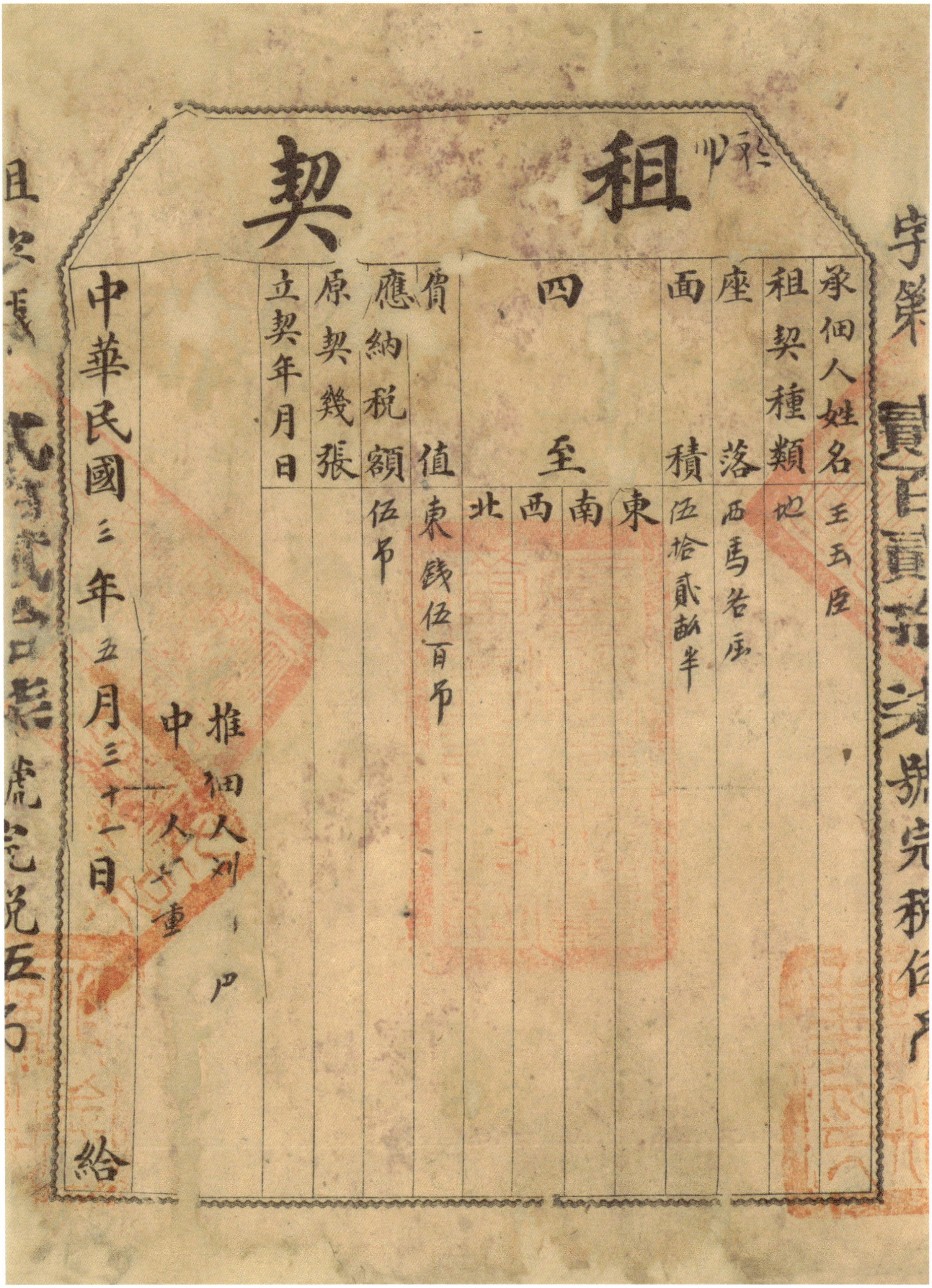

租契

承佃人姓名 王玉臣

租契種類 地

座落 西馬各庄

面積 伍拾貳畝半

四至 東 南 西 北

價值 東錢伍百吊

應納稅額 伍吊

原契幾張

立契年月日

推佃人 劉□□

中人 □董

中華民國三年五月三十一日 給

新□契紙

順天府府尹
財政部頒行劃一……
無論旗民……
載不符並有……
為各該業……
大總統教令公布……
驗舊契……
為頒發……
契紙……

……頒發給契紙事前准
……紙章程九條通飭遵辦等因所有民間田房舊契
……則契已稅未稅以及印契實在遺失或田房與契
契據者均應一律照章報驗註冊換給新契紙以
……奉
……十七條契稅條例十二條亟應遵照辦理凡呈
……逾限如不呈驗照章科罰並於訴訟時不能作
契仍一律照章納稅毋得隱匿致干罰辦須至

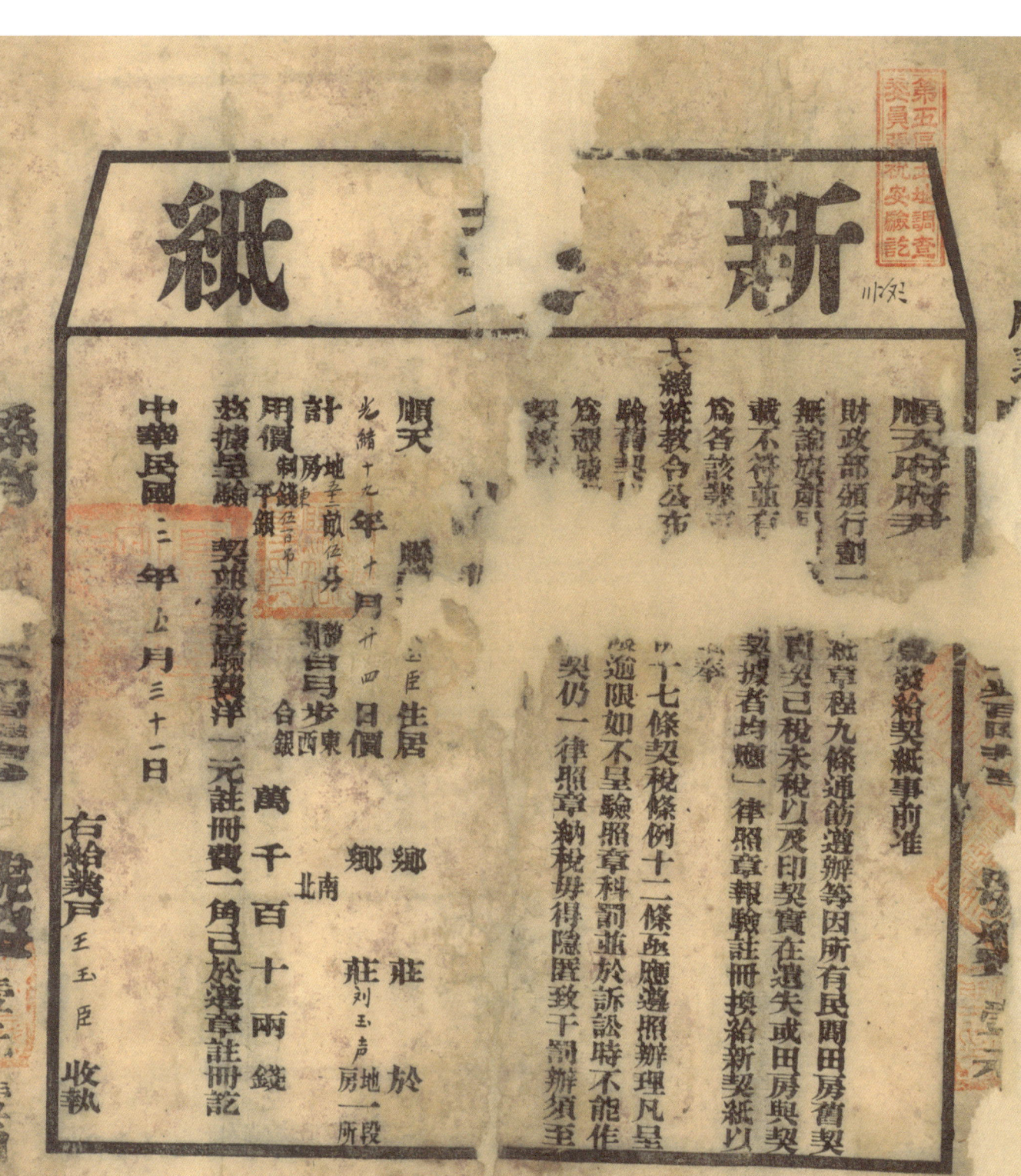

順天　　縣……臣住居　　鄉　　莊於
光緒十九年十月廿四日價　　鄉　　莊刘玉声房地一段一所
計地五十三畝伍分房東　　南　　北　　弓步東西
用價制錢伍百吊平銀合銀　　萬　千　百　十　兩　錢
茲據呈驗　契並繳育驗費洋一元註冊費一角已於遵章註冊訖
中華民國三年五月三十一日
右給業戶王玉臣收執

一八五

清光緒十九年（一八九三）密雲縣李門郭氏同子典地白契

（契約九）

立典地契文約人李門郭氏同子李文秀，今將自置祖遺民地壹段，坐落在田家莊家北，名爲白石嶺子。東至李姓坎沿，西至大梁分水嶺，南至河溝，北至河溝，四至分明。自煩中人説合，情願出典與李文義名下耕種，同中言明，典價市東錢叁佰貳拾吊整，其錢筆下交足，分文不欠。并無係債、折準。此係兩家情願，各無返（反）悔。恐口不憑，立典字存照爲證。隨代（帶）老契一章（張），隨代（帶）推白叁畝五分白地。

宣統元年二月十四日將褲當子地退回

同中保説合人　李雲（押）
　　　　　　　王嵩（押）

光緒拾九年臘月廿日

立典地契文約人　李門郭氏（押）
　　　　　　　　同子李文秀（押）

代筆人　□卿（押）

立典地契文約人李門郭氏同子李文秀今將自己祖遺民地壹段坐
落在田家莊家北名爲白石嶺子東至李姓坎沿西至大梁分
水嶺南至河溝北至河溝四至分明自願中人說合情願出典
契李文義名下耕種爲業言明價市錢叁佰貳拾吊整
批爲贖收
其錢筆下交足分文不欠並無私債折準此係兩家情願各
無返悔恐口不憑立典字存照爲証隨代老契一章隨代推白
叁畝五分　白地

宣統元年二月十四日將韓當子地退回

光緒拾九年臘月廿　日立典地契文約人李門郭氏十　同子李文秀十

同中保說合人　李雲十　王畐十

代筆人王卿標

一八六

清光緒二十年（一八九四）密雲縣韓富有典地白契

（契約一三）

立典園子地契文約人韓富有，因手乏不措，無錢使用，今將自己園子地壹段，坐落在田家莊東墻外。係東至河溝，西至坎沿，南至石姓，北至毛姓界墻以上，四至分明。自煩中保人説妥，情願將此園子出典與本莊石田名下耕種，同中言明，典價東錢壹佰拾吊肆百文整。同中人、棄主親手收足，并無短少，分文不欠。立典之後，錢無利息，園子無租，并無私債、折準，亦非逼勒成文。立典字之後，五年以外錢到足數回贖。同中言定，并無舛錯。如有親族人舛錯、異言、争論者，自有棄主、中人一面承管，不與錢主相干。此係兩家情願，并無悏（反）悔。空口無憑，立典字爲證。隨帶買契一張。

同中保説合人　石廣才（押）

李文亮（押）

光緒二十年肆月初五日　立典園子地契文約人　韓富有（押）

代筆人　李　□（押）

光緒二十一年六月初五日同中保人借小米叁斗，每年按一米三谷行息。

立典園子地契文約人韓富有因手乏不措無錢使用今將自己園子地壹段坐落
在田家庄東墻外係東至河溝西至坎沿南至石姓北至毛姓界墻以上四
至分明自煩中保人說妥情願將此園子出典與本庄
石旧名下耕種同中言明典價東錢壹佰拾吊肆百文整同中人業主親手收足
並無短少分文不欠立典之後錢無利息園子無租並無私債折準亦非逼
勒成文立典字之後五年以外錢到足數回贖同中言定並無舛錯如有
親族人舛錯異言爭論者自有業主中人一面承管不與錢主相干
此係兩家情願並無反悔空口無憑立典字為証 隨帶賣契一張

同中保說合人 石廣才 十
李文亮 押

光緒二十年肆月初五 日立典園子地契文約人韓富有 十

代筆人李計惠

光緒 壬午 六月初十日同中保人潜小米 叁斗每斗按一米三谷行息

一八七

清光緒二十年（一八九四）順義縣白高氏賣地白契

（契約一一一四）

立賣地契文約人白高氏，因手乏，無錢使用，今托中人説合，願將祖遺民地壹段，坐落在馬各莊村西南，計地貳拾畝，東西行畛，南至王姓，北至劉姓，西至壕，東至道，四至分明。情願出賣與王玉臣名下爲業。同中言实實價東錢貳仟叁伯（佰）吊。其錢筆［下］交足不欠。自賣之後，任憑買主自便，不與出主相干。倘有親族争論，有中人一面承管。恐後無憑，立賣字永遠爲證。

光緒二十年十一月廿七日

中保説合人　白玉清（押）

立賣地契文約人　白高氏（押）

中保代筆人　高嘯秋（押）

立賣地契文約人白高氏因手乏無鈔使用今託中人說合願將祖遺民
地壹段坐落在馬各庄村西南計地貳拾畝東西行畛南至王姓北至劉
姓西至壕東至道四至分明情願出賣與
王玉臣名下為業同中言定賣價東鈔貳阡叁伯吊其鈔筆交足
不欠自賣之後任憑買主自便不與出主相干倘有親族爭論有中
人一面承管恐後無憑立賣字永遠為証

中保說合人白玉清 十

光緒二十年 十月廿七日立賣地契文約人白高氏（押）

中保代筆人高嘯秋（押）

永遠為業

清光緒二十年（一八九四）順義縣王緒同侄推地白契

（契約一三六）

立推地契文約人王緒同侄永旺，因無力納租，將自置匠藝地壹段，坐落在西馬各莊村西，南北隴，計地拾肆畝，今托中人説合，情願將此地推與王玉臣名下承種。當面言明，寔推價東錢壹仟壹伯（佰）吊整。其錢筆下足交不欠。自推之後，由置主自便，不與契主相干。此係兩家情願，各無悔（反）悔。恐後無憑，立推字爲證。

隨代（帶）老契壹章（張）。計開四至：南至壕，北至阬，東至本主，西至本主。

光緒貳拾年拾壹月貳拾伍日

說合人　張　金（押）　赫餘庭（押）

立字人　王　緒（押）　同侄永旺（押）

代筆人　鄭文治（押）

立推地契文約人王緒同侄永旺，無力納租，將自置匠藝地壹段，坐落在西馬各庄村西南北壠，計地拾肆畝。今托中人說合，情願將此地推與王玉臣名下承種。當面言明，寔推價身錢壹仟壹佰吊整，其錢筆下足交不欠。自推之後，由置主自便，不與契主相干。此係兩家情願，各無反悔。恐後無憑，立推字為証。

隨代老契壹章

計開四至：南至[illegible]，北至坑，東至本主，西至本主。

說合人 張全十
林蘇庭 署

光緒貳拾年拾壹月貳拾伍日 立字人王緒十 同侄永旺 憑

代筆人鄭文治 押

永遠為業

一八九

清光緒二十□年（一八九五—一九〇三）順義縣曲榮退地白契

（契約四九八—三）

立退老租地文約人曲榮，因手乏，無錢使用，今將老租地壹段，計數拾貳畝，坐落在西田蘭莊村西，地名馬家墳。南北行隴，東至馮、馬二姓，西至曲姓，南至官溝，北至□，四至分明，親托中人説合，情願退與曲禮名下耕種，永遠爲業。同衆當面言明，退價東銅製銀貳佰伍拾吊整。其錢筆下交足，并不欠少。自退之後，置主交租，任憑置（主）自便，不與退主相干。此係兩家情願，各無返（反）悔。如有返悔，有中保人一面承管。恐口無憑，立退字爲證。

光緒二十□年□月十一日

中保説合人 張永清（押）

退字人 曲榮（押）

代字人 劉作新

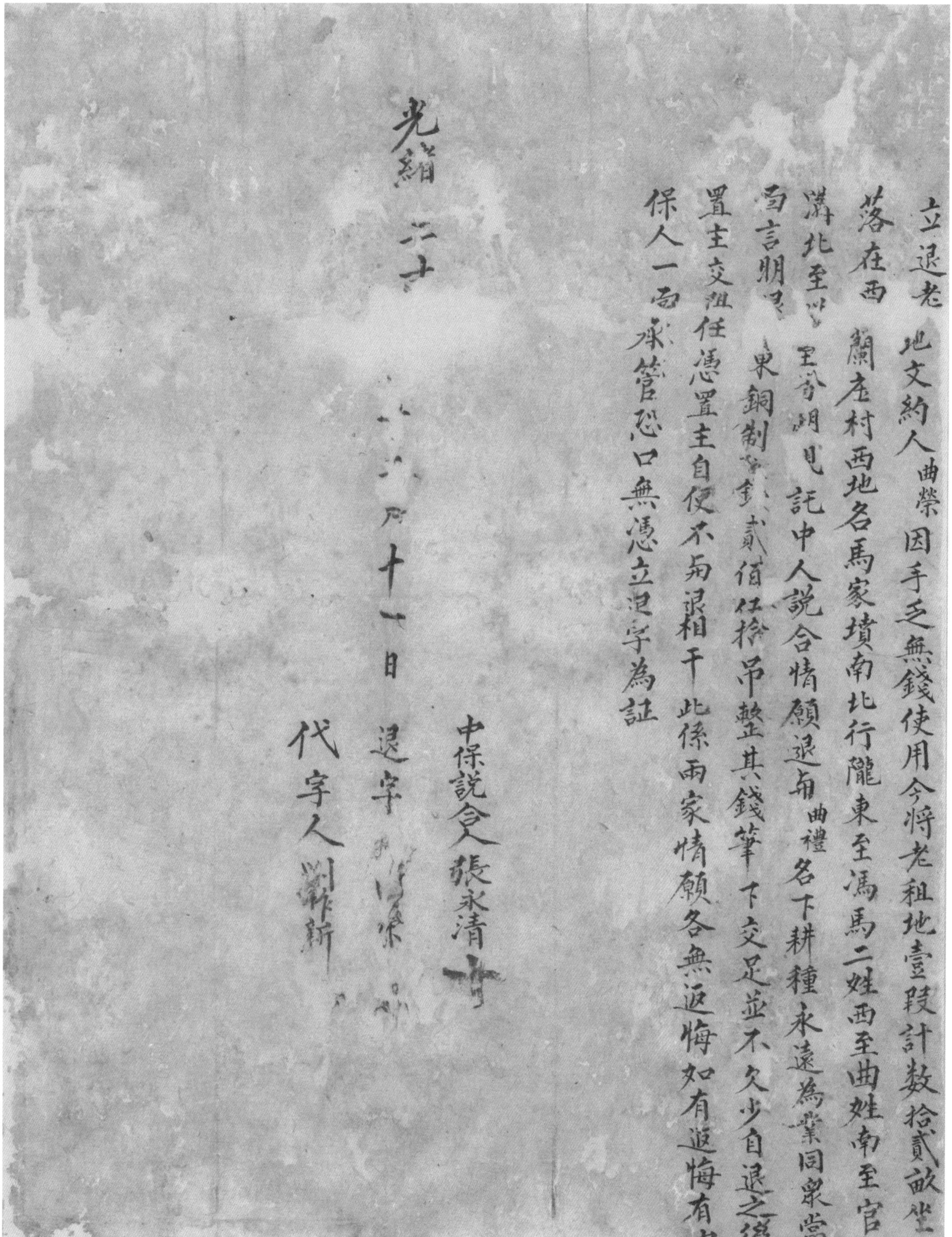

立退老地文約人曲榮因手乏無錢使用今將老祖地壹段計数拾貳畝坐落在西蘭庄村西地名馬家墳南北行隴東至馮馬二姓西至曲姓南至官溝北至此　至分明見託中人說合情願退與曲禮名下耕種永遠為業同衆當面言明　東銅制錢貳佰伍拾吊整其錢筆下交足並不欠少自退之後置主交租任憑置主自便不與退相干此係兩家情願各無返悔如有返悔有中保人一面承管恐口無憑立退字為証

中保說合人張永清　十

光緒二十[illegible]年[illegible]月十一日　退字[illegible]

代字人劉新

一九〇

清光緒二十一年（一八九五）大興縣王世修賣房官契

（契約八四）

立賣房字人王世修，因手乏無錢，將祖遺房壹處，內門面壹間，勾連搭灰房四間，作（坐）落在北新橋南駱駝胡同西口外路東，四至分明。仝中人説合，情願賣與張姓名下永遠爲業。言明賣價京松銀伍拾兩正。其銀筆下交清，房以兑明，各無反悔。自賣之後，倘有親族人等争論，俱有賣主一面承管。恐口無憑，立字爲證。外有紅契叁套，王姓收存。

知情保人 朱子衷（押）

中保説合人 龐廷傑（押） 劉潤田（押）

立字人 王世修（押）

光緒弍拾壹年清和月初拾日吉立

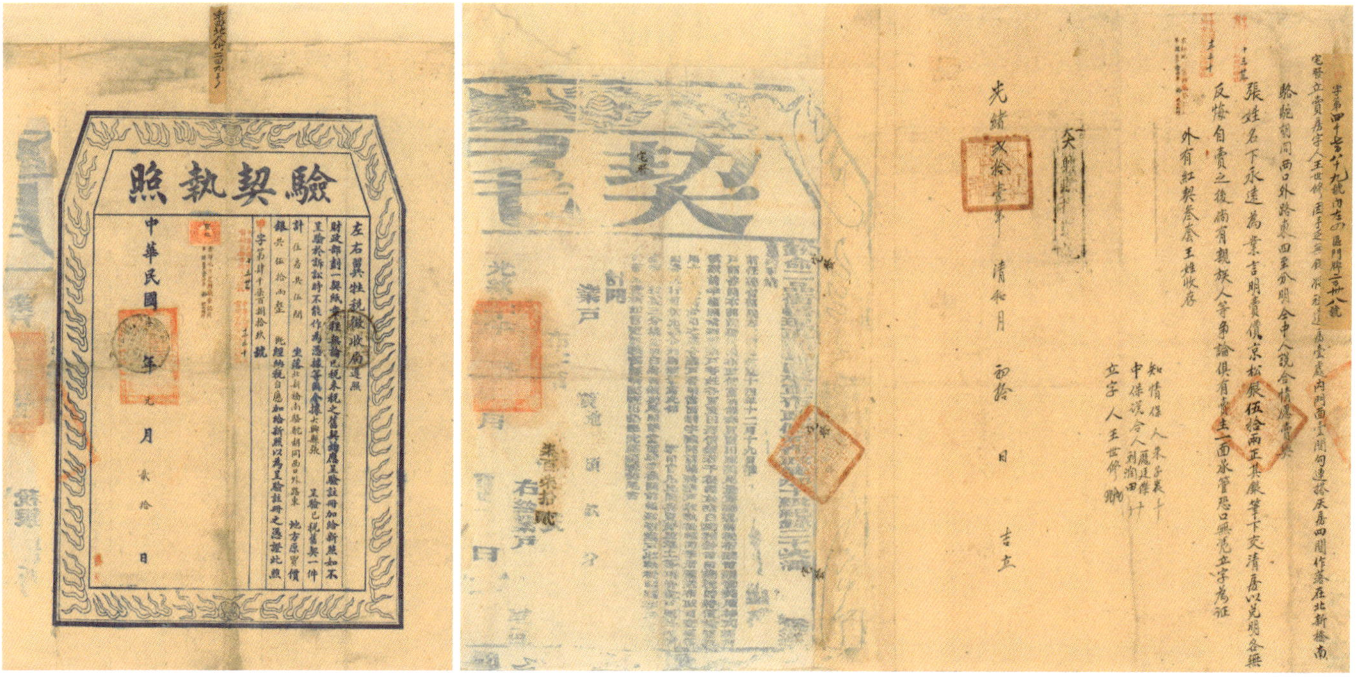

驗契執照

左右翼牲稅徵收局遵照
財政部劃一契紙章程無論已稅未稅之舊契均應呈驗註冊加給新照如不
呈驗於訴訟時不能作為憑據等因今據
呈驗已稅舊契一件
計房共伍間 坐落北新橋南……胡同西口外路東 地方原買價
銀共伍拾兩整 此經納稅自應加給新照以為呈驗註冊之憑證此照
字第肆千叁百捌拾玖號
中華民國 年 九月 貳拾 日

立賣房字人王世修因手乏無錢，將自置……房壹處，內門面壹間，勾連搭灰房四間，坐落在北新橋南路西……胡同西口外路東，四至分明，今中人說合情願賣與
張姓名下，永遠為業，言明賣價京松銀伍拾兩正，其銀筆下交清，房以兌明，各無
反悔。自賣之後倘有親族人等爭論，俱有賣主一面承管，恐口無憑，立字為証。
外有紅契叁套王姓收存
知情保人朱子義 十
中保說合人 厲廷傑 十 劉潤田 十
立字人王世修 押
光緒……年 清和月 初拾 日 吉立

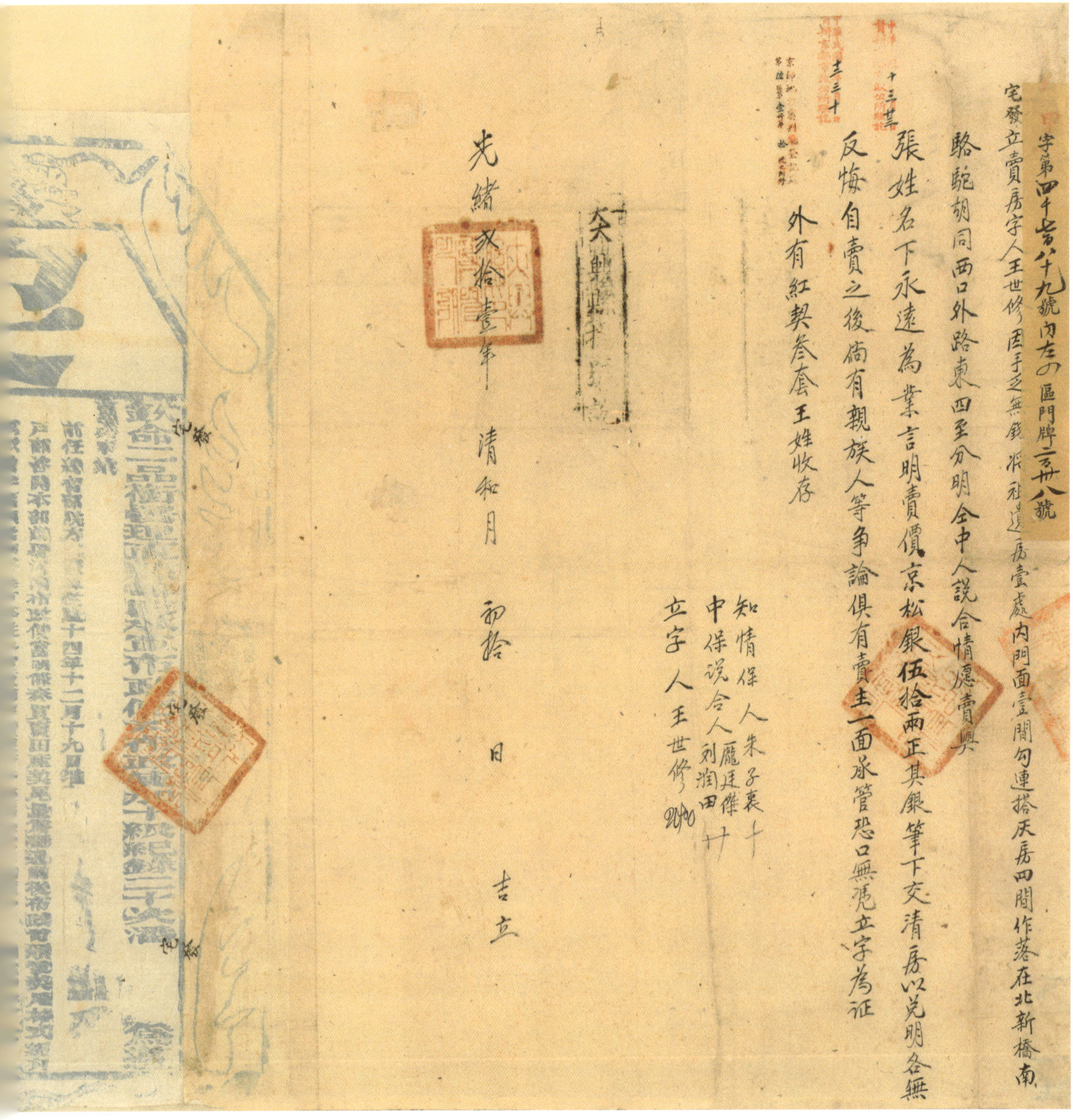

字第四千肆百八十九號内左四區門牌二百卅八號

宅發立賣房字人王世修因手乏無錢將祖遺房壹處内門面壹間勾連搭灰房四間作落在北新橋南

駱駝胡同西口外路東四至分明仝中人説合情願賣與

張姓名下永遠為業言明賣價京松銀伍拾兩正其銀筆下交清房以見明各無

反悔自賣之後倘有親族人等爭論俱有賣主一面承管恐口無凴立字為証

外有紅契叁套王姓收存

知情保人朱子裹 十

中保説合人龐廷傑 十

刘潤田 十

立字人王世修

光緒貳拾壹年 清和月 初拾日 吉立

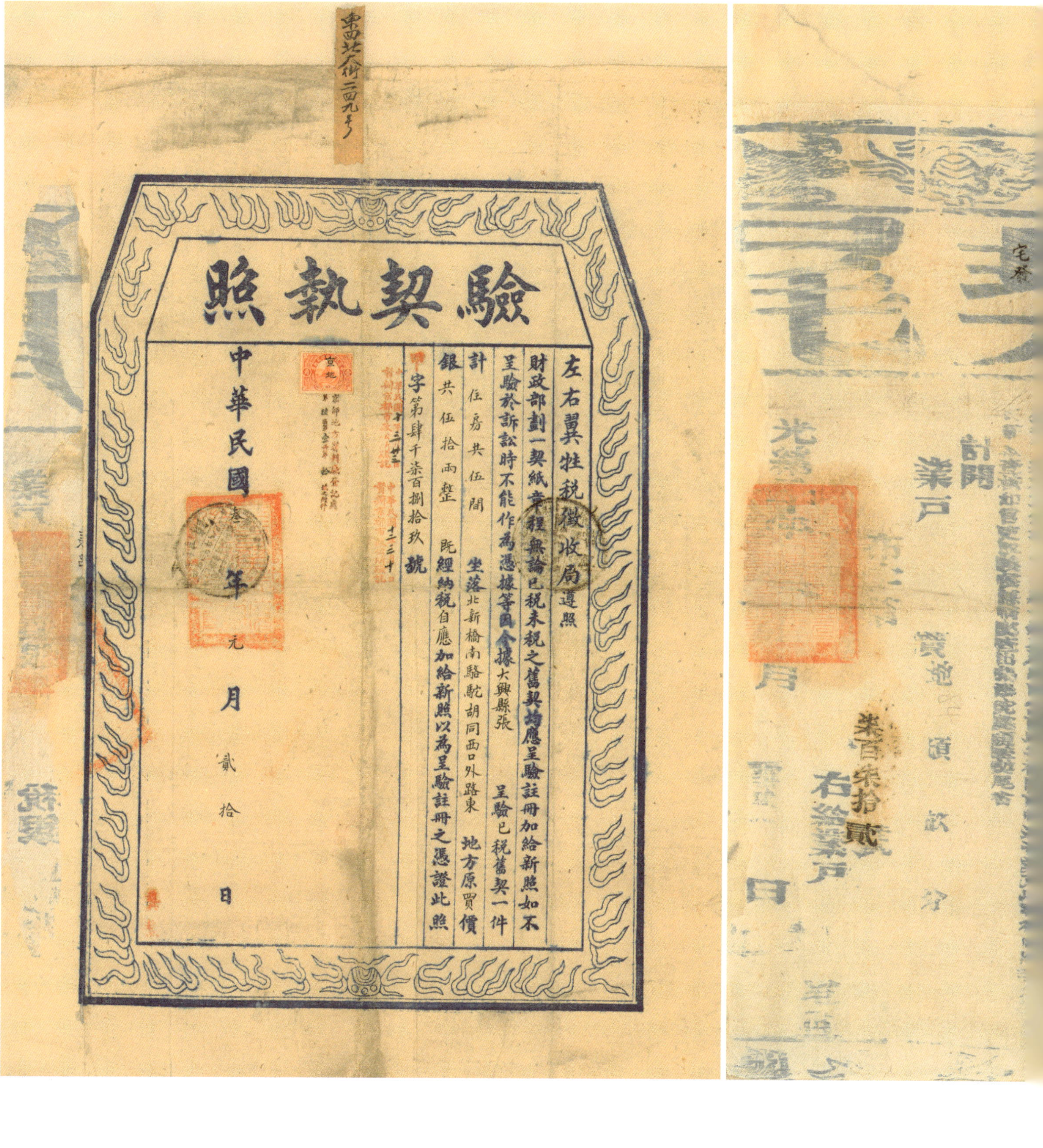

驗契執照

左右翼牲稅徵收局 遵照

財政部劃一契紙章程無論已稅未稅之舊契均應呈驗註冊加給新照如不

呈驗於訴訟時不能作為憑據等因今據大興縣張

呈驗已稅舊契一件

計 住房共伍間 坐落北新橋南駱駝胡同西口外路東 地方原買價

銀共伍拾兩整 既經納稅自應加給新照以為呈驗註冊之憑證此照

字第肆千柒百捌拾玖號

中華民國叁年 九月 貳拾 日

一九一

清光緒二十一年（一八九五）大興縣馬桂軒賣房紅契

（契約二七三）

立賣字人馬桂軒，原有自置灰瓦房壹所，共計拾伍間，坐落在東單牌樓二條胡同内官廠胡同内路南。現因手下乏銀，情願賣與孫　名下永遠爲業。言明賣價市平松銀柒百兩正。其銀筆下交足，并無短少。賣後倘有重復到典及親族人等争競（競），有賣主人馬姓一面承管。恐口無憑，立字存照。

外有紅契貳張、白紙玖張跟隨。

中人　車與人（押）

光緒貳拾壹年叁月二十六日

立賣字人　馬桂軒（押）

F1

立賣字人馬桂軒原有自置灰瓦房壹所共計拾伍間坐落
在東四牌樓二条胡同內官廠胡同內路南現因手下乏銀情
願賣與
孫名下永遠為業言明賣價市平松銀柒百兩正其銀筆
下交足並無短少賣後倘有重復刻典及親族人等爭競有
賣主人馬姓一面承管恐口無憑立字存照
外有紅契貳張白紙玖張跟隨

大興縣掛號訖

中人　東興人

光緒貳拾壹年叁月二十六日立賣字人馬桂軒十

清光緒二十一年（一八九五）大興縣王世修賣房白契

（契約一〇八）

立賣字人王世修，今因手乏無錢，情願將祖遺房産壹處，作（坐）落在北新橋南駱駝胡同西口外路東，門面壹間，共計勾連搭四間。賣與張姓永遠爲業。南至煤甫（鋪），北至灰甫（鋪），東至煤甫（鋪），西至大街。同中人言明，價銀五拾兩正。其銀筆下交清，并無反悔。俟後倘有親族人等争倫（論），俱有去業主壹面承管。恐口無憑，立字爲證。

外有紅契叁套，王姓收存。

知情保人　朱子衷（押）

中保説合人　龐廷傑（押）　劉潤田（押）

立字人　王世修（押）

光緒弍拾壹年清和月初拾日吉立

東四北大街二四九号

此契與例不合另謄稅明一併相連以憑考查

立賣字人王世俊今因手乏無錢情愿將祖遺房產壹處坐落在北新橋南駱
駝胡同西口外路東門面壹間共計內連搭四間賣與
張姓永遠為業南至煤舖北至米舖東至煤舖西至大街同中人言明價銀五
拾兩正其銀筆下交清並無反悔倘後倘有親族人等爭論俱有去業主壹
面承管恐口無憑立字存照
外有紅契叁套王姓收存

知情保人朱子衷 十
中保說合人 劉廷傑 劉潤田 廿
立字人王世俊

光緒貳拾壹年清和月初拾日 書立

2440

清光緒二十一年（一八九五）宛平縣趙益堂賣房官契

（契約三四三）

立賣房契人係宛平縣民趙益堂，今因手乏無錢，情願將自置住房一所，坐落在阜成門内北溝沿路東後車爾（兒）胡同西口内路北第二門，正瓦房三間，南灰棚一間，共計房四間，門窗户壁土木相連，央憑中人説允，賣與王宅永遠爲業。言明房價京平松銀肆拾兩整，增銀叁拾兩。二共銀七拾兩。銀、房兩下筆下交足，并無欠少。自賣之後，倘有來路不明親族人等争兢（競）以及别經發覺，俱有中保人、原業主一面承管。恐口無憑，立字存照。

外有民紅契式套，白字六張，一并跟隨。

立賣契民 趙益堂（押）
知情底人 李 氏（押）
中保人 德 海（押）
富 保（押）
代筆人 德介臣（押）

光緒式拾一年七月廿九日

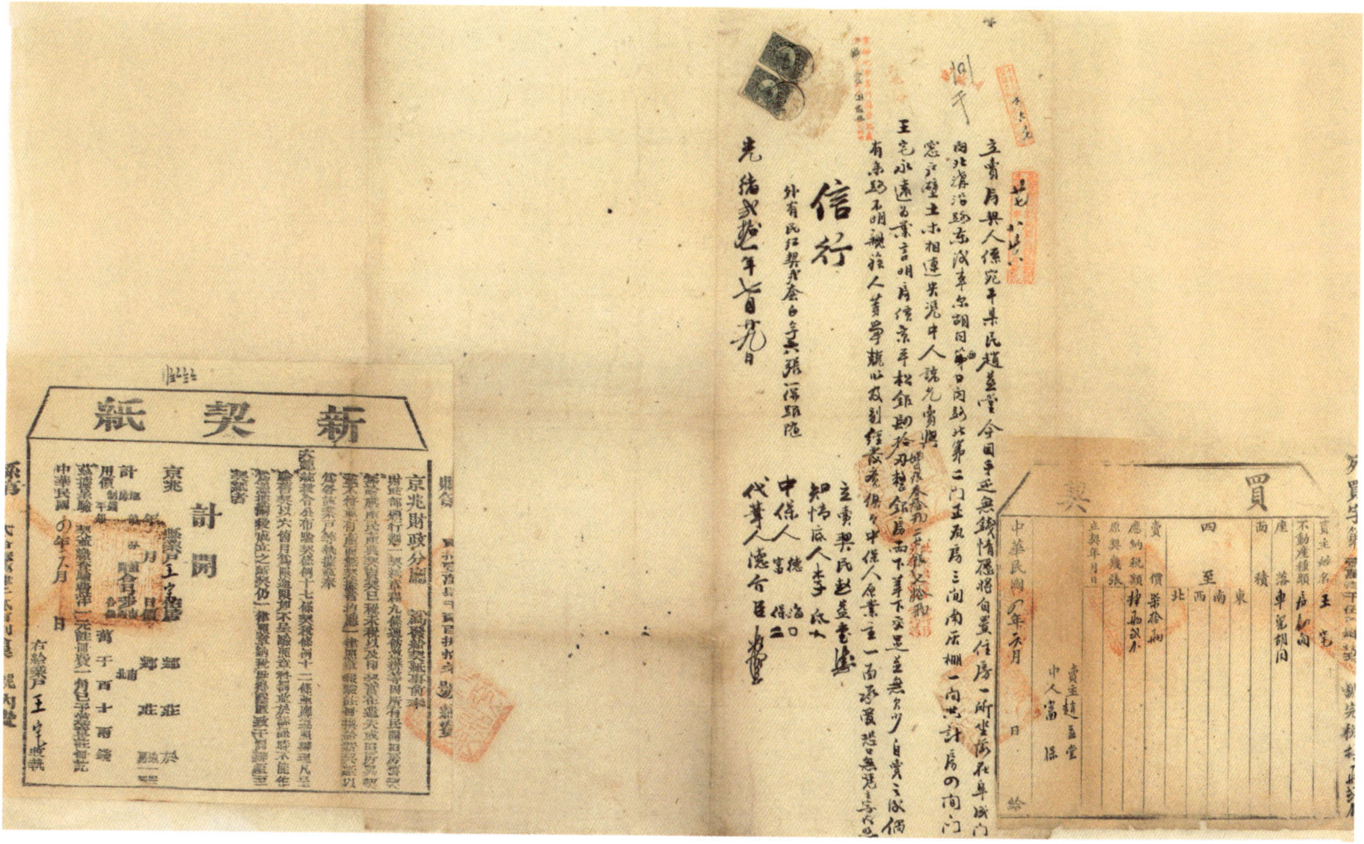
新契紙
京兆財政分廳
計開
買契
信行

立賣房契人係宛平県民趙益堂今因手乏無錢情愿將自置住房一所坐落在阜成门內北溝沿路东成车兒胡同路西第口向路北第二门正瓦房三間南房棚一間共計房四間南门窓户壁土木相連央浼中人説允賣與王宅永遠為業言明房價京平松銀肆拾兩整（增添叁拾兩）銀房兩下筆下交足並無欠少自賣之後倘有來歷不明親族人等爭競以及別經費之項俱有中保人原業主一面承管恐口無憑立字存照

信行

外有民紅契弍套白字六張一併跟隨

立賣契民趙益堂

知情底人李氏

中保人 德富 海口 保二

代筆人 德合臣

光緒貳拾年八月十九日

買契

買主姓名	王宅
不動產種類	房屋
座落	車兒胡同
面積	
四至	東 南 西 北
賣價	柴拾兩
應納稅額	肆兩弍錢
原契幾張	
立契年月日	

中華民國 年 月 日 給

賣主 趙益堂

中人 富保

新契紙

縣第[illegible]號

京兆財政分廳　爲發給契紙事前奉
財政部頒行劃一契紙章程九條通飭遵辦等因所有民間田房舊契
無論旗產民產典契賣契已稅未稅以及印契實在遺失或因房契與契
據不符並有產而無契據者均應一律照章報驗領換新契紙以
爲各該業戶等執據茲奉
大總統教令公布驗契條例十七條契稅條例十二條亟應遵照辦理凡呈
驗舊契以六個月爲限逾限仍不呈驗照章科罰並於訴訟時不能作
爲憑據嗣後成立之新契仍一律照章納稅毋得隱匿致干罰辦須至
契紙者

計開

京兆　縣業戶王宅居　鄉　莊於
年　月　日價　鄉　莊　買地一／房一
計地／房　畝　分　間　東　南／西　北
用價制錢／平銀　合弔　萬　千　百　十　兩　錢　合錢／合銀
茲據呈驗　契並繳查驗費洋一元註冊費一角已予照章註冊訖
中華民國　四年六月　日
右給業戶王宅收執

縣第[illegible]號內開

一九四 清光緒二十一年（一八九五）順義縣史秉衡賣地官契

（契約三七六）

立賣地契文約人史秉衡，因無錢，今將祖遺糧地壹段，柒拾壹畝五分，坐落在東馬各莊村東南，南北隴，自托中人説合，情願將此地賣與西馬各莊王政名下爲業。仝衆言明，賣價市平松銀貳佰壹拾兩整。其銀筆下交足不欠。自賣之後，任憑置主自便，不與賣主相干。此係均願，各無返悔。如有舛錯，有保人承管。空口無憑，立賣字爲證。

四至：東至史姓，西至劉姓，北至道，南至墑（壕）。

中保説合人 鄭宗賢（押）
立賣字人 史秉衡（押）
代字人 王永新（押）

光緒二十一年十二月初四日

買字第壹百壹拾壹號 完稅肆兩貳錢

買契

買主姓名	王政
不動産種類	地壹段
座落	西馬各庄
面積	弍畆伍分
四至	東
	南
	西
	北
價	貳百壹拾兩
應納稅額	肆兩貳錢
原契幾張	壹張
立契年月日	光緒二十年十二月初四

賣主 史秉衡
中人 鄭宗賢

中華民國三年四月三十日 順義縣 給

買字第壹百壹拾壹號 完稅肆兩貳錢

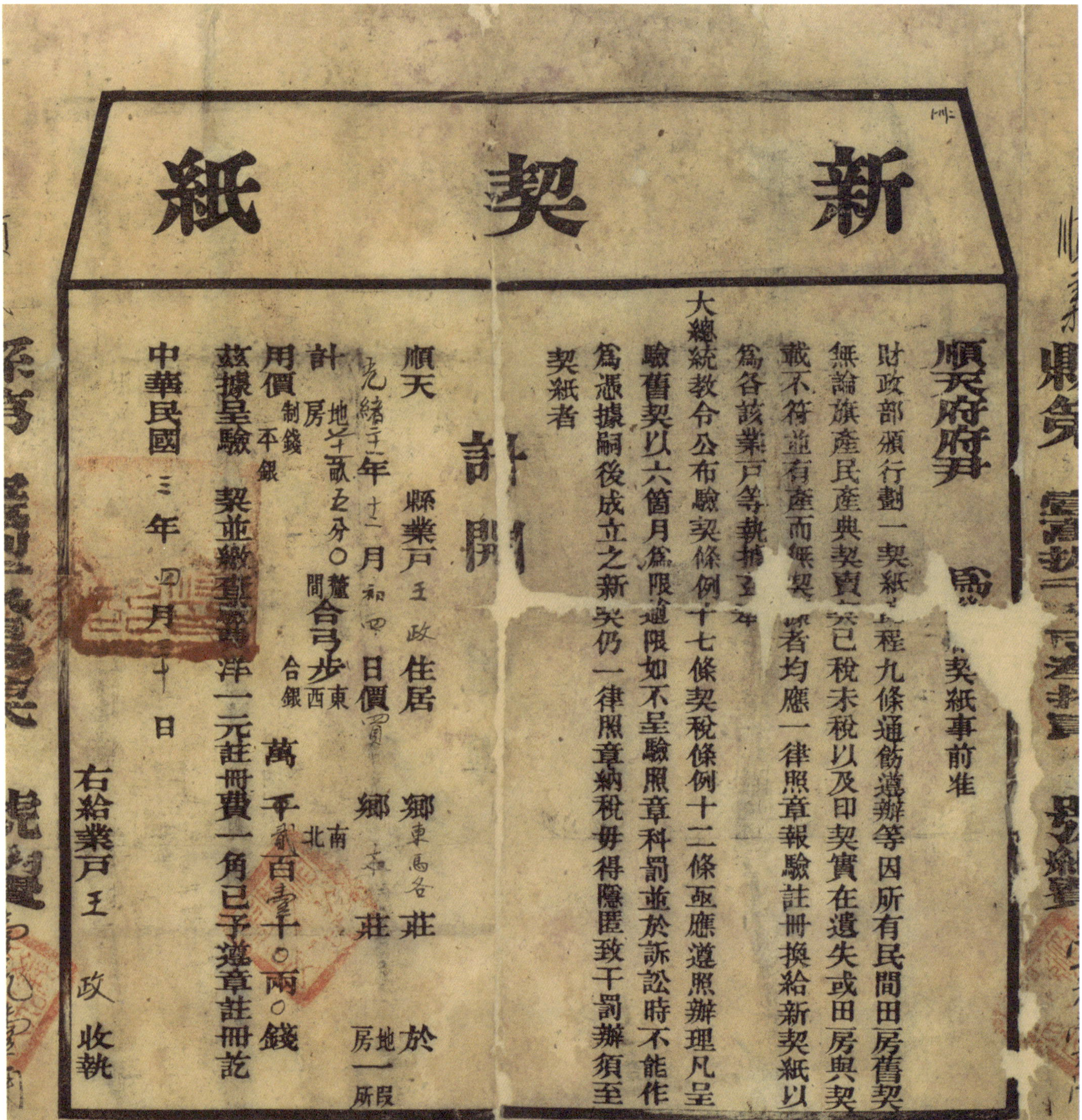

新契紙

順天府府尹　為□□契紙事前准
財政部頒行劃一契紙□程九條通飭遵辦等因所有民間田房舊契
無論旗產民產典契賣□□已稅未稅以及印契實在遺失或田房與契
載不符並有產而無契□者均應一律照章報驗註冊換給新契紙以
為各該業戶等執據□□
大總統教令公布驗契條例十七條契稅條例十二條亟應遵照辦理凡呈
驗舊契以六箇月為限逾限如不呈驗照章科罰並於訴訟時不能作
為憑據嗣後成立之新契仍一律照章納稅毋得隱匿致干罰辦須至
契紙者

計開

順天　縣業戶王政住居　鄉東馬各莊
光緒三十二年十二月初四日價買　鄉本　莊　於地一段房一所
計　地十畝五分〇釐　房　間　合弓步　東西　南北
用價　制錢　平銀　合銀　萬　千貳百壹十〇兩〇錢
茲據呈驗　契並繳□□洋一元註冊費一角已予遵章註冊訖

中華民國三年四月三十日

右給業戶王政收執

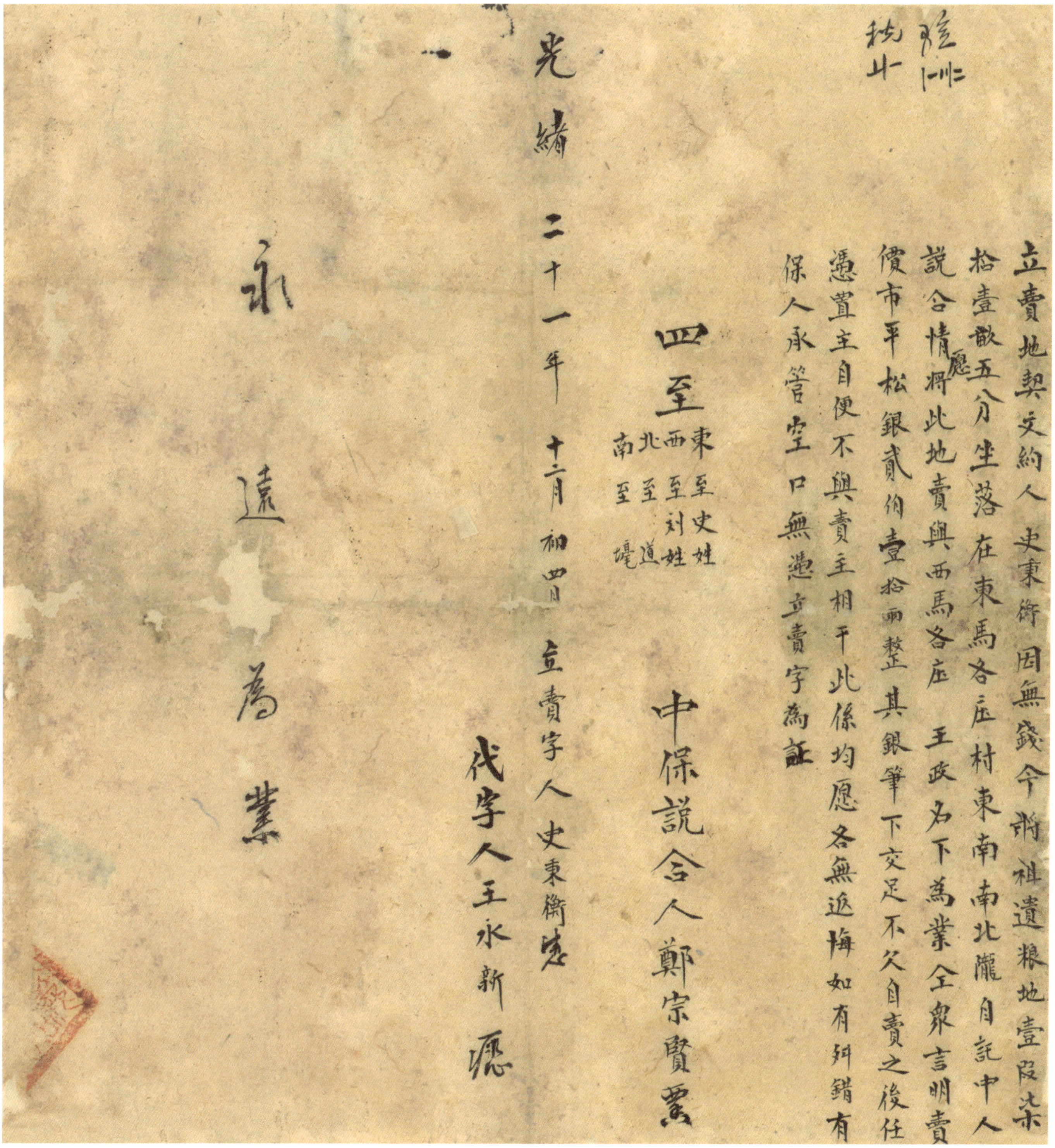

立賣地契文約人史東衛因無錢令將祖遺粮地壹段柒拾壹畝五分坐落在東馬各庄村東南南北壠自託中人說合情愿將此地賣與西馬各庄　王政名下爲業仝衆言明賣價市平松銀貳伯壹拾兩整其銀筆下交足不欠自賣之後任憑置主自便不與賣主相干此係均愿各無返悔如有糾錯有保人承管空口無憑立賣字爲証

四至　東至史姓　西至刘姓　北至道　南至墁

中保說合人鄭宗賢

光緒二十一年十二月初四日　立賣字人史東衛

代字人王永新

永遠爲業

一九五

清光緒二十二年（一八九六）密雲縣王門雷氏同子賣場白契

（契約四〇）

立賣場文約人王門雷氏同子五位王全、王德、王卿、王棟、王嵩，原園夥中未分場壹段，坐落在田家莊南頭路西，東至道，西至置主，南至垻墻，北至置主，四至分明。自煩中人説妥，棄（業）主公同議明，因手乏無措，今將此場出賣與石田名下便（使）用，永遠爲業。同中言明，賣價文鋃（銀）五兩五錢整。其銀筆下交足不欠。自賣之後，土木相連，不與棄主相干。如有異言舛錯者，俱有王門雷氏一面承管，買主照契管業。此係兩家情願，各無返（反）悔。恐口無憑，立賣契存照。老紅契王卿手收存。

同中見説合人 芦萬枝（押） 宋明恩（押）

立賣場文約人 王門雷氏（押） 王全（押） 王德（押） 王卿（押）親筆 王棟（押） 王嵩（押）

光緒二十二年九月廿六日

二十八年正月廿十式日同中人言明，買主讓贖價錢伍拾吊文
王賀□本家同胞兄并無□論。

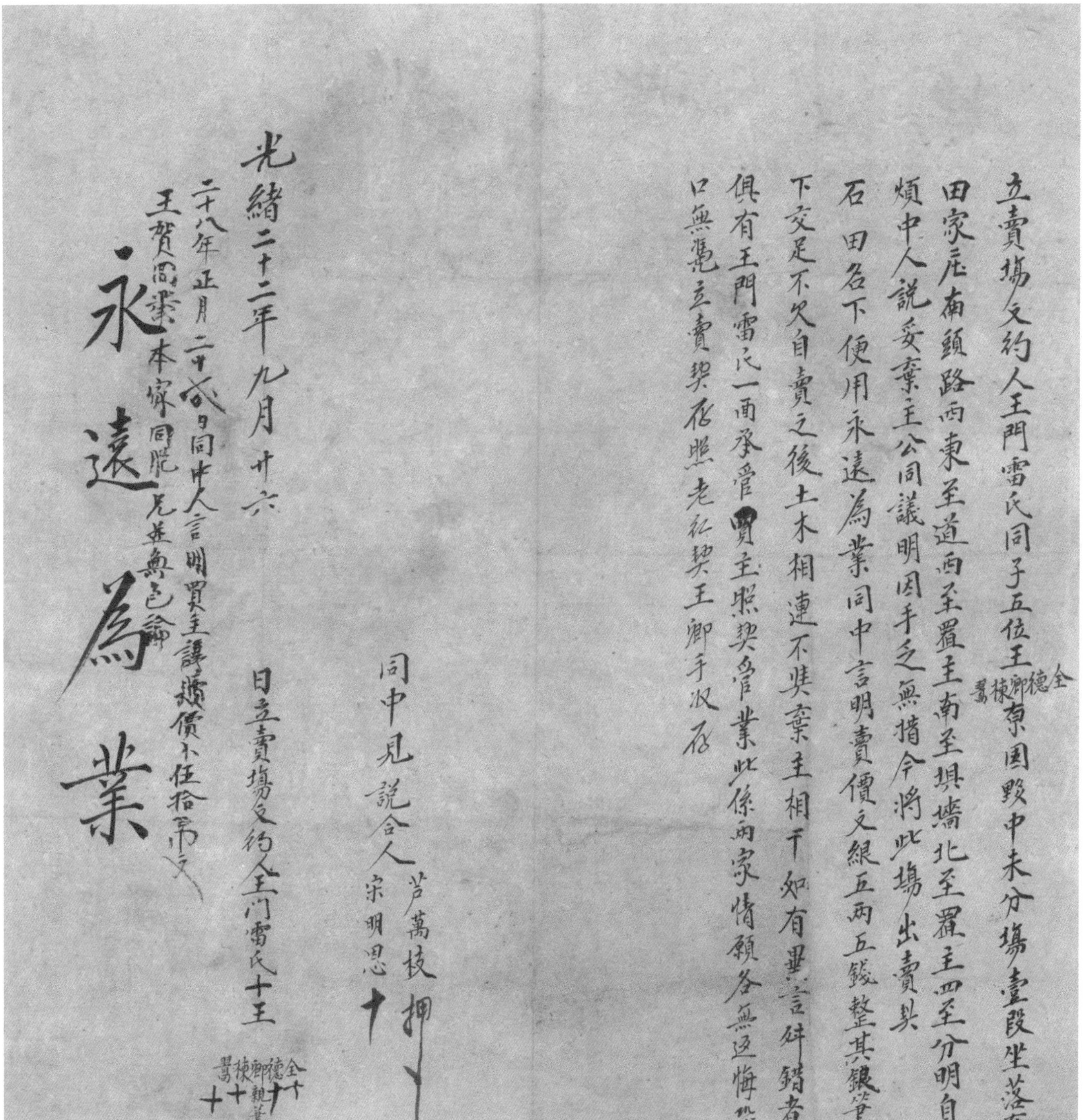

立賣場文約人王門雷氏同子五位王全德卿棟蕙京園野中未分場壹段坐落在
田家庄南頭路西東至道西至買主南至場牆北至買主四至分明自
煩中人說妥賣主公同議明因手乏無措今將此場出賣與
石田名下便用永遠為業同中言明賣價文銀五兩五錢整其銀筆
下交足不欠自賣之後土木相連不與賣主相干如有異言舛錯者
俱有王門雷氏一面承管[illegible]買主照契承管業此係兩家情願各無返悔恐
口無憑立賣契存照　老紅契王卿手收存

光緒二十二年九月廿六　日立賣場文約人王門雷氏十　王全十　德十　卿親筆　棟十　蕙十

同中見說合人　芦萬枝押　宋明恩十

二十八年正月二十六日同中人言明買主讓賤價小任拾吊文
王賀同業本家同院兄並無言論

永遠為業

一九六

清光緒二十二年（一八九六）順義縣白玉秀賣地官契

（契約二一七）

立賣地契文約人白玉秀，因手乏，今將祖遺地壹段，伍拾畝，坐落在董各莊村東□□東西行畛，親托中人説合，情願將此地賣與西馬各莊王政名下永遠爲業。同衆言明，實賣價紋銀壹百伍拾兩整。其銀筆下交足，分文不欠。自賣之後，憑買主自便，永不與賣主相干。此係二家情願，各不㤆（反）悔。恐口無憑，立賣字爲證。地名大凹。

計開四至：南至道，北至墝（壕），東至道，西至道，分明。

光緒廿二年十一月初十日

中保人　白玉清（押）

立賣字人　白玉秀（押）

代筆人　高　尚（押）

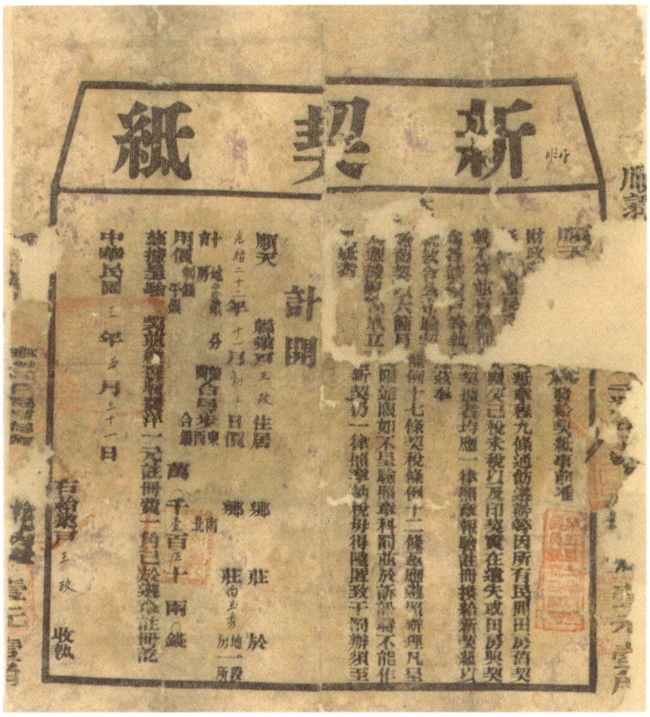
新契紙

計開

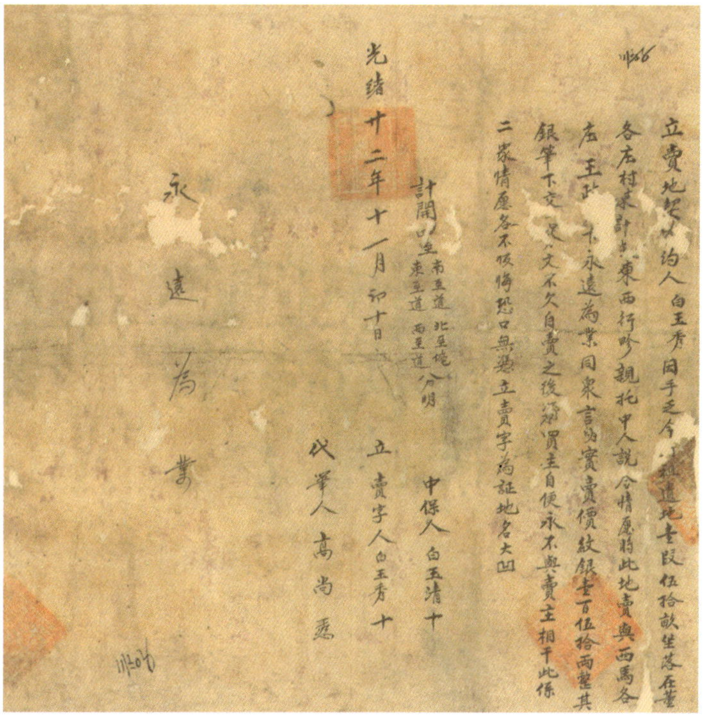
立賣地契文約人白王秀因手乏，今[illegible]祖遺地壹段伍拾畝，坐落在董各庄村東，計[illegible]東西行畛，親托中人說合，情願將此地賣與西馬各庄王[illegible]永遠為業。同衆言明實賣價紋銀壹百伍拾兩整，其銀筆下交足，分文不欠。自賣之後，隨買主自便，永不與賣主相干。此係二家情愿，各不反悔，恐口無憑，立賣字為證。地名大凹。

計開四至：南至道，北至塊，東至道，西至道，分明。

光緒十二年十一月初十日

中保人 白玉清 十

立賣字人 白玉秀 十

代筆人 高尚懸

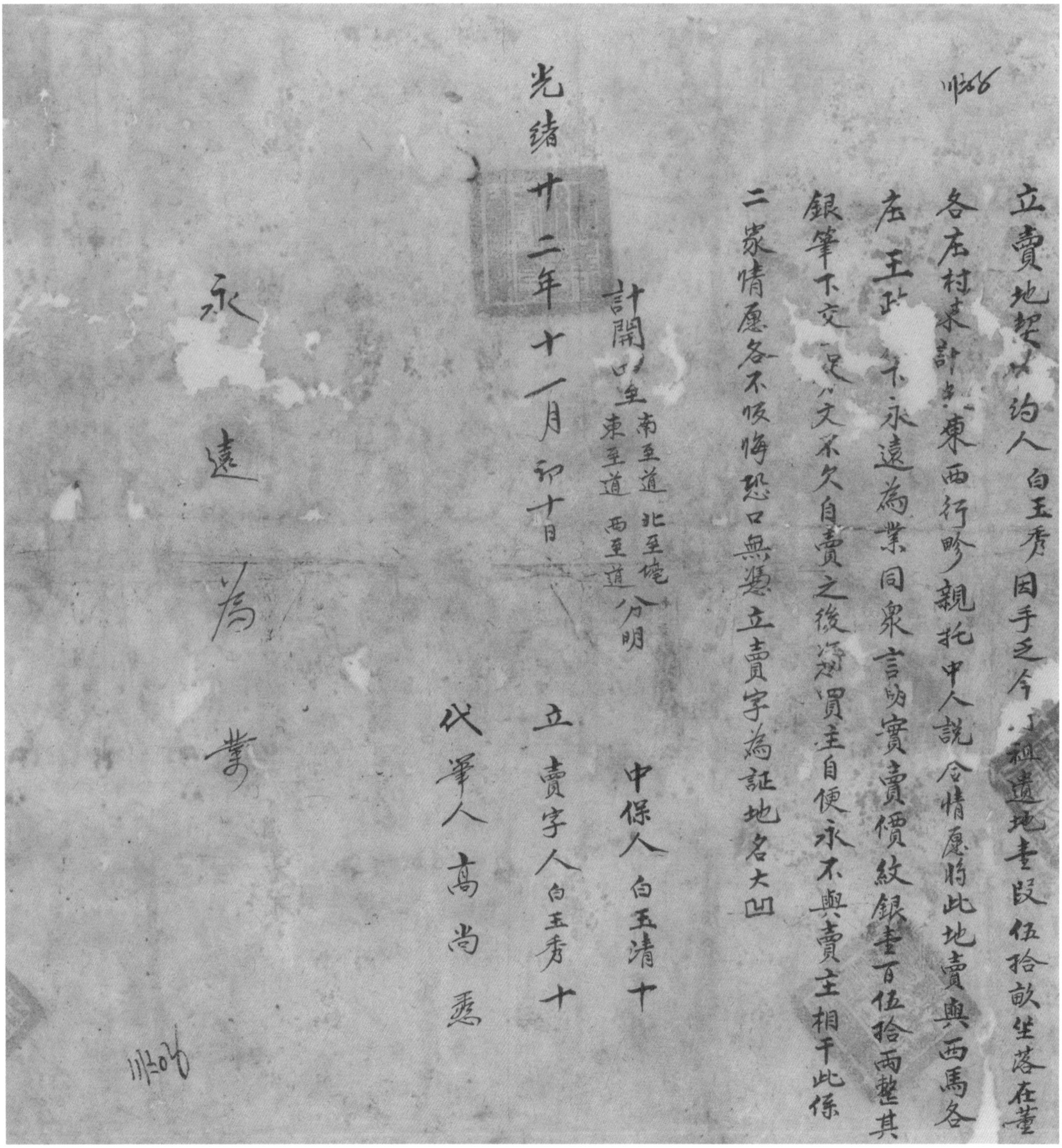
立賣地契文約人白玉秀因手乏今將祖遺地壹段伍拾畝坐落在董
各庄村東計地東西行畛親托中人說合情愿將此地賣與西馬各
庄王姓名下永遠為業同衆言明實賣價紋銀壹百伍拾兩整其
銀筆下交足分文不欠自賣之後任憑買主自便永不與賣主相干此係
二家情愿各不恢悔恐口無憑立賣字為証地名大凹
計開四至 南至道 北至墳 東至道 西至道 四至分明
光緒廿二年十一月初十日
中保人 白玉清 十
立賣字人 白玉秀 十
代筆人 高尚悳
永遠為業

新契紙

順天 [illegible] 發給契紙事前准
財政 [illegible] 紙章程九條通飭遵辦等因所有民間田房舊契
截不符 [illegible] 或因已稅未稅以及印契實在遺失或因田房與契
為各該 [illegible] 執照契據者均應一律照章報驗註冊換給新契紙以
政教令 [illegible] 遵照茲奉
舊契以六箇月 [illegible] 條例十七條契稅條例十二條亟應遵照辦理凡呈
報驗 [illegible] 限逾限如不呈驗照章科罰並於訴訟時不能作
紙者 [illegible] 新契仍一律照章納稅毋得隱匿致干罰辦須至

計開

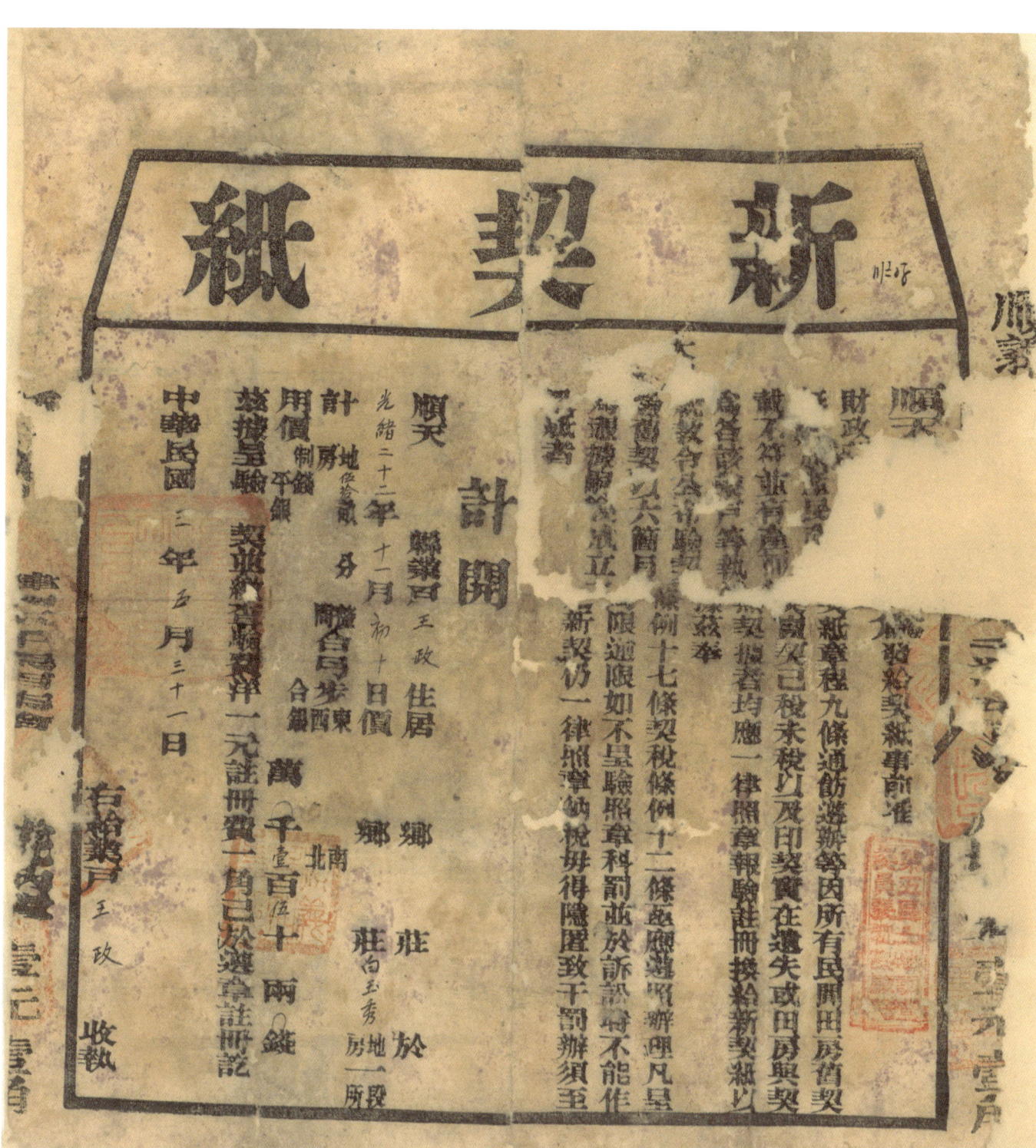

順天　縣籍戶王政住居　鄉　莊於
光緒二十二年十一月初十日價　鄉　莊白玉秀房地一段一所
計　地伍拾貳畝　分　房　間台弓步　東　西　南　北
用價　制錢　平銀　合銀　萬　千壹百伍十　兩　錢
茲據呈驗　契並紙　驗費洋一元註冊費一角已於遵章註冊訖
中華民國三年五月三十一日
右給業戶王政收執

一九七

清光緒二十三年（一八九七）順義縣門富堂賣地白契

（契約一三九）

立賣地契文約人門富堂，因手乏，無銀使用，今將祖遺地壹段，肆拾伍畝，坐落在楊二營村西北，東西行隴，東至道，西至道，南至李姓，北至門姓，四至分明，今煩中人説合，情願賣與西馬各莊王玉臣名下耕種爲業。言明賣價垻平松江净銀肆伯（佰）玖拾伍兩整。其銀筆下交足，并不欠少。自賣以後，不與棄（業）主相干。此係兩家情願，返悔各無。如有返悔者，有中保人壹面承管。恐後無憑，立賣字永遠爲證。

光緒二十三年十二月初七日

中保説合人　方國安（押）

立賣字人　門富堂（押）

中保代字人　門芸堂（押）

立賣地契文約人門富堂因手乏無銀使用今將祖遺地壹段肆拾伍畝坐落在楊二營村西北東西行隴東至道西至道南至李姓北至門姓四至分明今煩中人說合情愿賣與西馬各庄王玉臣名下耕種為業言明賣價坝平松江淨銀肆佰玖拾伍兩整其銀筆下交足並不欠少自賣以後不與業主相干此係兩家情愿返悔各無如有返悔者有中保人壹面承管恐後無憑立賣字永遠為証

中保說合人方國安十

光緒二十三年十二月初七日立賣字人門富堂

中保代字人門芸堂

永遠為業

一九八

清光緒二十三年（一八九七）順義縣劉玉琫退糧地官契

（契約三五四）

立退糧地文約人劉玉琫，因手乏，今將糧地壹段，坐落在本村正南，兩幅，拾壹畝，東西行隴。親托中人説合，情願將此糧地退與本村王保黎名下永遠爲業。言明寔退價市平松銀叁拾壹兩整。其銀筆下交清不欠。自退之後，由置主自便，不與退主相干。此係兩家均願，各無悔（反）悔。如有悔（反）悔者，有中人一面承管。口説無憑，立退字爲證。

計開四至：東至□，西至墁（壕），南至王姓，北至王姓。

光緒二十三年十一月□日

中保説合人 劉 懷（押）

立退字人 劉玉琫（押）

代字人 王重三（押）

驗收
訖收

立退粮地文約人劉玉琫，因手乏，今將粮地壹段坐落在本村正南，
兩幅拾壹畝，東西行隴，親託中人說合，情愿將此粮地退與本村
王保黎名下永遠為業。言明退價市平松銀叁拾壹兩整，其
銀筆下交清不欠。自退之後，由霸主自便，不與退主相干。此係兩家
均愿，各無反悔。如有反悔者，有中人一面承管。口說無憑，立退字為証。

計開四至：東至河　西至埝
南至王姓　北至王姓

中保說合人劉懷十

光緒二十三年十一月　日　立退字人劉玉琫押

代字人王重三憑

永遠為業

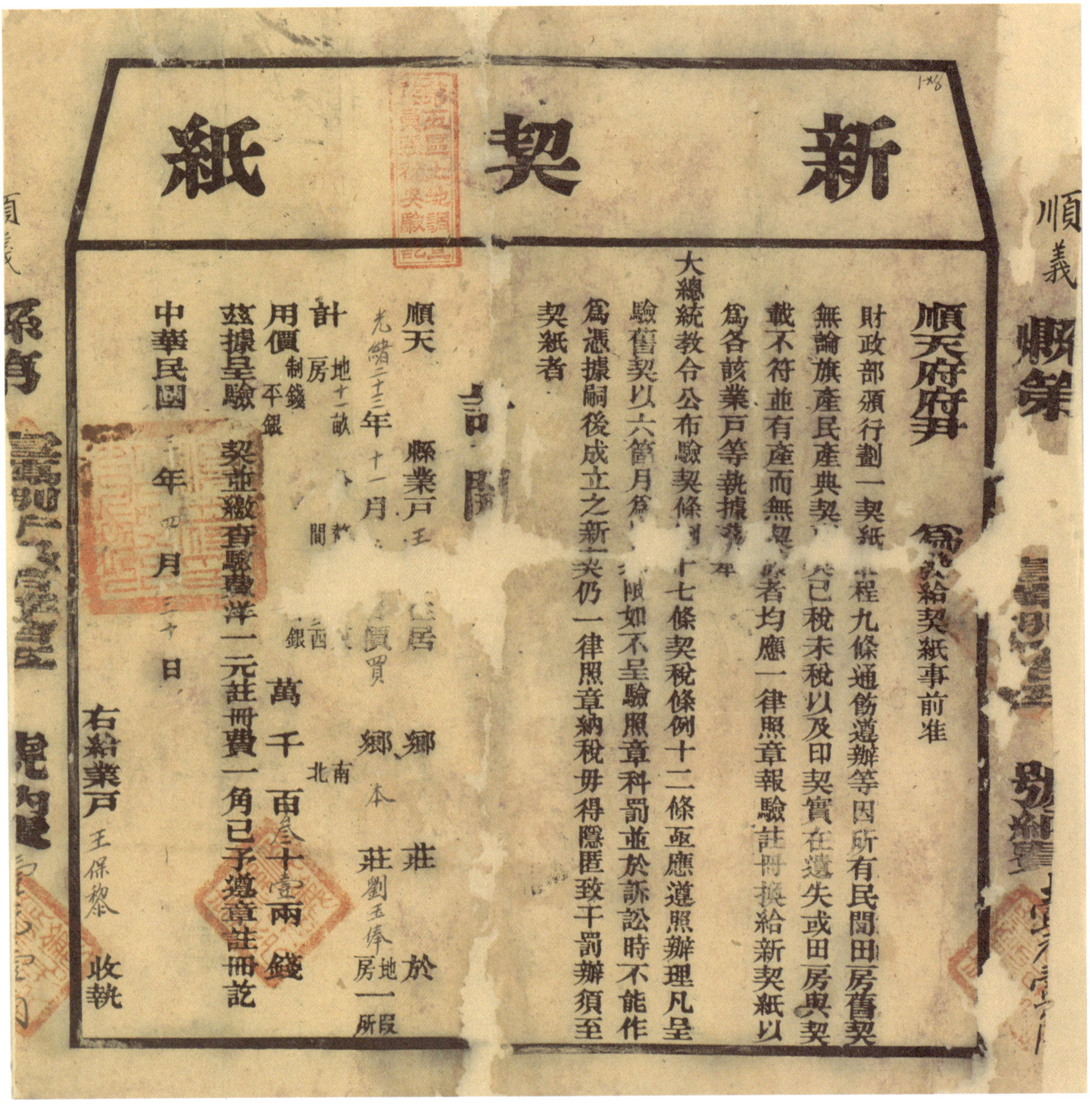

新契紙

順天府府尹　為發給契紙事前准
財政部頒行劃一契紙章程九條通飭遵辦等因所有民間田房舊契
無論旗產民產典契賣契已稅未稅以及印契實在遺失或田房與契
載不符並有產而無契者均應一律照章報驗註冊換給新契紙以
為各該業戶等執據茲□□年
大總統教令公布驗契條例十七條契稅條例十二條亟應遵照辦理凡呈
驗舊契以六箇月為限如不呈驗照章科罰並於訴訟時不能作
為憑據嗣後成立之新契仍一律照章納稅毋得隱匿致干罰辦須至
契紙者

計開

順天　縣業戶王□居　鄉　莊　於
光緒二十三年十一月□價買　鄉本　莊劉玉峰　房地一段一所
計　地十一畝　房　間　坐落　東西　南北
用價　制錢　平銀　銀　萬　千　百叁十壹兩　錢
茲據呈驗　契並繳查驗費洋一元註冊費一角已予遵章註冊訖
中華民國　年四月三十日

右給業戶王保黎　收執

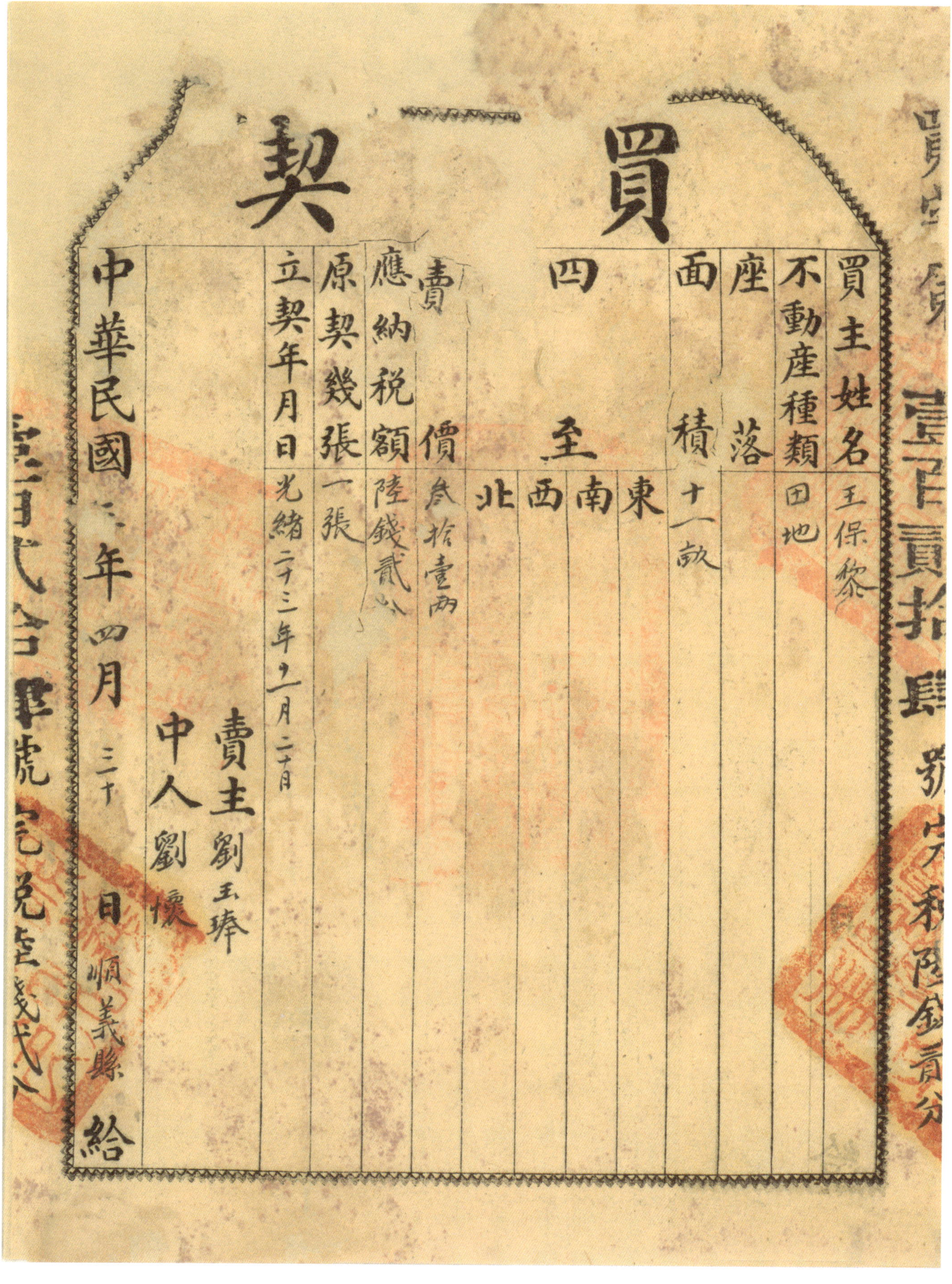

買契

買字第壹百貳拾肆號 完稅陸錢貳分

買主姓名	王保黎		
不動產種類	田地		
座落			
面積	十一畝		
四至	東	南	西	北
賣價	叁拾壹兩		
應納稅額	陸錢貳分		
原契幾張	一張		
立契年月日	光緒二十三年十一月二十日		

賣主 劉玉琫

中人 劉懷

中華民國二年四月三十日 順義縣 給

一九九

清光緒二十四年（一八九八）順義縣李庭藻杜絶賣地白契

（契約九九）

立杜絶賣地契文券人李庭藻，因乏手，今托中人説合，將祖遺民地壹段，坐落在馬頭莊村東北，地名頂柳行，東西畛，計地拾壹畝，四至分明，東至道，西至道，南至置主，北至李姓，情願出賣與馬各莊村王玉臣名下永遠耕種爲業。同中言明，賣價京市平松銀捌拾捌兩整。其銀筆下交足，不欠分厘。自賣之後，任憑置主自便，不與賣主相干。日後如有親族人等争論，有去業主與中保人一面承管。此係二家情願，各無返（反）悔。空口無憑，立杜絶賣字永遠爲證。

中保説合人　駱有義（押）

李紫垣兼代字（押）

光緒廿四年十二月初七日

立杜絶賣字人　李庭藻（押）

立杜絶賣地契文券人李庭藻因乏手今托中人説合將祖遺民地壹段坐落在馬頭村
東北地名頂柳行東西畛計地拾壹畝四至言明東西至道南至置主北至李姓情願出賣與馬各莊村
王玉臣名下永遠耕種為業同中言明賣價京市錢捌拾捌兩整其銀筆下交足不欠
分厘自賣之後任憑置主自便不與賣主相干日後如有親族人等爭論有去業主與中保人
一面承管此係二家情願各無返悔空口無憑立杜絶賣字永遠為证

中保説合人 駱有義 十
李紫垣 兼代字

光緒 廿四年 青初七日 立杜絶賣字人李庭藻

永遠為業

二〇〇

清光緒二十五年（一八九九）山東恩縣洪吉槐賣地官契

（契約一二一二）

立賣契人洪吉槐，因無銀使用，今將自己家北南北地二段，計地拾柒畝貳分貳厘捌毫，其地東至清真寺，西至洪，南至王，北至道，四至分明，今同中人洪立盛、洪吉太説合，賣於（與）洪玉春名下爲業。言明共價銀柒拾柒兩伍錢。其銀當日交足，隨契過割。恐後無憑，立文存證。

三鄉一圖　大北關　洪吉槐开十七畝二分二厘八毛
洪和慶收十七畝二分二厘八毛

光緒弍拾伍年弍月　日立

西段中長活（闊）弍伯（佰）弍拾步正，横活（闊）拾弍步正，三活（闊）同，見地十一畝。東段東長活（闊）弍伯（佰）壹拾九步十八分，西長活（闊）弍佰弍拾步正，横活（闊）六步八分，三活同見地六畝弍分弍厘八毛。

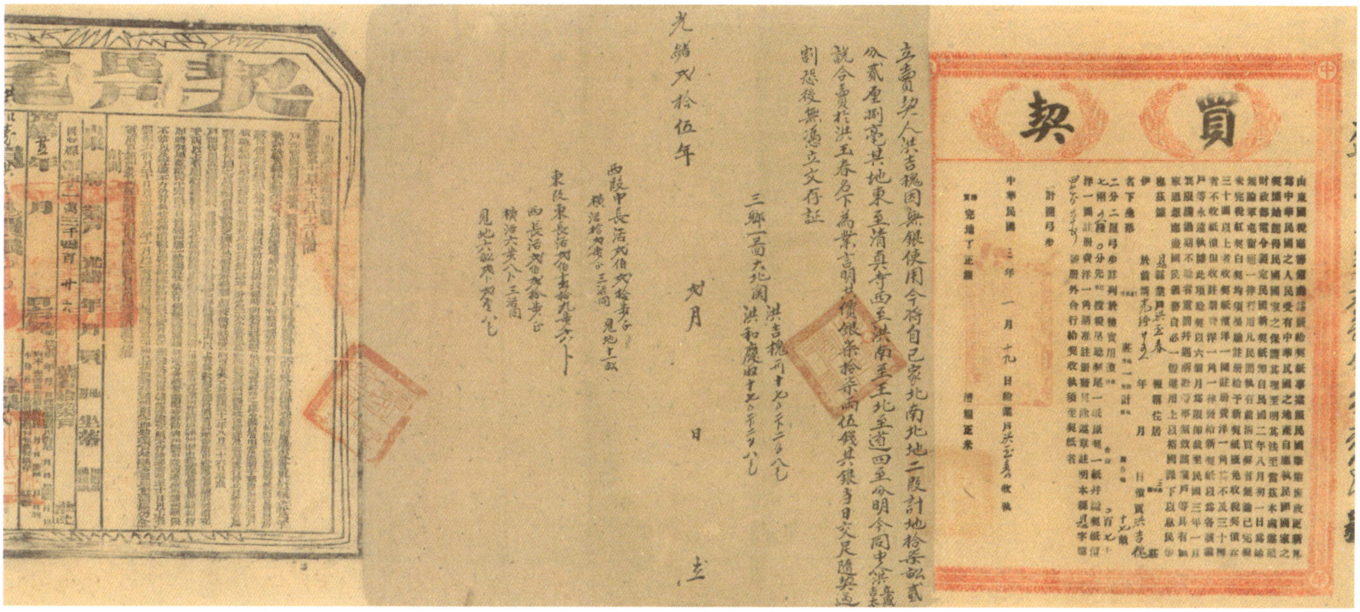

賣契
立賣契人洪吉槐因無銀使用今將自己家北南北地二段計地拾叁畝貳
分貳厘捌毫其地東至清真寺西至洪南至王北至道四至分明今同中人洪
說合賣於洪玉春名下為業言明共價銀柒拾柒兩伍錢其銀當日交足隨契過
割恐後無憑立文存証
三鄉一圖大北関
洪吉槐
洪和慶
光緒叁拾伍年 月 日 立
西段中長
東段東長

立賣契人洪吉槐因無銀使用今將自己家北南北地二段計地拾柒畝貳分貳厘捌毫其地東至清真寺西至洪南至王北至道四至分明今同中人洪吉太説合賣於洪玉春名下為業言明共價銀柒拾柒兩伍錢其銀當日交足隨契過割恐後無憑立文存証

三鄉一啚大北関　洪吉槐　開十七〇六二〇八毛
洪和慶收十七〇六二〇八毛

賣契

山東國稅廳籌備處爲發給契紙事案照民國肇造庶政更新凡爲中華民國之人民受有中華民國之地產自應執民國國家之契據始能得民國國家之保護其理至明其法至當茲本處遵照財政部電令製定民國新契紙即自民國二年八月初一日爲始無論軍屯衛竈一律行用凡民間執有前清買契者無論已完未完稅紅契白契均須呈驗註册給予新契紙概免收稅契價三十圓以上者收契紙價洋一圓註册費洋一角其不及三十圓者不收紙價但收註册費洋一角一律發給新契紙以爲各該業戶等永遠執據此項驗契以六個月爲限即截至民國三年一月底限滿過期不驗者重罰并遇訴訟等事無效該業戶等具有國家思想應盡國民義務自必一體遵用上以裕國課下以息民爭懷茲據恩縣業戶洪玉春報稱伊居於前清光緒廿五年　月　日價買洪吉槐名下坐落　莊地段一所段計地十七畝二分二厘弓步詳列於後實用價〇百七十七兩〇錢〇分先投稅呈驗契尾一紙原契一紙并繳契紙價洋一圓註册費洋一角請准註册發契除遵章註明本縣恩字第四十六号號册外合行給契收執須至契紙者

計開弓步

中華民國三年一月十九日給業戶洪玉春收執

實存完地丁正銀　清糧正米

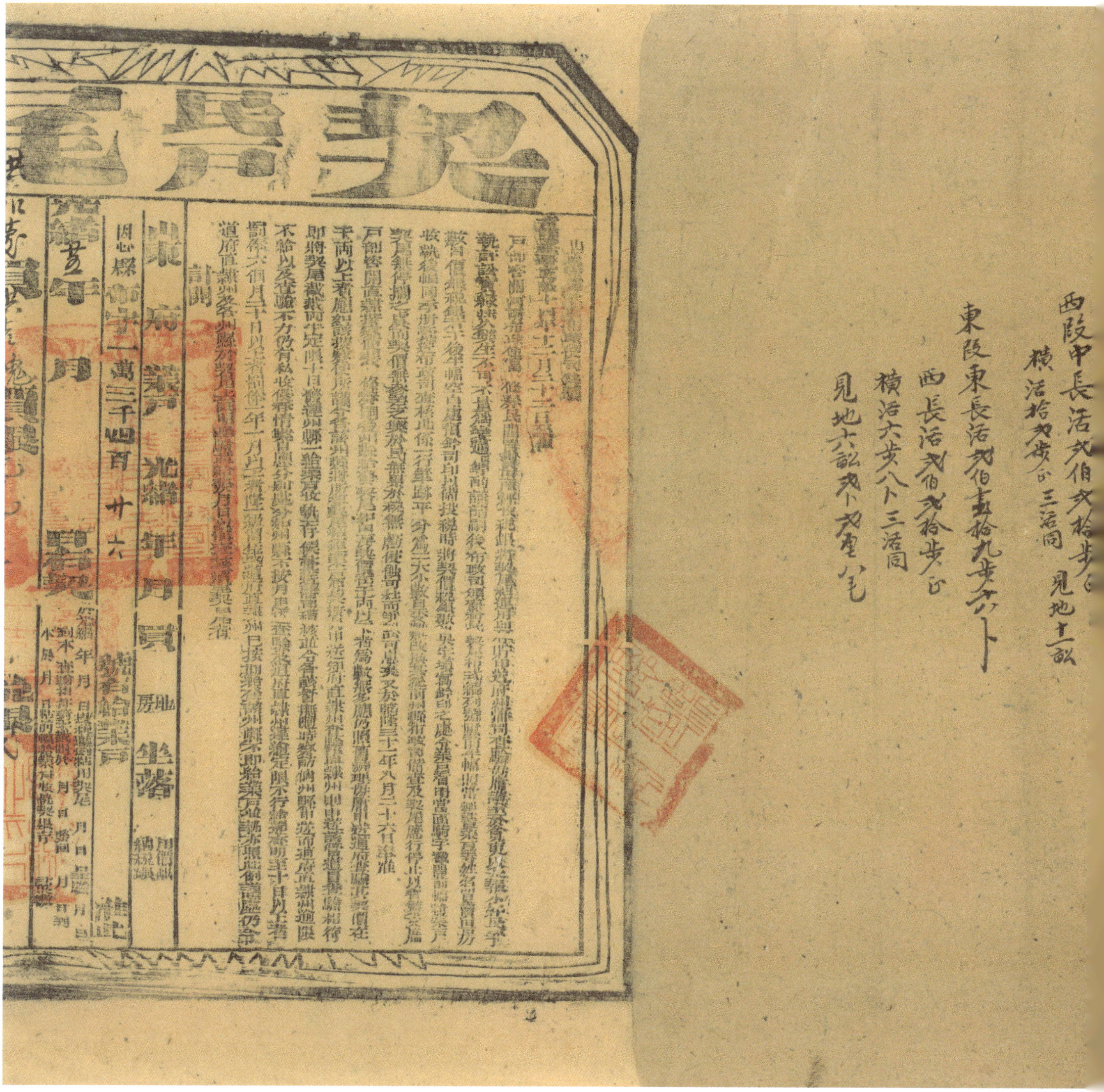
西段中長活弍佰弍拾步六
橫活拾弍步六 三活同 見地十一畝
東段東長活弍佰壹拾九步六下
西長活弍佰弍拾步六
橫活六步八下 三活同
見地六畝弍下弍厘八毛

二〇一

清光緒二十五年（一八九九）徐桂棠等賣房官契

（契約一八二）

立賣房契人徐桂棠同兄弟子侄等，將祖遺自置鋪面房壹處，坐落在崇文門外橋頭路東地方。門面頂排三間，捲棚三間，後樓房上下四間，後灰房一大間，共計房拾壹間，現開設糧店生理，今因手乏，憑中説合，願將此房出賣與王幼屏名下永遠爲業。寔賣價紋銀二佰兩。其銀筆下交足，并無欠少。自賣之後，倘有官銀私債并重複典賣以及親族人争兢（競）未分明公産等情，均有賣主、知情底保人一面承管，不與置主相干。恐後無憑，立賣契存照。

再：外有徐姓本身紅契一張，上首誠姓民紅契一張，上上首闞、蔡、戴三姓紅契三張，共計五張一并跟隨。此房原有戴姓白契一張，李、佛二姓紅契二張，標手三張，俱隨滙源木廠去了，不與此房此契相干。

光緒二十五年十二月　日

立賣房契人　徐桂棠同兄弟子侄等（押）

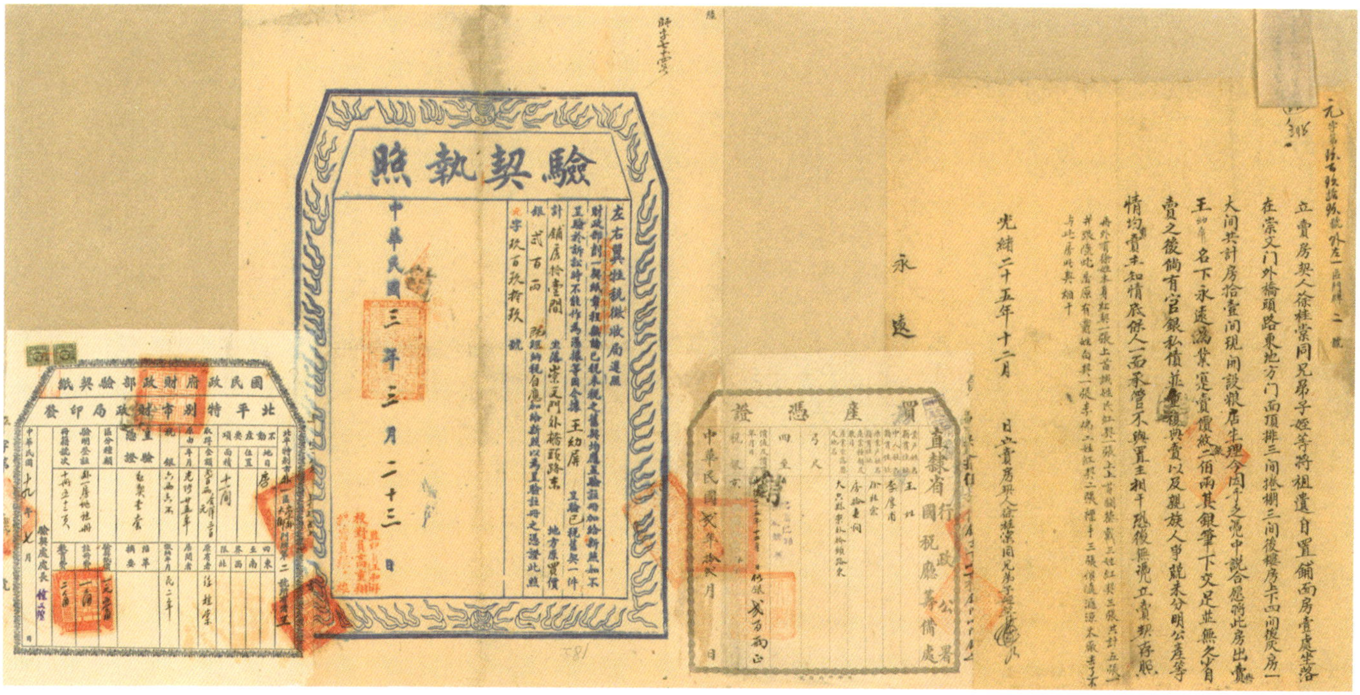
驗契執照

中華民國三年三月二十三日

買產憑證

直隸省行政公署國稅廳籌備處

立賣房契人徐桂棠同兄弟子姪等將祖遺自置鋪面房壹處坐落
在崇文门外橋頭路東地方门面頂排三間捲棚三間後樓房上下四間披厦房一
大间共計房拾壹间現间設粮居生理今因手乏憑中說合願將此房出賣
王 名下永遠為業還賣價紋銀二佰両其銀筆下交足並無欠省
賣之後倘有官銀私債並重複典賣以及親族人爭競未分明公產等
情均賣主知情底保人一面承管不與買主相干恐後無憑立賣契存照

光緒二十五年十二月 日立賣房契人徐桂棠同兄弟子姪等

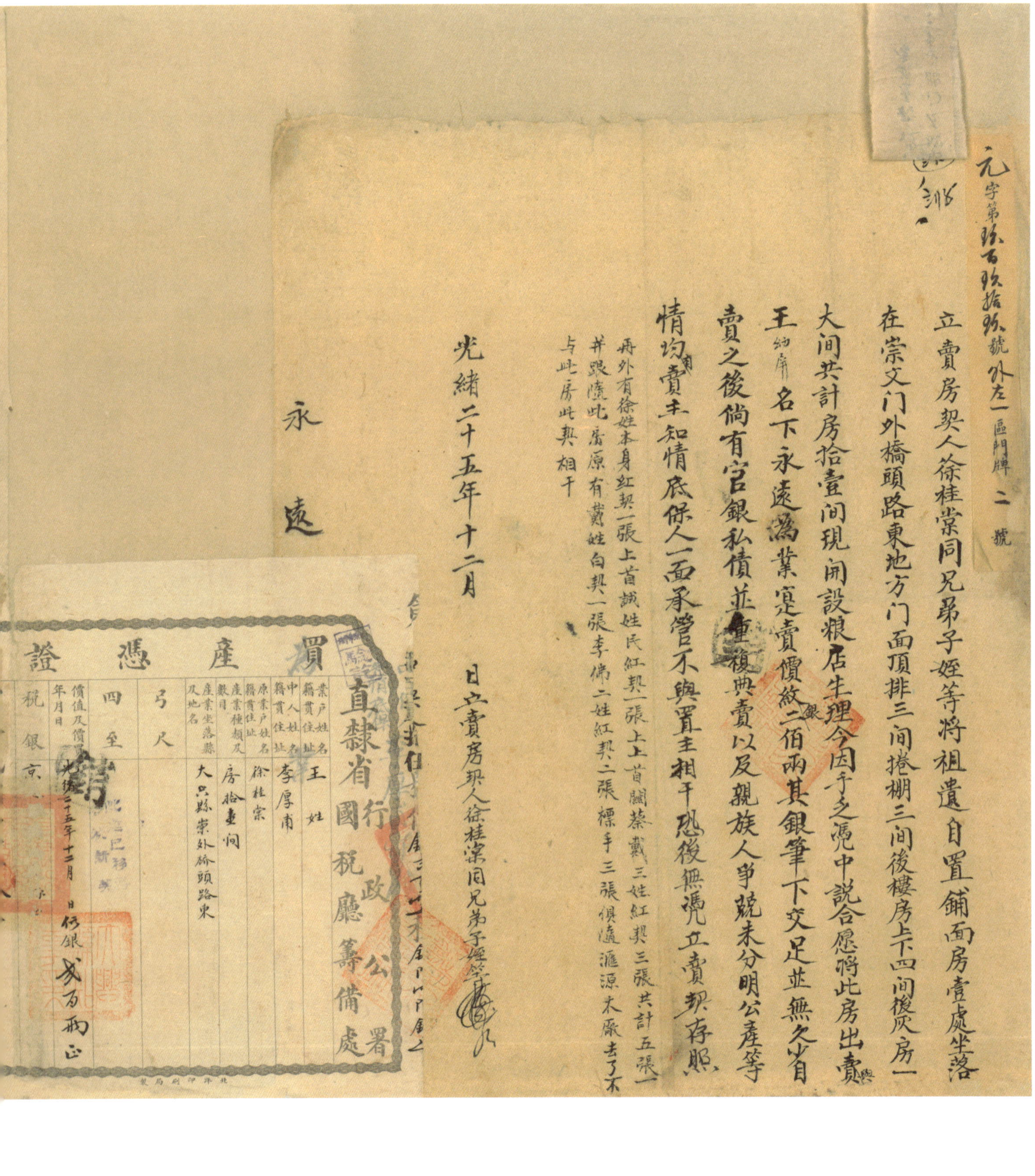

元字第[illegible]號 外左一區門牌二號

立賣房契人徐桂棠同兄弟子姪等將祖遺自置鋪面房壹處坐落
在崇文门外橋頭路東地方门面頂排三间捲棚三间後樓房上下四间後灰房一
大间共計房拾壹间現開設粮店生理今因手乏憑中説合愿將此房出賣與
王幼甫名下永遠爲業寔賣價紋銀二佰兩其銀筆下交足並無欠少自
賣之後倘有官銀私債並重複典賣以及親族人爭競未分明公産等
情均有賣主知情底保人一面承管不與買主相干恐後無憑立賣契存照
再外有徐姓本身紅契一張上首馮姓民紅契一張上上首關蔡戴三姓紅契三張共計五張一
并跟隨此房原有賣姓白契一張李佛二姓紅契二張標手三張俱遺淹源不處去了不
与此房此契相干

光緒二十五年十二月 日立賣房契人徐桂棠同兄弟子姪等（押）

永遠

買產憑證

直隸省國稅廳籌備處 行政公署

業戶姓名籍貫住址	王姓
中人姓名籍貫住址	李厚甫
原業戶姓名籍貫住址	徐桂棠
產業種類及數目	房拾壹間
產業坐落縣及地名	大興縣崇外橋頭路東
弓尺	
四至	
價值及價買年月日	光緒二十五年十二月 日 價銀貳百兩正
稅銀	京[illegible]

北洋印刷局製

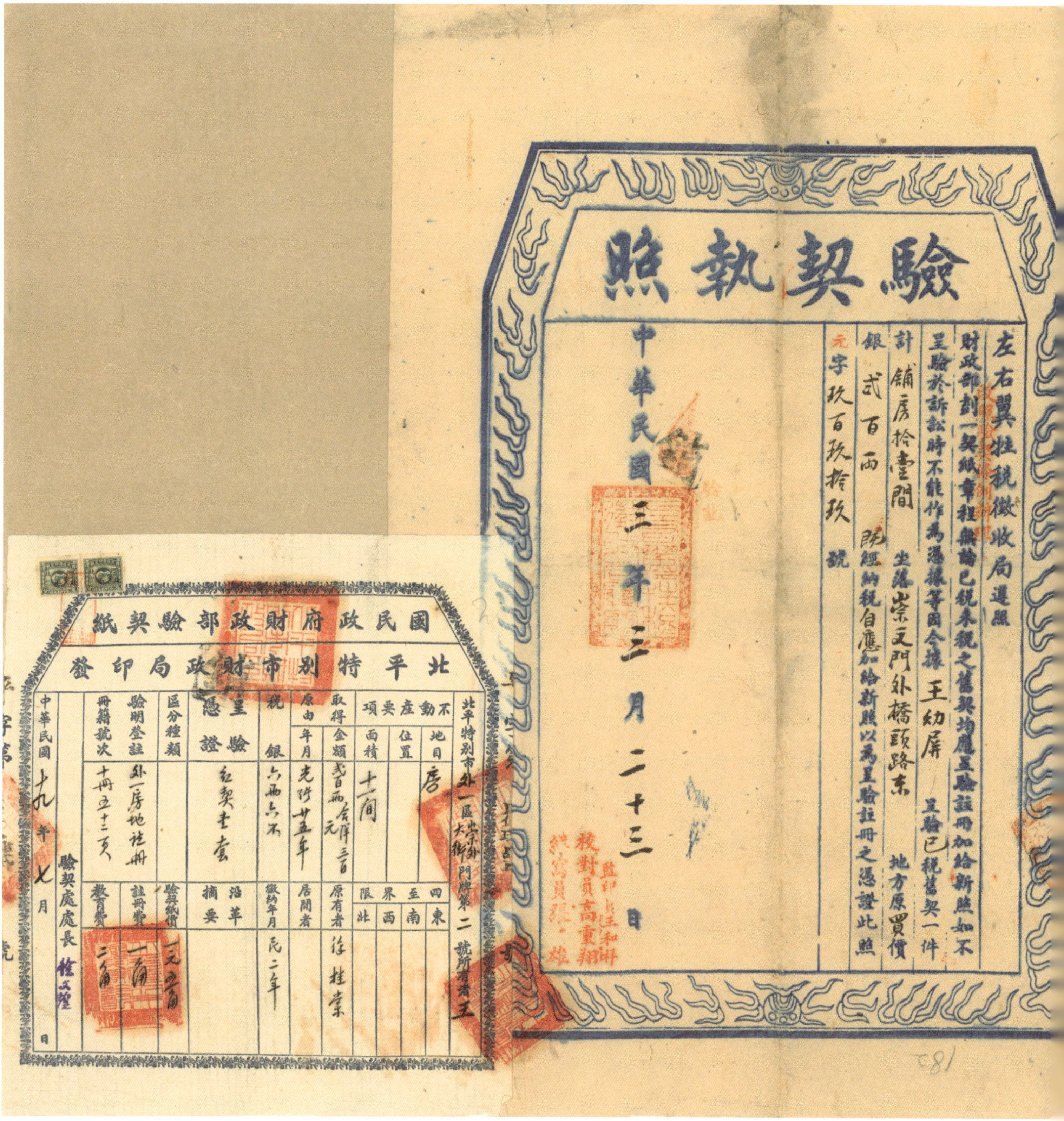

驗契執照

左右翼牲稅徵收局遵照
財政部訂一契紙章程無論已稅未稅之舊契均應呈驗註冊加給新照如不
呈驗於訴訟時不能作爲憑據等因今據 王幼屏 呈驗已稅舊契一件
計 鋪房拾壹間 坐落崇文門外橋頭路東 地方原買價
銀 貳百兩 既經納稅自應加給新照以爲呈驗註冊之憑證此照
元字玖百玖拾玖 號

中華民國 三年 三 月 二十三 日

監印員 王和琳
校對員 高重翔
繕寫員 張 雄

國民政府財政部驗契紙

北平特別市財政局印發

北平特別市外一區崇外大街門牌第二號所有者王

不動產要項 地目	房
位置	
面積	十一間
取得金額	貳百兩 合洋三百元
原由年月	光緒廿五年
稅	銀六兩六分
呈驗憑證	紅契壹套
區分種類	
驗明登註冊籍號次	外一房地註冊 十冊五十三頁
四至界限 東	
南	
西	
北	
原有者	徐桂棠
居間者	
繳納年月	民二年
沿革摘要	
驗契紙價	一元五角
註冊費	一角
教育費	二角

中華民國 十九 年 七 月 日

驗契處處長

二〇二

清光緒二十五年（一八九九）順義縣孫文貴退旗租地白契

（契約四九四－一）

立退旗租地文約人孫文貴，因手乏，將自置旗租地壹段，坐落在東馬各莊……捌畝，南北隴，東至陳姓，西至孫姓，北至垞（壕），南至壕，四至分明，親托中人說合……王玉臣名下耕種爲業。當面言明二紙合壹，共使退價東錢壹仟陸伯吊整。自退之後，口從心願，并不㤆（反）悔。任憑置主自便，不與棄主相干。恐口無憑……

中保說合人

孫思忠（押）

孫文陞（押）

孫文章

□君寧

□治□

光緒貳拾伍年月廿□日

十 賣旗租地壹段坐落在東旗地文約人孫文貴
墳地四至分明，親托中人說， 拾畝，南北隴，東至陳生
錢壹仟陸伯吊整， 名下耕種為業
業主相干，恐口無憑，誌目退之後，各從心願 轉
同中 界
西至孫姓，北至墳，南至道
明二紙，各執壹共使退價東錢南
並不返悔，任憑買主自便，不與業
說合人 孫思忠十 馬朱十
孫文陞十
孫文章
孫君寧
孫治此
十字 王玉

光緒貳拾伍年 月廿 日

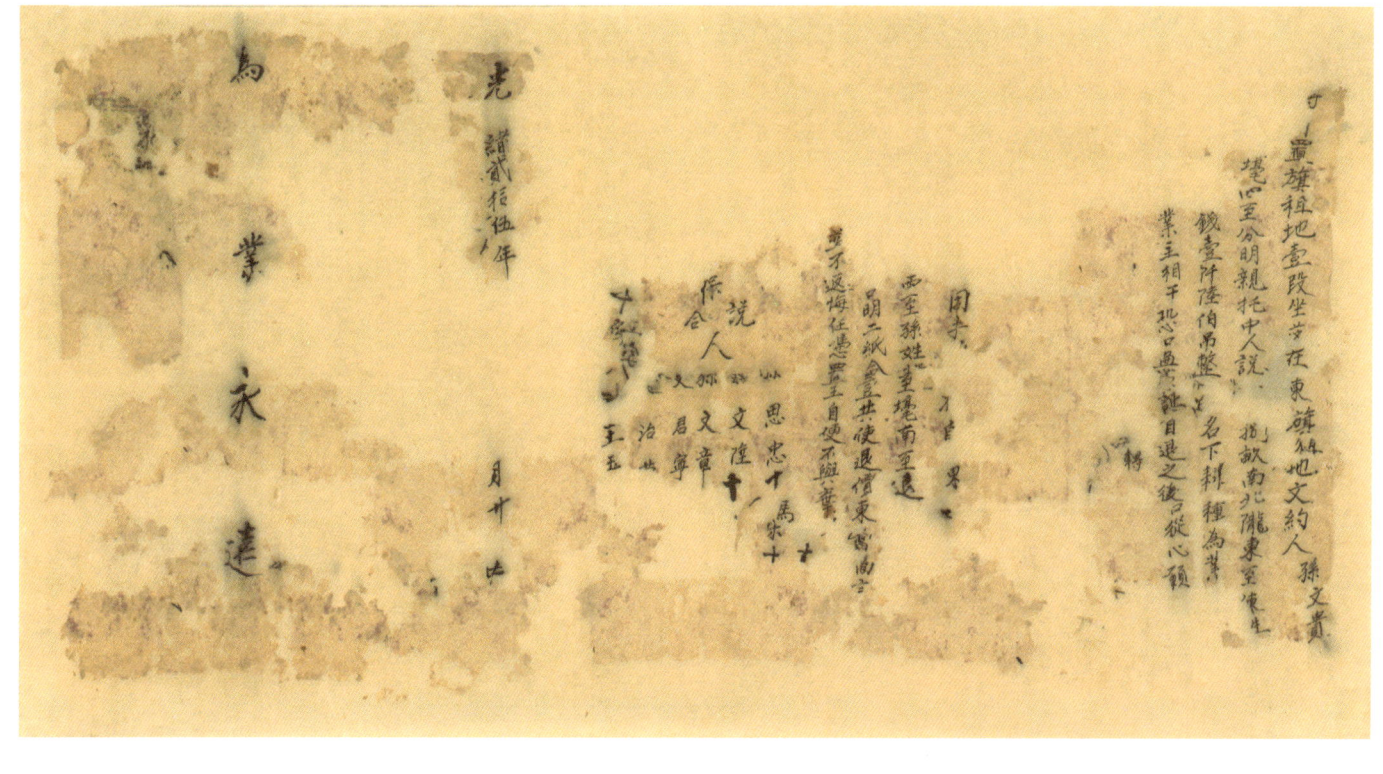

為業永遠

立賣旗租地壹段坐落在東旗租地文約人孫文貴
壟四至分明親托中人說 捌畝南北隴東至陳生
錢壹阡陸伯吊整 名下耕種為業
業主相干恐口無憑誰自退之後從心願
轉
用手 不白 界
西至孫姓塋壟南至退
明二紙合壹共使退價東錢當面言
並不返悔任憑買主自便不與棄
小 思忠 十 馬宋 十 十

文 君寧

治 廿

十[illegible]八 王五

光緒貳拾伍年 月廿六

為

業

永

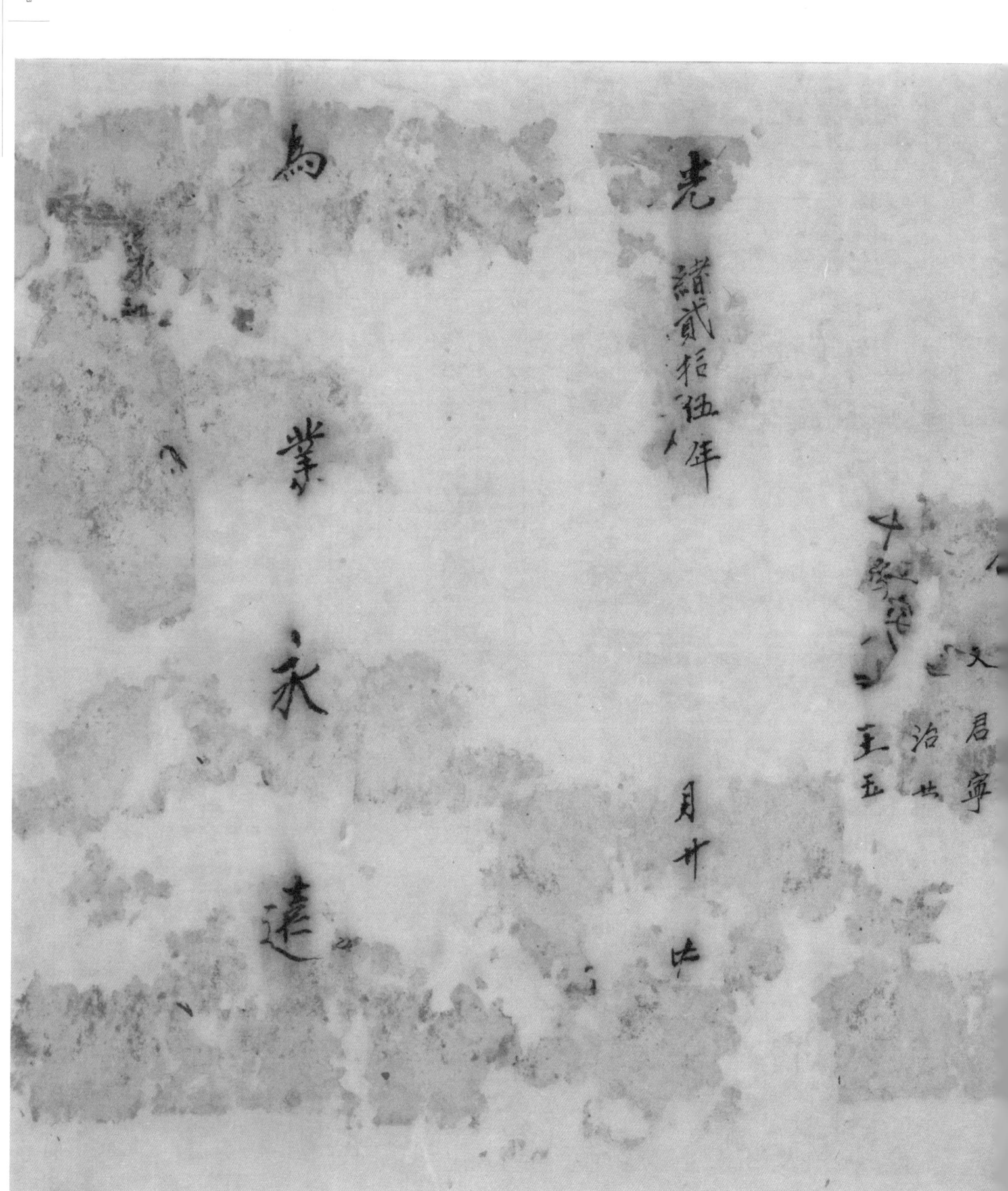

遠

二〇三

清光緒二十七年（一九〇一）大興縣常績等賣房官契

（契約一九五）

立字人本族叔常績，本族兄恩裕、恩增率子德佩、德順、德煜，因手乏無錢，與族弟恩誠同商，將西院祖遺後院破瀾（爛）照（罩）房三間，連地見價後，同心願意賣與族弟劉恩誠永遠爲業。見價四十兩，不算公中之産。以後聽其自蓋，决無反悔、争論等情。現族弟恩誠當日按股找給族叔銀十兩、族兄恩裕銀十兩。恩增銀十兩，其銀筆下交足，并不欠少。日後此照（罩）房連院内地决無族叔常績，族兄恩裕、恩增等及伊子孫相干。此事兩下情願，并無勒令等情。若有恩裕、恩增子孫争論等情，俱有族、叔族兄等一面承管。空口無憑，立字永遠爲證。

此房坐落地安門内碾兒胡同南胡同路北地方，添蓋正房三間，東西耳房二間，置價工料銀壹佰拾兩，投税是實。

立字人
族兄恩裕（押）
族叔常績（押）
族兄恩增（押）

光緒二十七年正月二十八日　立

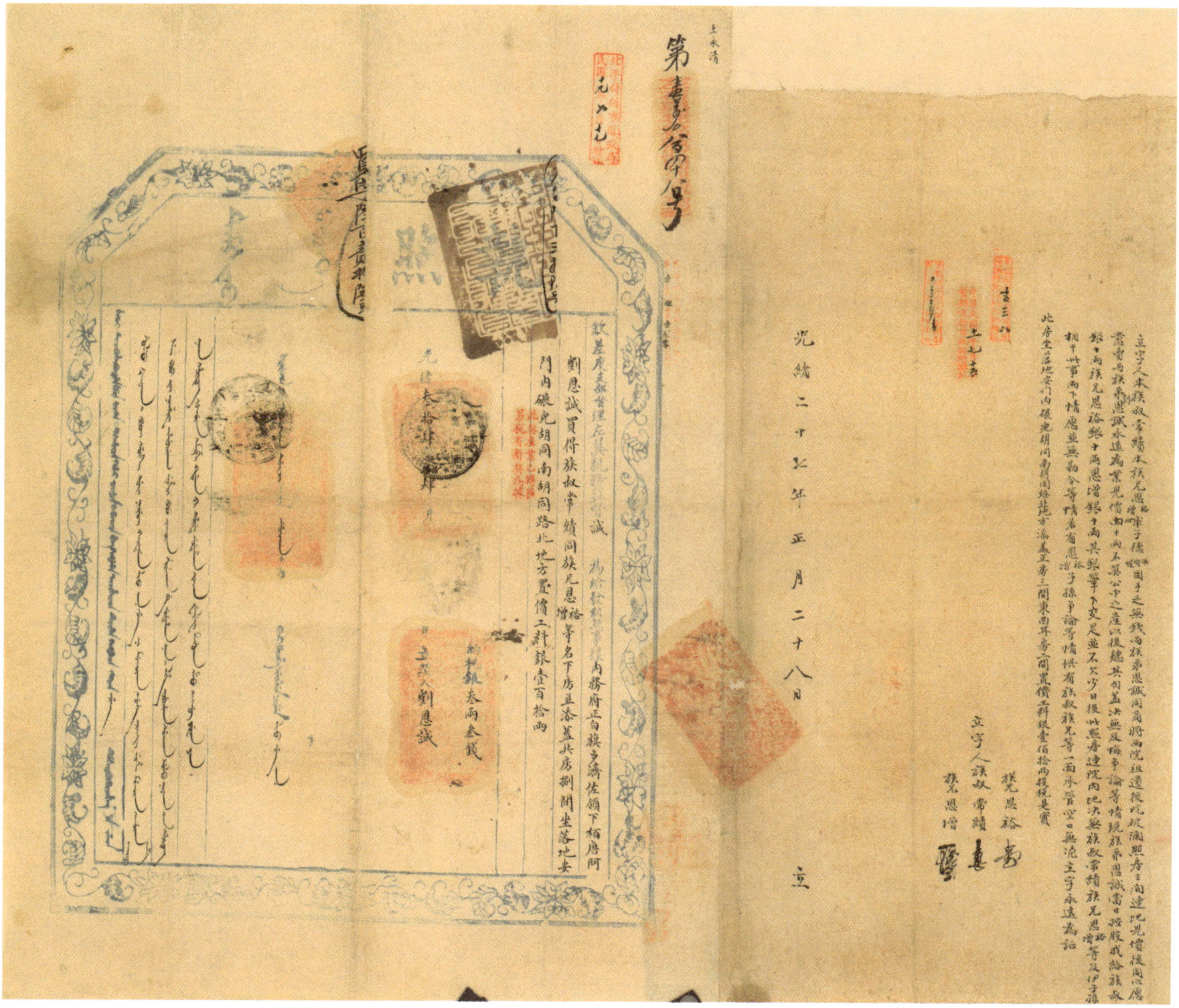

欽差度支部管理左翼稅務……誠　為給發執照事，茲據內務府正白旗多濟佐領下栢唐阿劉恩誠買得族叔常績同族兄恩裕、恩增等名下房並添蓋共房捌間，坐落地安門內碾兒胡同南胡同路北地方，置價工料銀壹百拾兩

納稅銀叁兩叁錢

立契人劉恩誠

光緒叁拾肆年　月

立字人本族叔常績、本族兄恩裕、恩增等因手乏無錢，將族弟恩誠同商，將西院祖遺後院破爛照房三間連地，現價後同伯應當賣與族弟恩誠永遠為業，現價四十兩，不算公中之產，以後總共倘若決無反悔爭論等情，現族弟恩誠當日將股戕給族叔銀十兩、族兄恩裕銀十兩、恩增銀十兩，共銀筆下交足，並不欠少，日後此照房連院內地決無族叔常績、族兄恩裕、恩增等及伊子孫相干，此事兩下情願，並無勒令等情，若有恩裕、恩增子孫爭論等情，俱有族叔族兄等一面承管，空口無憑，立字永遠為証

此房坐落地安門內碾兒胡同南胡同路北地方，添蓋正房三間、東西耳房六間，置價工料銀壹佰拾兩，投稅是實

光緒二十七年正月二十八日　立

立字人族叔常績（押）

族兄恩裕（押）

族兄恩增（押）

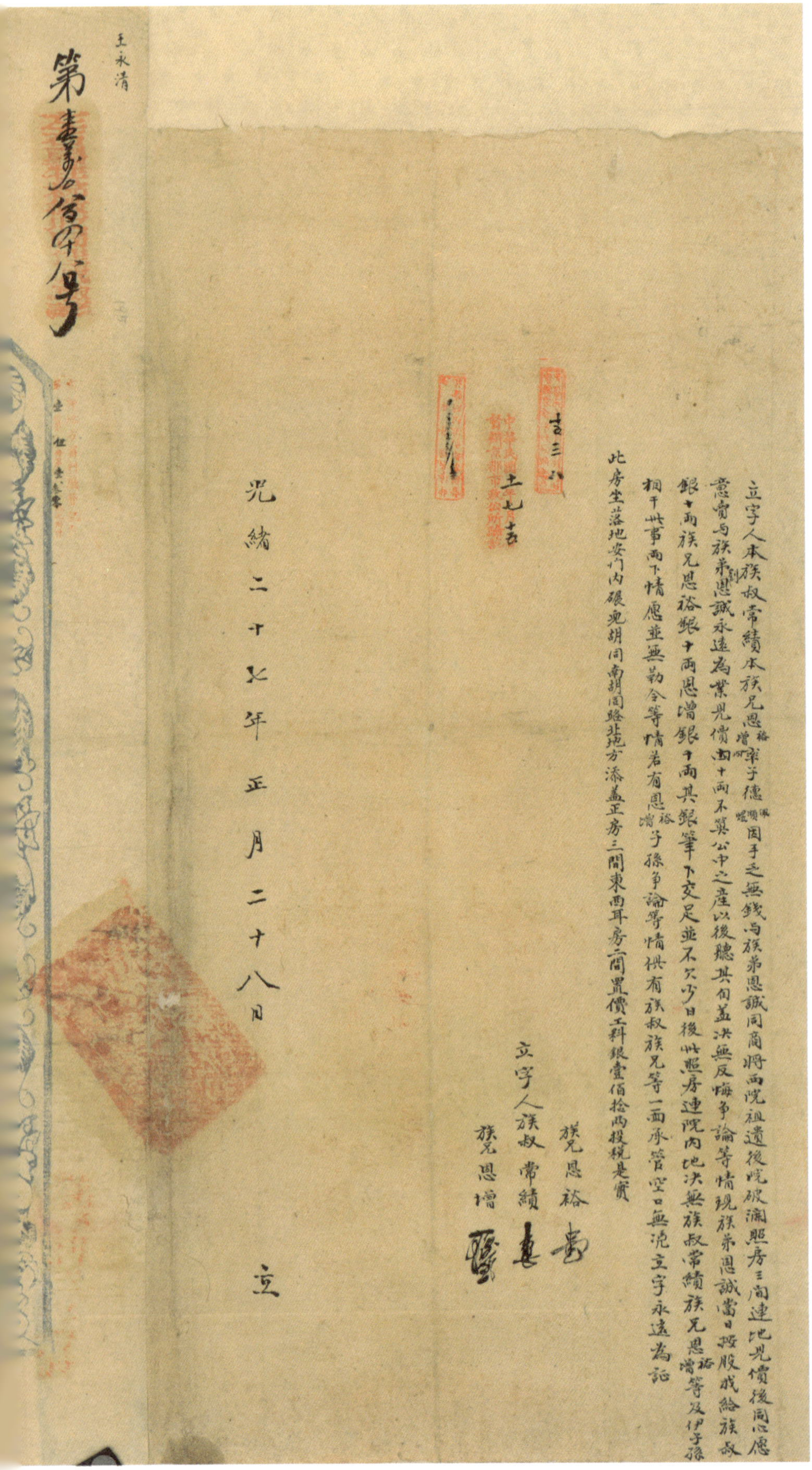
立字人本族叔常績本族兄恩裕增率子德順恒因手乏無錢与族弟恩誠同商將西院祖遺後院破爛照房三間連地見價後同心愿
意賣与族弟恩誠永遠為業見價四十兩不算公中之產以後聽其自蓋決無反悔争論等情現族弟恩誠當日按股戒給族叔
銀十兩族兄恩裕銀十兩恩增銀十兩其銀筆下交足並不欠少日後此照房連院内地決無族叔常績族兄恩裕增等及伊子孫
相干此事兩下情愿並無勒令等情若有恩裕增子孫争論等情烘有族叔族兄等一面承管空口無憑立字永遠為証
此房坐落地安門内碾兒胡同南胡同路北地方添蓋正房三間東西耳房二間買價工料銀壹佰捨兩投稅是實

立字人族叔常績
族兄恩裕
族兄恩增

光緒二十七年正月二十八日 立

門內碾兒胡同南胡同路北地方置價工料銀壹百拾兩

此契產業已轉移另稅有新契為據

光緒叁拾肆年 月

納稅銀叁兩叁錢

立契人劉恩誠

二〇四

清光緒二十七年（一九〇一）天津武清縣陸贊廷賣地白契

（契約四七五）

立賣地契人陸贊廷，因正用，煩中説合，今將祖遺應分民地一段，坐落韓家墳，計地拾捌畝，情願賣與李藥棠名下永遠爲業。言明地價松銀壹佰叁拾伍兩正。其銀筆下交足不欠。此係二家情願，各無返（反）悔。恐口無憑，立賣字存照。

錢□照册封納

中人　李貴堂（押）
彭汝□（押）
劉近修（押）
趙榮漢（押）
楊克廣（押）

光緒廿七年十二月初八日　立賣地契人　陸贊廷（押）

計開：弓口均長一百六拾二弓五尺，南寬廿六弓六尺，中寬廿六弓六尺，北寬廿六弓六尺。四至：東陸，西旗地，南道，北譚。

立賣地契人陸贊廷因正用傾中說合今將祖遺應分民地一段坐落韓家墳
計地拾捌畝情愿賣與
李華棠名下永遠爲業言明地價松銀壹佰叁拾伍兩正其銀筆下交足
不欠此係二家情愿各無返悔恐口無憑立賣字存照
錢粮照册封納

中人 李貴棠十
彭汝升十
刘近修十
赵榮甲十
楊克廣十

光緒廿七年十二月初八日立賣地契人陸贊廷十

計開弓口均長一百六十六指二弓五分
南中北寬 廿六弓七分 廿六弓六分 廿六弓八分

四至 東陸 西旗地 南道 北韓

永遠爲業

二〇五

清光緒二十八年（一九〇二）密雲縣王全等退場院白契

（契約四二）

立退場院文約人王全、王得、王卿、王桐兄弟四位，原因公中未分場院壹段，坐落在田家莊南頭路西，計地不拘畝數，四至列後。自起原因老母口糧無有，同五位子嗣議明，情願出賣與石姓。至今王罶備價伍拾吊整回業，故此四位長兄議明，情願出退與胞弟王罶名下便（使）用，修房墻院永遠爲業，不與四位長兄相干，并無異言。如有異言、舛錯者，自中人一面承管，置主照字爲證。此係兩相情願，各無返（反）悔。恐口不憑，立退字存照。

計開四至：東至道，西至埧（壩）墻，南至道，北至石姓、埧墻，四至分明。

同中見説合人 宋明恩（押）
李 罶（押）
石成金（押）

立退場院文約人 王 全（押）
王 得（押）
王 卿（押）
王 桐（押）

代字人 蘆萬枝（押）

光緒二十八年正月二十弍日

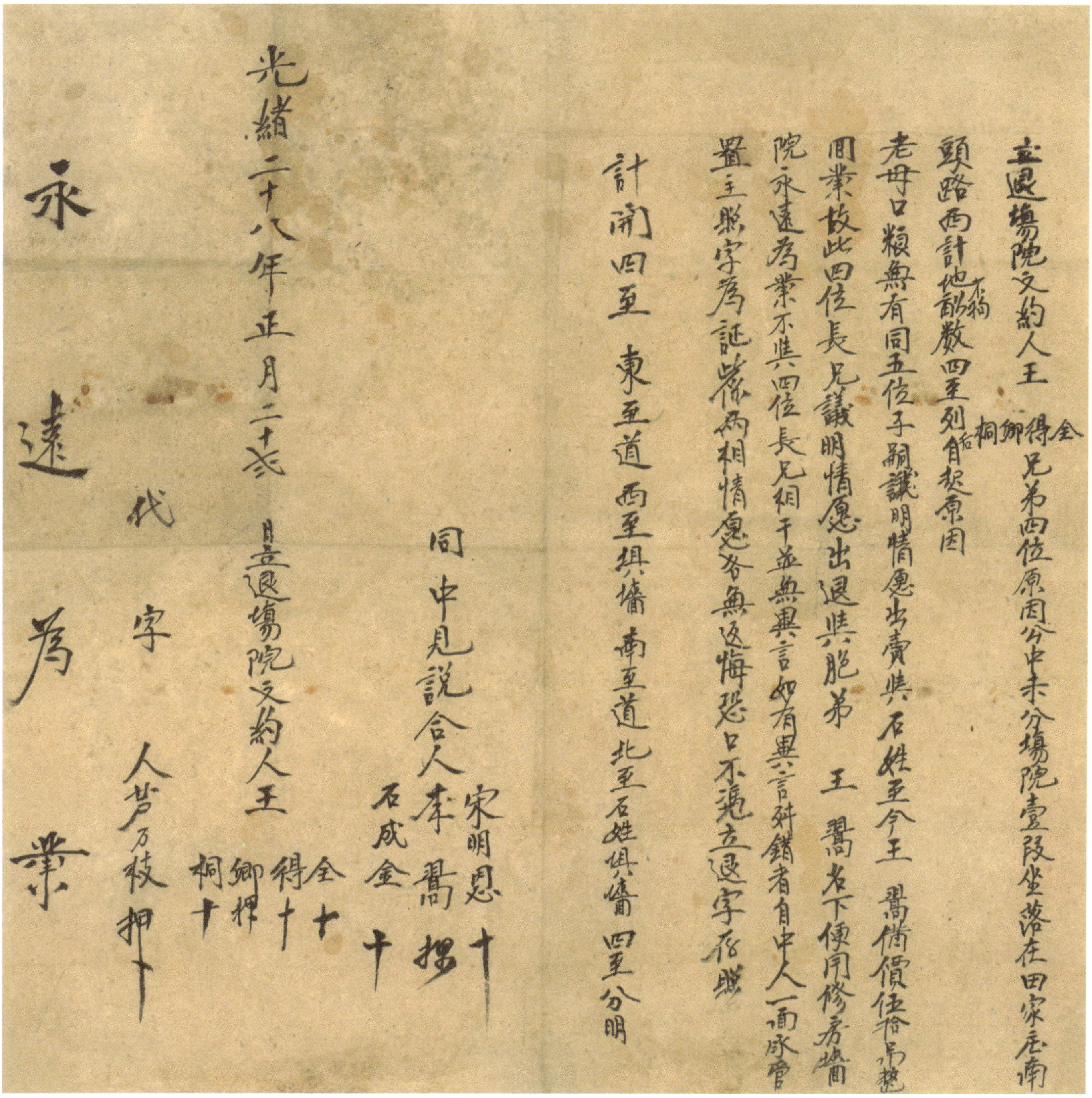

立退場院文約人王全得卿桐兄弟四位，原因公中未分場院壹段，坐落在田家庄南頭路西，計地不夠畝數，四至列後，有契。原因老母口糧無有，同五位子嗣議明，情願出賣與石姓，至今王翯備價伍拾吊整周業。故此四位長兄議明，情願出退與胞弟王翯名下，便用修房牆院，永遠為業，不與四位長兄相干，並無異言。如有異言糾錯者，自中人一面承管置主。照字為証。此係兩相情愿，各無返悔，恐口不憑，立退字存照。

計開四至：東至道，西至場牆，南至道，北至石姓場牆，四至分明。

同中見說合人 宋明恩十 李翯押 石成金十

光緒二十八年正月二十六日 立退場院文約人王 全十 得十 卿押 桐十

代字人芦万枝押十

永遠為業

二〇六

清光緒二十八年（一九〇二）順義縣門芸堂典地白契

（契約六〇）

立典地契文約人門芸堂，因手乏，無銀使用，今將祖遺地壹段，叁畝，坐落在楊二營村家西南，東西行隴，今托中人説合，情願典與西馬各莊王政名下耕種。言明典價垻平净銀松江叁拾叁兩整。其銀筆下交足，并不欠少。地典叁年，銀到回贖，地歸本主。此係兩家情願，各無返（反）悔。如有舛錯，有中保人壹面承管。恐後無憑，立字爲證。

中保人　方國安（押）

光緒二十八年十一月初一日

立典字人　門芸堂親筆

立典地契文約人門芸堂因手乏無銀使用今將祖遺地壹段叁畝坐落在楊二營村家西南東西行壠今托中人說合情愿典與　　西馬各庄王政名下耕種言明典價埧平淨銀松江叁拾叁兩整其銀筆下交足並不欠少地典叁年銀到回贖地歸本主此係兩家情愿各無返悔如有舛錯有中保人壹面承管恐後無憑立字為証

中保人方國安十

光緒二十八年十一月初一日立典字人門芸堂親筆

信行

清光緒二十八年（一九〇二）順義縣門芸堂門著堂典地白契

（契約六一）

立典地契文約人門芸堂、門著堂，因手乏，無銀使用，今將祖遺地壹段。陸畝，坐落本村西南，東西行隴。今托中人説合，情願典與西馬各莊王政名下耕種，言明典價垻平松江銀陸拾柒兩整。其銀筆下交足，并不欠少。地典叁年，銀到回贖，地歸本主。此係兩家情願，各無返（反）悔。如有舛錯，有中保人壹面承管。恐後無憑，立典字爲證。

光緒貳拾捌十一月初一日

中保人 方國安（押）

立典字人 門芸堂（押）

門著堂（押）

代字人 親筆

立典地契文約人門著芸堂因手乏無銀使用今將祖遺地
壹段陸畝坐落本村西南東西行壟今托中人説合情愿
典與　西馬各庄王政名下耕種言明典價平松
江銀陸拾柒兩整其銀筆下交足並不欠少地典叁年銀
到回贖地歸本主此係兩家情愿各無返悔如有舛錯有
中保人壹面承管恐後無憑立典字為証

中保人方國安十

光緒貳拾捌年十一月初一日立典字人門著堂十
門芸堂（押）

代字人親筆

信行

二〇八

清光緒二十八年（一九〇二）順義縣張樹屏賣糧地官契

（契約一四三）

立賣糧地契文約人張樹屏，……今將祖遺糧地壹段，坐落在本村正北，計地叁幅叁拾柒畝，東西行隴。……今托中人説，情願賣與王懷名下永遠爲業。言明寔賣價……壹百壹拾壹兩。其銀筆下交清不欠。自賣之後，任憑買主自便，……相干。此係兩家均願，各無恢（反）悔。如有恢（反）悔，……永遠爲證。

計開四至：東至墝（壕），西□□，南至吕姓，北至壕。

中保説合人 張香林（押）

立賣字人 張樹屏（押）

光緒二十捌年十月十五日

代字人 王重三（憑）

立賣粮地契文約人張
今因 祖
地壹段坐落在本村
正北計地叁幅叁指柒畝東西
託中人説情愿賣與王懷名下
永遠為業言明寔賣價
壹佰壹兩其銀筆下交清不
自賣之後任憑買主自
于此係兩家均愿各無反悔
知有反
遠為証

計開四至　東至墳　南至呂姓　北至地

光緒二十捌年十月十五日　立賣字人張樹屏　押

見中人張香林　押

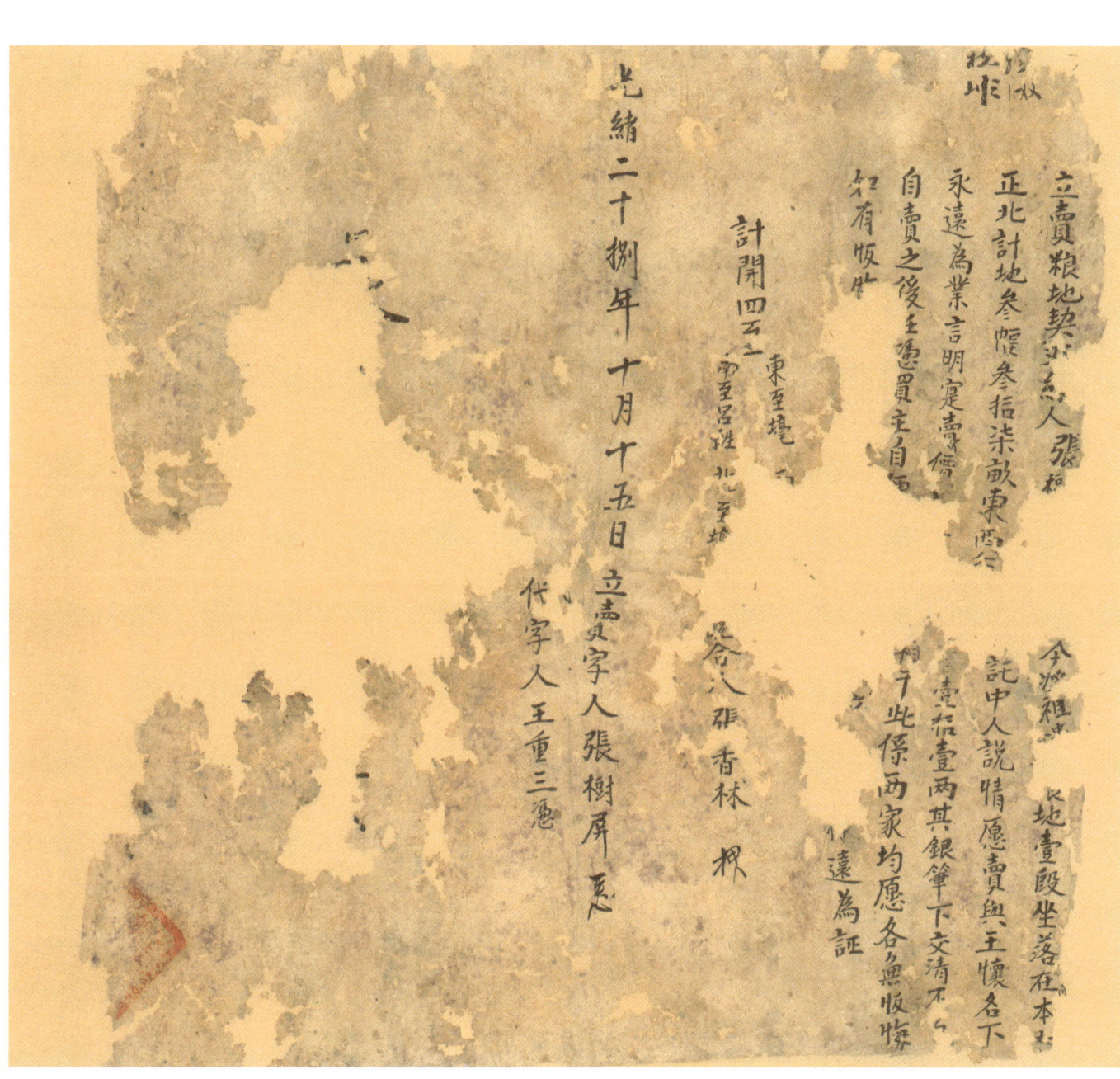

代字人王重三　押

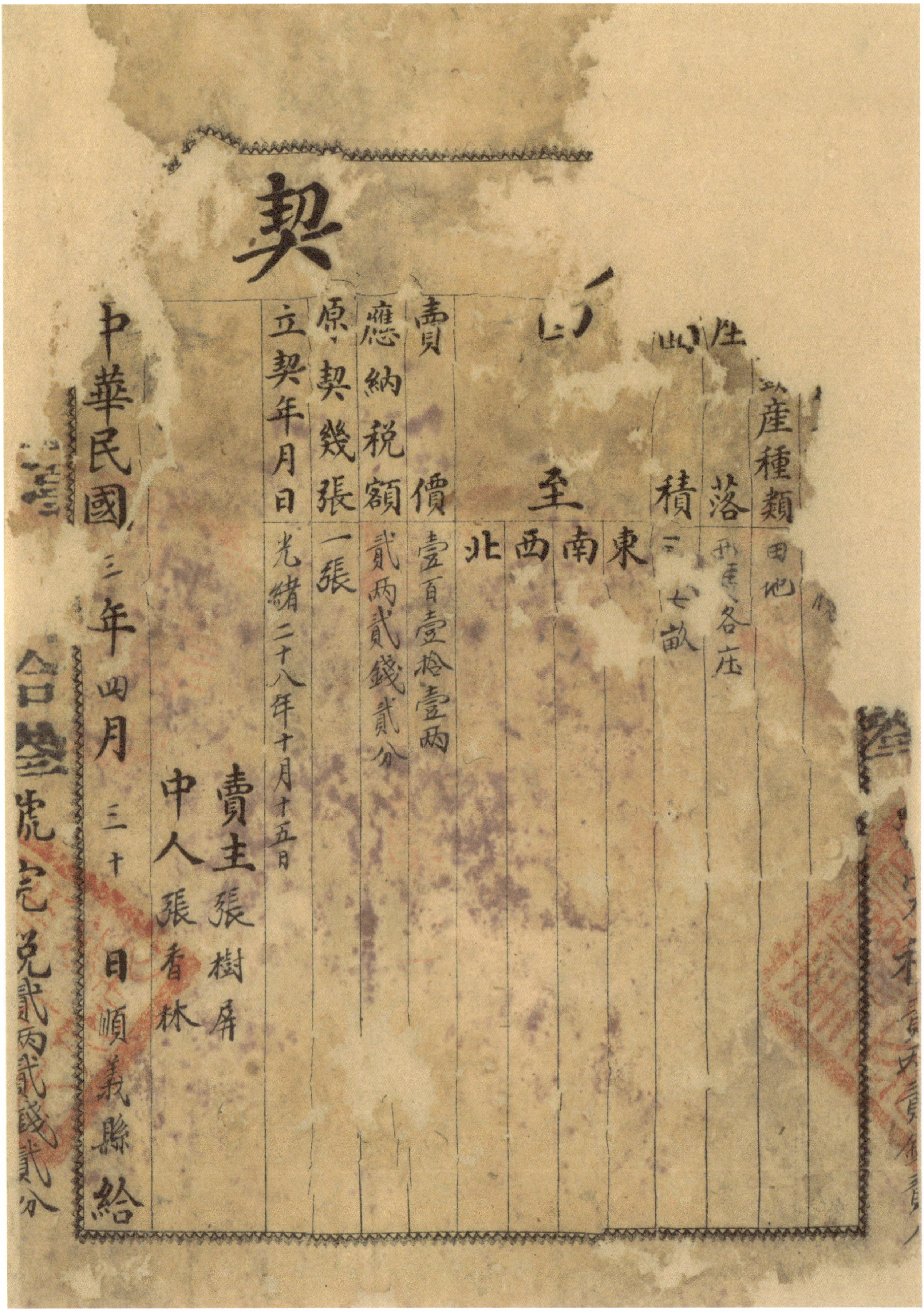

契 紙

產種類 田地
坐落 西[illegible]各庄
面積 三(十)七畝
東
南
西
北
至
賣價 壹百壹拾壹兩
應納稅額 貳兩貳錢貳分
原契幾張 一張
立契年月日 光緒二十八年十月十五日
賣主 張樹屏
中人 張香林
中華民國三年四月三十日 順義縣 給

合[illegible]號完兌貳兩貳錢貳分

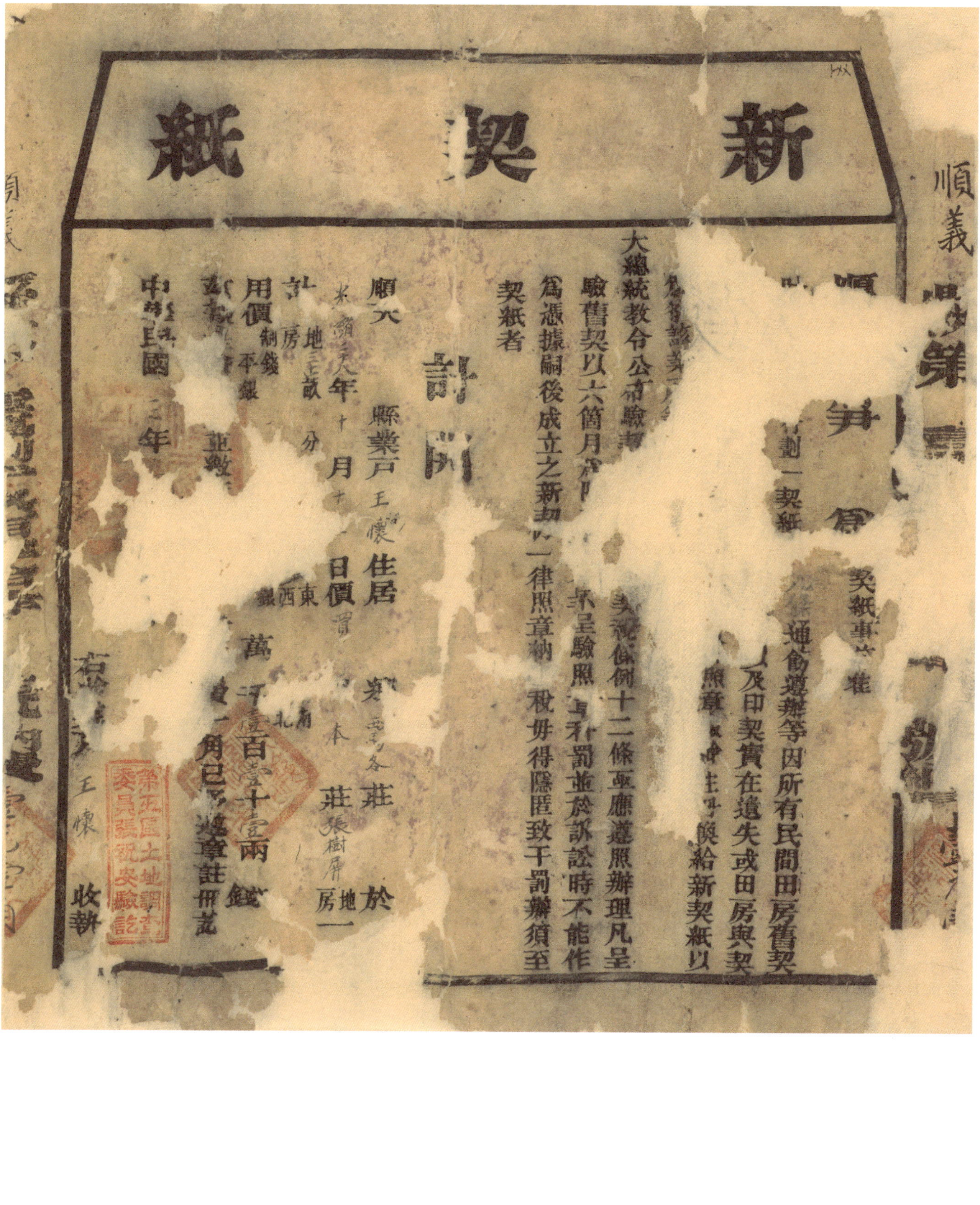
新契紙

順[illegible]
[illegible]劃一契紙[illegible]
契紙事宜[illegible]
[illegible]通飭遵辦等因所有民間田房舊契
及印契實在遺失或田房典契
照章[illegible]與給新契紙以
大總統教令公布驗[illegible]
驗舊契以六箇月為限[illegible]
契稅條例十二條亟應遵照辦理凡呈
不呈驗照[illegible]科罰並於訴訟時不能作
為憑據嗣後成立之新契以一律照章納稅毋得隱匿致干罰辦須至
契紙者

計開

順義縣業戶王懷佐居住[illegible]各莊 於[illegible]莊張樹屏房地一
[illegible]民國十八年十月十一日價買[illegible]本[illegible]
計房[illegible] 地三十畝[illegible]分 東[illegible]西[illegible]南[illegible]北[illegible]
用價銅錢[illegible]銀[illegible]萬[illegible]百壹十壹兩[illegible]錢
[illegible]並[illegible]一角已[illegible]遵章註冊訖
中華民國十八年[illegible]
[illegible]王懷 收執

第五區土地調查委員張祝安驗訖

二〇九

清光緒二十九年（一九〇三）順義縣張樹栴賣地官契

（契約一六二）

立賣地契文約人張樹栴，因手乏無錢，今將祖遺地壹段，貳拾玖畝陸分，座（坐）落在西馬各莊村西北，計三幅，南北畛，地名高麗營道。南、北至塋（壕），東至丁秀，西至崇德堂，四至分明，今托中人説合，情願將此地賣與西馬各莊王懷名下永遠爲業。言明賣價東錢壹仟壹佰吊整。其錢筆下交足不欠。自賣之後，任憑買主自便，不與賣（主）相干。此係兩家情願，各無怋（反）悔。如有舛錯，有中人與賣主承管。恐口無憑，立賣字爲證。

南北長貳佰四拾弓，北寬叁拾弓，南寬貳拾九弓式。

中保代字人　張永春（押）

立賣字人　張樹栴（押）

光緒二十九年四月十二日

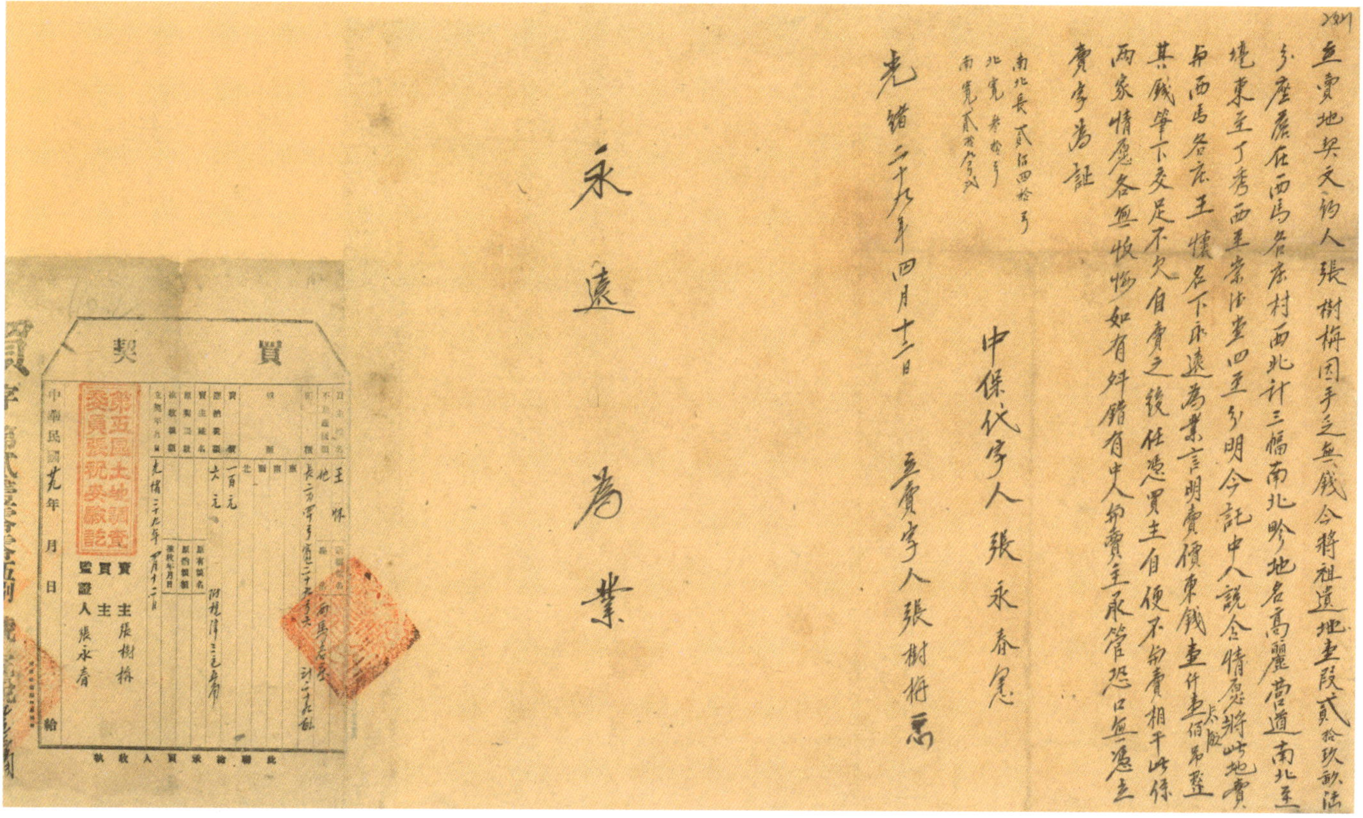

立賣地契文約人張樹梅因手乏無錢今將祖遺地壹段貳拾玖畝坐落在西馬各庄村西北計三幅南北畛地名高麗營道南北至道東至丁秀西至崇法四至分明今託中人説合情願將此地賣與西馬各庄王懷名下永遠為業言明賣價東錢壹仟壹佰吊整其錢筆下交足不欠自賣之後任憑買主自便不與賣相干此係兩家情願各無反悔如有舛錯有中人與賣主承管恐口無憑立賣字為証

南北長貳佰四拾弓
北寬叁拾弓
南寬[illegible]

光緒二十九年四月十二日

中保代字人張永春（押）

立賣字人張樹梅（押）

永遠為業

買契

第五區土地調查委員會稅契驗訖

賣主張樹梅
買主
監證人張永春

中華民國　年　月　日給

此聯給買主收執

2911

立賣地契文約人張樹梅因手乏無錢今將祖遺地壹段貳拾玖畝法
分座落在西馬各庄村西北計三幅南北畛地名高麗營道南北至
壕東至丁秀西至宗法壹四至分明今託中人說合情愿將此地賣
與西馬各庄王懷名下永遠為業言明賣價東錢壹仟壹佰吊整（大股）
其錢筆下交足不欠自賣之後任憑買主自便不與賣相干此係
兩家情愿各無反悔如有舛錯有中人與賣主承管恐口無憑立
賣字為証

南北長貳佰四拾弓
北寬叁拾弓
南寬貳拾叁弓

中保代字人張永春（押）

光緒二十九年四月十二日

立賣字人張樹梅（押）

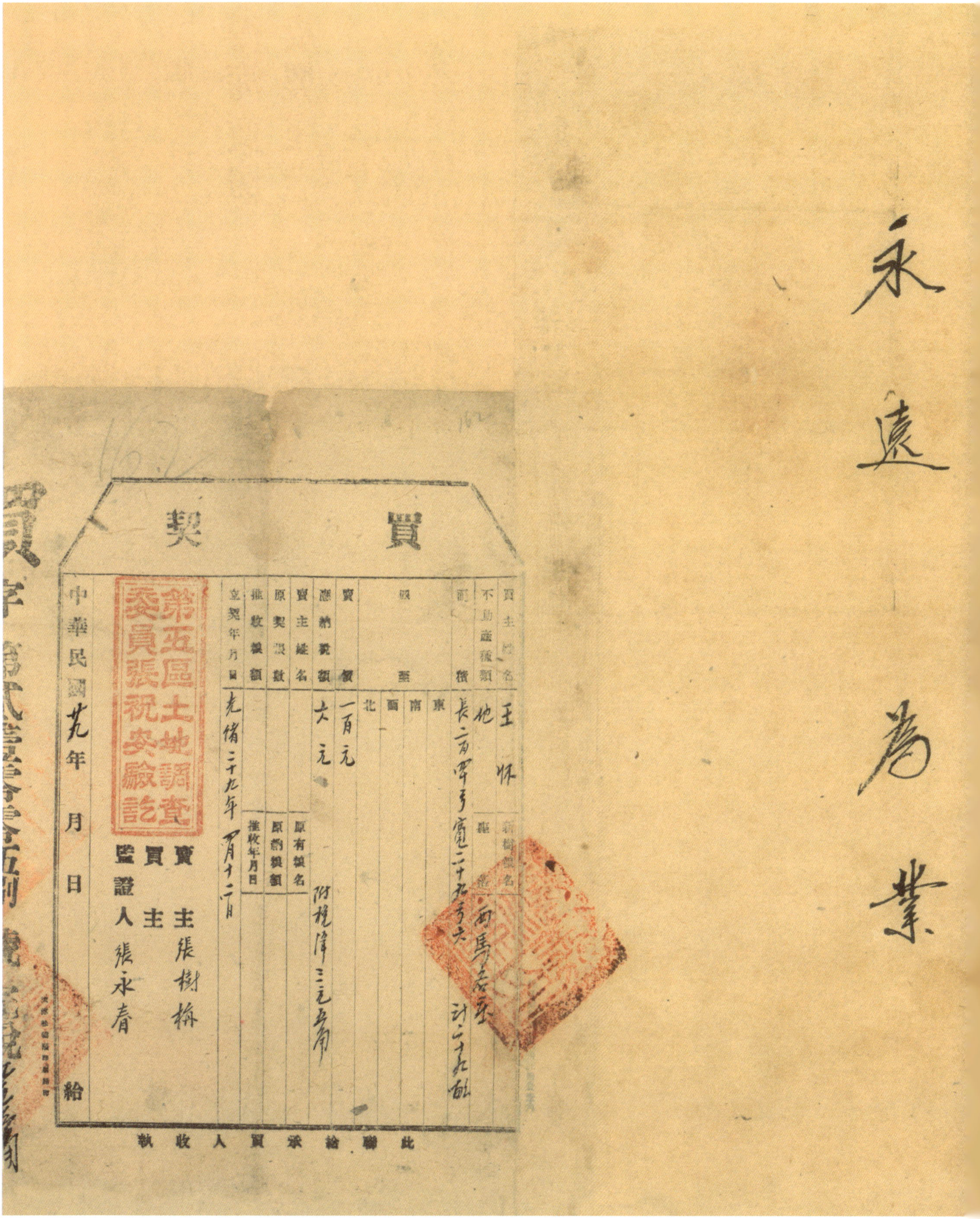

永遠爲業

買契

買主姓名	不動產種類	面積	坐落	四至	賣價	應納稅額	賣主姓名	原契張數	推收糧額	立契年月日
王怀	地	長二百零弓寬二十九弓六 計二十五畝	西馬各莊	東 南 西 北	一百元	六元				光緒二十九年四月十二日

原有糧名	原納糧額	推收年月日

附稅洋三元五角

第五區土地調查委員張祝安驗訖

賣主 張樹楠
買主
監證人 張永春

中華民國十七年 月 日 給

此聯給承買人收執

二一〇

清光緒二十九年（一九〇三）宛平縣于得海賣房房契官紙及契尾

（契約三三三）

寫契投税章程列後

一　律載置買田房不税契者，笞五十，仍追契内田宅價錢一半入官。又《户部則例》内載，凡置買田房不赴官納税、請粘契尾者，即行治罪，并追契價一半入官，仍令照例補納正税。凡民間買賣田房，自立契之日起，限一年内投税，逾限不税，發覺照律例責追。

一　民間嗣後買賣田房，必須用司印官紙寫契，違者作爲私契，官不爲據。此項官紙每張祇交紙價制錢五十文，向房牙買用，准該牙行按八成繳□價制錢四十文。

一　民間買賣田房契價務須從實填寫，不准暗減，希圖減税，違者由官查出，照契價收買入官，另行估變。

一　民間嗣後買賣田房，如不用司印官紙寫契，設遇舊業主親族人等告發，驗明原契年月□在新章以後，并非司印官紙，即將私契塗銷作廢，仍令改寫官紙并照例追契價一半入官。

一　民間嗣後買賣田房，其契價作爲百分納税三分三厘。譬如契價庫平足銀一百兩，完税三分三厘，即庫平足銀三兩三錢。契價制錢一百吊，完税三分三厘，即制錢三吊三百文。税銀按數交清，總以粘有布政司大印之契尾，用本管州縣騎縫印爲憑。此項契尾每張制錢二百五十文，否則係經手人愚弄，應即向經手人追問控究。

一　民間嗣後買賣田房，務須令牙紀於司印官契紙内簽名，牙紀行用與中人、代筆等費，准按契價給百分中之五分，買者出三分，賣者出二分。係牙給説成者，准牙紀分用二分五，中人、代筆分用二分五；如係中人説成者，僅丈量立契，祇准牙紀分用一分。如牙紀人等多索，准民告發，查實嚴辦。

一　民間置買房地契後，牙紀蓋用戳記。准買賣兩家親友酌添數人，以免牙紀把持，而爲日後證據。

一　未定新章以前民間所存之白契，統限半年内盡數謄寫司印官紙投税。逾限不税，發覺照律例責追。

一　未定新章以前，民間所存近五年之小契（即未粘有本司大印契尾之契），統限一年内繳換司印官紙，從寬減半投税。逾限如不繳換，發覺照私契論。五年以前者免究。

以上九條買賣田房民間均當切實遵辦，如官吏、牙紀、書差人等於前定各數之外多方勒索，准民赴司控告。

一　官牙領出司印官紙，如遇民間買用，不准該牙勒□不發、例外多索，犯者審實照多索之數加百倍罰令牙紀交出充公，免予治罪，仍予斥革；如罰款不清，暫行監禁。

一　牙紀於更定新章以後，見有新立之私契因貪使用錢不即告官者，别經發覺，并照所得用錢數目加二十倍照官牙第一條罰辦。

一　牙紀遇民間寫契暗減契價者，准稟官究辦。如牙紀扶同舞弊，一經查出，并照所減之契價照官牙第一條罰辦。

一　嗣後遇有民間用司印官紙寫契後責成牙紀將存根填好截下，按月同紙價呈送本管州縣分别存轉。

一　嗣後凡遇契價與存根不符及契紙已用而存根不繳者，即係牙紀主使漏税，應將牙紀斥革，仍予監禁十年。

一　置買田房，牙紀與賣主及鄰佑、里書知之最悉。如未定新章以前之白契、小契，限滿買主仍未補税，准牙紀與賣主及鄰佑、里書告發，查實於罰款内提五成充賞。

一　牙紀與賣主及鄰佑、里書人等如果挾[嫌]誣告及吏役因緣舞弊滋擾者，一經查實，除照例枷責外，并予永遠監禁。

以上七條牙紀人等均當切實遵辦。

立賣房契人于得海，今因手乏，將住房一所，坐落平樂園北糖房胡同，坐北向南，街門一合，統計共房九間，門窗户壁俱全，上下土木相連，憑中人張福慶説合，情願賣與劉華舫名下永遠爲業。言明賣價京平松銀一百五兩正。其銀筆下交清，并不欠少。自賣之後，如有重契、盜典、盜買以及指房借貸官銀私債暨遠近親族人等争競等情，俱有中人一面承管。恐口無憑，立賣房契，永執爲據。

隨交上手纍落紅契五張。

中人　張福慶

立賣字人　于得海

光緒二十九年正月十八日

叁

房契官紙

立賣房契人王得海今因手乏將住房一所坐落平樂園北糖房胡同路北坐北向南街門一合院內東西廂房
開南至 開西至 開北至 開東至 南鄰 西鄰 北鄰 鄰 統計共房六六
九間棚六六間門窗戶壁俱全上下土木相連憑中人牙紀張福慶說合情願賣與
劉華舫名下永遠為業言明賣價京平松江銀一百五兩正其銀筆下交清並不欠少自賣之後如有重契盜典
盜買以及指房借貸官銀私債與遠近親族人等爭競等情俱有中人一面承管恐口無憑立賣房契永遠為據
隨交上手紅契五張白字 張

中人牙紀 張福慶

寫契投稅章程列後

一 律載置買田房不稅契者笞五十仍追契內田宅價錢一半入官又戶部則例內載凡置買田房不赴官納稅請粘契尾者即行治罪並追契價一半入官仍令照例補納正稅凡民間買賣田房自立契之日起限一年內投稅逾限不稅發覺照律例責追

一 民間嗣後買賣田房必須用司印官紙寫契違者作為私契官不為據此項官紙每張賣交紙價制錢五十文向房牙買用准該牙行按八成繳官價制錢四十文

一 民間買賣田房契價務須從實填寫不准瞞減希圖減稅違者由官查出照契價收買入官另行估變

一 民間嗣後買賣田房如不用司印官紙寫契設遇舊業主親族人等告發驗明原契年月係在新章以後並非司印官紙即將私契塗銷作廢仍令改寫官紙並照例追契價一半入官

一 民間嗣後買賣田房其契價作為百分納稅三分三釐如契價庫平足銀一百兩完稅三分三釐即庫平足銀三兩三錢契價制錢一百吊完稅三分三釐即制錢三吊三百文稅銀按數交清總以繳存布政司大庫之契尾用本管州縣騎縫印為憑此項契尾每張制錢二百五十文否則係經手人愚弄應即向經手人追償並究

一 民間嗣後買賣田房務須令牙紀於司印官契紙內簽名牙紀行用與中人代筆等費准按契價給百分之五分買者出三分賣者出二分係牙紀說成者准牙紀分用二分五中人代筆分用二分五如係中人說成者僅丈量立契祗准牙紀分用一分如牙紀人等多索准民告發查實嚴辦

一 民間置買房地契後牙紀蓋用戳記准買賣兩家親友酌添數人以免牙紀把持而為日後證據

一 未定新章以前民間所存之白契統限半年內盡數齎赴司印官紙投稅逾限不稅發覺照律例責追

一 未定新章以前民間所存近五年之小契即未粘大契尾之契本司統限一年內繳換司印官紙從寬減半投稅逾限如不繳換發覺照私契論五年以前者免究

以上九條買賣田房民間均當切實遵辦如官吏牙紀書差人等於前定各數外多方勒索准民赴司控告

一 官牙領出司印官紙遇民間買用不准該牙紀勒措不發倘外多索犯者審實照多索之數加百倍罰令牙紀交出充公免予治罪仍予斥革如罰款不清暫行監禁

一 牙紀於更定新章以後見有新立之私契因貪使用錢不即告官者別經發覺並照所得用錢數目加二十倍照官牙第一條罰辦

一 牙紀遇民間寫契暗減契價者准稟官究辦如牙紀扶同舞弊一經查出並照所減之契價照官牙第一條罰辦

一 嗣後遇有民間用司印官紙寫契後責成牙紀將存根填好截下按月同紙價呈送本管州縣分別存轉

一 嗣後如遇契價與存根不符及契紙已用而存根不繳者即係牙紀主使漏稅應將牙紀斥革仍予監禁十年

一 備買田房牙紀與賣主及隣佑里書知之最悉如未定新章以前之白契小契限滿買主仍未補稅准牙紀

一 與賣主及隣佑里書告發查實於罰款內提五成充賞

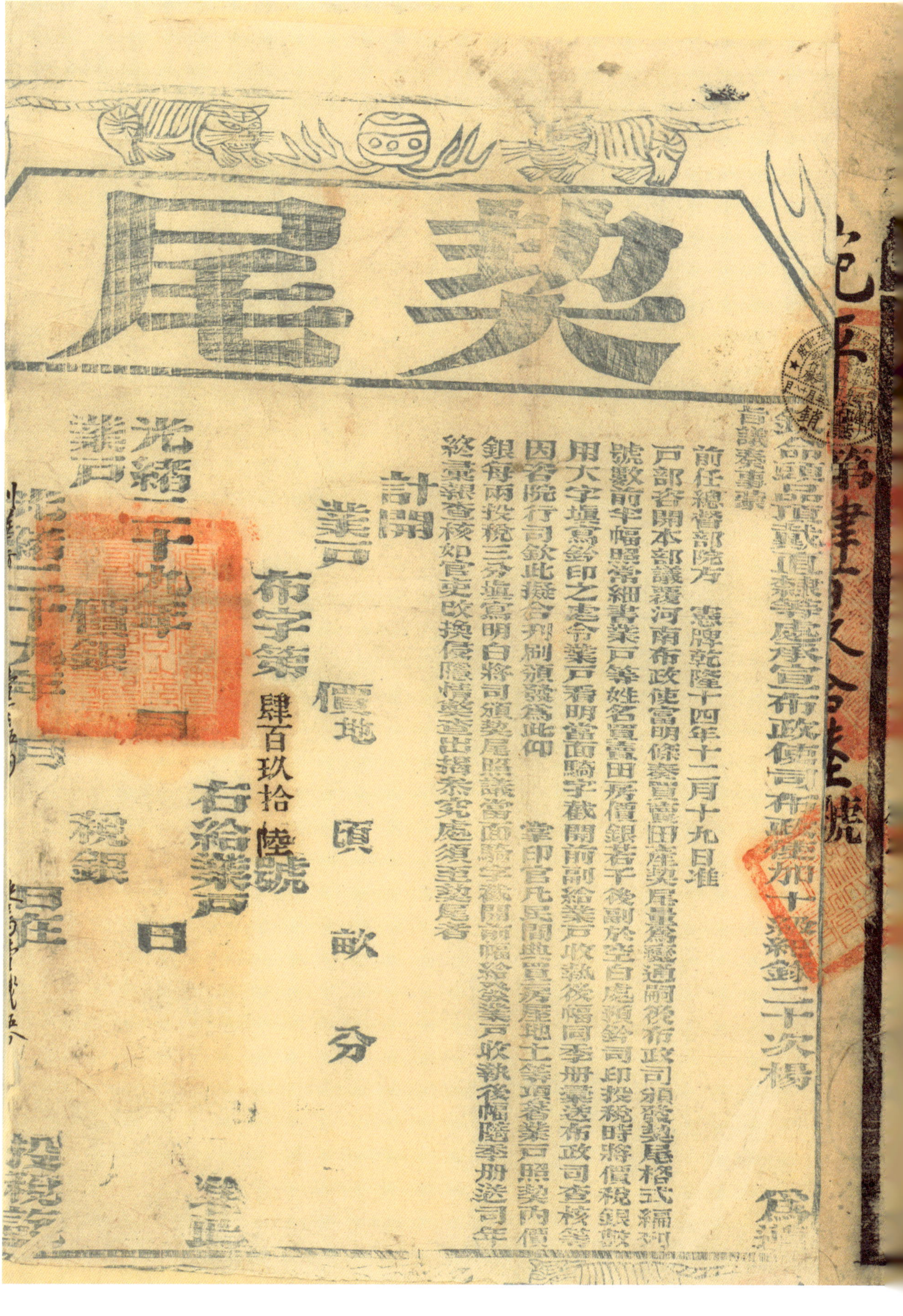

契尾

[illegible]字第[illegible]號

欽命頭品頂戴直隸等處承宣布政使司布政使加十級紀錄二十次楊　為遵
旨議奏事案奉
前任總督部院方　憲牌乾隆十四年十二月十九日准
戶部咨開本部議覆河南布政使富明條奏買賣田產契尾嗣後布政司頒發契尾格式編列
號數前半幅照常細書業戶等姓名買賣田房價銀若干後副於空白處預鈐司印投稅時將價稅銀數
用大字填寫鈐印之處令業戶看明當面騎字截開前副給業戶收執後幅同季冊彙送布政司查核等
因咨院行司欽此擬合刊刷頒發為此仰　　掌印官凡民間典買房屋地土等項著業戶照契內價
銀每兩投稅三分填寫明白將司頒契尾照議當面騎字截開前幅給發業戶收執後幅隨季冊送司年
終彙繳查核如官吏改換侵隱情弊查出揭參究處須至契尾者

計開

業戶

布字第肆百玖拾陸號

價　地　頃　畝　分

右給業戶　准此

光緒二十九年　月　日

業戶　價銀　稅銀

光緒二十九年[illegible]日任

投稅[illegible]

二一一

清光緒二十九年（一九〇三）馮連喜推讓房屋及傢具白契

（契約三四一）

立推讓字人馮連喜，今將祖遺得浴澡堂灰房八間隨同屋裏傢具等項一并推讓本族人馮連海、馮連元二人承做，所有欠内欠外一切賬目均已算清。自立字後，得浴澡堂日漸生意發達及其賠纍善惡，均不與立推讓字人相干。所有本號賬簿，當面均已説清。恐口無憑，立字爲證。

立推讓字人　馮連喜（押）

中保人　郝文明（押）

王　奎（押）

大清光緒二十九年十二月初一日

立推讓字人馮連喜今將祖遺得浴澡堂一所房八間隨同屋裡傢俱等項一並推讓本族人馮連海馮連元二人承做所有欠內欠外一切賬目均已算清自立字後得浴澡堂日漸生意發達及其賠累善惡均不與立推讓字人相干所有本號賬簿當面均已說清恐口無憑立字為證

立推讓字人馮連喜十

中保人郝文明押

王奎十

大清光緒二十九年十二月初一日

二一二

清光緒三十年（一九〇四）梁殿綸梁殿弼分居執照

（契約七六）

立分居執照人梁殿弼、梁殿綸，茲因住宅窄狹不便夥居，謹遵母命邀同族長親友將祖遺房屋器具、生意地畝，先與老人撥養老地貳拾肆畝，兄弟二人共做，每人每年作麥子壹石、穀米伍斗，每人每年撥養老銀壹佰兩，下餘按二股均分，長門分到地柒拾餘畝，西頭空地基壹所，東頭路北空基壹所。帶蓋房銀貳仟兩；次門分到地柒拾餘畝，現住之舊院壹所，東頭路南場基壹所，至於城内與關東之生意，亦按二股均分，詳附於後。老人百年後花費等項，先用養老餘資，如有不足，亦按二股均攤。至後各守各業，永無返（反）悔。恐口無憑，立分居執照爲證。

中人
籍蘭臺（押）
梁殿榮（押）
梁殿楨（押）
梁殿傑（押）
梁殿邦（押）

光緒三十年正月立

殿弼分到

廣義和入本錢伍千吊，作股五厘，公存錢叁千吊；復裕永入本錢壹萬吊，作股壹分，公存錢弍萬吊；復裕合入本錢叁千吊，作股叁厘，公存錢三佰吊；裕泰福入錢壹萬吊，作股壹分弍厘半，公存錢弍千吊；廣泰福入本錢五千吊，作股五厘，公存錢弍千吊；裕泰興入本錢弍千五佰吊，作股伍厘；裕泰永入本錢弍千壹佰吊，作股叁厘半；參園入本錢伍佰吊；江船入本錢伍佰吊；瑞豐恒入本銀陸佰兩，作股半分；裕成源入本錢陸佰吊，作股半分。

鹽房道地四畝五分二厘五毛；營道渠南地七畝六分三厘七毛；李家墳西地五畝七分；安家墳東地六畝七分七厘三毛三係；聖賢廟前地三畝四分四厘五毛；張家墳地六畝。共契地三十三畝八分八厘三係。村西地四畝壹分；王答道沙澗地九畝三分；村南李家地三畝八分；三十耙地五畝五分；常莊道地五畝；村西堿壇地十一畝三分七厘五毛；沙澗地河租二斗二升五合。共典地三十九畝七厘五毛。通共地七十二畝九分五厘五毛三係。

西頭空地基壹處，帶東邊小院壹處。東頭路北空基壹處，以趙家堡借貸銀貳仟兩作爲蓋房銀，鳳凰城房股□厘，轅騾壹頭，小驢壹頭。

殿綸分到

廣義和入本錢五千吊，作股五厘，公存錢叁千吊；復裕永入本錢壹萬吊，作股壹分，公存錢弍萬吊；復裕合入本錢叁千吊，作股叁厘，公存錢叁佰吊。裕泰福入本錢壹萬吊，作股壹分弍厘半，公存錢弍千吊；廣泰福入本錢伍千吊，作股伍厘，公存錢弍千吊；裕泰興入本錢弍千伍佰吊，作股弍厘半；裕泰永入本錢弍千壹佰吊，作股叁厘半；參園入本錢伍佰吊；江船入本錢伍佰吊。瑞豐恒入本銀陸百兩，作股半分；裕成源入本錢六佰吊，作股半分。

鹽房道地四畝五分二厘五毛；營道渠南地七畝六分三厘七毛；王答道地二畝九分四厘；武家莊道地五畝；大北渠北地四畝二分一厘三毛；沙澗墳地七畝三分，武家莊道地伍畝；冀家墳地五畝六分；武家莊道地四畝三分；王道答道橫畛地二畝九分三厘三毛。共契地四十六畝五分一厘五毛。寺東地三畝七分；小渠南地四畝五分；村西城壇地十五畝；沙澗地河租二斗二升五合。共典地二十六畝一分三厘三毛。通共地七十二畝六分四厘八毛。

現住之舊院壹處，東頭路南場基壹处，鳳凰城房股□厘，稍騾壹頭，老驢壹頭。

養老地南縣道地七畝九分一厘七毛；新渠東地十二畝；沙澗墳地四畝三分。

立分居執照人梁殿綸弼兹因住宅窄狹不便夥居謹遵母命邀同族長親友將
祖遺房屋器具生意地畝先與老人撥養老地貳拾肆畝兄弟二人共做每人每年作麥子壹石
穀米伍斗每人每年撥養老銀壹佰兩下餘按二股均分長門分到地柒拾餘畝西頭空地基
壹所東頭路北空基壹所帶蓋房銀貳仟兩次門分到地柒拾餘畝現住之舊院壹所東頭
路南塲基壹所至於城内與関東之生意亦按二股均分詳附於後老人百年後花費等
項先用養老餘資如有不足亦按二股均攤至後各守各業永無返悔恐口無憑立分
居執照為証

光緒三十年正月　立

東萼[illegible]單
中人
籍蘭臺十
梁殿榮十
梁殿楨十
梁殿傑十
梁殿邦十

殿弼分到
廣義和入本錢伍千吊作股五厘公存か叁千吊
復裕永入本錢壹萬吊作股壹分公存か叁萬吊
復裕合入本錢叁千吊作股叁厘公存か三佰吊
裕泰福入錢壹萬吊作股壹分弍厘半公存か弍千吊
廣泰福入本錢五千吊作股五厘公存か弍千吊
裕泰興入本錢弍千五佰吊作股伍厘半
裕泰永入本錢弍千壹佰吊作股叁厘半
參園入本錢伍佰吊
江船入本錢伍佰吊
瑞豐恆入本銀陸佰兩作股半分
裕成源入本錢陸佰吊作股半分

鹽房道地四畝五分二厘五毛
營道渠南地七畝六分三厘七毛
李家坟西地五畝七分
安家坟東地六畝七分七厘三毛三系
聖賢廟前地三畝四分四厘五毛
張家坟地六畝
共契地[illegible]
村西地四畝壹分
王答道沙澗地九畝三分
村南李家地三畝八分
三十耙地五畝五分
常庄道地五畝
村西城壇地十一畝三分七厘五毛
沙澗地河租二斗二升五合
共典地[illegible]
通共地[illegible]

西頭空地基壹處帶東邊小院壹處東頭路北空基壹處以趙家堡借貸銀貳仟兩作為蓋房銀
鳳凰城房股[illegible]厘
轅騾壹頭
小驢壹頭
養老地
南縣道地七畝九分一厘七毛
新渠東地十二畝
沙澗坟地四畝三分

殿綸分到
廣義和入本錢伍千吊作股五厘公存か叁千吊
復裕永入本錢壹萬吊作股壹分公存か弍萬吊
復裕合入本錢叁千吊作股叁厘公存か叁佰吊
裕泰福入本錢壹萬吊作股壹分弍厘半公存か弍千吊
廣泰福入本錢伍千吊作股伍厘公存か弍千吊
裕泰興入本錢弍千伍佰吊作股弍厘半
裕泰永入本錢弍千壹佰吊作股叁厘半
參園入本錢伍佰吊
江船入本錢伍佰吊
瑞豐恆入本銀陸佰兩作股半分
裕成源入本錢六佰吊作股半分

鹽房道地四畝五分二厘五毛
營道渠南地七畝六分三厘七毛
王答道地二畝九分四厘
武家庄道地五畝
大北渠北地四畝二分一厘三毛
沙澗坟地七畝三分
武家庄道地伍畝
萬家坟地五畝六分
武家庄道地四畝三分
王蓮答道横畛地二畝九分三厘三毛
共契地[illegible]
寺東地三畝七分
小渠南地四畝五分
村西城壇地十五畝
沙澗地河租二斗二升五合
共典地[illegible]
通共地[illegible]

現住之舊院壹處東頭路南塲基壹處
鳳凰城房股[illegible]厘
稍騾壹頭
老驢壹頭

立分居執照人梁殿綸、弼，茲因住宅窄狹，不便夥居，謹遵　母命，邀同族長親友，將　祖遺房屋、器具、生意、地畝，先與老人撥養老地貳拾肆畝，每人每年撥養老（兄弟二人共繳，每人每年作麥子壹石、穀米伍斗）銀壹佰兩，麥子壹石，穀米伍斗，下餘按二股均分。長門分到地柒拾餘畝，西頭空地基壹所，東頭路北空基壹所，帶蓋房銀貳仟兩；次門分到地柒拾餘畝，現住之舊院壹所，東頭路南場基壹所，至於城內與關東之生意，亦按二股均分，詳附於後。老人百年後，花費等項先用養老餘資，如有不足，亦按二股均攤。至後各守各業，永無返悔。恐口無憑，立分居執照為証。

中人　籍蘭臺、家長梁殿楨、梁殿榮、梁殿傑、梁殿邦

光緒三十年正月　立

殿弼分到

廣義和入本錢伍千吊，作股伍厘
復裕永入本錢壹萬吊，作股壹分
復裕合入本錢叁千吊，作股叁厘
裕泰福入本錢壹萬吊，作股壹分
廣泰福入本錢伍千吊，作股伍厘
裕泰興入本錢貳千五佰吊，作股貳厘半
裕泰永入本錢貳千壹佰吊，作股叁厘半
參園入本錢伍佰吊
江船入本錢伍佰吊
瑞豐恒入本銀陸佰兩，作股半分
裕成源入本錢陸佰吊，作股半分

鹽房道地四畝五分貳厘五毛
營道渠南地七畝六分三厘七毛
李家坟西地伍畝伍分
安家坟東地六畝七分七厘三毛三系
聖賢廟前地三畝四分四厘五毛
張家坟地六畝
共契地卌畝〇〇〇
村西地四畝壹分
王[?]道沙淌地九畝三分
村南李家地三畝八分
三十耙地五畝五分
常庄道地五畝
村西城壇地十一畝三分七厘五毛
沙淌地河租二斗二升五合
共典地〇〇〇　通共地〇〇〇

西頭空地基壹所
帶東边小院壹處
~~帶蓋房銀叁千吊~~
東頭路北空基壹所
~~帶銀貳佰吊共[illegible]~~
以趙家堡借貸銀貳千兩相頂作為蓋房銀
轆騾壹頭
小驢壹頭
鳳凰城房股〇〇厘

養老地
南甚道地七畝九分一厘七毛
新渠東地十二畝
沙淌坟地四畝三分

殿綸分到

廣義和入本錢伍千吊，作股伍厘
復裕永入本錢壹萬吊，作股壹分
復裕合入本錢叁千吊，作股叁厘
裕泰福入本錢壹萬吊，作股壹分
廣泰福入本錢伍千吊，作股伍厘
裕泰興入本錢貳千伍佰吊，作股二厘半
裕泰永入本錢貳千壹佰吊，作股三厘半
參園入本錢伍佰吊
江船入本錢伍佰吊
瑞豐恒入本銀六佰兩，作股半分
裕成源入本錢六佰吊，作股半分

鹽房道地四畝五分二厘五毛
營道渠南地七畝六分三厘七毛
王[?]道地二畝九分四厘
武家庄道地五畝
大北渠北地四畝二分一厘三毛
沙淌坟地七畝三分
武家庄道地伍畝
萬家坟地五畝六分
武家庄道地四畝三分
王[?]道横畛地二畝九分三厘三毛
共契地〇〇〇
寺東地三畝七分
小渠南地四畝五分
村西城壇地十五畝
沙淌地河租二斗二升五合
共典地〇〇〇　通共地〇〇〇

現住舊院壹處
東頭路南場基壹所
稍騾壹頭
老驢壹頭
鳳凰城房股〇〇厘

二一三

清光緒三十年（一九〇四）順義縣張占鰲賣地白契

（契約二三九）

立賣地契文約人張占鰲，因手乏，今將受分祖遺民糧地壹段叁幅，叁拾八畝整，坐落在張喜莊村南，東西畛，東至壕，西至壕，南吕姓，北至至頂頭地，四至分明，今托中人説合，情願將此地賣與西馬各莊村王政名下永遠爲業。言明賣價東錢四阡（仟）捌百吊整。其錢筆下交足不欠。自賣以後，任憑買主自便，不與賣主相干。此係兩家情願，各無㤆（反）悔。如有㤆（反）悔與親族人等争論等情，有賣主與中人承管。恐後無憑，立賣字存照。

隨三十四畝執照壹張，底紙受分口，不能隨代（帶）。又隨代（帶）八畝半白紙……

中保代字人　張樹栴（押）

立賣字人　張占鰲（押）

光緒三十年十二月二十三日

立賣地契文約人張占鰲因□之今將受分祖遺民粮地壹段叁幅
叁拾八畝整坐落在張喜庄村□東西畛東至濠西至濠南呂姓北
至至頂頭地四至分明今託中人說合情愿將此地賣與西馬各庄
村王政名下永遠為業言明賣價東錢四阡捌百吊整其錢
筆下交足，並無欠自賣以後任憑買主自便不與賣主相干此係
兩家情愿各無反悔如有□與親族人等爭論等情有賣主
與中人承管恐後無憑立賣字存照
隨三十四畝執照壹張庄所受分□
不能隨代又隨代八畝半白帋

中保代字人張樹梅（押）

光緒三十年十二月二十三日立賣字人張占鰲十

永遠□業

二一四

清光緒三十年（一九〇四）李震過繼字據

（契約二八八）

立字人李震，因家下次子情願將子過繼與秦德禄名下爲嗣承。恐以後若有親族恢（反）悔，俱有説事人并立字人一面承管。恐口無憑，立字爲證。

光緒三十年八月二十四日　立

立字人　秦德禄（押）
説合人　梁德旺（押）
　　　　李　震（押）
代筆人　劉　德（押）

立字人李震因家下次子情愿将子過繼與秦德禄名下為嗣
承恐以後若有親族扳悔俱有說事人並立字人一面承管恐
口無憑立字為証

光緒三十年八月二十四日 立

立字人秦德禄 十
說合人梁德旺 十
李震 十
代筆人劉德

二一五

清光緒三十年（一九〇四）大興縣奎平投税官契

（契約二五三）

立投税契人厢（鑲）黄旗滿洲清安佐領下養育兵奎平，有故父欽天監筆帖式喜岫置得趙姓地三十一畝，座（坐）落在安定門外大黄莊地方，東至荒街，西至本地，南至本地，北至韓姓地邊，四（至）趾分明。置價銀柒拾兩整。因光緒二十六年兵燹，將契紙失落，相應聲明赴翼補税，請領執照，以憑守業可也。

光緒三十年

立納税人　奎平

執照

欽差戶部[illegible]鑲黃旗滿洲清安佐領下養育兵奎平有故父喜岫買得趙姓名下地叁拾壹畝坐落安定門外大黃庄地方

價銀柒拾兩

光緒叁拾年肆月

納税銀貳兩壹錢

立契人奎平

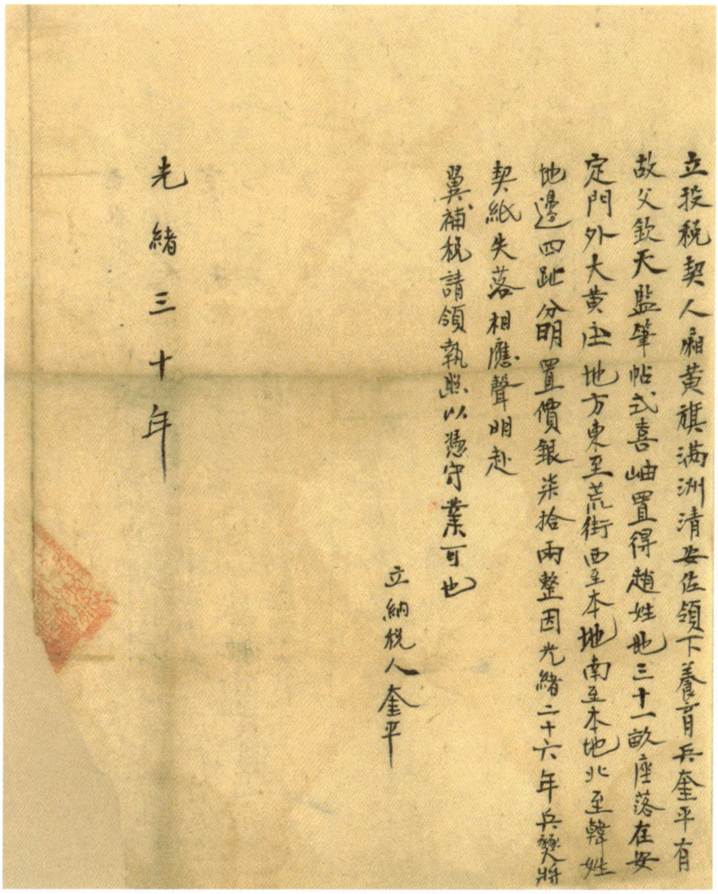

立投税契人廂黃旗滿洲清安佐領下養育兵奎平有故父欽天監筆帖式喜岫置得趙姓地三十一畝座落在安定門外大黃庄地方東至荒街西至本地南至本地北至韓姓地邊四趾分明置價銀柒拾兩整因光緒二十六年兵燹將契紙失落相應聲明赴翼補税請領執照以憑守業可也

立納税人奎平

光緒三十年

立投税契人廂黄旗滿洲清安佐領下養育兵奎平有
故父欽天監筆帖式喜岫置得趙姓地三十一畝座落在安
定門外大黄庄地方東至荒街西至本地南至本地北至韓姓
地邊四趾分明置價銀柒拾兩整因光緒二十六年兵燹將
契紙失落相應聲明赴
翼補税請領執照以憑守業可也

立納税人奎平

光緒三十年

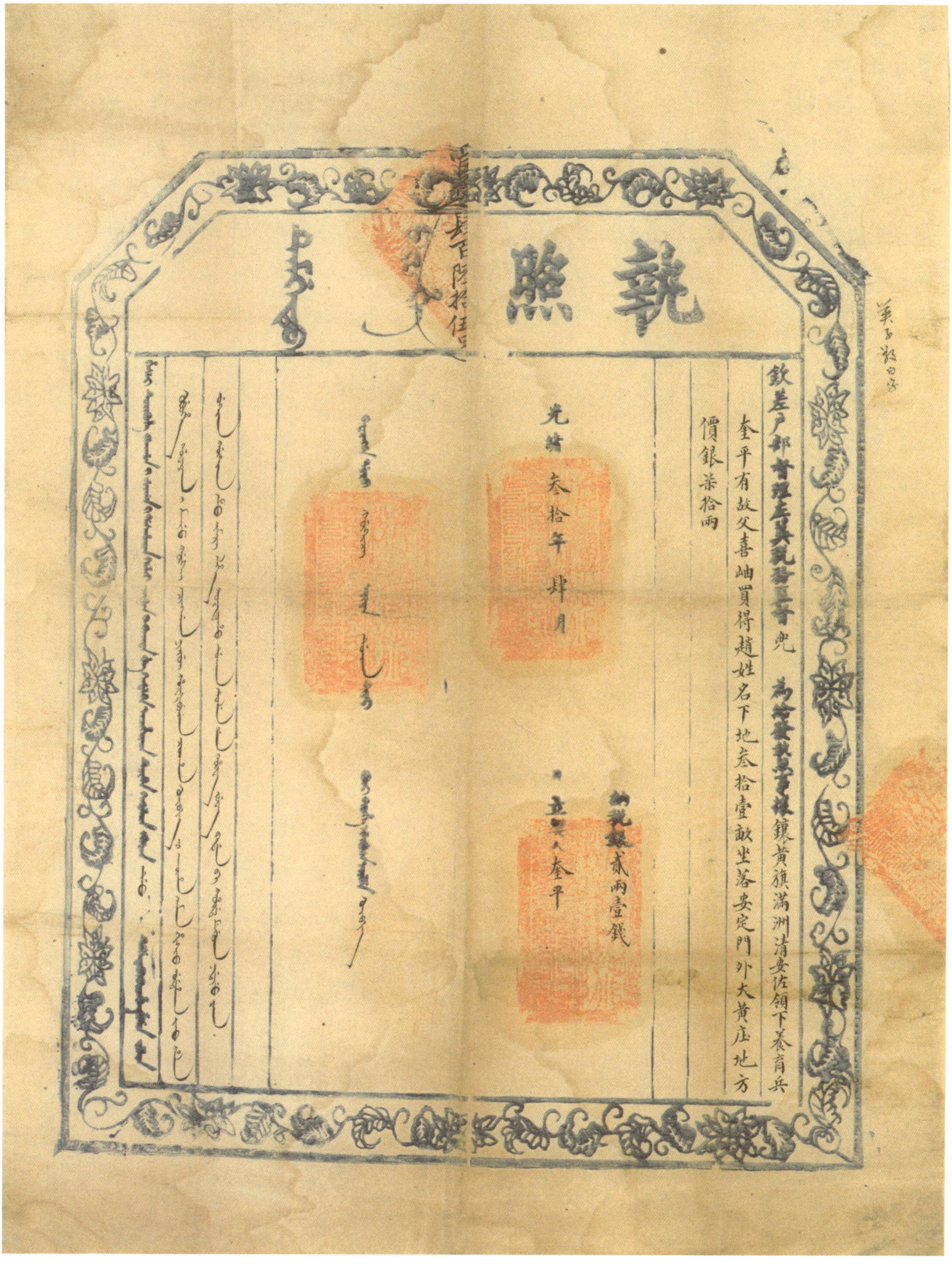

執照

欽差戶部管理左翼稅務監督兜　為給發執照事鑲黃旗滿洲清安佐領下養育兵
奎平有故父喜岫買得趙姓名下地叁拾壹畝坐落安定門外大黃庄地方
價銀柒拾兩

光緒叁拾年肆月

立契人奎平
納稅銀貳兩壹錢

二一六

清光緒三十年（一九〇四）順義縣史秉衡典民糧地白契

（契約二〇九）

立典民糧地文約人史秉衡，因無錢使用，今將受分民地壹段，貳拾畝，坐落在東馬各莊村東南，地南北行隴，地名壹頃柒，南、北至墱（壕），東、西至典主，四至分明，親托中人説合，情願典與胞弟史秉文名下承種。言明典價東錢壹阡（仟）吊整。其錢筆下足交不欠。自典之後，不拘年限，錢到回贖。此係兩家情願，均無恢（反）悔。如有返悔者，有中保承管。恐口無憑，立典字存照。

中保説合人 史君勤（押）
史治全（押）

光緒叁拾年十二月廿八日

立典□文約人 史秉衡親筆（押）

立典民粮地文約人史秉衡，因乏錢使用，今將受分民地壹段貳拾畝，坐落在東馬各莊村東南地，南北行壟，地名壹頃柒，南北至墙，東西至典主，四至分明。親託中人說合，情愿典與胞弟史秉文名下承種。言明典價東錢壹仟弔整，其錢筆下足交不欠。自典之後不拘年限，錢到回贖。此係兩家情愿，均無反悔。如有反悔者，有中保承管。恐口無憑，立典字存照。

費紙壹張

中保說合人 史居勤十
史治全十

光清參 緒年十一月廿八日

立典字約人史秉衡十押

親筆

信行

二一七　清光緒三十年（一九〇四）順義縣王永孝賣民糧地官契

（契約二三六）

立賣民糧地契文約人王永孝，因手乏，無錢使用，今將祖遺地壹段，陸拾九畝陸分，座（坐）落在西馬各莊村東南，東西行隴，今托中人説合，情願將此地賣與王懷名下永遠爲業。四至列後。東西至垞（壕），北至本主，南至祁德龍，四至分明。言明賣價東錢貳仟柒佰五拾吊整。其錢筆下交足不欠。自賣之後，任憑置主自便，不與賣主相干。此係兩家情願，各無恢（反）悔。如有舛錯，有中人壹面承管。恐口無憑，立賣字爲證。

頭段東西長壹佰伍拾柒弓陸，東寬捌拾弓，西寬捌拾柒弓捌；二段東西長壹佰五拾九弓，東寬貳拾貳弓貳，西寬貳拾壹弓陸。

中保代字人　張永春（押）

立賣字人　王永孝（押）

光緒三十年臘月初五日

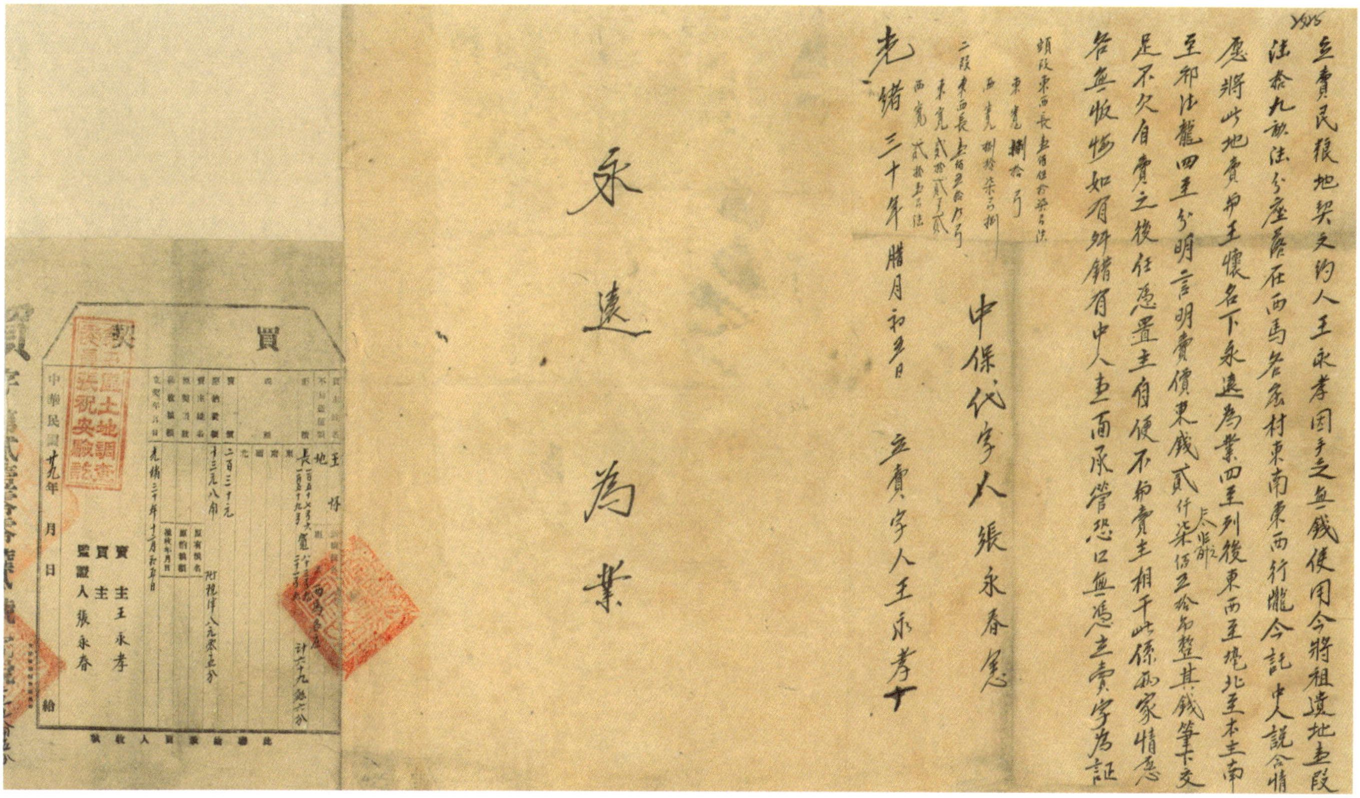

立賣民粮地契文約人王永孝因手乏無錢使用今將祖遺地壹段
計地叁拾九畝伍分座落在西馬各庄村東南東西行壠今託中人說合情
愿將此地賣與王懷名下永遠為業四至列後東西至堎北至本主南
至祁姓龍四至分明言明賣價東錢貳仟柒佰五拾吊整其錢筆下交
足不欠自賣之後任憑置主自便不與賣主相干此係兩家情愿
各無返悔如有舛錯有中人壹面承管恐口無憑立賣字為証

頭段東西長壹佰伍拾柒弓伍
東寬捌拾弓
西寬捌拾柒弓捌
二段東西長壹佰伍拾玖弓
東寬貳拾貳弓貳
西寬貳拾壹弓伍

中保代字人張永春（押）

光緒三十年臘月初五日

立賣字人王永孝（十）

買契
賣主王永孝
買主
監證人張永春
中華民國十九年 月 日 給

立賣民粮地契文約人王永孝因手乏無錢使用今將祖遺地壹段
叁拾九畝叁分座落在西馬各庄村東南東西行壠今託中人説合情
愿將此地賣與王懷名下永遠為業四至列後東西至堰北至本主南
至郝叁龍四至分明言明賣價東錢貳仟柒佰伍拾吊整其錢筆下交
足不欠自賣之後任憑置主自便不與賣主相干此係兩家情愿
各無反悔如有舛錯有中人壹面承管恐口無憑立賣字為証

頭段東西長壹佰伍拾柒弓叁
東寬捌拾弓
西寬捌拾柒弓捌
二段東西長壹佰五拾八弓
東寬貳拾貳弓貳
西寬貳拾壹弓叁

中保代字人張永春（押）

光緒三十年臘月初五日

立賣字人王永孝十

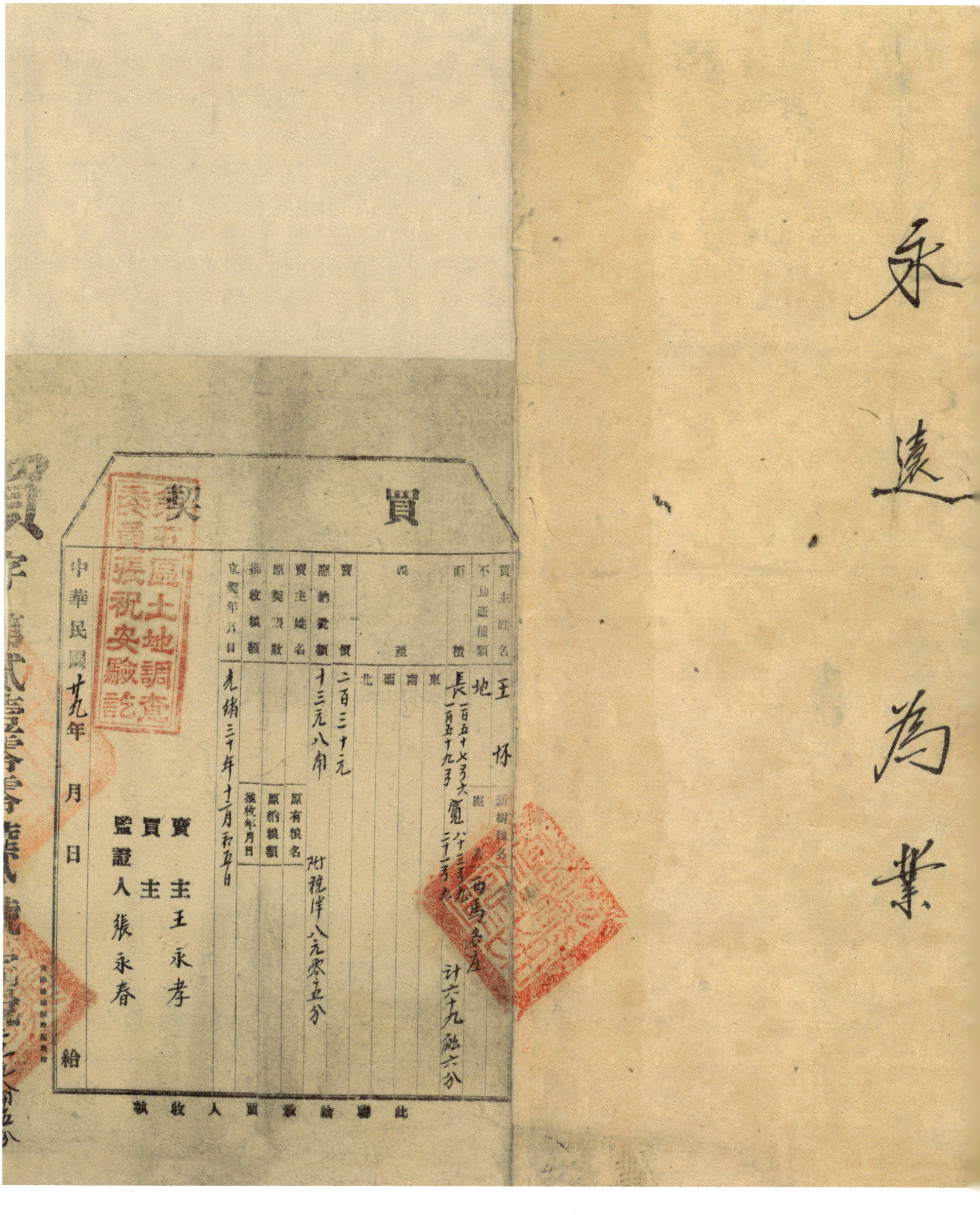

永遠為業

買契

買主姓名 王怀
不動產種類 地
面積 長一百五十七弓六、一百五十九弓 寬八十三弓九、二十一弓九
新樹糧名
坐落 西馬各庄
四至 東 南 西 北
計六十九畝六分
賣價 二百三十元
應納稅額 十三元八角
賣主姓名
原契幾數
推收糧額
立契年月日 光緒三十年十二月初五日
原有糧名
原納糧額
推收年月日
附稅洋八元零五分

賣主 王永孝
買主
監證人 張永春

中華民國十九年 月 日 給

此聯給買主收執

委員張祝安驗訖
第?區土地調查

二一八

清光緒三十一年（一九〇五）順義縣王懷執照

（契約八五）

户部爲給發執照事。本部具奏民人承種向無糧租各項地畝劃清旗民報部核辦摺内聲明，嗣後如有民人呈報向無糧租地畝，除實係民荒地畝仍照奏章議糧外，其餘官荒、旗荒等項地畝，按照上中、下三等科則議租俟，核准後照例給與執照，歸於旗租奏銷公産項下造報等因，於光緒十三年三月初五日具奏。本日奉旨：依議，欽此。欽遵行知在案。今據順義縣册造民人王懷呈報官荒地壹段，貳拾貳畝伍分，坐落西馬各莊西南，該縣詳請發照轉給該民人收執管業，按照呈報前項地畝每畝議徵租銀肆分，共徵租銀玖錢。該縣按年徵解外，相應填寫執照發交該縣轉給該民人收執管業可也。須至執照者。

四至東至王姓，南至壕，西至周姓，北至壕。

右照給王懷准此

光緒叁拾壹年叁月　日

民国十五年二月初九日
拨出老家地六畝

執照

戶部為給發執照事本部具奏民人承種向無糧租各項
地畝飭清旗民報部核辦摺內聲明嗣後如有民人呈報向
無糧租地畝除實係民荒地畝仍照奏章議[illegible]其餘官荒
旗荒貴多地畝按照上中下三等科則議租依[illegible]後照例給
與執照與旗租等銷公產項下造報等因於光緒十三年三
月初五日具奏本日奉
旨依
議欽此欽遵行知在案今據順義縣濟港民人 王懷 呈報官
荒地[illegible] 貳拾貳畝伍分 坐落西馬各莊西南 該縣詳請
發照前來除民人收執管業按照呈報前項地畝每畝議徵租
銀[illegible]共徵租銀 玖 錢 該縣按年徵解外相應填寫
執照發給者

東至王姓 南至壕 西至周姓 北至壕

右照給 王懷 准此

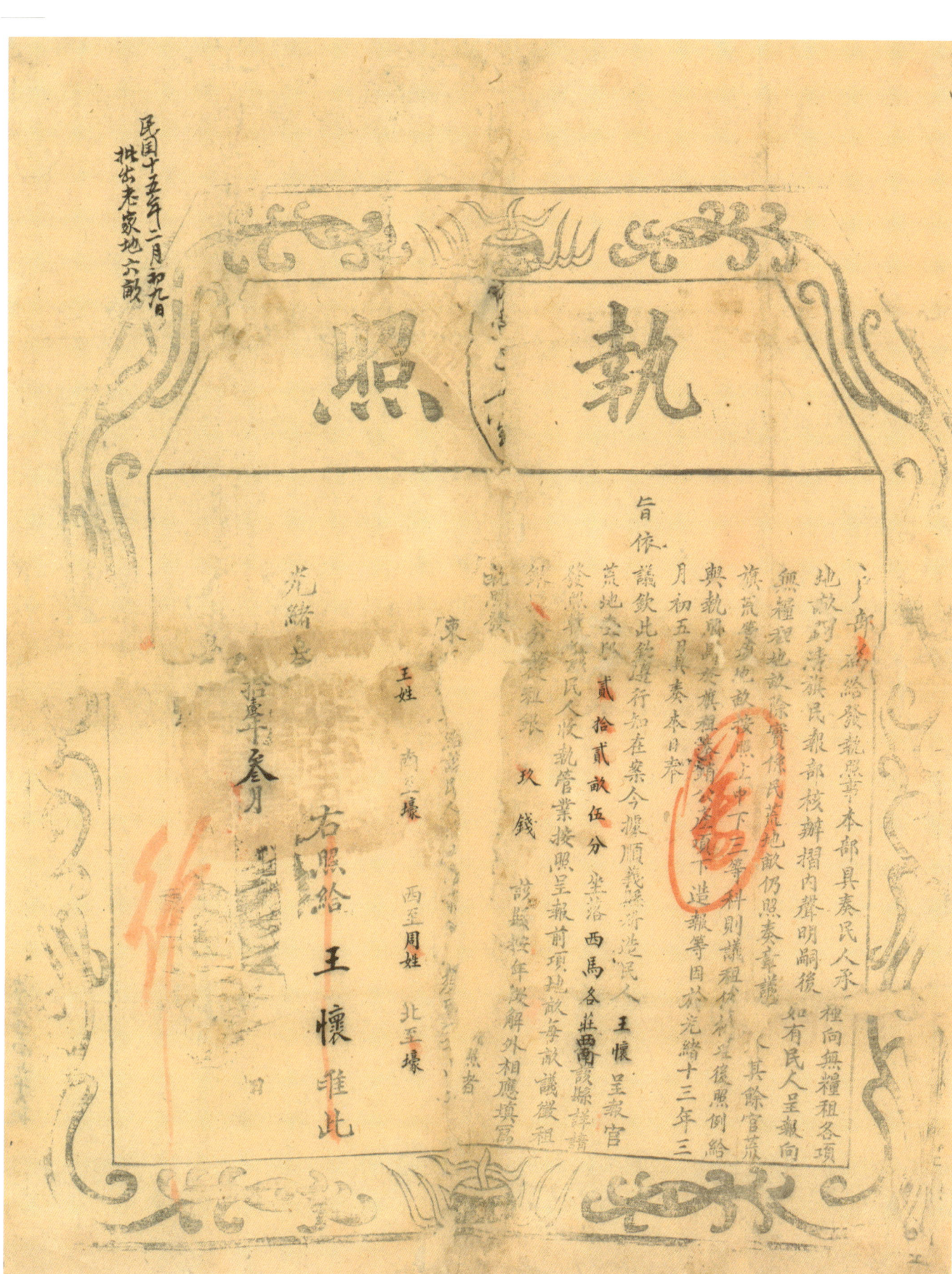

光緒拾壹年叁月 日

二一九

清光緒三十一年（一九〇五）順義縣王正執照

（契約九四）

户部爲給發執照事。本部具奏民人承種向無糧租各項地畝劃清旗民報部核辦摺内聲明，嗣後如有民人呈報向無糧租地畝，除實係民荒地畝仍照奏章議糧外，其餘官荒、旗荒等項地畝，按照上中下三等科則議租，俟核准後照例給與執照，歸於旗租奏銷公産項下造報等因，於光緒十三年三月初五日具奏。本日奉旨：依議，欽此。欽遵行知在案。今據順義縣册造民人王正呈報官荒地壹段，叁拾伍畝，坐落後沙峪村，據該縣詳請發照轉給該民人收執管業，按照呈報前項地畝，每畝議徵租銀肆分，共徵租銀壹兩肆錢。該縣按年徵解外，相應填寫執照發交該縣轉給該民人收執管業可也。須至執照者。

東至道，南至王姓，西至道，北至李姓。

右照給王正准此

光緒叁拾壹年叁月　日

執照

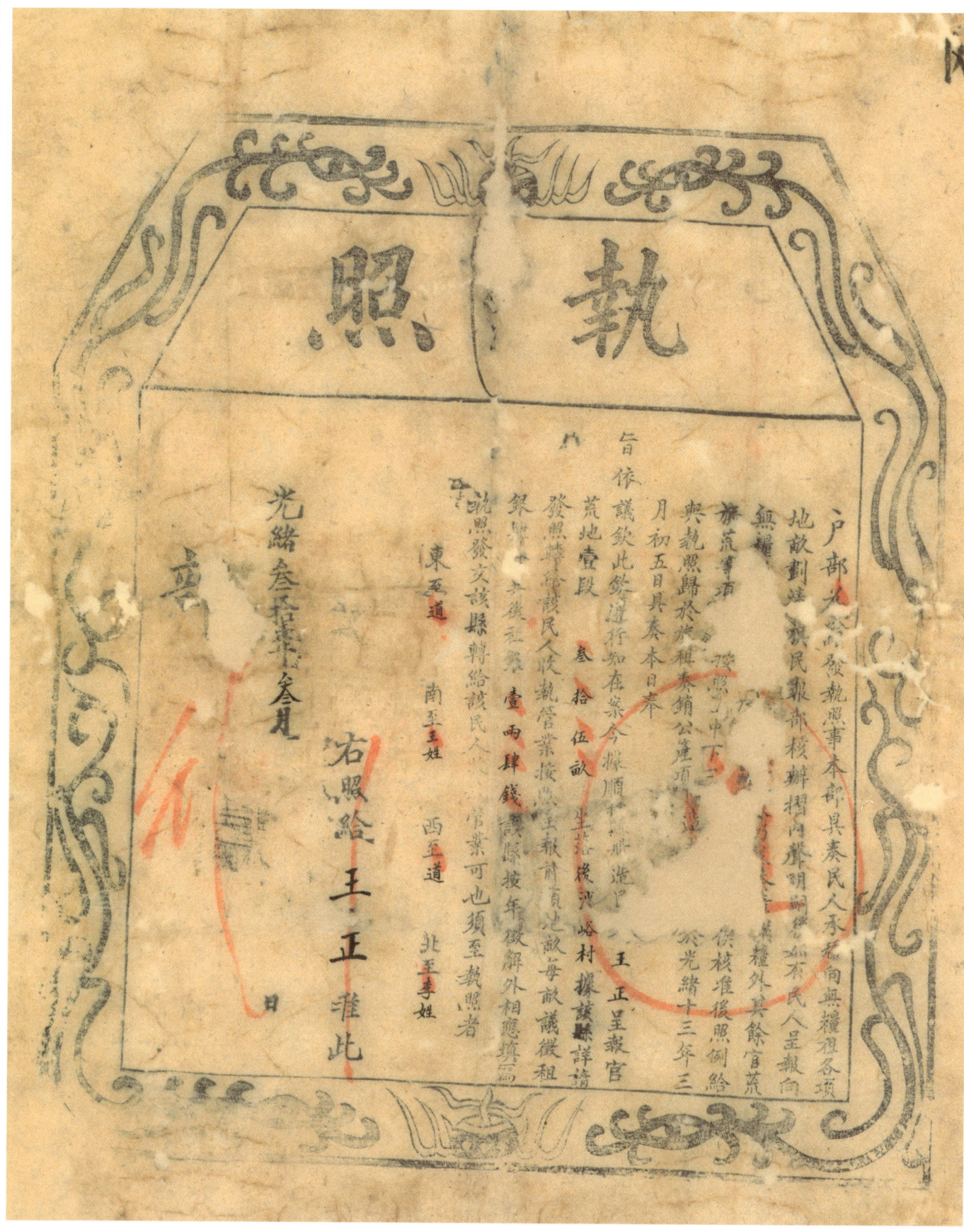

户部為給發執照事本部具奏民人承種向無糧租各項
地畝劃歸旗民兩部核辦摺內聲明[illegible]如有民人呈報向
無糧[illegible]糧外其餘官荒
備荒等項[illegible]供核准後照例給
與執照歸於旗租奏銷公產項[illegible]於光緒十三年三
月初五日具奏本日奉
旨依議欽此欽遵行知在案今據順[illegible]造户 王正呈報官
荒地壹段 叁拾伍畝 坐落[illegible]後沙峪村據該縣詳請
發照轉給該民人收執管業按[illegible]至報前項地畝每畝議徵租
銀[illegible]共徵租銀 壹兩肆錢 該縣按年徵解外相應填寫
執照發交該縣轉給該民人[illegible]管業可也須至執照者

東至道 南至王姓 西至道 北至李姓

右照給 王正 准此

光緒叁拾壹年 叁月 日

二二〇

清光緒三十一年（一九〇五）順義縣王正執照

（契約一四五－一）

户部爲給發執照事。本部具奏民人承種向無糧租各項地畝劃清旗民報部核辦摺内聲明，嗣後如有民人呈報向無糧租地畝，除實係民荒地畝仍照奏章議糧外，其餘官荒、旗荒等項地畝，按照上中下三等科則議租，俟核准後照例給與執照，歸於旗租奏銷公産項下造報等因，於光緒十三年三月初五日具奏。本日奉旨：依議，欽此。欽遵行知在案。今據順義縣册造民人王正呈報官荒地壹段，拾畝，坐落東馬各莊。據該縣詳請發照轉給該民人收執管業，按照呈報前項地畝，每畝議徵租銀肆分，共徵租銀肆錢。該縣按年徵解外，相應填寫執照發交該縣轉給該民人收執管業可也。須至執照者。

東至李姓，南至道，西至王姓，北至道。

右照給王正准此

光緒叁拾壹年叁月　日

執照

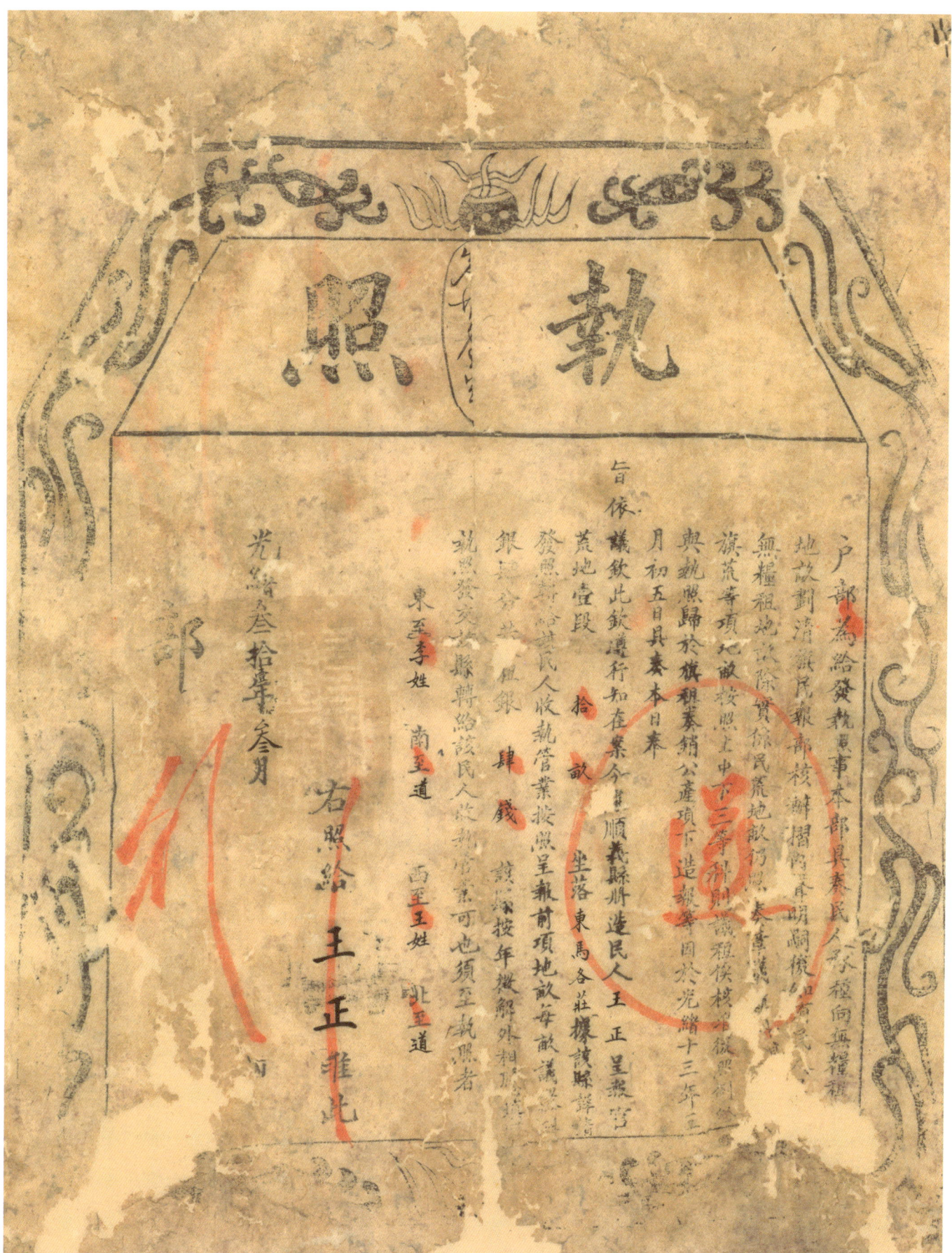

戶部為給發執照事。本部具奏民人承種向無糧租地畝劃清撤民報部核辦摺內聲明，嗣後凡有民無糧租地畝，除賞給民荒地畝仍照奏章辦理[illegible]旗荒等項地畝按照上中下三等升科，制錢租俟核准後照例給與執照，歸於旗租奏銷公產項下造報等因，於光緒十三年十二月初五日具奏，本日奉

旨依

議。欽此。欽遵行知在案。今據順義縣册造民人王正呈報官荒地壹段 拾 畝，坐落東馬各莊，據該縣詳請發照前來，給該民人收執管業，按照呈報前項地畝每畝議徵銀[illegible]分，共徵銀 肆 錢，該民按年繳解外，相應[illegible]執照發交該縣轉給該民人收執，嗣後[illegible]可也。須至執照者。

東至李姓　南至道　西至王姓　北至道

右照給 王正 准此

光緒叁拾肆年叁月　日

部

二二二一

清光緒三十一年（一九〇五）大興縣孫壽臣同子賣房官契

（契約二七四）

立賣字人孫壽臣同子蘭浦，原有自置灰瓦房壹所，共計拾伍間，座（坐）落在東單牌樓二條胡同内官廠胡同内路南。現因手下乏銀，情願賣與厚德堂黄名下永遠爲業。言明賣價市平松銀壹阡（仟）四佰兩正。其銀筆下足交，并無短少。賣後倘有重復到典及親族人争競，有賣主人孫姓一面承管。恐口無憑，立字存照。

外有紅契壹張。

中友人 慶二（押）

立賣字人 孫壽臣（押）

同子蘭浦（押）

光緒三十一年四月十一日

F2

現在改門牌廿号

另換新契

立賣字人孫壽臣同子蘭浦原有自置灰瓦房壹所共計拾
伍間座落在東单牌樓二条胡同内官廠胡同内路
南現因手下乏銀情愿賣與
厚德堂黄名下永遠為業言明賣價市平松銀壹仟四佰兩正
其銀筆下足交並無短少賣後倘有重復到典及親族
人爭競有賣主人孫姓一面承管恐口無憑立字存照

外有紅契壹張

大興縣掛號訖

中友人慶二 十

光緒三十一年四月十一日立賣字人孫壽臣 押
同子蘭浦 十

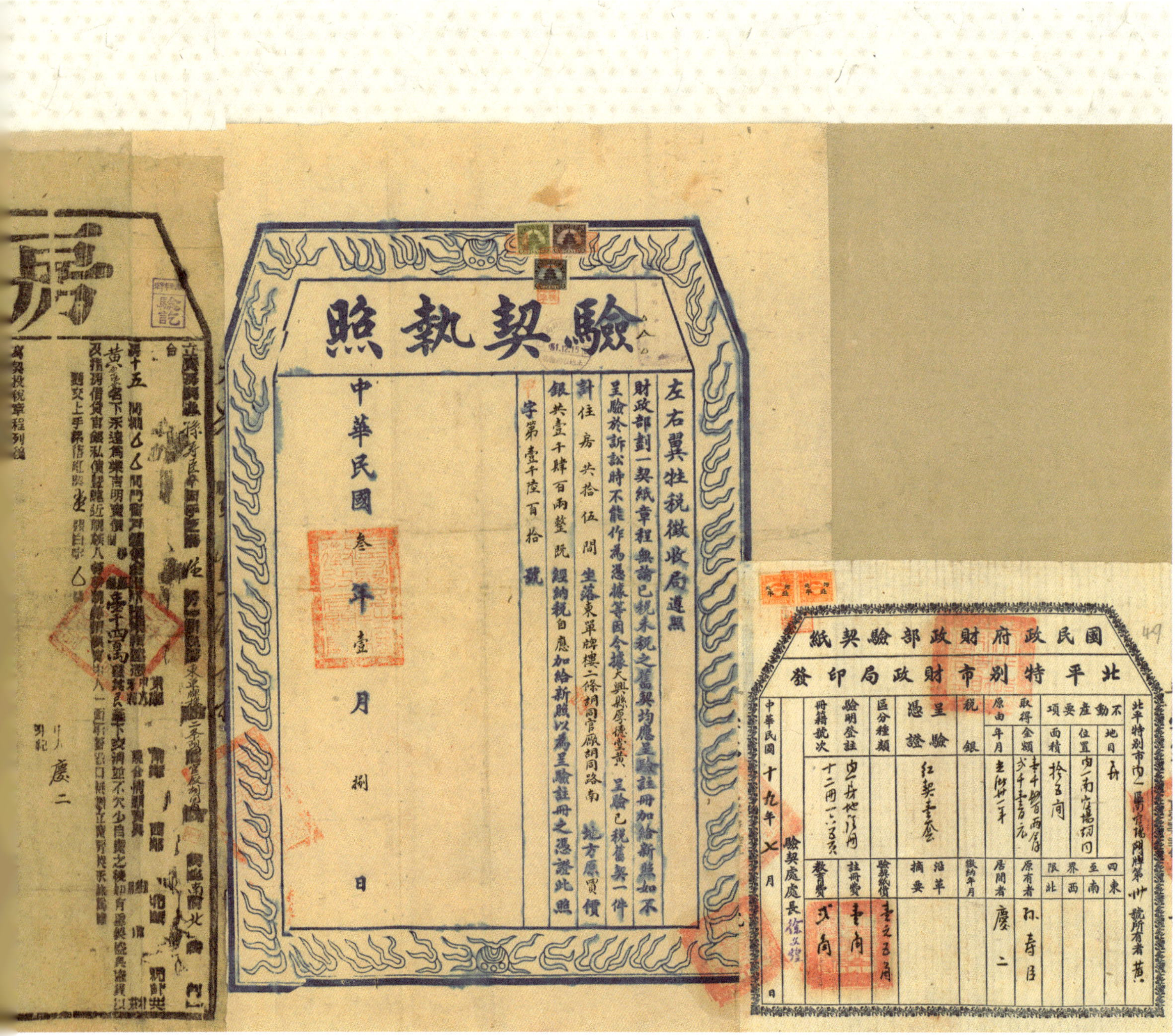
驗契執照
左右翼牲税徵收局 遵照
財政部劃一契紙章程無論已税未税之舊契均應呈驗註冊加給新照如不
呈驗於訴訟時不能作為憑據等因今據大興縣廖德[illegible]黃 呈驗已税舊契一件
計住房共拾伍間 坐落東單牌樓二條胡同官廠胡同路南 地方原買價
銀共壹千肆百兩整 既經納税自應加給新照以為呈驗註冊之憑證此照
字第壹千陸百拾 號
中華民國叁年壹月 捌 日

國民政府財政部驗契紙
北平特別市財政局印發
北平特別市內一區官廠胡同門牌第卅號所有者黃[illegible]
不動產要項 地目 房 位置 內一區官廠胡同 面積 拾五間
取得原由 金額 壹千四百兩作弍千壹百元 年月 光緒廿一年
税銀
呈驗憑證 紅契壹套
區分種類
驗明登註冊籍號次 內一房地第 冊 十二冊一六六三頁
四至界限 東 南 西 北
原有者 孫壽臣
居間者 慶二
繳納年月
沿革摘要
驗契紙價 壹元五角
註冊費 壹角
教育費 弍角
驗契處處長 徐[illegible]
中華民國十九年七月 日

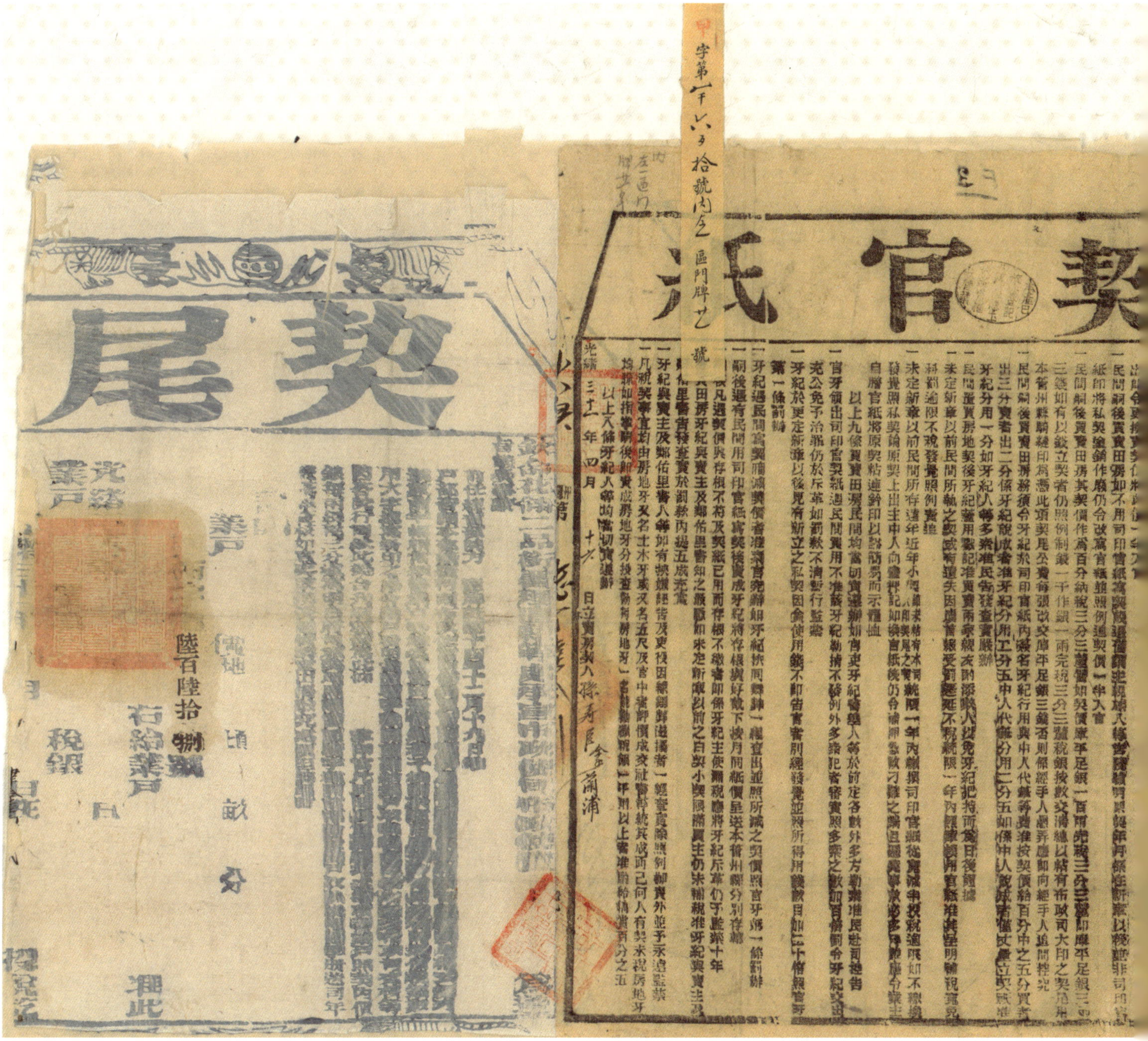
契尾
契紙官
甲字第一千六百拾號內左一區門牌乙號
光緒三十二年四月十六日立賣房契人孫壽臣
以上八條牙紀人等均應切實遵辦

清光緒三十一年（一九〇五）河北周世崑開墾陵户荒地租約

（契約二九〇）

立開墾陵户荒地交租字。開墾陵户荒地一段，在錢龍山，計地十三畝，每年交陵户地租銀二錢二分，立此租約。

開墾陵户地人　周世崑

陵户收租人　楊德山

光緒三十一年四月十一日立

立開墾陵户荒地交租字開墾陵户荒地
一段在錢龍山計地十三畝每年交陵户
地租銀二錢二分、立此租約

開墾陵户地人周世崑
陵户收租人楊德山

光緒三十一年四月十一日　立

二二三

清光緒三十一年（一九〇五）河北雄縣姜永梅賣地官契

（契約二六九）

立賣契人姜永梅，因手乏用，今將家北四股道南北地壹段，計地八分，計中長六拾五步，寬可叁步，東至姜永旺，西至要主，南至要主，北至百家地，四至明白，今憑中人説合，立契出賣與姜永清名下永遠爲業。言明賣價錢弍拾叁吊。其錢筆下交足。恐口無憑，立字存照。

中人　李殿元　李連甲

光緒叁拾壹年十二月廿七日立

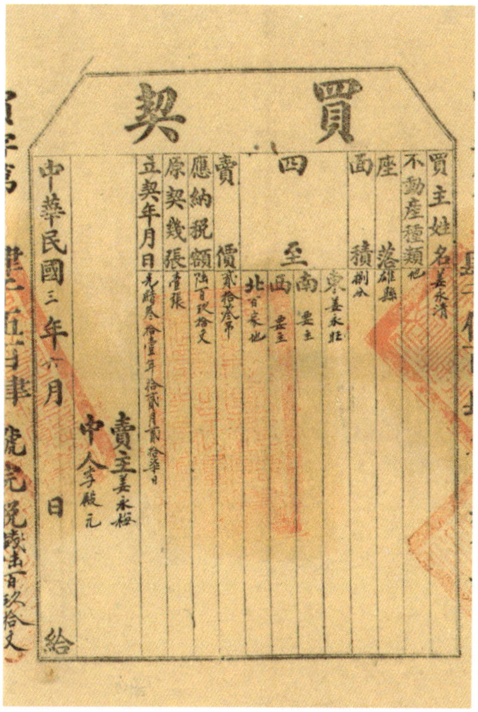

買契

買主姓名 姜永清
不動產種類 地
坐落 雄縣
面積 捌分
四至 東 姜永壯 南 要主 西 要主 北 百家地
賣價 貳拾叁吊
應納稅額 陸百玖拾文
原契幾張 壹張
立契年月日 光緒叁拾壹年拾貳月貳拾肆日

賣主 姜永梅
中人 李殿元

中華民國三年六月　日　給

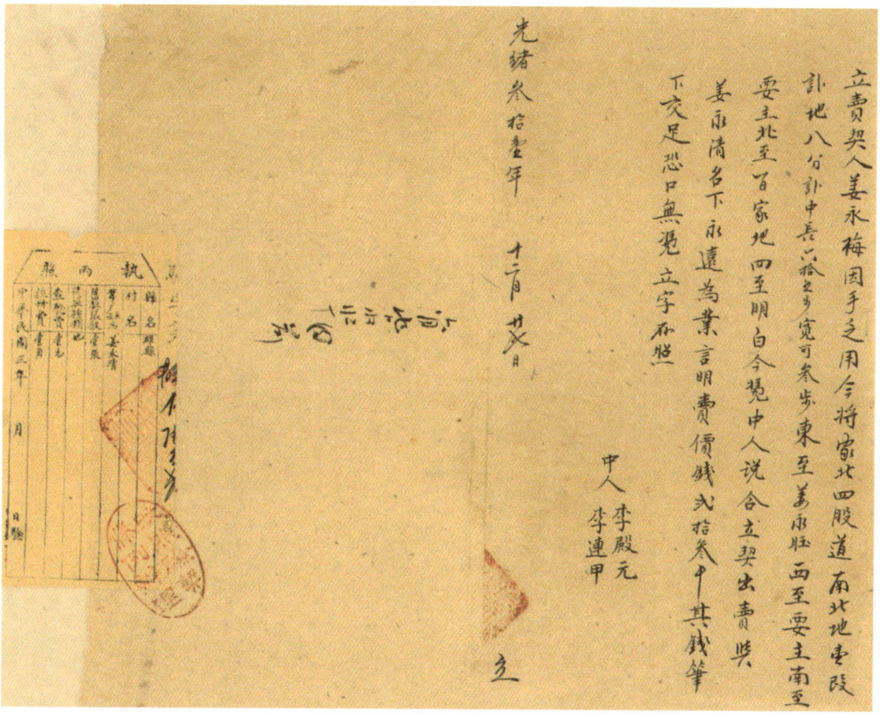

立賣契人姜永梅因手乏用，今將家北四股道南北地壹段，計地八分，計中長六拾五步，寬可叁步，東至姜永壯，西至要主，南至要主，北至百家地，四至明白。今覓中人説合，立契出賣與姜永清名下，永遠為業。言明賣價錢弍拾叁千，其錢筆下交足。恐口無憑，立字存照。

中人 李殿元
李連甲

光緒叁拾壹年十二月廿四日　立

立賣契人姜永梅因手乏用今將家北四股道南北地壹段
計地八分計中長六拾五步寬可叁步東至姜永旺西至要主南至
要主北至百家地四至明白今憑中人説合立契出賣與
姜永清名下永遠為業言明賣價錢弍拾叁千其錢筆
下交足恐口無憑立字存照

中人 李殿元
李連甲

光緒叁拾壹年 十二月 廿五日 立

買字第[illegible]號　完税錢陆百玖拾文

買契

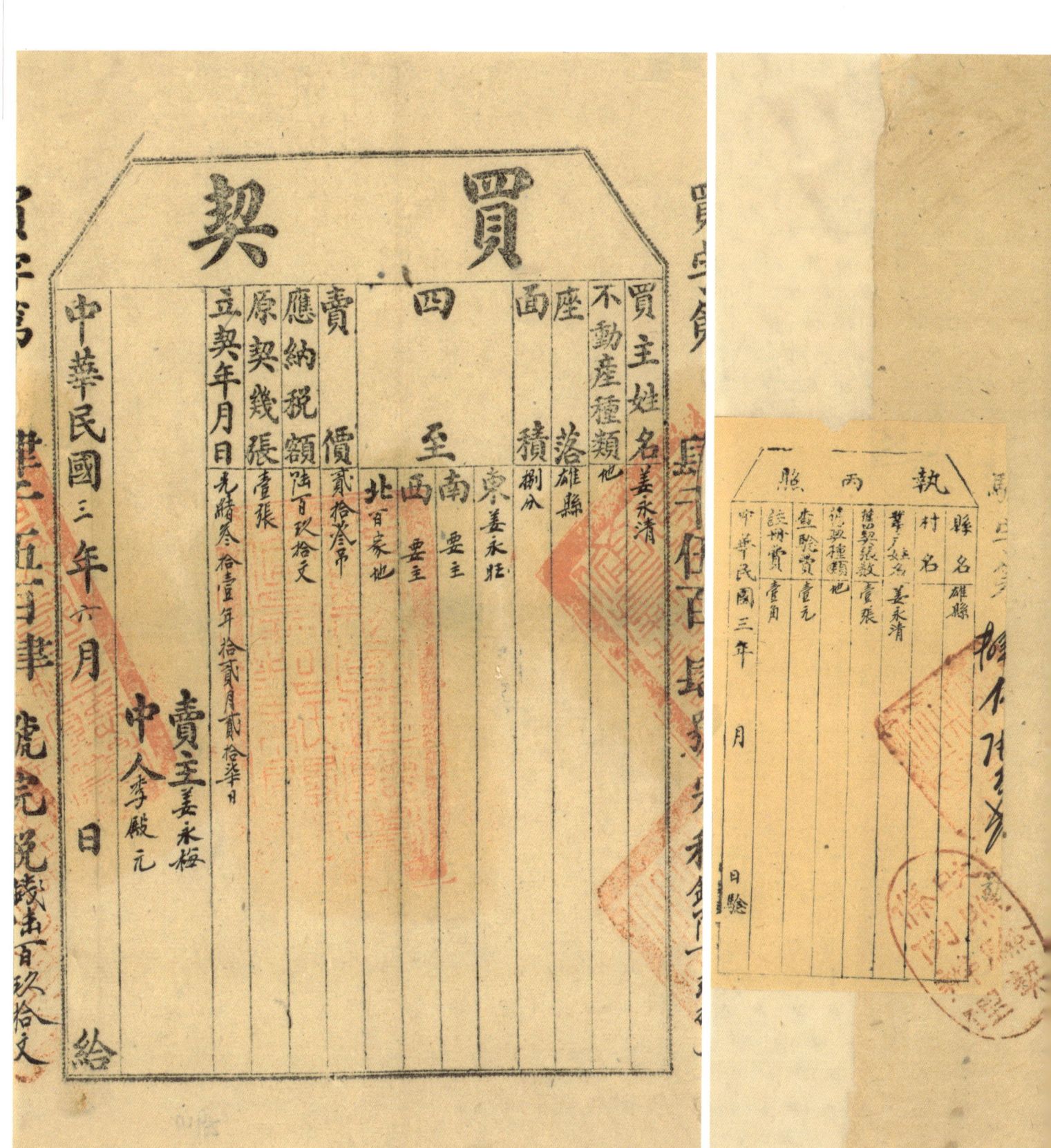

買主姓名　姜永清
不動產種類　地
坐落　雄縣
面積　捌分
四至　東　姜永旺　南　要主　西　要主　北　百家地
賣價　貳拾叁吊
應納税額　陆百玖拾文
原契幾張　壹張
立契年月日　光緒叁拾壹年拾貳月貳拾叁日

賣主姜永梅
中人李殿元

中華民國三年六月　日　給

執兩照

縣名　雄縣
村名
業户姓名　姜永清
粘連契紙數　壹張
不動產種類　地
查驗費　壹元
註册費　壹角
中華民國三年　月　日驗

二二四

清光緒三十二年（一九〇六）河北雄縣姜永旺賣地官契

（契約二七〇）

立賣契人姜永旺，因手乏用，今將自己家北南北地壹段，計地壹畝五分，計中長七拾步，寬可五步一尺，東至姜胖子，西至要主，南至茶頭，北至百家地，四至明白，今憑中人說合，立契出賣與姜永清名下永遠爲業。言明賣價錢肆拾叁吊正。其錢當日交足。恐口無憑，立字爲證。

中人 李云榮 姜胖子

光緒叁拾弍年正月初六日立

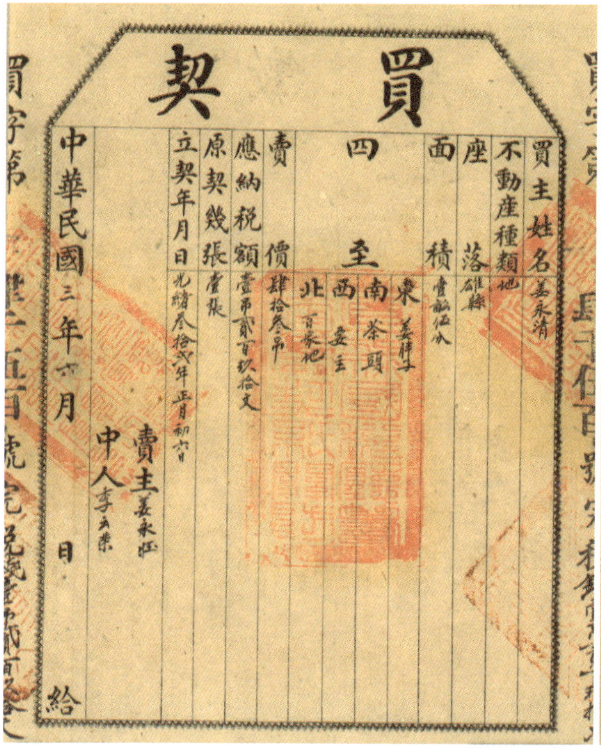
買契
買主姓名 姜永清
不動產種類 地
座落 碓縣
面積 壹畝伍分
四至 東 姜胖子 南 茶頭 西 要主 北 百家地
賣價 肆拾叁吊
應納稅額 壹吊貳百玖拾文
原契幾張 壹張
立契年月日 光緒叁拾弍年正月初六日
賣主 姜永旺
中人 李云棠
中華民國三年六月 日
給

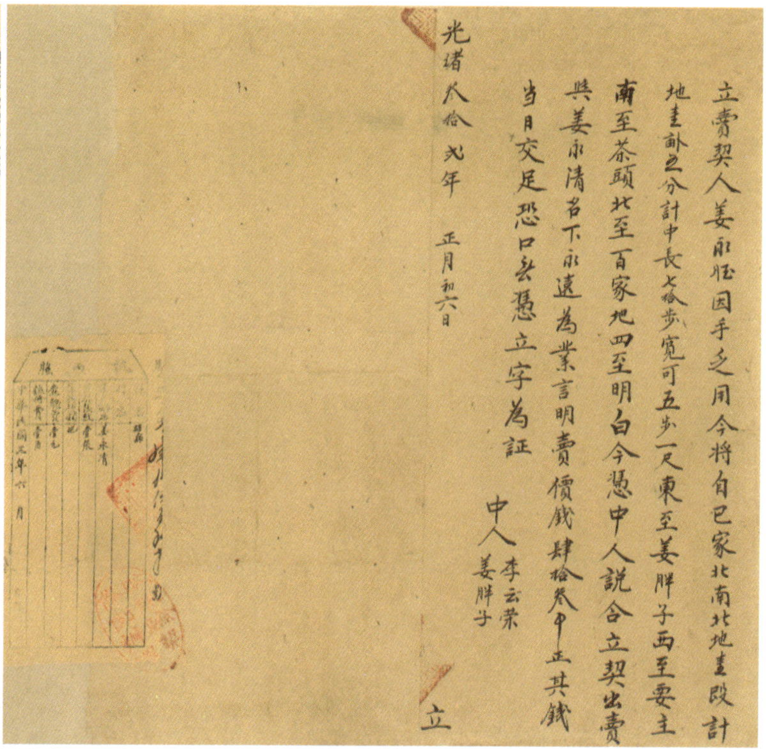
立賣契人姜永旺因手乏用今將自已家北南北地壹段計
地壹畝五分計中長七拾步寬可五步一尺東至姜胖子西至要主
南至茶頭北至百家地四至明白今憑中人說合立契出賣
與姜永清名下永遠為業言明賣價錢肆拾叁吊正其錢
當日交足恐口無憑立字為証
中人 李云棠 姜胖子
光緒叁拾弍年 正月初六日
立

立賣契人姜永旺因手乏用今將自己家北南北地壹段計
地壹畝五分計中長七拾步寬可五步一尺東至姜胖子西至要主
南至茶頭北至百家地四至明白今憑中人説合立契出賣
與姜永清名下永遠為業言明賣價錢肆拾叁千正其錢
当日交足恐口無憑立字為証

中人 李云榮 姜胖子

光緒叁拾九年正月初六日 立

買契

買主姓名 姜永清

不動產種類 地

座落 雄縣

面積 壹畝伍分

四至 東 姜胖子 南 茶頭 西 安壬 北 百家地

賣價 肆拾叁吊

應納稅額 壹吊貳百捌拾文

原契幾張 壹張

立契年月日 光緒叁拾弍年正月初六日

賣主 姜永旺

中人 李云荣

中華民國三年六月 日 給

說帖費 壹角

中華民國三年六月

清光緒三十二年（一九〇六）順義縣張永春賣民糧地官契

（契約五〇）

立賣民糧地契文約張永春，因手乏，無錢使用，今將祖遺民糧地壹段，六拾畝零九分五，座（坐）落在西馬各莊村西北，地名六幅地，南北行隴，南、北至垰（壕），東至崇德堂，西至張士珍。自托中人説合，情願將此地賣與本村王懷名下永遠爲業。言明賣價東錢貳仟壹佰伍拾吊整。其錢當面交足不欠。自賣之後，任憑買主自便，不與賣主相干。如有舛錯，均歸賣主、中人壹面承管。此係兩家情願，各無恆（反）悔。恐口無憑，立賣字爲證。

南北長二百二拾弓，南頭寬柒拾四弓，北頭寬伍拾九弓。

中保説合人 劉忠（押）

立賣字人 張永春親筆（押）

光緒三十二年九月二十七日

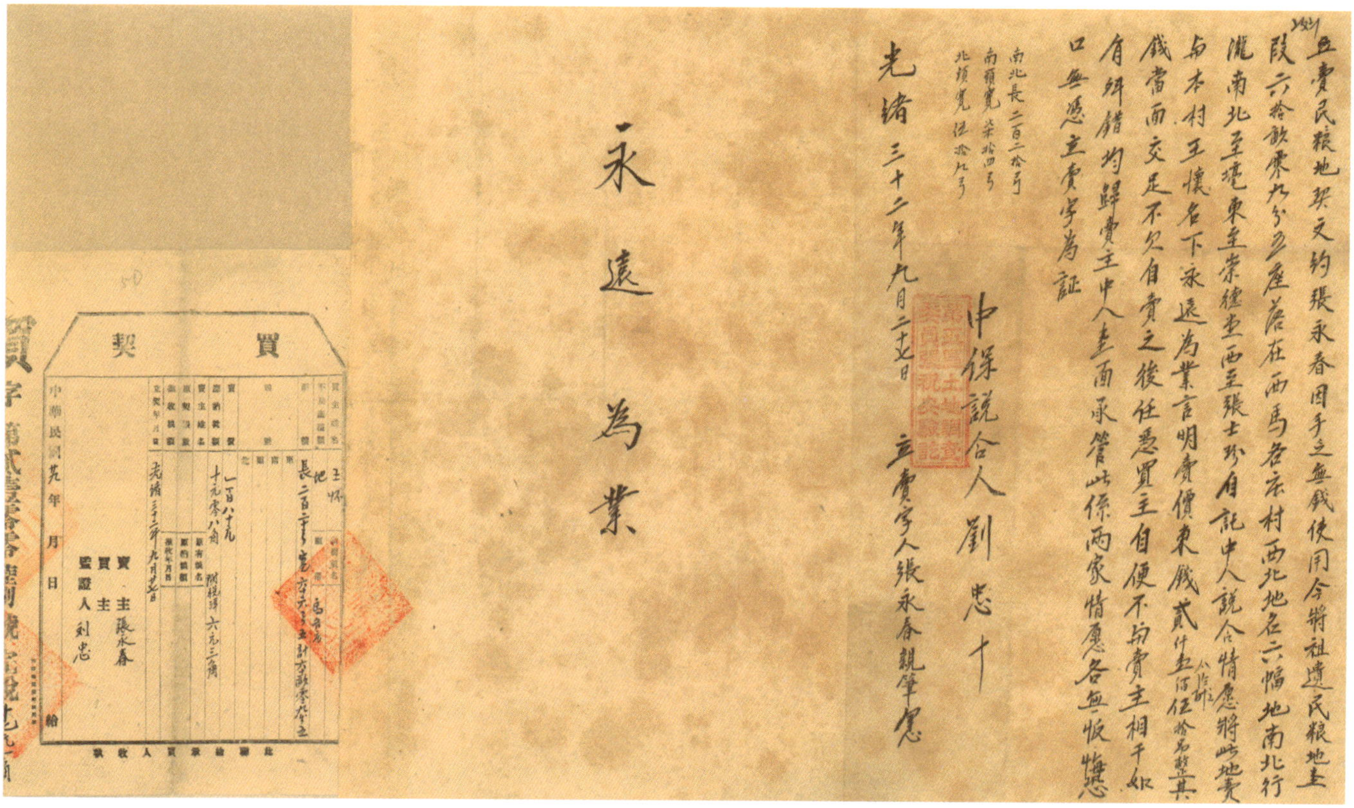
立賣民粮地契文約張永春因手乏無錢使用今將祖遺民粮地壹段六畝零九分五厘坐落在西馬各庄村西北地名六幅地南北行壠南北至境東至崇德忠西至張士珍自託中人說合情愿將此地賣与本村王懷名下永遠為業言明賣價東錢貳什五佰伍拾吊整其錢當面交足不欠自賣之後任憑買主自便不与賣主相干如有糾錯均歸賣主中人壹面承管此係兩家情愿各無悔恐口無憑立賣字為証
南北長二百二拾弓
南頭寬柒拾四弓
北頭寬伍拾九弓
光緒三十二年九月二十七日
中保說合人劉忠十
立賣字人張永春親筆
永遠為業
買契
中華民國先年月日給
賣主張永春
買主
監證人劉忠
光緒三十二年九月二十七日

以劉

立賣民粮地契文約張永春因手乏無錢使用今將祖遺民粮地壹
段六拾畝零九分五厘落在西馬各庄村西北地名六幅地南北行
瀧南北至壕東至崇德堂西至張士珍自託中人說合情愿將此地賣
與本村王懷名下永遠為業言明賣價東錢貳什五佰伍拾吊整其（公佐計之）
錢當面交足不欠自賣之後任憑買主自便不與賣主相干如
有糾錯均歸賣主中人壹面承管此係兩家情愿各無悔悔
口無憑立賣字為証

南北長二百二拾弓
南頭寬柒拾四弓
北頭寬伍拾九弓

中保說合人　劉忠十

第五區土地調查委員張祝三驗訖

光緒三十二年九月二十七日

立賣字人張永春親筆寫

買字第[illegible]號[illegible]角

50

買契

買主姓名	不動產種類	面積	四至	賣價	應納税額	賣主姓名	原契張數	推收糧額	立契年月日
王怀	地	長二百二十三弓 寬六十六弓五 計六十畝零九分五	東 南 西 北	一百八十元	十元零八角 附税洋六元三角				光緒三十二年九月廿五日
舊樹名	坐落					原有糧名	原納糧額	推收年月日	
	高台庄								

賣主 張永春

買主

監證人 刘忠

[illegible]

中華民國十九年 月 日 給

此聯給承買人收執

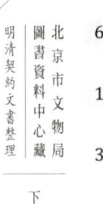

永遠為業

清光緒三十二年（一九〇六）順義縣史秉衡賣地白契

（契約二一一一）

立賣地文約人史秉衡，爲手乏，今將祖遺地一塊，坐落在東馬各莊村東，計地柒拾弍畝半，地名壹頃柒，南北行隴。今托中人説合，情願將此地賣與西馬各莊王政名下爲業。當面言明，實賣價紋銀四伯（佰）叁拾兩正。其銀筆下交足，分毫不欠。自賣之後，任隨買主自便。此係二家均願，決無恢（反）悔。如有舛錯，惟以中人一面承管。恐後無憑，立賣字永遠存照。

四置（至）分明：東、西至史姓，南至墻（壕）北至道。

中保説合人　鄭薦廷

史秉文（押）

光緒三十弍年十月十六日

立賣字人　史秉衡（押）

代筆人　王建廷（押）

立賣地文約人史秉衡為手乏今將祖遺地一塊坐落在東馬各
庄村東計地柒拾弍畝半地名壹頃柒南北川隴今托中人說合
情願將此地賣與西馬各庄 王政名下為業当面言明實賣價
紋銀四佰叁拾兩正其銀筆下交足分毫不欠自賣之後任隨買主
自便此係二家均願決无反悔如有舛錯惟以中人一面承當恐后無
憑立賣字永遠存照
四置分明東西至史姓 南至埯北至道

中保說合人 鄭薦廷
史秉文 十

光緒三十弍年十月十六日 立賣字人史秉衡

代筆人 王建廷

永遠為業

二二七

清光緒三十二年（一九〇六）順義縣史秉衡賣民糧地白契

（契約二一〇）

立賣民糧地文約人史秉衡，爲無錢使用，今將祖遺民糧地一段，坐落在東馬各莊村東南，計地拾壹幅，南北行隴，南寬四拾四丈九尺，中寬四十四丈四尺，北寬四十五丈七尺，南北長九十六丈，今托中人説合，情願將此地賣與西馬各莊王政名下永遠爲業。當面言明，實賣價銅東錢陸千陸佰弍拾吊。其錢筆下交足，分文不欠。自賣之後，任隨買主自便，决不與賣主相干。如有親族人等争論者，惟以中保人一面承管。此係兩家情願，各無㤆（反）悔。恐後無憑，立賣字爲證。

四至分明：東、西具（俱）至史姓，南北具（俱）至[土亳]（壕）。

中保説合人　鄭蔿廷（押）
　　　　　　史秉文（押）
立賣字人　史秉衡（押）
代筆人　王建廷（押）

光緒三十弍年十月十七日

立賣民粮地文約人史秉衡，為無錢使用，今將祖遺民粮地一段，坐
落在東馬各庄村東南，計地拾壹幅，南北[illegible]壟，南寬四拾四丈
九尺，中寬四十四丈四尺，北寬四十五丈七尺，南北長九十六丈。今托
中人說合，情願將此地賣與西馬各莊
王政名下永遠為
業。当面言明，实賣價銅東錢陸千陸伯弍拾吊，其錢筆下
交足，分文不欠。自賣之後，任隨買主自便，決不與賣主相干。如
有親族人等爭論者，惟以中保人一面承管。此係兩家情願，各無反
悔。恐后無憑，立賣字為証。
四至分明：東西具至史姓，南北具至壕。

光緒三十弍年十月十七日　立賣字人史秉衡［押］
中保說合人　鄭蔦廷［押］、史秉文十
代筆人王建廷［押］

[illegible]

永遠為業

二二八

清光緒三十二年（一九〇六）順義縣門富堂賣地官契

（契約一三〇）

立賣地契文約人門富堂，因手乏，無錢使用，今將祖遺地壹段肆拾伍畝，坐落在楊二營村西北，東西行隴。東至道，西至道，南至李秉昆，北至門學堂，四至分明，今煩中人說合，情願賣與西馬各莊村王玉臣名下耕種爲業。言明賣價銅製東錢貳仟柒佰吊整（貳佰廿五元）。其錢筆下交足，并不欠少。自賣之後，不與棄主相干。此係兩家情願，各無返（反）悔。如有返悔者，有中保人一面承管。恐後無憑，立賣字永遠爲證。

計開弓口：

一、東西長叁佰貳拾貳……東西寬貳拾伍弓……二、西頭北邊錯管東西長柒拾伍弓肆尺，寬陸弓，東頭、西頭寬陸弓。三、東頭北邊錯管東西長壹佰陸拾伍弓捌，寬叁弓陸尺，西頭、東頭寬叁弓陸尺。四、東頭南邊錯管東西長貳佰伍拾貳弓，寬陸弓，東頭、西頭寬陸弓。

中保說合人　方國安（押）

立賣字人　門富堂（押）

中保代字人　門芸堂（押）

光緒三十二年十二月初七日

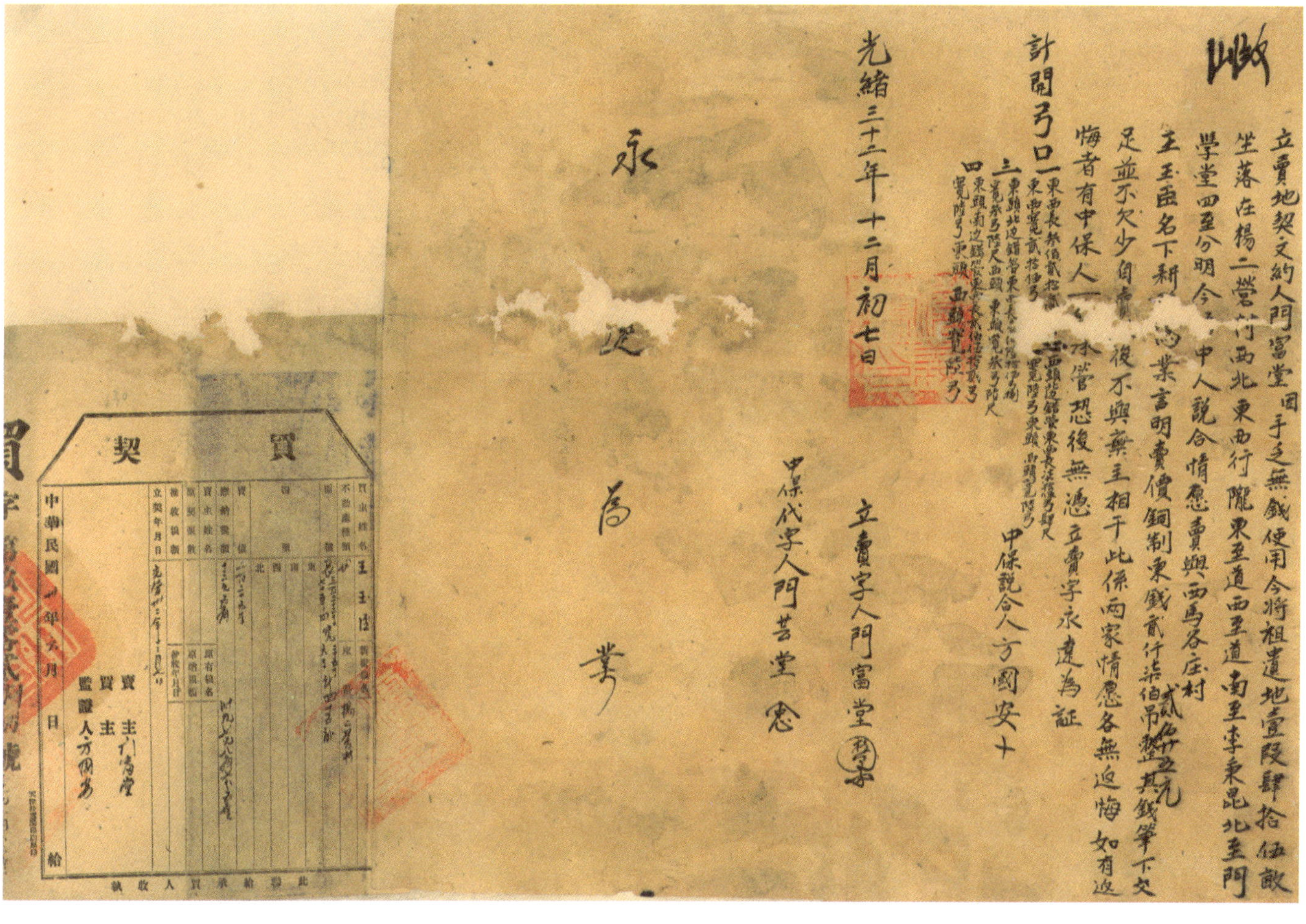

立賣地契文約人門富堂因手乏無錢使用今將祖遺地壹段肆拾伍畝
坐落在楊二營村西北東西行隴東至道西至道南至李秉昆北至門
學堂四至分明今[同]中人說合情愿賣與西馬各庄村
王玉臣名下耕[種]為業言明賣價銅制東錢貳仟柒伯吊整其錢筆下交
足並不欠少自賣[之]後不與業主相干此係兩家情愿各無返悔如有返
悔者有中保人一[力]承管恐後無憑立賣字永遠為証
計開弓口
中保說合人方國安十
光緒三十二年十二月初七日
立賣字人門富堂（押）
中保代字人門芸堂（押）
永遠為業

收

立賣地契文約人門富堂因手乏無錢使用今將祖遺地壹段肆拾伍畝

坐落在楊二營村西北東西行隴東至道西至道南至李秉昆北至門

學堂四至分明今□中人說合情愿賣與西馬各庄村

王玉臣名下耕□為業言明賣價銅制東錢貳仟柒佰吊整（貳伯廿五元）其錢筆下交

足並不欠少自賣□後不與棄主相干此係兩家情愿各無返悔如有返

悔者有中保人一□承管恐後無憑立賣字永遠為証

許開弓口

一 東西長叁佰貳拾貳□
東西寬貳拾伍弓

二 西頭北邊錯營東西長柒拾伍弓肆尺
寬陸弓東頭 西頭寬陸弓

三 東頭北邊錯營東西長□佰陸拾伍弓捌
寬叁弓陸尺西頭 東頭寬叁弓陸尺

四 東頭南邊錯營東西長貳佰伍拾貳弓
寬陸弓東頭 西頭寬陸弓

中保說合人方國安十

立賣字人門富堂（押）

中保代字人門芸堂（押）

光緒三十二年十二月初七日

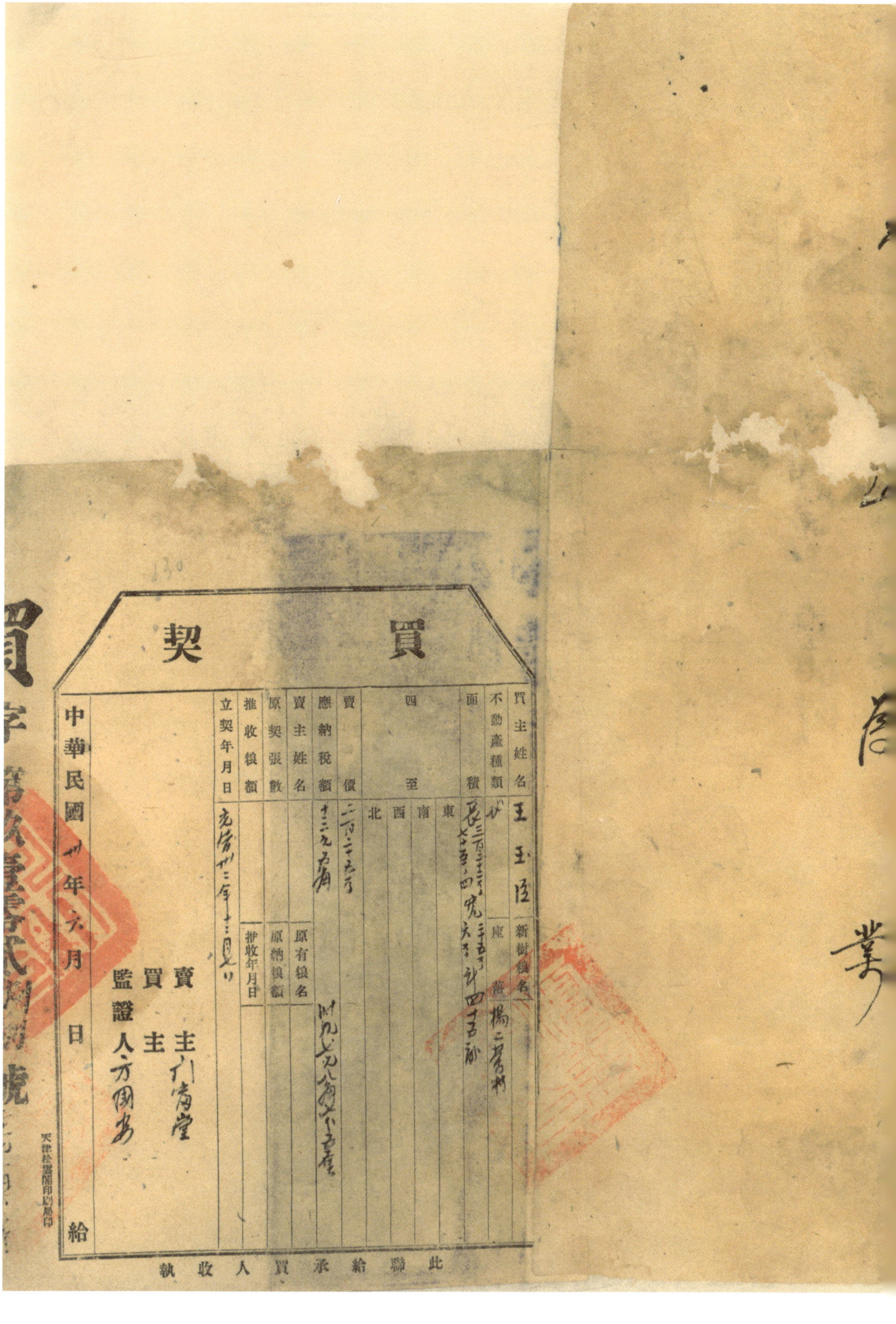

買契

買主姓名	不動產種類	面積	四至	賣價	應納稅額	賣主姓名	原契張數	推收粮額	立契年月日
王玉臣	地	[illegible]	東　南　西　北	二百二十五元	十三元五角				[illegible]

新樹粮名	座落	原有粮名	原納粮額	推收年月日
	[illegible]			

中華民國卅年六月　日

賣主 [illegible]
買主
監證人 [illegible]

給

天津松雲閣印刷局印

此聯給承買人收執

二二九

清光緒三十二年（一九〇六）順義縣曲禮賣地白契

（契約四九八－一）

立賣紅契地文約人曲禮，今將本身自己民地壹段，計數拾貳畝，坐落在西杜蘭莊家西地，名馬家墳，東至馮姓，西至曲姓，南至濠，北至道，四至分明。親煩托中人說合，情願將此地賣與曲登瀛名下承種自便，永遠爲業。同衆言明，賣價東銅製錢壹仟壹百捌拾吊整。其錢筆下交足，并不欠少。自賣之後，任憑曲登瀛承種，不與曲禮相干。此係兩家情願，各無舛錯。如有舛錯者，有中保人壹面承管。口說無憑，立賣字爲證。□□歷年自己完糧。

隨代（帶）紅契一張、老契二張。

光緒叁拾貳年十二月初壹日

中保人 馮 椿（押）

立賣字人 曲 禮（押）

代字人 段致和（押）

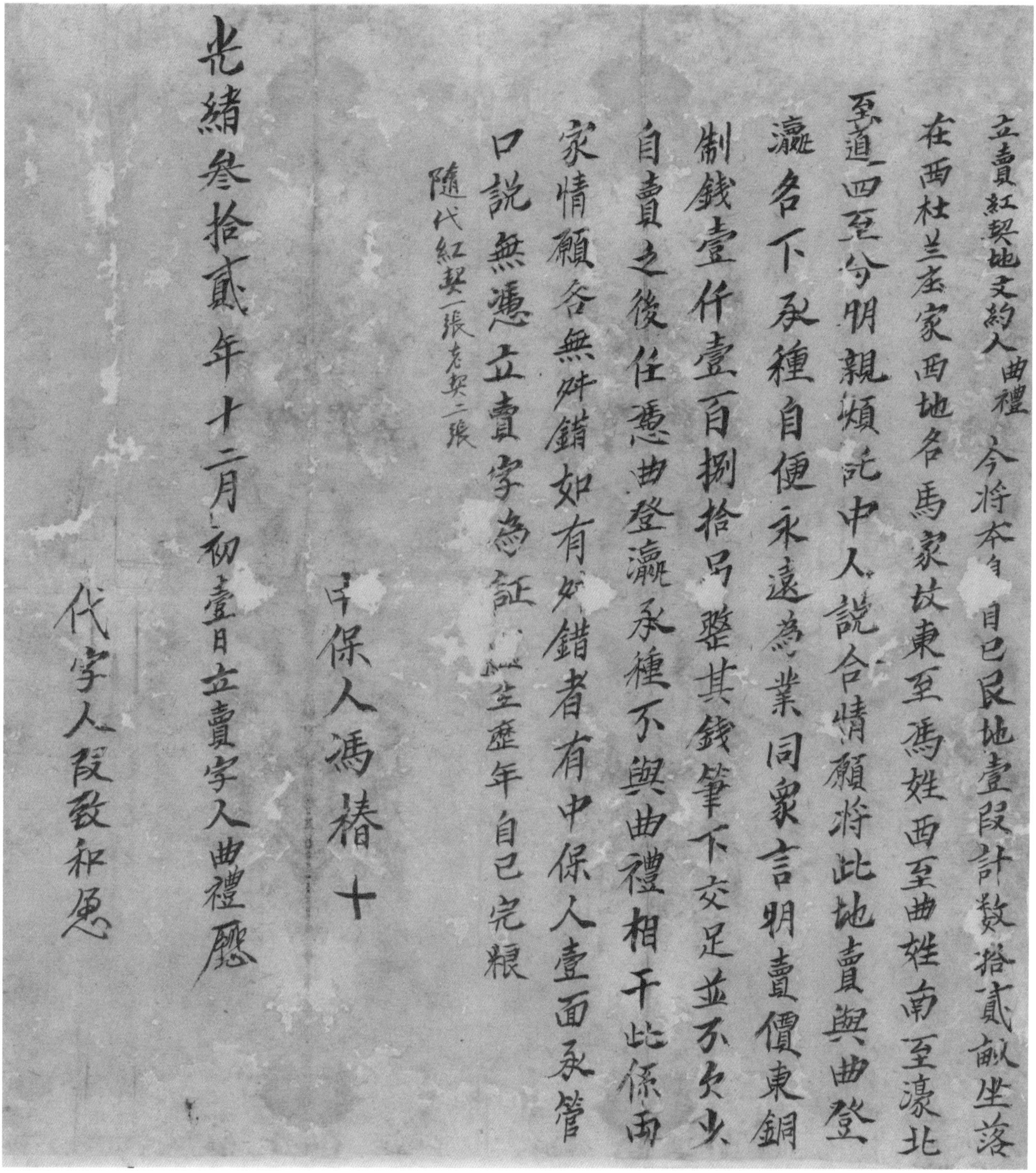

立賣紅契地丈約人曲禮 今将本身自己艮地壹段計數拾貳畝坐落
在西杜兰庄家西地名馬家坟東至馮姓西至曲姓南至濠北
至道四至分明親煩託中人說合情願将此地賣與曲登
瀛名下承種自便永遠爲業同衆言明賣價東銅
制錢壹仟壹百捌拾吊整其錢筆下交足並不欠少
自賣之後任憑曲登瀛承種不與曲禮相干此係兩
家情願各無反錯如有反錯者有中保人壹面承管
口說無憑立賣字爲証 [illegible]生歷年自己完粮
隨代紅契一張老契二張
中保人馮椿十
光緒叁拾貳年十二月初壹日立賣字人曲禮(押)
代字人段致和恩

二三〇

清光緒三十三年（一九〇七）順義縣張吉祥典地白契

（契約六二）

立典地文約人張吉祥，因手乏，今將老祖地壹段，計數貳畝，坐落在西海洪村北，東西行隴，南至置主，北至茹姓，東至道，西至頂頭，四至分明，今煩中人，情願將此地典與王懷名下承種。言明典價東銅錢壹佰吊正。其錢筆下交足不欠。自典三年，以錢回贖。此係兩家情願，各不返（反）悔。空口無憑，立字存照。

光緒三十三年正月二十二日

中保人　李　住（押）
立字人　張吉祥（押）
代字人　郭子明（押）

立典地文約人張吉祥因手乏今將老祖地壹段計數貳畝坐落
在西海淀村北東西行壠南至買主北至莊稼東至道西至頂頭四至
分明今煩中人情愿將此地典與王懷名下承種言明典價東銅錢
壹佰吊正其錢筆下交足不欠自典三年以錢回贖此係兩家情
愿各不返悔空口無憑立字存照

中保人李槐十

立字人張吉祥十

代字人郭子明德

光緒三十三年五月二十二日

二三一

清光緒三十三年（一九〇七）順義縣王永孝賣地官契

（契約五五）

立賣地文約人王永孝，因手乏，無錢使用，今將祖遺地壹段，捌畝零貳，座（坐）落在西馬各莊村東南，東西行隴，東、西至垥（壕），南至苐林堂，北至祁德龍，四至分明，自托中人説合，情願將此地賣與王懷名下爲業。同衆言明，賣價東錢叁佰伍拾吊整。其錢筆下交足不欠。自賣之後，任憑買主自便，不與賣主相干。此係兩家情願，各無恢（反）悔。如有舛錯，有中人壹面承管。恐口無憑，立賣字爲證。

東西長壹佰叁拾弓零貳，東寬拾五弓陸，西寬拾四弓。

中保代字人　張永春（押）

立賣字人　王永孝（押）

光緒三十三年貳月初三日

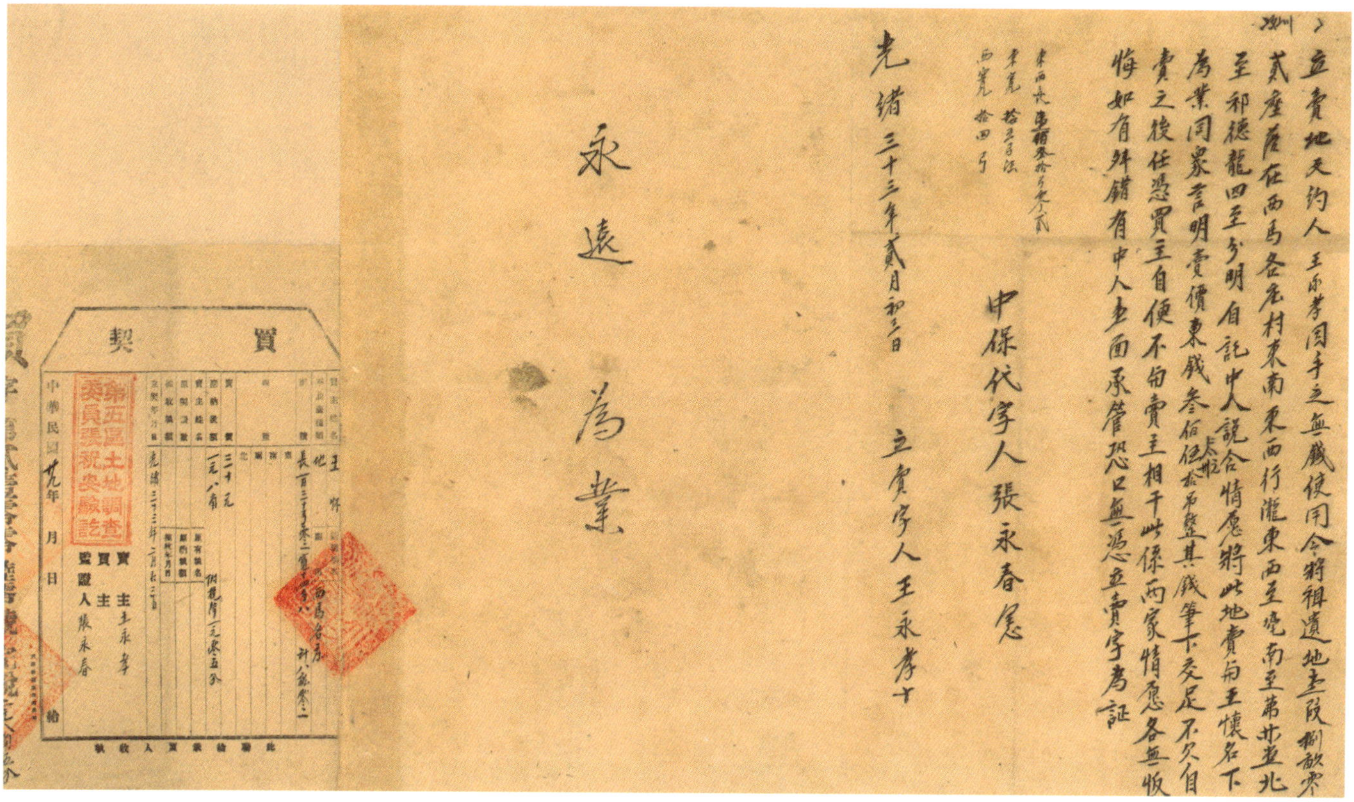

立賣地文約人王永孝因手乏無錢使用今將祖遺地壹段計畝零
貳座落在西馬各莊村東南東西行壠東西至塊南至萬北至北
至邢德龍四至分明自託中人說合情願將此地賣與王懷名下
為業同衆言明賣價東錢叁佰伍拾吊整其錢筆下交足不欠自
賣之後任憑買主自便不與賣主相干此係兩家情願各無返
悔如有舛錯有中人一面承管恐口無憑立賣字為證

東西長　叁拾弓零貳
東寬　拾三弓伍
西寬　拾四弓

中保代字人張永春

光緒三十三年貳月初三日　立賣字人王永孝

永遠為業

買契

第五區土地調查委員張祝安驗訖

賣主王永孝
買主
監證人張永春

光緒三十三年二月初三日

三十元
一元八角
附稅洋一元六毛五分

西馬各莊
計八畝零二

中華民國十九年　月　日給

此聯給發買人收執

立賣地文約人王永孝因手乏無錢使用，今將祖遺地壹段，捌畝零
貳座，落在西馬各庄村東南，東西行瀧，東西至墳，南至萧，北
至祁德龍，四至分明，自託中人說合，情愿將此地賣與王懷名下
為業，同衆言明賣價東錢叁佰伍拾吊整，其錢筆下交足不欠，自
賣之後任憑買主自便，不與賣主相干，此係兩家情愿，各無反
悔，如有舛錯，有中人壹面承管，恐口無憑，立賣字為証。

東西長：壹佰叁拾弓零貳
東寬：拾五弓半
西寬：拾四弓

中保代字人　張永春 畫

光緒三十三年貳月初三日

立賣字人　王永孝 十

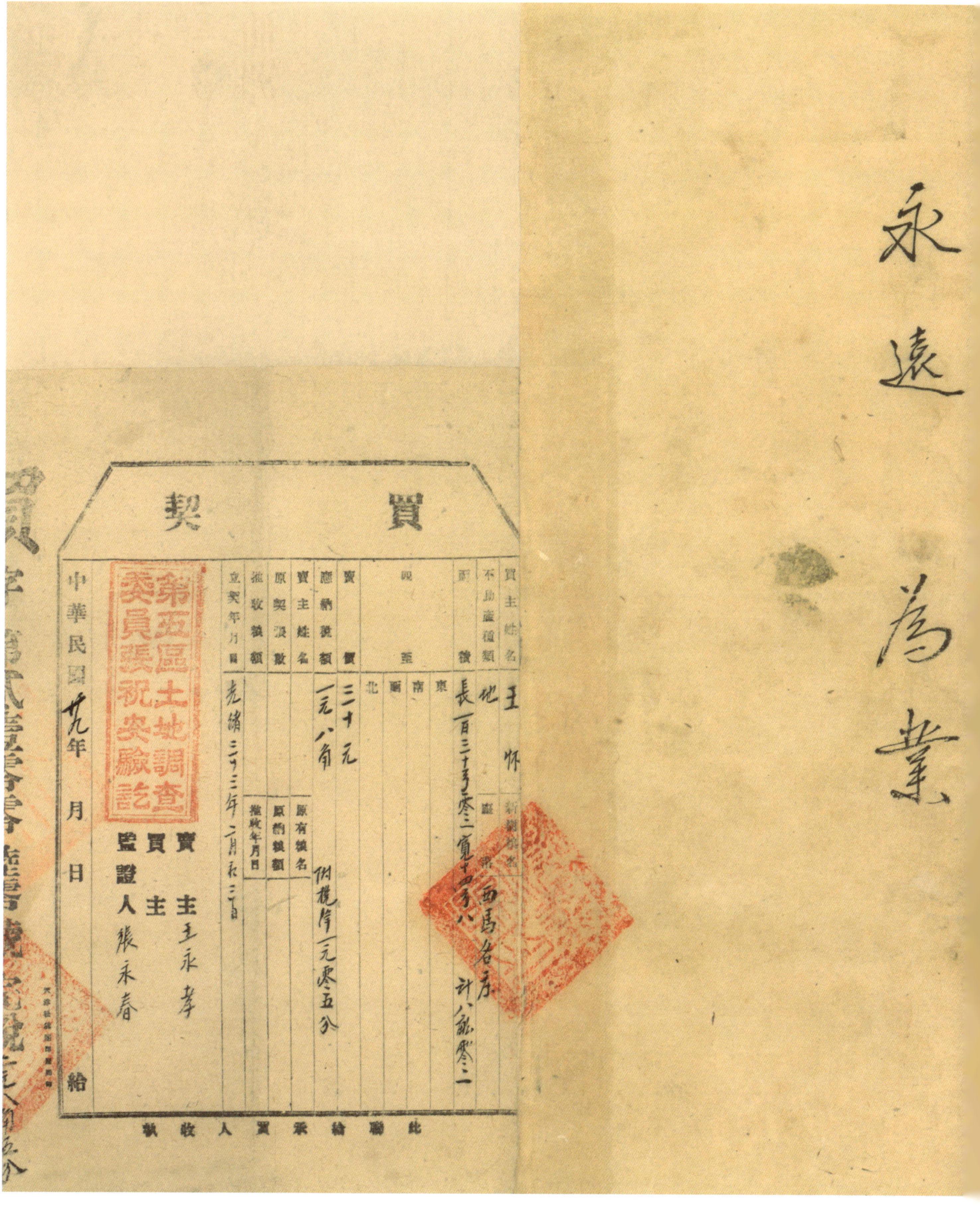

永遠為業

買契

買主姓名	王怀	新舊業主	
不動產種類	地	坐落	西馬各庄
面積	長一百三十五丈零二 寬十四丈八 計八畝零二一		
四至	東		
	南		
	西		
	北		
賣價	二十元		
應納稅額	一元八角 附稅洋一元零五分		
賣主姓名		原有稅名	
原契没數		原納稅額	
徵收稅額		徵收年月日	
立契年月日	光緒三十三年二月初二日		

第五區土地調查委員張祝安驗訖

賣主 王永孝
買主
監證人 張永春

中華民國十九年 月 日 給

此聯給承買人收執

二三二

清光緒三十三年（一九〇七）順義縣曲仙洲退地白契

（契約四九八）

立退糧地文約人曲仙洲，因手乏，今將本身自置糧地壹段拾弍畝，坐落在本村西邊，地名馬家墳，南北行隴。親托中人說合，情願將此地退與西各莊王懷名下承種爲業。同中人言明，實退價東銅錢壹仟壹百捌拾吊整。其錢筆下交足不欠。自退之後，任憑置主自便，永無退主相干。此係兩家情願，各無返（反）悔。口說無憑，立退字永遠爲證。

隨代（帶）老契叁張、紅契壹張。

計開四至：南、北至道，東至崔、馬二姓，西至曲姓。

光緒三十三年二月初十日

說合中保人　王　佑（押）

立退字人親筆　曲仙洲（押）

立退粮地文约人曲仙洲因手乏今將本身自置粮地壹段拾弍畝坐落在本村西边地名馬家坟南北，親託中人説合情願將此地退與西各莊王懷名下承種為業，同中人言明實退價銅錢壹仟壹百伍拾吊整，其錢筆下交足不欠，自退之后任憑買主自便，永無退主相干。此係兩家情願，各無反悔，口説無憑，立退字永遠為記。

隨代老契叁張，紅契壹張。

計開四至：南北至道，東至雇姓二姓，西至曲姓。

説合中保人王佑（押）

光緒三十三年二月初十日

立退字人親筆曲仙洲（押）

永遠為業

二三三

清光緒三十三年（一九〇七）山東恩縣洪占普賣地官契

（契約一二二一）

立賣契人洪占普，因使用不便將自己家……地伍畝四分叁厘四毫，其地北至道中，南至洪，西至洪，東至買主，四至分明，同中人洪吉太説合，賣於（與）洪玉春名下爲業。言明每畝價銀陸兩正，共價銀叁拾弍兩正。其銀當中交足，分銀不欠。税契過割，兩家情願。恐口無信，立契爲憑。

三鄉一大北關，洪折貴開、洪和慶收地五畝四分三厘四毛。

光緒三十三年四月同中立

計開：長活（闊）弍伯（佰）二十八步正，北陸步正，中横活（闊）五步七分五厘，南五步六分。

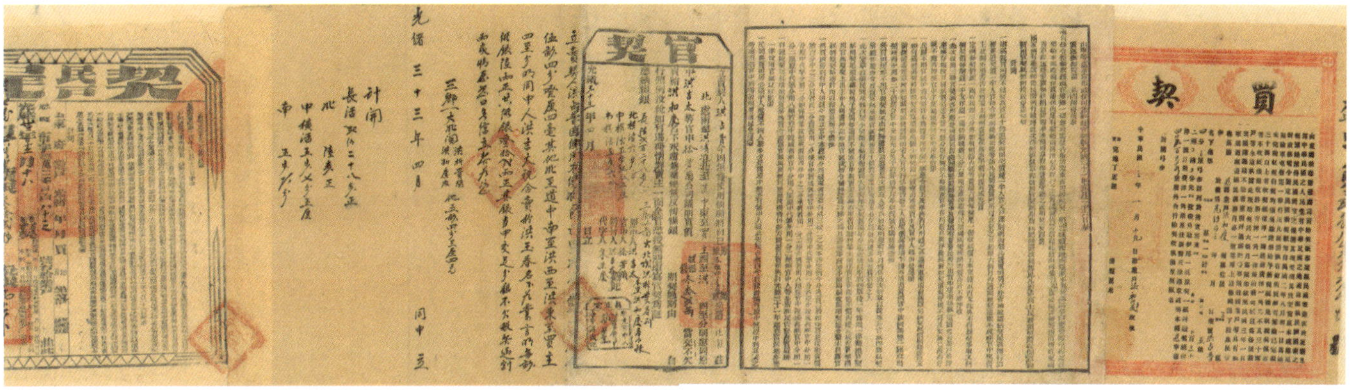
官契

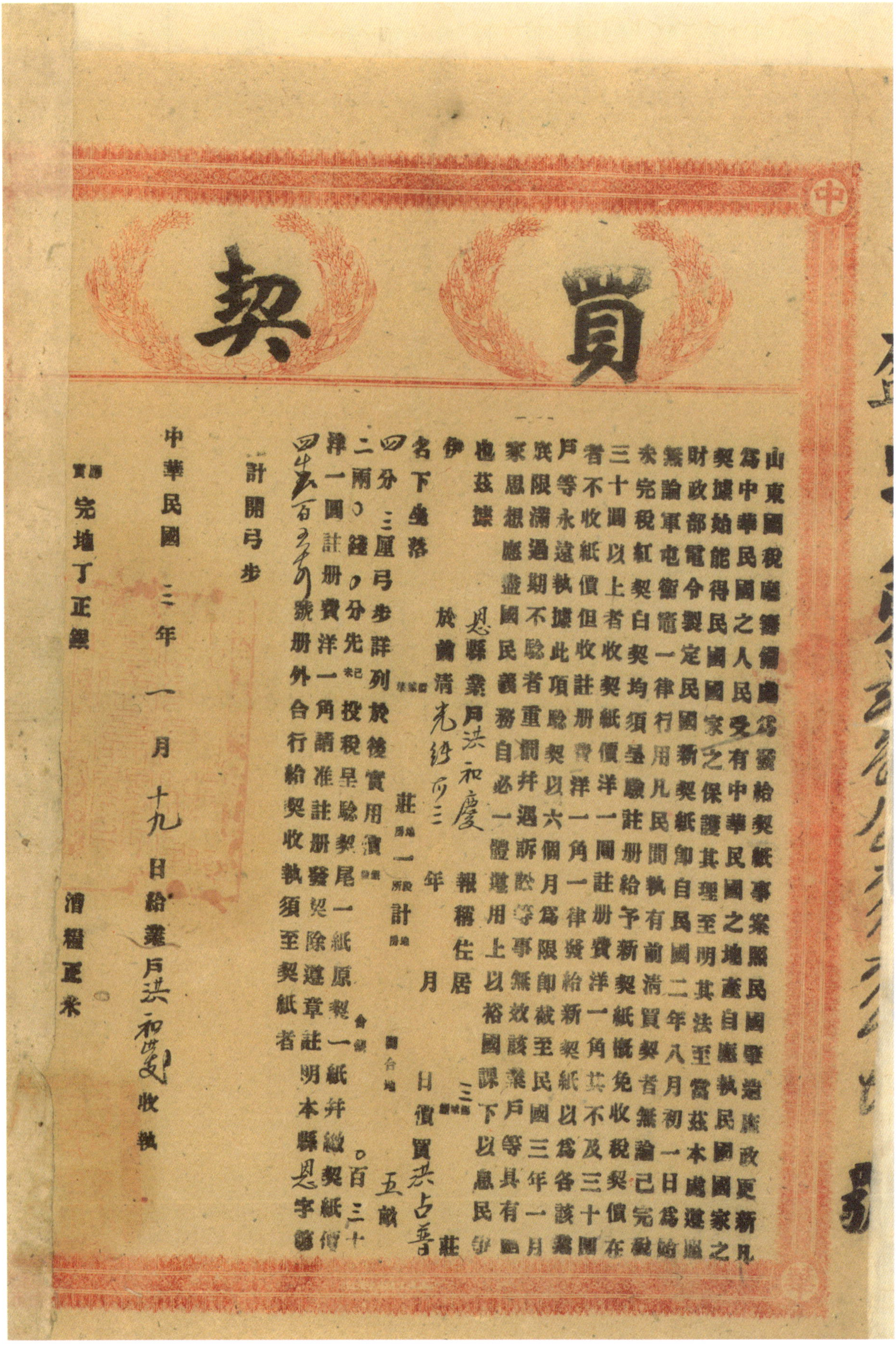

賣契

山東國稅廳籌備處爲發給契紙事案照民國肇造庶政更新凡爲中華民國之人民受有中華民國之地產自應執民國國家之契據始能得民國國家之保護其理至明其法至當茲本處遵照財政部電令製定民國新契紙即自民國二年八月初一日爲始無論軍屯衛竈一律行用凡民間執有前清買契者無論已完稅未完稅紅契白契均須呈驗註冊給予新契紙概免收稅契價在三十圓以上者收契紙價洋一圓註冊費洋一角不及三十圓者不收紙價但收註冊費洋一角一律發給新契紙以爲各該業戶等永遠執據此項驗契以六個月爲限即截至民國三年一月底限滿過期不驗者重罰并遇訴訟等事無效該業戶等具有國家思想應盡國民義務自必一體遵用上以裕國課下以息民爭也茲據恩縣業戶洪和慶報稱住居　三　莊伊於前清光緒丙三年　月　日價買洪占吾名下坐落　莊　一　計　地五畝四分三釐弓步詳列於後實用價　錢〇百三十二兩〇錢〇分先已投稅呈驗契尾一紙原契一紙并繳契紙價洋一圓註冊費洋一角請准註冊發契除遵章註明本縣恩字第四千五百三十二號號冊外合行給契收執須至契紙者

計開弓步

中華民國　三　年　一　月　十九　日給業戶洪和慶收執

實　完地丁正銀

漕糧正米

山東等處承宣布政使司爲給發官契事光緒三十一年五月二十六日奉

署巡撫部院楊　札開照得前奉

諭旨飭令整頓庶務現在舉辦一切新政需款孔亟訪聞東省田房稅契一項諸多減價報稅或隱匿不報流弊滋多自應變通章程認真整頓本部院前在直藩任內定有整頓田房稅契章程行之頗著成效茲將前章程札發由司參改東章妥擬詳辦等因當將直東兩省章程逐條參觀細核損益詳明奉准簡明章程俾資遵守總之此項稅契因爲

國家例有進款即爲民間例有輸將此次仿照直隸章程改用官契紙原爲杜絕隱匿改契起見凡屬紳商士民務須恪遵從前買賣買用官契紙照例投稅毋違切切

計開

一律載置買田房不稅契者笞五十仍追契內田宅價錢一半入官又戶部則例內載凡置買田房不赴官納稅請粘契尾者即行治罪並追契價一半入官仍令照例補納正稅等語凡民間置買田房自立契之日起限六個月內過割稅契逾限不稅准官中與賣主及鄰佑里書告發將業主照例責追在所追半價內提五成充賞

一定例每契價銀一兩收稅銀三分外加收傾鎔火耗等費銀六厘每契尾一張收紙價工本京錢五百文此外不得絲毫多取又向例契價每制錢一千文作銀一兩仍納稅銀三分六厘現定章程聽鄉民銀錢兩便統照市價合計不准浮收

一此次改用三聯官契紙各州縣赴司領回即由州縣蓋戳酌發官中具領遇有買賣田房即由官中填明畝數價值發交業戶並即照填存根按月同紙價呈送本管州縣分別存轉仍不時調查官中存用數目與存根核對如契價與存根不符及契紙已用而存根不繳者即係官中主使漏稅應將官中斥革治罪

一民間不用官紙作爲私契官不爲據每用官契一紙應令買主及承典者於用錢之外遵照直東兩省舊章另納契紙價制錢壹百文

一如有藏匿真契另謄假契減寫價值希圖少納稅銀一經察出或被賣主及官中人等告發應照

前撫憲張定章按照契載價值發價將田宅入官另行估變告發之人在變價盈餘項下提五成充賞倘官中扶同舞弊一經查出照所得中用加二十倍罰令官中交出充公免予治罪仍予斥革如罰款不清從嚴懲辦

一典買田房如不用官發契紙不由州縣蓋戳設遇舊業主親族人等告發驗明原契年月係在此次新章以後並非官紙即將私契塗銷作廢仍令改寫官紙並照官紙價加五十倍罰令業主交出充公在罰款內提五成充賞告發之人

一此次定章以前民間所執白契小契即未粘有布政司大印契尾之契無論年分遠近統以奉到新章後一年爲限一律繳換官契粘用契尾照章補稅免予究罰如逾限不稅准官中與賣主及鄰佑里書告發將業主照律責追在所追半價內提五成充賞惟換用官紙原契止出主中人向畫押記如換官紙後仍令補押恐滋刁難之端且遷徙事故必多窒礙嗣後前項契據令業主自謄官紙將原契粘連鈐印以歸簡易而示體恤

一典買田房向有中人用錢今設立官中亦應酌分用錢東省俗諺有成三破二之說本非定例今分典賣二層如係買業按照買價給百分中之三分買者出二分賣者出一分係官中說成者准官中分用二分原中代筆分用一分若原中說成者准官中分用一分原中代筆分用二分如係典業按照典價給百分中之二分承典者出一分二厘出典者出八厘係官中說成者准官中分用一分二厘原中代筆分用八厘若原中說成者准官中分用八厘原中代筆分用一分二厘倘官中人等多索准民告發查實嚴辦

一自經稅契認真稽徵買賣房地責令謄寫官紙民間無可隱匿狡黠者仍多方規避以賣作典自光緒三十一年起典當房地亦應一律改用官紙以杜影射

一民間典買田房必請中人說價不拘人數多少是謂原中然亦有無中人彼此先說合者自今以後毋論有原中無原中到立契之時總須邀官中到場說明價值以免隱漏

官契

立賣契人洪占普今因無錢使用情願將自巳房地五畝四分三厘四毫 間坐落北關 莊
北處南至洪清淮北至道中東至買主西至洪 四至分明邀同原
中洪吉太等官中徐芳蘭公同議明實價紋銀叁拾叁兩 錢 當交不欠
賣給洪和慶名下永遠爲業絕無反悔糧銀 照契過割由 自
行照例投稅如有違碍情弊賣主一面全管恐後無憑填寫官契爲證
應納糧銀 三鄉一區大北關洪折貴名下收 本里洪和慶名下收

長活二百二十八步
北横活六步
中横活五步又分五厘
南横活五步又六分

原中人洪吉太
官中人徐芳蘭
經付人洪吉太戳記
代字人朱榮慶

光緒三十三年四月 日立

縣正堂 充官中人

立賣契人洪占普因使用不便情原將自己
伍畝四分叁厘四毫其地北至道中南至洪西至洪東至買主
四至分明同中人洪吉太説合賣於洪玉春名下為業言明每畝
價銀陸兩正共價銀叁拾叁兩正其銀当中交足分銀不欠稅契過割
兩家情愿恐口無信立契為證

三鄉一大北關 洪折貴開 洪和慶收 地五畝四分三厘四元

光緒三十三年四月 同中 立

契尾

直隸等處承宣布政使司爲遵

旨議奏事乾隆十四年十二月二十二日奉准

戶部咨開河南布政使富 條奏民間買賣田產經收稅銀將契尾粘連用印存貯申送府州藩司查核[illegible]以大報小奸民爭執[illegible]久弊生不可不量爲變通[illegible]等酌議請嗣後布政司頒發給民契尾格式編列號數前半幅照常細書業戶等姓名買賣田房

數目價銀稅銀若干後半幅於空白處預鈐司印以備投稅時將契價稅銀數目大字填寫鈐印之處令業戶看明當面騎字截開前幅給業戶

收執後幅同季冊彙送布政司查核此係行鈐跡平分爲二大小數目委難改換其從前州縣布政司備查及契尾應行停止以省繁文庶契

尾無停擱之虞而契價無參差之弊於民無累於稅無虧侵蝕可杜而爭訟可息矣又於乾隆三十一年八月二十六日奉准

戶部咨開直隸按察使裴 條奏嗣後州縣給發契尾如田房契價在千兩以下者爲數無多應仍照舊經理廳官申送道府查驗其契價在

千兩以上者應如該按察使所議令各該州縣將所填契尾粘連業戶原契按月申送知府直隸州查驗直隸州則申送該管道員查驗相符

即將契尾截裁兩半定限十日發還州縣一給業戶收執一存係業藩司稽核並令各該督撫隨時察訪倘州縣[illegible]遲延逾限

不給以致查驗不力仍有私收侵吞情弊自應分別處分將州縣按月申送查驗及道府直隸州違延定限不行給還者查明至十日以上者

罰俸六個月二十日以上者罰俸一年一月以上者降一級留任若道府直隸州已按期給發該州縣不即給業戶收執亦照此例議處仍令

道府直隸州及各州縣[illegible]註明發給月日以備查核須至契尾者

計開

[illegible] 府 [illegible] 業戶 光緒 年 月 買 房地 坐落 用價銀 納稅銀

[illegible]縣 布字三萬三千四百八十三 號右給業戶 准此

光緒廿三年十二月十八 日

於光緒 年 月 日投稅遵例粘用契尾 月 日 發驗 月 日到本 查驗相符騎字截開 月 日 發回 月 日到本於 月 日粘前幅給業戶收執契根存[illegible]

長活叁仞二十八步正

北 陸步正

中横活五步八分五厘

南 五步六分

二三四

清光緒三十三年（一九〇七）密雲縣王門雷氏同子指園借錢白契

（契約三七）

立指北園子借錢文約人王門雷氏同子王卿、王棟，因手乏不便，將自己祖遺民産壹處，坐落在田莊北河溝東水元子壹處，東至梁頭分水，西至河溝，南至石姓小河溝，北至石姓界墻，四至分明，自煩中人，情願出指與石璞名下，借匣市東錢拾伍吊整。其錢筆下交足不欠。同中人言明，每月交錢利二分半，不許拖欠。如有拖欠者，園地歸與錢主自便。此係兩家情願，各無返（反）悔。恐口不憑，立指字存照。

同中保人 石田（押）

光緒三十三年七月廿五日 立指北園子借錢文約人 王門雷氏（押）

同子 王卿（押）

同子 王棟（押）

同子 王德（押）

同孫 王朝和（押）

王朝海（押）

立指北園子借錢文約人王門雷氏同子王棟卿因手乏不便將自己祖遺民
産壹處坐落在田莊北河溝東水元子壹處東至渠頭分水西至河溝
南至石姓小河溝北至石姓界墻四至分明自煩中人情願出指與
石璞名下借匝市東錢伍吊整其錢筆下交足不欠同中人言
明每月交錢利二分半不許拖欠如有拖欠者準其地歸與錢主自便
此係兩家情願各無返悔恐口不憑立指字存照

同中保人石田十

光緒三十二年七月廿五日立指北園子借錢文約人王門雷氏十同子王棟卿十十

同子王德十

同孫王朝和十朝海十

二三五

清光緒三十三年（一九〇七）大興縣趙曉山賣房白契

（契約一六五）

立賣房契人趙曉山，今有自置住房一所，坐落在原喇叭營現更利溥營中間路南，清水脊門一坐（座），北上房三間，東、西耳房各壹間，東、西厢房各三間，南房五間，臨街北房八間，平臺三間，灰棚四間，東院北房弍間，南平臺弍間，小院平臺弍間，門洞一間，門房半間，門窗户壁俱全，上下土木相連，今憑中人説合，情願賣與甯蘭亭名下永遠爲業。言明賣價銀市平松江陸佰五拾兩正。其銀筆下交足，并不欠少。自賣之後，如有親族人等争論，并來歷不明，俱有賣主并中人一面承管。恐後無憑，立字爲據。

紅契弍套、白字弍張一并跟隨，共計瓦房、平臺、灰棚叁拾捌間半。

光緒三十三年十二月初三日立

立賣契人　趙曉山（押）

說合人　張　德（押）

知情底保人　楊春望（押）

廿六

立賣房契人趙曉山今有自置住房一所坐落在原喇叭營現
更利溥營中間路南清水脊门一坐北上房三間東西耳房各
壹間東西廂房各三間南房五間臨街北房八間平台三間灰棚四間
東院北房弍間南房弍間小院平台弍間衚洞一間灰房半間門窗
户壁俱全上下土木相連今憑中人說合情愿賣与
宵蔵亭名下永遠為業訓賣價銀市平松江陸佰五拾兩正其銀筆
下交足並不欠少自賣之後如有親族人等爭論並來歷不明
俱有賣主並中人一面承管恐後無憑立字為據
红契弍套白字弍張一並跟随共計瓦房連灰棚四拾八間半

立賣契人趙曉山（押）
說合人張德十
知情底保人楊春望十

光绪三十三年十二月初三日　立

二三六

清光緒三十四年（一九〇八）懷柔縣英華等賣地白契

（契約二四五一一）

立公仝賣地人正黄旗蒙古六甲喇常全佐領下長房驍騎校英華、次房馬甲英蘭之妻德氏、三房護軍英菊，將曾祖明自置旗紅契地一處，計一段共九頃六十畝，座（坐）落在京北懷柔縣城東前駙馬莊，三房公仝當面言明，憑中人説合，情願賣與鑲藍旗滿洲三甲喇世襲輕車都尉花翎二品銜勳舊佐領雙林之長子花翎同知銜陝西試用知縣耆昌、三子花翎五品銜補用筆帖式耆康名下爲業。言定賣價京平足銀壹阡（仟）陸佰兩整。其銀筆下交足，并不欠少。自賣之後，如有親族人等争競以及重復典賣之事，俱有賣主與中保人一面承管。恐口無憑，立字存證。

明宅貼身紅契一張、白字一張跟隨。

再：如有陳契纍落紙復出，作爲廢紙。

立公仝賣地人

次房英蘭之妻德氏（押）

長房英華（押）

三房英菊（押）

中保説合人　福景田（押）

光緒三十四年十月十八日

立公仝賣地人正黃旗蒙古六甲喇常全佐領下

次 馬甲英蘭之妻德氏

長房驍騎校英華將 曾祖明自置旗紅契地一處計一段共九頃六十畝座落在京北懷柔縣

三 護軍英菊

城東前駙馬庄三房公仝當面言明憑中人說合情愿賣與鑲藍旗滿洲三甲喇

世襲輕車都尉花翎二品銜勲舊佐領雙林之長 子花翎同知銜陝西試用知縣耆昌

三 五品補用筆帖式康 名下為業

言定賣價京平足銀壹阡陸伯兩整其銀筆下交足並不欠少自賣之後如有親族人等爭競以及重復

典賣之事俱有賣主與中保人一面承管恐口無憑立字存證

明宅貼身紅契一張 白字一張跟隨

再如有陳契累落紙復出作為廢紙

立公仝賣地人長房英華（押）

次 英蘭之妻德氏（押）

三 英菊（押）

中保說合人福景田（押）

光緒三十四年十月十八日

信 行

二三七

清光緒三十四年（一九〇八）天津武清縣關煊杜賣地官契

（契約四六七）

立杜賣契文約人關煊，因正用，煩中説合，將本身民（地）壹段，坐落長屯家東，地名方家墳，計地東西貳段，共地拾畝零捌分捌厘捌毫，情願賣與原佃李俊棠名下承種爲業。言明每畝東錢壹百零伍吊，共地價錢壹仟壹百四拾叁吊弍百四拾文整（合銀壹百玖拾兩〇陸錢正）。其錢筆下交足不欠。欲後有憑，立字爲證。

弓口四至，開列於後。

中人
李鴻軒
關忠（押）
李甬林（押）
李子廉（押）
李裕恒（押）
諸葛治興（押）
李成豐（押）
杜成林（押）
彭汝林（押）

光緒三拾四年六月拾四日　立賣契人　關煊（押）

東段均长玖拾七弓叁尺，南寬拾四弓，中寬拾四弓，北寬拾四弓四尺二寸……

三□四弓四尺七寸，北□五弓壹尺。

永遠爲證

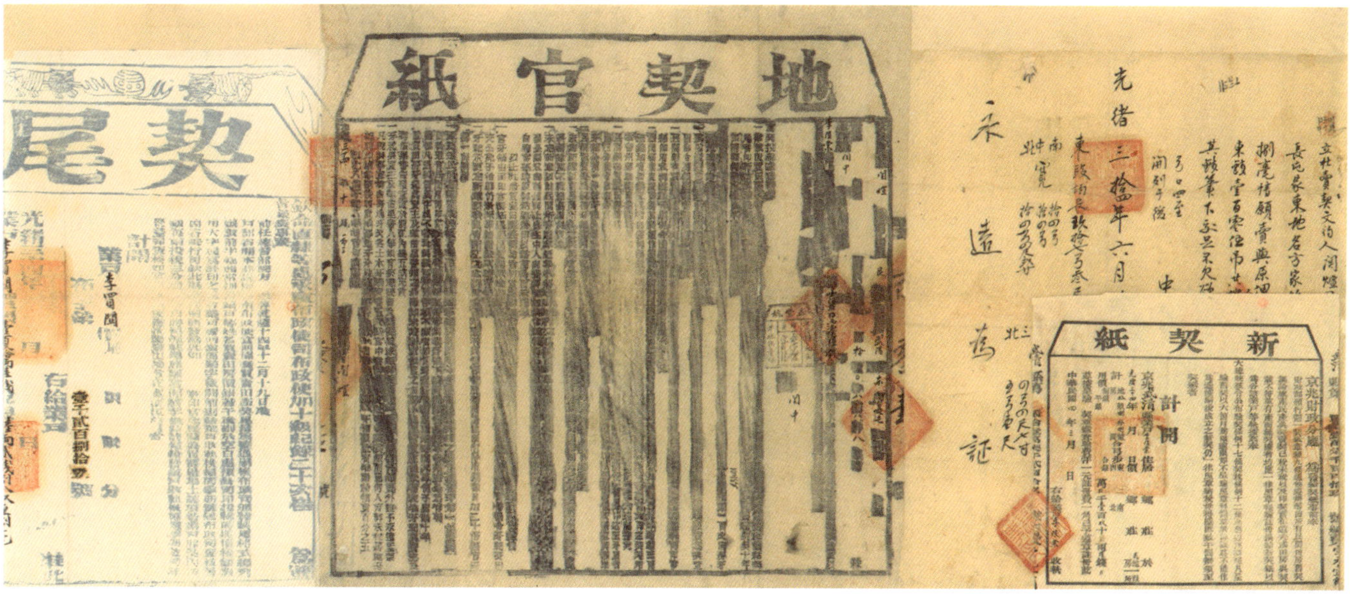
地契官紙
契尾
新契紙
光緒

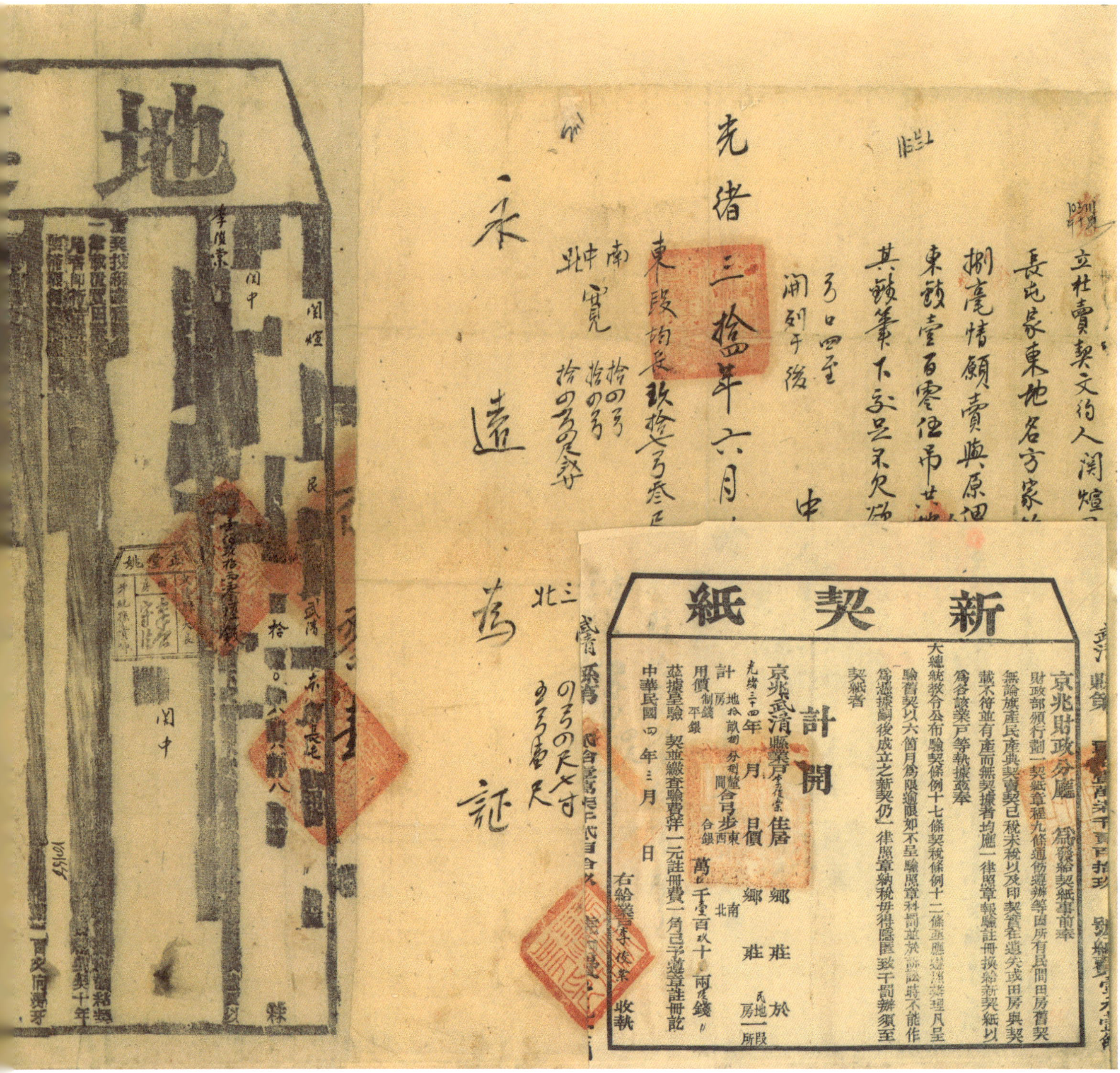
新契紙
京兆財政分廳 為發給新契紙事 前奉
財政部頒行劃一契紙章程九條遵仿遵辦等因所有民間田房舊契
無論旗產民產典契賣契已稅未稅以及印契遺失或田房與契
載不符並有產而無契據者均應一律照章報驗註冊換給新契紙以
為各該業戶等執據茲奉
大總統教令公布驗契條例十七條契稅條例十二條並應遵照辦理凡呈
驗舊契以六箇月為限逾限如不呈驗照章科罰並將來訴訟時不能作
為憑據嗣後成立之新契仍照律照章納稅毋得隱匿致干罰辦須至
契紙者
計開
京兆武清縣業戶 售 鄉 莊 於
光緒三十四年 月 價 鄉 莊 民地 房 一段 一所
計 地拾畝捌分捌釐 房 間 合弓步 東西 南北
用價 制錢 平銀 合銀 萬 千壹百玖十 兩 錢
茲據呈驗 契並繳查驗費洋一元註冊費一角已予遵章註冊訖
右給業戶 收執
中華民國四年三月 日
立杜賣契文約人閻煊
長屯家東地名方家
捌處情願賣與原佃
東錢壹百零伍吊
其錢筆下交足不欠
閻中
閻煊
閻列于後
光緒三拾四年六月
東段均長玖拾七弓叁尺
南中北 寬 拾四弓 拾四弓 拾四弓五尺參
永遠為証

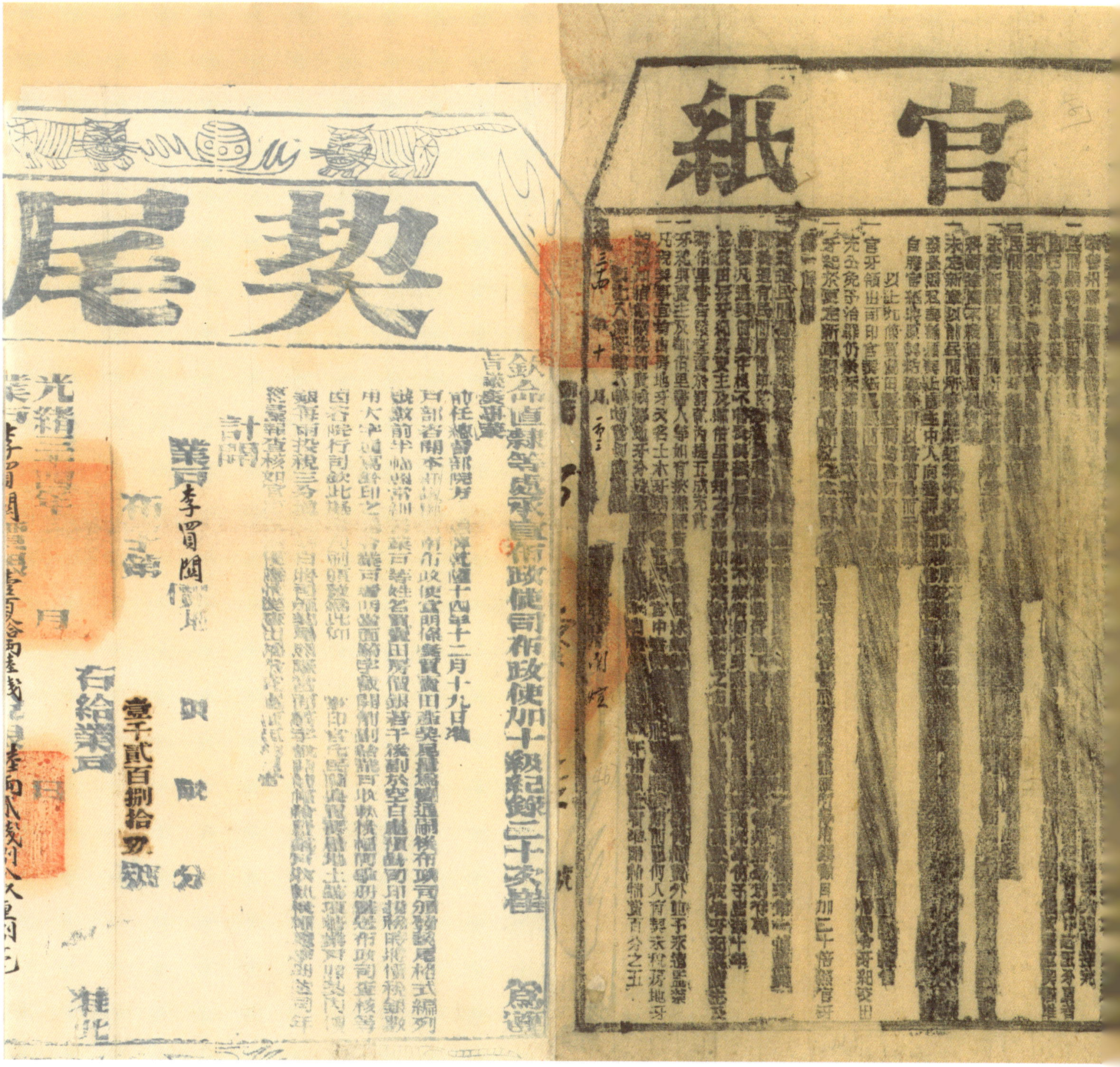

官紙

契尾

欽命直隸等處承宣布政使司布政使加十級紀錄二十次

業戶李買閻

壹千貳百捌拾

右給業戶

光緒

二三八

清光緒順義縣劉瑞芳杜絶賣地白契

（一八七五—一九〇八）

（契約九五）

立賣杜絶地契文約人劉瑞芳，因手乏，無銀使用，今將自置祖遺地壹段，坐落在馬頭慶村東北頂柳行，東西行畛，計開東至道，西至道，南至李姓，北至李姓，四至計地叁拾伍畝。今托中人説合，情願出賣與西馬各莊村王玉臣名下永遠爲業。當面言明，賣價銅製東錢貳阡（仟）貳佰叁拾元整。其錢筆下交足，并不欠少。自賣之後，任憑置主自便，報糧生（升）科、栽養樹木，永無契主相干。如有親族人等争論者，有賣主壹面承管。此係兩家情願，各無返（反）悔。恐口無憑，立賣杜……字存照。

隨代（帶）紅契壹張，拾捌畝；隨代（帶）白契壹張，拾柒畝。

中保人　白玉鄉（押）

……字……

……日

立賣杜絶地契文約人劉瑞方，因手乏無銀使用，今將自置祖遺坐落

在馬頭庄村東北頂鄉行東西行畛，計開：東至道，西至道，南至李姓，北至李姓，四至計地叁拾伍畝，今託

中人説合，情愿出賣與西馬各庄村

王至臣名下永遠為業，當面言明賣價錢合京錢貳阡貳佰[illegible]，其錢筆

下交足，並不欠少。自賣之後，任憑買主報粮生科，栽養樹木，永無賣主相干。如

有親族人等爭論者，有賣主壹面承管。此係兩家情愿，各無返悔，恐口無憑，立賣杜

字存照。

隨代紅契壹張拾捌畝

隨代白契壹張拾柒畝

中保人白玉鄉 十

年　月　日　立字

永遠為業

二三九

清光緒大興縣啟元賣房官契稿

（一八七五—一九〇八）

（契約四一三）

立賣房契人啟元，今因乏用，將祖遺鋪面房壹處，臨街門面房一間，接連房二間，西首烟鋪後接連三間，三層西院灰棚一間，後通德泰皮店罩棚三間，罩棚後中院南房二間，灰棚一間，後北院過廳三間，東西厢房四間，小敞棚二間，北正房三間半，共計瓦房、灰棚、罩棚叁拾貳間半。隨房院落門窗户壁俱全，上下土木相連，坐落在正陽門外打磨廠路北地方，今憑知底中保人説合，情願出賣與樊　名下永遠爲業。三面言明，寔賣房價銀肆百兩整。其銀筆下交足，并無欠少。自賣之後，倘有遠近親族長幼人等争兢（競）以及指房執契借貸官銀私債、重複分授不清各等情，俱有出賣房主并知底中保人一面承管。恐後無憑，立此賣房契存照。

内有原房啟姓本身紅契壹張、上首老紅契壹張跟隨。又照。

光緒　年　月　日

立賣房契人　啟　元（押）

知情管業人　李德山（押）

程國臣（押）

中保人　田文斌（押）

玉璞莊（押）

説合人　葉秀臣（押）

房牙　顧振霖（印）

凡民間置買房産，成交後該牙眼同填寫官發契稿，催令依限納税，即有私相買賣不經官牙希圖漏税者，該牙查明稟報，以憑按例究辦。須至稿者。

立賣房契人啟元今因乏用將祖遺舖面房壹處臨街門面房一間接連房二間西首相舖後接連三間三層西院灰棚一間後通
德泰皮店罩棚三間罩棚後中院南房三間灰棚一間後北院過廳三間東西廂房四間小廠棚二間北正房三間半共計瓦
房灰棚罩棚叁拾貳間半隨房院落門窓户壁俱全上下土木相連坐落在正陽門外打磨廠路北地方今憑知底中保
人說合情愿出賣與
樊　名下永遠為業三面言明定賣房價銀肆百兩整其銀筆下交足並無欠少自賣之後倘有遠近親族長幼人等爭
執以及指房執契借貸官銀私債重複分授不清各等情俱有出賣房主並知底中保人一面承管恐後無憑立賣房契存照
內有原房啟姓本身紅契壹張上首老紅契壹張跟隨存照

光緒　年　月　日立賣房契人啟元　十
知情管業人李德山　十
中保人　程國臣（押）　田文斌（押）
說合人　玉璞莊（押）　葉秀臣（押）
房牙　顧振霖

順天府房行經紀顧振霖

大興縣契稿

凡民間置買房產成交後該牙眼同填寫官發契稿催令依限納稅即有私相買賣不經官牙希圖漏稅者該牙查明稟報以憑按例究辦須至稿者

同字乙百二十號

二四〇

清宣統元年（一九〇九）懷柔縣英華等賣地官契

（契約二四五一二）

立公仝賣地人正黄旗蒙古常全佐領下長房驍騎校英華、次馬甲英蘭之妻德氏、三房護軍英菊，將曾祖明德自置旗紅契地一處，座（坐）落在京北懷柔縣城東前駙馬莊，計長方地一段，共九頃六十畝。東至恭王府地，東南至恭王府地，西南至黄鷄營村，正西至韓姓等地，正北至天仙廟，後身菜園内有天仙廟一座，四至分明。三家公仝當面言明，憑中保説合人鑲藍旗滿洲世管佐領福蘇哩説合，情願將地賣與鑲藍旗滿洲三甲喇雙林佐領下花翎同知銜陝西試用知縣耆昌、花翎五品銜補用筆帖式耆康名下爲業。言定價銀京平足銀壹阡（仟）兩整。其銀筆下交足，并不欠少。自賣之後，如有親族人等（争）競以及重復典賣等事，俱有賣主英華、德氏、英菊、中保人福蘇哩一面承管。再：如有陳契纍落紙復出，作爲廢紙。恐後無憑，立字存證。

立公仝賣地人 長房驍騎校英華（押）
次房馬甲英蘭之妻德氏（押）
三房護軍英菊（押）

中保説合人 世管佐領福蘇哩（押）

大清宣統元年正月二十五日

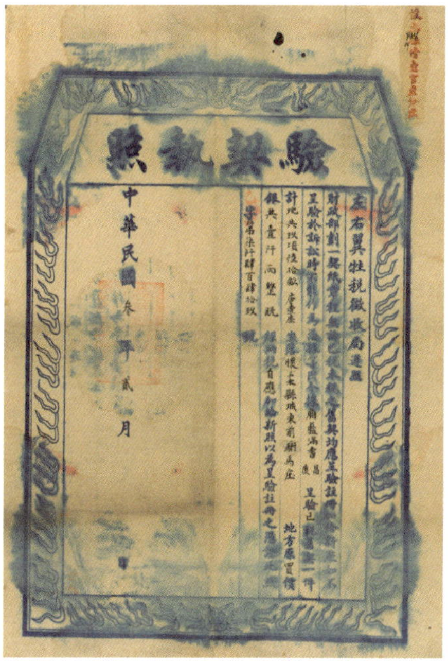
驗契執照

中華民國　年貳月

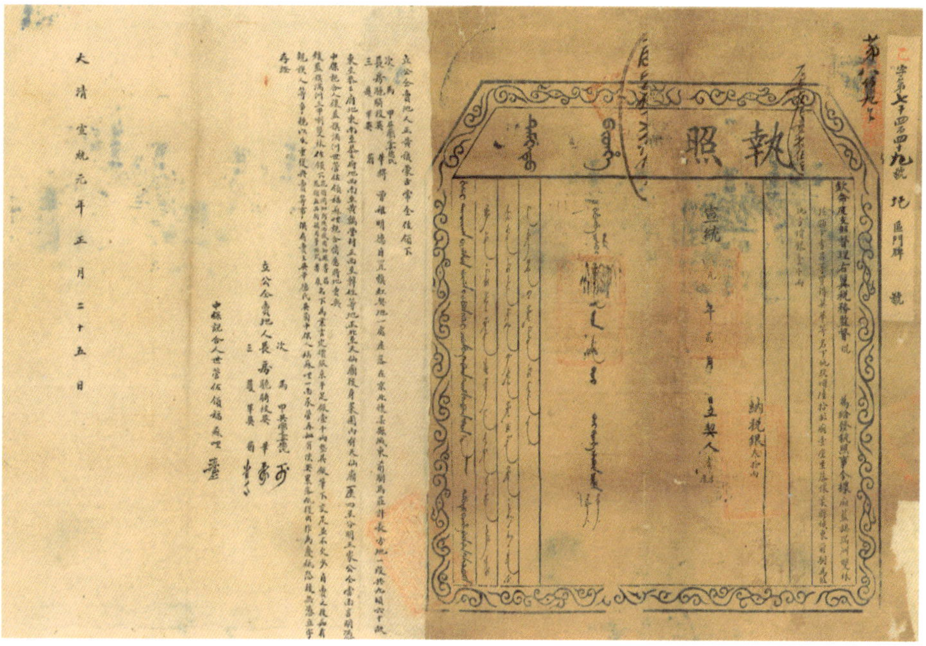
大清宣統元年正月二十五日

執照

宣統　元年五月　立契人

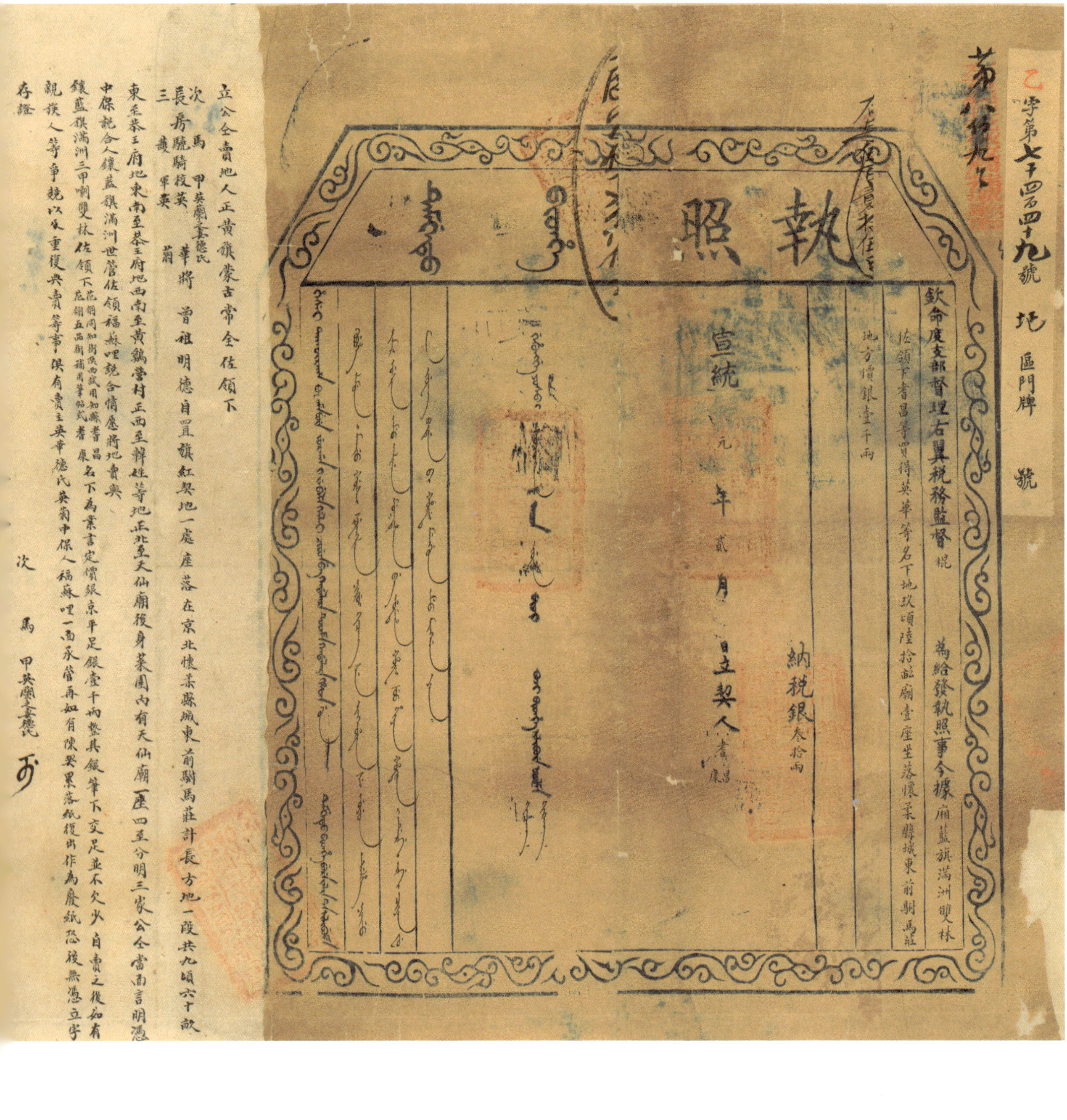
乙字第七千四百四十九號 地 區門牌 號
第八佰九
執照
欽命度支部督理右翼稅務監督 裩
為給發執照事今據廂藍旗滿洲雙林
佐領下耆昌等買得英華等名下地玖頃陸拾畝廟壹座坐落懷柔縣城東前駙馬莊
地方價銀壹千兩
宣統元年貳月 日立契人耆昌 康
納稅銀叁拾兩
立公仝賣地人正黃旗蒙古常全佐領下
次 馬甲英蘭之妻德氏
長房驍騎校英華將 曾祖明德自置旗紅契地一處座落在京北懷柔縣城東前駙馬莊計長方地一段共九頃六十畝
三甍軍英菊
東至恭王府地東南至恭王府地西南至黃鶴營村正西至韓姓等地正北至天仙廟後身菜園內有天仙廟一座四至分明三家公仝當面言明憑
中保說合人鑲藍旗滿洲世管佐領福麻哩說合情愿將地賣與
鑲藍旗滿洲三甲喇雙林佐領下花翎同知銜候選試用知縣耆昌花翎五品銜補用筆帖式耆康名下為業言定價銀京平足銀壹千兩整其銀筆下交足並不欠少自賣之後如有
親族人等爭競以及重復典賣等事俱有賣主英華德氏英菊中保人福麻哩一面承管再如有陳娶累落紙後出作為廢紙恐後無憑立字
存證
次 馬甲英蘭之妻德氏

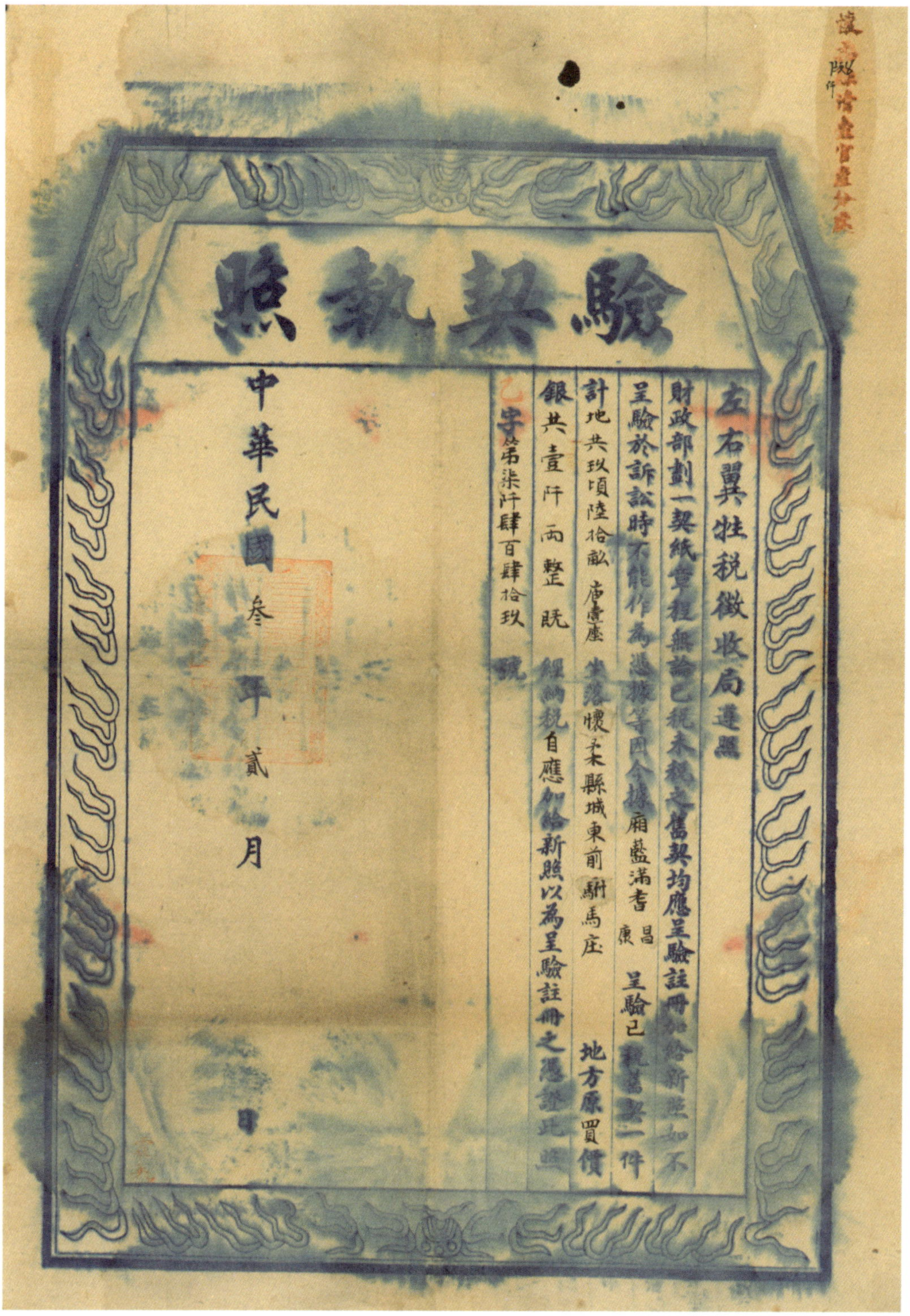

驗契執照

左右翼牲稅徵收局遵照
財政部劃一契紙章程無論已稅未稅之舊契均應呈驗註冊加給新照如不
呈驗於訴訟時不能作為憑據等因今據廂藍滿書 昌 庚 呈驗已稅舊契一件
計地共玖頃陸拾畝 房壹座 坐落懷柔縣城東前駙馬庄 地方原買價
銀共壹仟兩整 既經納稅自應加給新照以為呈驗註冊之憑證此照
乙字第柒仟肆百肆拾玖號

中華民國叁年貳月 日

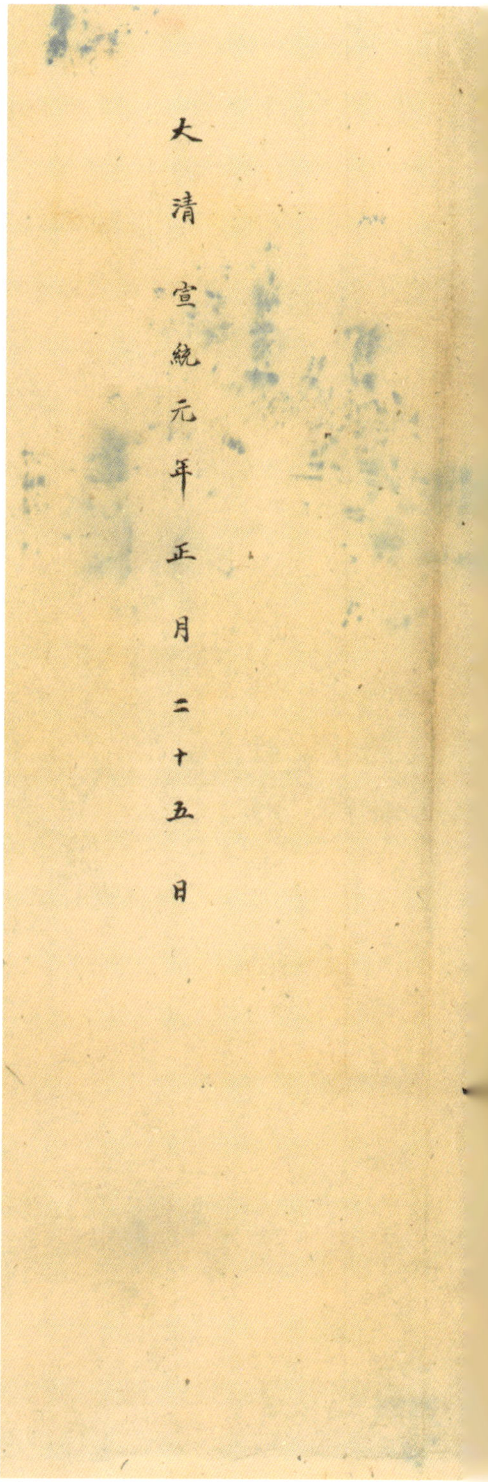

大清宣統元年正月二十五日

二四一

清宣統元年（一九〇九）天津武清縣陸贊廷杜絶賣地官契

（契約四七六）

立杜絶賣契人陸贊廷，因政（正）用，煩中説合，將祖遺應分民地一段，坐落韓家墳，計地拾貳畝，情願賣與李耀堂名下爲業。言明賣價每畝紋銀伍兩貳錢，共合銀陸拾貳兩四錢正。齊（其）銀筆下交足不欠。此係二家情願，各無返（反）悔。恐口無憑，立字爲照。

中人 彭汝霖（押）

趙榮濮（押）

李貴堂（押）

立賣契人 陸贊廷（押）

宣統元年二月十六日

均長 一百六十二弓五分，均寬 十七弓七分三厘。四至：東陸，西旗地，南道，北談。

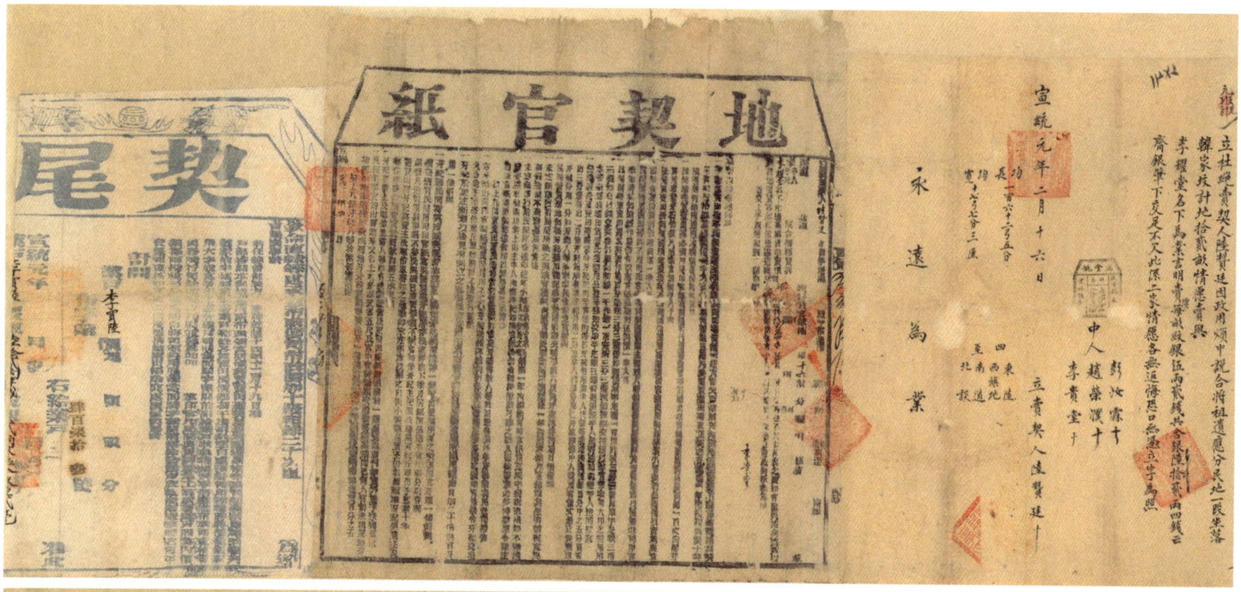

立杜絕賣契人陸贊廷因政用不便中說合將祖遺應分民地一段坐落韓家坟計地拾貳畝情愿賣與李耀堂名下為業言明賣價每畝銀伍兩貳錢共合銀陸拾貳兩四錢正其銀筆下交足不欠此係二家情愿各無返悔恐口無憑立字為照

中人　彭汝霖十　趙榮漢十　李貴堂十

四至　東陸　西蔡地　南道　北趙

均長一百六十二弓五分
均寬十六弓七分三厘

宣統元年二月十六日

立賣契人陸贊廷十

永遠為業

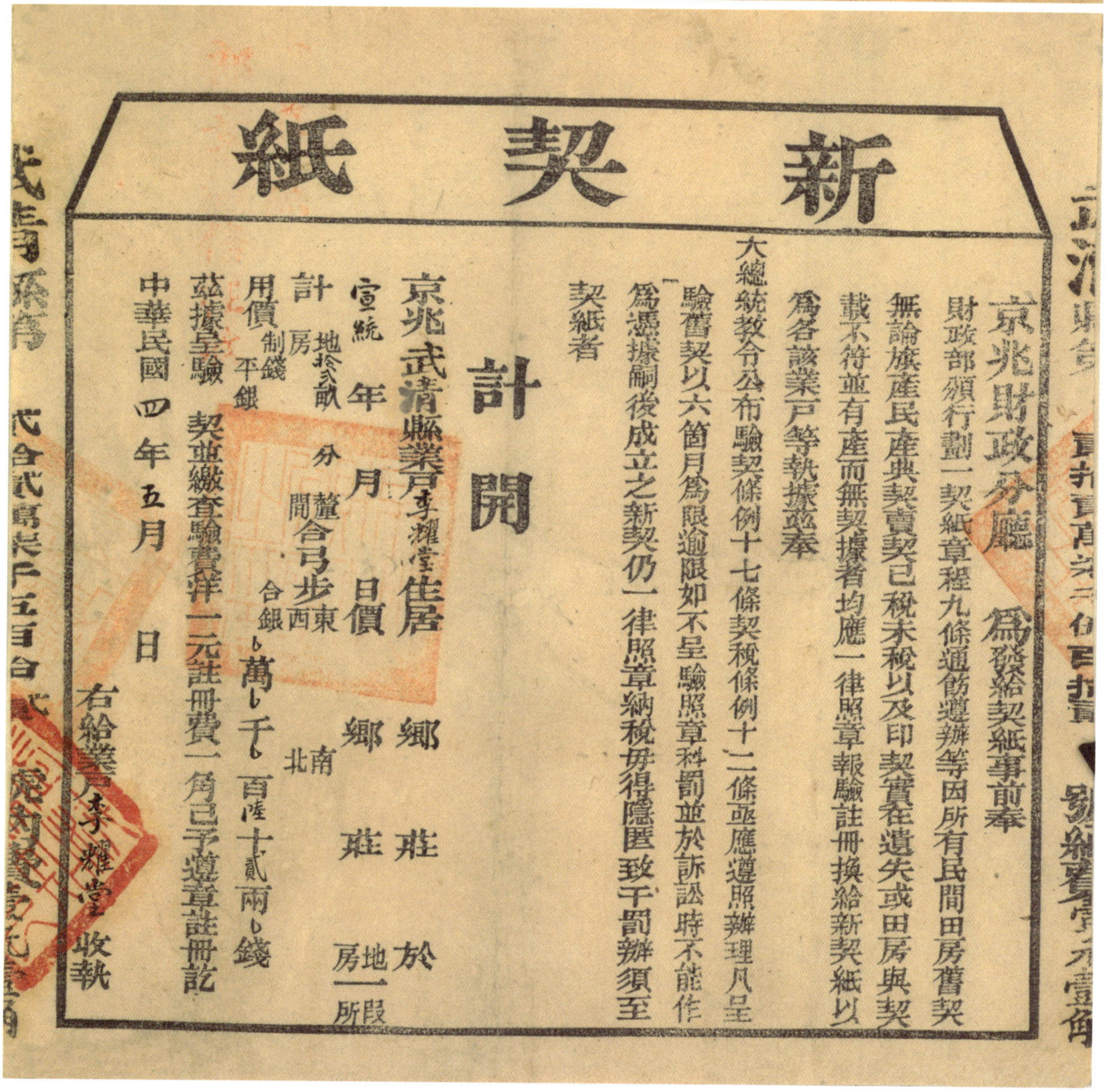

新契紙

京兆財政分廳　為發給契紙事前奉
財政部頒行劃一契紙章程九條通飭遵辦等因所有民間田房舊契無論旗産民産典契賣契已稅未稅以及印契實在遺失或田房與契載不符並有産而無契據者均應一律照章報驗註冊換給新契紙以為各該業戶等執據茲奉
大總統教令公布驗契條例十七條契稅條例十二條並應遵照辦理凡呈驗舊契以六箇月為限逾限如不呈驗照章科罰並於訴訟時不能作為憑據嗣後成立之新契仍一律照章納稅毋得隱匿致干罰辦須至契紙者

計開

京兆武清縣業戶李耀堂住居　　鄉　　莊
宣統　年　月　日價　　鄉　　莊　於　房地一段所
計房地拾弍畝　分　釐　間合弓步　東西南北
用價制錢平銀合銀　萬　千　百陸十貳兩　錢
茲據呈驗　契並繳査驗費洋一元註冊費一角已予遵章註冊訖

中華民國四年五月　日

右給業戶李耀堂收執

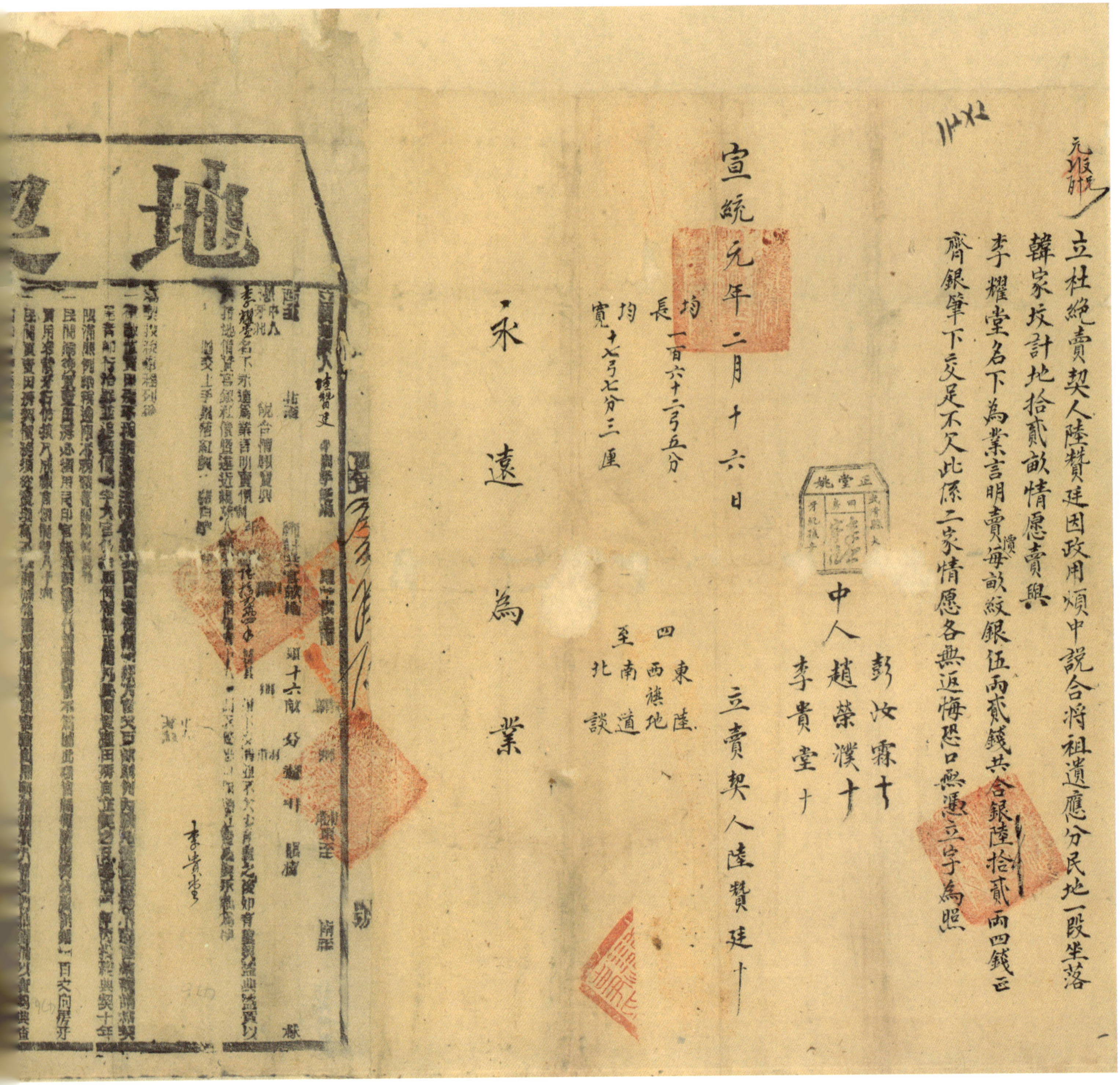

立杜絕賣契人陸贊廷因政用煩中說合將祖遺應分民地一段坐落

韓家坟計地拾貳畝情願賣與

李耀堂名下為業言明賣[價]每畝紋銀伍兩貳錢共合銀陸拾貳兩四錢正

齊銀筆下交足不欠此係二家情願各無返悔恐口無憑立字為照

中人 彭汝霖十 趙榮漢十 李貴堂十

立賣契人陸贊廷十

四至 東陸 西旗地 南道 北談

長 均一百六十二弓五分

寬 均十七弓七分三厘

宣統元年二月十六日

永遠為業

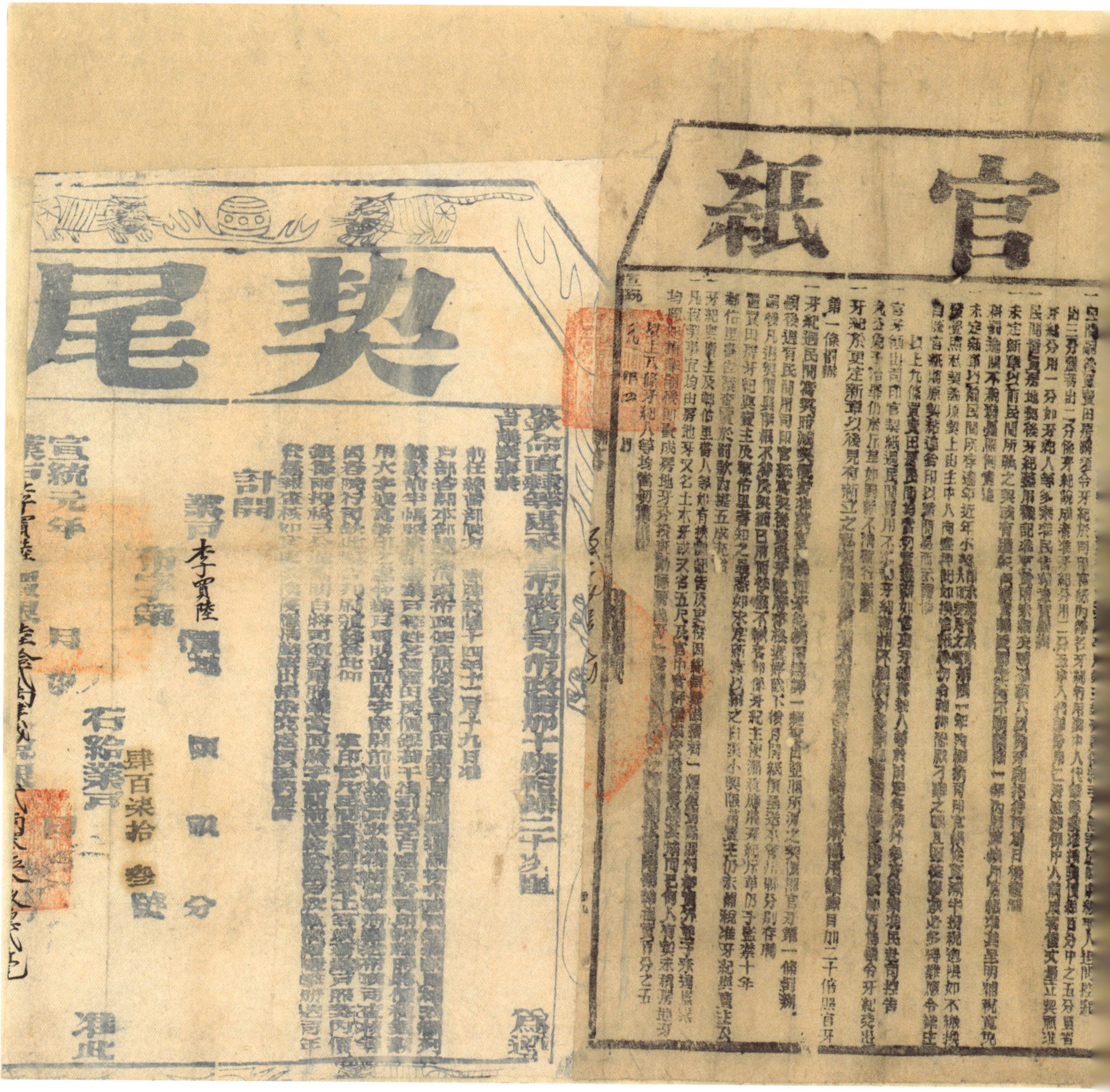
官紙
第一條罰欵
契尾
計開
李賈陸
宣統元年
肆百柒拾
右給業戶
准此

清宣統元年（一九〇九）大興縣趙德海賣地官契

（契約三三八）

立賣地字人大興縣民趙德海，因手乏，無銀使用，今有自置地壹段，計拾捌畝，坐落安定門外小關東北大黄莊南地方，西至大道，東至張姓地邊，北至奎姓地邊，南至溝中，四至分明，今托中人説合，情願賣與鑲黄旗滿洲清安佐領下奎保名下永遠爲業。言明賣價銀京平松江銀柒拾兩整。其銀筆下交足不欠。立賣字據之後，如有親族人等争兢（競）舛錯，俱有賣字人、中人一面承管。恐口無憑，立賣字據爲證。

立賣字人　趙德海（押）
知情中保　王　山（押）
中保人　劉　順（押）

宣統元年四月

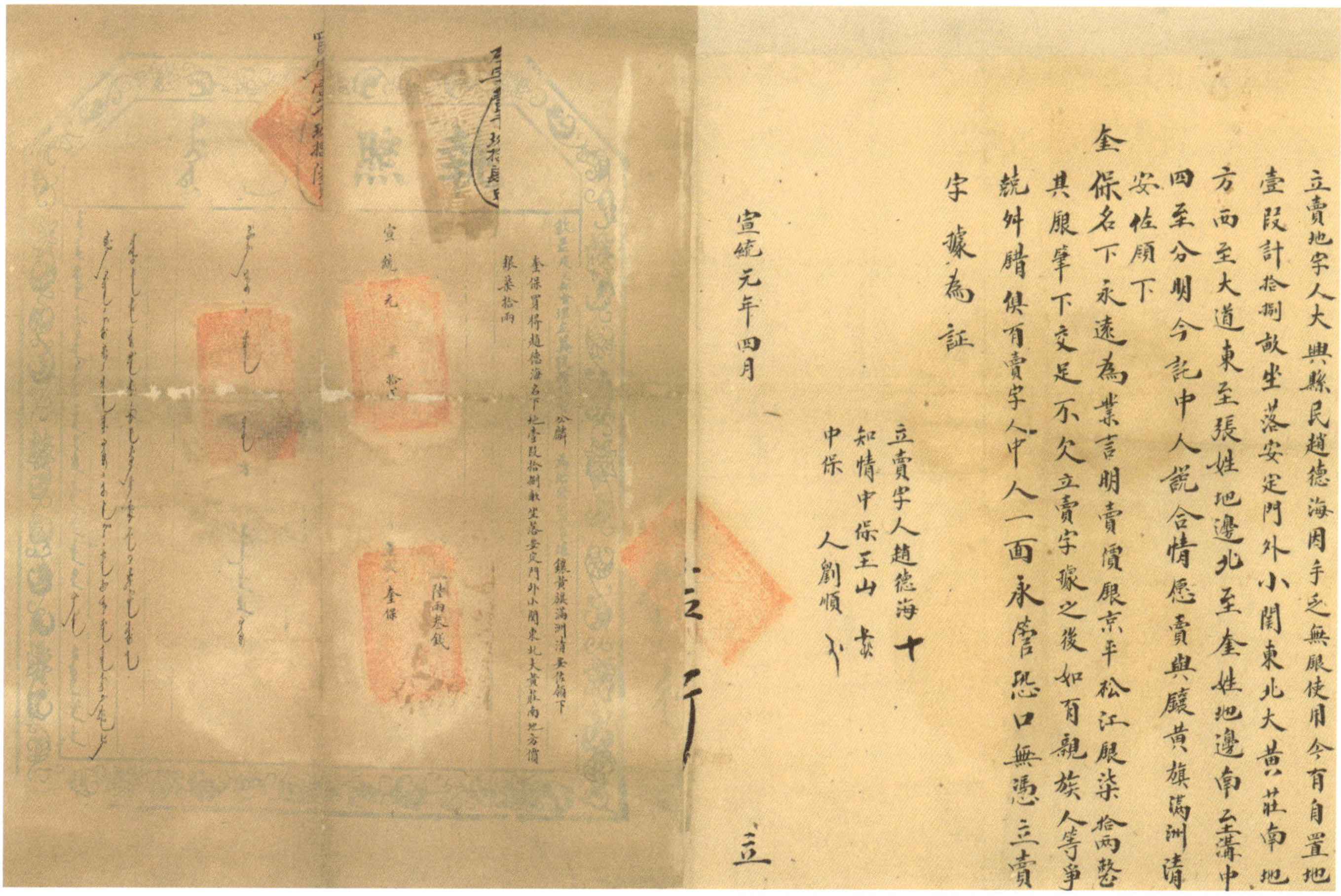

立賣地字人大興縣民趙德海因手乏無銀使用今有自置地
壹段計拾捌畝坐落安定門外小關東北大黄莊南地
方西至大道東至張姓地邊北至奎姓地邊南至溝中
四至分明今託中人說合情愿賣與鑲黄旗滿洲清
安佐領下
奎保名下永遠為業言明賣價銀京平松江銀柒拾兩整
其銀筆下交足不欠立賣字據之後如有親族人等爭
競外賠俱有賣字人中人一面承管恐口無憑立賣
字據為証

宣統元年四月

立賣字人趙德海 十
知情中保王山 押
中保人劉順 押

立

鑲黄旗滿洲清安佐領下 公廨
奎保買得趙德海名下地壹段拾捌畝坐落安定門外小關東北大黄莊南地方價
銀柒拾兩
陸兩叁錢
宣統元年 拾 月
奎保

立賣地字人大興縣民趙德海因手乏無銀使用今有自置地
壹段計拾捌畝坐落安定門外小關東北大黄莊南地
方西至大道東至張姓地邊北至奎姓地邊南至溝中
四至分明今託中人說合情愿賣與鑲黄旗滿洲清
安佐領下
奎保名下永遠為業言明賣價銀京平松江銀柒拾兩整
其銀筆下交足不欠立賣字據之後如有親族人等爭
競外錯俱有賣字人中人一面承管恐口無憑立賣
字據為証

立賣字人趙德海 十
知情中保王山 押
中保 人劉順 押

宣統元年四月

立

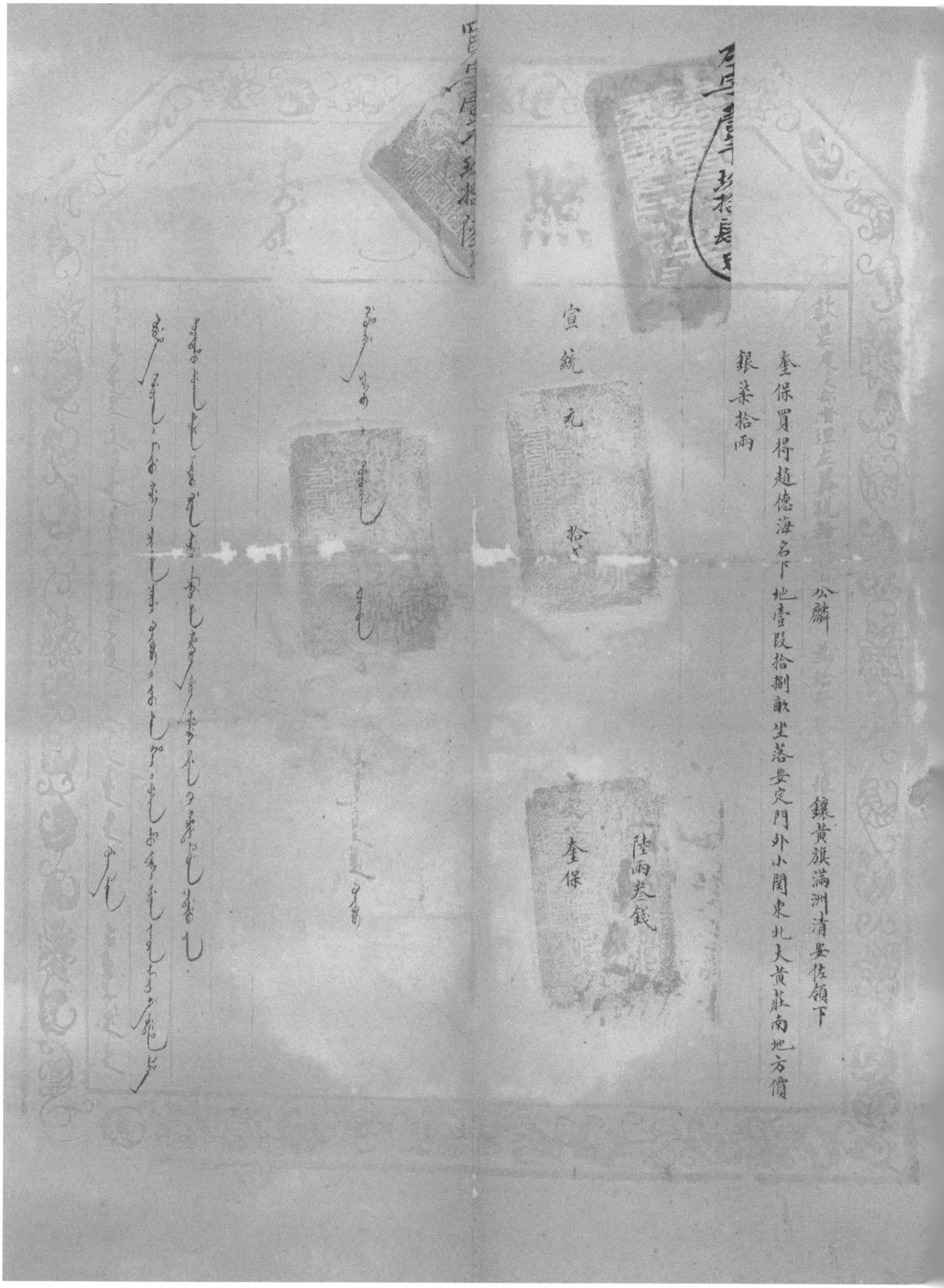

鑲黃旗滿洲清安佐領下

公麟

奎保買得趙德海名下地壹段拾捌畝坐落安定門外小關東北大黃莊南地方價

銀柒拾兩

陸兩叁錢

奎保

宣統元 拾

二四三

清宣統元年（一九〇九）大興縣劉華舫賣房官契

（契約二四三）

立賣房契字人劉華舫，今因自置住房壹所，北瓦房貳間，南瓦房貳間，東灰棚壹間，北院東灰棚兩間，北瓦房貳間，共計瓦灰房玖間，隔斷墻壹段，平門壹漕（槽），此房坐落在崇文門外迤西大街平樂園北糖房胡同，後通薛家灣東頭地方。今憑知底中保人説合，情願出賣與謝名下永遠爲業。三面言明，實賣房價銀壹伯（佰）兩正。其銀筆下交清，并無欠少。自賣之後，倘有遠近親族長幼弟男子侄争競，以及指房執契借貸官銀私債、重複典賣各等情，或分授不清、來歷不明，均有出賣主并知底人一面承管。恐後無憑，立此賣房契永遠爲證。

再批：原房有劉姓本身紅契壹張，秦、楊、詹、祝、王、屈、陸姓紅、白契紙陸張，一并跟隨。又照。批明于姓白字壹張，通共紅、白契紙捌張，交置主收存。

說合人　呂長海
知底保人　雍仰山
立賣房契人　劉華舫
房牙　潘國珍

宣統元年陸月貳拾陸日

貳間

立賣房契人劉華舫今因自置住房壹所北元房貳間南元房貳間東灰棚壹間北院東灰棚兩間北元房貳間共計元灰

房玖間隔斷墻壹段并門壹糟此房坐落在崇文門外迤西大街平樂園北糖房胡同後通薛家灣東頭地方今憑知

底中保人說合情愿出賣與

謝　名下永遠爲業三面言明實賣房價銀壹伯兩正其銀筆下交清並無欠少自賣之後倘有遠近親族長

幼弟男子侄爭競以及指房執契借貸官銀私債重複典賣各等情或分授不清來歷不明均有出賣主並知

底人一面承管恐後無憑立此賣房契永遠爲証

再批原房有劉姓本身紅契壹張秦楊唐祝王屈陸姓紅白契紙陸張一併跟隨又照批明于姓白字壹張通共紅白契紙捌張交

置主收存

大興縣掛號訖

宣統元年陸月　貳拾陸　日立賣房契人劉華舫

說合人呂長海

知底保人雍仰山

房牙潘國珍

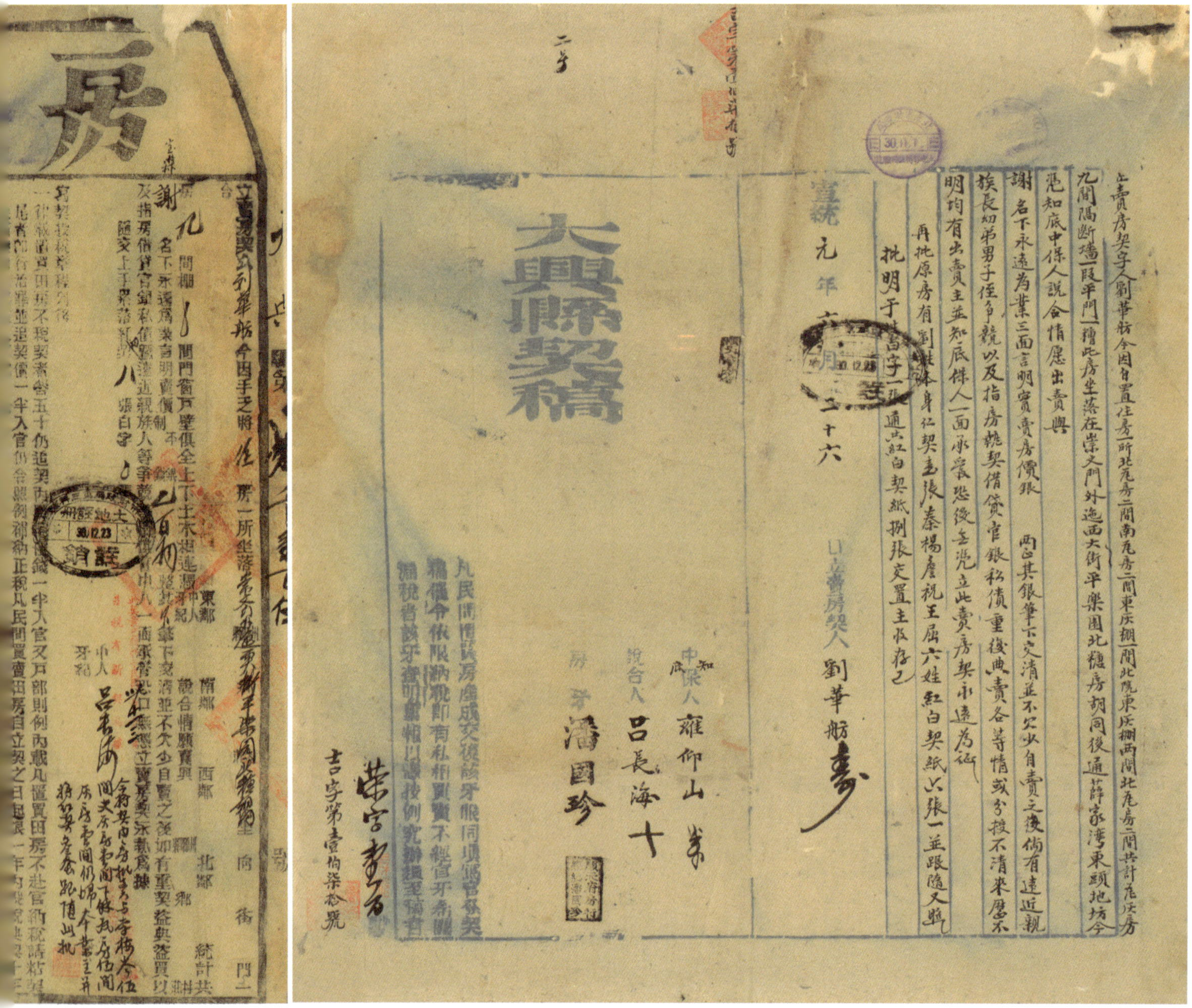

二号

立賣房契字人劉華舫今因自置住房一所北危房二間南危房二間東灰棚一間北院東灰棚兩間北危房二間共計危灰房九間隔斷墻一段平門一種此房坐落在崇文門外迤西大街平樂園北糖房胡同後通薛家灣東頭地坊今憑知底中保人說合情愿出賣與

名下永遠為業三面言明實賣房價銀 兩其銀筆下交清並不欠少自賣之後倘有遠近親族長幼弟男子侄爭競以及指房就契借貸官銀私債重復典賣各等情或字據不清來歷不明均有出賣主並知底保人一面承當恐後無憑立此賣房契永遠為證

再批原房有劉姓本身紅契壹張秦楊詹祝王屆六姓紅白契紙六張一並跟隨又照

批明于吉字一號通共紅白契紙捌張交置主收存

宣統元年六月二十六日 立賣房契人 劉華舫（押）

知底中保人 羅仰山（押）

說合人 呂長海（十）

房牙 潘國珍

大興縣契稿

凡民間憑買房產成交後該牙帖同填寫官發契稿備令依限納稅即有私相買賣不經官牙希圖漏稅者該牙查明稟帖以憑按例究辦

吉字第壹佰柒拾號

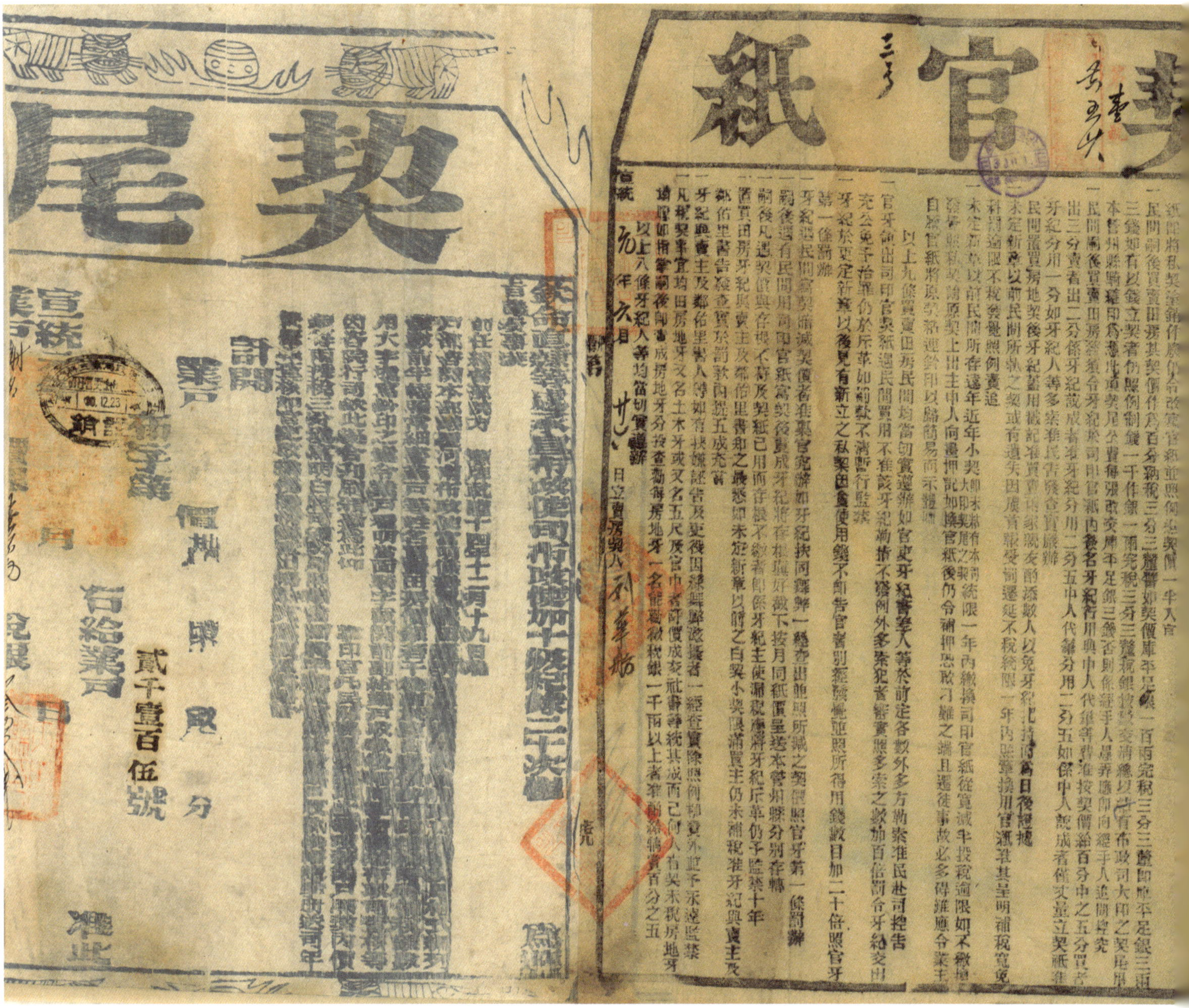

契尾

官契紙

一 民間嗣後買賣田房其契價作為百分納稅三分三釐……

一 民間置買房地契後牙紀蓋用戳記……

一 未定新章以前民間所執之契或有遺失……

以上九條買賣田房民間均當切實遵辦如官吏牙紀書差人等於前定各數外多方勒索准民赴司控告

一 官牙領出司印官契紙遇民間買用不准該牙紀掮措不發例外多索犯者……

一 牙紀於更定新章以後見有新立之私契……

第一條辦辦

以上八條牙紀人等均當切實遵辦

宣統元年六月廿一日立賣房契人劉華……

貳千壹百伍號

二四四

清宣統元年（一九〇九）順義縣王政執照

（契約二二二九）

度支部爲給發執照事。本部具奏民人承種向無糧租各項地畝劃清旗民報部核辦摺内聲明，嗣後如有民人呈報向無糧租地畝，除實係民荒地畝仍照奏章議糧外，其餘官荒、旗荒等項地畝，按照上、中、下三等科則議租，俟核准後照例給與執照，歸於旗租奏銷公産項下造報等因，於光緒十三年三月初五日具奏。本日奉旨：依議。欽此。欽遵行知在案。今據順義縣册造民人王政，呈報官荒地壹段，捌畝，坐落西馬各莊。據該縣詳請發照轉給該民人收執管業。按照呈報前項地畝，每畝議徵租銀肆分，共徵租銀叁錢貳分。該縣按年徵解外，相應填寫執照發交該縣轉給該民人收執管業可也。須至執照者。

東至劉姓，西至李姓，南至壕，北至壕。

右照給王政准此

宣統元年九月　日

執照

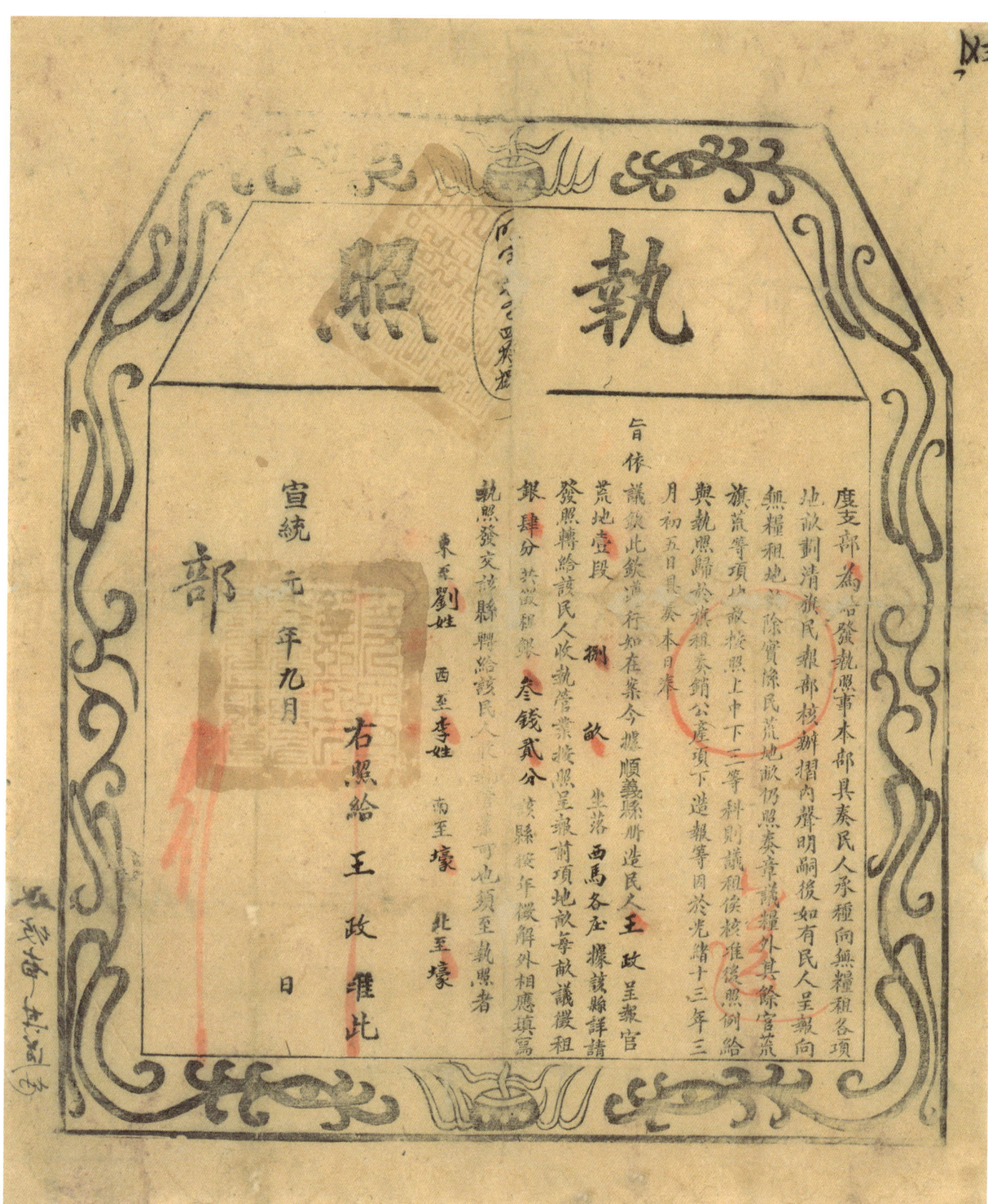

度支部為給發執照事本部具奏民人承種向無糧租各項
地畝飭清旗民兩部核辦摺內聲明嗣後如有民人呈報向
無糧租地畝除實係民荒地畝仍照奏章議糧外其餘官荒
旗荒等項地畝按照上中下三等科則議租俟核准後照例給
與執照歸於旗租奏銷公產項下造報等因於光緒十三年三
月初五日具奏本日奉
旨依議欽此欽遵行知在案今據順義縣冊造民人王政呈報官
荒地壹段 捌 畝 坐落西馬各莊 據該縣詳請
發照轉給該民人收執管業按照呈報前項地畝每畝議徵租
銀肆分 共徵租銀叁錢貳分 該縣按年徵解外相應填寫
執照發交該縣轉給該民人收執管業可也須至執照者

東至劉姓 西至李姓 南至壕 北至壕

右照給王政 准此

宣統元年九月 日

部

二四五 清宣統元年（一九〇九）大興縣牛鈺銘賣地地契官紙及契尾（契約三三五）

立賣地契人牛鈺銘，今因手乏，將民地一段，坐落安定門外小關鄉小營村，東至垅堦，南至北土山邊，西至溝中，北至溝中，統計共官畝地拾貳畝（又勘丈出地一畝），憑中人、說合，情願賣與張玉名下永遠爲業。言明賣價制平銀壹百弍拾兩整。其艮（銀）筆下交清，并不欠少。自賣之後，如有重契、盜典、盜買以及指地借貸官銀私債，暨遠近親族人等爭競等情，俱有中人一面承管。恐口無憑，立賣地契永執爲據。

隨交上手纍落紅契一張、白字二張。

宣統元年十月初六日

中人 德二等

立賣地契人 牛鈺銘

寫契投稅章程列後

一 律載置買田房不稅契者，笞五十，仍追契內田宅價錢一半入官。又《户部則例》內載，凡置買田房不赴官納稅、請粘契尾者，即行治罪，并追契價一半入官，仍令照例補納正稅。凡民間買賣田房，自立契之日起，限一年內投稅，典契十年，限滿照例納稅。逾限不稅，發覺照律例責追。

一 民間嗣後買賣田房，必須用司印官紙寫契，違者作爲私契，官不爲據。此項官紙每張應交公費制錢一百文，向房牙買用，准該牙行仍□八成繳官價制錢八十文。

一 民間買賣田房契價務須從實填寫，不准暗減，希圖減稅，違者由官查出，照契價收買入官，另行估變。倘以賣爲典，查出即令更換賣契，仍將典價一半入官。

一 民間嗣後買賣田房，如不用司印官紙寫契，設遇舊業主親族人等告發，驗明原契年月係在新章以後，并非司印官紙，即將私契塗銷作廢，仍令改寫官紙并照例追契價一半入官。

一 民間嗣後買賣田房，其契價作爲百分納稅三分三厘。譬如契價庫平足銀一百兩，完稅三分三厘，即庫平足銀三兩三錢。如有以錢立契者，仍照例制錢一千作銀一兩，完稅三分三厘。稅銀按數交清，總以粘有布政司大印之契尾，用本管州縣騎縫印爲憑。此項契尾公費每張改交庫平足銀三錢，否則係經手人愚弄，應即向經手人追問控究。

一　民間嗣後買賣田房，務須令牙紀於司印官紙内簽名，牙紀行用與中人、代筆等費，准按契價給百分中之五分，買者出三分，賣者出二分。係牙給説成者，准牙紀分用二分五，中人、代筆分用二分五；如係中人説成者，僅丈量立契，祇准牙紀分用一分。如牙紀人等多索，准民告發，查實嚴辦。

一　民間置買房地契後，牙紀蓋用戳記。准買賣兩家親友酌添數人，以免牙紀把持，而爲日後證據。

一　未定新章以前，民間所執之契或有遺失，因虞首報受罰遷延不税，統限一年内照章换用官紙，准其呈明補税寬免科罰。逾限不税，發覺照例責追。

一　未定新章以前，民間所存近年小契（即未粘有本司大印契尾之契），統限一年内繳换司印官紙，從寬减半投税。逾限如不繳换，發覺照私契論。原契上出主、中人向畫押記，如换官紙後仍另補押，恐啓刁難之端。且遷徙事故，必多凝難，應令業主自謄官紙，將原契粘連鈐印，以歸簡易，而示體恤。

以上九條買賣田房民間均當切實遵辦，如官吏、牙紀、書差人等於前定各數之外多方勒索，准民赴司控告。

一　官牙領出司印官契紙，遇民間買用，不准該牙紀勒□不發、例外多索，犯者審實照多索之數加百倍罰令牙紀交出充公，免予治罪，仍於斥革；如罰款不清，暫行監禁。

一　牙紀於更定新章以後，見有新立之私契因貪使用錢不即告官者，别經發覺，并照所得用錢數目加二十倍照官牙第一條罰辦。

一　牙紀遇民間寫契暗减契價者，准禀官究辦。如牙紀扶同舞弊，一經查出，并照所减之契價照官牙第一條罰辦。

一　嗣後遇有民間用司印官紙寫契後責成牙紀將存根填好截下，按月同紙價呈送本管州縣分别存轉。

一　嗣後凡遇契價與存根不符及契紙已用而存根不繳者，即係牙紀主使漏税，應將牙紀斥革，仍予監禁十年。

一　置買田房，牙紀與賣主及鄰佑、里書知之最悉。如未定新章以前之白契、小契，限滿買主仍未補税，准牙紀與賣主及鄰佑、里書告發，查實於罰款内提五成充賞。

一　牙紀與賣主及鄰佑、里書人等如果挾嫌誣告及吏役因緣舞弊滋擾者，一經查實，除照例枷責外，并予永遠監禁。

一　凡税契事宜，均由房地牙又名土木牙或又名五尺及官中者評價成交，社書等統其成而已。何人有契未税，房地牙均瞭如指掌。嗣後即責成房地牙分□查勸，每房地牙一名能勸徵税銀一千兩以上者，准酌給犒賞百分之五。

以上八條牙紀人等均當切實遵辦。

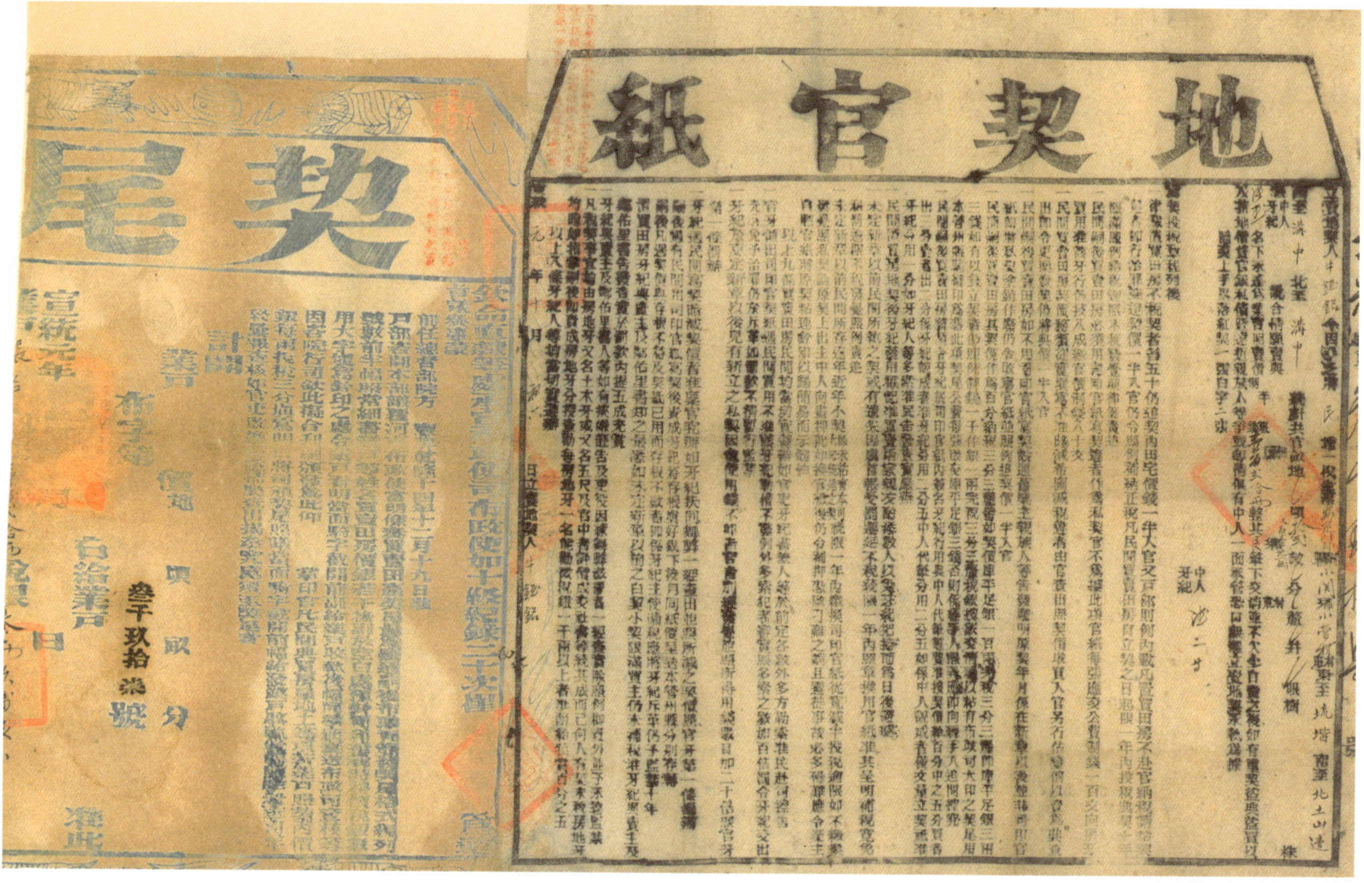

地契官紙

契尾

宣統元年

叁千玖拾柒號

官契地

立賣地契人牛鈺銘今因乏用 民 地一段坐落易縣小関鄉小雲村東至坑塄 南至北土山邊
西至溝中 北至溝中 計共官畝地七頃拾貳畝七分七釐 并 樹 株
憑中人牙紀 說合情願賣與 池玉 名下永遠爲業言明賣價制 平 銀錢 叁拾兩整其銀筆下交清並不欠少自賣之後如有重契盜典盜買以及蒂地借貸官錢私債暨遠近親族人等爭競等情俱有中人一面承管恐口無憑立此賣契永執爲據
隨交上手老紅契一張白字二張

中人 牙紀 池二生

官契投稅章程列後

一律載置買田房不稅契者笞五十仍追契內田宅價錢一半入官又戶部則例內載凡置買田房不赴官納稅請粘契尾者即行治罪並追契價一半入官仍令照例補納正稅凡民間置買田房自立契之日起限一年內投稅典契十年限滿照例納稅逾限不稅發覺照律例責追

一民間嗣後買賣田房必須用司印官紙寫契違者作爲私契官不爲據此項官紙每張應交公費制錢一百文向買主交買用准該牙行仍按八成繳官價制錢八十文

一民間買賣田房契價務須從實填寫不准暗減希圖減稅違者由官查出照契價收買入官另行估變倘以賣爲典查出即令更換賣契仍將典價一半入官

一民間嗣後買賣田房如不用司印官紙寫契無論遠舊業主親族人等告發驗明原契年月係在新章以後並非司印官紙即將私契塗銷作廢仍令改寫官紙並照例追契價一半入官

一民間嗣後買賣田房其契價作爲百分納稅三分三釐如契價庫平足銀一百兩完稅三分三釐即庫平足銀三兩三錢如有以錢立契者仍照例制錢一千作銀一兩完稅銀按數交納以粘有布政司大印之契尾用本管州縣騎縫印爲憑此項契尾公費每張改交庫平足銀三錢否則係經手人隱匿應即向經手人追問控究

一民間嗣後買賣田房務須責令牙紀於司印官紙內簽名並紀行用與中人代筆等費准按契價給百分之五分買者出三分賣者出二分係牙紀說成者准牙紀分用二分五中人代筆分用二分五如係中人說成者僅交量立契祇准牙紀分用一分如牙紀人等多索准民告發查實嚴辦

一民間置買房地契後牙紀甚用戳記准買賣兩家親友酌添數人以免牙紀把持而爲日後證據

一未定新章以前民間所執之契或有遺失因懼首報受罰遷延不稅統限一年內照章換用官紙准其呈明補稅寬免科罰逾限不稅發覺照例責追

一未定新章以前民間所存遠年近年小契概未粘有本司契尾之契統限一年內繳換司印官紙從寬減半投稅逾限如不繳換照私契論原契上由主中人向畫押記如換官紙後仍令補押恐啟刁難之端且遷徙事故必多礙難應令業主自將官紙將原契粘連鈐印以歸簡易而示體恤

以上九條買賣田房民間均當切實遵辦如官吏牙紀書差人等於前定各款外多方勒索准民赴司控告

一官牙領出司印官契紙遇民間買用不准於牙紀勒措不發例外多索犯者審實照多索之數加百倍罰令牙紀交出充公免予治罪仍於斥革如罰款不清暫行監禁

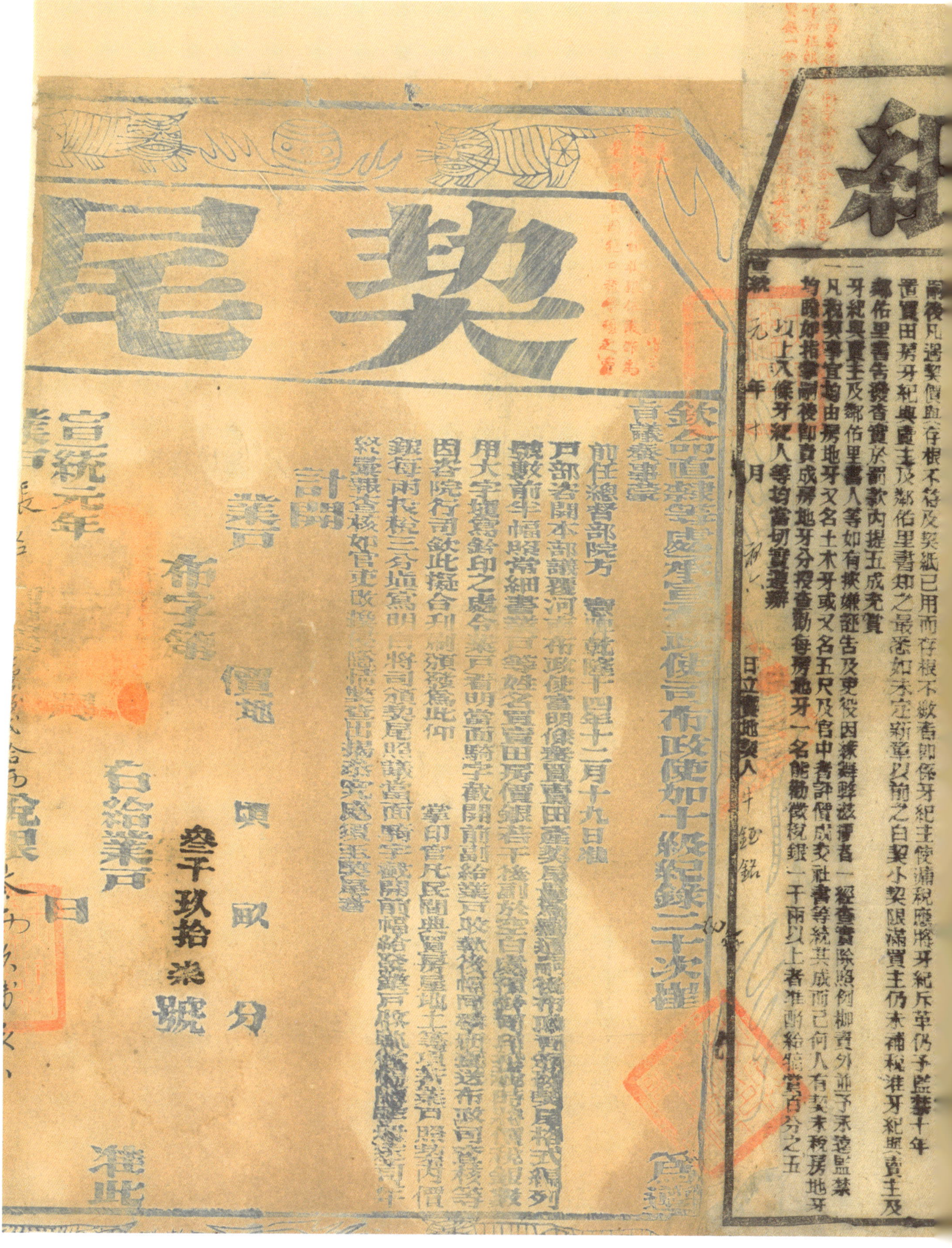

契尾

欽命直隸等處承宣布政使司布政使加十級紀錄二十次[illegible]爲
[illegible]奏事
前任總督部院方 案准乾隆十四年十二月十九日准
戶部咨開本部議覆河南布政使富明條奏買賣田產[illegible]
號數前半幅照常細書業戶等姓名買賣田房價銀若干[illegible]
用大字填寫鈐印之處令業戶看明當面騎字截開前副給業戶收執後[illegible]
因咨院行司欽此擬合刊刷頒發爲此仰
銀每兩收稅三分填寫明白將司頒契尾照式當面騎字截開前幅給發業戶[illegible]
[illegible]
計開
業戶
布字第　　號
價銀　　兩　　錢　　分
右給業戶
宣統元年　　月　　日
叁千玖拾柒號
准此

嗣後凡遇契價與存根不符及契紙已用而存根不繳者即係牙紀主使滿稅應將牙紀斥革仍予監禁十年
置買田房牙紀與賣主及鄰佑里書知之最悉如未定新章以前之白契小契限滿買主仍未補稅准牙紀與賣主及
鄰佑里書告發查實於罰款內提五成充賞
一　牙紀與賣主及鄰佑里書人等如有挾嫌誣告及吏役因緣舞弊者一經查實除照例枷責外並予永遠監禁
一　凡稅契事宜均由房地牙又名土木牙或又名五尺及官中書評價成交社書等統其成而已何人有契未稅房地牙
均瞭如指掌嗣後即責成房地牙分投查勸每房地牙一名能勸徵稅銀一千兩以上者准酌給獎賞百分之五
以上八條牙紀人等均當切實遵辦
宣統元年十月初八日立賣地契人 牛鈺

二四六

清宣統元年（一九〇九）順義縣史秉文賣民糧地官契

（契約二二五）

立賣民糧地契文約人史秉文，今因手乏，無錢使用，將祖遺糧地壹段，拾壹畝零貳，座（坐）落在東馬各莊東，地名順縣道，南至道，北至墔（壕），東至王兆林，西至史治田，四至分明，説托中人説合，情願將此地賣與西馬各莊王懷名下永遠爲業。言明賣價東錢肆佰吊整。其錢筆下交足不欠。自賣之後，任憑買主自便，不與賣主相干。此係兩家［均願］，各無极（反）悔。如有舛錯，有中人壹面承管。恐口無憑，立賣字爲證。

南北長壹佰柒拾八弓捌，南寬拾四弓捌，北寬拾四弓捌。

中保代字人　張永春（押）

立賣字人　史秉文（押）

宣統元年拾月十六日

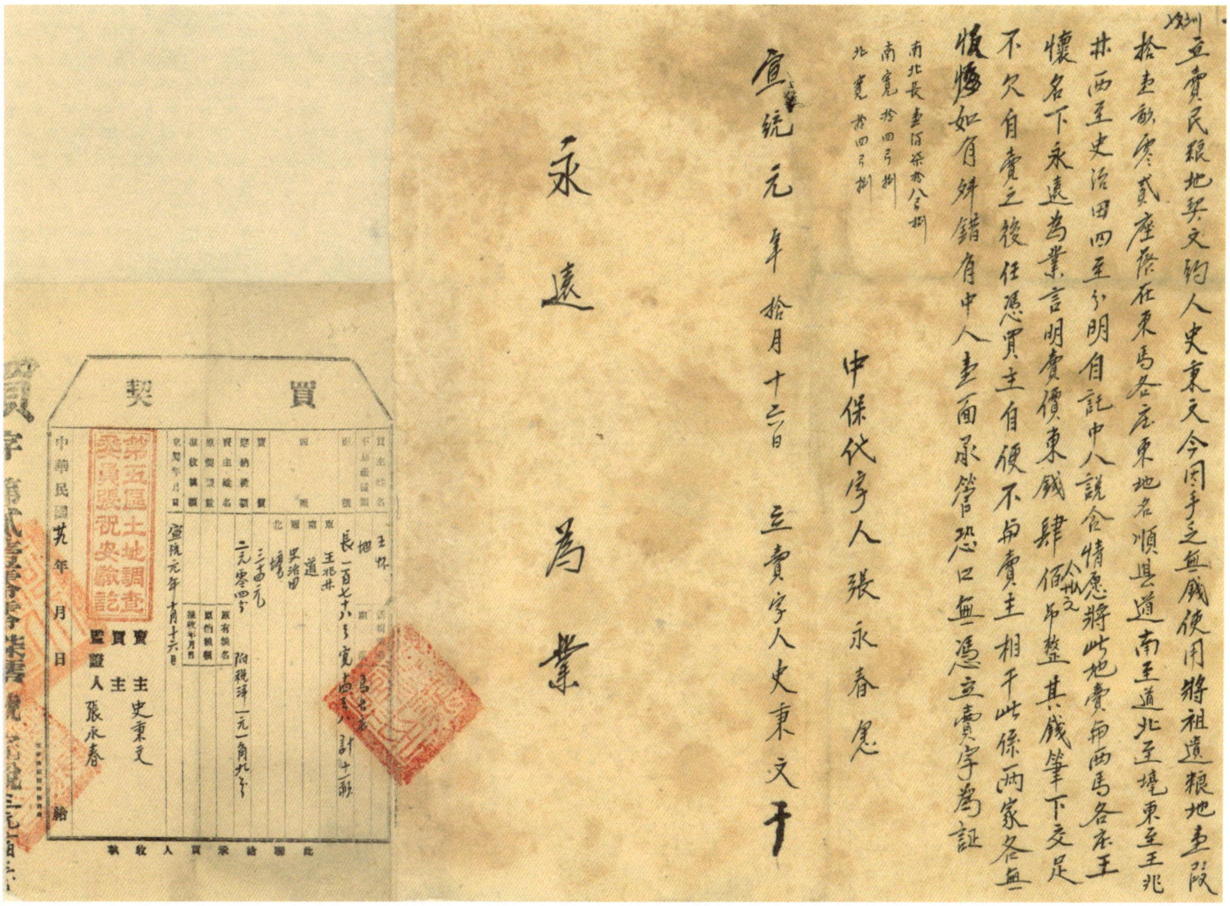
立賣民粮地契文約人史東文，今因手乏無錢使用，將祖遺粮地壹段拾壹畝零貳座，落在東馬各庄東，地名順县道南，南至道，北至墳，東至王兆林，西至史治田，四至分明。自託中人說合，情愿將此地賣與西馬各庄王懷名下永遠為業。言明賣價東錢肆佰吊整，其錢筆下交足不欠。自賣之後，任憑買主自便，不與賣主相干。此係兩家各無悔，如有舛錯，有中人壹面承管。恐口無憑，立賣字為証。

南北長壹佰柒拾八弓捌
南寬拾四弓捌
北寬拾四弓捌

中保代字人 張永春

宣統元年拾月十六日 立賣字人史東文 十

永遠為業

買契

買主姓名 王懷
不動產種類 地
面積 長一百七十八弓寬十四弓八 計十一畝
四至 東 王兆林 南 道 西 史治田 北 墳
賣價 三百元
應納稅額 二元零四分
附稅洋一元一角九分
立契年月日 宣統元年十月十六日
賣主 史東文
買主
監證人 張永春
中華民國廿年 月 日 給
第五區土地調查委員張祝安驗記
此聯給買主人收執

坟圳

立賣民粮地契文約人史東文今因手乏無錢使用將祖遺粮地壹段拾壹畝零貳座落在東馬各庄東地名順堪道南至道北至境東至王兆林西至史治田四至分明自託中人說合情愿將此地賣與西馬各庄王懷名下永遠為業言明賣價東錢肆佰八拾文吊整其錢筆下交足不欠自賣之後任憑買主自便不與賣主相干此係兩家各無反悔如有舛錯有中人壹面承管恐口無憑立賣字為証

南北長壹佰柒拾八弓捌
南寬拾四弓捌
北寬拾四弓捌

中保代字人張永春 押

宣統元年拾月十二日 立賣字人史東文 十

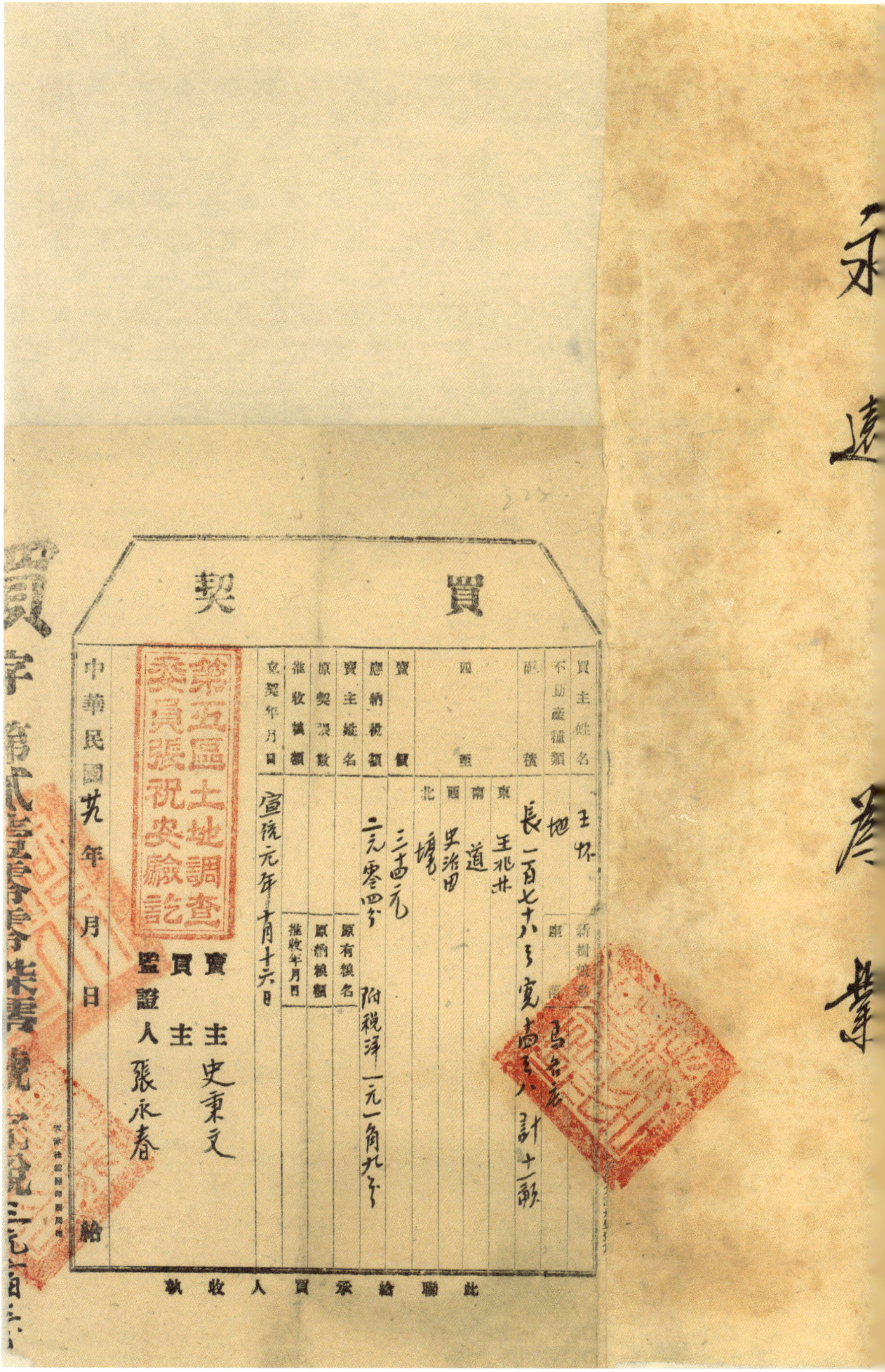

買契

買主姓名	不動產種類	面積	四至	賣價	應納稅額	賣主姓名	原契張數	推收糧額	立契年月日
王林	地	長一百七十八弓寬一百五十八弓計十一畝	東 王兆林；南 道；西 史治田；北 壇	三十四元	二元零四分 附稅洋一元一角九分				宣統元年十月十六日

新糧戶名：馬合良

第五區土地調查委員張祝安驗訖

賣主 史東文
買主
監證人 張永春

中華民國廿年　月　日給

此聯給承買人收執

永遠[illegible]業

二四七

清宣統元年（一九〇九）山東恩縣定禪同徒絶賣地官契

（契約一二〇）

立絶賣契僧人定禪同徒惠林，因師祖咸明在日，將寺西北空地一段當於洪玉春家，至宣統元年十一月催丈口角興訟，經朱有善、王發祥協同地保眼同兩造并鄰右人等共丈得此地，東、南皆至賣主，北至買主，西界北至孟，中至孟，南至白，四至分明，共計地貳畝貳分柒厘伍毫伍係（絲）。先今共作價二百一十五千，賣於洪玉春永遠爲業。其價除先付外，下欠錢六十千，當日交足，税契過割。空口無憑，立賣契爲據。

三鄉一圖大北關祖師堂開地二畝二分七厘五毛（毫）五係（絲），洪曉山收地二畝二分七厘五毛（毫）五係（絲）。

宣統元年拾壹月貳拾伍日立

南北長活（闊）貳拾貳步貳分，東西横活（闊）貳拾肆步陸分，均三活（闊）同。

立絶賣契僧人定禪同徒惠林因師祖咸明在日將寺西北空地一段當於洪玉春家至
宣統元年十一月催文口角興訟經朱有善王發祥協同地保眼同兩造並隣右人等共文得此
地東南皆至賣主北至買主西界北至孟中至孟南至白四至分明共計地貳畝貳分柒厘伍毫伍
系先今共作價二百一十五千賣於洪玉春永遠為業其價除先付外下欠錢六
十千當日交足稅契過割空口無憑立賣契為據

三鄉一圖大北關 祖師堂開地二畝二分七厘五毛五系
洪皖山收地二畝二分七厘五毛五系

宣統元年拾壹月貳拾伍日立

南北長活貳拾貳步貳分
東西橫活貳拾玖步陸分
均三活同

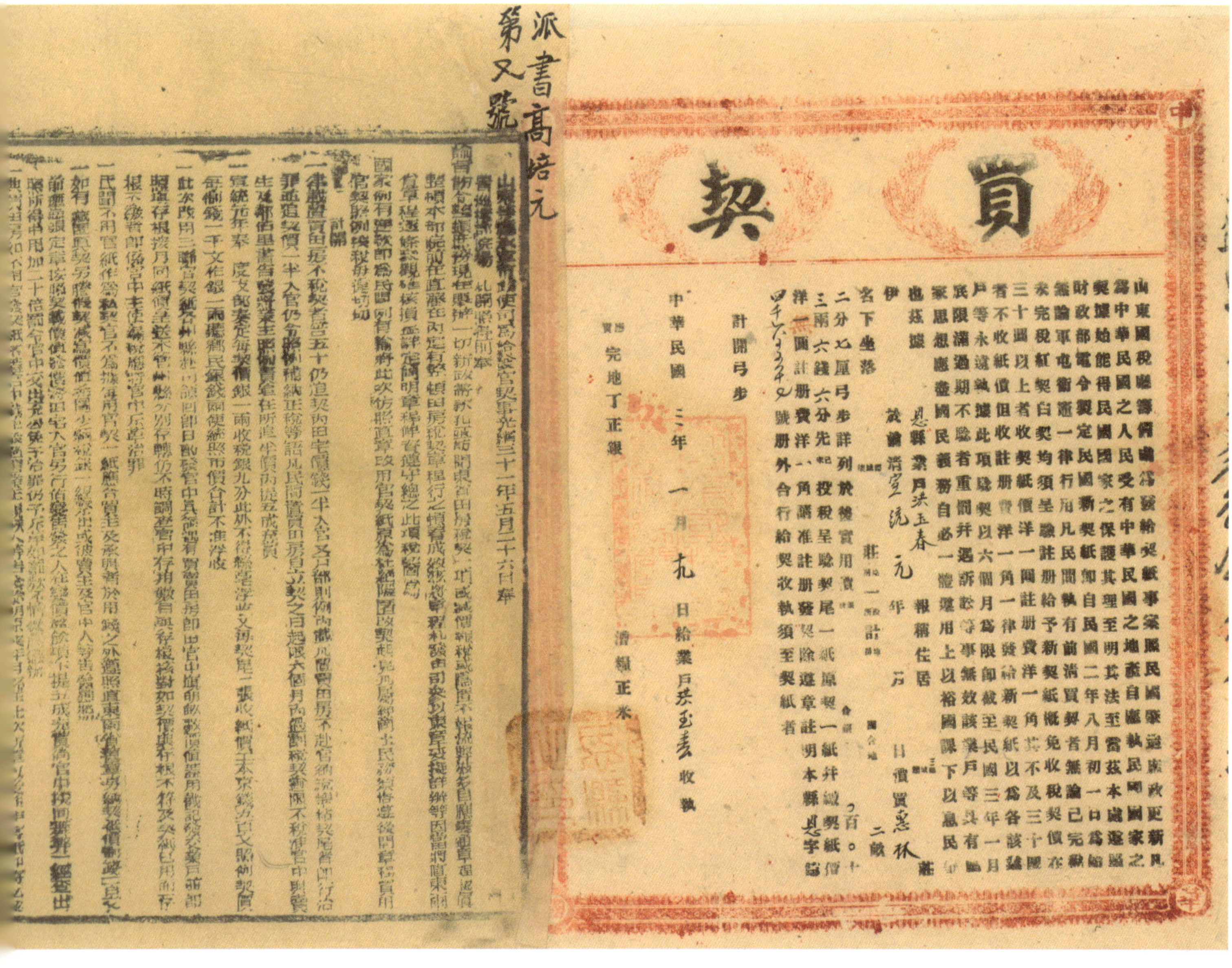
派書高培元
第又號
買契
山東國稅廳籌備處爲發給契紙事案照民國政府更新之凡
爲中華民國之人民受有中華民國之地產自應執民國國家之
契據始能得民國家之保護其理至明其法至當茲本處遵照
財政部電令製定民國新契紙自民國二年八月初一日爲始
無論軍屯衛灶一律行用凡民間執有前清買契者無論已完
未完稅紅契白契均須呈驗註冊給予新契紙概免收稅契價
三十畝以上者收契紙價洋一圓註冊費洋一角其不及三十
畝者不收紙價但收註冊費洋一角一律發給新契紙以爲各該
戶等永遠執據此項驗契以六個月爲限即截至民國三年一月
底限滿過期不驗者重罰并准告訴等事無效該業戶等具有
家思想應盡國民義務自必一體遵用上以裕國課下以息民
也茲據
恩縣業戶洪玉春報稱佐居
伊於清宣統元年 月 日價買恩林
名下坐落 莊 計地二畝
二分七厘弓步詳列於後實用價洋一百〇十
三兩六錢六分先投稅呈驗契尾一紙原契一紙并繳契紙價
洋一圓註冊費洋一角遵章准註冊發契除遵章註明本縣恩字第
四千六百五十九號冊外合行給契收執須至契紙者
計開弓步
中華民國三年一月九日給業戶洪玉春收執
實徵 完地丁正銀 漕糧正米

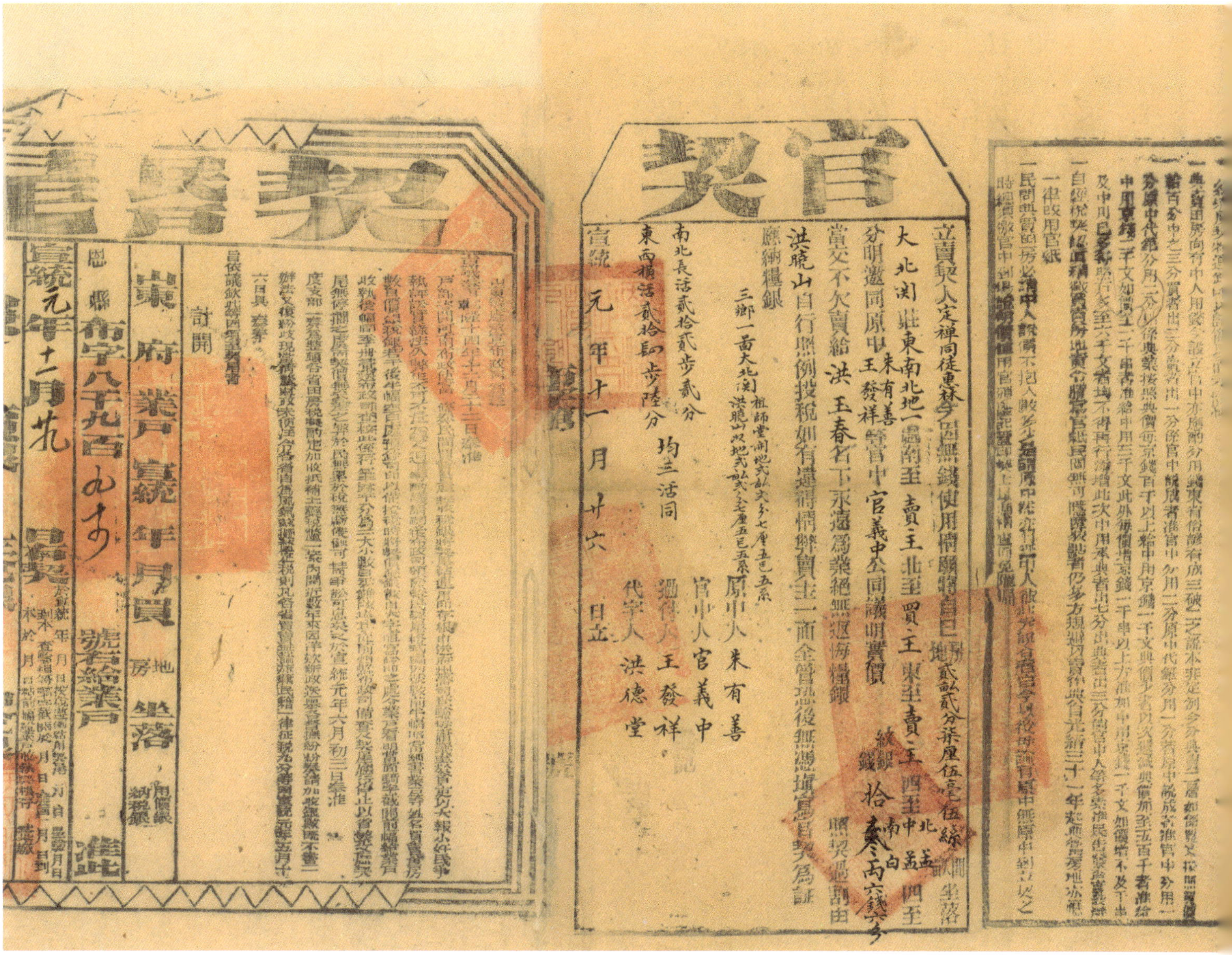
官契
立賣契人定禪同徒惠林今因無錢使用情願將自己地貳畝貳分柒厘伍毫伍絲坐落
大北洼莊東南北地一塊南至賣主北至買主東至賣主西至北孟四至
分明邀同原中朱有善王發祥管官中官義中公同議明賣價紋銀拾叁兩六錢六分
當交不欠賣給洪玉春名下永遠爲業絕無返悔糧銀照契過割由
洪曉山自行照例投稅如有違礙情弊賣主一面全管恐後無憑填寫官契爲證
應納糧銀
三鄉一畝大北洼 祖師堂開地弍畝弍分七厘五毛五系 洪曉山收地弍畝弍分七厘五毛五系
南北長活貳拾貳步貳分
東西橫活貳拾肆步陸分
均三活同
原中人 朱有善
官中人 官義中
經紀人 王發祥
代字人 洪德堂
宣統元年十一月廿六日立
宣統元年十二月

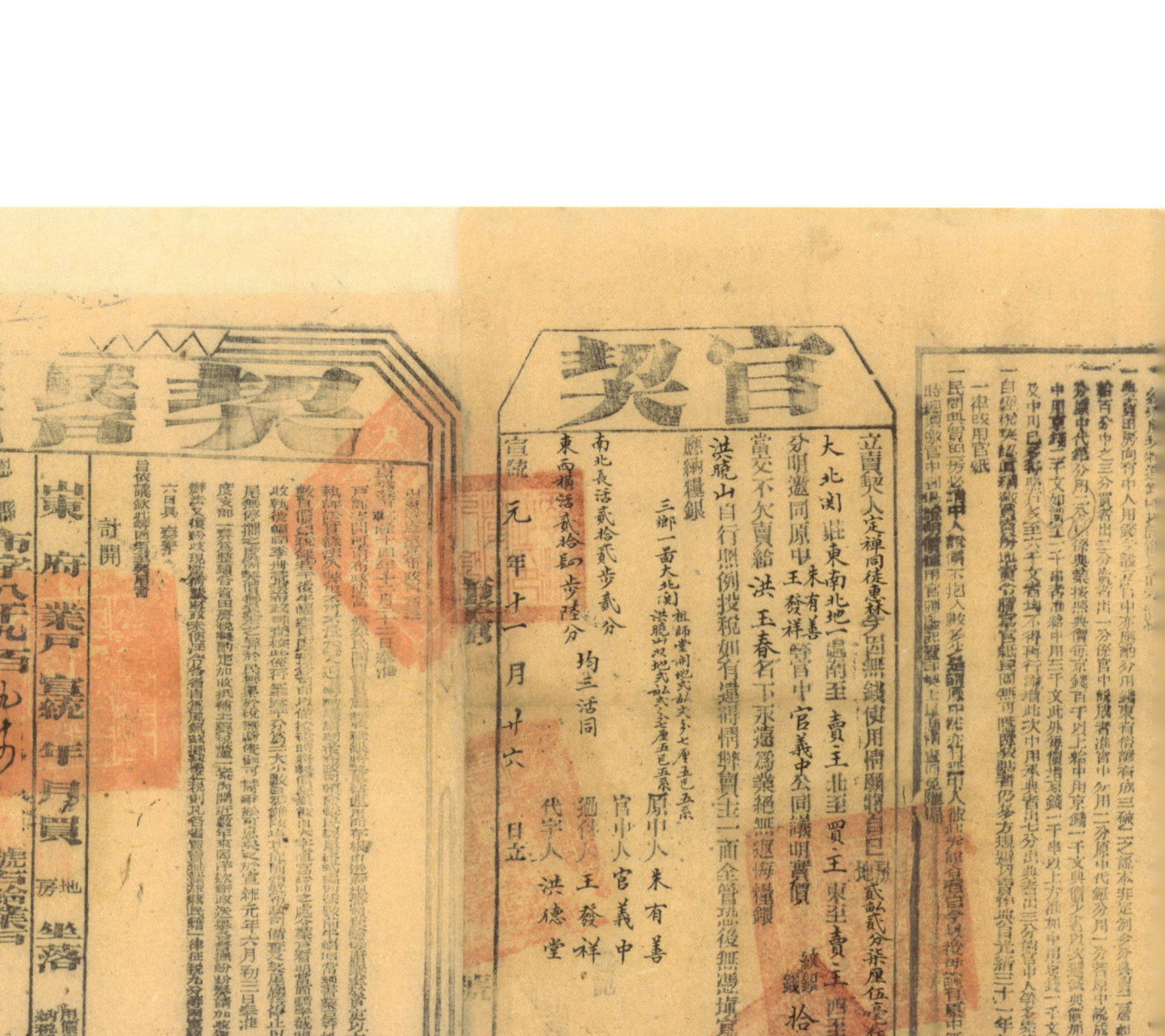

二四八

清宣統元年（一九〇九）天津潘世蘭王振東賣地官契

（契約一七四）

立賣地契人潘世蘭、王振東，因手乏，煩中人説允，將自置地壹段，坐落崔家碼頭村西，計地肆畝叁分叁厘，情願出賣與榮善堂劉　名下永遠爲業。言明每畝時值價洋銀拾圓，共合洋銀肆拾叁元叁角。其銀筆下交足無欠，并無私債哲（折）準。自賣之後，倘有族人并地鄰人等争競（競）爲礙者，有賣主、中人一面承管，不與買主相干。此係兩家情願。三面言明，各無（反）悔。恐後無憑，立字爲證。弓口四至列左。

南寬叁弓，中寬拾叁弓，北寬拾弓，長壹佰貳拾弓。南至劉姓，北至溝中，東至劉姓，西至河沿。

宣統元年十一月初六日

中人　崔文斌（押）
王學政（押）
代筆人　王萬清（押）
立賣契　潘世蘭（押）
王振東（押）

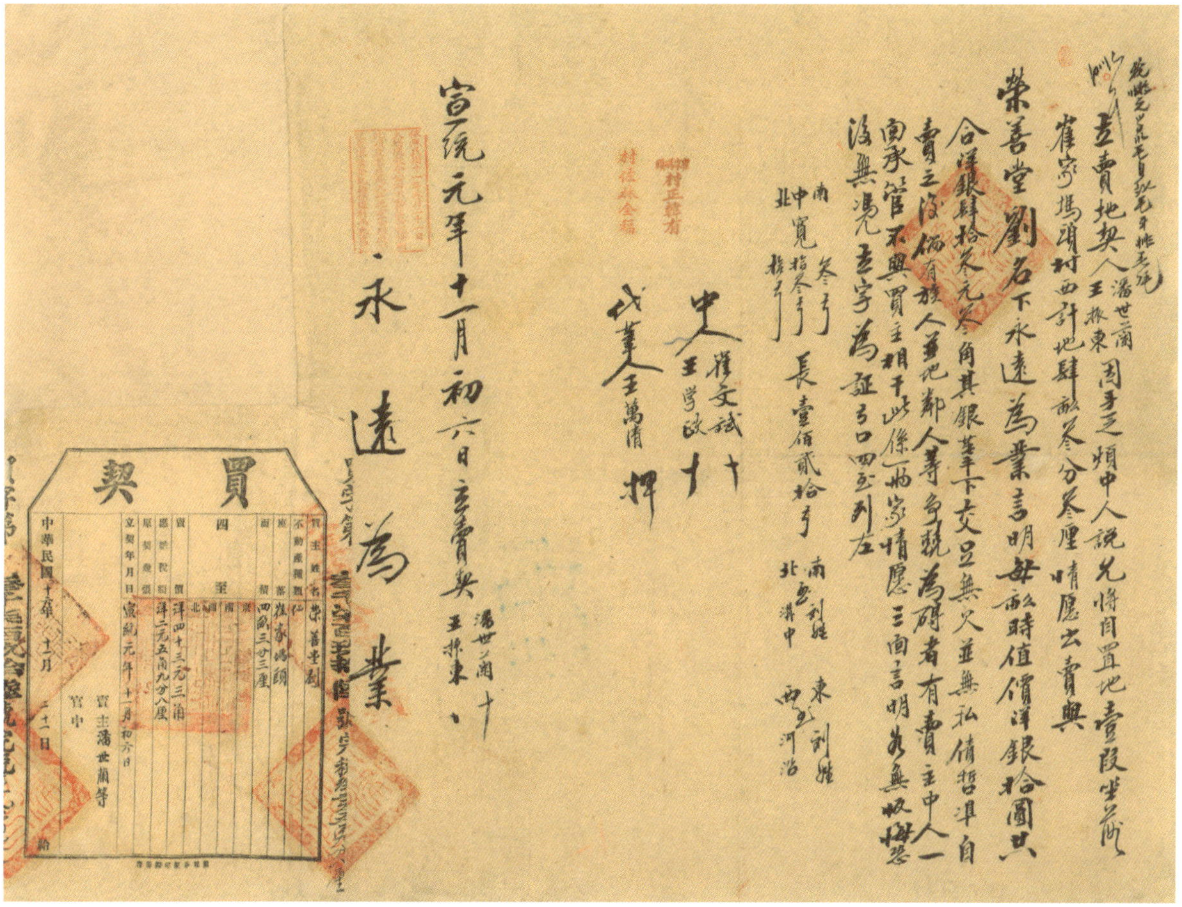
立賣地契人潘世爾 王振東 因手乏煩中人說允將自置地壹段坐落
崔家堪頭村西計地肆畝叁分叁厘 情願出賣與
榮善堂劉名下永遠為業言明每畝時值價洋銀拾圓共
合洋銀肆拾叁元叁角 其銀筆下交足無欠並無私債折準自
賣之後倘有族人并地鄰人等爭競為碍者有賣主中人一
面承管不與買主相干此係兩家情願三面言明並無反悔恐
後無憑立字為證 計開四至列左
南 中寬叁丈 北 指叁丈 長壹佰貳拾丈
東至劉姓 西至河沿 南至劉姓 北至溝中
中人 崔文斌 十 王學政 十
代筆 全萬清 押
宣統元年十一月初六日 立賣契 潘世爾 十 王振東 十
永遠為業

買契
買主姓名 榮善堂劉
不動產種類 地
坐落 崔家堪頭
面積 四畝三分三厘
價值 洋四十三元三角
應納稅額 洋二元五角九分八厘
立契年月日 宣統元年十一月初六日
賣主 潘世爾等
中華民國 年 十二月 日

立賣地契人潘世蘭（王振東）因手乏煩中人說允將自置地壹段坐落
崔家堪頭村西計地肆畝叁分叁厘 情願出賣與
榮善堂劉名下永遠為業言明每畝時值價洋銀拾圓共
合洋銀肆拾叁元叁角其銀筆下交足無欠並無私債折準自
賣之後倘有族人並地鄰人等爭競為碍者有賣主中人一
面承管不與買主相干此係兩家情愿三面言明各無反悔恐
後無憑立字為証另口四至列左

南 叁弓
中寬 拾叁弓　長壹佰貳拾弓
北 拾弓

南至劉姓　東至劉姓
北至溝中　西至河沿

中人 崔文斌 十
王學政 十

王萬青 押

村正韓有

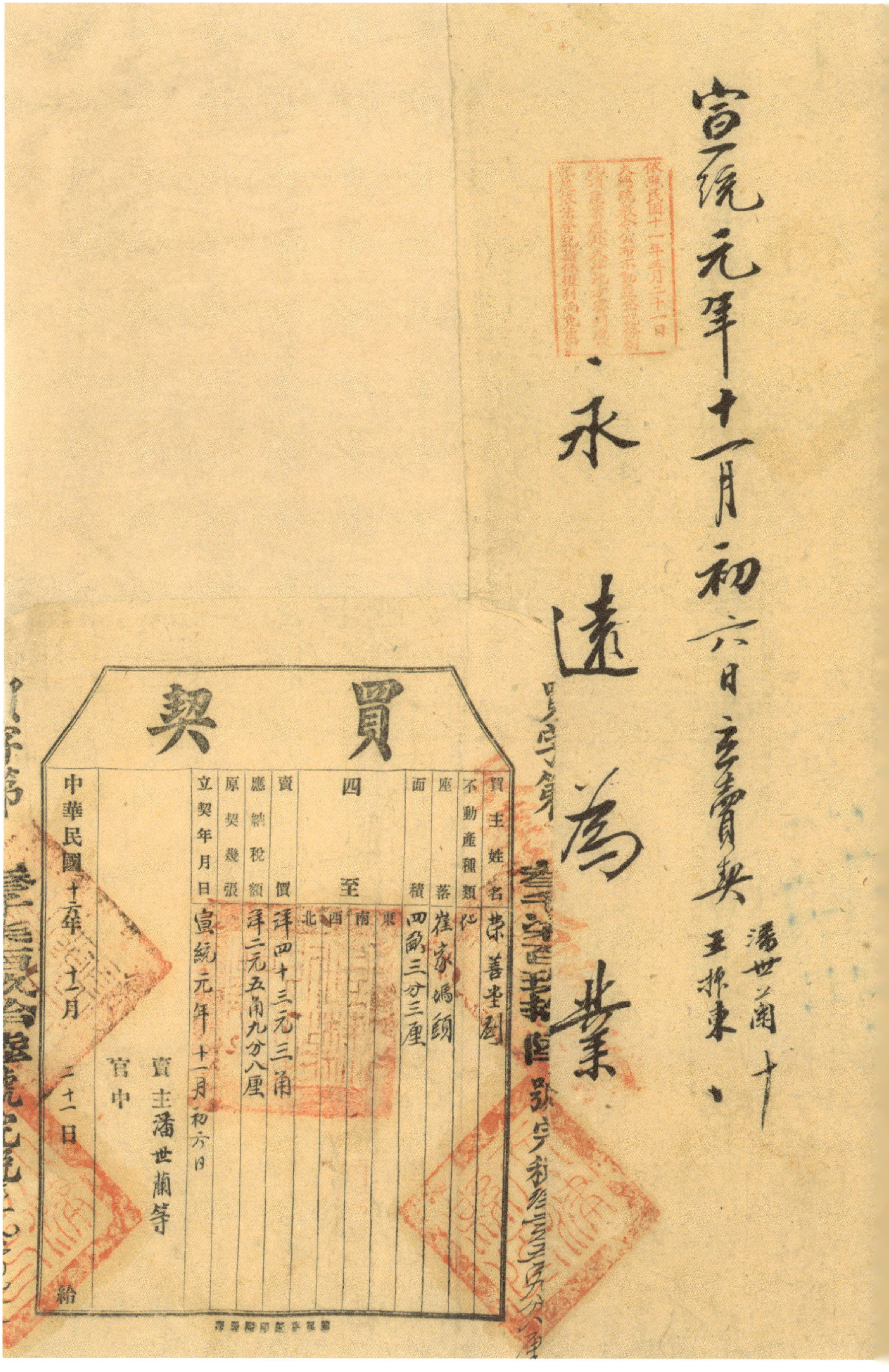

宣統元年十一月初六日立賣契 潘世蘭 王振東 十

依照民國十一年五月二十一日

永遠為業

買契

買主姓名 崇善堂劉

不動産種類 地

座落 崔家媽頭

面積 四畝三分三厘

四至 東 南 西 北

賣價 洋四十三元三角

應納稅額 洋二元五角九分八厘

原契幾張

立契年月日 宣統元年十一月初六日

賣主潘世蘭等

官中

中華民國十六年十二月二十一日給

二四九

清宣統元年（一九〇九）順義縣馮繼恭賣地官契

（契約二一五）

立賣地文約人馮繼恭，今因正用不足，將民糧地壹段，拾柒畝四分，座（坐）落在西馬各莊村西南，南北行隴，東至王永信，西至張永昌，南、北至墐（壕）。自托中人説合，情願賣與王懷名下永遠爲業。同衆言明，賣價東錢柒佰捌拾吊整（六十五元）。其錢當面交足不欠。自賣之後，任憑買主自便，不與賣主相干。此係兩家均願，各無恢（反）悔。如有舛錯，有中保人一面承管。恐口無憑，立賣字爲證。

南北長二百四拾壹弓四，南頭寬拾柒弓，北頭寬拾柒弓陸。

中保説合人　李　貴（押）

立賣字人　馮繼恭（押）

代字人　張永春（押）

宣統元年腊月初五日

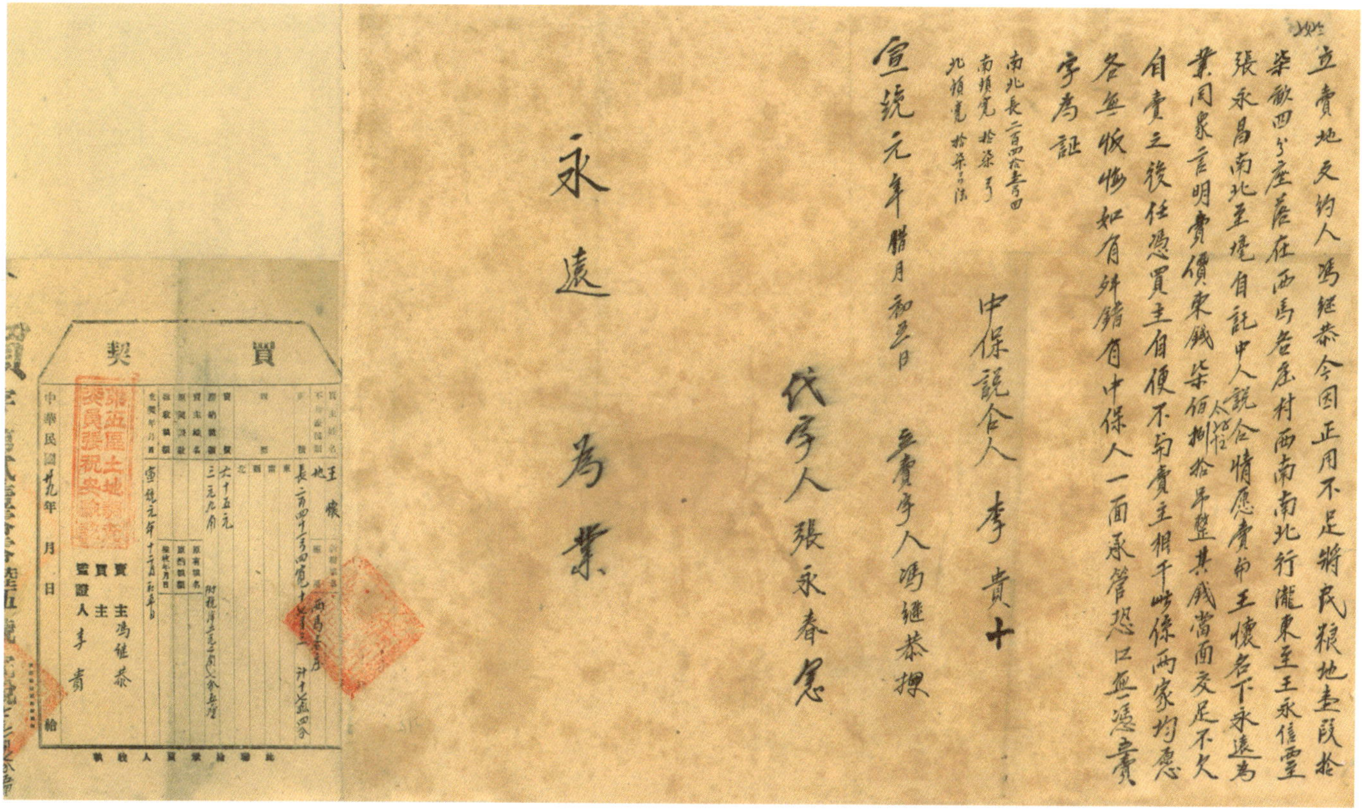

立賣地文約人馮繼恭今因正用不足將民粮地壹段拾
柒畝四分座落在西馬各莊村西南南北行壠東至王永信西至
張永昌南北至道自託中人說合情愿賣與王懷名下永遠為
業同衆言明賣價東錢柒佰捌拾吊整其錢當面交足不欠
自賣之後任憑買主自便不與賣主相干此係兩家均愿
各無返悔如有舛錯有中保人一面承管恐口無憑立賣
字為証

南北長二百四拾壹弓四
南頭寬拾柒弓
北頭寬拾柒弓□

中保說合人　李貴　十

宣統元年臘月初五日

立賣字人　馮繼恭　押

代字人　張永春　忠

永遠為業

賣契

王懷　地　長二百四十弓四寬十七弓三　西馬各莊　計十七畝四分

六十五元　三元九角

宣統元年十二月初五日

賣主　馮繼恭
買主
監證人　李貴

中華民國十九年　月　日　給

立賣地文約人馮继恭今因正用不足將民粮地壹段拾
柒畝四分座落在西馬各莊村西南南北行瀧東至王永信塋
張永昌南北至墁自託中人說合情愿賣與王懷名下永遠為
業同衆言明賣價東錢柒佰捌拾吊整其錢當面交足不欠（大洋拾元）
自賣之後任憑買主自便不與賣主相干此係兩家均愿
各無反悔如有舛錯有中保人一面承管恐口無憑賣
字為証

南北長二百四拾壹弓四
南頭寬 拾柒弓
北頭寬 拾柒弓五法

中保說合人 李貴 十

宣統元年臘月初五日

立賣字人馮继恭押

代字人張永春寫

買契

買主姓名：王懷　新樹糧名：
不動產種類：地　座落：西馬各莊
面積：長二百四十二弓四寬十七弓三　計十七畝四分
四至：東　南　西　北
賣價：六十五元
應納稅額：三元九角
賣主姓名：
原契張數：
推收糧額：
立契年月日：宣統元年十二月初五日
原有糧名：
原納糧額：
推收年月日：
附稅洋二元二角七分五厘

第五區土地調查委員張祝安驗訖

賣主馮維恭
買主
監證人李貴

中華民國廿九年　月　日給

此聯給業買人收執

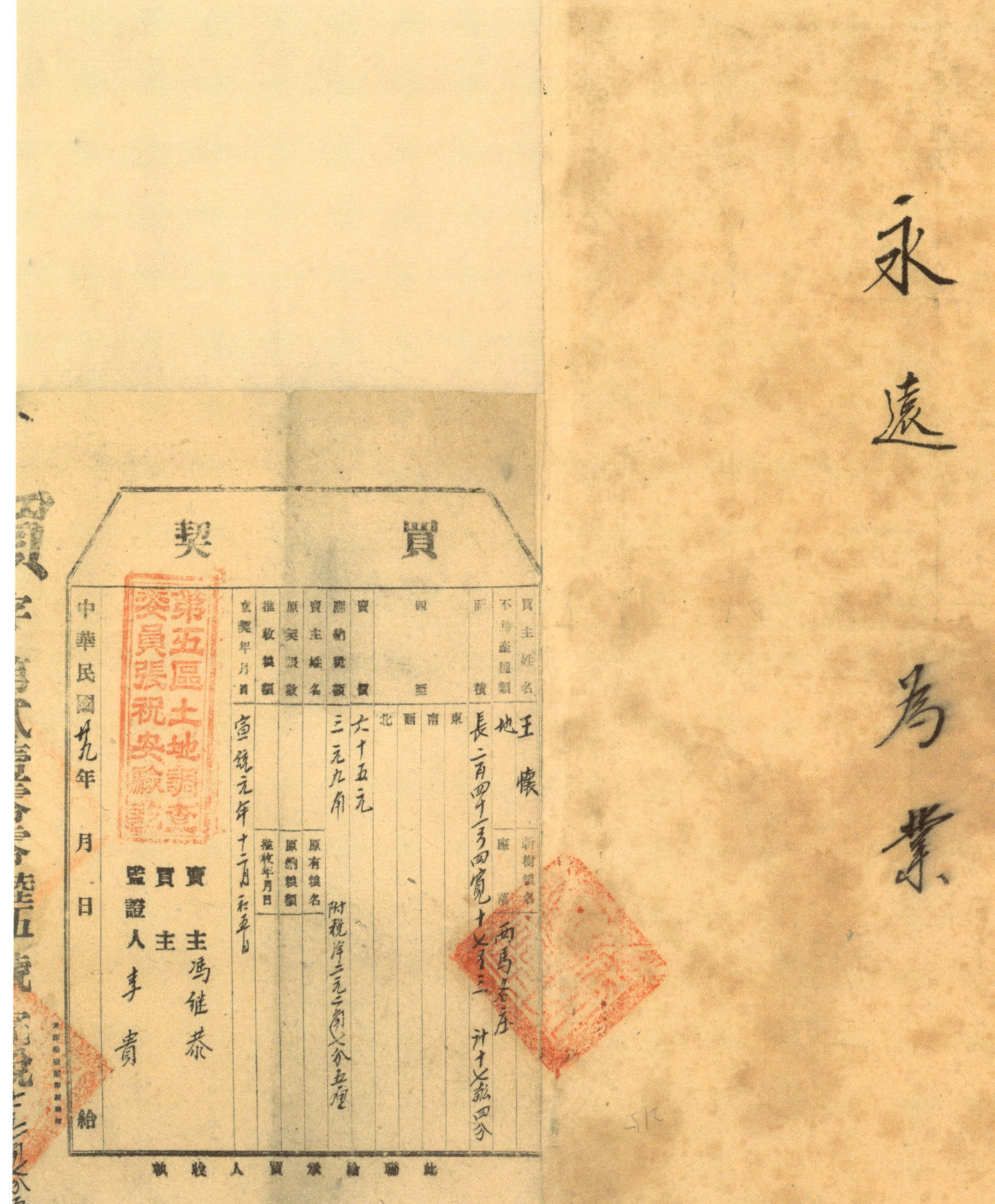

永遠為業

二五〇

清宣統元年（一九〇九）順義縣丁福退官糧地官契

（契約一二七）

立退官糧地契文約人丁福，因手乏，今將官糧地壹段，坐落在本村（西馬各）西北，壹幅六畝，南北行隴，親托中人説合，情願將此官糧地退與本村王保黎名下永遠爲業。言明寔退價市平松銀拾捌兩整。其銀筆下交足不欠。自退之後，由置主自便，不與退主相干。此係兩家均願，各無悏（反）悔。如有悏（反）悔者，有中人一面承管。恐口無憑，立退字永遠爲證。

計開四至：東至張姓，南至道，西至劉姓，北至�（壕）。

中保説合人　趙　斌（押）

立退字人　丁　福（押）

代筆人　王重三（憑）

宣統元年十二月十五日

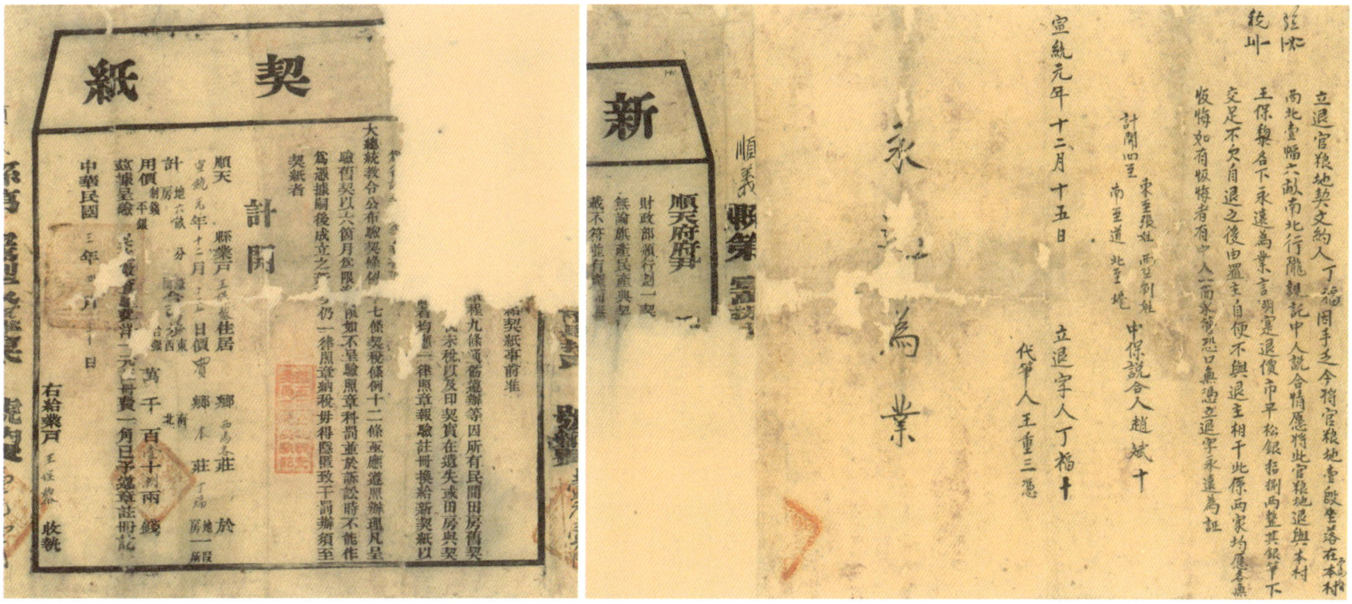

契紙

大總統教令公布驗契條例……驗舊契以六個月為限……為憑據嗣後成立之……契紙者

……契紙事前准……程九條通飭遵辦等因所有民間田房舊契……未稅以及印契實在遺失或田房與契……者均一律照章報驗註冊換給新契紙以……七條契稅條例十二條亟應遵照辦理凡呈……如不呈驗照章科罰並於訴訟時不能作……仍一律照章納稅毋得隱匿致干罰辦須至

計開

順天　縣業戶王保泰住居　鄉西馬各莊　於宣統元年十二月十五日價買　鄉本莊丁福　房地一段

計房　地六畝　分

用價銀　萬　千　百二十捌兩　錢

茲據呈驗……

中華民國三年　月　日

右給業戶王保泰收執

新

順天府府尹

立退官粮地契文約人丁福因手乏今將官粮地壹段坐落在本村西北壹幅六畝南北行隴親託中人説合情愿將此官粮地退與本村王保泰名下永遠為業言明退價市平松銀捌兩整其銀筆下交足不欠自退之後由置主自便不與退主相干此係兩家均愿各無反悔如有反悔者有中人一面承管恐口無憑立退字永遠為証

計開四至　東至張姓　西至劉姓　南至道　北至地

永遠為業

中保説合人趙斌十

宣統元年十二月十五日

立退字人丁福十

代筆人王重三憑

經紀
統一

立退官粮地契文約人丁福因手乏今將官粮地壹段坐落在本村西邊官
西北壹幅六畝南北行隴親託中人說合情願將此官粮地退與本村
王保黎名下永遠為業言明定退價市平松銀拾捌兩整其銀筆下
交足不欠自退之後由買主自便不與退主相干此係兩家均愿各無
反悔如有反悔者有中人一面承管恐口無憑立退字永遠為証

計開四至 東至張姓 西至劉姓
南至道 北至墳

中保說合人趙斌 十

立退字人丁福 十

代筆人王重三 憑

宣統元年十二月十五日

永遠為業

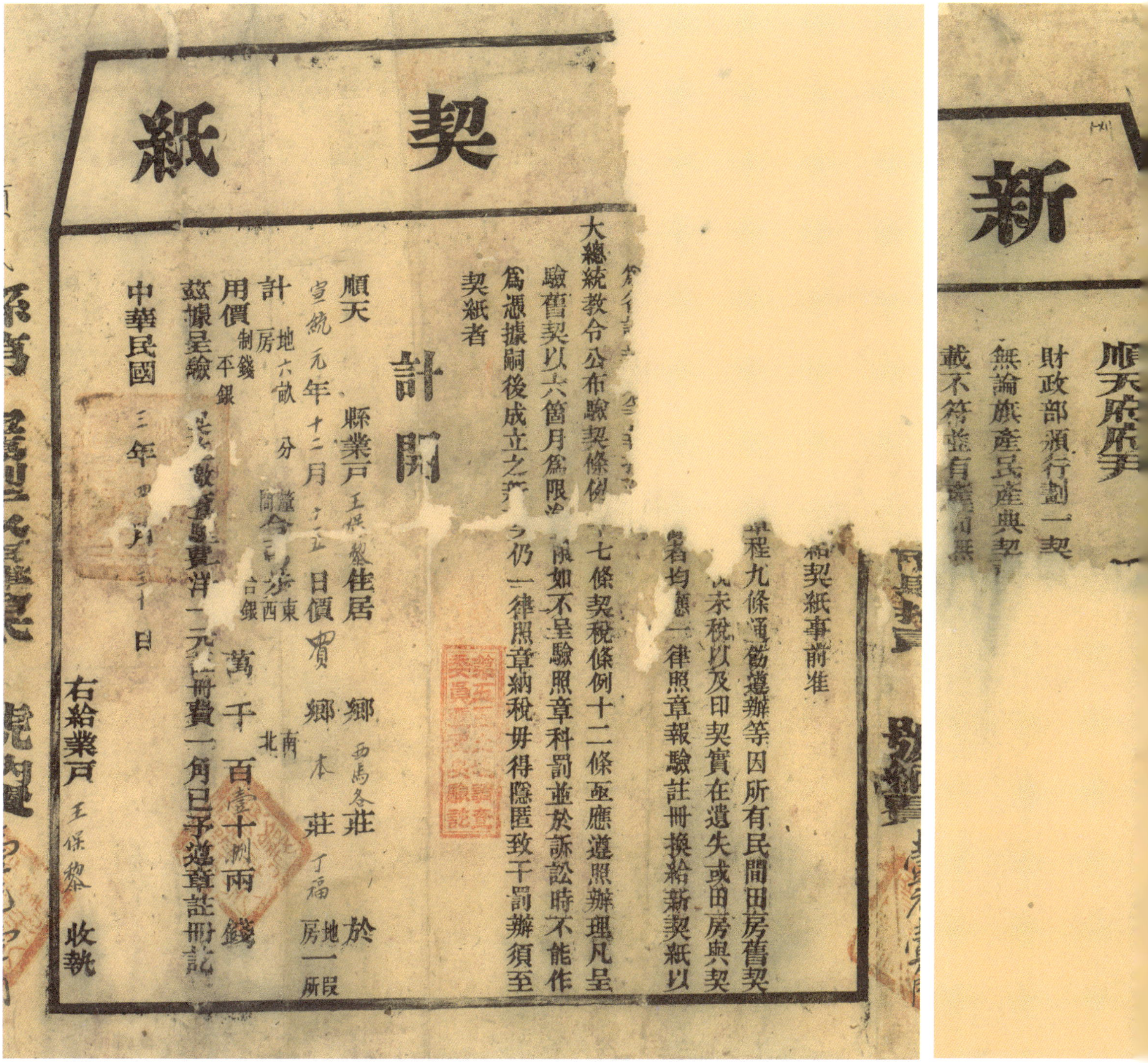

契紙

大總統教令公布驗契條例[illegible]
驗舊契以六箇月爲限[illegible]
爲憑據嗣後成立之[illegible]
契紙者

計開

順天　縣業戶王保黎住居　鄉西馬各莊　於
宣統元年十二月十五日價買　鄉本莊丁福　地房一段一所
計　地六畝　分　房　間　東南西北
用價制錢平銀　合銀　萬　千　百壹十捌兩　錢
茲據呈驗[illegible]共費洋一元[illegible]冊費一角已予遵章註冊訖

中華民國三年四月三十一日

右給業戶王保黎收執

[illegible]契紙事前准
[illegible]程九條通飭遵辦等因所有民間田房舊契
[illegible]未稅以及印契實在遺失或由房與契
[illegible]者均應一律照章報驗註冊換給新契紙以
[illegible]七條契稅條例十二條亟應遵照辦理凡呈
[illegible]限如不呈驗照章科罰並於訴訟時不能作
[illegible]仍一律照章納稅毋得隱匿致干罰辦須至

新

順天府府尹
財政部頒行劃一契
無論旗產民產典契
載不符並有[illegible]

清宣統元年（一九〇九）大興縣維明賣地官契

（契約三三三九）

立賣地契文約人鑲黄旗滿洲頭甲喇存保佐領下維明，因手乏，無銀使用，今有自置地一段，東西隴，計數拾捌畝，座（坐）落在安定門外小關東北大黄莊地方，南至河溝心，北至啟姓地邊，西至大道，東至張姓地邊，連南小地東至大道，四至分明，今託中人説合，情願賣與内務府正白旗漢軍文瀛佐領下崇佑之名下永遠爲業。同中人言明，地價京平松銀捌拾兩整。其銀筆下交足，并無欠少。立賣字之後，蓋房、打井、栽樹、使土由買主使用，不與賣主相干。立字之後，有親族人等争競、攔擋、舛錯，有賣主、中保説合人一面承管。恐口無憑，立賣字據爲證。

說合中保人　李雨祥（押）
盧　坤（押）
立賣契人　維　明（押）

大清宣統元年十二月初十日

知情底保説合中保人　安永昇（押）

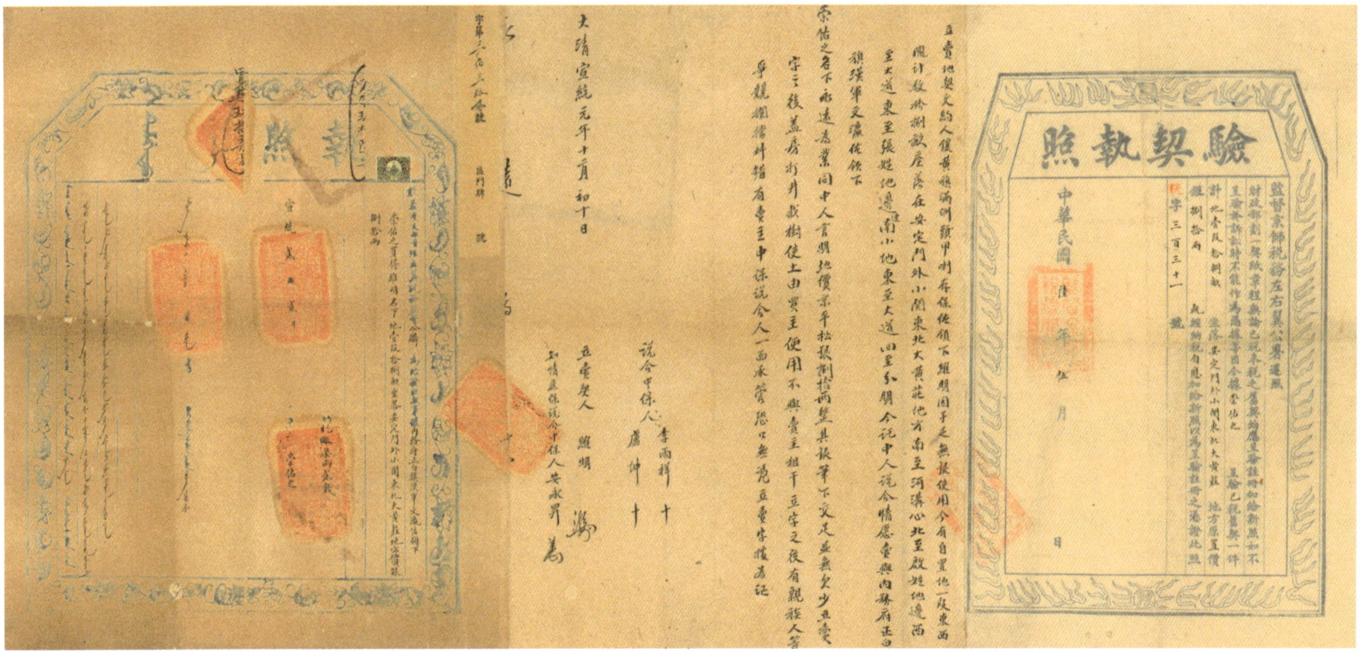

驗契執照

監督京師稅務左右翼公署遵照
財政部劃一驗契章程無論已稅未稅之舊契均應呈驗註册加給新照如不
呈驗者訴訟時不能作爲憑據等因今據金佑之　呈驗已稅舊契一件
計地壹段拾捌畝　坐落安定門外小關東北大黃莊　地方原置價
銀捌拾兩　應繳納稅自應加給新照以爲呈驗註册之憑給此照
[illegible]字三百三十一號
中華民國　年伍月　日

立賣地契文約人鑲黃旗滿洲頭甲喇存保佐領下繼明因手乏無錢使用今有自置地一段東西
隴計數拾捌畝座落在安定門外小關東北大黃莊地方南至河溝心北至啟姓地邊西
至大道東至張姓地邊注南小地東至大道四至分明今託中人說合情願賣與內務府正白
旗漢軍文濂佐領下
金佑之名下永遠爲業同中人言明地價京平松銀捌拾兩整其銀筆下交足並無欠少自立賣
字之後蓋房打井栽樹使土由買主使用不與賣主相干自立字之後有親族人等
爭競攔擋糾錯有賣主中保說合人一面承管恐口無憑立賣字據爲記

說合中保人　李雨祥　十
盧仲　十

大清宣統元年十月初十日

立賣契人　繼明
知情底保說合中保人安永昇

字第三百三十一號
張門牌　號

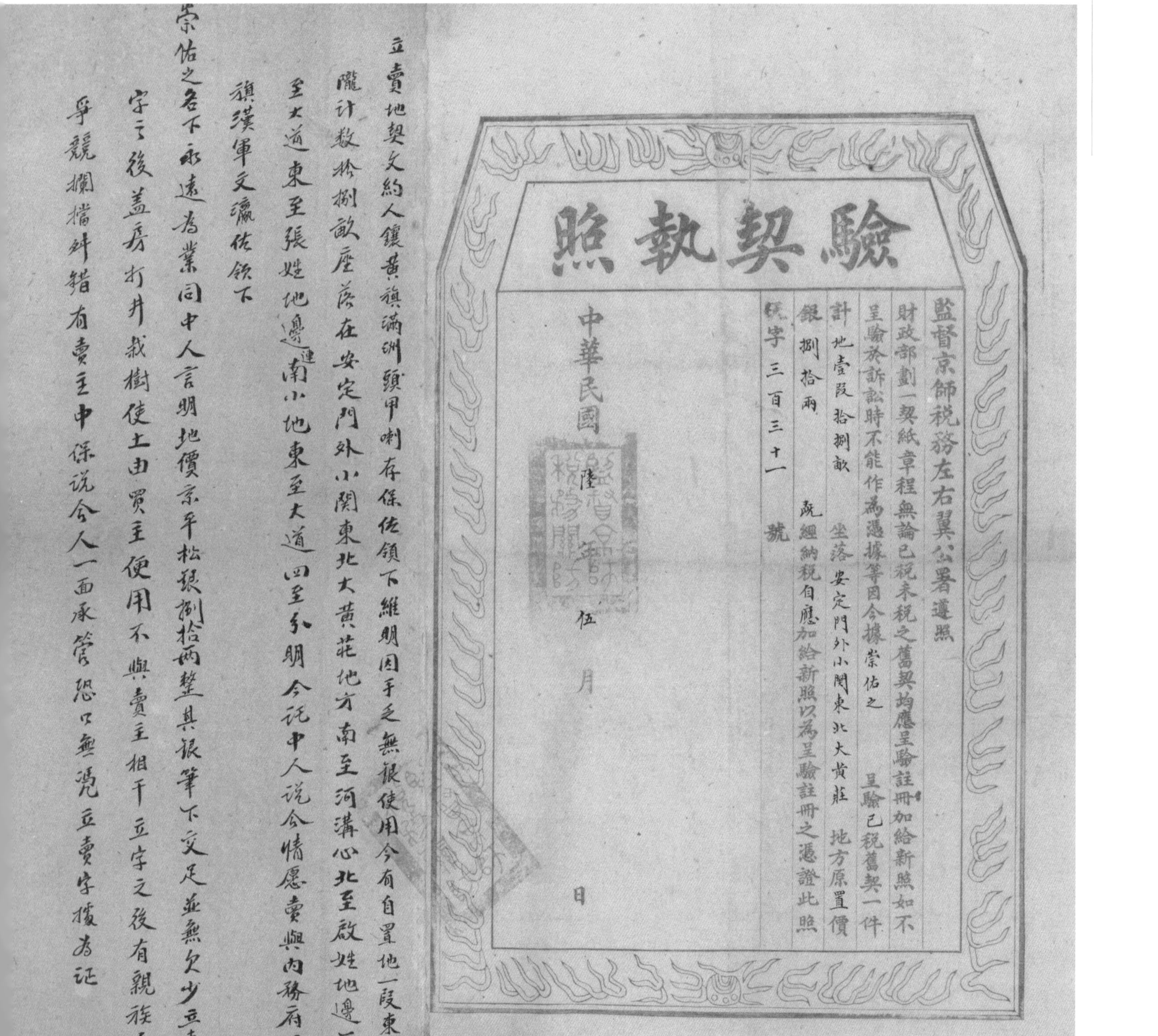

驗契執照

監督京師稅務左右翼公署 遵照
財政部劃一契紙章程無論已稅未稅之舊契均應呈驗註冊加給新照如不
呈驗於訴訟時不能作為憑據等因今據崇佑之 呈驗已稅舊契一件
計地壹段拾捌畝 坐落安定門外小關東北大黃莊 地方原置價
銀捌拾兩 既經納稅自應加給新照以為呈驗註冊之憑證此照
民字三百三十一號

中華民國 陸 伍 月 日

立賣地契文約人鑲黃旗滿洲頭甲喇存保佐領下繼明因手乏無銀使用今有自置地一段東西
隴計數拾捌畝座落在安定門外小關東北大黃莊地方南至河溝心北至啟姓地邊西
至大道東至張姓地邊連南小地東至大道四至分明今託中人說合情願賣與內務府正白
旗漢軍文瀛佐領下
崇佑之名下永遠為業同中人言明地價京平松銀捌拾兩整其銀筆下交足並無欠少立賣
字之後蓋房打井栽樹使土由買主便用不與賣主相干立字之後有親族人等
爭競攔擋舛錯有賣主中保說合人一面承管恐口無憑立賣字據為証

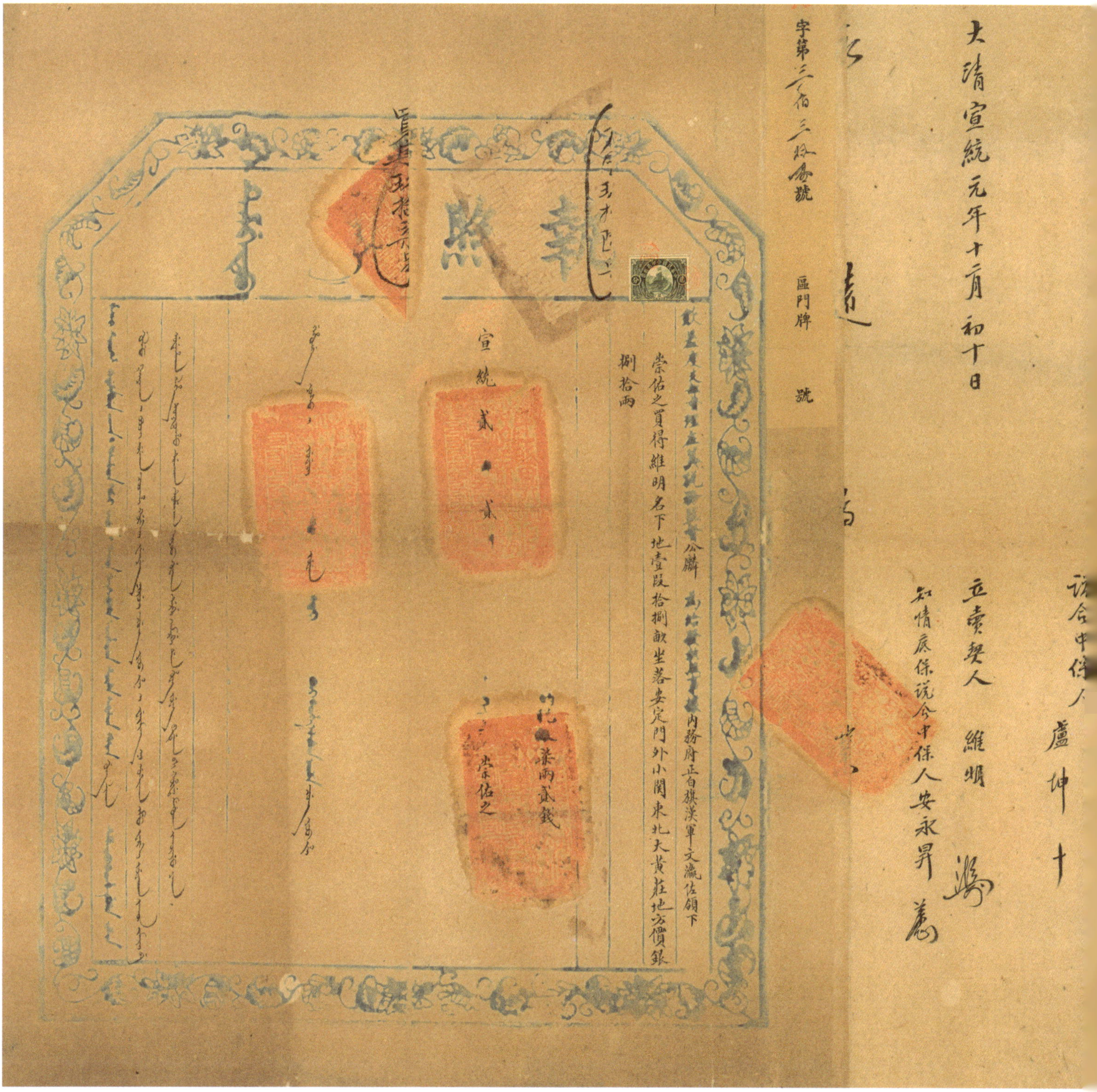

大清宣統元年十月初十日

立賣契人　維明　押

知情底保說合中保人安永昇　押

說合中保人　盧坤　十

字第二千佰三十八號

區門牌　號

執照

內務府正白旗漢軍文瀛佐領下

崇佑之買得維明名下地壹段拾捌畝坐落安定門外小關東北大黃莊地方價銀

捌拾兩

宣統貳年貳月　日

崇佑之　柒兩貳錢

二五二 清宣統元年（一九〇九）密雲縣李福生賣民空園白契

（契約三五五）

立賣空園文約人李福生，因手乏用，今將受分祖遺民空園壹處，坐落在東白巖後街西頭河溝北，計東西長拾壹弓，南北寬柒弓，東至契主本族，西至李姓，南至河溝，北至李姓，四至分明，自煩中人説合，情願將此小園出賣與魏長富名下永遠爲業。同衆言明，賣價密市東銅錢貳拾伍吊整。其錢筆下交足，并不短少。自賣之後，此園四至之内，金石土木相連，由置主照至管業，耕種自便，永無賣主相干。倘有舛錯、不明以及親族異言、争論等情，自有中人、賣主承管。此係兩相情願，各不返（反）悔。恐後無憑，立賣字存照爲證。

隨帶大糧壹分。

中保説合人　劉進財（押）

同胞弟　李福發（押）

大清宣統元年拾貳月拾捌日　立賣民空園文約人　李福生（押）

代字人　李子儒（押）

立賣民宅園文約人李福生因手乏用今將受分祖遺民宅園壹處坐落在東白岩后街西頭河溝北計東西
長拾壹弓南北寬柒弓東至契主本族西至李姓南至河溝北至李姓四至分明自煩中人説合情願將此小園出賣與
魏長富名下永遠爲業同衆言明賣價當市東銅錢貳拾伍吊整其錢筆下交足並不短少自賣之後此園四至内金
石土木相連由買主照至管業耕種自便永無賣主相干倘有舛錯不明以及親族異言爭論等情自有中人賣
主承管此係兩相情願各不返悔恐後無憑立賣字存照爲証

隨帶大粮壹分

中保説合人劉進財十

同胞弟李福發五

大清宣統元年拾貳月拾捌日立賣民宅園文約人李福生任

代字人李子儒押

清宣統二年（一九一〇）河北雄縣姜大胖賣地正契及契尾

（契約二四一一—一）

立賣地契人姜大胖，今因手乏，將園地一段，坐落雄縣西鄉，東至要主，南至墶（壕），西至要主，北至墶（壕）。統計共官畝地陸分。憑中人張永寬説合，情願賣與雄縣西鄉留通村姜永清名下永遠爲業。言明賣價，制平京錢叁拾伍吊文整。其錢筆下交清，并不欠少。自賣之後，如有重契、盜典、盜賣以及指地借貸官銀私債暨遠近親族人等争競等情，俱有中人一面承管。恐口無憑，立賣地契永執爲據。

中人 張永寬

立賣地契人 姜大胖

宣統貳年正月 日

買契投税章程列後

一 凡置買田房以銀立契者，每價一兩收税九分，以銀繳納，不得照折徵地糧銀價數目折錢徵收；其以錢立契者則以錢投税，如買價制錢一千，則納制錢九十文，不得再照制錢一千作銀一兩折算。

一 民間置買田房應遵照部定新章，立契之後六個月内投税，逾限不税，概照例治罪，并追契價一半入官，仍令照章補税。

一 各屬税契事務，前由書吏、牙紀經管者，現改歸自治預備會辦理（自治會未成立地方暫由勸學所代辦），并由地方官會同自治會選定附城殷實錢銀店一兩家代收、代存税價及官契紙價銀錢。

一 官契紙定爲三聯，首曰副契，次曰正契，再次曰契尾。凡投税者，三聯官契一律填寫，加蓋地方官印，即將契尾所填契價税額銀錢各數目騎字截開，前副連同正契發業户收執，後副粘連副契蓋印繳司。

一 官契紙由自治會存儲，民間投税時照章填用。

一 三聯官契紙契尾共爲一張，每張定價庫平足銀四錢。民間買用官契，應即同時投税，如非投税，不得買用契紙。

一 民間置買田房，應先自立草契，其原業及中證人等即在草契簽名畫押，投税時由契主持交自治會依照填入官契，即將草契粘連，由地方官鈐用印信，不必再在官契簽名畫押，以歸簡易。凡遠年近年小契（即未粘有司印契尾之契）、白契換用官契投税者，一律照此辦理。（其曾經購用官紙尚未投税粘尾者，亦與小契、白契同應改用三聯官契投税，并將舊日官紙粘連。）

一 官定錢銀店遇有民間投税將税價紙價交到時，該錢銀店按照所收銀錢數目立一收單，加蓋圖章，給予投税人收執。

一 民間投税應將草契及官定錢銀店所給收單親交自治會，由該會給回鈐章收據。（凡草契張數及所收單内銀錢數目一併書明收據之内）該會照依草契填入三聯官契，限五日内連同錢銀店收單送地方衙門代爲投税印契。

一 自治會自收受投税人草契之日起，限十日内將印契發還原投税人。

一 每月由地方官將徵收税契所用官紙號數、契主姓名、契價税額銀錢各數目詳細榜示自治會門首。

一 自治會收受投税人草契及錢銀店收單，如有積壓及從中舞弊情事，准投税人禀揭。

一 官定錢銀店代收税價紙價銀錢，如有苛剔平色及留難情事，准投税人禀究。

一 房書、里書、牙紀等在此次定章以前，如有收受民間銀契未經代爲投税印契者，統限半個月一律完理清楚。如有隱匿、短漏及逾延等弊，准契主禀控，查實從嚴懲辦。

一 此次定章以前民間所存遠年、近年未税買契，統限四個月内白契照章補税，小契補納半税。倘逾限不税，概照漏税例治罪并追半價充公。

一 民間因房地搆訟，地方官查驗原被契紙，如係遠年白契、小契因案臨時投税者，仍照隱匿罰辦。

一 民間置買田房契價務須從實填寫，不准暗減，希圖減税，違者由官查出，照契價收買入官，另行估變。倘以買爲典，查出即令更换買契投税，仍將典價一半入官。

一 置買田房，原業主及鄉佑、里書、牙紀知之最悉。如有匿契不税或暗減契價及以買作典者，准原業主及鄰佑、里書、牙紀告發，查實於罰款内提五成充賞。

一 原業主及鄰佑、里書、牙紀人等如有挾嫌誣告及吏役因緣舞弊滋擾者，一經查實，除照例懲治外，并予永遠監禁。

一　民間買賣田房由各村紳董、村正副公舉一二公正人作爲本村成説中人，舊日牙紀只任丈量之事，一切成交説合，概不准再行干預。其由各村公舉之中人，如有舞弊情事，一經舉發，除分別罰辦外，仍責成紳董、村正副另舉妥人接充。

一　買賣田房牙紀行用及中人、代筆等費，向按契價給百分中之五分，買者出三分，賣者出二分。現仍照舊收取，准中人、代筆分用五分之二，牙紀分用五分之一，其餘五分之二則撥歸自治會，由買業人預行扣出，於投税時繳交自治會。如各屬牙用前經提充學警工藝等公用者，可仍其舊，無庸扣交自治會。

一　無論何項人等，如在本章程規定之外有多索分文者，一律從嚴懲辦。

以上章程民間買賣田房均當切實遵辦。

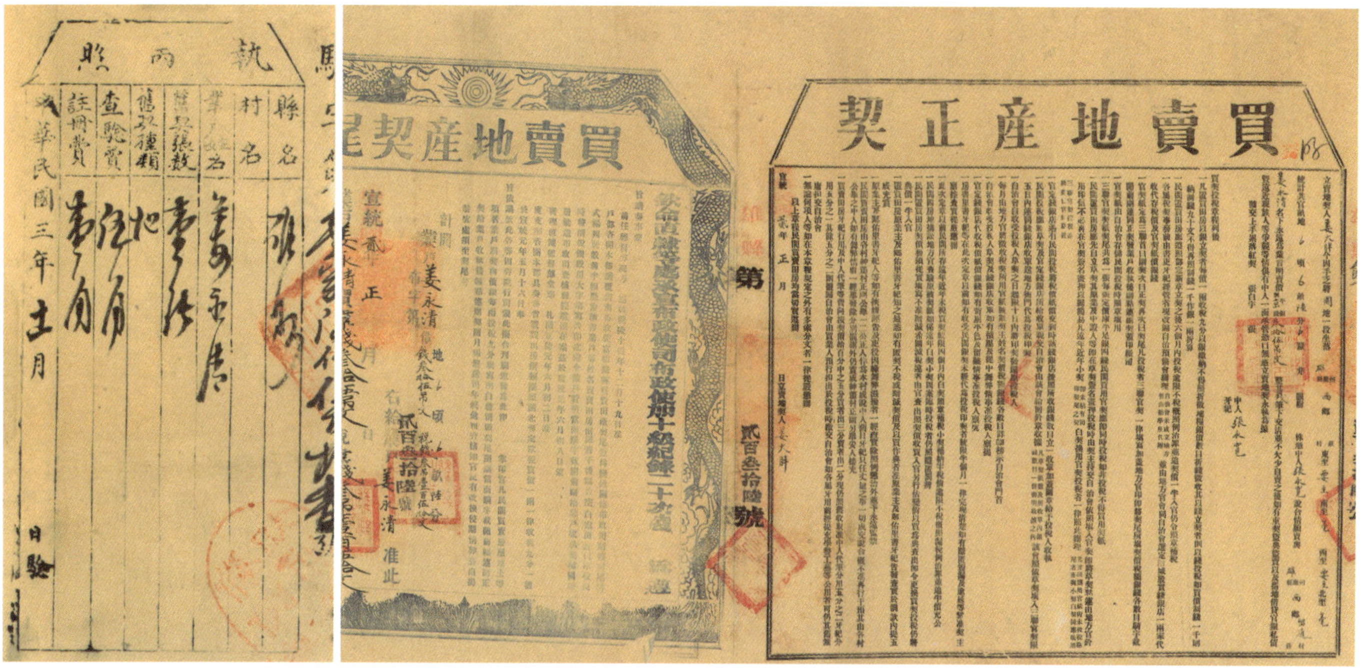
買賣地產正契

第 貳百叁拾陸號

宣統貳年正月 日立賣地契人姜大□

買賣地產契尾

欽命直隸等處承宣布政使司布政使加十級紀錄二十次凌

宣統貳年正月 日

業戶姜永清

貳百叁拾陸號

姜永清 准此

執兩照

縣名
村名
業戶姓名 姜永清
契尾張數 壹張
地畝種類 地
查驗費 伍角
註冊費 壹角

中華民國三年十一月 日驗

買賣地產正契

108

立賣地契人姜大胖今因手乏將圈地一段坐落雄縣西鄉　莊村　東至要主南至道　西至要主北至道

統計共官畝地 6 頃 6 畝陸分 6 釐　井　眼樹　株憑中人張永寬說合情願賣與雄縣西鄉留通莊村

姜永清名下永遠爲業言明賣價制錢京平銀錢叁拾伍吊文整其錢筆下交清並不欠少自賣之後如有重契盜典盜賣以及指地借貸官銀私債

暨遠近親族人等爭競等情俱有中人一面承管恐口無憑立賣地契永執爲據

隨交上手累落紅契　張白字　張

中人 張永寬

牙紀

買契投稅章程列後

一凡置買田房以銀立契者每價一兩收稅九分以銀繳納不得照折徵地糧銀價數目折錢徵收其以錢立契者則以錢投稅如買價制錢一千則納制錢九十文不得再照制錢一千作銀一兩折算

一民間置買田房應遵照部定新章立契之後六個月內投稅逾限不稅概照例治罪並追契價一半入官仍令照章補稅

一各屬稅契事務前由書吏牙紀經管者現改歸自治預備會辦理（自治會未成立地方暫由勸學所代辦）並由地方官會同自治會選定附城殷實錢銀店一兩家代收代存稅價及官契紙價銀錢

一官契紙定爲三聯首曰副契次曰正契再次曰契尾凡投稅者三聯官契一律填寫加蓋地方官印即將契尾所填契價稅額銀錢各數目騎字截開前副連同正契發業戶收執後副粘連副契蓋印繳司

一官契紙由自治會存儲民間投稅時照章填用

一三聯官契紙契尾共爲一張每張定價庫平足銀四錢民間買用官契應即同時投稅如非投稅不得買用契紙

一民間置買田房應先自立草契其原業及中證人等即在草契簽名畫押投稅時由契主持交自治會依照填入官契即將草契粘連由地方官鈐用印信不必再在官契簽名畫押以歸簡易凡遠年近年小契（即未粘有司印契尾之契）白契換用官契投稅者一律照此辦理（其曾經購用官紙尚未投稅黏尾者亦與小契白契同應改用三聯官契投稅並將官紙粘連）

一官定錢銀店遇有民間投稅將稅價紙價交到時該錢銀店按照所收銀錢數目立一收單加蓋圖章給予投稅人收執

一民間投稅應將草契及官定錢銀店所給收單親交自治會由該會給回鈐章收據（凡草契張數及所收單內銀錢數目一併書明收據之內）該會照依草契填入三聯官契限五日內連同錢銀店收單送地方衙門代爲投稅印契

一自治會自收受投稅人草契之日起限十日內將印契發還原投稅人

一每月由地方官將徵收稅契所用官紙號數契主姓名契價稅額銀錢各數目詳細榜示自治會門首

一自治會收受投稅人草契及錢銀店收單如有積壓及從中舞弊情事准投稅人稟揭

一官定錢銀店代收稅價紙價銀錢如有苛剔平色及留難情事准投稅人稟究

一房書里書牙紀等在此次定章以前如有收受民間銀契未經代爲投稅印契者統限半個月一律完理清楚如有隱匿短漏及逾延等弊准契主稟控查實從嚴懲辦

一此次定章以前民間所存遠年近年未稅買契統限四個月內白契照章補稅小契補納半稅倘逾限不稅概照漏稅例治罪並追半價充公

一民間因房地搆訟地方官查驗原被契紙如係遠年白契小契因案臨時投稅者仍照隱匿罰辦

一民間置買田房契價務須從實填寫不准暗減希圖減稅違者由官查出照契價收買入官另行估變倘以買爲典查出即令更換買契投稅仍將典價一半入官

一置買田房原業主及鄉佑里書牙紀知之最悉如有匿契不稅或暗減契價及以買作典者准原業主及鄉佑里書牙紀告發查實於罰款內提五成充賞

一原業主及鄉佑里書牙紀人等如有挾嫌誣告及吏役因緣舞弊滋擾者一經查實除照例懲治外並予永遠監禁

一民間買賣田房由各村紳董村正副公舉一二公正人作爲本村成說中人舊日牙紀只任丈量之事一切成交說合概不准再行干預其由各村公舉之中人如有舞弊情事一經舉發除分別罰辦外仍責成紳董村正副另舉妥人接充

一買賣田房牙紀行用及中人代筆等費向按契價給百分中之五分買者出三分賣者出二分現仍照舊收取准中人代筆分用五分之二牙紀分用五分之一其餘五分之二則撥歸自治會由買業人預行扣出於投稅時繳交自治會如各屬牙用前經提充學警工藝等公用者可仍其舊無庸扣交自治會

一無論何項人等如在本章程規定之外有多索分文者一律從嚴懲辦

以上章程民間買賣田房均當切實遵辦

宣統貳年正月　日立賣地契人姜大胖

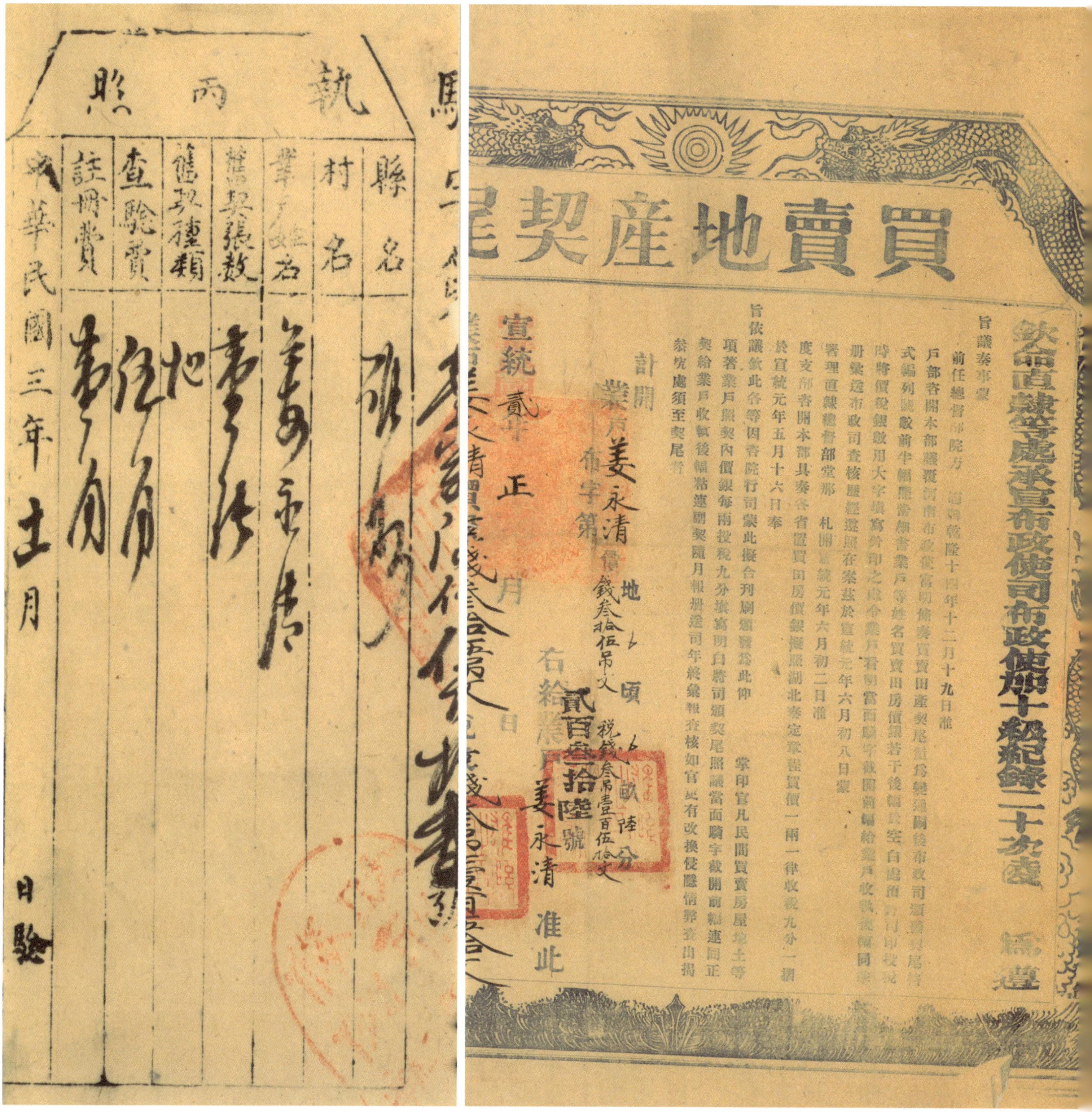

執兩照

縣名
村名
業戶姓名 姜永清
舊契張數 壹張
舊契種類 地
查驗費 伍角
註冊費 壹角

中華民國三年十一月 日驗

買賣地產契尾

欽命直隸等處承宣布政使司布政使加十級紀錄二十次凌 為遵

旨議奏事案

前任總督部院方 准 乾隆十四年十二月十九日准

戶部咨開本部議覆河南布政使富明條奏買賣田產契尾宜爲變通嗣後布政司頒發契尾格式編列號數前半幅照常細書業戶等姓名買賣田房價銀若干後幅於空白處預鈐司印投稅時將價稅銀數用大字填寫鈐印之處令業戶看明當面騎字截開前幅給業戶收執後幅同季冊彙送布政司查核歷經遵照在案茲於宣統元年六月初八日蒙

署理直隸總督部堂那 札開 宣統元年六月初二日准

度支部咨開本部具奏各省置買田房價銀擬照湖北奏定章程買價一兩一律收稅九分一摺於宣統元年五月十六日奉

旨依議欽此各等因咨院行司蒙此擬合刊刷頒發爲此仰 掌印官凡民間買賣房屋地土等項著業戶照契內價銀每兩投稅九分填寫明白將司頒契尾照議當面騎字截開前幅連同正契給業戶收執後幅粘連副契隨月報冊送司年終彙報查核如官吏有改換侵隱情弊查出揭參究處須至契尾者

計開

業戶姜永清 布字第貳百叁拾陸號

價錢叁拾伍吊文 地6頃6畝陸分

稅錢叁吊壹百伍拾文

右給業戶姜永清 准此

宣統貳年 正 月 日

二五四

清宣統二年（一九一〇）山東濟南致穌堂商埠租契

（契約一〇九）

監督濟南濰縣周村等處商埠事宜署濟東泰武臨道徐、存記道朱爲發給出租地契事。今准濟南等處商埠總局咨開，據華商致穌堂稟，於濟南商埠界内請租禄字第東號弍段，計貳畝。四址：東新馬路，南春華堂。已繳全年租價洋四十八元，并納十二箇月之錢糧，計洋四元，照數收訖，送請發給租契前來。合行發給出租地契，仰該商即便收領，并附載租地簡明章程七條於後，一體遵守毋違須至租契者。

右給華商致穌堂收執

宣統二年二月初壹日給

計開商埠租地簡明章程列後

一 埠界地畝繪有全圖，分作四等，以福、禄、壽、喜等字分別編號。福字每畝每年租洋叁拾陸元，禄字每畝每年租洋貳拾肆元，壽字每畝每年租洋拾陸元，喜字每畝每年租洋壹拾元。除設關、建署、設局以及菜市、公園各公所外，華洋商民凡欲租地者，須先至工程處呈明掛號願租某字某號，并照所定等第允繳租洋酌留定洋約十成之一，然後由工程處丈量所租之地，由商埠總局知會監督衙門。若洋商租地，須由就近領事官照會監督方可租給。所留定洋俟地畝租定之後可由租價内扣除。

二 租地一户以十畝爲限，至少亦須二畝。如須設立公司或其事業非大地不可者，應先將情節聲明，由監督查核辦理。

三 量地以官弓二百四十弓爲一畝，計工部營造尺六千方尺。

四 租價以每畝每年計算，并每畝每年應完錢糧貳元，均由工程處按期向租户照數代收，送交監督製給收洋之印單糧串。地畝租定後，先將自承租日起租洋及一年錢糧繳清，嗣後每年應繳租洋錢糧均於中曆正月内一律完清。如租洋及錢糧至過一年仍未交清，即將該號租契注銷。未建造者將地充公，已建造者將地上產業拍賣，除扣還租洋及錢糧外，餘款仍歸租户。如係洋商，會商該管領事官一律辦理。

五 地畝租定後由監督印發租契，由工程處轉給租户。如係洋商，并由監督備文照會就近領事官存案。租契如有損失，須將情形具稟呈明，并覓妥保及登報章，三箇月後方能補給。凡租定之地，或願轉租别商，只能全地轉租，不能割租。承接轉租之人，如係洋商，亦須有該管領事官照會方爲合例；如係華商，須原租之户、承接之人同至工程處具稟，簽字呈繳舊契，换給新契。轉租年限仍自開辦之日算起，再租定後扣足，三年内必須建造，倘届期仍未建造，即係無財力之人，可將租契注銷，地即歸公。從前所納租價錢糧，概不退還。倘已建造而未完全，仍酌予限期責令完工。

六　租契以三十年爲期滿，期滿後换契，仍定三十年爲限滿。當换契時，如商務果能興旺，可察看情形酌加租價。如期滿未换契，則將該號之租契注銷，産業充公。六十年限滿之後，所有界内産業，如中國國家購回，可請中人公平估值，全數購回，無論何國何人，不能霸租。倘不願購回，仍可商定續租。

七　契中所刊係租地簡明章程，另有租建詳章刊訂成册，并榜示局門，兹不具載。

商埠

監督濟南濰縣周村等處商埠事宜署濟東泰武臨道徐
存記道朱 爲

發給出租地契事今准
濟南等處商埠總局咨開據 華商敘龢堂稟於濟南商埠界
內請租祿字第東號 弍 段計 弍 畝〇分〇釐〇毫四址
東新馬路 南春華堂 已繳全年租價洋四十八元 並納自
西 北
止十二個月之錢糧計洋 四 元 照數收訖送請發給租
契前來合行發給出租地契仰該商即便收領並附載租地簡
明章程七條於後一體遵守毋違須至租契者

計開商埠租地簡明章程列後

一埠界地畝繪有全圖分作四等以福祿壽喜等字分別編號
福字每畝每年租洋叁拾陸元祿字每畝每年租洋貳拾肆
元壽字每畝每年租洋拾陸元喜字每畝每年租洋壹拾元
除設關建署設局以及菜市公園各公所外華洋商民凡欲
租地者須先至工程處呈明掛號願租某字某號並照所定
等第先繳租洋酌留定洋約十成之一然後由工程處丈量
所租之地由商埠總局知會監督衙門若洋商租地須由就
近領事官照會監督方可租給所留定洋俟地畝租定之後
可由租價內扣除

二租地一戶以十畝爲限至少亦須二畝如須設立公司或其
事業非大地不可者應先將情節聲明由監督查核辦理

三量地以官弓二百四十弓爲一畝計五部營造尺六千方尺

四租價以每畝每年計算並每畝每年應完錢糧貳元均由工

租契

後每年應繳租洋錢糧均於中歷正月內一律完清如租洋及錢糧至過一年仍未交清即將該號租契註銷未建造者將地充公已建造者將地上產業拍賣除扣還租洋及錢糧外餘款仍歸租戶如係洋商會商該管領事官一律辦理

五地畝租定後由監督印發租契由工程處轉給租戶如係洋商並由監督備文照會就近領事官存案租契如有損失須將情形具稟呈明並覓妥保及登報章三箇月後方能補給凡租定之地或願轉租別商只能全地轉租不能割租承接轉租之人如係洋商亦須有該管領事官照會方爲合例如係華商須原租之戶承接之人同至工程處具稟簽字呈繳舊契換給新契轉租年限仍自開辦之日算起再租定後扣足三年內必須建造倘屆期仍未建造即係無財力之人可將租契註銷地即歸公從前所納租價錢糧概不退還倘已建造而未完全仍酌予限期責令完工

六租契以三十年爲期滿期滿後換契仍定三十年爲限滿當換契時如商務果能興旺可察看情形酌加租價如期滿未換契則將該號之租契註銷產業充公六十年限滿之後所有界內產業如中國國家購回可請中人公平估值全數購回無論何國何人不能霸阻倘不願購回仍可商定續租

七契中所刊係租地簡明章程另有租建詳章刊訂成册並榜示局門茲不具載

右給華商致穌堂收執

宣統二年二月初壹日給

華字第　　號　次合

清宣統二年（一九一〇）天津武清縣趙德菴杜絶賣地官契

（契約四五九）

立杜絶賣契文約人趙德菴，因正用，煩中説合，今將祖遺民地户承租民地壹段，坐落辛莊東大圈，計地四畝五分，情願出賣與李永和名下永遠爲業。同中言明，賣價共銀弍拾弍兩五錢正。其銀筆下交足不欠。自賣之後，各不反悔。恐有遠近親族争論者，有賣主、中人一面承管。恐口無憑，立賣契爲證。

立賣契人 趙德菴（押）

中人代筆 李祥河（押）

劉孟橋（押）

李墨亭（押）

張永和（押）

陳芸甫（押）

朱克立（押）

牙纪（印）

宣統弍年三月十六日

弓口均長弍百四拾五弓，南寬四弓五分，南寬四弓叁分六厘，南寬四弓四分，中寬四弓叁分六厘，北寬四弓四分，北寬四弓叁分五厘，北寬四弓五分。四至：東至杜，西至朱，南至横道，北至横道。

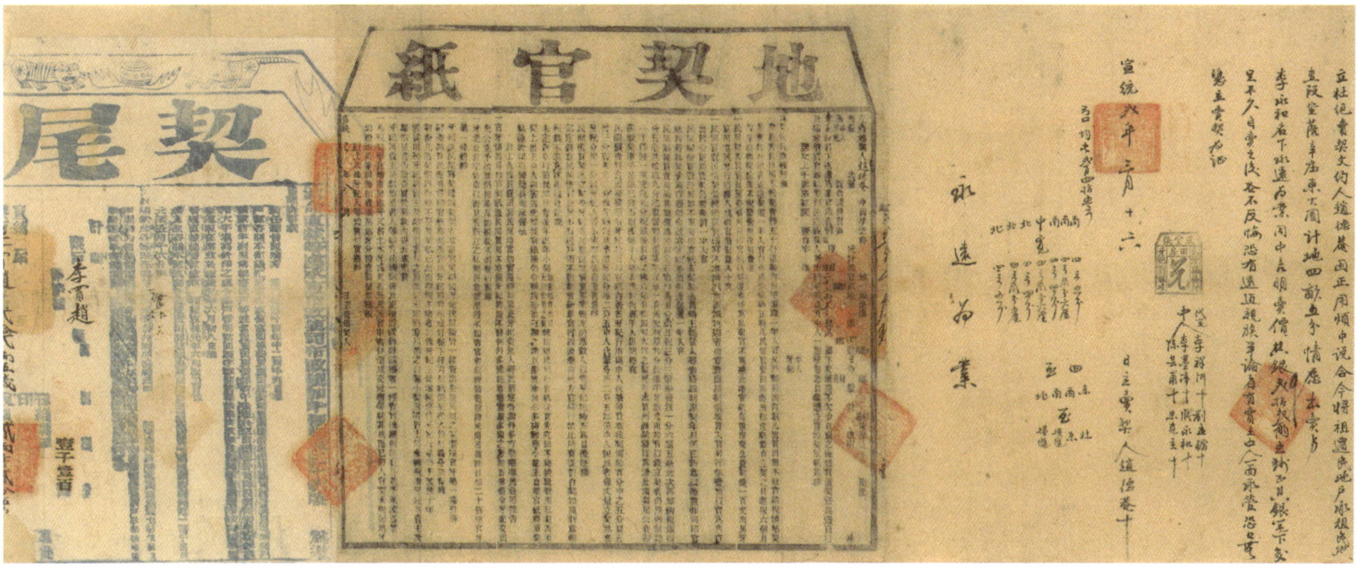
地契官紙

契尾

宣统八年三月十六

永遠為業

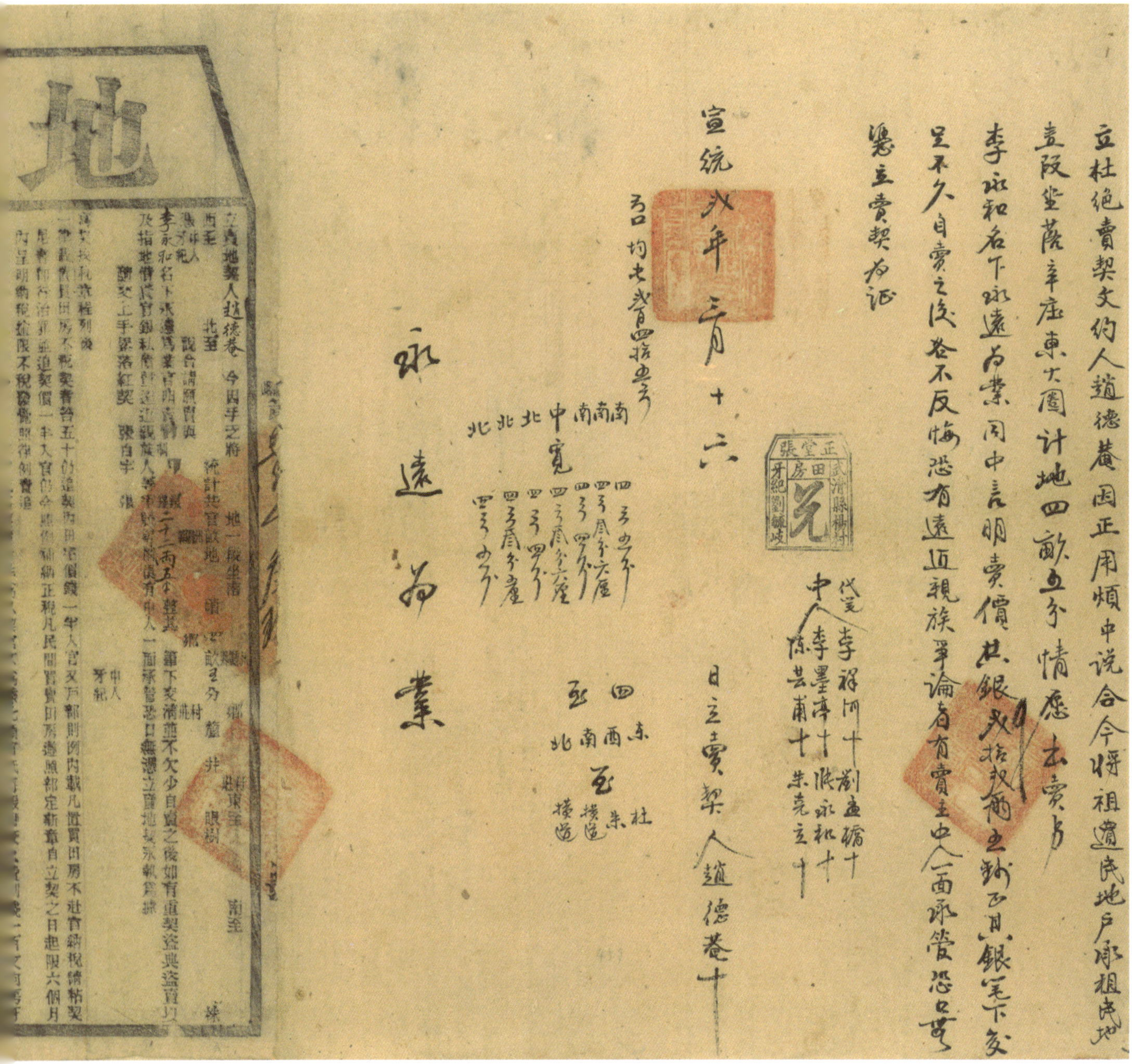

立杜绝賣契文约人趙德巖，因正用煩中说合，今将祖遺民地户承祖民地壹段，坐落辛庄東大圍，计地四畝五分，情愿出賣与李永和名下永遠為業。同中言明賣價共銀叁拾叁兩正，其銀筆下交足不欠。自賣之後，各不反悔。恐有遠近親族爭論者，有賣主中人一面承管。恐口無憑，立賣契為証。

正堂張 田房 武清縣楊村 牙紀劉毓岐

中人 代筆 李祥河十 劉蓋瑞十 李墨林十 張永和十 陈芸甫十 朱堯之十

宣统叁年三月十六日立賣契人趙德巖十

弓口均出畝百四拾五弓

南 四弓五分
南 四弓八分六厘
南 四弓四分
中宽 四弓八分六厘
北 四弓四分
北 四弓八分六厘
北 四弓五分

四至 東至杜 西至朱 南至横道 北至横道

永遠為業

地

立賣地契人趙德巖 今因手乏將

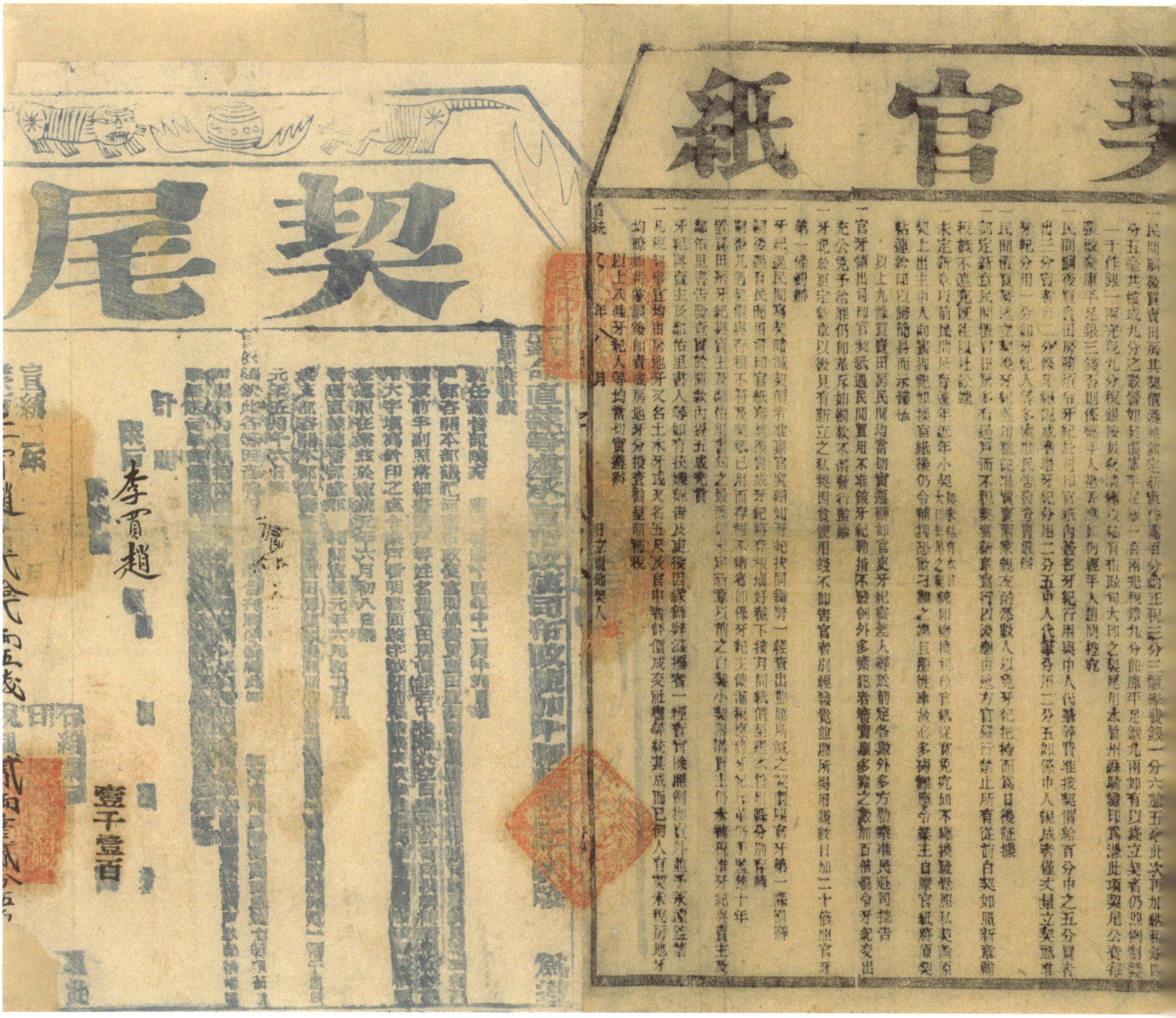
契尾
官紙契
宣統　年八月
以上六條牙紀人等均當切實遵辦
立賣地契人
李貫趙
壹千壹百

清宣統二年（一九一〇）天津武清縣趙德菴杜絶賣地官契

（契約四七四）

立杜絶賣契文約人趙德菴，因正用，煩中説合，今將祖遺民地户承租民地壹段，坐落辛莊東大圈，計地四畝五分，情願出賣與朱克立名下永遠爲業。同中言明，賣價共銀式拾式兩伍錢正。其銀筆下交足不欠。自賣之後，各不反悔。恐有親族争論者，有賣主、中人一面承管。恐口無憑，立賣契爲證。

中人代筆
李祥河（押）
李桂亭（押）
陳芸甫（押）
劉孟橋（押）
李墨亭（押）
張永和（押）

立賣契人 趙德菴（押）

宣統式年三月十六日

弓口均長式百四拾五弓，南寬四弓五分，南寬四弓叁分六厘，南寬四弓四分，中寬四弓叁分六厘，北寬四弓四分，北寬四弓叁分五厘，北寬四弓五分。四至：東至李，西至朱，南至横道，北至横道。

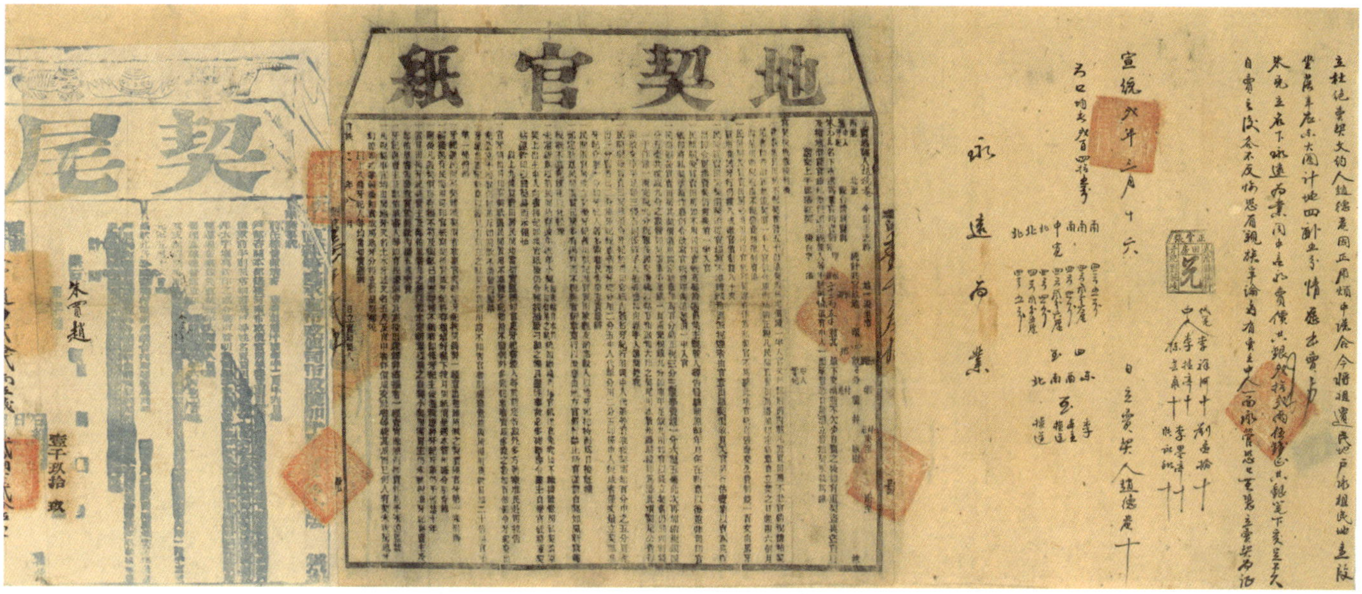

立杜绝卖契文约人赵德彦因正用烦中说合今将祖遗民地户下祖民地壹段
坐落本庄东大园计地四亩五分情愿出卖与
朱宽名下永远为业同中言明卖价共银钱拾弍两陆钱正其银笔下交足不欠
自卖之後各不反悔恐有亲族人等争论为有卖主中人一面承管恐口无凭立卖契存照

中人 李福河十 刘... 李... 孙...

宣统弍年三月十六日 立卖契人赵德彦十

永远为业

地契官紙

契尾

朱宽

壹千玖拾

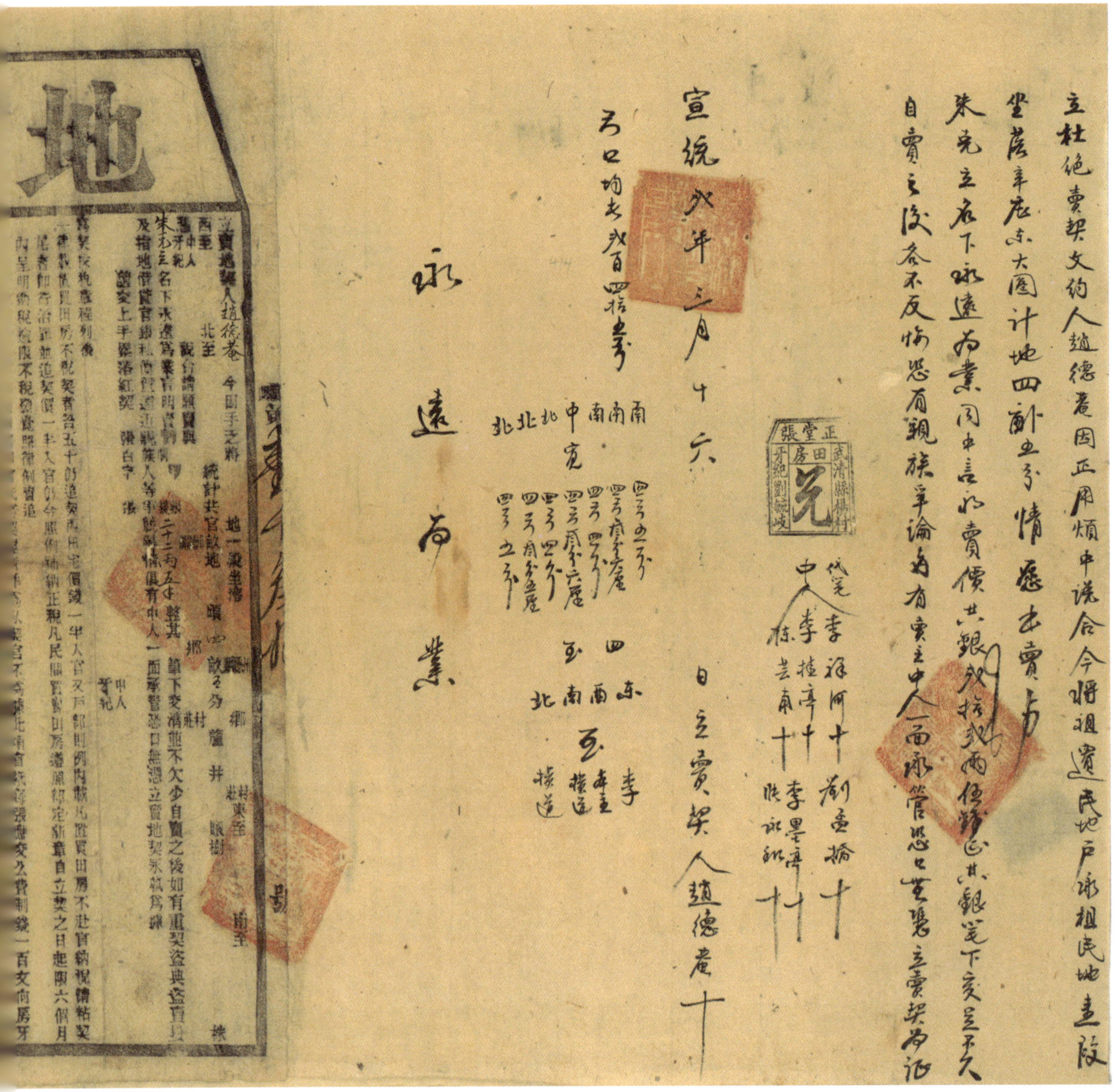
立杜絶賣契文約人趙德慶因正用順中説合今將祖遺民地戶領祖民地壹段
坐落辛莊东大園計地四畝五分情愿出賣與
朱充之名下永遠爲業同中言明賣價共銀貳拾兩伍錢正其銀筆下交足不欠
自賣之後各不反悔恐有親族爭論有賣主中人一面承管恐口無憑立賣契存証

中人 李福河十 劉亜橋十
李梓亭十 李墨亭十
林喜甫十 陳詠銘十
代筆

宣統貳年三月十六日立賣契人趙德慶十

弓口均長貳百四拾弓

南 南 南 中 北 北 北
[illegible]

四至：东至李 西至 南至 北至接道

永遠爲業

地
立賣地契人趙德慶 今因手乏將 地一段坐落 鄉 村
西至 北至 東至 南至
統計共官畝地
[illegible]

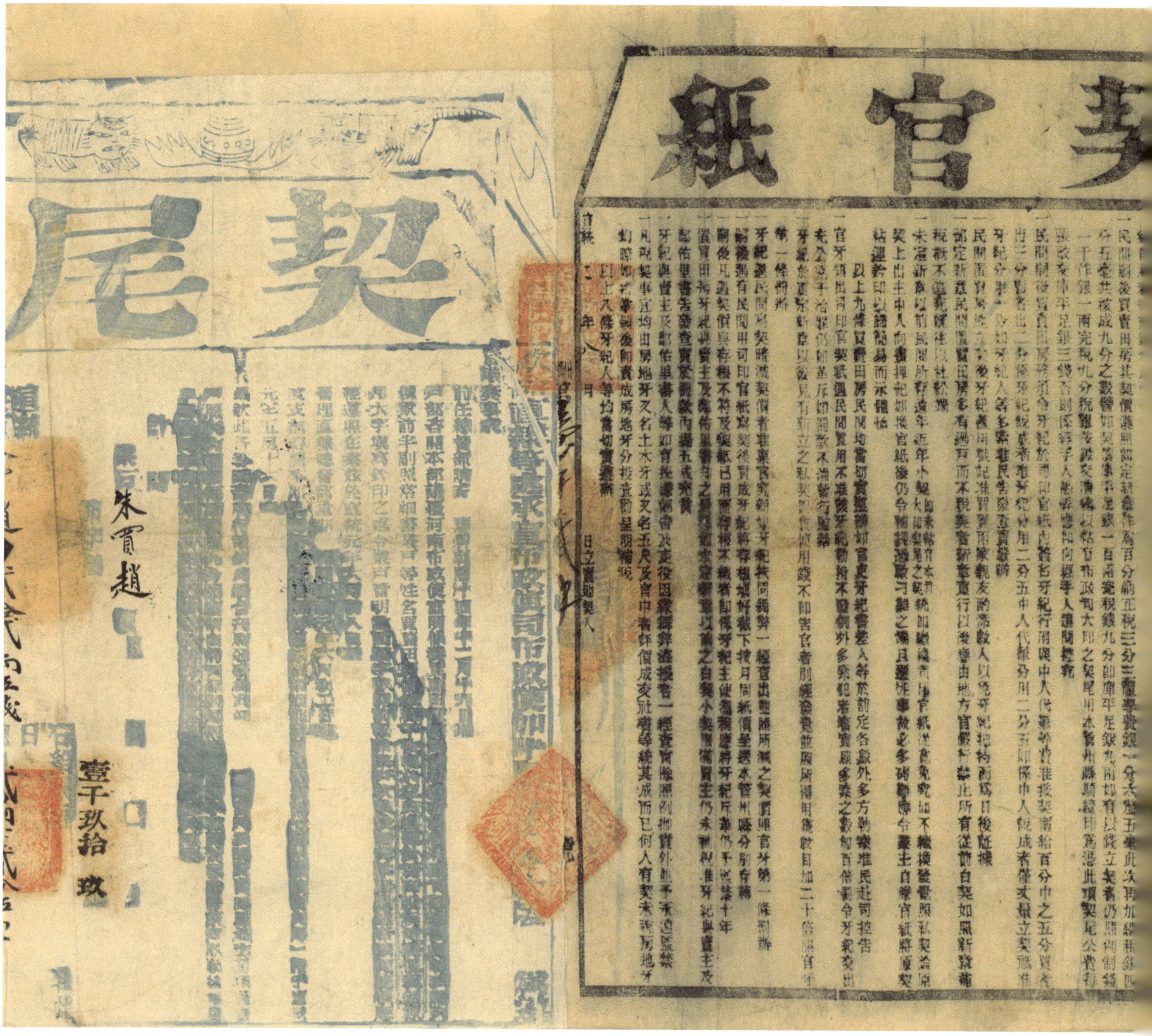
契尾
契官紙
一民間嗣後買賣田房其契價遵照部定新章作為百
分五毫共核成九分之數譬如契價集平足銀一百
一千作銀一兩完稅九分稅銀按照交清後以粘
張致交庫平足銀三錢否則係經手人悉聽
一民間嗣後買賣田房契須令牙紀於司印官紙內
出三分買者出二分係牙紀說成者准牙紀分用
牙紀分肆一分如牙紀人等多索准民告發查實
一民間買賣田房準牙紀義用戳記准買賣兩
部定新章民間買賣田房多有過戶而不稅契者
稅概不追究倘往以杜訟端
一未奉新章以前民間所存遠年近年小契由
契上出手中人向書押記如換官紙後仍令補
粘連鈐印以歸簡易而示體恤
以上九條買賣田房民間均當切實遵辦如
第一條罰辦
以上八條牙紀人等均當切實遵辦
宣統二年八月
日立賣契人
朱買趙
壹千玖拾玖

清宣統二年（一九一〇）馮連元梁茂永倒租房屋及傢具白契

（契約三四二）

立倒人馮連元、梁茂永，今因手丟（乏）無錢，將自蓋得浴澡堂倒與謝久山名下永遠生理。計樓房三間，北房六間，後院北房二間，屋内磚井一眼，衣箱、澡盆、傢俱（具）等項一概俱全。言明倒價銀肆千捌百兩證（正）。其銀筆下交足，并不欠少。似（俟）倒之後，如有親人等争論，均有中保人一面承管。恐口無憑，立字爲證。

此房係内務府房錢庫，每月房租叁拾吊證（正）。

立倒字人 馮連元（押）
梁茂永（押）

中保人 許恒山（押）
馮連海（押）
句　順（押）

宣統貳年六月初十日立

立倒人馮連元梁茂永今因手乏無錢將自蓋得浴
澡堂倒與
謝久山名下永遠生理計樓房三間北房六間後院
北房二間屋内磚井一眼衣箱澡盆傢俱等項一概
俱全言明倒價銀肆千捌百兩証其銀筆下交足
並不欠少倒之後如有親人等爭論均有中保人一
面承管恐口無憑立字為証
此房係内務府房錢庫每月房租叁拾吊証

立倒字人　馮連元十
　　　　　梁茂永（押）

中保人　馮連海十
　　　　許恒山十
　　　　句順十

宣統貳年六月初十日　立

二五八

清宣統二年（一九一〇）順義縣王錦堂賣民糧地官契

（契約五六）

立賣民糧地契文約人王錦堂，因正用不足，親托中人説合，有自置地壹段拾貳畝，坐落在西馬各莊村西北，地名小官地，南北隴，南北長貳百肆拾貳弓陸，東至劉英，西至焦順，南、北至道，情願將此地賣與王懷名下永遠爲業。同面言明，宔價銅製東錢陸百吊整。其錢當日收清不欠。自賣之後，由置主自便，不與棄主相干。此係兩家鈞（均）願，各無悔（反）悔。如有悔（反）悔等情，有中保人負責。空口無憑，立賣字爲證。

南寬拾壹弓陸，北寬拾貳弓貳，南北長貳百肆拾貳弓。

中保人　劉永福（押）

立賣字人　王錦堂親筆（押）

宣統二年十一月十八日

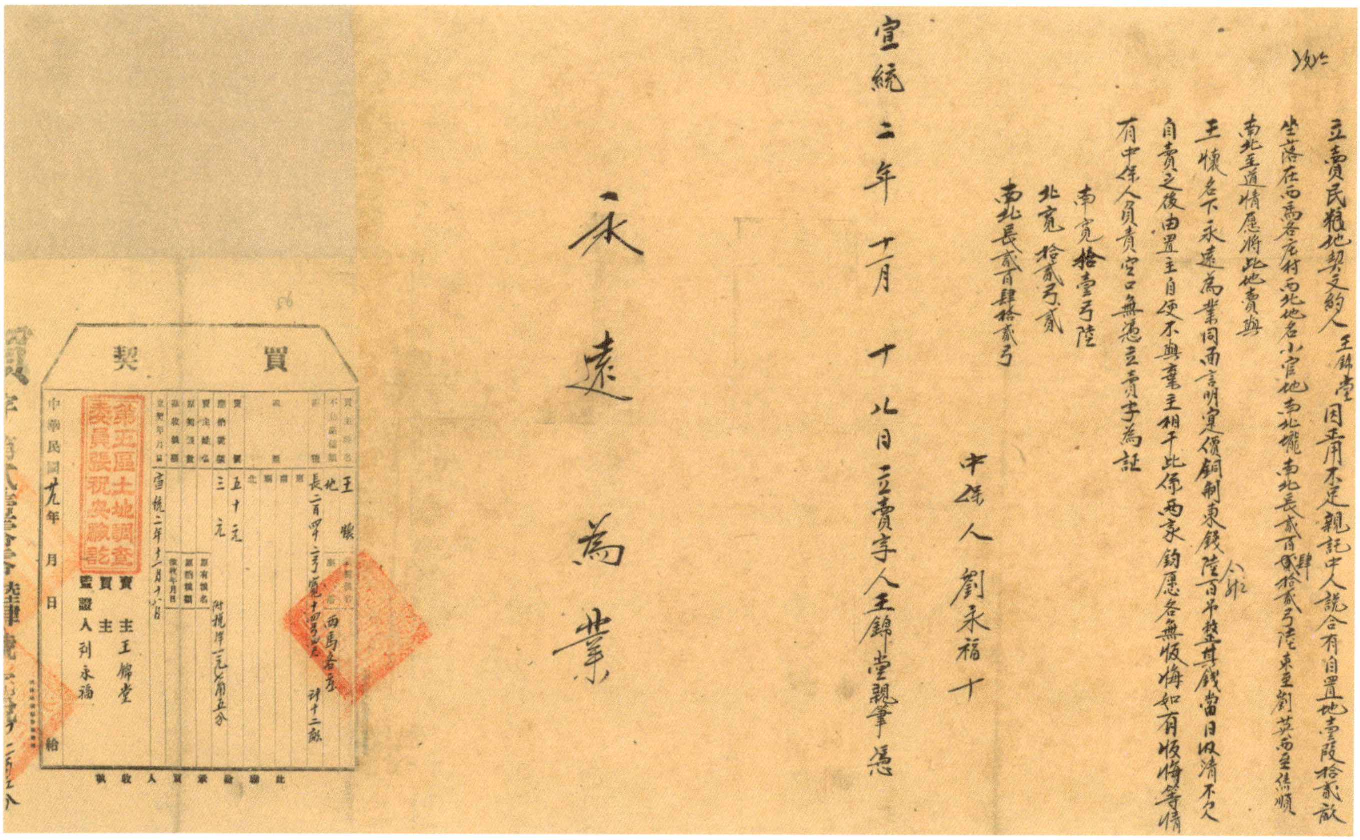
立賣民糧地契文約人王錦堂因手用不足親託中人說合有自置地壹段拾貳畝坐落在西馬各庄村西北地名小官地南北壠南北長貳百肆拾貳弓陸東至劉英西至德順南北至道情願將此地賣與王懷名下永遠為業同面言明定價銅制東錢陸百吊整其錢當日收清不欠自賣之後由置主自便不與業主相干此係兩家情願各無反悔如有反悔等情有中保人員責空口無憑立賣字為証
南寬拾壹弓陸
北寬拾貳弓貳
南北長貳百肆拾貳弓
中保人 劉永福 十
宣統二年十月十九日立賣字人王錦堂親筆 憑
永遠為業

買契
王懷
地 長二百四十二弓 寬十四弓五分 西馬各庄 計十二畝
五十元
三元
附稅洋一元七角五分
宣統二年十月十九日
第五區土地調查委員張祝安驗訖
賣主王錦堂
買主
監證人劉永福
中華民國九年 月 日 給

立賣民糧地契文約人王錦堂因手用不足親託中人說合有自置地壹段拾貳畝
坐落在西馬各庄村西北地名小官地南北壠 南北長貳百肆拾貳弓陸 東至劉英西至焦順
南北至道情愿將此地賣與
王懷名下永遠為業同面言明宜價銅制東錢陸百吊整其錢當日收清不欠
自賣之後由置主自便不與業主相干此係兩家鈞愿各無返悔如有返悔等情
有中保人員責空口無憑立賣字為証
南寬拾壹弓陸
北寬拾貳弓貳
南北長貳百肆拾貳弓

中保人 劉永福 十

宣統二年十一月十九日立賣字人王錦堂親筆 憑

永遠為業

買契

買主姓名	王懷
不動產種類	地
坐落	西馬各庄
面積	長二百四十二弓寬十四弓五尺　計十二畝
四至	東　南　西　北
賣價	五十元
應納稅額	三元　附撥洋一元七角五分
賣主姓名	
原有糧名	
原契張數	
原納糧額	
推收糧額	
推收年月日	
立契年月日	宣統二年十一月十八日

第五區土地調查委員張祝安驗訖

賣主　王錦堂

買主

監證人　列永福

中華民國十九年　月　日　給

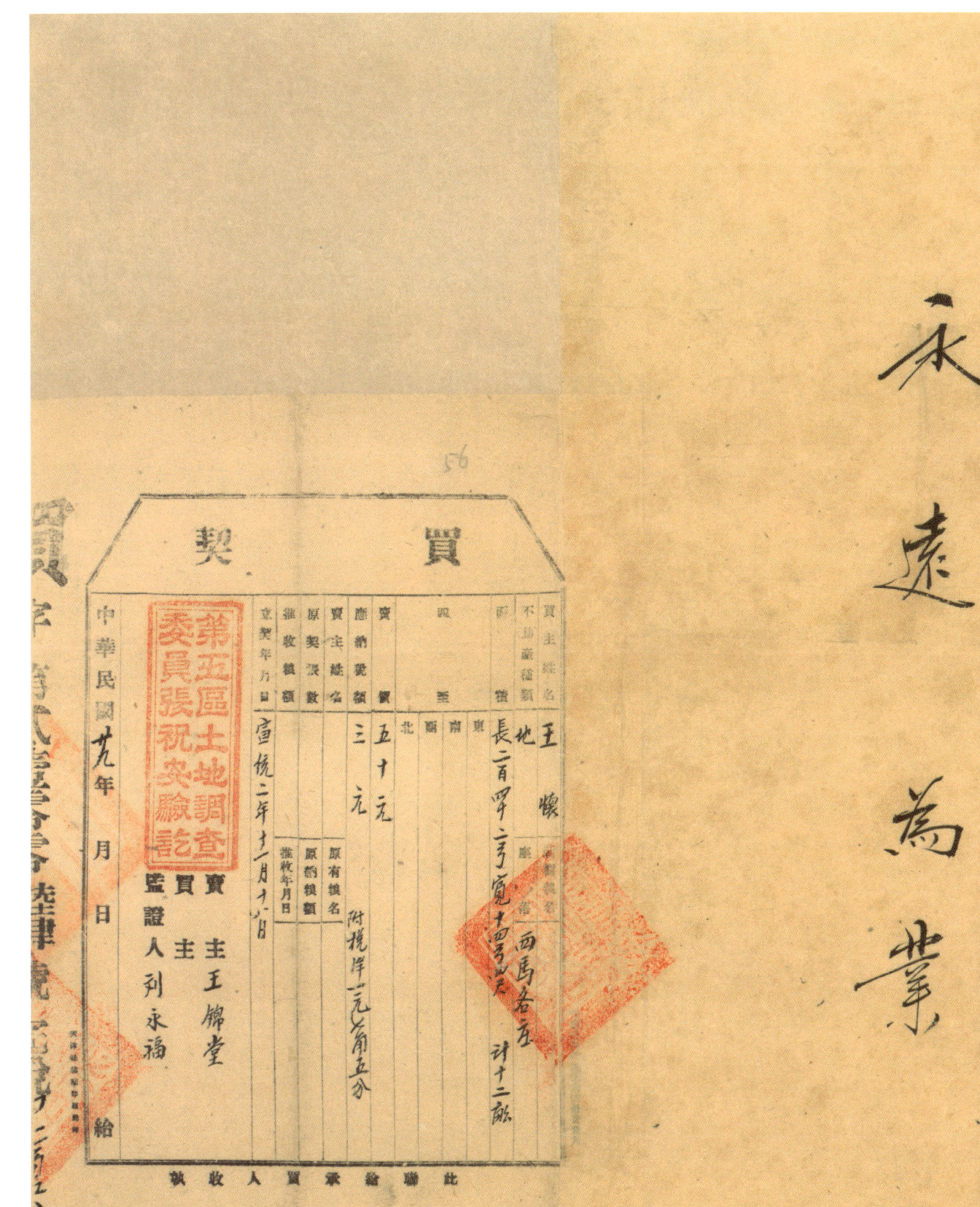

此聯給承買人收執

清宣統二年（一九一〇）順義縣王永言賣民糧地官契

（契約二一一六）

立賣民糧地契文約人王永言，因正用不足，將自置地壹段，捌畝零伍，坐落在西馬各莊村東南，地名任家墳，東西行隴，東至王升，西至道，南至墁（壕），北至張立，四至分明，親托中人説合，情願將此地賣與王懷名下永遠爲業。同面言明，寔賣價銅製東錢叁百壹拾吊整。其錢當日收清不欠。自賣之後，由置主自便，不與棄（業）主相干。此係兩家均願，各無㤆（反）悔。如有舛錯等情，有中保人負責。恐口無憑，立賣字爲證。

東西長壹百壹拾陸弓，東寬拾叁弓四，中寬拾玖弓六，西寬拾柒弓。

中保代筆人　王永旺（押）

立賣字人　王永言（押）

宣統二年十一月十二日

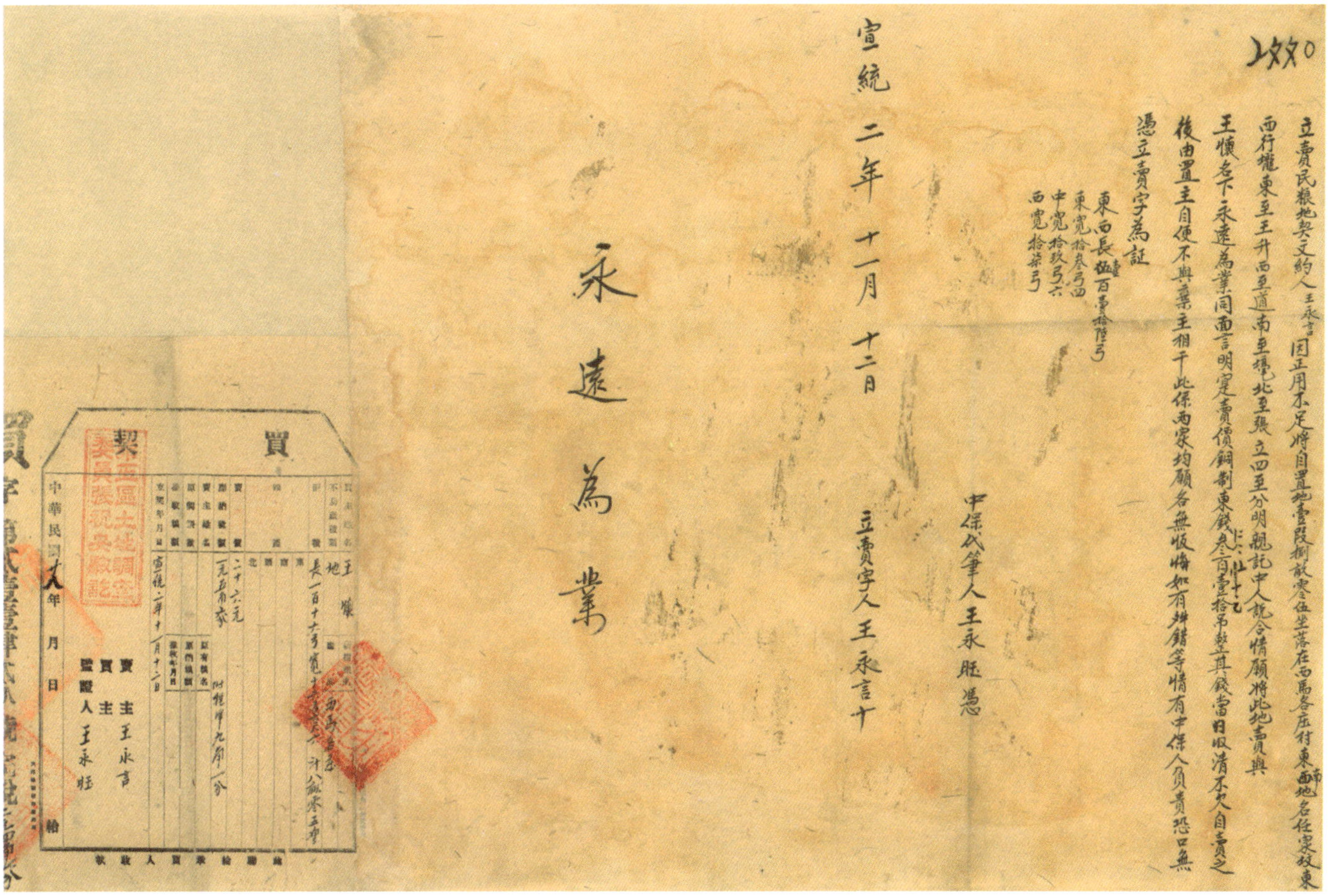

2XX0

立賣民粮地契文約人王永言，因正用不足，將自置地壹段，捌畝零伍，坐落在西馬各庄村東，西地名任家墳東西行壠，東至王升，西至道，南至墳，北至張立，四至分明。親託中人説合，情願將此地賣與王懷名下，永遠為業。同面言明，定賣價銅制東錢叁百壹拾吊整，其錢當日收清不欠。自賣之後，由置主自便，不與業主相干。此係兩家均願，各無反悔。如有糾錯等情，有中保人負責。恐口無憑，立賣字為証。

東西長伍百壹拾陸弓
東寬拾叁弓四
中寬拾玖弓六
西寬拾柒弓

中保代筆人 王永旺 憑

立賣字人 王永言 十

宣統二年十一月十二日

永遠為業

買契

賣主 王永言
買主
監證人 王永旺

中華民國 年 月 日給

〢〤〤〇

立賣民粮地契文約人王永言因正用不足將自置地壹段捌畝零伍坐落在西馬各庄村東南地名任家墳東西行壠東至王升西至道南至墳北至張 立四至分明親託中人說合情願將此地賣與王懷名下永遠為業同面言明定賣價銅制東錢叁百壹拾吊整其錢當日收清不欠自賣之後由置主自便不與賣主相干此係兩家均願各無反悔如有舛錯等情有中保人負責恐口無憑立賣字為証

東西長伍百壹拾陸弓
東寬拾叁弓四
中寬拾玖弓六
西寬拾柒弓

中保代筆人王永旺 憑

立賣字人王永言十

宣統二年十一月十二日

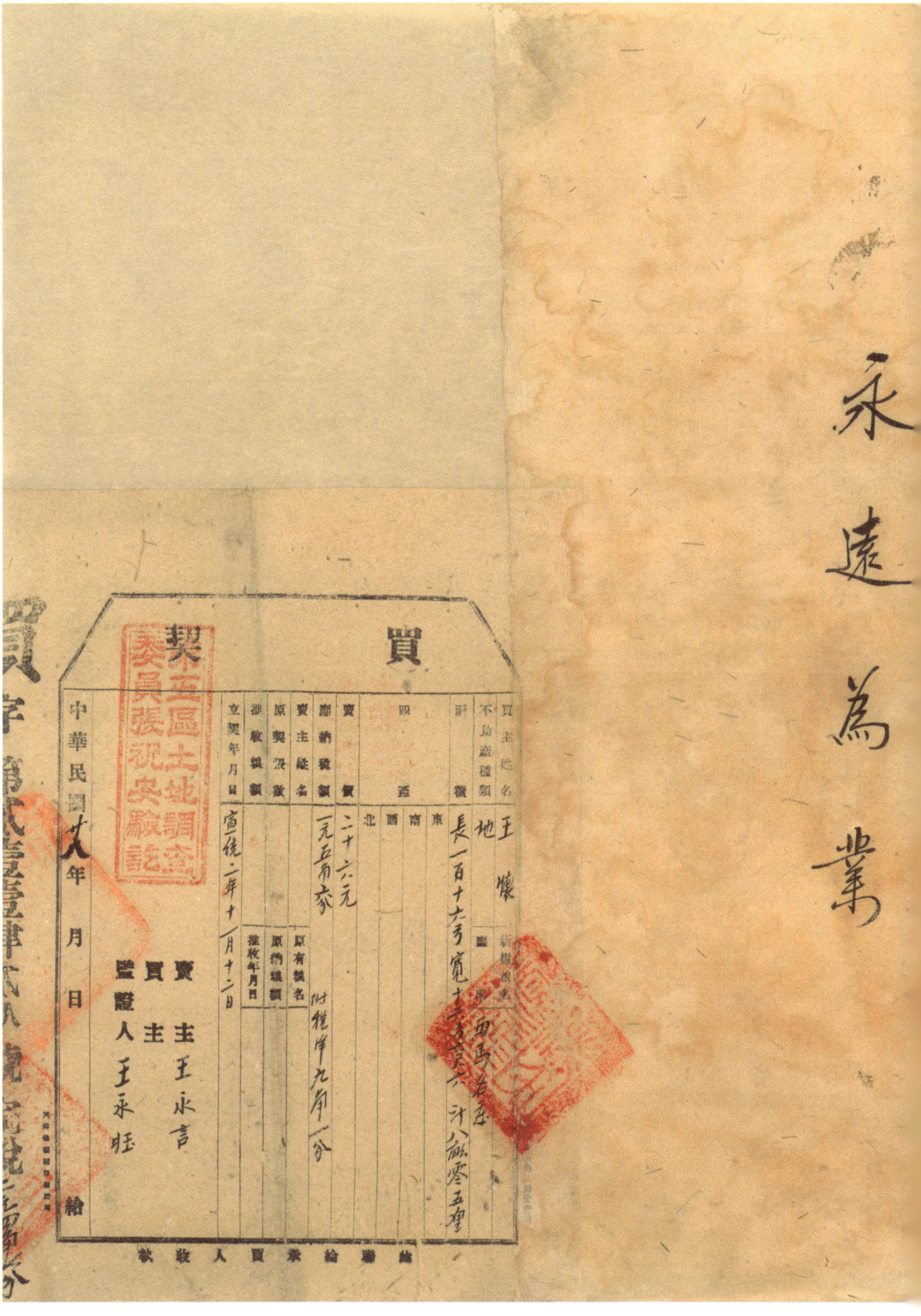

永遠為業

買契

買主姓名	王懷
不動產種類	地
新舊糧名	
面積	長一百十六弓寬十六弓六 計八畝零五厘
坐落	西馬各庄
四至	東 南 西 北
賣價	二十六元
應納稅額	一元五角參
賣主姓名	
原契價款	
原有稅名	附糧串九角一分
原納稅額	
推收年月日	
立契年月日	宣統二年十一月十二日

賣主 王永言
買主
監證人 王永旺

中華民國十八年 月 日 給

此聯給買人收執

第五區土地調查委員張視安驗訖

清宣統二年（一九一〇）順義縣張永寅賣民糧地官契

（契約二二七）

立賣民糧地契文約人張永寅，因手乏，無錢使用，今將祖遺地壹段，拾四畝五分叁，兩幅，東西行隴，座（坐）落在西馬各莊村北，南至王永信，北至趙文中，東、西至⿰土毛（壕），四至分明，自托中人説合，情願將此地賣與本村王永亨名下爲業。言明賣價東錢陸佰肆拾吊整（五十四元）。其錢當面交足不欠。自賣之後，任憑王姓自便，不與張姓相干。如有舛錯，有中人壹面承管。此係兩家情願，各無恢（反）悔。恐口無憑，立賣字爲證。

東西長壹佰九拾陸弓，東頭寬拾陸弓，西頭寬拾九弓陸。

中保説合人　張永春（押）
　　　　　　王治身（押）
　　　　　　趙百臣（押）
立賣字人　張永寅（押）
代字人　張永春（押）

宣統二年陰曆十二月初十日

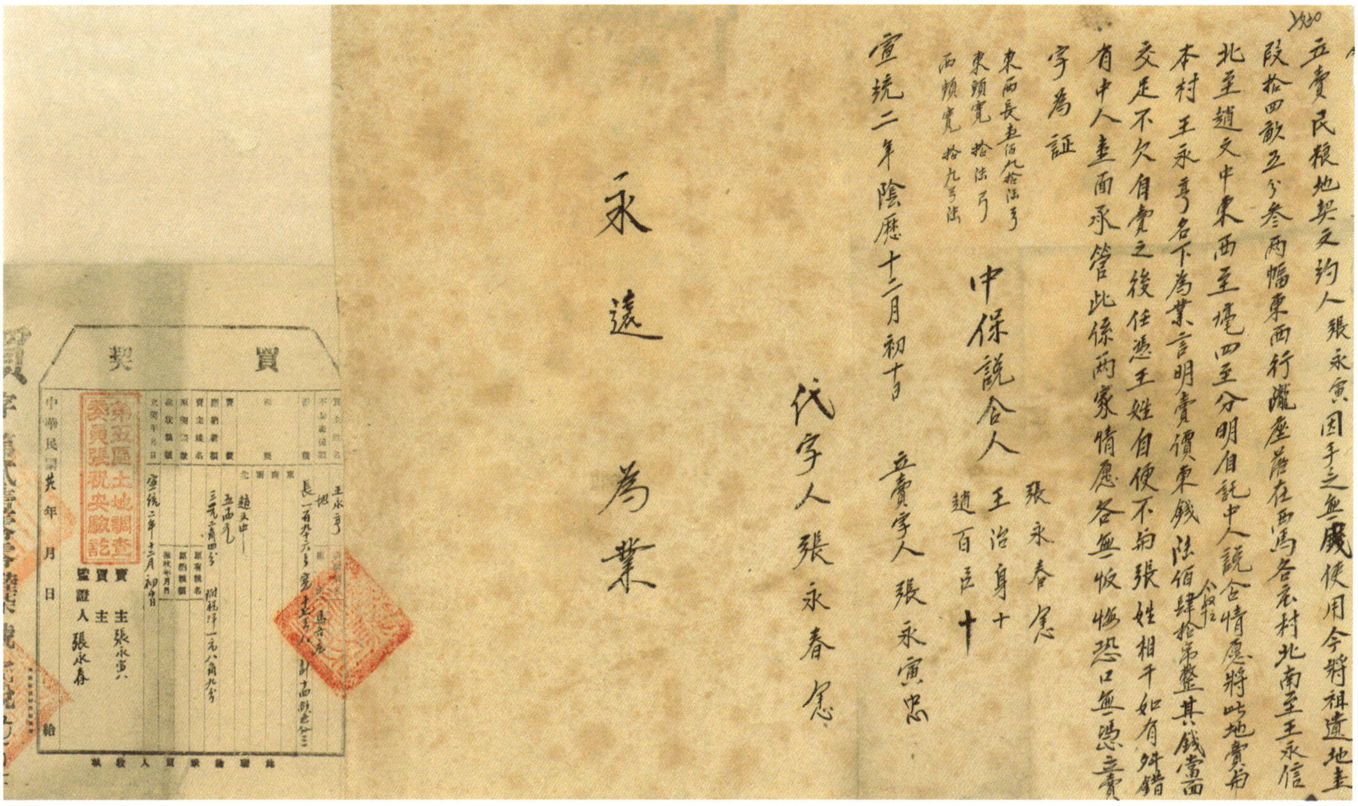
立賣民糧地契文約人張永寅因手乏無錢使用今將祖遺地壹
段拾四畝五分叁兩幅東西行壠座落在西馮各庄村北南至王永信
北至趙文中東西至壕四至分明自託中人說合情願將此地賣與
本村王永亨名下為業言明賣價東錢陸佰肆拾吊整其錢當面
交足不欠自賣之後任憑王姓自便不與張姓相干如有舛錯
有中人壹面承管此係兩家情愿各無反悔恐口無憑立賣
字為証
東西長壹佰九拾伍弓
東頭寬拾伍弓
西頭寬拾九弓伍
中保說合人 張永春 王治身 趙百岳
宣統二年陰歷十二月初十日 立賣字人 張永寅
代字人 張永春
永遠為業
賣契
張永寅
張永春
中華民國 年 月 日

立賣民粮地契文約人張永寅因手乏無錢使用今將祖遺地壹段拾四畝五分叁兩幅東西行瀧座落在西馬各庄村北南至王永信北至趙文中東西至壠四至分明自託中人說合情愿將此地賣與本村王永亭名下為業言明賣價東錢陸佰肆拾吊整（公議拉）其錢當面交足不欠自賣之後任憑王姓自便不與張姓相干如有舛錯有中人壹面承管此係兩家情愿各無悔恐口無憑立賣字為証

東西長壹佰九拾法弓

東頭寬拾法弓

西頭寬拾九弓法

中保說合人 張永春（押） 王治身 十 趙百臣 十

立賣字人 張永寅（押）

宣统二年陰歷十二月初十日

代字人 張永春（押）

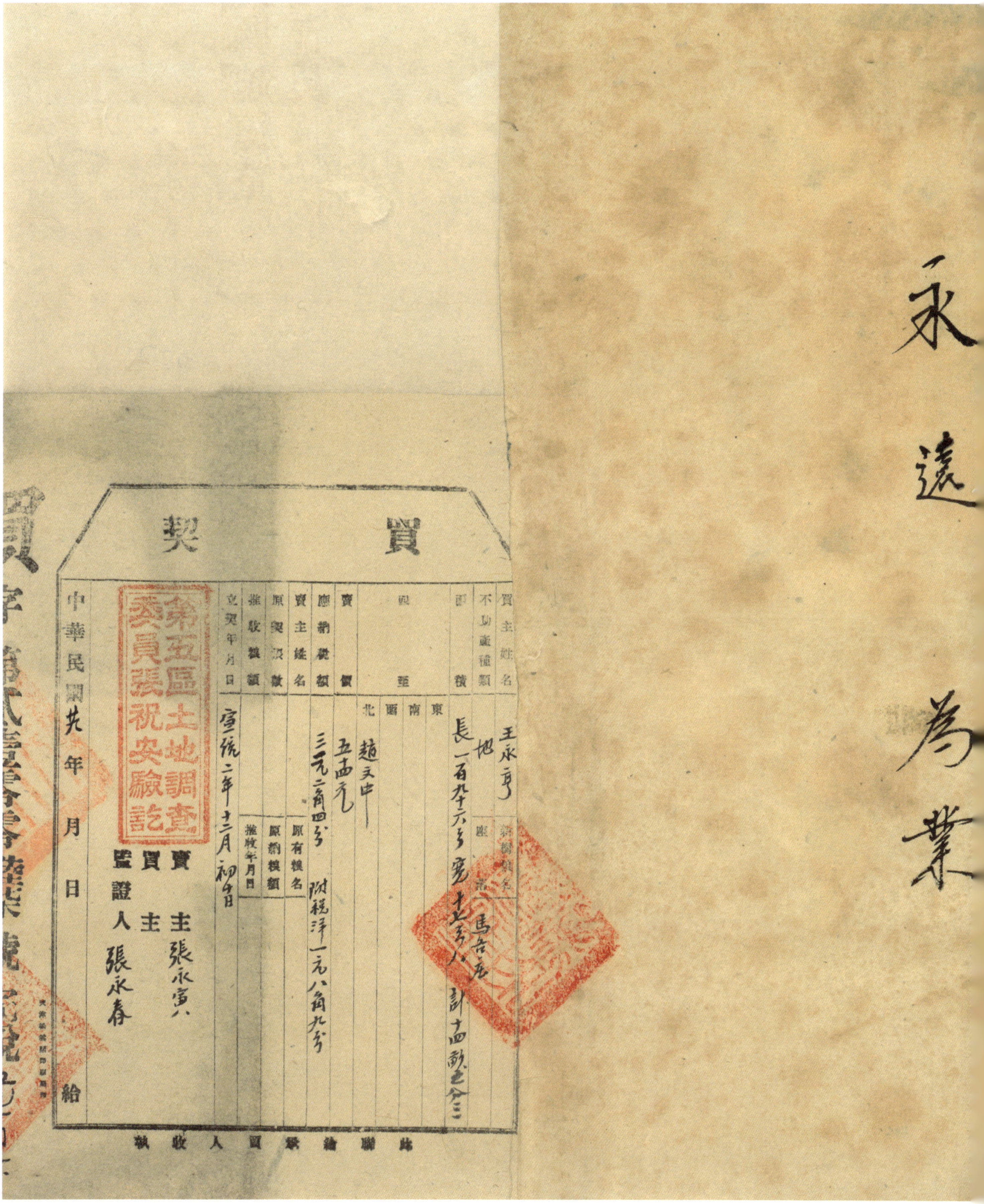

買字第……號

買契

買主姓名	王永亨	新糧銀名	
不動產種類	地		
面積	長一百九十六弓 寬十七弓八 計十四畝七分二	坐落	馬台莊
四至	東		
	南		
	西		
	北 趙文中		
賣價	五百元		
應納稅額	三元二角四分 附稅洋一元八角九分		
賣主姓名		原有糧名	
原契張數		原納糧額	
推收糧額		推收年月日	
立契年月日	宣統二年十二月初十日		

第五區土地調查委員張祝安驗訖

賣主 張永寅

買主

監證人 張永春

中華民國廿年 月 日 給

此聯給買主人收執

永遠為業

二六一

清宣統三年（一九一一）天津武清縣趙德菴杜絶賣地官契

（契約四七〇）

立賣杜絶地契文約人趙德菴，因正用，煩中説合，今將祖遺民地一段，坐落長屯家東南大圈，計地五畝九分，情願賣與杜雲漢名下永遠爲業。言明賣價銀五兩，共合銀二十九兩五錢整（折合庫平足銀廿捌兩叁錢陸分伍厘）。其銀筆下交足不欠。自賣之後，如有遠近親族爭競爲礙者，有中人、賣主一面承管，不與買主相干。此係兩家情願，各無返悔。恐口無憑，立賣契爲証。

中人
朱克立（押）
李桂亭（押）
李祥和（押）
杜雲吉（押）
杜太昌（押）
杜太榮（押）

弓口四至開列於後

宣統三年二月二十九日　　立賣地契文約人　趙德菴（押）

長一百六十弓，均寬八弓八尺七寸。東至杜，西至朱，南至道，北至道。

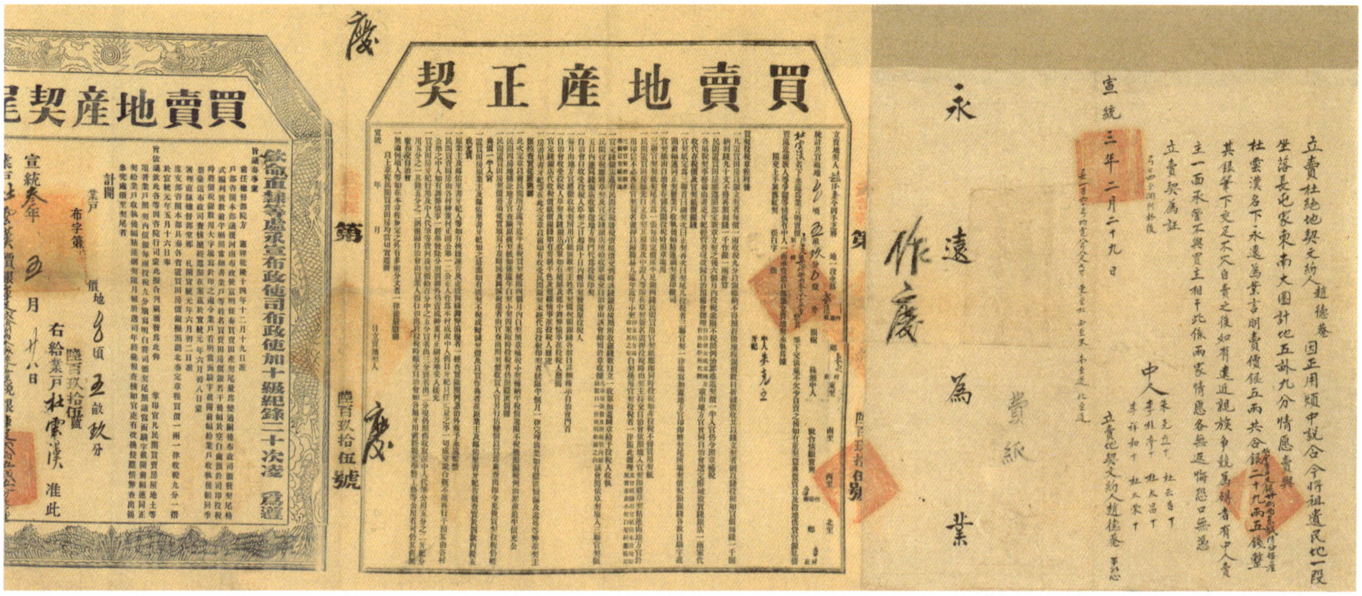

立賣杜絕地契文約人趙德卷，因正用短，中說合，今將祖遺民地一段，坐落長屯家東南大園，計地五畝九分，情愿賣與杜雲漢名下，永遠爲業。言明賣價銀五兩，共合銀二十九兩五錢整。其銀筆下交足，不欠。自賣之後，如有遠近親族爭競爲碍者，有中人賣主一面承當，不與買主相干。此係兩家情愿，各無返悔。恐口無憑，立賣契爲証。

宣統三年二月二十九日

中人 朱克立十 杜云吉十 李桂亭十 杜大昌十 李祥和十 杜大榮十

立賣地契文約人趙德卷

永遠爲業

作廢

買賣地產正契

買賣地產契尾

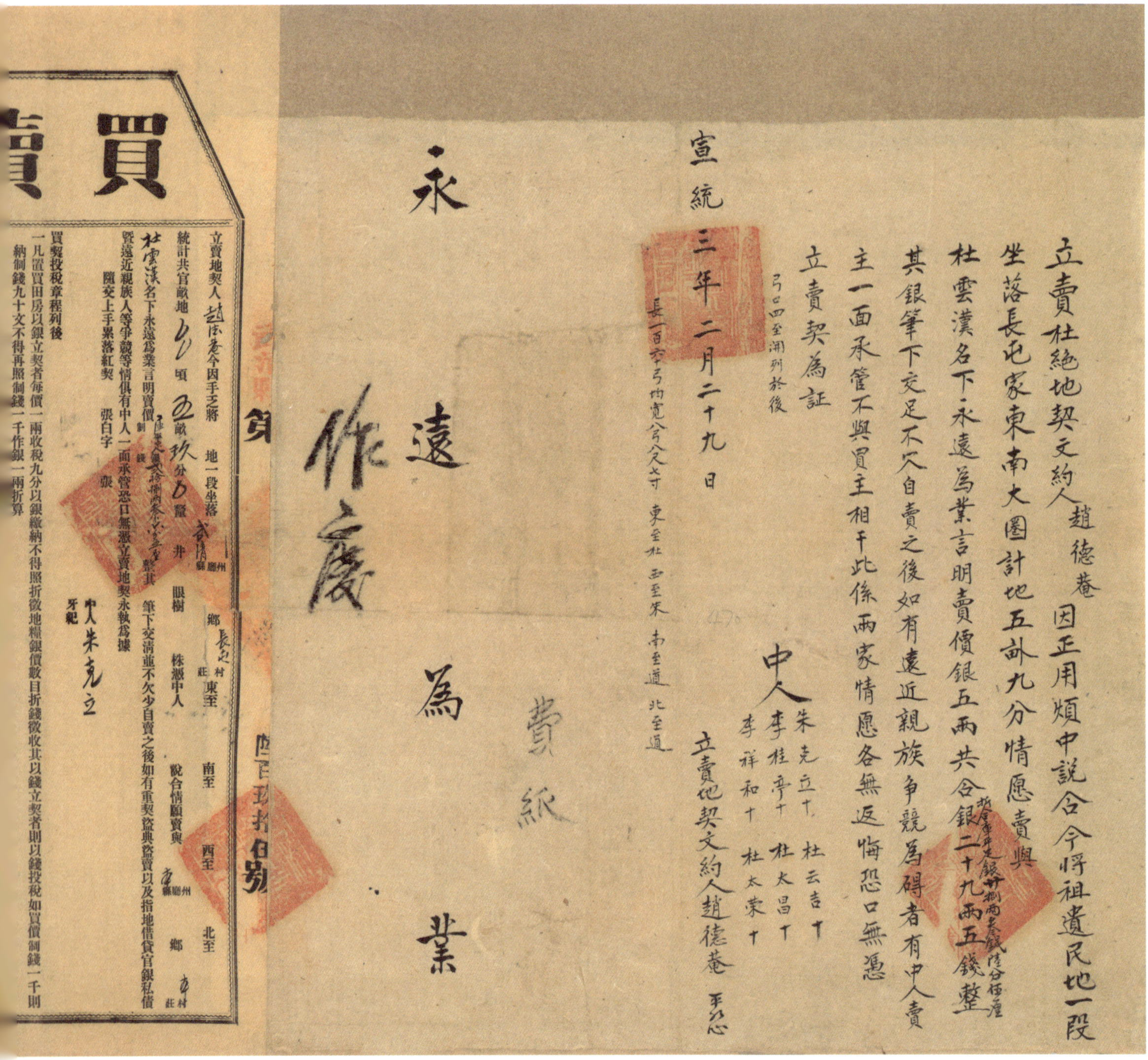

立賣杜絶地契文約人趙德菴因正用煩中説合今將祖遺民地一段
坐落長屯家東南大圈計地五畝九分情愿賣與
杜雲漢名下永遠爲業言明賣價銀五兩共合銀二十九兩五錢整
其銀筆下交足不欠自賣之後如有遠近親族爭競爲碍者有中人賣
主一面承管不與買主相干此係兩家情愿各無返悔恐口無憑
立賣契爲証
弓口四至開列於後
長一百弎弓　内寬合尺七寸　東至杜　西至朱　南至道　北至道
中人　朱克立十　李桂亭十　李祥和十　杜云吉十　杜太昌十　杜太榮十
立賣地契文約人趙德菴
宣統三年二月二十九日
永遠爲業
作廢
賣紙

買賣
立賣地契人趙德菴今因手乏將　地一段坐落　武清縣　長屯村　東至　南至　西至　北至
統計共官畝地　頃　五畝玖分　釐　井　眼　樹　株　憑中人　説合情願賣與
杜雲漢名下永遠爲業言明賣價　筆下交清並不欠少自賣之後如有重契盜典盜賣以及指地借貸官銀私債
暨遠近親族人等爭競等情俱有中人一面承管恐口無憑立賣地契永執爲據
隨交上手累落紅契　張白字　張
中人朱克立　牙紀
買契投税章程列後
一凡置買田房以銀立契者每價一兩收税九分以銀繳納不得照折徵地糧銀價數目折錢徵收其以錢立契者則以錢投税如買價銅錢一千則納銅錢九十文不得再照制錢一千作銀一兩折算

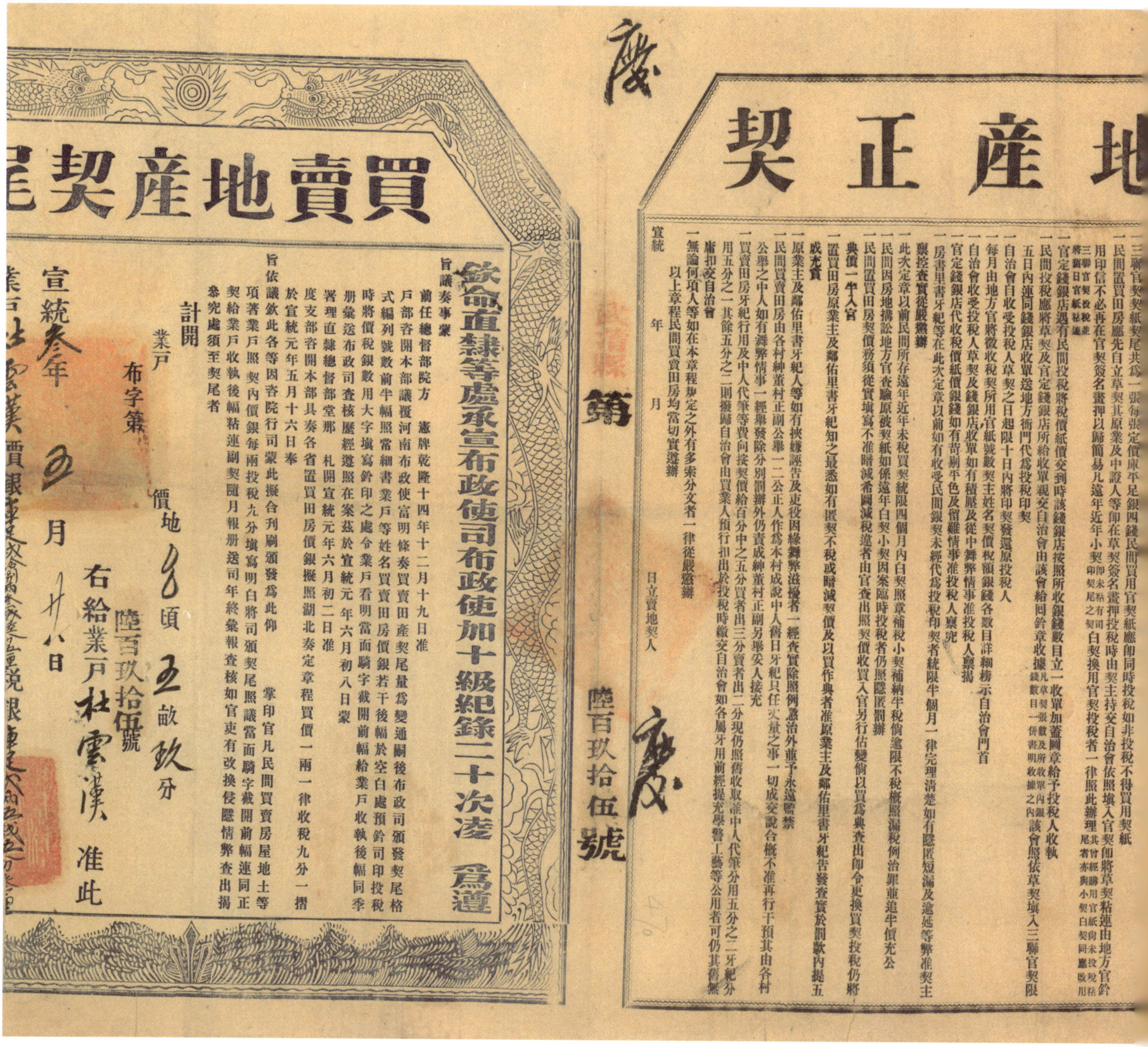

地產正契

一三聯官契契紙契尾共爲一張每張定價庫平足銀四錢民間買用官契紙應即同時投稅如非投稅不得買用契紙
一民間置買田房應先自立草契其原業及中證人等即在草契簽名畫押投稅時由契主持交自治會依照填入官契即將草契粘連由地方官鈐用印信不必再在官契簽名畫押以歸簡易凡遠年近年小契（即未粘有司印契尾之契）白契換用官契投稅者一律照此辦理（其曾經購用官紙尚未投稅粘尾者亦與小契白契同應改用）
三聯官契投稅並將舊日官紙粘連
一官定錢銀店遇有民間投稅將稅價紙價交到時該錢銀店按照所收銀錢數目立一收單加蓋圖章給予投稅人收執
一民間投稅應將草契及官定錢銀店所給收單親交自治會由該會給回鈐章收據（凡草契張數及所收單內銀錢數目一併書明收據之內）該會照依草契填入三聯官契限五日內連同錢銀店收單送地方衙門代爲投稅印契
一自治會自收受投稅人草契之日起限十日內將印契發還原投稅人
一每月由地方官將徵收稅契所用官紙號數契主姓名契價稅額銀錢各數目詳細榜示自治會門首
一自治會收受投稅人草契及錢銀店收單如有積壓及從中舞弊情事准投稅人稟揭
一官定錢銀店代收稅價紙價銀錢如有苛剔平色及留難情事准投稅人稟究
一房書里書牙紀等在此次定章以前如有收受民間銀契未經代爲投稅印契者統限半個月一律完理清楚如有隱匿短漏及逾延等弊准契主稟控查實從嚴懲辦
一此次定章以前民間所存遠年近年未稅買契統限四個月內白契照章補稅小契補納半稅倘逾限不稅概照漏稅例治罪並追半價充公
一民間因房地搆訟地方官查驗原被契紙如係遠年白契小契因案臨時投稅者仍照隱匿罰辦
一民間置買田房契價務須從實填寫不准暗減希圖減稅違者由官查出照契價收買入官另行估變倘以買爲典查出即令更換買契投稅仍將典價一半入官
一置買田房原業主及鄰佑里書牙紀知之最悉如有匿契不稅或暗減契價及以買作典者准原業主及鄰佑里書牙紀告發查實於罰款內提五成充賞
一原業主及鄰佑里書牙紀人等如有挾嫌誣告及吏役因緣舞弊滋擾者一經查實除照例懲治外並予永遠監禁
一民間買賣田房由各村紳董村正副公舉一二公正人作爲本村成說中人舊日牙紀只任丈量之事一切成交說合概不准再行干預其由各村公舉之中人如有舞弊情事一經舉發除分別罰辦外仍責成紳董村正副另舉妥人接充
一買賣田房牙紀行用及中人代筆等費向按契價給百分中之五分買者出三分賣者出二分現仍照舊收取准中人代筆分用五分之二牙紀分用五分之一其餘五分之二則撥歸自治會由買業人預行扣出於投稅時繳交自治會如各屬牙用前經提充學警工藝等公用者可仍其舊無庸扣交自治會
一無論何項人等如在本章程規定之外有多索分文者一律從嚴懲辦
以上章程民間買賣田房均當切實遵辦

宣統　年　月　日立賣地契人

第　陸百玖拾伍號

買賣地產契尾

欽命直隸等處承宣布政使司布政使加十級紀錄二十次淩　爲遵
旨議奏事蒙
前任總督部院方　憲牌乾隆十四年十二月十九日准
戶部咨開本部議覆河南布政使富明條奏買賣田產契尾量爲變通嗣後布政司頒發契尾格式編列號數前半幅照常細書業戶等姓名買賣田房價銀若干後幅於空白處預鈐司印投稅時將價稅銀數用大字填寫鈐印之處令業戶看明當面騎字截開前幅給業戶收執後幅同季冊彙送布政司查核歷經遵照在案茲於宣統元年六月初八日蒙
署理直隸總督部堂那　札開宣統元年六月初二日准
度支部咨開本部具奏各省置買田房價銀擬照湖北奏定章程買價一兩一律收稅九分一摺於宣統元年五月十六日奉
旨依議欽此各等因咨院行司蒙此擬合刊刷頒發爲此仰　掌印官凡民間買賣房屋地土等項著業戶照契內價銀每兩投稅九分填寫明白將司頒契尾照議當面騎字截開前幅連同正契給業戶收執後幅粘連副契隨月報冊送司年終彙報查核如官吏有改換侵隱情弊查出揭參究處須至契尾者

計開

業戶

布字第　陸百玖拾伍號

價地 [illegible] 頃 五 畝 玖 分

右給業戶杜雲漢　准此

宣統叁年五月廿八日

二六二

清宣統三年（一九一一）順義縣張永春賣地官契

（契約二〇一）

立賣地契文約人張永春，因手乏，無錢使用，今將祖遺糧地壹段，弍拾九畝，此地座（坐）落在西馬各莊村正南，計地四幅，東西行隴，四至開後。今托中人説合，情願將此糧地賣與本村王懷名下爲業。當面言明，賣价銅製東錢弍仟壹佰吊正（壹佰七十五元）。其錢筆下交足，并不欠少。自賣之後，由王姓自便，不與張姓相干。此係兩家情願，各無㤆（反）悔，如有舛錯，有賣主與中人壹面承管。恐後無憑，立賣字爲證。

計開四至：西至壕，東至道，南至張起，北至崇德堂。

弓口四段計：一東西長壹百七拾六弓，東西寬拾八弓；二東西長壹百卅四弓，東西寬拾六弓；三東西長八拾壹弓，東西寬拾四弓；四東西長伍拾四弓，東西寬拾弓。

中保人 王子僑（押）

宣統三年十月初六

立賣字人 張永春（押）

代字親筆

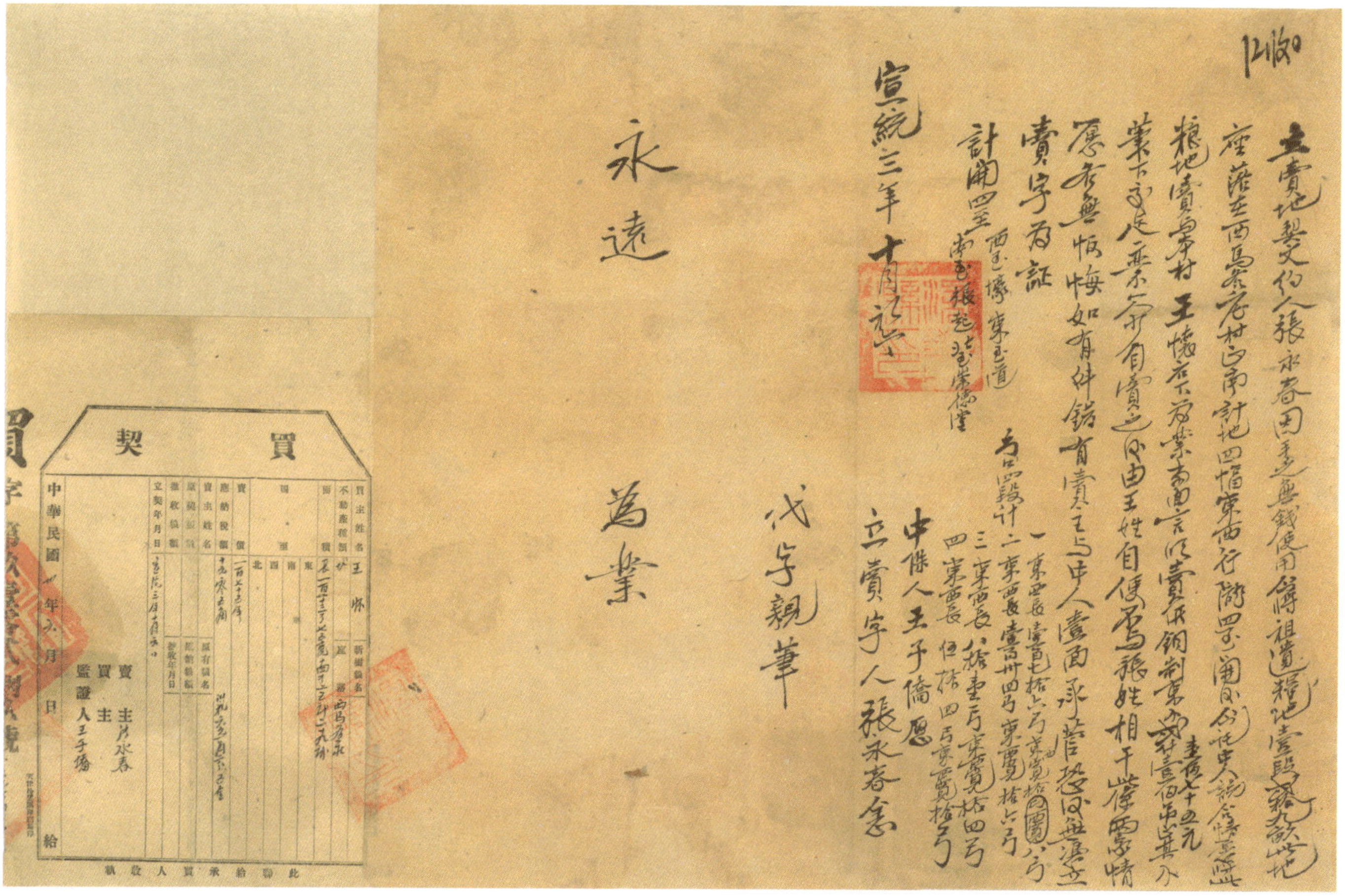

12630

立賣地契文約人張永春，因手乏無錢使用，今將祖遺糧地壹段，計地九畝，此地
座落在西馬家莊村西南，計地四塊，東西行，開明四至，同中人說合，情願出
糧地賣與本村王懷喜名下為業，言明賣價銅制錢壹百五十二吊整，其錢當日交
業下自足，並不欠少。自賣之後由王姓自便，與張姓相干。此係兩家情
愿，各無反悔。如有舛錯，有賣主與中人壹面承管。恐口無憑，立
賣字為証。
計開四至：西至張姓 東至道 南至張姓 北至張德堂
共四段計
一、東西長壹百七棍六弓，東西寬棍四弓六弓
二、東西長壹百卅四弓，東西寬棍六弓
三、東西長八棍壹弓，東西寬棍四弓
四、東西長 但棍四弓，東西寬棍弓
宣統三年十月初六日
中保人王子倫 (押)
立賣字人張永春 (押)
代字親筆
永遠為業

買契
買主姓名	王懷
不動產種類	地
面積	長一百七十弓，寬西二十弓二尺
坐落	西馬家莊
四至	東 南 西 北
賣價	一百五十二吊
應納稅額	十九吊五角
賣主姓名	
原契紙數	
推收號數	
立契年月日	宣統三年十月初六日
原有號名	
應納稅額	
推收年月日	

賣主張永春
買主
監證人王子倫

中華民國 年 月 日 給

此聯給承買人收執

12460

立賣地契文約人張永春因手乏無錢使用，今將祖遺糧地壹段，係九畝，此地

座落在西馬家莊村正南，計地四恒，東西行，隨四至開寫明白，今托中人說合情愿

糧地賣與本村王懷在下為業，言明賣價銅制東錢壹百吊整，其錢（共價七十五元）

業下交足，並無分文，自賣之後，由王姓自便，為張姓相干，倘有雲情

愿，各無反悔，如有舛錯，有賣主與中人壹面承管，恐後無憑，立

賣字為証

計開四至 西至壕 東至道 南至張起 北至崇德堂

分四段計

一 東西長壹百七十六弓 東寬拾（西寬）六弓

二 東西長壹百卅四弓 東寬拾六弓

三 東西長八拾壹弓 東寬拾四弓

四 東西長伍拾四弓 東西寬拾三弓

中保人 王子僑 愿

立賣字人 張永春 ⊕

宣統三年十月初六

代字親筆

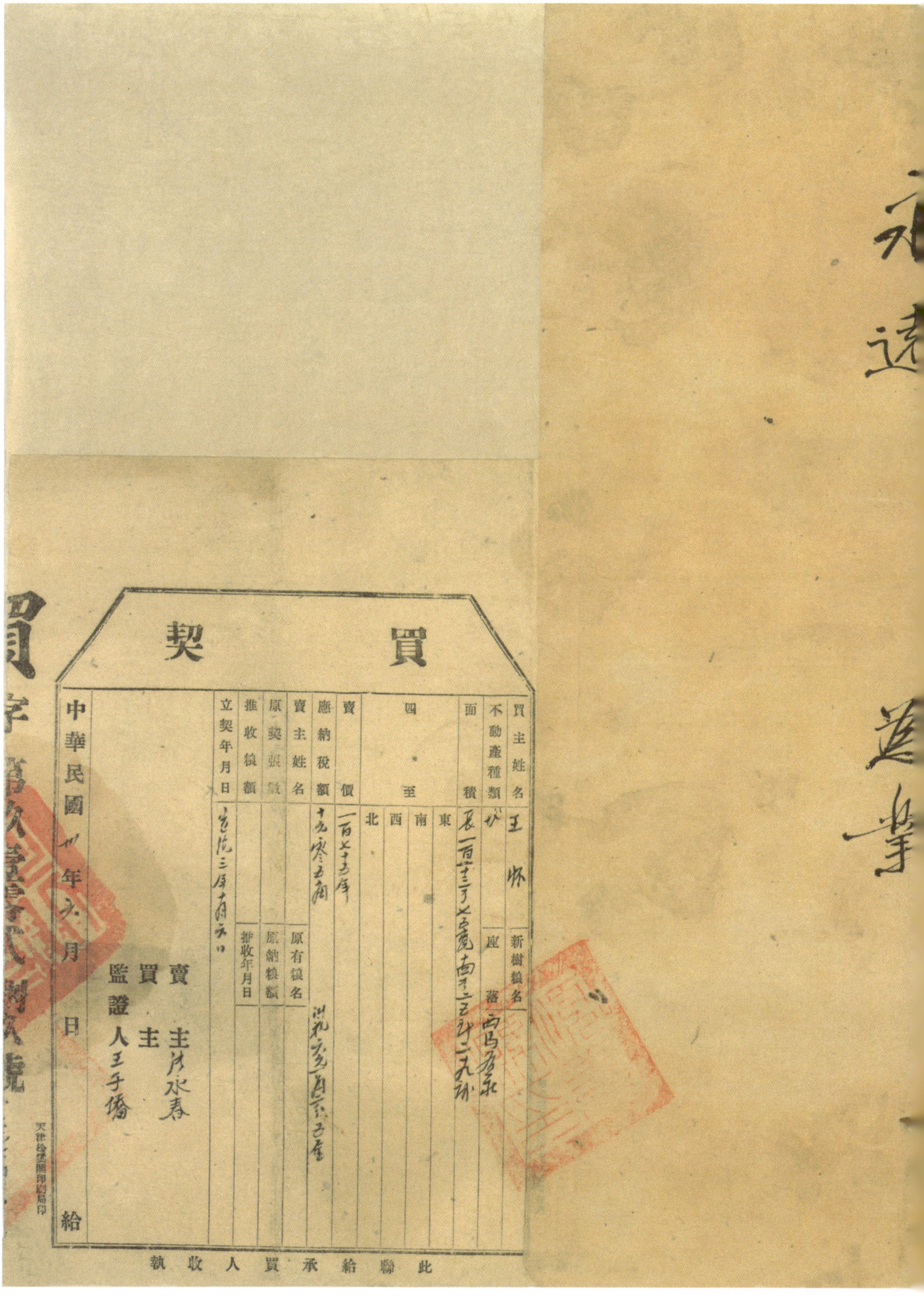

買契

買主姓名	不動產種類	面積	四至	賣價	應納稅額	賣主姓名	原契張數	推收糧額	立契年月日
王怀			東 南 西 北						
新樹糧名	座落					原有糧名	原納糧額	推收年月日	

賣　主

買　主

監證人

中華民國廿年九月　日給

天津裕豐厚印刷局印

此聯給承買人收執

清宣統三年（一九一一）順義縣喬之蔭賣糧地官契

（契約二三八）

立賣糧地契文約人今將祖遺地壹段，玖畝，南北行隴，坐落在西馬各莊村……情願將此地賣與王懷名下爲業。仝衆言明賣價平松銀貳拾伍兩整。其銀筆下交足不欠。自賣之後，任憑置主自便，不與棄主相干。此係均願，各無反悔。如有舛錯，有中人承管。恐口無憑，立賣字爲證。

計開四至：東至杜，西至□，南至道，北至道。

宣統三年十月二十日

中保説合人　王重三（押）

立賣字人　喬之蔭

代筆人　王子明（押）

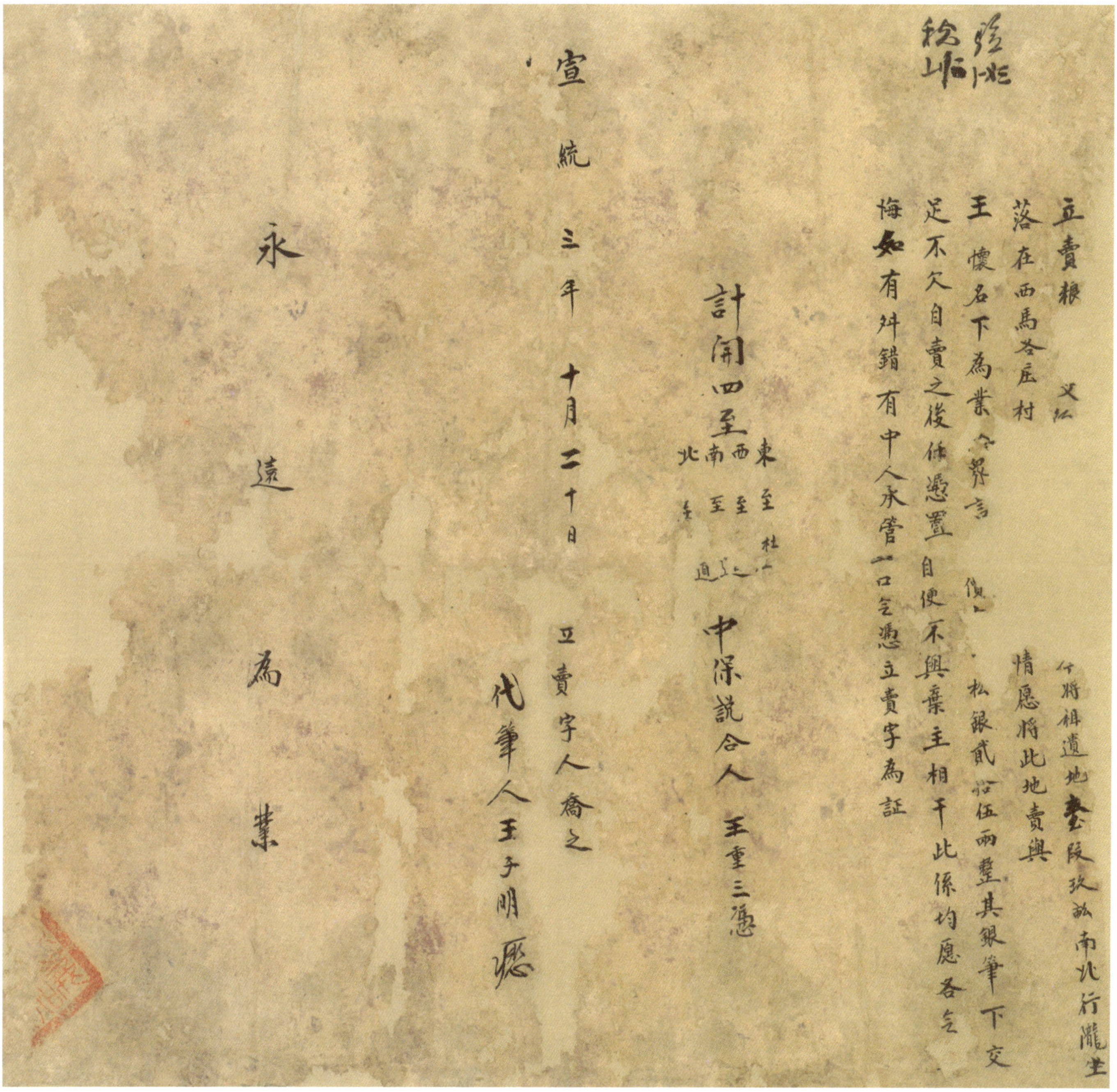
立賣根 又弘 仝將祖遺地壹段玖畝南北行壠坐
落在西馬各庄村 情願將此地賣與
王懷名下為業 仝界言 價ヒ 松銀貳拾伍兩整其銀筆下交
足不欠自賣之後任憑置自便不與棄主相干此係均愿各无
悔如有舛錯有中人承管一口无憑立賣字為証
計開四至 東至杜ヒ 西至 南至道ヒ 北至
中保說合人 王重三 憑
宣統三年十月二十日 立賣字人喬之 代筆人王子明 憑
永遠為業

……壹百貳拾貳號完稅伍錢

契……

買主姓名 王懷

不動產種類 田地

座落 西馬各庄

面積 九畝

四至 東 南 西 北

賣價 貳拾伍兩

應納稅額 伍錢

原契幾張 一張

立契年月日 宣統三年十月二十日

賣主 喬之蔭

中人 王重三

中華民國二年四月二十日順義縣給

……字第壹百貳拾……

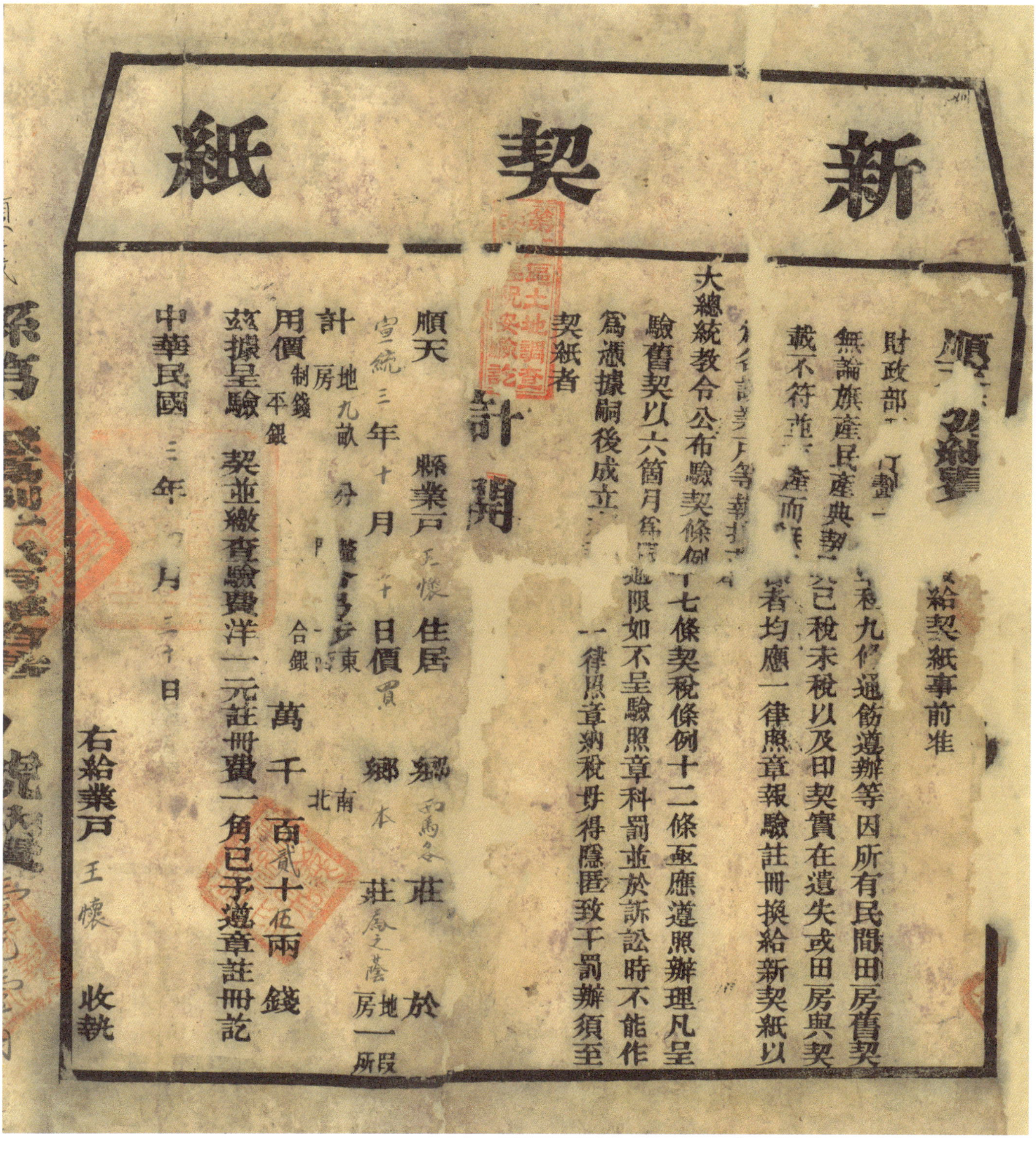

新契紙

順[illegible]為給契紙事前准
財政部[illegible]九條通飭遵辦等因所有民間田房舊契
無論旗產民產典契[illegible]已稅未稅以及印契實在遺失或田房與契
載不符[illegible]產而[illegible]者均應一律照章報驗註冊換給新契紙以
[illegible]
大總統教令公布驗契條例十七條契稅條例十二條亟應遵照辦理凡呈
驗舊契以六箇月爲限如不呈驗照章科罰並於訴訟時不能作
爲憑據嗣後成立[illegible]一律照章納稅毋得隱匿致干罰辦須至
契紙者

計開

順天　縣業戶王懷住居　鄉和爲各莊於
宣統三年十月二十日價買　鄉本　莊喬之蔭地一段房一所
計地九畝　分　釐　東至　南　北
用價制錢　平銀　合銀　萬　千　百貳十伍兩　錢
茲據呈驗　契並繳查驗費洋一元註冊費一角已予遵章註冊訖
中華民國三年　月二十日

右給業戶王懷收執

二六四

清　大興縣邵琳同子賣房官契稿

（一六一六—一九一二）

（契約三九八）

順天府大興縣今據買　名下用價壹百兩遵納稅銀叁兩

立賣房契人邵琳同男文成，今因乏用，將原托家人張姓代置坐東向西房叁間，坐西向東房壹間，坐西向東房身貳間，空地基壹塊，房身後有落地壹條，肆尺半寬，與前過道官中夥走，門窗户壁，上下土木相連，坐落北城靈中坊并鋪總甲褚國良地方，今憑中保人説合，情願出賣與買　名下住坐蓋造永遠爲業。三言議定，時值房價銀壹百兩整。其銀當日親手交足，外無欠少。自賣房之後，倘有滿漢親族弟男子侄人等争競并指房借貸滿漢債負等情，有出賣房主邵姓父子同中保人一面承管。兩相情願，各無返（反）悔。如有先悔之人，甘罰契内銀一半入官公用。恐後無憑，立此賣房契存照。

此房内有張姓本身兩買紅契貳張，上首紅契壹張，共紅契叁張，買主收存。

立賣房契人　邵琳

同男　邵文成

中保人　孫起鳳

房牙　鄧君愛（印）

總甲　褚國良

代書　蕭悦侯

甲七百二十五

閻名下

立賣房契人邵琳同男文成今因乏用將原托家人張姓代置坐東向西房叁間坐西向東
房壹間坐西向東房身貳間空地基壹塊房身後有蒸地壹條肆尺半寬與前過道官中影
走門窗户壁上下土木相連坐落北城靈中坊頭舖總甲右國良地方今憑中保人說合情
願出賣與
閻　名下住坐蓋造永遠為業三言議定時值房價銀壹百兩整其銀當日親手交足外
無欠少自賣房之後倘有滿漢親族弟男子侄人等爭競併指房借貸滿漢債負等情有出
賣房主邵姓父子同中保人一面承管兩相情願各無返悔如有先悔之人甘罰契內銀一
半入　官公用恐後無憑立此賣房契存照
此房內有張姓本身兩買紅契貳張上首紅契壹張共紅契叁張買主收存

壹百兩

叁兩

賣房　邵琳
男邵文成
中保人孫起鳳
左鄰
右鄰
總甲　右國良
房牙　鄧君爱
代書　蕭悦

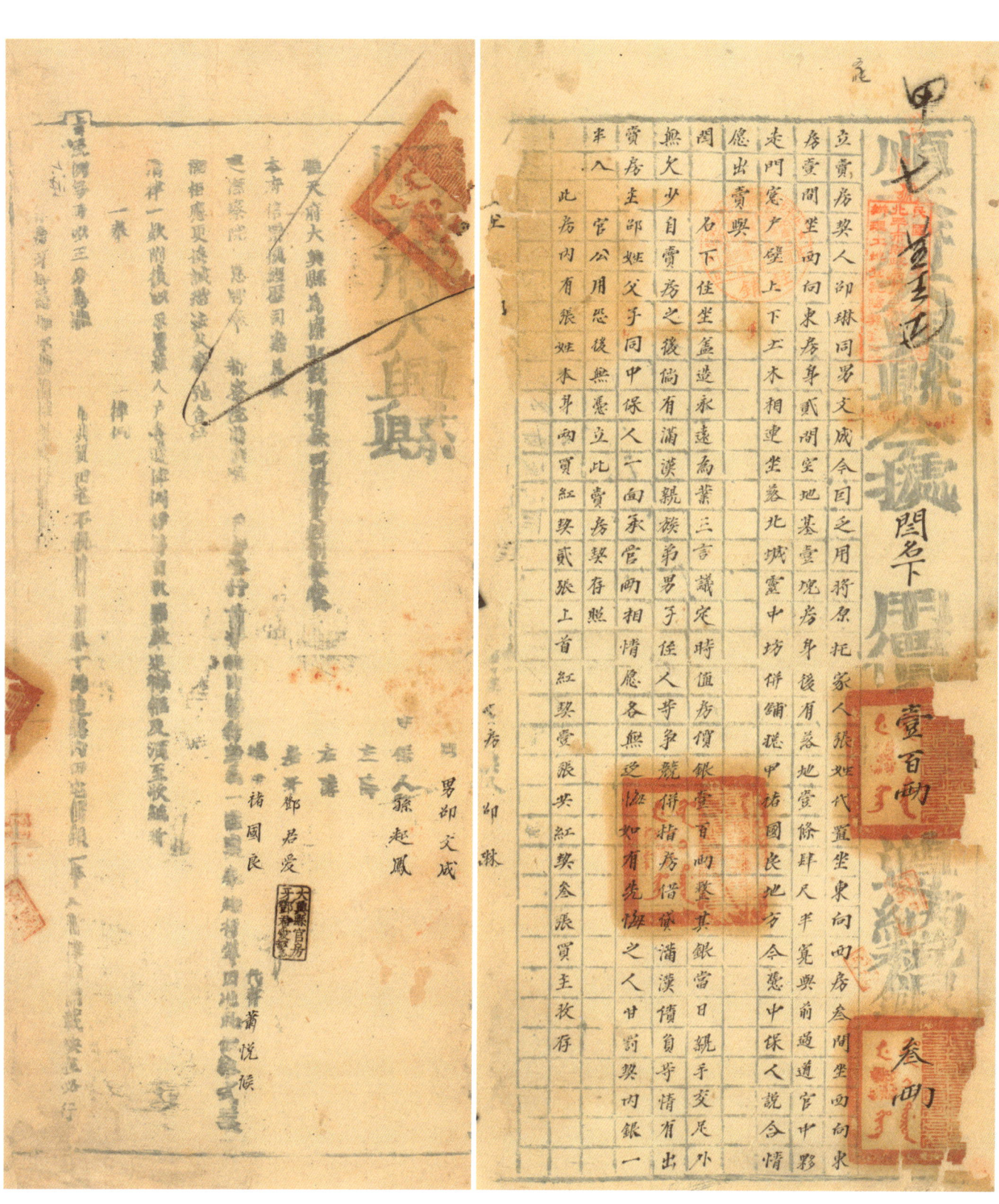

大興縣官房牙鄧君愛

清

順義縣于汪海賣杜絶地白契

（一六一六—一九一一）

（契約四八三）

立賣杜絶空基地契文約人于汪海，因手乏，無銀使用，今將祖遺受分空基地壹段，南北長伍丈玖尺伍寸，東西寬陸□肆尺，坐落在西馬各莊村北頂街西，東至道，西至置主，南……姓，四至分明。自托中人説合，情願將此空基地賣與本村張瑞名下爲業。言明賣價市平松銀肆拾兩整。其銀筆下交足不欠。言定自賣之後，由賣主自便，不與賣主相干。如有舛錯，有契地主與中人一面承管。此係兩家均願，各無返（反）悔。恐口無憑，立杜絶字爲證。

中保説合人　王　貴（押）

王夢麟（押）

立……

代字人　趙敬之（押）

□年十二月□□

同衆言明，老契于浮海收存。

立賣杜絶空基地契文約人于汪海因手乏無銀使用今将祖遺受分空基地壹段南北長伍丈玖尺伍寸東西寬陸丈貳尺坐落在西馬各庄村北頂街西東至道西至買[illegible]至分明自託中人説合情愿将此空基地賣與本村張瑞名下為業言明賣價市平松銀肆拾兩整其銀筆下交足不欠言定自賣之後尚買主自便不與賣主相干如有舛錯有契地主與中人一面承管此係兩家均愿各無反悔恐口無憑立杜絶字為証

中保説合人 王貴十
王夢麟

[illegible]年 二月 日 立[illegible] 代字人 趙敬之 押

同衆言明老契于浮海收存

永遠為業

二六六

清（一六一六—一九一二）
大興縣孫□□賣房官稿

（契約四八四）

順天府大興縣今據顧名用價貳拾陸兩買房稅銀貳錢捌厘

立賣房契人孫□□，因爲無錢使用，情願將自置瓦房壹所，門面壹間，到底三間□下，門窗户壁，土木相連，坐落南城崇北坊五牌一鋪，總甲齊□地方，憑房牙宣奎説合，賣與錦衣衛官顧□名下住坐，永遠爲業。三言議定，時值房價白銀貳拾陸兩整。其銀當日收足，外無欠少。自賣之後，如有親族人等争競者，有賣主一面承管。兩家情願，各不許返（反）悔。如有先悔之人，甘罰白米三十石入官公用。恐後無憑，立賣契永遠爲照。

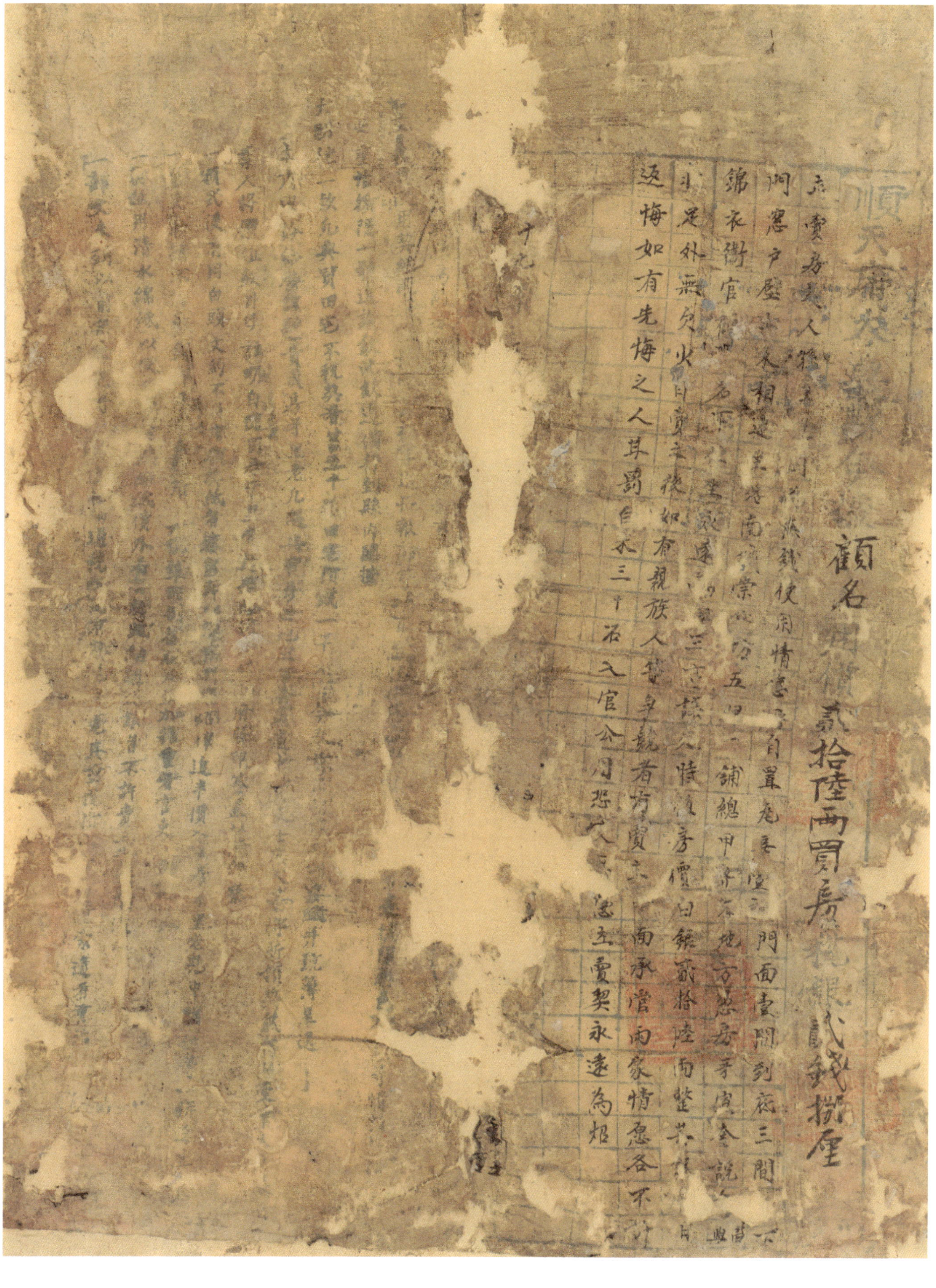
顧名[illegible]貳拾陸兩買房[illegible]錢攢屋
立賣房文人[illegible]銀錢使用，情愿[illegible]自置瓦房[illegible]門面壹間，到底三間
門窗戶壁[illegible]相連，坐落南[illegible]崇[illegible]坊五城[illegible]鋪總甲[illegible]地方，憑房牙[illegible]說合
錦衣衛官[illegible]為[illegible]，三面議定時值房價白銀貳拾陸兩整，其銀[illegible]
不足，外無欠少。自賣之後，如有親族人等爭競者，有賣主一面承當，兩家情愿，各不許
返悔。如有先悔之人，甘罰白米三十石入官公用。恐後無憑，立賣契永遠為照。

立賣房契人
坐落
坐過道南後外 房 門前
與過道門 土木相連
名下住 業三兩
外無欠少自賣之 有蔣漢
債等情自賣
內有上手 紅契 張
中保
壹

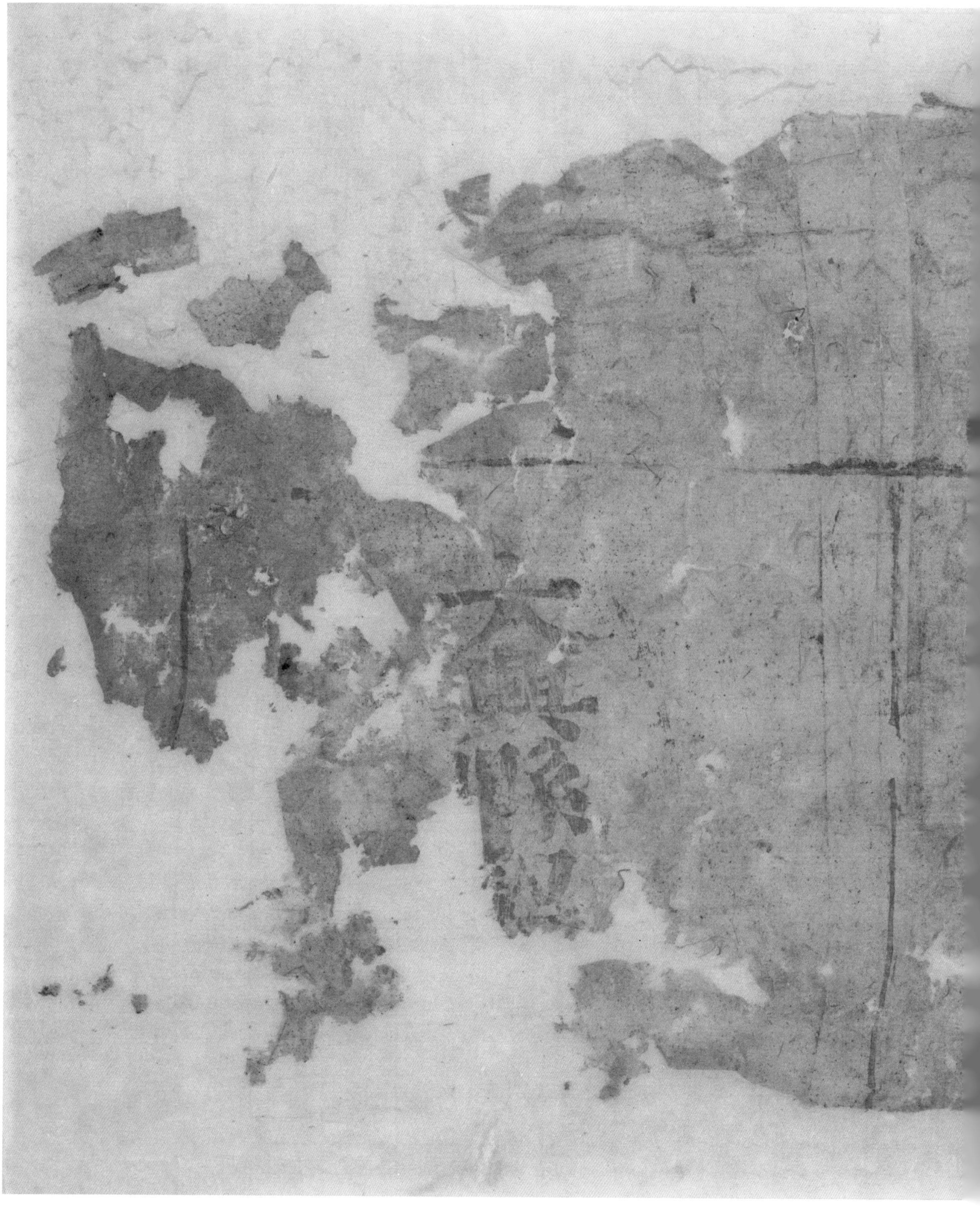

清 順義縣張文輝賣地白契

（一六一六—一九一二）

（契約四九一）

立賣地契文約人張文輝，因手乏，今將祖遺地壹段，坐落在西馬各莊村正北，一幅，肆……南北隴，托中見人，情願出賣與張文通名下承種。當面言明，寔賣價銅製東錢貳佰叁拾吊整。其錢筆下交足，并不欠少。如有親族争論，有賣主一面承管……兩家情願，各無恢（反）悔。恐口無憑，立賣……四至分明，開列於後。南至壕，北至道，東至□姪，西至主。

中保人 郝亭閫（押）

立賣字人 張文輝

……日

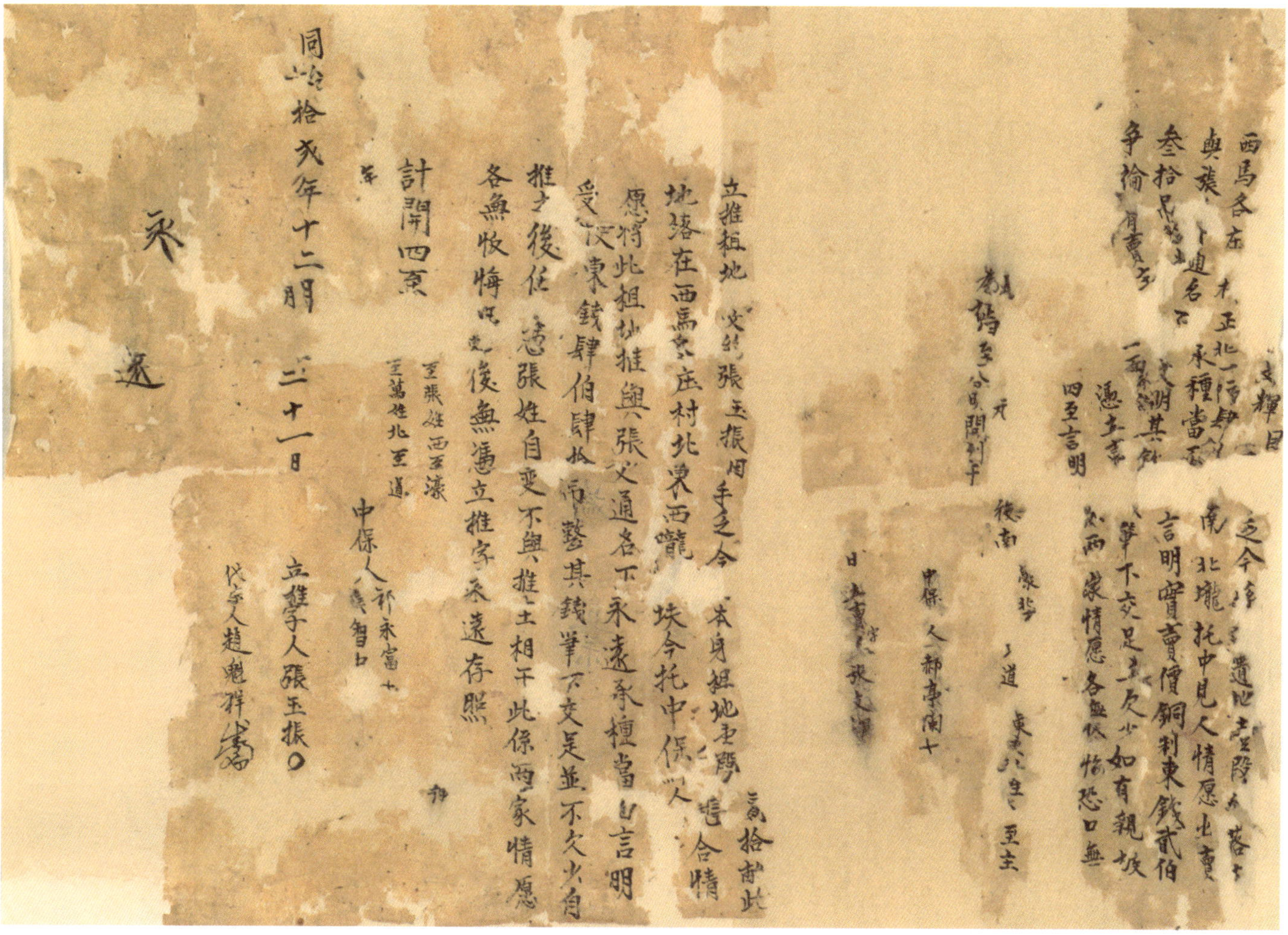

西馬各庄
與張
叁拾吊
爭論有賣主
文輝因
永種當
一面承當
憑
四至言明
之今將
遺地壹段坐落
南北隴托中見人情愿出賣
言明實賣價銅制東錢貳伯
筆下交足並不欠少如有親族
兩家情愿各無反悔恐口無
開列于
後南
中保人郝享陶十
日

立推租地文約張玉振因手乏今將本身祖地壹段貳拾畝此
地落在西馬家庄村北東西隴坵今托中保人說合情
願將此祖地推與張文通名下永遠承種當日言明
受使東錢肆伯肆拾弔整其錢筆下交足並不欠少自
推之後任憑張姓自便不與推主相干此係兩家情願
各無反悔恐後無憑立推字永遠存照
計開四至 至張姓西至濠 至萬姓北至道
中保人祁永富十 魏智十
同治拾弍年十二月二十一日 立推字人張玉振○
代字人趙魁祥書
永遠

西馬各东　木、正北一陌
與張、下通名下　承種當
叁拾兄……
争論　有賣主

文輝目
……其明
一面承……
憑立書
四至言明

之今 遺地壹段 落
南北壠 托中見人情愿出賣
言明實賣價銅制東錢貳伯
筆下交足 欠少 如有親族
兩家情愿 各無 悔恐口無

後、南　康　道　東至　生、至主

賣主合同問到　元

中保人　郝亭澗　十

日　立賣字人　張文輝

立推租地文約張玉振因手乏今
本身租地壹段
憑合情
貳拾畝此

受價東錢肆伯肆拾吊整其錢筆下交足並不欠少自
推之後任憑張姓自變不與推主相干此係兩家情愿
各無收悔恐口無憑立推字永遠存照

計開四至
至張姓西至濠
至萬姓北至道

中保人 祁永富十
侯智卜

押

年

同治拾戊年十二月二十一日

立推字人張玉振○

代字人趙魁祥

永遠

淺析清代順義縣土地契約

——以單位藏契約文書爲中心

張勝磊

北京市文物局圖書資料中心在全國第一次可移動文物普查中發現各類契約文書五百三十餘種（件），共計一千餘張，涉及土地交易，房屋買賣、典當租賃、分家析産、商鋪賬目、收租簿、各式借據、學徒文約、不動産登記證、户部執照、監照等内容。時間自明崇禎十三年（一六四〇）至新中國成立後（一九五五），跨度達三百餘年之久。其中明清契約二百六十五種，民國時期二百二十三種，建國後四十餘種。涉及北京地區的契約四百二十種，北京地區的契約文書涉及範圍廣，從密雲的田莊到順義的西馬各莊，再到北京的很多胡同。契約類型多，有紅契、白契、絶賣契、典當契等多種形式，其中白契二百六十八種，官契二百餘種。滿漢合璧契約有十四種。涉及順義一百一十八種，密雲七十種，延慶三種，昌平一種，其中順義契約爲最多，有清一代就有七十三種之多，全部都爲土地交易相關的文書。本文就清代順義縣的土地契約情況，做以下簡單的分析與歸類。

一 我中心藏順義土地契約概況

契約文書包括地契、租約、借約、訴狀等，是在民間廣泛使用的一種文字資料。目前所見最早的契約文書是在出土漢簡中發現的西漢的契約文書和東漢的買墓券。自十九世紀以來，明清契約文書被大量發現，徽州文書的發現和福建、廣東地區契約文書的搜集工作，使全國各地契約陸續得以被重視。近年來，浙江龍泉司法檔案和清水江文書的發現，使明清以來契約文書數量得到了極大的豐富。北京地區的契約研究因爲材料的分散也一直未受到研究人員的關注。首都博物館的劉謹桂先生曾對首都博物館藏地契做出初步的整理。劉小萌先生的《清代北京旗人的房地契書》一文對北京旗人契約文書制度的基本内容、特點和史學研究價值作了説明。張小林先生的《清代北京城區房契研究》一書，重點研究了清代的北京城區房契，總結了清代房契的發展變化以及相應的制度變遷，理清了清代契税管理工作的各方面關係。柳柯的《宛平土地官契五種——近代農村社會經濟調查札記之五》，對北京某些區縣檔案館及北京郊區村民所藏的五種契約文書進行了歷史考證。此外，首都博物館〔一〕和北京西山大覺寺〔二〕對館藏的土地契約和窑契及寺廟地産的交易材料進行了公布，也對我們研究北京地區的契約有重要的參考價值。

我中心藏涉及順義縣的契約文書有一百一十八種之多，其中有清一

〔一〕首都博物館編：《首都博物館藏清代契約文書》，國家圖書館出版社，二〇一五年。《窑契經濟合同文書》，中華書局，二〇一四年。

〔二〕北京西山大覺寺編：《清代契約文書整理與研究》，北京燕山出版社，二〇一四年。

代爲七十三種。立契時間自清嘉慶二十一年（一八一六）至清宣統三年（一九一一），時間跨度近一百年。其契别有執照、賣契、典契、推地契、過地契、退地契、租契等。契類有紅契、白契、官契等。其中白契有三十五種。紅契三種，官契三十五種。因爲順義縣在北京城東北，地勢平緩，山地較少。所涉及這七十三種契約中，全部爲土地交易的契約。其地點主要集中在順義縣的西部，主要涉及西馬各莊村、東馬各莊村、水坡村、楊二營村、杜蘭莊村等，其中涉及西馬各莊的土地有三十二種，占全部契約的百分之四十三之多。其土地來源爲祖遺者四十五種，占全部的百分之六十一之多。受分的有二種。自有的有十種。還有官荒、老租、自租等多種來源方式。在這七十三種契約中，受契人（買方）共有二十五人，其中涉及王玉臣的有二十種，王懷的有十三種，王政的有八種，剩餘的二十二人占三十二種。在交易過程中，使用的貨幣類型主要是銀子和銅錢，其中銀兩的有二十九種，使用銅錢的四十四種。

二 清代順義縣土地契約的主要特點

由於我中心藏清代順義縣土地交易契約資料有限，可能難以反映其土地契約交易的全貌。但我們從已知的這些契約中也能找出一些共性的特點和規律。

（一）土地交易中白契較多，民國後補契税現象普遍存在

這也是涉及民衆之間的土地交易問題時，爲了避税大多數人采取的方式之一。在民國初年的土地政策中，很多人又重新投税，來進行土地確權，

以確保自己的利益。我們看到的順義縣的土地交易契約中，有三十五種都是白契，也有三十五種官契，在這些官契中，其中有十六種官契也是在民國年間補交契稅。我們來看看這張清咸豐五年（一八五五）順義縣劉天文賣地的契約。[一]

立賣糧地契文約人劉天文，因手乏無錢用，今有自種糧地壹段，坐落在水坡村南，拾捌畝，地名五荒幅，東至王姓，西至王姓，南至王，北至壕，四至分明，自托中人說合，情願將此地賣與西馬各莊王珠名下爲業。言明實價銅製東錢叁百陸拾吊整。其錢筆下交足不欠。言定自賣之後，由置主自便，不與劉姓相干。若有爭端等情，有契主、中人承管。此係均願，各無⿰忄反（反）悔。空口無憑，立字爲據。

咸豐五年臘月廿日

中保說合人　劉天相（押）

立賣字人　劉天文（押）

代筆人　李思明（押）

附民國三年順義縣王珠買契壹張、新契紙壹張（賣價東錢三百陸拾吊，應納稅額貳拾壹吊陸□文）

有「順義縣□事印」、「第五區土地調查委員張祝安驗訖」章。

這種現象在京郊農村土地交易中是一個普遍現象，這種現象在房產交易上也普遍存在。

（二）跨村落土地交易普遍存在

在京郊廣大農村，村莊之間的土地交易現象時有發生。有的是因爲耕

[一] 中心藏契約三七七號。

種方便，有些人就會相互協商，換地耕種。也有的是因爲本村無人購買自有土地，賣給外村人。這種土地産權的交易和流轉過程也是一個普遍的現象。這是一張清光緒五年（一八七九）順義縣孫文升賣地的官契。〔二〕

立賣糧地契文約人孫文陞，……地十八畝，坐落在東馬各莊村北南隴，自托中人説合，情願將此西馬各莊王玉臣名下爲業。同衆言明，寔賣價京平松銀五拾兩整。其銀當面交清不欠。自賣之後，任憑置主自便，不與賣主相干。此係兩家均願，各無返（反）悔。如有親族人等争論，有中人承管。空口無憑，立賣字永遠爲據。

□至喬姓，□至史姓，北至墝（壕）。

光緒五年十二月十三日

中保説合人　孫思忠（押）

立賣字人　孫文陞（押）

代筆人　王　永

這是西馬各莊村民王玉臣購買東馬各莊村民孫文陞土地的壹份契約。十八畝土地，價值五十兩銀。這在清光緒年間可是壹個大數目。據資料可知，清朝中後期壹個六品官員的年薪才四十五兩白銀。所以讓壹個普通村民去購買這塊土地是不可能的。這才有了跨村購買的土地交易情況。王玉臣作爲西馬各莊壹個大户，僅在光緒年間就從其他村交易了十塊土地，主要涉及火神營村、水坡村、楊二營村等。

另外，典地的情況在跨村落的交易中也時有發生。這是壹張清光緒三十三年（一九〇七）順義縣張吉祥典地白契。〔三〕

立典地文約人張吉祥，因手乏，今將老祖地壹段，計數貳畝，坐落在西

〔一〕中心藏契約四九四號。

〔二〕中心藏契約六二號。

海洪村北，東西行隴，南至置主，北至茹姓，東至道，西至頂頭，四至分明，今煩中人，情願將此地典與王懷名下承種。言明典價東銅錢壹佰吊正。其錢筆下交足不欠。自典三年，以錢回贖。此係兩家情願，各不返（反）悔。空口無憑，立字存照。

光緒三十三年正月二十二日

中保人　李　任（押）

立字人　張吉祥（押）

代字人　郭子明（押）

典地人張吉祥爲順義縣西海洪村人，承典人爲西馬各莊人王懷。從地理位置上講，兩村相距六公里之多，可以説距離較遠。張吉祥爲什麽没把土地典給本村人耕種，反而找到更遠的西馬各莊人王懷，可能與當時王懷給的價更高有很大關係。王懷典這塊地如何耕種，也是我們以後繼續要探究的問題之一。

（三）土地兼并現象比較集中

從我們現存的這七十三種順義縣的土地契約中，我們可以看到，以王玉臣、王懷爲代表的幾個買主，大量地收購或者承典本村或者外村的土地。少數家庭因家貧或者饑荒被迫出賣自己祖遺或者受分的耕地，使這些自耕農和半自耕農等中小土地所有者把自有的土地向一些地主手中集中。在王玉臣所參與的二十個土地交易的過程中，自同治五年（一八六六）至光緒三十二年（一九〇六），有明確畝數的土地已經達四百一十八畝之多。在這四十年間，王玉臣兼并土地之多，令人汗顔。這是一份清光緒二十三年（一八九七）順義縣門富堂賣地白契。〔一〕

〔一〕中心藏契約一三九號。

立賣地契文約人門富堂，因手乏，無銀使用，今將祖遺地壹段，肆拾伍畝，坐落在楊二營村西北，東西行隴，東至道，西至道，南至李姓，北至門姓，四至分明，今煩中人說合，情願賣與西馬各莊王玉臣名下耕種爲業。言明賣價填平松江浄銀肆伯（佰）玖拾伍兩整。其銀筆下交足，并不欠少。自賣以後，不與棄（業）主相干。此係兩家情願，返悔各無。如有返悔者，有中保人壹面承管。恐後無憑，立賣字永遠爲證。

中保說合人　方國安（押）

光緒二十三年十二月初七日

立賣字人　門富堂（押）

中保代字人　門芸堂（押）

清朝土地兼并的根本原因在於其土地的私有制。土地私有制是其中一種土地所有制形式。隨著生産力的發展，在土地私有制下，富裕的大地主或有權勢的官員會利用錢或權兼并農民的土地和房産，這也是歷史發展的必然。上述這份契約是順義縣西馬各莊村民王玉臣從六公里外的楊二營村購買土地的一份契約。楊二營村村民門富堂因「手乏，無錢使用」，賣掉了「祖遺」地四十五畝。像這樣的情況還在其他村裏發生。就這樣，王玉臣一步步成爲了當地的地主，兼并了大量的土地。

三　小結

我中心藏郊區縣土地契約雖然數量有限，不能全面反映清代京郊農村土地的流轉和交易情況，但能從實際資料中看出一些端倪。我們借助順義縣這七十三種土地契約的情況，了解清代的土地交易情況、交易價格和其反映的家族宗法關係，都能對當前北京地區契約研究起到重要的參考價值。

契約文書因爲有固定的文書格式，所以在契約的書面表達裏面，契約訂立的場景，包括雙方商議的過程、口頭的約定甚至氛圍等這些在具體的事件和時空環境中發生的具體情況都很難得以呈現。但「它們不是孤零零的契約文書，而是一群人物、村莊、宗族的社會經濟生活的一部分，同時它們還是這個訴訟事件的一部分。於是，我們就可以據此重回契約産生和發揮作用的歷史現場，探討傳統社會的契約秩序和觀念」。[一]因此，我們契約研究的道路還很長，以後我們可以重回契約發生地的村莊，探尋當事人的後人，請他們講講他們家族的故事，結合我們的實物，來進行社會史方面的探討，以進一步加深我中心藏契約文書的研究。

[一]杜正貞：《從訴訟檔案回到契約活動的現場——以晚清民初的龍泉司法檔案爲例》，《浙江社會科學》，二〇一四年第一期，第一一九頁。

北京地區契約買賣管窺

高山流水

北京市文物局圖書資料中心（以下簡稱「我中心」）所藏契約種類豐富，縱橫明、清、民國、解放後四大時期，年代縱跨六百餘年，橫括社會生活、經濟、政策等在歷史節點中發生的變化。

由於年代跨度大，北京地區的行政區域劃分歷經多次改變，直到解放後郊區的區位劃分仍有變化。如：一九五二年七月將河北省宛平縣和房山、良鄉劃歸北京；一九五六年將昌平、通縣所屬部分地區劃歸北京；直至一九五八年，河北省通縣、大興、順義、懷柔、密雲、平谷、延慶等地劃入北京市版圖。因此，本文研究以當今北京區域劃分爲依據，分析所屬當今北京地區範圍各歷史階段内契約的特徵與亮點。

一　北京地區契約交易類型

綜合整理我中心所藏契約，北京地區在明代至解放初期這一時間段內，尤其清朝時期，所流通的貨幣千奇百怪，諸如滿錢、京錢、東錢、清鈔、京平松銀、庫平銀、平松江净銀、銀洋等近二十餘種。不難看出，清朝對於貨幣的鑄造與使用的管理顯得十分混亂。

以下列舉幾種在所藏契約中使用頻率較高的實貨幣與虛貨幣，由此可以看出，清末貨幣虛虛實實，「你中有我我中有你」的使用狀態。

（一）實貨幣

金屬貨幣是實體貨幣的一種，是以金屬作爲貨幣材料的一般等價物。銅錢，是用於人民日常生活中使用的貨幣，一般配鑄比是銅六鉛四。但往往配鑄比與重量根據材料和政策以及銅銀比價變動而變化，在契約中的制錢交易中可以得以體現。

銀兩，元代總稱「銀元寶」，明清兩代沿習未改，是最主要的流通貨幣。實體銀兩是指有白銀實物存在流通的貨幣，由於京師與各地所造銀兩名目繁雜，在所藏契約中，實體銀依成色分包含了純銀（千分之千）、足銀（或稱十足銀、十足寶銀）等，在前期契約買賣中所占比例很大。

（二）虛貨幣

短陌，是以不足實數一百而當百錢使用的錢。清代由於「銀」的短缺，加之制錢本身繁瑣龐雜，官制私制并行其道，形制混亂，質地參差不齊且錢法不暢，在使用上就表現得令人眼花繚亂。短陌的使用自古有之，晋人葛洪《抱樸子·微旨》：「取人長錢，還人短陌。」《五代會要》卷二十七中也曾提及有人將短陌轉換爲長錢的案例。

因此，清中期以降，短陌貨幣的使用方法名稱之多，不可勝數。虛實發揮著重要作用。

紋銀，是最早的虛銀兩，起源於康熙時期，也是政府認可的標準銀。清政府法定的銀兩標準成色，約爲千分之九百三十五點三七四，即每千兩紋銀含有九百三十五點三七四兩純銀。習慣上每百兩紋銀須申水六兩，才能相當於足銀。〔一〕紋銀是所藏契約中出現的最早的短陌銀兩。

京錢，是京師所鑄銅錢的簡稱，初時是實貨幣。《欽定大清會典則例》卷一二九：「順治元年置工部寶源局鼓鑄京錢。」咸豐後，民間的虛擬貨幣也稱京錢。清人沈濤《瑟榭叢談》：「今京師用錢，以五百爲一千，名曰『京錢』。」由於清中後期社會原因，京錢與制錢比價變化較多，兑換并無恒定比率。

東錢，《資治通鑒》卷一五九：「……自破嶺以東八十爲陌，名曰東錢；江郢以上七十爲陌，名爲西錢；京師以九十爲陌，名曰長錢……」。不難看出東錢仍是短陌的一種，但是不同時期、不同地域東錢所使用的範圍也并不相同。清代錦西向隸錦縣，當商、錢商所發行的錦帖帖面上有東錢字樣，發行種類一吊至二十吊不等，東錢即一百六十文制錢。〔二〕清《順義縣志》記載：「城鎮各商自出，縣西通行東錢票。」由此可見，東錢形制已變爲錢票，而在不同地區兑換比例和使用方式都不盡相同。在所藏契約中，順義縣所使用東錢比率很高。

庫平銀，是政府財政稅收等銀兩統一的核算標準。衡量寶銀重量的標準叫「平」（秤）。康熙年間的庫平標準爲純銀成色一千重五百七十五點八英厘，光緒十三年（一八七五）粵督張之洞奏請鑄銀元，銀元周圍鑄「廣

〔一〕千家駒、郭彥崗著：《中國貨幣演變史》，上海人民出版社，二〇〇五年，第一七七頁。

〔二〕程鵬：《清代東錢考》，山西大學二〇一一年碩士論文，第一〇頁。

東省造庫平七錢三分」〔一〕，可見當時不同時期不同地域所造庫平銀并不統一。

平松銀〔二〕，同爲「平銀」，但卻是清末錢票紙幣發行的一種，也是北京地區錢鋪發行錢票的證明，結合京平銀、京平足銀〔三〕等錢票不難看出當時經濟的無序。

二 以契約交易見證社會變遷

（一）乾隆以前

《大清律例》卷九：「八旗官兵人等有將現銀承買入官人口房産者，即將銀兩先行交部，俟收明銀兩知照到旗之日，兩翼給與印信執照報部入册」、「……將運田租與民人止許得當年租銀，如有指稱加租立券豫支者將該丁與出銀租田之人……」、「一切賣契無論是否杜絶，俱令納税，其有先典後賣者典旗既不納税，按照賣契銀兩實數納税」。可知，清代沿襲明制，官方支持的交易以銀爲主。

縱觀我中心所藏契約，可以看到乾隆年間及以前的契約共四十五種，用銀來交易的爲三十二種，用其他銀錢交易的占十三種，而此十三種均在乾隆朝發生。由此可見，很長一段時期，中國社會處於長時間的穩定階段。

（二）乾隆以後

通過我中心所藏契約可以看出絶大部分契約的交易類型主要圍繞房與地的買賣轉讓上。通過整理乾隆年後至民國時期契約可以印證清王朝後期的動蕩與衰落。

房子對於中國人來説有著特殊的意義，這和中國人傳統的家族觀念

〔一〕楊六端編著：《清代貨幣金融史稿》，武漢大學出版社，二〇〇七年，第七七頁。

〔二〕中國嘉德二〇一二秋季郵品錢幣拍賣會。

〔三〕戴建兵著：《中國錢票》，中華書局，二〇〇一年，第三八五、三八七頁。

有關，因此房價關乎人們的基本生活需求。以清嘉慶十年（一八〇五）蔡廷瑞賣鋪面房紅契爲例[一]，十五間房，共賣價紋銀二千兩。而清嘉慶十七年（一八一二）關華峰賣鋪面房紅契[二]，同一鋪面房賣價爲全錢一千一百吊，約等於銀五百五十兩（嘉慶十三年至咸豐六年四十九年間是銀價激烈上漲的時期，銀錢比價由一千二三百文漲到二千文，道光二十五年漲到二千二三百文[三]，由此折中計算），至清道光二十六年（一八四六）誠春賣鋪面房紅契[四]，賣價已經爲紋銀四百兩，主體房間并未改變，但價格已有相差。而到清光緒二十五年（一八九九）徐桂棠轉手賣房時，相同的房間數量，但交易價格已變爲紋銀二百兩。鋪面房作爲臨街的門面房，主要爲商業活動所使用，通過轉賣過程可以看出，價格一直處於下滑階段，也能從側面表現出清中後期社會的動蕩與蕭條。

表一：崇文門外橋頭路東鋪面房

年代	買方／賣方	間數	價格
清嘉慶十年（一八〇五）	關／蔡廷瑞	十五間	紋銀二千兩
清嘉慶十七年（一八一二）	誠／關華鋒	十五間	全錢一千一百吊
清道光二十六年（一八四六）	徐／誠春	十一間	紋銀四百兩
光緒二十五年（一八九九）	王／徐桂棠等	十一間	紋銀二百兩
民國三十五年（一九四六）	任福安／王幼屏	十一間	國幣五百萬圓

民國三年（一九一四）二月七日，北京政府頒布《國幣條例》，規定：采用銀本位制，「以庫平純銀六錢四分八厘爲一元，總重七錢二分，銀九銅一」；國幣鑄發權，專屬於政府。《實施細則》規定：「凡公款出入必須用國幣。」鑄發新幣（俗稱袁大頭）兌換各種銀元，以實行幣制統一[五]。

[一]單位藏契約一七九號。

[二]單位藏契約一八〇號。

[三]楊六端編著：《清代貨幣金融史稿》，武漢大學出版社，二〇〇七年，第一七九頁。

[四]單位藏契約一八一號。

[五]記工編著：《歷史年鑒一九一四》，吉林文史出版社，二〇〇六年。

一九三五年十一月四日，國民政府公布緊急法令，實行法幣政策。規定：廢止銀元本位制貨幣，采用紙幣，統一全國貨幣發行權，以中央、中國、交通三銀行發行的紙幣爲法幣，所有的流通僅用法幣，白銀一律由制定的銀行，限期兑换，實行白銀國有。〔一〕

以上可以看出，民國時期的兩次幣制改革，結合崇文門外橋頭路東鋪面房的流轉，在契約中也有相應體現。清光緒二十五年（一八九九）徐桂棠賣鋪面房的契約後部後附了一張民國十九年（一九三〇）北平特別市財政局印發的驗契紙，在金額處不僅標識了光緒時期購房所花費的二百兩銀子，也折算出了爲當時價洋三百元。而從民國三十五年（一九四六）賣房紅契〔二〕看，交易金額已變爲國幣五百萬圓，由此可見，當時社會已經走向了貨幣貶值、通貨膨脹、經濟發展崩潰的邊緣。

三　外在因素對於契約的影響

（一）戰爭因素

❶對外鴉片戰爭

對外方面，兩次鴉片戰爭對於國力的影響是巨大的，第一次鴉片戰爭中英《南京條約》裏，清政府向英國賠款二千一百萬銀元，割香港島給英國，且關税自主權開始丢失；中美《望厦條約》與中法《黄埔條約》中，美、法也在通商、關税等與英國同等享有相應的待遇。第二次鴉片戰爭清政府分别與英、法、美、俄簽訂《天津條約》，與英、法、俄簽訂《北京條約》，與俄國簽訂《璦琿條約》，其中《北京條約》與《璦琿條約》又進行了大面積的割地（九龍半島割給英國，黑龍江以北、外興安嶺以南六十多萬平

〔一〕孟文鏞等主編：《新編中國史學習手冊》，南京大學出版社，一九八九年，第二五一頁。

〔二〕單位藏契約一八三號。

方公里的大清國領土劃歸俄國等）與大量賠款（中英賠款增加至八百萬兩），關稅、貿易等簽訂致使自主權進一步丟失。通過兩次鴉片戰爭可以看出一八四〇年至一八六〇年及以後，兩次賠款必定會致使大量銀錢外流，統治危機更加嚴重，社會大環境不穩定的局面形成。

而在清嘉慶五年（一八〇〇），外國（主要是英國）輸入中國的鴉片爲四千五百七十箱；清道光十八年（一八三八）激增爲四萬零二百箱。[一]鴉片潮湧而入，嚴重影響中國人民的身心健康，并引起白銀大量外流，銀價飛漲，統治結構動蕩。

②對内太平天國鎮壓

對内方面，太平天國運動爆發。從一八五一年起，長達十四年之久的太平天國運動在廣西爆發，僅在起義爆發後的九個月間，清廷就從户部支出鎮壓起義的軍費六百多萬兩。兩年後，這個數字又增至一千八百多萬兩，占當年清政府總收入一半。[二]

由此可見一八〇〇年以後，鴉片流入，致使白銀流出，而内外戰爭的荼毒，加速了清政府財政拮据，社會動蕩不安，由契約中尤可窺見期間的社會走向。由於嘉慶十五年（一八〇五）[三]與道光二年（一八二二）[四]間房價未變，同治七年（一八六八）[五]與同年正藍旗奎鑑賣房内容相同，所以并未在表格中進行對比，詳見下圖（表二、表三）。

京平，即二兩平。道光十六年（一八三六）銀錢比是每兩千三百文左右，咸豐四年（一八五四）錢兩千爲一兩[六]。經由大興縣總布胡同與東橫胡同歷年交易對比不難看出，自一八〇〇年後，白銀逐漸外流，前期銀的成色慢慢降低，而兩次鴉片戰爭和鎮壓太平天國起義過程中以及之後，

[一] 陳旭麓、方詩銘、魏建猷主编：《中國近代史辭典》，上海辭書出版社，一九八二年，第四八九頁。
[二] 汝華：《清政府是怎樣籌措解决鎮壓太平天國起義的軍費的》，《歷史教學》，一九九五年十一期，摘要。
[三] 單位藏契約三二一號。
[四] 單位藏契約三二二號。
[五] 單位藏契約三二七號。
[六] 楊六端編著：《清代貨幣金融史稿》，武漢大學出版社，二〇〇七年，第一七四—一七六頁。

銀錢比極劇震蕩，且房價下跌，由此不難看出當時戰爭對於社會環境的震動。

表二：大興縣總布胡同東邊北大門（房）

年代	買方	賣方	間數	價格
清嘉慶五年（一八〇〇）	正白旗巴漢泰	鑲白旗富隆額	十三間	二兩平紋銀八百兩
清道光三年（一八二三）	石崑	正藍旗驍騎校保昌	十三間	二兩平紋銀八百兩
清道光三年（一八二三）	鑲白旗策勳	石崑	十三間	京平紋銀八百兩
清道光十五年（一八三五）	鑲白旗松姓	鑲白旗策勳	十二間半	京全錢一千八百吊
清咸豐六年（一八五六）	正黃旗諾姓	鑲白旗阿穆昌阿	十二間半	錢一千八百吊
清同治七年（一八六八）	正藍旗舒姓	正藍旗奎鑑	十四間半	錢一千八百吊
清光緒三年（一八八五）	正白旗德姓	正藍旗常清	十四間半	二兩平松江銀二百兩

表三：大興縣正東坊閻王廟後街路東橫胡同（房）

年代	買方賣方	間數	價格
清嘉慶九年（一八〇四）	李門楊氏與侄李起榮／祝	四間	銀二百兩
清嘉慶二十三年（一八一八）	高柳泉／金	四間	紋銀一百五十兩
清光緒十一年（一八八五）	金保官／蘇濬雲	四間	銀七十兩

（二）政策因素

㈠咸豐時期幣制改革

咸豐時期因戰爭軍費、巨額賠款、官員貪腐等因素，推行大錢和錢票，人爲地進行通貨膨脹。咸豐三年（一八五三）京局開始鑄造大錢，至四年（一八五四）上半年銅鐵錢高到當千，錢的大小、輕重、分量隨著幣值的波動而變動。[1]而咸豐三年（一八五三）也發行了兩種紙幣：一是户部官票，簡稱官票，又稱銀票，以銀兩爲單位；二爲大清寶鈔，又叫錢票、錢鈔，以制錢爲單位。[2] 縱觀咸豐朝時期，大錢、鐵錢、鉛錢以及錢票、官票

〔一〕千家駒、郭彦崗著：《中國貨幣演變史》，上海人民出版社，二〇〇五年，第七三—七四頁。

〔二〕張敬群：《中國稅史品讀》，中國稅務出版社，二〇一五年，第二四二頁。

等大型貨幣流通致使通貨膨脹，經濟崩潰。在表二的契約對比中可以看出咸豐朝及以後，貨幣使用混亂，價格浮動詭異。

②民國時期田賦徵實政策

在民國時期，貨幣進行了大規模改革，而後期又出現了一項田賦徵實政策。主要方式是國民政府以實物取代貨幣田賦的政策措施。抗日戰爭前，國民政府以貨幣徵收田賦，抗戰爆發後，戰時經濟發生變化，山西、福建地方政府分別於一九三九年、一九四〇年按戰前糧價改收實物田賦。一九四一年三月國民政府正式頒發《各省田賦改徵實物辦法暫行通知》，規定從下半年起，田賦一律改收實物匯解中央。一九四三年徵實推及棉花，實行棉田徵棉，規定每元折合皮棉五斤。一九四四年擴大到糖類。抗戰結束，除田賦徵實不變外，其餘恢復徵貨幣。〔一〕

由於北京距政策推行起始地有一定距離，在後期也有相應田賦徵實政策的響應。

見表四：

表四：民國後期田賦徵實政策在契約中的反映

年代	租賃類型	交易內容
民國三十五年（一九四六）	民地	小米二石七斗
民國三十六年（一九四七）	場院	小米一石九斗
民國三十六年（一九四七）	民地	小米十九石
民國三十六年（一九四七）	空基地	細小米四斗三升
民國三十八年（一九四九）	房產、家具等	每月小米、面五百斤
一九五〇年	房	五福市布三十六匹

四 小結

從清至民國時期契約交易貨幣的變化中可以看出，政府政策對於社會的影響是巨大的，經濟的無序體現了政府的無能，而社會內外因素的變

〔一〕陳旭麓、李華興主編：《中華民國史辭典》，上海人民出版社，一九九一年。第一四一頁。

動同樣也影響著領導者的決策。從契約中經濟的走勢我們可以對於當時社會結構、變革動態、環境影響管窺一二，從而加深對當時社會環境的理解。

清代北京城區房契初探

——以單位藏契約爲例

張晶晶

契約是官府或民間在房産交易過程中直接産生的文字資料，具有原始性、憑證性的特點。筆者此次整理契約中涉及北京城區共七十一種（内城、外城），契别上分析賣契和典契的數量最多，分别是賣契五十二種，典契十七種，其中滿漢合璧契約六種。旗人房契十四種。此次整理收録了幾組清代流傳有序的北京城區旗人、民人的房産交易契約。清代北京實行旗民分治政策，旗人買賣房屋、出賣旗房在清初時期被禁止，故私家著述很少涉及，而根據官書記載進行研究也因爲缺少資料而難以深入。這批契約對研究清代旗民的分治融合、房價的變化、房産政策的調整、保甲制度的變遷等提供了寶貴資料。

根據筆者了解到的資料，現今出版的有關清代北京城區契約文書主要有《中國歷代契約粹編》[一]《首都博物館藏清代契約文書》[二]，但對北京城區契約的研究的論著并不多，主要有劉小萌的《清代北京旗人社會》[三]，張小林的《清代北京城區房契研究》[四]，鄧奕兵的《清代前期北京房産市場研究》[五]等。本文主要以此次課題整理的北京市文物局圖書資料中心藏清代北京城區契約文書爲研究對象，對清代北京内外城區的契約文書進行分析。

一　清代「旗民分治」與融合

（一）分而居之

清朝入關後，强令北京内城民人遷往外城，内城安置八旗官兵及眷屬。即《清會典事例》中所載的八旗具體方位：「鑲黄旗居安定門内，正黄旗居德勝門内，并在北方；正白旗居東直門内，鑲白旗居朝陽門内，并在東方；正紅旗居西直門内，鑲紅旗居阜成門内，并在西方；正藍旗居崇文門内，鑲藍旗居宣武門内，并在南方。」[六]筆者在整理契約期間發現一組旗人關於同一處房産的契約十三件（包括本旗、越旗、旗民之間的房産交易）（表一）。

這處房産位於東單牌樓總布胡同，於清乾隆二十四年至二十九年（一七五九—一七六四）共完成了三次房産交易：兩次爲滿漢合璧紅契，蓋「左翼管税關防」官印，分别納税款銀七兩二錢、銀十八兩。一次爲白典契，皆在正藍旗與鑲白旗兩旗間交易進行。可見清乾隆時期跨旗交易十分普遍，已受到官方認可。而總布胡同坐落於正藍旗與鑲白旗交界地帶（圖一、圖二），特殊的地理位置也爲跨旗交易提供了便利，可推測，此

[一] 張傳璽主編：《中國歷代契約粹編》，北京大學出版社，二〇一四年。

[二] 首都博物館編：《首都博物館藏清代契約文書》，國家圖書館出版社，二〇一五年。

[三] 劉小萌著：《清代北京旗人社會》，中國社會科學出版社，二〇〇八年。

[四]。張小林著：《清代北京城區房契研究》，中國社會科學出版社，二〇〇〇年。

[五] 鄧奕兵：《清代前期北京房産市場研究》，天津古籍出版社，二〇一四年。

[六] 《《清會典事例》《八旗都統·分治八旗》，卷一一一二。

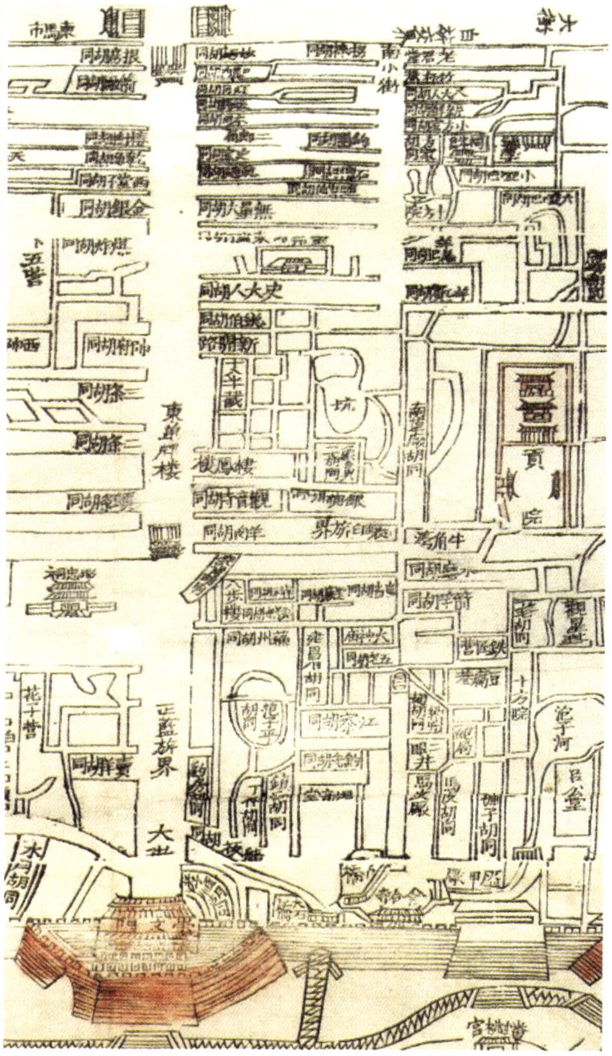

圖一 《首善全圖》局部

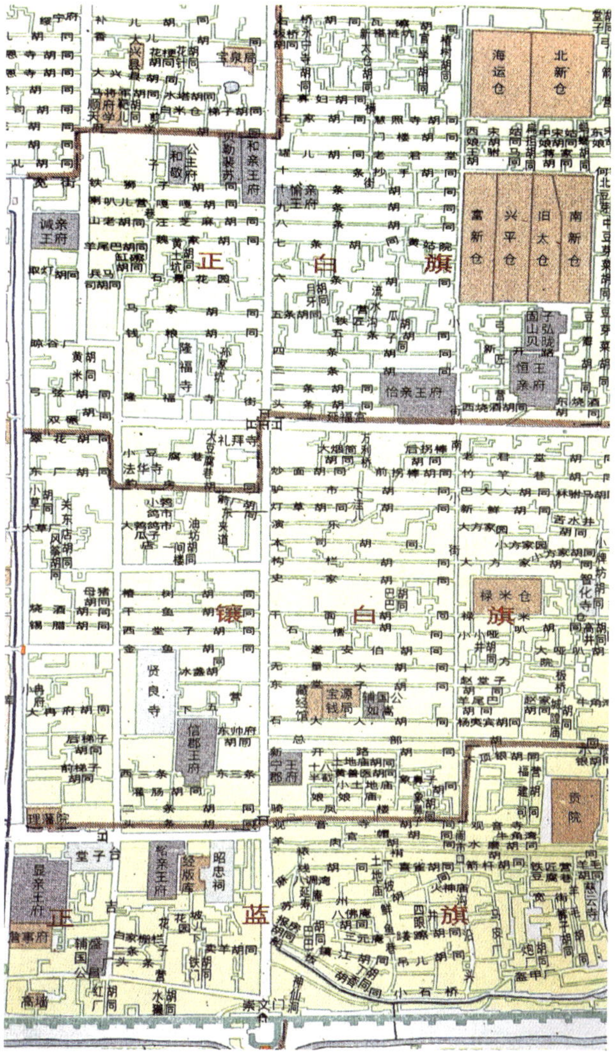

圖二 清乾隆十五年（一七五〇）北京城局部

[一]（清）朱一新：《京師坊巷志稿》，北京古籍出版社，一九八二年，卷上，第二六頁。

[二]《清會典事例》《八旗都統·公式》，中華書局，一九九一年，卷一一四七，第四二四頁。

時旗人的居址相對穩定。

另收録三組外城民人房契，一組位於北城靈中坊小安南營，清雍正十二年至同治八年（一七三四—一八六九）；一組位於北城日南坊琉璃廠橋，清康熙十年至咸豐三年（一六七一—一八五三）；一組位於南城東南坊香串胡同，清同治元年至清光緒三年（一八六二—一八七七）（表二）。《京師坊巷志稿》中記：「靈中坊　隸北城。凡內城自德勝門街以東，地安橋、兵馬司胡同、交道口、東直門街以北，皆屬焉。外厢則安定門、德勝門外，其分地也。」又記「日南坊　隸北城。所屬皆外城。自煤市橋觀音寺前石頭胡同、板章胡同以西，宣武門外大街、半截胡同以東，皆屬焉」。又記「東南坊　隸南城。所屬皆外厢，南則永定門、左安門、右安門門外，東則廣渠門外，西則廣寧門外，其分地也」。[一]可知，清代民人多居住於外城，與旗人房契不同，民人房産交易多用契稿、官稿，歸大興縣或宛平縣管轄。

（二）分治到融合

坐落於東單牌樓總布胡同的房産，自清嘉慶五年（一八〇〇）後，跨旗跨區域的交易愈加頻繁，以典契爲主，先後流轉於鑲白旗、正白旗與正藍旗之間，道光三年（一八二三）二月，正藍旗保昌將該房産典給大興縣民人石崑山，又於同月轉典於鑲白旗策勳名下。清嘉慶年間，《清會典事例》中載：「乃閱今數十年後，法令益覺懈馳，習俗更加蔽壞。八旗兵丁，不知勤苦上進，錢糧恩賞，隨得隨盡……快一己之花銷，而不顧全家之養贍。致有房産變易，生計蕩然」，又載「八旗滿洲一佐領下，多不及數百人，户不過數十家。其居址雖不盡毗連里巷，而散處較遠者，亦止在數十里之內」。[二]可見清中後期，房産交易大範圍展開，且旗房交易的現象隨著旗人的貧富分化日漸繁興，旗民之間的交易也有發生。各旗旗人跨旗界居住的局面逐漸形成，八旗居址已從聚集到分散融合。

二　房產交易政策的變化

從典契中房產的回贖時間可以看出清朝對旗房政策的調整。隨著清王朝封建統治的確立，旗人的思想觀念逐漸受漢文化影響，房產私有化的觀念加强，逃避税款，以典爲賣的情况增加。上述位於東單牌樓總布胡同房產，只在清乾隆二十四年（一七五九）、清乾隆二十九年（一七六四）、清光緒三年（一八七七）簽訂爲紅契，其餘均爲白典契。清乾隆二十八年至二十九年（一七六三—一七六四）的典契回贖期限均是五十年，而在清嘉慶五年至道光三年（一八〇〇—一八二三）典契的回贖期限是八年，清咸豐六年至同治七年（一八五六—一八六八）典契的回贖期限是十年，印證了清乾隆三十五年（一七七〇）頒布的命令：「旗人民人，典當田房，契載年份，統以十年爲率，蓋不税契。」同時宣布「其從前典契内，載有二三十年至四五十年者，限於三年内報名各佐領，改典爲賣，一體上税」。[一] 清乾隆二十九年（一七六四）大興縣伊進泰立的回贖期限爲五十年的典房白契於清乾隆三十八年（一七七三）另行辦理執照，執照印明：「照依户部議覆典契爲買契之例相符」，是制度與交易行爲相互作用的實證。

三　民房保甲制度的變遷

張小林指出：「清代北京城區實施滿漢分城，清王朝主要在外城民人居住區推行保甲制，外城房契坐落項可反映京城落實保甲制的實際狀況。」[二]

[一]《清會典事例》《户部・田賦》，中華書局，一九九一年，卷一六〇，第一〇三一頁。

[二] 張小林著：《清代北京城區房契研究》，中國社會科學出版社，二〇〇〇年，第五頁。

清初，外城房契坐落項一般寫明「某城某坊某牌某鋪，總甲某地方」，簽訂契約時，總甲須與左右鄰、房牙、代書作爲見證人，共同簽字畫押。總甲的參與反映了京師地區推行保甲制度的狀況。

筆者整理的其中一組北城靈中坊小安南營的契約（表二 三九八—四〇二），從自清雍正至同治年間歷經六次交易，坐落項和總甲、房牙的畫押情況發生了變化。從契約中的房屋坐落看，包括清雍正十二年（一七三四）之前的兩次房産交易（三九八、三九九），該房屋歸大興縣管轄，并標注總甲姓名。自清乾隆三十四年至同治八年（一七六九—一八六九）間，據契紙和官印推論，則歸宛平縣管轄，缺少總甲、房牙的畫押，而改爲由深知情底保人作保；另一組北城日南坊琉璃廠地區的契約（表二 四〇四—四一〇），自清康熙十年至咸豐三年（一六七一—一八五三）間，在總甲的畫押的情況上比較完整，但房牙、左、右鄰的畫押情況逐漸減少，且也出現了該房屋的管轄變遷；最後一組南城東南坊香串胡同的契約（表二 三九〇—三九三），自清同治元年至光緒三年（一八六二—一八七七）間，已没有總甲的參與，房屋交易，除了清同治元年（一八六二）第一份契約爲官稿，有房牙畫押蓋章外，之後的三份契約均爲白契。從側面反映出清代京城保甲制度由肅整到廢弛的變化過程。

四 房價的變化

内城以東單牌樓總布胡同的房産爲例。自清乾隆二十四年至光緒三年（一七五九—一八七七），一百一十八年之間典賣十三次，平均九年典賣一次，以典爲主，交易頻繁，且無原業主回贖的契約。從交易價格上看，從清乾隆二十四年至二十九年（一七五九—一七六四），五年間，房價從二百四十兩漲至六百兩。至清道光三年（一八二三），五十九年間，房屋從十二間擴至十三間，交易價格則穩定在八百兩，均爲典契。「典房是一種所有權與使用權分離、不充分的房屋買賣形式。」〔一〕一般來講，典房的價格比賣房要低，且不用繳納税款，經濟拮据的考慮到回贖的可能性，願意采取典賣的方式，而典主可以較低的價格占用房産，也願意采取這種交易方式，所以出現這種多次典賣，且價格不變的情況。隨後清道光十五年至清同治七年（一八三五—一八六八）的房契均爲典契，房屋間數略有增減變動，房價都保持在一千八百吊錢，由於清中後期銀錢比價浮動較大，兑换後價格約在九百兩至一千五百兩之間。雖爲典房交易，房價較清中前期也有上漲的趨勢。最後在清光緒三年（一八七七）的最後一次交易的房價跌至二百兩。

外城以南城東南坊香串胡同的房産爲例（表二　三九〇—三九三）。自清同治元年至光緒三年（一八六二—一八七七）間，前三次同治間的交易房價維持在八十—八十五兩之間，清光緒三年（一八七七）最後一次交易的房價漲至六百五十兩。房價的漲跌一般由多種因素造成，社會的治亂，人口比例、經濟興衰等等，爲何同年内外城的房價漲跌會有如此差異，還需要進一步研究。

五　小結

從我單位藏清代北京城區房契可以窺見，清朝入關定居北京後二百三十餘年來的變化，旗人逐漸受到民人的影響，聯繫日益密切，由分治走向融合；對旗、民的管理隨著政治經濟的發展而愈加規範，又隨著社會動蕩而愈加廢弛，房價也因爲清王朝由盛而衰而漲跌。

〔一〕劉小萌著：《清代北京旗人社會》，中國社會科學出版社，二〇〇八年，第五頁。

表一

編號	立契時間 年	立契時間 月	立契人	受契人	價格	契别	契類	備注一（質地、間數）
三一七	清乾隆二十四年（一七五九）	八	正藍旗德明	鑲白旗阿肅	銀二百四十兩	賣契	紅契（滿漢合璧）	房十二間
三一八	清乾隆二十八年（一七六三）	二	鑲白旗阿肅	正藍旗伊進泰	銀六百兩	典契	白契	房十二間
三一九	清乾隆二十九年（一七六四）	三	正藍旗伊進泰	鑲白旗敷元	銀六百兩	典契	契稿白執照紅（滿漢合璧）	房十二間
三二〇	清嘉慶五年（一八〇〇）	七	鑲白旗富隆額	正白旗巴漢泰	銀八百兩	典契	白契	房十三間
三二一	清嘉慶十五年（一八一〇）	七	正白旗巴漢泰	正藍旗参領	銀八百兩	典契	白契	房十三間
三二二	清道光二年（一八二二）	三	正藍旗副護軍参領五十六	正藍旗驍騎校保昌	銀八百兩	典契	白契	房十三間
三二三	清道光三年（一八二三）	二	正藍旗驍騎校保昌	石崑山	銀八百兩	典契	白契	房十三間
三二四	清道光三年（一八二三）	二	石崑山	鑲白旗策勳	銀八百兩	典契	白契	房十三間
三二五	清道光十五年（一八三五）	三	鑲白旗策勳	鑲白旗松姓	錢一千八百吊（約爲一千三百八十四—一千五百兩）	典契	白契	房二十一間半
三二六	清咸豐六年（一八五六）	一	鑲白旗阿穆昌阿	正黄旗諾姓	錢一千八百吊（約九百兩）	典契	白契	房十二間半
三二七	清同治七年（一八六八）	四	正黄旗文英	正藍旗奎鑑	錢一千八百吊（一千一百二十五—一千二百兩）	典契	白契	房十四間半
三二八	清同治七年（一八六八）	四	正藍旗奎鑑	正藍旗舒姓	錢一千八百吊（一千一百二十五—一千二百兩）	典契	白契	房十四間半
三二九	清光緒三年（一八七七）	十	正藍旗常清	正白旗德姓	二兩平松江銀二百兩	賣契	契稿紅執照紅（滿漢合璧）	房十四間半

表二

編號	立契時間（年）	立契時間（月）	立契人	受契人	坐落	價格	契別	契類	備注一（質地、間數）	備注二
三九八	清		邵琳同男邵文成	閆姓	大興縣北城靈中坊并鋪總甲褚國良地方	銀一百兩	賣契	官稿紅	房六間	中保人 房牙 總甲 代書
三九九	清雍正十二年（一七三四）	十	閆士欽同叔閆弘禧	康奇瑞	大興縣北城靈中坊并鋪總甲張士奇地方	銀八十兩	賣契	便民契稿白 契紙紅	瓦房六間	中保人 房牙 總甲 代書
四〇〇	清乾隆三十四年（一七六九）	一	康維同男康奇瑞同孫康玉龍	林姓	宛平縣北城靈中坊小安南營路西地方	紋銀一百兩	賣契	契稿紅 契尾紅	瓦房六間	中保人
四〇一－一	清道光八年（一八二八）	六	林錦成同至親蔣松巖	方姓	宛平縣北城靈中坊小安南營路西并鋪地方	銀五十兩	賣契	契稿白 官稿紅 契尾紅	灰棚四間	深知情底保人 中保人
四〇一－二	清道光八年（一八二八）	十一	方大錢	杜姓	宛平縣北城靈中坊小安南營路西	京平紋銀五百兩	賣契	官稿白 官稿紅 契尾紅	灰棚四間	知情底保人 中保人 房牙 代書人
四〇二	清同治八年（一八六九）	二	杜門楚氏	徐姓	宛平縣北城靈中坊小安南營路西併鋪地方	銀五十兩	賣契	契稿紅 契尾紅	房十三間	知情底保人 中保人 代筆人
四〇四	清康熙十年（一六七一）	四	張林	侯姓	宛平縣琉璃廠內北城日南坊二鋪地方	銀三十兩	頂房契	白契	房一間	總甲 中人 左鄰 右鄰
四〇五	清康熙三十五年（一六九六）	一	侯壽	張姓	大興縣北城日南坊二鋪代後地方	銀二十三兩	頂房契	官稿紅	房一間半	中保人 左鄰 右鄰 房牙 總甲
四〇六	清乾隆三十八年（一七七三）	五	張天祿	劉姓	大興縣北城日南坊貳鋪琉璃廠橋東邊路南總甲楊永成地方	銀四十兩	頂房契	官稿白 官稿紅 契尾紅	房一間半	中保人 房牙 總甲 代書人
四〇七	清乾隆五十年（一七八五）	十二	劉永安	王姓	大興縣北城日南坊貳鋪琉璃廠橋東邊路南總甲董祥地方	銀二百兩	頂房契	官稿白 官稿紅 契尾紅	房二間	中保人 房牙 總甲 代書
四〇八	清嘉慶元年（一七九六）	一	王門韓氏同男昌年	唐姓	宛平縣北城日南坊二鋪琉璃廠東邊路南總甲宗陞地方	銀二百兩	頂房契	官稿白 官稿紅 契尾紅	房二間	知情底保人 中保人 房牙 總甲 代書人
四〇九	清道光二十二年（一八四二）	三	唐樂圃	章姓	宛平縣北城日南坊二鋪琉璃廠橋東邊路南地方	銀一百兩	典契	白契	房四間	知情底保人 中保人 總甲
四一〇	清咸豐三年（一八五三）	二	章姓		宛平縣北城日南坊二鋪琉璃廠橋東邊路南地方	銀一百兩	補稅契	契稿紅 契尾紅	房二間	知底中保人 總甲
三九〇	清同治元年（一八六二）	八	徐壇	王姓	大興縣南城東南坊香串胡同中間路西	銀八十兩	賣契	官稿白	房十五間	知底保人 中保人 說合人 房牙
三九一	清同治五年（一八六六）	四	王沛珍	索姓	大興縣南城東南坊香串胡同中間路西	銀八十五兩	賣契	白契	房十五間	知底保人
三九二	清同治六年（一八六七）	十	索国祿	魯姓	大興縣南城東南坊香串胡同中間路西	銀八十兩	賣契	白契	房十五間	知底保人 中保人
三九三	清光緒三年（一八七七）	八	魯清泉	樊姓	大興縣南城坊香串胡同中間路西	銀六百五十兩	賣契	白契	房十五間	知底保人 中保人

附表

序號	藏品號	立契時間		立契人	受契人	對象説明			價格	契別	契類	備注一（類別、間數）	備注二
		年	月			來源	坐落	類別					
一	契約二四七	明崇禎十三年（一六四〇）	十一	孔守徿	胡向乾	自置	延慶城北劉家宼	房	銀十九兩八錢	賣契	白契	地十二畝六分	畝數及錢數上蓋章
二	契約二四八	明崇禎十四年（一六四一）	四	朱之翰	胡守傑	自己	延慶北門外	地、房	銀三十九兩六錢	賣契	白契	地六畝六分、房三間	畝數及錢數上蓋章
三	契約四〇四	清康熙十年（一六七一）	四	張林	侯姓	自蓋	瑠璃廠内北城日南坊二鋪地方	房	銀三十兩	頂契	白契	房一間	
四	契約四八一	清康熙二十□年（一六八二—一六九〇）		趙門史氏李篤	徐	自置	大興縣東城内朝陽坊	房	銀六百兩	賣契	契稿白契尾紅	房十六間、落地一段	有清康熙契尾、有房牙
五	契約四〇五	清康熙三十五年（一六九六）	一	侯寿	張姓	自置	大興縣北城日南坊二鋪代後地方	房	銀二十三兩	頂契	官稿紅	房一間半	納税額六錢九分 有房牙
六	契約二九四	清康熙三十八年（一六九九）	四	薛羽儀	陳	自有	浙江山陰縣	地	銀八兩	絶賣契	官稿白	地一畝六分	官稿
七	契約二九五	清康熙三十九年（一七〇〇）	十二	薛羽瑞	陳	自有	浙江山陰縣	地	銀十兩	絶賣契	官稿白	地一畝六分	官稿
八	契約四一六	清康熙五十五年（一七一六）	八	時子澄	吴	自住	宛平縣	房	銀十二兩	典契	白契	房一間	有章
九	契約三九九	清雍正十二年（一七三四）	十	閆士欽 閆弘禧	康奇瑞	原買	大興縣北城靈中坊并鋪總甲張士奇地方	房	銀八十兩	賣契	便民契稿白契紙紅	瓦房六間	有房牙
一〇	契約二九六	清乾隆元年（一七三六）	十二	沈我安	沈義尚 沈宗洛	自有	浙江山陰縣	房	銀四十兩	絶賣契	官稿紅	屋半間	官稿
一一	契約三八三	清乾隆元年（一七三六）	十二	徐世爵	蔣姓	自蓋		房	清錢三十四吊	典契	白契	灰棚四間	
一二	契約二九七	清乾隆七年（一七四二）	十	沈尊先	沈選	自有	浙江山陰縣	房	銀一百四十兩	絶賣契	官稿紅	屋二間	官稿
一三	契約四一七	清乾隆七年（一七四二）	十一	甯君碧	薛	自有	宛平縣南城正東坊叁鋪	鋪面房	清錢十二千文	典契	白契	房鋪三間	
一四	契約四二九	清乾隆九年（一七四四）	六	藺君弼 藺光祖	陳	自置	大興縣草廠下五條胡同	房	紋銀十五兩	典契	白契	房五間	總甲有戳
一五	契約四三〇	清乾隆十一年（一七四六）	八	甯君弼 甯光祖	陳	原典	大興縣南城下草廠五條胡同路東	房	銀十八兩	典契	白契	房三間	
一六	契約四八二	清乾隆十三年（一七四八）	五	王德潤 王德溥 王德溶等	朱	祖遺	大興縣東城内朝陽坊	房	銀三百四十五兩整	賣契	契稿白官稿紅契尾紅	房十一間等	税銀十兩三錢五分
一七	契約四三一	清乾隆十四年（一七四九）	七	陳士秀	何	原典	大興縣南城草廠下五條胡同地方路東	房	紋銀十兩	典契	白契	房三間	有章

序號	藏品號	立契時間 年	立契時間 月	立契人	受契人	對象說明 來源	對象說明 坐落	對象說明 類別	價格	契別	契類	備注一（類別、間數）	備注二
一八	契約四一八	清乾隆十七年（一七五二）	六	董成鈺 董成簡	蘇	自置	大興縣鞭子巷三條胡同路南	房	錢一百二十吊	典契	白契	房二間	
一九	契約四三二	清乾隆十八年（一七五三）	二	甯君弼 甯光祖	王	原典	大興縣草廠下五條胡同路東地方	房	紋銀三十五兩	典契	白契	房三間	有章
二〇	契約四三三	清乾隆十八年（一七五三）	四	王玉芝	陳	原典	大興縣草廠下五條胡同路東地方	房	銀三十五兩	典契	白契	房三間	有章
二一	契約四三四	清乾隆十八年（一七五三）	九	陳士秀	白	原典	大興縣草廠下五條胡同路東地方	房	文銀三十五兩	典契	白契	房三間	有章
二二	契約二四四	清乾隆二十年（一七五五）	十二	孫鋭九	張五和	祖遺	江蘇江寧縣	房	銀三百三十兩	杜絶賣契	契稿紅 契尾紅	多處房屋	投税九兩九錢 有官牙
二三	契約三一七	清乾隆二十四年（一七五九）	八	正蓝旗 德明	鑲白旗 阿肅		大興縣東單牌樓總鋪（布）胡同東頭路北	房	银二百四十兩	賣契	紅契	房十二間	納税銀七兩二錢 滿漢合璧
二四	契約四一九	清乾隆二十五年（一七六〇）	七	王門臧氏 王有爵	蘇	祖遺	大興縣鞭子巷三條胡同路南	房	清錢六萬文	典契	白契	房二間	
二五	契約三一八	清乾隆二十八年（一七六三）	二	鑲白旗 阿肅	正蓝旗 伊進泰	自置	大興縣東單牌樓總布胡同內路北	房	银六百兩	典契	白契	房十二間	
二六	契約四二〇	清乾隆二十八年（一七六三）	十二	張二龍	蘇		大興縣鞭子巷三條胡同向北	房	銀三十九兩	典契	白契	房二間	
二七	契約三一九	清乾隆二十九年（一七六四）	三	正蓝旗 伊進泰	鑲白旗 敷元	自典	大興縣東单牌樓總布胡同內路北	房	银六百兩	典契	契稿白 執照紅	房十二間	納税銀十八兩 滿漢合璧
二八	契約二四九	清乾隆三十三年（一七六八）	九	金濟世	明得	父置	懷柔縣東駙馬莊	地、房	銀八百七十兩	典契	白契	地九頃六十畝、房十二間、井、園地	典三年
二九	契約四〇〇	清乾隆三十四年（一七六九）	一	康維 康奇瑞 康玉龍	林姓	原買	宛平縣北城灵中坊小安南营路西地方	房	紋銀一百兩	賣契	契稿紅 契尾紅	瓦房六間	納税額三兩
三〇	契約四三五	清乾隆三十四年（一七六九）	十二	甯光祖	汪	轉典	大興縣草廠下五條胡同路東	房	錢一百五十吊	典契	白契	房六間	有章
三一	契約二五〇	清乾隆三十六年（一七七一）	四	金濟世	明德	祖遺	懷柔縣駙馬莊	地	銀六百兩	賣契	紅契	地九頃六十畝、房十七間	納税銀十八兩 滿汉合璧
三二	契約四〇六	清乾隆三十八年（一七七三）	五	張天禄	劉姓	祖遺	大興縣北城日南坊貳鋪琉璃廠橋東邊路南總甲楊永成地方	房	銀四十兩	頂房契	官稿白 官稿紅 契尾紅	房一間半	納税額一兩二錢 有房牙
三三	契約三三六	清乾隆三十九年（一七七四）	八	楊洪義 李起化	劉姓	自置	大興縣南城坊闫王廟後街	房	紋銀二百五十兩	典契	白契	房六間	典價紋銀二百兩，外有修理銀五十兩
三四	契約四六〇	清乾隆四十三年（一七七八）	二	吴嗣金 吴嗣鑾	陳	祖遺	大興縣半壁店	糧地	一百一十兩五錢整	賣契	契稿紅 官稿紅 契尾紅	地十七畝	附契尾

序號	藏品號	立契時間 年	立契時間 月	立契人	受契人	來源	對象說明 坐落	對象說明 類別	價格	契別	契類	備注一（類別、間數）	備注二
三五	契約四二七	清乾隆四十五年（一七八〇）	十二	張永祺等	阮	自置	大興縣中城中西坊二鋪	房	價銀一千兩	賣契	白契	房十五間	
三六	契約四三六	清乾隆四十六年（一七八一）	十一	張甯氏 張德	汪	舊遺	大興縣草廠下五條胡同路東	房	錢一百三十三吊	賣契	白契	房六間	
三七	契約四〇七	清乾隆五十年（一七八五）	十二	劉永安	王姓	自置	大興縣北城日南坊貳鋪琉璃廠橋東邊路南	房	銀二百兩	頂契	官稿白 官稿紅 契尾紅	房二間	納稅額六兩 有房牙
三八	契約三三七	清乾隆五十一年（一七八六）	七	劉亮功 劉士發	李姓	自置	大興縣南城正東坊貳鋪閆王廟後街路東	房	銀一百兩	賣契	官稿白 官稿紅 契尾紅	房六間	納稅銀三兩
三九	契約四二一	清乾隆五十二年（一七八七）	十二	蘇承祥	張	自置	大興縣鞭子巷三條胡同西口內路南	房	滿錢一百九十吊	典契	白契	房六間半	
四〇	契約四二二	清乾隆五十六年（一七九一）	九	蘇承祥	趙	祖遺	大興縣鞭子三巷路南	房	清鈔一百八十吊	賣契	白契	房六間半	
四一	契約四二三	清乾隆五十八年（一七九三）	十二	趙明泰	邵	自置	大興縣南城邊（鞭）子巷三条胡同西口內路南	房	滿錢二百吊	典契	白契	房八間	
四二	契約四六一	清乾隆五十八年（一七九三）	三	趙顯德	陳	祖遺	大興縣曹家灣	房	京錢二百八十吊整	賣契	契稿紅 官稿紅 契尾紅	房共計六間	附契尾
四三	契約四〇八	清嘉慶元年（一七九六）	一	王門韓氏昌年	唐姓	自置	宛平縣北城日南坊二鋪琉璃廠東邊路南總甲宗陞地方	鋪面房	銀二百兩	頂契	官稿白 官稿紅 契尾紅	房二間	納稅額六兩 有房牙
四四	契約四三七	清嘉慶二年（一七九七）	二	汪四			大興縣草廠下五条胡同路東	房		執照	執照紅	房一間	有騎縫章
四五	契約四七七	清嘉慶二年（一七九七）	三	董士賢	蔡	祖遺	大興縣東四牌樓北八條胡同	房	二兩平銀一百兩	賣契	契稿白 官稿紅 契尾紅	基地一塊、房五間	清嘉慶二年契尾
四六	契約一七七	清嘉慶三年（一七九八）	四	戴士明		自置	大興縣崇文門外頭條胡同西口外路東	房	銀五十兩	補稅契	官稿紅 契尾紅 官稿白	房四間	有房牙
四七	契約一七八	清嘉慶三年（一七九八）	四	戴士明	蔡	自置	大興縣崇文門外頭條胡同西口外路東	房	銀一百二十兩	賣契	官稿紅 契尾紅	房四間	有房牙

序號	藏品號	立契時間 年	月	立契人	受契人	來源	對象說明 坐落	類別	價格	契別	契類	備注一（類別、間數）	備注二
四八	契約三二〇	清嘉慶五年（一八〇〇）	七	鑲白旗富隆額	正白旗巴漢泰	自典	大興縣東單牌樓總布胡同小街東邊路北大門	房	銀八百兩	典契	白契	房十三間	
四九	契約四七八	清嘉慶五年（一八〇〇）	十二	范麟	李德林	自置	大興縣黑窑廠日南坊	房	錢八十吊	賣契	官稿紅 契尾紅	房三間	嘉慶五年契尾
五〇	契約二五八	清嘉慶九年（一八〇四）	十二	李門楊氏 李起榮	祝	夫遺	大興縣正東坊閆王廟後街路東橫胡同	房	銀二百兩	賣契	官稿白	房四間	有房牙
五一	契約一七九	清嘉慶十年（一八〇五）	六	蔡廷瑞	閔	自置	大興縣海岱門外橋頭路東	鋪面房	銀二千兩	賣契	契稿白 官稿紅 契尾紅	房十五間	
五二	契約四二八	清嘉慶十年（一八〇五）	正	陸蓮湖 靜齋 咏齋	丁宅	自置	大興縣中城中西坊二鋪地方	房	足紋京平八百五十兩	賣契	白契	房十五間	有章「就廳稅訖」、一九三七年權利書狀費二元、登記費收據六元
五三	契約三二一	清嘉慶十五年（一八一〇）	七	正白旗巴漢泰	正藍旗參領	自典	大興縣東單牌樓總布胡同小街東邊路北大門	房	銀八百兩	典契	白契	房十三間	
五四	契約一八〇	清嘉慶十七年（一八一二）	四	關華峯	誠	自置	大興縣海岱門外橋頭路東	房	全錢一千一百吊	賣契	契稿白 官稿紅 契尾紅	房十五間	
五五	契約一七六－一	清嘉慶二十年（一八一五）	四	遲九達	蘇	祖遺	大興縣方磚廠東頭溝沿北口內路東	房	銀五百兩	賣契	契稿白 官稿紅 契尾紅	房十九間	
五六	契約二四〇	清嘉慶二十一年（一八一六）	五		張廷元		順義縣	地		執照	執照紅	三十四畝一分六厘六毫	
五七	契約二五六	清嘉慶二十四年（一八一九）	七	高柳泉	金	自置	大興縣正東坊閆王廟後街路東橫胡同	房	紋銀一百五十兩	賣契	契稿白 官稿紅 契尾紅	房四間	
五八	契約四二四	清道光元年（一八二一）	十二	李錦	陳	轉贖	大興縣南城鞭子巷三條胡同西口內路南	房棚	紋銀一百五十兩	賣契	白契	房七間	

序號	藏品號	立契時間 年	立契時間 月	立契人	受契人	對象說明 來源	對象說明 坐落	對象說明 類別	價格	契別	契類	備注一（類別、間數）	備注二
五九	契約三二二	清道光二年（一八二二）	三	正藍旗副護軍參領五十六	正藍旗驍騎校保昌	自典	大興縣東單牌樓總布胡衕小街東邊路北大門	房	二兩平紋銀八百兩	典契	白契	房十三間	
六〇	契約二九八	清道光二年（一八二二）	四	周步云	邸	自有	浙江山陰縣	地	錢一百七十吊三百文	絶賣文契	官稿紅	地三畝	官稿
六一	契約二九九	清道光三年（一八二三）	十一	浙江等處承宣布政使司			浙江山陰縣	地	銀一百七十一兩三錢	契尾	契尾紅		
六二	契約三二三	清道光三年（一八二三）	二	正藍旗驍騎校保昌	石崑山	自典	大興縣東單牌樓總布胡同東邊大門路北	房	三兩平紋銀八百兩	典契	白契	房十三間	
六三	契約三二四	清道光三年（一八二三）	二	石崑山	鑲白旗策勳	自典	大興縣總布胡同東頭中間路北	房	京平紋銀八百兩	典契	白契	房十三間	
六四	契約四八七	清道光五年（一八二五）	七	張茂之	王	自置	大興縣東城朝陽坊	房	銀七百兩	賣契	官稿白	房十九間	
六五	契約三九四	清道光七年（一八二七）	五	高守謙	吴姓	原買	大興縣南城茶食胡同火把廠口路南	房	銀二百五十兩	賣契	官稿白	房五間	有房牙
六六	契約四〇一一—一	清道光八年（一八二八）	六	林錦成 蔣松岩	方姓	自置	宛平縣北城灵中坊小安南營路西并鋪地方	房	銀五十兩	賣契	契稿白 官稿紅 契尾紅	灰棚四間	納税額一兩五錢
六七	契約四〇一一—二	清道光八年（一八二八）	十一	方大錢	杜姓	自置	宛平縣北城灵中坊小安南營路西	房	京平紋銀五百兩	賣契	官稿白 官稿紅 契尾紅	灰棚四間	納税額十五兩 有房牙
六八	契約四二五	清道光十年（一八三〇）	二	陳貴明	王	自置	大興縣崇文門外南城北坊鞭子巷三條胡同路南	房	京滿錢一百一十吊整	賣契	契稿红 契尾红	房四間	房牙
六九	契約四五	清道光十年（一八三〇）	四	李恭 李和 李平 永禄			密雲縣			分家契	白契		

序號	藏品號	立契時間 年	立契時間 月	立契人	受契人	對象說明 來源	對象說明 坐落	對象說明 類别	價格	契别	契類	備注一（類别、間數）	備注二
七〇	契約八七	清道光十一年（一八三一）	四	管大	李姓	自置	大興縣香兒（餌）衚衕中間路南新號內	地	清錢三百吊	賣契	白契	房地基一塊	
七一	契約四六八	清道光十三年（一八三三）	九	卯國璽同子宗堯	李楷	自置	天津武清縣陳園家東	地	銀三十六兩三钱八分二厘五	賣契	契稿紅 契尾紅	地六畝六分一厘五	税一兩九錢一分四厘六毫
七二	契約三二五	清道光十五年（一八三五）	三	鑲白旗策勳	鑲白旗松姓	自典	大興縣東總布胡衕東口內路北	房	京全錢一千八百吊	典契	白契	房二十一間半	
七三	契約一七六	清道光十七年（一八三七）	二	蘇常山	王	自置	大興縣方磚廠	房	銀四百兩	賣契	契稿紅 契尾紅	房二十七間	
七四	契約五九	清道光十八年（一八三八）		深祥 深秀祥	洪天玉	自己	山東恩縣	地	京十二吊	賣契	買契紅 契稿紅 契尾紅	地一畝四分五石六毛	附一九一四年山東省洪天玉買契收據，注册費洋一角
七五	契約四〇九	清道光二十二年（一八四二）	三	唐樂圃	章姓	自置	宛平縣北城日南坊二鋪琉璃廠橋東邊路南地方	鋪面房	銀一百兩	典契	白契	房四間	
七六	契約二〇	清道光二十五年（一八四五）	十二	田永順	王全	祖遺	密雲縣好臺莊	地	銀十兩	賣契	白契		
七七	契約二四六	清道光二十五年（一八四五）	十二	達冲阿	錫齡	故祖自置	昌平湯山馬房村	地	京平足銀三百五十兩	賣契	契稿白 執照紅 驗契執照紅	地七十三畝七分	投税三十一兩五錢
七八	契約一八一	清道光二十六年（一八四六）	十一	誠春	徐	自置	大興縣崇文門外	房	紋銀四百兩	賣契	契稿白 契稿紅 契尾紅	房十一間	鋪面房
七九	契約三八八	清道光二十六年（一八四六）	九	王耀先	謝姓	自置	大興縣東城朝陽坊式鋪汪太醫胡同路東	房	銀五百兩	賣契	契稿紅 官稿白	房十九間	有房牙
八〇	契約四六二	清道光二十九年（一八四九）	六	杨赓盛 王氏	王	自身費地	宛平縣前門內碾兒衚衕路東	地	京滿錢一百九十吊	典契	白契	地一塊	有章
八一	契約四六九	清道光二十九年（一八四九）	十二	李楷	李玉堂	自置	宛平縣丙坟東	地	東钱三百三十八吊六百文	賣契	白契	地六畝五分一厘二毫	
八二	契約三八六	清咸豐二年（一八五二）	五	任元	李姓	自置	宛平縣城靈中坊并鋪小安南營路西	房	銀二百兩	賣契	白契	房八間	

序號	藏品號	立契時間 年	立契時間 月	立契人	受契人	來源	對象說明 坐落	對象說明 類別	價格	契別	契類	備注一（類別、間數）	備注二
八三	契約二三五	清咸豐二年（一八五二）	十二	占元		祖遺	大興縣喇叭營胡同	房	銀五十兩	補稅執照	契稿白 執照紅	房七間	稅一兩五錢 滿漢合璧
八四	契約四一〇	清咸豐三年（一八五三）	二	章姓		自置	宛平縣北城日南坊二鋪琉璃廠橋東邊路南地方	鋪面房	銀一百兩	補稅契	契稿紅 契尾紅	房二間	納稅額三兩
八五	契約二六三	清咸豐三年（一八五三）	十	劉鳳山		祖遺	大興縣干面胡同西羅圈胡同	房	紋銀五十兩	投稅契	契稿紅 契尾紅	房一間半	有具結
八六	契約三八七	清咸豐五年（一八五五）	六	杜門楚氏	霍姓	自置	宛平縣北城靈中坊小安南營路西	房	京滿錢四百七十吊文	賣契	白契	房十三間	
八七	契約三七七	清咸豐五年（一八五五）	十二	劉天文	王珠	自種	順義縣水坡村南	地	東錢三百六十吊	賣契	契稿紅 買契紅 新契紙	地十八畝	納稅額二十一吊六百文
八八	契約三二六	清咸豐六年（一八五六）	一	鑲白旗阿穆昌阿	正黃旗諾姓	自典	大興縣東總布胡同東口內路北	房	錢一千八百吊	典契	白契	房十二間半	
八九	契約四六三	清咸豐六年（一八五六）	九	范建陶	郭姓	祖遺空地自盖	宛平縣前門內西城根財神庙夹道	地、房	紋銀二十兩	賣契	白契	房二間；地東西二丈，南北至台堦一丈六尺五寸	有章
九〇	契約二一七	清咸豐七年（一八五七）	一	李永發 李俊	李國	祖遺	密雲縣田家莊北白石嶺	地	東錢四百二十五吊	賣契	契稿紅 契尾紅		隨代推白三畝五分
九一	契約一一三	清咸豐七年（一八五七）	二	毛德泰	白美	祖遺	順義縣西馬各莊西南	地	東錢一千四百吊	賣契	白契	地二十畝	
九二	契約二七二	清咸豐七年（一八五七）	十二	姜永安	姜永清	自家	河北雄縣	園地	錢三十吊	賣契	契稿白 執丙照紅 買契紅	地三畝	稅額九百文，查驗費一元，注冊費一角
九三	契約一三七	清咸豐八年（一八五八）	八	門庭魁	門庭惠	自置	順義縣楊二營	地	京錢三百五十吊	典契	白契		分三次找钱
九四	契約八八	清咸豐九年（一八五九）	四	李西亭	紀姓	祖遺	大興縣香兒（餌）胡同中間路南新號內	地	銀五兩	賣契	契稿紅 契尾紅	房地基一塊	
九五	契約四四一	清咸豐十年（一八六〇）	六	王佛保	姚	祖遺	宛平縣前門外觀音寺路南地方	鋪面房	銀一百兩	賣契	白契	房六間	
九六	契約四四二	清咸豐十年（一八六〇）	七	王佛保	李	自置	宛平縣前門外觀音寺路南地方	鋪面房	銀一百兩	賣契	白契	房六間	

序號	藏品號	立契時間·年	立契時間·月	立契人	受契人	對象說明·來源	對象說明·坐落	對象說明·類別	價格	契別	契類	備注一（類別、間數）	備注二
九七	契約一三三	清咸豐十年（一八六〇）	十二	李順	王玉德		順義縣西馬各莊村西	地	東錢五百九十四吊	推地契	白契	地十四畝	
九八	契約一三四	清咸豐十一年（一八六一）	十一	鄭永立	王鐸		順義縣西馬各莊正西	地	東錢五百吊	過地契	白契	地九畝	
九九	契約四六四	清咸豐十一年（一八六一）	五	李恩隆	柯大	自置	宛平縣前門內西城根財神庙夾道路東	房	钱四十五吊	借據	白契	房二間半	
一〇〇	契約四六五	清咸豐十一年（一八六一）	六	柯大	李	自置	宛平縣西城根財神庙夾道路東	房	钱四十吊	借據	白契	房二間半	
一〇一-一	契約二三四	清同治元年（一八六二）	八	孫惟典 王樾 劉如瑾	王浦錫	原倒	大興縣地安門內街東	商鋪、傢具		倒契	白契		源通合鋪
一〇一-二	契約三七九	清同治元年（一八六二）	八	孫惟典 王樾 劉如瑾	王浦錫	原倒	大興縣地安門內大街路東	鋪底	錢六千五百吊	字據	白契		
一〇二	契約四六六	清同治元年（一八六二）	三	柯及	王	自置	宛平縣前門內西城根財神庙後身路東地坊（方）	房	京滿錢八十吊	賣契	白契	房二間半	
一〇三	契約三九〇	清同治元年（一八六二）	八	徐壇	王姓	自置	大興縣南城東南坊香串胡同中間路西	房	銀八十兩	賣契	官稿白	房十五間	有房牙
一〇四	契約一一	清同治二年（一八六三）	十一	李志	李永成	祖遺	密雲縣北田家莊南後坟	錢	匣市東錢四十吊	借據	白契		
一〇五	契約九六	清同治三年（一八六四）	二	李殿魁	劉永和	祖遺	順義縣馬頭莊家北	地	紋銀京市平一百兩	賣契	紅契	地十八畝	
一〇六 一〇七	契約三〇〇	清同治三年（一八六四）	十一	户部 國子監	沈元瀛		浙江山陰縣		庫平銀八十八兩	户部執照 監照	户部執照紅 監照紅		捐納監生
一〇八	契約五一三	清同治四年（一八六五）	二	傅騰雲	劉廷貴	自有	遼寧雙臺子橋北路西門市	地基 房	銀六十兩	賣契	契稿紅 契尾紅	房十九間	附清同治七年奉天府契尾（價銀六十兩）
一〇九	契約七二	清同治五年（一八六六）	十	孫慶蘭	張文通	祖遺	順義縣西馬各莊本村街北	空莊窠	紋銀十三兩	賣契	契尾紅 契稿紅		
一一〇	契約一三五	清同治五年（一八六六）	十	劉天相	王玉臣	祖遺	順義縣水坡村南	地	紋銀二十兩	賣契	紅契	地一幅	

序號	藏品號	立契時間 年	立契時間 月	立契人	受契人	來源	對象說明 坐落	對象說明 類別	價格	契別	契類	備注一（類別、間數）	備注二
一一一	契約三九一	清同治五年（一八六六）	四	王沛珍	索姓	自置	大興縣南城東南坊香串胡同中間路西	房	銀八十五兩	賣契	白契	房十五間	
一一二	契約三九二	清同治六年（一八六七）	十	索国禄	魯姓	自置	大興縣南城坊香串胡同中間路西	房	銀八十兩	賣契	白契	房十五間	
一一三	契約九七	清同治六年（一八六七）	十一	李安	李作霖	祖遺	順義縣馬頭莊村西北	地	文銀一百一十七兩	賣契	白契	地十八畝	
一一四	契約四九八－二	清同治六年（一八六七）	十一	馬大 馬二	曲明	祖遺	順義縣西杜蘭莊杜西	地	東錢一百九十五吊	賣契	白契	地二十二畝	
一一五	契約三二七	清同治七年（一八六八）	四	正黃旗文英	正藍旗奎鑑	自典	大興縣東總布胡同東口內路北	房	錢一千八百吊	典契	白契	房十四間半	
一一六	契約三二八	清同治七年（一八六八）	四	正藍旗奎鑑	正藍旗舒姓	自典	大興縣東總布胡同東口內路北	房	錢一千八百吊	典契	白契	房十四間半	
一一七	契約三七九	清同治七年（一八六八）	八	王溥錫		原倒	地安門內路	鋪房	平高松江銀柒百兩正	字據		房一所，傢倨（具）俱全	
一一八	契約四〇二	清同治八年（一八六九）	二	杜門楚氏	徐姓	自置	宛平縣北城靈中坊小安南營路西并鋪地方	房	紋銀五十兩	賣契	契稿紅 契尾紅	房十三間	納稅額一兩五錢
一一九	契約四四三	清同治八年（一八六九）	七	王佛保	朱	自置	宛平縣前門外观音寺前路南地方	鋪面房	銀一百兩	賣契 收據	白契	房六間	
一二〇	契約二〇四	清同治八年（一八六九）	十二	廣泰 德寬	王玉臣	自置	順義縣水坡村正南	地	紋銀二十四兩	賣契	契稿紅 新契紙紅 契尾紅	地十畝	民國新契紙
一二一	契約二六六	清同治八年（一八六九）	十二	姜胖子	李云杰	自家	河北雄縣	地	清錢十三吊	典契	白契	地一畝五分	有房牙
一二二 一二三	契約四〇三	清同治八年（一八六九）		黃二 李二			宛平縣小安南營口內路西	房		執照	執照紅		
一二四	契約九八	清同治十年（一八七一）	十	李殿英 李殿卿	劉芳	祖遺	順義縣馬投莊村正北	地	京市平銀一百二十四兩五錢	賣契	白契	地十六畝六分	

序號	藏品號	立契時間 年	立契時間 月	立契人	受契人	來源	對象說明 坐落	對象說明 類別	價格	契別	契類	備注一（類別、間數）	備注二
一二五	契約二六四	清同治十年（一八七一）	十二	李善朋	姜永清	自有	河北雄縣	地	錢四十八吊	賣契	契稿白 執丙照紅 買契紅	地八畝	納稅一吊四百四十文，有房牙
一二六	契約二六八	清同治十年（一八七一）	十二	李善鵬	耿永懷	自有	河北雄縣	地	清錢一百四十四吊	賣契	白契	地八畝	有房牙
一二七	契約二六七	清同治十年（一八七一）	十二	姜永梅	耿永懷	自有	河北雄縣	地	清錢十三吊五百文	賣契	白契	地八分	有房牙
一二八－一	契約二六五	清同治十一年（一八七二）	十一	李善朋 李枝 李連和	姜永清	自有	河北雄縣	地	錢四十八吊 錢十四吊 錢二十二吊	賣契	白契	地八畝 地二畝五分 地四畝	有房牙
一二八－二	契約二六五－一	清同治十一年（一八七二）	十一	李善朋 李枝	姜永清	自置	河北雄縣	地	錢六十二吊合銀三十一兩	賣契	官契紅 契尾紅	地十畝五分	稅銀九錢三分，有房牙
一二九	契約三九五	清同治十一年（一八七二）	十二	劉庭貽	樊姓		大興縣東茶食胡同	鋪面房	銀一百兩	典契	白契	房六間	每月二分行息
一三〇	契約四三八	清同治十二年（一八七三）	六	劉杜氏 劉文	馬	自置	大興縣南城草廠下五條胡同路東地方	房	銀一百二十兩	賣契	官稿紅	房十間	有騎縫章，房牙
一三一 一三二	契約三〇一	清同治十二年（一八七三）	十一	户部 國子監	沈翼清		浙江會稽縣		銀三十六兩三分三厘六毫	户部執照 監照	户部執照紅 監照紅		陝省甘捐總捐納貢生
一三三	契約四九七	清同治十二年（一八七三）	十一	王珍	王玉臣	祖遺	順義縣西馬各莊村東南	地	市平松銀二十八兩	賣契	契稿白 新契紙紅 買契紅	粮地十畝	附一九一四年王玉臣買契（納稅額五錢六分）；一九一四年王玉臣契紙（查驗費洋一元，注册費一角）
一三四	契約四九二	清同治十二年（一八七三）	十二	張玉振	張文通	自租	順義縣西馬各莊村北	地	錢四百四十吊	賣契	白契	地二十畝	
一三五	契約三八九	清同治十三年（一八七四）	七	謝伯敬 謝仲光		祖遺	大興縣崇文門外汪太醫胡同路東	房	京平松江銀一千三百兩	賣契	白契	房二十一間	
一三六	契約三九六	清同治十三年（一八七四）	十一	沈西園	樊姓	原買	大興縣南城茶食胡同火把廠口路南	房	銀五十五兩	賣契	白契	房六間	
一三七	契約三八四－一	清光緒元年（一八七五）	二	李得禄		祖遺	大興縣正陽門外甘井胡同路北	房	銀二百五十兩	補稅契	官稿白 契稿紅 契尾紅	房十二間	納稅銀七兩五錢，有房牙

序號	藏品號	立契時間		立契人	受契人	對象說明			價格	契別	契類	備注一（類別、間數）	備注二
		年	月			來源	坐落	類別					
一三八	契約四一四	清光緒元年（一八七五）	二	馬甘氏	嚴姓	自置	宛平縣北城日南坊琉璃廠西門内路南地方	鋪面房	銀八十兩	賣契	白契	房三間	
一三九	契約二〇五	清光緒元年（一八七五）	十	赵明	王珠		順義縣水坡村	地	錢三百二十吊	退地契	契稿紅 新契紙紅 推契紅	地二十畝	一九一五年王珠推契（稅九吊六百文）、民國新契紙（驗費洋一元，注册費一角）
一四〇	契約一二四	清光緒元年（一八七五）	十二	許老	張文通	祖遺	順義縣西馬各莊村南	地	東錢六百九十吊	退地契	白契	地十二畝五分	
一四一	契約四三九	清光緒元年（一八七五）	十二	马進修	樊姓	自置	大興縣南城草廠下五條胡同路東地方	房	銀市平松江四百兩	賣契	白契	房十一間	
一四二	契約二三八	清光緒二年（一八七六）	十	劉玉山	王珠	祖遺	順義縣水坡村西齊道	地	東錢四百吊	賣契	白契		
一四三	契約四一五	清光緒二年（一八七六）	十	杜濱甫 杜潤甫	樊守忠	祖遺	宛平縣柴兒胡同	房	松江銀一千兩	賣契	白契	房十三間	一九三六年登记费一千元、土地權利書狀费二元
一四四	契約四四四	清光緒二年（一八七六）		師竹堂		自置	大興縣中城中東坊東珠市口東邊路北地方	房	銀二千零二十兩整	賣契	白契	房二十九間半	
一四五	契約四九六	清光緒二年（一八七六）	十一	李才	王玉臣	祖遺	順義縣西馬各莊東南	地	紋銀二十兩	賣契	紅契	地七畝五分	
一四六	契約四〇三	光緒三年（一八七七）	九	徐心一			宛平縣小安南營路西	房		執照	執照紅		
一四七	契約二四一	清光緒三年（一八七七）	二	姜大胖	姜永清	自家	河北雄縣	地	清錢三十五吊	賣契	紅契	地六分	
一四八	契約三八四-二	清光緒三年（一八七七）	四	李得禄	孫姓	祖遺	大興縣正陽門外甘井胡同路北	房	銀三百二十兩	賣契	官稿白 契稿紅 契尾紅	房十二間	納稅銀九兩六錢 有房牙
一四九	契約三九三	清光緒三年（一八七七）	八	魯清泉	樊姓	自置	大興縣南城坊香串胡同中間路西地方	房	銀六百五十兩	賣契	白契	房十五間	

序號	藏品號	立契時間：年	立契時間：月	立契人	受契人	對象說明：來源	對象說明：坐落	對象說明：類別	價格	契別	契類	備注一（類別、間數）	備注二
一五〇	契約三二九	清光緒三年（一八七七）	十	正藍旗常清	正白旗德姓	自置	大興縣東總布胡同中間路北	房	銀二兩平松江銀二百兩	賣契	契稿白 執照紅	房十四間半	納稅銀六兩 滿漢合璧執照
一五一	契約二九	清光緒三年（一八七七）	十二	王俊	石廣榮	祖遺	密雲縣大道溝口	地	紋銀三十九兩	賣契	白契		隨代推白三畝
一五二	契約四八	清光緒四年（一八七八）	十二	王義	石廣荣	授分	密雲縣田莊村大道溝口	地	紋銀十兩	賣契	白契		隨代推白一畝二分五厘
一五三	契約一三二	清光緒四年（一八七八）	十二	王琛	王珠	祖遺	順義縣西馬各莊正西	地	東錢四百五十吊	推地契	白契	地九畝	匠艺地
一五四	契約一三八	清光緒四年（一八七八）	十二	門門趙氏 門庭全	門錦堂	祖遺	順義縣楊二營	地	紋銀填平銀一百零五兩	賣契	白契	地十五畝	
一五五	契約一二	清光緒五年（一八七九）	二	宋德	門李氏	祖遺	密雲縣田家莊東	地	東錢一百二十吊	賣契	白契		
一五六	契約二五一	清光緒五年（一八七九）	三	志文		祖父遺業	宛平縣西四牌樓羊肉胡同口內路南	房	銀二百兩	補稅契	契稿紅 執照紅	房十六間，後院一塊	補稅銀六兩 滿漢合璧
一五七	契約二〇六	清光緒五年（一八七九）	十	王緒	王玉臣	祖遺	順義縣水坡村正南	地	東錢五百吊	退地契	契稿紅 新契紙紅 租契紅 契尾紅	地三十七畝	契尾（稅銀三十一兩九錢三分）、一九一四年王玉臣租契（稅五吊）、一九一四年王玉臣新契紙（驗費洋一元，注冊費一角）

序號	藏品號	立契時間 年	月	立契人	受契人	對象說明 來源	坐落	類別	價格	契別	契類	備注一（類別、間數）	備注二
一五八	契約四二六	清光緒五年（一八七九）	十一	王林山	樊	自置	大興縣崇文門外鞭子巷三條胡同中間路南	房	松江京平銀三百兩	借據	白契	房十一間	注册及執照等費約計二十元；一九四五年土地注册費、執照費二元、逾期三個月暫收注册費共計十七元四角一分；保結紙費八元、繕寫費十元）
一五九	契約四九五	清光緒五年（一八七九）	十一	劉順 劉緒	王玉臣	受分	順義縣西馬各莊村西	地	東錢□□吊	賣契	白契		
一六〇	契約四九四	清光緒五年（一八七九）	十二	孫文陞	王玉臣		順義縣東馬各莊村北	地	京平松銀五十兩	賣契	契稿紅 新契紙紅 買契紅	地十八畝	納税一兩
一六一	契約二五二	清光緒六年（一八八〇）	十	志文	韓	祖遺	宛平縣西四牌樓羊肉胡同	鋪面房	全錢二萬七千	典契	紅契	房三十間	附后借錢協議
一六二	契約三九七	清光緒七年（一八八一）	八	陳博如	樊姓	自置	大興縣正陽門外肉市路西	鋪面房	銀二百兩	賣契	契稿白 契稿紅 契尾紅	房十間	納税銀六兩
一六三	契約一六六	清光緒七年（一八八一）	九	吴洪玉	錫宅	自置	大興縣喇叭營中間路南	房	市平松江銀三百兩	賣契	契稿紅 執照紅	房十五間	滿汉文
一六四	契約一一八	清光緒七年（一八八一）	十二	史宗聖	孫文陞		順義縣東馬各莊	地	東錢五百吊	退地契	白契	地十畝	
一六五	契約三八五	清光緒八年（一八八二）	十	孫小如	樊姓	自置	宛平縣前門外甘井胡同路北	房	銀一千二百兩	賣契	官稿白	瓦房臺五十三間	有房牙
一六六	契約二〇八	清光緒九年（一八八三）	三	史君勤	史君智		順義縣東馬各莊	地	平銀一百七十兩	賣契	白契	地二十七畝五分	
一六七	契約四一二二-一	清光緒九年（一八八三）		啟元		祖遺	大興縣正陽門外打磨廠路北地方	鋪面房	銀四百兩	補税契	契稿紅 官稿白 契尾紅	房三十二間半	納税額十二兩 有房牙

序號	藏品號	立契時間·年	立契時間·月	立契人	受契人	來源	對象說明·坐落	對象說明·類別	價格	契別	契類	備注一（類別、間數）	備注二
一六八	契約四一二—二	清光緒九年（一八八三）	三	啟元		祖遺	大興縣正陽門外打磨廠偏西路北地方	鋪面房	銀四百兩	投稅契	契稿白 執照紅	房三十二間半	滿漢合璧執照
一六九	契約五〇八	清光緒九年（一八八三）	三	傅文学 傅文海 傅文惠	劉士彬	祖遺	遼寧盤山縣雙臺子街河北路西	房	市銀一百八十五兩	賣契	契稿紅 契尾紅	房十三間	
一七〇	契約一二五	清光緒九年（一八八三）	八	王門于氏母子	張文通	祖遺	順義縣西馬各莊	地	東錢五百吊	推地契	白契	地八畝	
一七一	契約八九	清光緒九年（一八八三）	十	紀祥	王德春	自置	大興縣香兒（餌）衚衕中間路南新號内	房	銀一百兩	賣契	契稿紅 契尾紅	房九間	
一七二	契約二二〇	清光緒十年（一八八四）	十二	劉玉庭	王玉臣	祖遺	順義縣西馬各莊	地	紋銀四十兩	賣契	契稿紅 新契紙紅	地十六畝六分四厘	一九一四年新契紙；驗費洋一元，注册費一角
一七三	契約三三一	清光緒十年（一八八四）	六		正紅旗泰來					功牌			
一七四	契約四四五	清光緒十年（一八八四）	十一	畢锦堂	柴	原置	大興縣崇文門外南城南官園中間路西地方	房	銀二百兩	賣契，收據	契稿紅 契尾紅	房六間	土地權利書狀費二元、登記費二元八角
一七五	契約二五七	清光緒十一年（一八八五）	三	金保官	蘇濬雲	自置	大興縣正東坊閨（闈）王廟後街路東横胡同	房	銀七十兩	賣契	契稿紅 契尾紅	房四間	
一七六	契約七一	清光緒十二年（一八八六）	九	夏存貴	王玉臣	祖遺	順義縣西馬各莊西南	地	銅製東錢四百吊	賣契	契稿紅 新契紙紅 買契紅	地二十九畝	
一七七	契約七九	清光緒十四年（一八八八）	十二	張文蘭	王玉臣	祖遺	順義縣火神營村	地	銅錢五百吊	賣契	契稿白 契稿紅 買契紅 新契紙紅	地四十五畝	買價東錢四百吊，應納稅額八吊
一七八	契約一四五	清光緒十五年（一八八九）	十二	王楨	王玉臣	祖遺	順義縣東馬各莊	地	東錢八百一十吊	賣契	白契	地一幅	賣價東錢五百吊，應納稅額十吊

序號	藏品號	立契時間 年	立契時間 月	立契人	受契人	對象說明 來源	對象說明 坐落	對象說明 類別	價格	契別	契類	備注一（類別、間數）	備注二
一七九	契約二一八	清光緒十七年（一八九一）	十一	張普	王玉臣	祖遺	順義縣西馬各莊	地	東制銅錢五百五十吊	退地契	契稿紅 新契紙紅 租契紅	地五十五畝	一九一四年新契紙；驗費洋一元，注册費一角；租契納税五吊五百文
一八〇	契約八	清光緒十八年（一八九二）	一	李文秀	李文義	祖遺受分	密雲縣田莊	地	東錢一百五十吊	賣契	白契		隨帶錢粮一百九十五分
一八一	契約九〇	清光緒十八年（一八九二）	四	王德春	李德順	原有	大興縣香兒（餌）衚衕中間路南新號内	房	銀一百兩	賣契	契稿紅 新契紙紅 契尾紅	房九間	買價銀一百兩，查驗費一元，注册費一角
一八二	契約二九一	清光緒十八年（一八九二）	十	慶澄氏	侯世榮	自置	大興縣隆福寺東邊孫家坑北胡同路北	房	銀一百五十兩	賣契	白契	房五間	
一八三	契約一七〇	清光緒十八年（一八九二）	十一	門庭蘭	王毓陳	自置	順義縣楊舉營村	地	銀七十兩	典契	白契	地十畝	典三年
一八四	契約二〇七	清光緒十九年（一八九三）	十	劉玉聲	王玉臣	祖遺	順義縣西馬各莊	地	東制銅錢五百吊	退地契	契稿紅 新契紙紅 租契紅	地十九畝	一九一四年王玉臣新契紙（繳查驗費洋一元，注册費一角）、租契（納税五吊）
一八五	契約九	清光緒十九年（一八九三）	十二	李門郭氏同子李文秀	李文義	祖遺受分	密雲縣田家莊	錢	市東錢三百二十吊	借據	白契		
一八六	契約一一三	清光緒二十年（一八九四）	四	韓富有	石田		密雲縣田家莊	錢	東錢一百一十吊四百文	借據	白契		
一八七	契約一一四	清光緒二十年（一八九四）	十一	白高氏	王玉臣	祖遺	順義縣馬各莊	地	東鈔二千三百吊	賣契	白契	地二十畝	
一八八	契約一三六	清光緒二十年（一八九四）	十一	王緒永旺	王玉臣	自置	順義縣西馬各莊	地	東錢一千一百吊	推地契	白契	地十四畝	

序號	藏品號	立契時間		立契人	受契人	對象說明			價格	契別	契類	備注一（類別、間數）	備注二
		年	月			來源	坐落	類別					
一八九	契約四九八－三	清光緒二十□年（一八九五－一九〇三）		曲榮	曲禮	老租	順義縣西杜蘭莊杜西	地	銅製銀二百五十吊	退契	白契	地十二畝	
一九〇	契約八四	清光緒二十一年（一八九五）		王世修	張姓	祖遺	大興縣北新橋南駱駝胡同西口外路東	房	京松銀五十兩	賣契	紅契 執照紅 契尾紅	房六間	
一九一	契約二七三	清光緒二十一年（一八九五）	三	馬桂軒	孫	自置	大興縣東单牌楼二條胡同内官廠胡同	房	平松銀七百兩	賣契	紅契	房十五間	
一九二	契約一〇八	清光緒二十一年（一八九五）	四	王世修	張	祖遺	大興縣北新橋南駱駝胡同西口外路東	房	銀五十兩	賣契	白契	房四間	
一九三	契約三四三	清光緒二十一年（一八九五）	七	趙益堂	王宅	自置	宛平縣阜成門内北溝沿縣東城車尔（兒）胡同西口内路北	房	京平松銀七十兩	賣契	契稿紅 買契紅 新契紙紅	房四間	京平松銀四十兩增銀三十兩
一九四	契約三七六	清光緒二十一年（一八九五）	十二	史秉衡	王政	祖遺	順義縣東馬各莊村東南	地	市平松銀二百一十兩	賣契	契稿白 買契紅 新契紙紅	地七十一畝五分	納税額四兩二錢
一九五	契約四〇	清光緒二十二年（一八九六）	九	王全 王德 王卿 王棟 王翯	石田		密雲縣田家莊	錢	文銀五兩五錢	賣場契	白契		
一九六	契約二一七	清光緒二十二年（一八九六）	十一	白玉秀	王政	祖遺	順義縣董各莊	地	紋銀一百五十兩	賣契	契稿紅 新契紙紅	地五十畝	一九一四年新契紙；驗費洋一元，注册費一角
一九七	契約一三九	清光緒二十三年（一八九七）	十二	門富堂	王玉臣	祖遺	順義縣楊二營村西北	地	平松江净銀四百九十五兩	賣契	白契	地四十五畝	

序號	藏品號	立契時間 年	立契時間 月	立契人	受契人	來源	對象說明 坐落	對象說明 類別	價格	契別	契類	備注一（類別、間數）	備注二
一九八	契約三五四	清光緒二十三年（一八九七）	十一	劉玉琫	王保黎		順義縣	地	平松銀三十一兩	退契	契稿白、買契紅、新契紙紅	地十一畝	納稅六錢二分
一九九	契約九九九	清光緒二十四年（一八九八）	十二	李庭藻	王玉臣	祖遺	順義縣馬頭慶村	地	京市平松銀八十八兩	賣契	白契	地十一畝	
二〇〇	契約一二三	清光緒二十五年（一八九九）	二	洪吉槐	洪玉春	自置	山東恩縣	地	銀七十七兩五錢	賣契	契稿紅、買契紅、民户契尾紅	地十七畝二分二厘八毫	
二〇一	契約一八二	清光緒二十五年（一八九九）	十二	徐桂棠等	王幼屏	祖遺	大興縣崇文門外	房	紋銀二百兩	賣契	契稿紅、買産凭證紅、验契執照紅、验契紙紅	房十一間	鋪面房
二〇二	契約四九四－一	清光緒二十五年（一八九九）		孫文貴	王玉臣		順義縣東馬各莊村北	地	錢一千六百吊	賣契	白契		
二〇三	契約一九五	清光緒二十七年（一九〇一）	一	常績等	劉恩誠	祖遺	大興縣地安門内	房	銀四十兩	賣契	契稿白、執照紅	房二間及地	稅銀三兩三錢；滿汉文
二〇四	契約四七五	清光緒二十七年（一九〇一）	十二	陸贊廷	李藥棠	祖遺	天津武清縣韓家坟	地	銀一百三十五兩	賣契	白契	地十八畝	
二〇五	契約四二	清光緒二十八年（一九〇二）	一	王全、王得、王卿、王桐	王靄		密雲縣田莊村西	地	五十吊	退契	白契		
二〇六	契約六〇	清光緒二十八年（一九〇二）	十一	門芸堂	王政	祖遺	順義縣楊二營村家	地	垻平净銀松江三十三兩	典契	白契	地三畝	
二〇七	契約六一	清光緒二十八年（一九〇二）	十一	門芸堂、門著堂	王政	祖遺	順義縣楊二營村西南	地	垻平松江銀六十七兩	賣契	白契	地六畝	

序號	藏品號	立契時間（年）	立契時間（月）	立契人	受契人	對象說明（來源）	對象說明（坐落）	對象說明（類別）	價格	契別	契類	備注一（類別、間數）	備注二
二〇八	契約一四三	清光緒二十八年（一九〇二）	十	張樹屏	王懷	祖遺	順義縣西馬各莊	地	銀一百一十一兩	賣契	契稿紅 新契紙紅 買契紅	地三十七畝	納税二兩二錢二分（民國）
二〇九	契約一六二	清光緒二十九年（一九〇三）	四	張樹梅	王懷	祖遺	順義縣西馬各莊	地	東錢一千一百吊	賣契	契稿紅 買契紅	地三幅	
二一〇	契約三三三	清光緒二十九年（一九〇三）	一	于得海	劉華舫		宛平縣平樂園北糖房胡同	房	京平松銀一百五十兩	賣契	房契官紙紅 契尾紅	房九間	
二一一	契約三四一	清光緒二十九年（一九〇三）	十二	馮連喜	馮連海 馮連元	祖遺		房		推讓契	白契	得浴澡堂灰房八間	
二一二	契約七六	清光緒三十年（一九〇四）	一	梁殿綸	梁殿弼	祖遺				分居契	執照	地一百六十四畝	
二一三	契約二三九	清光緒三十年（一九〇四）	二	張占鰲	王政	祖遺	順義縣張喜莊	地	錢四千八百吊	賣契	白契	地三十八畝	
二一四	契約二八八	清光緒三十年（一九〇四）	八	李震	秦德祿					過繼字據	白契		子女過繼
二一五	契約二五三	清光緒三十年（一九〇四）		奎平		父置	大興縣安定門外大黃莊	地	銀七十兩	補税契	契稿白 執照紅	地三十一畝	納税銀二兩一錢 滿漢合璧
二一六	契約二〇九	清光緒三十年（一九〇四）	十二	史秉衡	史秉文	受分	順義縣東馬各莊	地	東錢一千吊	典契	白契	地二十畝	
二一七	契約二三六	清光緒三十年（一九〇四）	十二	王永孝	王懷	祖遺	順義縣西馬各莊村東南	地	東錢二千七百五十吊	賣契	契稿白 買契紅	地陸拾九畝六分	一九四〇年買契；税十三元八角、附税洋八元五分
二一八	契約八五	清光緒三十一年（一九〇五）	三	王懷			順義縣西馬各莊西南	地	銀九錢	租契	執照	地二十二畝五分	銀九錢
二一九	契約九四	清光緒三十一年（一九〇五）	三	王正			順義縣後沙峪村	地	銀一兩四錢	租契	執照	地三十五畝	
二二〇	契約一四五－一	清光緒三十一年（一九〇五）	三		王正		順義縣東馬各莊	地	銀四錢	執照	執照紅	地十畝	每畝四分

序號	藏品號	立契時間 年	立契時間 月	立契人	受契人	對象說明 來源	對象說明 坐落	對象說明 類別	價格	契別	契類	備注一（類別、間數）	備注二
二二一	契約二七四	清光緒三十一年（一九〇五）	四	孫壽臣 孫蘭浦	厚德堂 黄	自置	大興縣東单牌樓二條胡同内官廠胡同	房	市平松銀一千四百兩	賣契	契稿白 房契官紙紅 契尾紅 驗契執照紅 驗契紙紅	房十五間	驗契紙一元五角，注册費一角，教育費二角
二二二	契約二九〇	清光緒三十一年（一九〇五）	四	周世崑	楊德山		河北錢龍山陵地	地	銀二錢二分	租契	白契	地十三畝	陵地出租
二二三	契約二六九	清光緒三十一年（一九〇五）	十二	姜永梅	姜永清	自家	河北雄縣	地	錢二十三吊	賣契	契稿白 執丙照紅 買契紅	地八分	税銀六百九十文，查驗費一元，注册費一角
二二四	契約二七〇	清光緒三十二年（一九〇六）	一	姜永旺	姜永清	自家	河北雄縣	地	錢四十三吊	賣契	契稿白 執丙照紅 買契紅	地一畝五分	税銀一吊二百九十文，查驗費一元，注册費一角
二二五	契約五〇	清光緒三十二年（一九〇六）	九	張永春	王懷	祖遺	順義縣西馬各莊村	地	東錢二千一百五十吊	賣契	買契紅 契稿紅	地六十畝九分五	賣價一百八十元，應納税款十元八角，附税洋六元三角
二二六	契約二一〇	清光緒三十二年（一九〇六）	十	史秉衡	王政	祖遺	順義縣東馬各莊東南	地	銅東錢六千六百二十吊	賣契	白契	地十一幅	
二二七	契約二一一	清光緒三十二年（一九〇六）	十	史秉衡	王政	祖遺	順義縣東馬各莊村東	地	紋銀四百三十兩	賣契	白契	地七十二畝五分	
二二八	契約一三〇	清光緒三十二年（一九〇六）	十二	門富堂	王玉臣	祖遺	順義縣楊二營村西北	地	銅製東錢二千七百吊（二百二十五元）	賣契	契稿紅 買契紅	地四十五畝	税額十三元五角，時價七元八角七分五厘
二二九	契約四九八－一	清光緒三十二年（一九〇六）	十二	曲禮	曲登瀛	自有	順義縣西杜蘭莊家西地名馬家坡	地	銅錢一千一百八十吊	賣契	白契	地十二畝	
二三〇	契約六二	清光緒三十三年（一九〇七）	一	張吉祥	王懷	祖遺	順義縣西海洪村北	地	東銅錢一百吊	典契	白契	地二畝	

序號	藏品號	立契時間 年	立契時間 月	立契人	受契人	來源	對象說明 坐落	對象說明 類別	價格	契別	契類	備注一（類別、間數）	備注二
二三一	契約五五	清光緒三十三年（一九〇七）	二	王永孝	王懷	祖遺	順義縣西馬各莊村東南	地	東錢三百五十吊	賣契	買契紅 契稿白	地八畝二	賣價三十元，應納稅額一元八角 附稅洋一元五分
二三二	契約四九八	清光緒三十三年（一九〇七）	二	曲仙洲	王懷	自置	順義縣西杜蘭莊馬家墳	地	銅錢一千一百八十吊	退地契	白契	地十二畝	
二三三	契約一二二	清光緒三十三年（一九〇七）	四	洪占普	洪玉春		山東恩縣	地	銀三十二兩	賣契	契稿紅 官契紅 買契紅 民戶契尾紅	地五畝四分三厘四毫	
二三四	契約三七	清光緒三十三年（一九〇七）	七	王門雷 王卿 王棟	石璞	祖遺	密雲縣田莊村	錢	東錢十五吊	借據	白契		每月交錢利二分半
二三五	契約一六五	清光緒三十三年（一九〇七）	十二	趙曉山	甯蘭亭	自置	大興縣利溥營中間路南	房	市平松江銀六百五十兩	賣契	紅契	房三十八間半	
二三六	契約二四五－一	清光緒三十四年（一九〇八）	十	英華 英蘭之妻 德氏 英菊	耆昌 耆康	自置	懷柔縣前駙馬莊	地	京平足銀一千六百兩	賣契	白契	地九頃六十畝	
二三七	契約四六七	清光緒三十四年（一九〇八）	六	關煊	李俊棠	本身	天津武清縣長屯家東地名方家墳	地	地價鈔一千一百四十三吊二百四十文整（合銀一百九十兩六錢正）	賣契	契稿紅 契尾紅 地契官紙紅 新契紙紅	地十畝八分八厘八毫	一九一五年驗費一元，注册費一角
二三八	契約九五	清光緒		劉瑞芳	王玉臣	祖遺	順義縣馬頭庆村	地	銅製東錢二千二百三十元	賣契	白契	地三十五畝	
二三九	契約四一三	清光緒		啟元	樊姓	祖遺	大興縣正陽門外打磨廠路北地方	鋪面房	銀四百兩	賣契	官稿白	房三十二間半	有房牙
二四〇	契約二四五－二	清宣統元年（一九〇九）	一	英華 德氏 英菊	耆昌 耆康	曾祖自置	懷柔縣前駙馬莊	地	京平足銀一千兩	賣契	契稿白 執照紅 驗契執照紅	地九頃六十畝	納稅銀三十兩 滿漢合璧

序號	藏品號	立契時間 年	立契時間 月	立契人	受契人	對象說明 來源	對象說明 坐落	對象說明 類別	價格	契別	契類	備注一（類別、間數）	備注二
二四一	契約四七六	清宣統元年（一九〇九）	二	陸贊廷	李耀堂	祖遺	天津武清縣韓家墳	地	銀六十二兩四錢	賣契	契稿紅 地契官 紙紅 契尾紅	地十二畝	
二四二	契約三三八	清宣統元年（一九〇九）	四	趙德海	鑲黄旗奎保	自置	大興縣安定門外小関東北大黄莊南	地	京平松江銀七十兩	賣契	契稿白 執照紅	地十八畝	納稅銀六兩三錢滿漢合璧執照
二四三	契約二四三	清宣統元年（一九〇九）	六	劉華舫	謝	自置	大興縣崇文門外	房	銀一百兩	賣契	契稿白 官稿紅 官紙紅 契尾紅	房九間	有房牙
二四四	契約二二九	清宣統元年（一九〇九）	九		王政	官荒	順義縣西馬各莊	地		執照	執照紅	地八畝	租銀三錢二分
二四五	契約三三五	清宣統元年（一九〇九）	十	牛鈺銘	張玉		大興縣安定門外縣小關鄉小營村莊	地	平銀一百二十兩	賣契	地契官 紙紅 契尾紅	十二畝	
二四六	契約二二五	清宣統元年（一九〇九）	十	史秉文	王懷	祖遺	順義縣東馬各莊東	地	東錢四百吊	賣契	契稿白 買契紅	地十一畝二厘	一九四〇年買契；納稅二元四分，附稅洋一元一角九分
二四七	契約一二〇	清宣統元年（一九〇九）	十一	僧人定禪同徒惠林	洪玉春		山東恩縣	地	二百一十五千	賣契	契稿白 官契紅 買契紅 民户契尾紅	地二畝二分七厘五毫五絲	
二四八	契約一七四	清宣統元年（一九〇九）	十一	潘世蘭 王振東	榮善堂 劉	自置	天津縣崔家碼頭	地	洋銀四十三元三角	賣契	契稿紅 買契紅	地四畝三分三厘	稅洋二元五角九分八厘
二四九	契約二一五	清宣統元年（一九〇九）	十二	馮继恭	王懷		順義縣東馬各莊東	地	東錢七百八十吊	賣契	契稿白 買契紅	地十七畝四分	一九四〇年買契；納稅三元九角，稅洋二元二角七分五厘
二五〇	契約一二七	清宣統元年（一九〇九）	十二	丁福	王保黎		順義縣西馬各莊	地	市平松銀十八兩	退地契	契稿紅 新契紙紅 買契紅	地六畝	納稅三錢六分，驗費洋一元、注冊費一角

序號	藏品號	立契時間 年	立契時間 月	立契人	受契人	對象說明 來源	對象說明 坐落	對象說明 類別	價格	契別	契類	備注一（類別、間數）	備注二
二五一	契約三三九	清宣統元年（一九〇九）	十二	鑲黃旗維明	正白旗崇佑之	自置	大興縣安定門外小関東北大黃莊	地	京平松銀八十兩	賣契	契稿白 驗契執照紅 執照紅	地十八畝	納税銀七兩二錢 滿漢合璧執照
二五二	契約三五五	清宣統元年（一九〇九）	十二	李福生	魏長富	祖遺	密雲縣東白岩后街西頭河溝北	地	密市東銅錢二十五吊	賣契	白契		隨帶大粮一分
二五三	契約二四一一－一	清宣統二年（一九一〇）	一	姜大胖	姜永清	自家	河北雄縣西鄉村	地	京錢三十五吊	賣契	正契紅 契尾紅	地六頃六畝六分六厘	税京錢三吊一百五十文，查驗費五角，注册費一角
二五四	契約一〇九	清宣統二年（一九一〇）	二		致龢堂	租借	山東济南商埠界内禄字第東號式段	商埠	洋四十八元	租契	租契紅		十二月錢糧計洋四元納租
二五五	契約四五九	清宣統二年（一九一〇）	三	趙德菴	李永和	祖遺	天津辛莊東大圈	地	銀二十二兩五鈔	賣契	契稿紅 地契官紙紅契 尾紅	地四畝五分	附地契官紙、附契尾；有房牙
二五六	契約四七四	清宣統二年（一九一〇）	三	趙德庵	朱克立	祖遺	天津武清縣辛莊	民地	銀二十二兩五錢	賣契	契稿紅 地契官紙紅契 尾紅	地四畝五分	有房牙
二五七	契約三四二	清宣統二年（一九一〇）	六	馮連元 梁茂永	謝久山	自置		鋪底	銀四千八百兩	倒賣契	白契	房十一間	房租三十吊整每月
二五八	契約五六	清宣統二年（一九一〇）	十一	王錦堂	王懷	自置	順義縣西馬各莊村西北	地	銅製東錢六百吊	賣契	買契紅 契稿白	地十二畝	賣價五十元，應納税額三元，附税洋一元七角五分
二五九	契約二一六	清宣統二年（一九一〇）	十一	王永言	王懷	自置	順義縣西馬各莊東南	地	銅製東錢三百一十吊	賣契	契稿白 買契紅	地八畝五厘	一九三九年買契；納税一元五角六分 税洋九角一分
二六〇	契約二二七	清宣統二年（一九一〇）	十二	張永寅	王永亨	祖遺	順義縣西馬各莊村北	地	東錢六百四十吊	賣契	契稿白 買契紅	地十四畝五分三厘	一九四〇年買契；納税三元二角四分 附税洋一元八角九分
二六一	契約四七〇	清宣統三年（一九一一）	二	趙德菴	杜雲漢	祖遺	長屯家東南大圈武渭縣	地	銀二十九兩五錢整（折合庫平足銀廿捌兩叁錢陸分伍厘）	賣契	契稿白 執照紅	五畝九分	

序號	藏品號	立契時間（年）	立契時間（月）	立契人	受契人	對象說明（來源）	對象說明（坐落）	對象說明（類別）	價格	契別	契類	備注一（類別、間數）	備注二
二六二	契約二〇一	清宣統三年（一九一一）	十	張永春	王懷	祖遺	順義縣西馬各莊村正南	地	東钱二千一百吊	賣契	契稿紅 買契紅	地二十九畝	一九四一年王懷買契（稅十元五角 附加稅六元一角二分五厘）
二六三	契約二三八	清宣統三年（一九一一）	十	喬之蔭	王懷	祖遺	順義縣西馬各莊	地	平松銀二十五兩	賣契	契稿白 買契紅 新契紙紅	地九畝	一九一三年買契；稅五錢，驗費洋一元，注册費一角
二六四	契約三九八	清		邵琳 邵文成	閆姓	代置	大興縣北城靈中坊并鋪總甲褚國良地方	房	銀一百兩	賣契	官稿紅	房六間空地基一塊	納稅銀三兩 有房牙
二六五	契約四八三	清		于汪海	張瑞	祖遺	順義縣西馬各莊	地	平松銀四十兩	賣契	白契	空基地一段	
二六六	契約四八四	清		孫	顧	自置	大興縣南城崇北坊	房	銀二十六兩	賣契	官稿紅	瓦房一所	稅銀貳錢捌厘
二六七	契約四九一	清		張文輝	張文通	祖遺	順義縣西馬各莊	地	銅製東錢二百三十吊	賣契	白契		

後記

契約文書，是研究某個地區某一時代社會經濟極爲珍貴的原始資料，作爲珍貴的地方文獻，藴藏着豐富的内涵，具有獨特的史學價值。

北京市文物局圖書資料中心是北京地區文物、考古、博物館及非物質文化遺産方面典藏資料較豐富、權威的檔案圖書資料單位，所收藏的契約文書具有數量較大、文書種類齊全、内涵豐富、地域特色明顯的特點，是研究北京地區社會經濟的學術資源寶庫，亦可反映出北京地名乃至行政區劃的演變情况，具有重要的學術價值。

我中心收藏的這批契約，前期僅進行藏品登記，尚未進行整理保護和研究工作。二〇一五年，在第一次全國可移動文物普查期間，我中心開始著手整理這批契約，相繼進行了修復保護、數字化采集和藏品信息著録工作。隨後，我們專門申請了北京市社會科學規劃辦的課題項目，對這批契約進行較爲系統的資料整理和内容考證研究，《北京市文物局圖書資料中心藏明清契約文書整理》的出版即是所取得的一個初步成果。

該書通過梳理分析、釋疑考證，并結合有關歷史文獻，對契約文書所客觀記録的信息深入探究，以此來分析當時北京地區的經濟形式、區域歷史、宗族歷史和社會建構情況，進而爲相關的學術研究補充了重要的史料。在整理過程中，結合多學科的研究方式，發掘其多重的史料價值，不僅對北京乃至整個華北地區的地方史和經濟史研究有重要的意義，還爲社會史、商業史、城市史的研究提供重要的參考價值。

感謝吴夢麟先生爲本書作序。吴先生提攜後學，幫助我們聯繫各位學界專家前輩，在學術問題上給予我們很多的指導和幫助。

感謝北京大學歷史學系教授趙世瑜老師在百忙之中抽出時間審閲修改了書稿内容并爲本書作序。

感謝中國社會科學院近代史研究所張小林老師給予我們學術上的悉心指導和幫助。

感謝首都博物館劉謹桂老師與我們分享首都博物館館藏契約的情況及整理研究的經驗。

感謝首都博物館爲這批契約的修復工作提供的大力支持。

我們將這批契約影印出版，服務於學界，以供更多的研究者使用。限於研究能力水準，書中難免有遺漏或所論不當之處，希望專家學者提出寶貴意見，也懇請廣大讀者批評指正。

《北京市文物局圖書資料中心藏明清契約文書整理》編委會

二〇一九年十一月

圖書在版編目（CIP）數據

北京市文物局圖書資料中心藏明清契約文書整理 / 北京市文物局圖書資料中心編 . -- 北京 : 北京燕山出版社, 2019.10
ISBN 978-7-5402-5499-5

Ⅰ . ①北… Ⅱ . ①北… Ⅲ . ①契約 – 文書 – 古籍整理 – 中國 – 明清時代 Ⅳ . ① D929.4 ② G256.1

中國版本圖書館 CIP 數據核字 (2019) 第 274572 號

北京市文物局圖書資料中心
古楸軒書叢 總第九部 乙種第二部

北京市文物局圖書資料中心藏明清契約文書整理

編者	北京市文物局圖書資料中心
責任編輯	劉朝霞　馬天嬌
整體設計	芥子設計・黄曉飛
出版發行	北京燕山出版社有限公司
社址	北京市豐臺區東鐵營葦子坑路 138 號
郵編	100079
電話傳真	86-10-65240430（總編室）
印刷	北京富誠彩色印刷有限公司
開本	884×1193 1/8
字數	301 千字
印張	106
版別	2020 年 10 月第 1 版
印次	2020 年 10 月第 1 次印刷
ISBN	978-7-5402-5499-5
定價	588.00 元